Perspektiven kritischer Sozialer Arbeit
Band 16

Herausgegeben von
R. Anhorn, Darmstadt
F. Bettinger, Darmstadt
H. Schmidt-Semisch, Bremen
J. Stehr, Darmstadt

Weitere Bände in dieser Reihe
http://www.springer.com/series/12405

In der Reihe erscheinen Beiträge, deren Anliegen es ist, eine Perspektive kritischer Sozialer Arbeit zu entwickeln bzw. einzunehmen. „Kritische Soziale Arbeit" ist als ein Projekt zu verstehen, in dem es darum geht, den Gegenstand und die Aufgaben Sozialer Arbeit eigenständig zu benennen und Soziale Arbeit in den gesellschaftspolitischen Kontext von sozialer Ungleichheit und sozialer Ausschließung zu stellen. In der theoretischen Ausrichtung wie auch im praktischen Handeln steht eine kritische Soziale Arbeit vor der Aufgabe, sich selbst in diesem Kontext zu begreifen und die eigenen Macht-, Herrschafts- und Ausschließungsanteile zu reflektieren. Die Beiträge in dieser Reihe orientieren sich an der Analyse und Kritik ordnungstheoretischer Entwürfe und ordnungspolitischer Problemlösungen — mit der Zielsetzung, unterdrückende, ausschließende und verdinglichende Diskurse und Praktiken gegen eine reflexive Soziale Arbeit auszutauschen, die sich der Widersprüche ihrer Praxis bewusst ist, diese benennt und nach Wegen sucht, innerhalb dieser Widersprüche das eigene Handeln auf die Ermöglichung einer autonomen Lebenspraxis der Subjekte zu orientieren.

Herausgegeben von
Roland Anhorn
Evangelische Hochschule Darmstadt

Henning Schmidt-Semisch
Universität Bremen

Frank Bettinger
Evangelische Hochschule Darmstadt

Johannes Stehr
Evangelische Hochschule Darmstadt

Susann Hößelbarth

Crack, Freebase, Stein

Konsumverhalten und
Kontrollstrategien von
KonsumentInnen rauchbaren Kokains

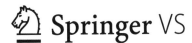

Susann Hößelbarth
Fachhochschule Frankfurt
Frankfurt am Main
Deutschland

ISBN 978-3-531-19547-6   ISBN 978-3-531-19548-3 (eBook)
DOI 10.1007/978-3-531-19548-3

Die Deutsche Nationalbibliothek verzeichnet diese Publikation in der Deutschen Nationalbibliografie; detaillierte bibliografische Daten sind im Internet über http://dnb.d-nb.de abrufbar.

Springer VS
© Springer Fachmedien Wiesbaden 2014
Das Werk einschließlich aller seiner Teile ist urheberrechtlich geschützt. Jede Verwertung, die nicht ausdrücklich vom Urheberrechtsgesetz zugelassen ist, bedarf der vorherigen Zustimmung des Verlags. Das gilt insbesondere für Vervielfältigungen, Bearbeitungen, Übersetzungen, Mikroverfilmungen und die Einspeicherung und Verarbeitung in elektronischen Systemen.

Die Wiedergabe von Gebrauchsnamen, Handelsnamen, Warenbezeichnungen usw. in diesem Werk berechtigt auch ohne besondere Kennzeichnung nicht zu der Annahme, dass solche Namen im Sinne der Warenzeichen- und Markenschutz-Gesetzgebung als frei zu betrachten wären und daher von jedermann benutzt werden dürften.

Lektorat: Stefanie Laux, Monika Kabas

Gedruckt auf säurefreiem und chlorfrei gebleichtem Papier

Springer VS ist eine Marke von Springer DE. Springer DE ist Teil der Fachverlagsgruppe Springer Science+Business Media
www.springer-vs.de

Vorwort

Die vorliegende Arbeit wäre ohne die Bereitschaft zahlreicher Konsumenten, offen über ihr Konsumverhalten zu berichten, nicht möglich gewesen. Mein Dank gilt deshalb vor allem den Konsumentinnen und Konsumenten, die an dieser Untersuchung teilgenommen haben, indem sie den Fragebogen gewissenhaft ausgefüllt haben oder zu einem persönlichen Gespräch bereit waren. Insbesondere möchte ich den Interviewpartnerinnen und -partnern der qualitativen Erhebung danken, mit denen ich hochinteressante Gespräche führen durfte und die mir so viel Offenheit und Vertrauen entgegengebracht haben.

Ich bedanke mich bei den Mitarbeiterinnen und Mitarbeitern der Einrichtungen der niedrigschwelligen Drogenhilfe in Frankfurt am Main, Hamburg und Hannover. Bei jedem Besuch der Einrichtungen während der Interviewphase wurde ich sehr offen und herzlich empfangen. Sie haben es mir ermöglicht, in ihren Räumen Konsumenten anzusprechen, haben auch den einen oder anderen Interviewpartner an mich vermittelt und mir ihre Büroräume für die Interviews überlassen.

Ganz besonders danke ich dem Betreuer der vorliegenden Arbeit Prof. Dr. Heino Stöver, der es mir ermöglichte, diese Untersuchung durchzuführen und mir stets mit Rat und wertvollen Diskussionsbeiträgen zur Seite stand.

Ein großer Dank für seine Begleitung und Unterstützung geht auch an Prof. Dr. Henning Schmidt-Semisch sowie an die Mitglieder der von ihm geleiteten Forschungswerkstatt für die wertvollen Denkanstöße.

Nicht zuletzt geht mein Dank an Prof. Dr. Judith Drechsler und Prof. Dr. Hans-Volker Happel, die mich zur Durchführung dieser Untersuchung ermutigten.

Die vorliegende Veröffentlichung wurde gegenüber der zugrundeliegenden Dissertationsschrift deutlich gestrafft und entsprechend überarbeitet.

Susann Hößelbarth

Inhaltsverzeichnis

1	**Einleitung**	1
1.1	Einleitung	1
2	**Die Substanzen Kokainhydrochlorid, Crack und Freebase**	5
2.1	Historische Entwicklung des Kokainkonsums	5
2.1.1	Die Botanik der Coca-Pflanze	5
2.1.2	Historische Entwicklung des Cocaismus in Südamerika	6
2.1.3	Die Entwicklung des Kokainkonsums in Europa und USA	7
2.1.4	Crack und Freebase	9
2.2	Die Herstellung von Kokainhydrochlorid, Crack und Freebase	11
2.3	Die Verbreitung von Kokain und Crack	13
2.3.1	Verbreitung in der Allgemeinbevölkerung	13
2.3.2	Verbreitung in der offenen Drogenszene	17
3	**Wirkungen und Folgen des Konsums rauchbaren Kokains**	21
3.1	Pharmakologische Wirkung des Kokains	21
3.1.1	Wirkungseintritt	22
3.1.2	Kokainintoxikation	23
3.2	Gesundheitsfolgen des Crack- und Freebasekonsums	24
3.3	Das öffentliche Bild von Crack und Freebase	25
4	**Stand der Drogen- und Suchtforschung**	29
4.1	Abhängiger Substanzkonsum	30
4.1.1	Entstehung des Suchtbegriffs und heutiges Suchtverständnis	30
4.1.2	Modelle der Abhängigkeitsentstehung	35
4.2	Kontrollierter Substanzkonsum	42

4.3	Abhängiger und kontrollierter Konsum von Kokain	47
	4.3.1 Kokainabhängigkeit und die Besonderheit von Crack und Freebase	47
	4.3.2 Forschungsstand Kontrollierter Konsum von Kokainhydrochlorid	51
	4.3.3 Forschungsstand zum Umgang mit Crack und Freebase	54

5 Empirische Untersuchung 61
- 5.1 Untersuchungsdesign 61
  - 5.1.1 Bezugsrahmen und Fragestellung der Untersuchung 61
  - 5.1.2 Methodologische Vorüberlegungen 62
  - 5.1.3 Quantitativer Teil – Die Online-Befragung 64
  - 5.1.4 Qualitativer Teil – Die Tiefeninterviews 70
- 5.2 Ergebnisse der quantitativen Erhebung 78
  - 5.2.1 Soziodemographische Daten der Fragebogenteilnehmer ... 79
  - 5.2.2 Allgemeine Drogenerfahrung 86
  - 5.2.3 Anfangskonsum des rauchbaren Kokains 89
  - 5.2.4 Aktueller Konsum von Crack und Freebase 93
  - 5.2.5 Merkmale abhängigen Konsumverhaltens von Crack und Freebase 106
  - 5.2.6 Kontrolliertes Konsumverhalten 119
  - 5.2.7 Konsumbeeinflussende Faktoren 134
  - 5.2.8 Entwicklungen des Crackkonsums und Konsumkarrieren 144
  - 5.2.9 Eigene Einschätzung der Konsumenten zu ihrem Konsumverhalten 147
  - 5.2.10 Zusammenfassung und Fazit der quantitativen Erhebung 150
- 5.3 Ergebnisse der qualitativen Erhebung 153
  - 5.3.1 Soziodemographische Daten der Konsumenten 153
  - 5.3.2 Allgemeine Drogenerfahrung 158
  - 5.3.3 Crack, Freebase oder Stein? 167
  - 5.3.4 Anfangskonsum des rauchbaren Kokains 173
  - 5.3.5 Aktueller Konsum von Crack/Freebase 182
  - 5.3.6 Merkmale eines abhängigen Konsumverhaltens 205
  - 5.3.7 Kontrolliertes Konsumverhalten 219
  - 5.3.8 Die Überwindung exzessiver Konsummuster 252
  - 5.3.9 Intensive, gelegentliche und seltene Gebraucher rauchbaren Kokains 286

5.3.10 Eigene Einschätzung der Konsumenten zu ihrem
Konsumverhalten 291
5.3.11 Wünsche an die Drogenhilfe 296
5.3.12 Zusammenfassung und Fazit der
qualitativen Erhebung 299

6 Zusammenfassung der Untersuchungsergebnisse 305

7 Diskussion 317
7.1 Das öffentliche Bild der Substanz Crack und die
empirische Wirklichkeit 317
7.1.1 Das Bild der sofortigen starken Abhängigkeit 317
7.1.2 Das Bild, Crack sei gefährlicher als Kokainhydrochlorid ... 319
7.1.3 Das Bild der epidemischen Verbreitung
des rauchbaren Kokains 321
7.1.4 Das Bild der sozialen Verelendung 322
7.2 Zuschreibungseffekte 325
7.2.1 Erster Konsum und erstes Wirkungserleben 326
7.2.2 Auswirkungen auf die Entstehung eines
abhängigen Crackkonsums 328
7.2.3 Auswirkungen auf Kontrollbemühungen und Gefahren ... 330
7.3 Maturing Out – Herauswachsen aus der Sucht 332
7.4 Ein kritischer Blick auf aktuelle Suchtkonzepte – Bedeutung der
Untersuchungsergebnisse für Drogenhilfe und Drogenpolitik 337

**8 Stärken und Grenzen der empirischen Untersuchung und
Empfehlungen für weitere Forschung** 349

Literatur 351

Abbildungsverzeichnis

Abb. 5.1 Einteilung der Konsumhäufigkeit nach Müller et al. (2007) 94
Abb. 5.2 Punkteverteilung der SDS-Ergebnisse der
Fragebogenteilnehmer 107
Abb. 5.3 Kontrollregeln und -strategien 128

Tabellenverzeichnis

Tab. 5.1	Abkürzungen und Signifikanzniveaus in der Ergebnisdarstellung	70
Tab. 5.2	Altersverteilung der Fragebogenteilnehmer	80
Tab. 5.3	Schulabschluss und Berufsausbildung	81
Tab. 5.4	Vergleich des Schulabschlusses der 20- bis 29jährigen Fragebogenteilnehmer mit der gleichaltrigen Allgemeinbevölkerung (Statistisches Bundesamt 2004, S. 88)	82
Tab. 5.5	Berufliche Situation der Konsumenten und monatlich zur Verfügung stehende finanzielle Mittel	83
Tab. 5.6	Wohnsituation	85
Tab. 5.7	Lebenszeitprävalenz sowie 12-Monate- und 30-Tage-Prävalenz verschiedener Substanzen	87
Tab. 5.8	Einstiegsalter in den Crackgebrauch, in Kategorien zusammengefasst	90
Tab. 5.9	Motive des Erstkonsums	91
Tab. 5.10	Überwiegende Konsumhäufigkeit der ersten sechs Monate nach dem ersten Konsum.	92
Tab. 5.11	Konsumentwicklung auf Grundlage der Gebrauchshäufigkeit der ersten sechs Monate, eingeteilt in die Häufigkeitskategorien nach Müller et al. (2007)	93
Tab. 5.12	Aktuelle Konsumhäufigkeit	94
Tab. 5.13	Gründe für die Bevorzugung einer bestimmten Gebrauchsform	97
Tab. 5.14	Konsumsetting und Konsumort	97
Tab. 5.15	Konsummotivation	98
Tab. 5.16	Konsumdetails	99
Tab. 5.17	Gründe für einen Mischkonsum anderer Substanzen mit Crack	102

Tab. 5.18	Nebenwirkungen	103
Tab. 5.19	Erhalt der zur Crackbeschaffung nötigen Geldmittel	106
Tab. 5.20	Subjektives Abhängigkeitsempfinden	107
Tab. 5.21	Länger andauernde Wachphase infolge des Crackgebrauchs	112
Tab. 5.22	Gründe, Kontakt zu Einrichtungen der Drogenhilfe aufzunehmen	118
Tab. 5.23	Strafrechtliche Verfahren	118
Tab. 5.24	Gründe und Umstände, die einer Konsumpause vorangehen	124
Tab. 5.25	Nehmen sie sich vor dem Crackgebrauch vor, wie viel Crack/Freebase sie konsumieren?	131
Tab. 5.26	Konsumentwicklung	146
Tab. 5.27	Einteilung der Konsumhäufigkeit der Szenegänger nach Müller et al. (2007)	183

Einleitung 1

1.1 Einleitung

Seit Jahrtausenden nehmen Menschen Substanzen, die Rauschzustände erzeugen und zu einer Veränderung ihrer Wahrnehmung führen. Die Bewertung dieses Konsums verläuft über die Kulturen und die Jahrhunderte hinweg stark gegensätzlich. Ob die Substanzen als Heilmittel, Genussmittel oder als gefährliche Droge beurteilt werden, richtet sich nach der jeweiligen gesellschaftlichen Moral- und Wertevorstellung und kann durchaus einer Wandlung unterliegen. Während Alkohol in unserer Gesellschaft stark verwurzelt ist und als Genussmittel gilt, zählen vor allem die illegalisierten Substanzen als negativ konnotierte Rauschmittel. Tabak galt ebenfalls lange Zeit als Genussmittel, wandelt sich jedoch zunehmen zu einer mit einem Suchtverhalten verbundenen Substanz und unterliegt einer stärker werdenden negativen gesellschaftlichen Bewertung (Hess et al. 2004).

Zu der gesellschaftlichen Verurteilung des Drogenkonsums trägt in erster Linie das Verbot verschiedener Substanzen bei. Die erst seit dem 20. Jahrhundert bestehende Illegalisierung dieser Substanzen führte zu einer Kriminalisierung und Pathologisierung des Konsums und der Gebraucher. Gestützt wurden diese Sichtweisen des Drogenkonsums von der Sucht- und Drogenforschung, die sich lange Zeit fast ausschließlich mit den Ursachen und Folgen dieses abweichenden Verhaltens auseinandersetzten. Erst in den letzten Jahrzehnten entwickelte sich eine neue Forschungsrichtung, bei der Drogen auch unter anderen Gesichtspunkten beleuchtet werden. Dabei wurde erkannt, dass als illegale Drogen eingestufte Substanzen nicht automatisch zur Entwicklung einer Abhängigkeit und dem Abstieg in eine Drogensubkultur führen, sondern auch von sozial integrierten und sozial unauffälligen Menschen dauerhaft konsumiert werden können, ohne dass sie zu einer Suchtentwicklung oder anderweitigen negativen Folgen führen. Zinberg (1984) legte mit seiner Forschung den Grundstein zu einem Verständnis über die Möglichkeit eines unterschiedlichen Umgangs mit illegalen Drogen, der nicht allein aus den pharmakologischen Eigenschaften der Substanz und den vermeintlichen Persönlichkeitsdefiziten des Konsumenten[1] entsteht. Vielmehr haben die den Konsumenten umgebenden Umweltbedingungen und das Ausmaß seiner Integration in drogenferne soziale Bezüge einen wesentlichen Einfluss auf sein Konsumverhalten. Auch weiterführende Forschungsarbeiten zeigten, dass Konsumenten über eine Vielzahl von Verhaltensregeln und Ritualen verfügen, mit Hilfe derer sie ihren Konsum illegaler Drogen begrenzen und kontrollieren können (Schippers und Cramer 2002; Kolte und Schmidt-Semisch 2006)

Unabhängig davon bleibt in der breiten Öffentlichkeit der Konsum illegaler Drogen, als gefährlich und sofort suchterzeugend bestehen. Dies gilt vor allem für den Konsum der in der Umgangssprache nach wie vor als ‚harte Drogen' deklarierten Substanzen. Nicht zuletzt spielt hier die häufig einseitige Berichterstattung der Medien eine wichtige Rolle. Vielfach werden Mythen über Drogen von der Fach- und Tagespresse ins Leben gerufen (vgl. Hoffmann 2007) und dauerhaft aufrechterhalten, auch dann noch, wenn die Wissenschaft zu anderen Erkenntnissen gelangt. Die Medien beeinflussen das jeweilige Verständnis eines Substanzkonsums massiv. Dies gilt entsprechend auch für Kokain und insbesondere für seine rauchbaren Konsumformen Crack und Freebase, die Gegenstand der vorliegenden Arbeit sind.

Nachdem Albert Niemann 1860 Kokain das erste Mal aus den Blättern der Cocapflanze derivierte, wurde es wie viele andere Drogen zunächst als ein Heilmittel angeboten. Zunehmend änderte sich, unterstützt von Fach- und Tagespresse, das Bild des Kokains zu einer Abhängigkeit erzeugenden Droge, die aufgrund ihres vergleichsweise hohen Preises vor allem in den höheren gesellschaftlichen Schichten vertreten war und durch Literatur, Musik und Medien lange Zeit mit der High Society, den Schönen, Reichen und Intellektuellen verbunden war. Ende der 1970er Jahre und Mitte der 1980er Jahre erschienen mit Crack und Freebase neue Kokainformen auf dem Markt. Dabei handelte es sich um Kokainpulver, das durch die Umwandlung in seine basische Form rauchbar gemacht wurde und einen schnellen Wirkungseintritt sowie ein starkes Rauschgefühl versprach. Als sich diese rauchbare und billigere Form des Kokains auch unter Konsumenten unterer gesellschaftlicher Schichten verbreitete, sprachen die US-amerikanische Politik und Medien von einer großen Bedrohung durch diese neue „Todesdroge". So sei die Droge aufgrund ihres außergewöhnlich hohen Suchtpotentials nicht zu beherrschen, sie verführe die Jugend in Abhängigkeit und gesundheitliche sowie soziale Verelendung und sei für Kriminalität und Gewalt vor allem in der gesellschaftlichen Unterschicht ver-

---

[1] Zur besseren Lesbarkeit wird in der vorliegenden Arbeit nur die männliche Form verwendet, wobei die männliche Form geschlechtsunabhängig verwendet wird. Es sind also stets beide Geschlechter gemeint. Wenn im Text ausschließlich von Männern oder Frauen die Rede ist, wird dies kenntlich gemacht.

1.1 Einleitung

antwortlich (Kaulitzki 1996; Reinarman und Levine 2004). Auch in Deutschland wurde die rauchbare Form des Kokains präsent. Waren bis Mitte der 1990er-Jahre Heroin und Kokainpulver die Hauptsubstanzen der offenen Szene, gewann Crack, im Szenejargon „Stein" genannt, vor allem in Frankfurt, Hamburg und später auch in Hannover mit der Zeit einen immer höheren Stellenwert, den die Substanz bis heute behalten hat. Zwar wurden die Befürchtungen hinsichtlich einer epidemischen Verbreitung der Substanz weder in Nordamerika noch in Europa erfüllt, und es wurden keine ganzen Bevölkerungsgruppen von Abhängigkeit und Verelendung ergriffen. Dennoch bleibt innerhalb der Allgemeinbevölkerung, in der Drogenhilfe und auch in Teilen der Suchtforschung das Bild einer Substanz bestehen, deren Gebrauch mit einer starken Abhängigkeit, einem andauernden Kontrollverlust und einer starken sozialen Verelendung gleichgesetzt wird. Ein moderater und kontrollierter Umgang mit der Substanz gilt als nahezu ausgeschlossen.

Bislang gibt es zu dieser Droge nur wenige wissenschaftliche Untersuchungen. In der Fachliteratur liegt der Fokus in der Regel auf den problematischen Folgen eines Crackkonsums von Konsumenten in der Drogenszene. Forschungsarbeiten und Beobachtungen der Drogenhilfe bestätigen nicht selten das medial inszenierte Bild als Substanz mit einem übermäßigen Suchtpotential. Nur in wenigen Studien zum regelgeleiteten Kokainkonsum von sozial integrierten Konsumentengruppen wurden auch Konsumenten rauchbaren Kokains erreicht. Jedoch wurden diese vor allem in europäischen Studien in der Regel nur am Rande erwähnt und fanden keine nähere Beachtung. Allein zwei Studien in den USA und in Canada konnten eine größere Zahl an sozial integrierten Crackgebrauchern erreichen und ein differenzierteres Bild zum Umgang mit dieser Substanz zeichnen.

Die vorliegende Arbeit zum Konsumverhalten und zu Kontrollstrategien von Konsumenten rauchbaren Kokains hat deshalb das Ziel, neben den Gebrauchern der offenen Drogenszene insbesondere auch sozial integrierte Konsumenten bezüglich ihres jeweiligen Konsumverhaltens zu untersuchen und einen umfangreicheren Blick auf das Gebrauchsverhalten, auf Konsumregeln und mögliche Kontrollstrategien im Zusammenhang mit Crack und Freebase zu werfen. Dieses Themenfeld im Umgang mit dem rauchbaren Kokain wurde bisher wissenschaftlich nur wenig beleuchtet.

In den folgenden drei Kapiteln der vorliegenden Arbeit wird der aktuelle Forschungsstand zu Kokain, Crack und Freebase sowie zu dem Umgang mit diesen Substanzen wiedergegeben. Kapitel 2 beginnt mit einer Darstellung der historischen Entwicklung des Gebrauchs von Kokainhydrochlorid und der rauchbaren Darreichungsformen Crack und Freebase sowie der Herstellung der Substanzen. Zudem werden die Verbreitung und die Relevanz von Kokain und der rauchbaren Konsumform in verschiedenen Konsumentengruppen betrachtet. Das zweite Kapitel widmet sich der pharmakologischen Wirkung der verschiedenen Kokaindarreichungsformen und möglichen Gesundheitsfolgen des Konsums. Zudem wird das öffentliche Bild des rauchbaren Kokains beschrieben. Im dritten Kapitel folgt die Vorstellung des aktuellen Stands der Sucht- und Drogenforschung zum abhängigen Substanzkonsum auf der einen und zum kontrollierten Substanzkonsum auf der anderen Seite. Vor dem Hintergrund der mit dem Drogenkonsum und insbesondere dem Gebrauch des rauchbaren Kokains verbundenen Abhängigkeitsentwicklung werden verschiedene Modelle der Abhängigkeitsentstehung vorgestellt. Anschließend werden Erkenntnisse und Definitionen des aktuellen Forschungsstands zum kontrollierten Substanzkonsum dargelegt. Im nächsten Abschnitt werden die Erkenntnisse zu verschiedenen Konsummustern in Zusammenhang mit Kokain, Crack und Freebase vorgestellt. So werden zunächst die Entstehung einer Kokainabhängigkeit und die Besonderheiten von Crack und Freebase und schließlich der aktuelle Forschungsstand zum kontrollierten Konsum von Kokainhydrochlorid und dem Umgang mit dem rauchbaren Kokain beschrieben.

Kapitel 5 stellt den Hauptteil der Arbeit dar. Es widmet sich der empirischen Untersuchung zum Konsumverhalten von verschieden erreichten Konsumenten rauchbaren Kokains. Nach einer ausführlichen Vorstellung des methodischen Vorgehens innerhalb der Studie folgt die Darstellung der Ergebnisse der quantitativen Erhebung zum Konsumverhalten sozial integrierter Konsumenten des rauchbaren Kokains. Diese konnten mit Hilfe eines Online-Fragebogens erreicht und zu ihrem Konsumverhalten befragt werden. Neben dem Einstieg in den Crackgebrauch und aktuelle Konsummuster wird dabei im Besonderen der Blick auf kontrollierte Verhaltensweisen der Gebraucher gegenüber dem rauchbaren Kokain gelegt. Im Fokus liegen dabei angewandte Gebrauchsregeln und Kontrollstrategien sowie konsumbeeinflussende Faktoren. Im Anschluss werden die Ergebnisse der qualitativen Untersuchung vorgestellt, in der sowohl innerhalb als auch außerhalb der Drogenszene erreichte Konsumenten mit Hilfe von Tiefeninterviews zu ihrem Konsumverhalten und kontrollierten Konsumverhaltensweisen befragt wurden. Erkenntnisse zum Konsummuster der erreichten Crackgebraucher werden beschrieben und analysiert. In Kap. 6 werden die Ergebnisse der Untersuchungsarme nochmals zusammengefasst und einander gegenübergestellt. Die Diskussion der Ergebnisse und Schlussfolgerungen der Untersuchung für die Praxis sind Inhalt von Kap. 7.

Crack, Freebase und Stein werden sowohl in der Literatur als auch in der Drogenszene häufig synonym verwendet. Innerhalb der Interviews hat sich gezeigt, dass eine Unterscheidung der beiden Substanzen aufgrund verschiedener existierender Bezeichnungen und der Unkenntnis der Konsumentengruppe über die Unterschiede in der Praxis nur schwer möglich ist. Innerhalb der Auswertungs- und Diskussionskapitel der vorliegenden Arbeit wird deshalb die Bezeichnung Crack als rauchbares Kokain auch synonym für Freebase verwendet. Dieser Sachverhalt wird in Kap. 5.3.3 näher erläutert.

Die Substanzen Kokainhydrochlorid, Crack und Freebase 2

2.1 Historische Entwicklung des Kokainkonsums

2.1.1 Die Botanik der Coca-Pflanze

Die botanische Grundlage aller Kokainprodukte ist der Cocastrauch. Diese pyramidenartige Bergpflanze wächst in 600–1800 Metern Höhe in feucht-warmem Gebirgsklima und kann bis zu fünf Meter groß werden. Die Wirkstoffkonzentration in der Pflanze hängt in erster Linie von der mittleren Tagestemperatur während der Reifung ab. Den maximalen Kokaingehalt erreicht die Pflanze im Wachstum bei Temperaturen zwischen 15 und 20 Grad (Freye 1999, S. 84f; vom Scheidt 1999, S. 186).

Die Cocapflanze wurde erstmals 1783 von Jean Baptiste Lamarck in die Pflanzengattung Erythroxylazeen kategorisiert. Danach erhielt die Pflanze ihren bis heute gültigen Namen Erythroxylum Coca[1] (Springer 1989; Freye 1999). Unter der Oberfamilie Erythroxylum können 250 Arten unterschieden werden, die aber teilweise nur sehr wenig oder gar kein Kokain enthalten. Die zwei wichtigsten aufgrund ihrer Nutzung kultivierten Arten sind die Erythroxylum Coca mit dem höchsten Alkaloidgehalt und die Erythroxylum Novogranatense, die vor allem aufgrund der zahlreich in ihr enthaltenen Aromastoffe begehrt ist. Eine erste Ernte erfolgt nach 1,5 Jahren, wobei der Vollertrag nach dem fünften Jahr erreicht wird. Dann können die Blätter jährlich vier Mal geerntet werden (Freye 1999, S. 84f).

Heutzutage sind die Hauptanbaugebiete der Erythroxylum Coca die südamerikanischen Länder Peru, Kolumbien, Bolivien und Brasilien. Man schätzt die Zahl der Cocabauern auf ca. 15 Mio. (Freye 1997, S. 7) mit einer Anbaufläche von insgesamt ca. 150.000 Hektar (Täschner 1992, S. 2). Daneben werden Cocapflanzen

---

[1] In einigen Veröffentlichungen ist auch von Erythroxylon die Rede (vom Scheidt 1999; Haasen et al. 2002).

in weitaus geringerem Maße zu pharmazeutischen Zwecken auch in Indonesien, Indien und Ceylon angebaut (Freye 1999, S. 85).

2.1.2 Historische Entwicklung des Cocaismus in Südamerika

Der Konsum von Produkten des Cocastrauches lässt sich Jahrtausende zurückverfolgen. Schon in den frühen Hochkulturen Südamerikas vor zwei- bis fünftausend Jahren wurden die Blätter zu religiösen und rituellen Zwecken benutzt und verbreiteten sich vom Gebiet des heutigen Venezuela und Kolumbien bis zu den Gebieten des heutigen Ecuador und Peru. Zu den Zeiten der Inkas erlebten der Anbau der Pflanze und der Konsum der Blätter eine sehr hohe Bedeutung. Sie galten als Glücksbringer und wurden während rituellen Festen wie Weihrauch verbrannt oder gekaut (vom Scheidt 1999; Freye 1997). In diesen zeremoniellen Räucherungen wurde bereits die berauschende Wirkung des Rauches erkannt und zum Erreichen von Trancezuständen genutzt (Siegel 1982). Jegliche Verwendung der Cocablätter war jedoch in erster Linie Adligen und Priestern, Soldaten und Nachrichtenläufern vorbehalten (Freye 1997; vom Scheidt 1999). Mit Invasion der Spanier (1531 bis 1533) wuchsen die Anbauflächen und der Konsum verbreitete sich auch außerhalb kultischer Handlungen. Wurde die Nutzung der Blätter zunächst durch die katholische Kirche als Teufelswerk abgelehnt, erkannten die Spanier bald, dass sich der nicht zu unterdrückende Brauchtum auch für ihre Zwecke nutzen lies. Sie besteuerten die Coca-Ernten und nutzen die Blätter, um den vorherrschenden Nahrungsmangel zu überdecken, und die Leistung der versklavten Indios zu steigern. Häufig dienten die Cocablätter zudem als Lohn für die erbrachten Arbeiten (vom Scheidt 1999; Haasen 2004).

Auch heute noch werden die Cocablätter vor allem in Südamerika von großen Bevölkerungsgruppen gekaut. Der Gebrauch der Blätter wird als Cocaismus bezeichnet und ist vom missbräuchlichen Konsum der Produkte aus dem isolierten Kokainalkaloid, dem Kokainismus, zu unterscheiden (Köhler 2000; vom Scheidt 1999). Schätzungen sprechen für Peru von einer Verbreitung des Kauens von Cocablättern unter etwa 10 % der Bevölkerung (Täschner 1992, S. 3). Euphorische Rauschzustände werden durch das Kauen in der Regel nicht erzeugt, spürbar sind aber eine Aktivierung der Leistungsfähigkeit und das Dämpfen des Hungergefühls (Köhler 2000; vom Scheidt 1999). Der Gebrauch von Cocablättern ist auch heute Teil der verschiedensten Zeremonien im Gemeinschaftsleben der indigenen Dorfbevölkerung. Sie werden zudem als Heilmittel gegen Kopfschmerzen sowie in Form von Packungen gegen Wunden und Prellungen verwendet. Eine weitere Zubereitungsart ist der Mate de Coca, ein Tee aus Cocablättern, der als Heilmittel, z. B. gegen die Höhenkrankheit, in den Andenregionen eingesetzt wird (Freye 1997).

Werden die getrockneten Blätter weiterverarbeitet, entsteht die rauchbare Kokapaste, die heute ebenfalls zu den häufig konsumierten Cocaprodukten in Südamerika zählt. Sie hat stark psychotrope Effekte und wird in erster Linie von Straßenkindern und ärmeren Bevölkerungsschichten in den städtischen Ghettos konsumiert (Köhler 2000).

2.1.3 Die Entwicklung des Kokainkonsums in Europa und USA

Im 16. Jahrhundert gelangten die Cocablätter auch nach Europa. Dort waren sie jedoch nur eine von vielen anderen neuen Substanzen, die aus den von den Europäern eroberten Ländern in die Heimat gebracht wurden. Das Interesse hielt sich zunächst in Grenzen, vermutlich auch, weil der Wirkstoff der Blätter nach der langen Schiffsreise kaum noch enthalten war. So wurden Tabak, Kaffee, Tee und vor allem Opium der Vorzug gegeben (Freye 1997).

1855 wurde von dem deutschen Chemiker Goedecke aus einem Destillat der Kokapaste die Substanz Erythroxylin extrahiert, vermutlich eine Mischung aus dem Hauptalkaloid Kokain und anderen Alkaloiden (Freye 1997, S. 11). Albert Niemann gelang es schließlich 1860 in Göttingen, erstmals aus den Cocablättern die durch ihn benannte Substanz Kokain zu extrahieren. Größere Verbreitung erfuhr die Substanz ab 1863 durch den von Angelo Mariani erfundenen Vin Mariani aus Cocablätterextrakt und Wein. Dieses Getränk wurde in der Folge in den 1870er und 1890er Jahren vor allem als Genuss- aber auch Heilmittel gegen vielerlei Beschwerden eingesetzt (Kaulitzki 1996). Um die Jahrhundertwende waren einhundert verschiedene Getränke erhältlich, die Cocaextrakte enthielten, und als Allheilmittel gegen Heuschnupfen, Asthma, Zahn- und Bauchschmerzen, Kreislaufbeschwerden, Rheumatismus usw. verbreitet wurden (Freye 1997, S. 11). 1886 brachte J.S. Pemberton einen als Heiltrunk verkauften Sirup auf den Markt. Bis 1903 enthielt dieses Getränk die Substanz Kokain (Kaulitzki 1996). Ab 1920 wurde es unter dem Namen Coca Cola verbreitet. Bis heute sind in der Limonade Auszüge aus der Cocapflanze, denen jedoch der Wirkstoff entzogen wurde, als Aromastoffe enthalten (Freye 1997).

Durch Freuds Empfehlung, Kokain bei psychischen Beschwerden und bei der Behandlung der Morphinabhängigkeit zu verwenden, sowie durch die Entdeckung des Kokains als Lokalanästhetikum fand es Mitte der 1880er Jahre den Weg in die Medizin (Kaulitzki 1996). Vor allem das deutsche Pharmaunternehmen Merck produzierte Medikamente, welche in erster Linie zur Behandlung von Alkohol-

und Morphiumabhängigkeit (Haasen und Prinzleve 2001) und als Lokalanästhetikum bei z. B. Augenoperationen verwendet wurden (Kaulitzki 1996). Jedoch tauchten bald erste Warnungen über eine mögliche Kokainabhängigkeit auf. Vor allem bei Patienten, deren Morphiumabhängigkeit behandelt werden sollte, zeigten sich Gewöhnungserscheinungen, was Erlenmeyer 1886 dazu veranlasste, erstmals den Begriff Kokainsucht zu verwenden. Auch kam es in der Medizin aufgrund zu hoher Dosierungen vermehrt zu Vergiftungsfällen (ebd.). Die Wissenschaft wandte sich zunehmend gegen den Konsum von Kokain. Die politische Reaktion beschränkte sich in Deutschland zunächst darauf, ab 1890 für Kokain eine Apothekenpflicht und ab 1896 eine Rezeptpflicht einzuführen (Haasen und Prinzleve 2001; Kaulitzki 1996).

Ungeachtet aller Warnungen wurde Kokain weiterhin in den verschiedensten Produkten vertrieben. So gab es z. B. leichtdosierte Kokainzigaretten (aus Cocablättern), Tonics, Sprays und Tabletten im freien Verkauf, wobei diese vor allem in den USA eine große Verbreitung fanden (Haasen und Prinzleve 2001; Siegel 1982).

Der erste Weltkrieg und die 1920er Jahre Zu Beginn des ersten Weltkrieges etablierte sich vor allem in Pariser Nachtclubs und Cafés eine Kokainszene. Zu dieser Zeit wurde die Substanz auch an französische, russische und deutsche Soldaten ausgegeben (Gunkelmann 1989; vom Scheid 1999). Durch den Versailler Vertrag hatte sich Deutschland an das Haager Opiumabkommen von 1912 zu halten, und mit dem Opiumgesetz von 1920 setzte eine erste strafrechtliche Regulierung in Bezug auf Kokain ein. Da diese aber in nur sehr geringem Maße erfolgte, fand die Substanz dennoch besonders in der ersten Hälfte der 1920er Jahre viele Liebhaber, und sogenannte „Kokain-Moden" entstanden in den Städten (Kaulitzki 1996, S. 82).[2] Springer (1989) bezeichnete diese als erste „subkulturelle Verbände", also Kreise, „die sich ausschließlich um den gemeinsamen Drogengebrauch konfigurierten" (in Kaulitzki 1996, S. 82). In diesen Jahren war Kokain ein wichtiges Thema in Filmen und Gedichten (Gunkelmann 1989), wie z. B. von Gottfried Benn, Jean Cocteau und Max Brodt. Ab Mitte der 1920er Jahre wurde der Kokainkonsum zunehmend vor allem durch bürgerliche Kreise moralisch thematisiert (Kaulitzki 1996). Kokain konsumierende Menschen würden „moralisch verfallen", und die Substanz verleite Frauen zu „sexuellen Entgleisungen" (Junge Linke, o. J.). Im Dezember 1929 wurde schließlich ein weiteres Opiumgesetz verabschiedet, das Kokain ab dem 1. Januar 1930 verbot, und lediglich stark beschränkt die Verwendung zu pharmazeutischen Zwecken zuließ (Kaulitzki 1996). Eine medizinische Anwendung erfolgt,

---

[2] Eine tatsächlich hohe und bedeutende Verbreitung des Kokains in den 1920er Jahren, wird jedoch heute von einigen Autoren angezweifelt (vgl. Hofmann 2007).

wenn auch nur in geringem Maße, bis heute, und zwar in erster Linie in Form eines 5 %igen Sprays oder als 10 %ige Salbe im HNO-Bereich (Freye 1997).

Welche Entwicklung der Kokainkonsum nach dem Verbot der Substanz innerhalb der Bevölkerung nahm, ist kaum dokumentiert. Viele entdeckten das billigere Amphetamin für sich (Junge Linke, o. J.). Erst in den 1970er Jahren wurde Kokain zur Modedroge der Reichen, der Künstler und der Intellektuellen. Aber auch im Rotlichtmilieu und der offenen Drogenszenen wurde die wieder zunehmende Verbreitung bemerkbar (ebd.; Gunkelmann 1989; Köhler 2000; vom Scheidt 1999; Haasen und Springer 2002; Kemmesies 2004a).

2.1.4 Crack und Freebase

Ende der 1970er Jahre wurde das erste Mal ein Kokainkonsum in Form des sogenannten Freebasings bekannt, in der eine basische Variante des Kokains geraucht wurde. Konsumenten dieser Gebrauchsform waren in erster Linie Börsenhändler, Investment-Banker, Hollywood-Größen und Sportler. Mitte der 1980iger Jahre verbreitete sich das rauchbare Kokain in Form von Crack zunehmend in US-amerikanischen Ghettos (Reinarman und Levine 2004). Durch seine geringere Reinheit als Pulverkokain und Freebase sowie dem Verkauf in kleineren Mengen wurde damit eine Kokainform auch für eine Bevölkerungsschicht erschwinglich, die nur über geringe finanzielle Ressourcen verfügt (ebd.).

Das Rauchen eines Kokainproduktes war nicht neu. Die psychoaktive Wirkung des Rauches war bereits in den frühen Hochkulturen der Andenländer bekannt. Im 19. Jahrhundert wurden in Europa und vor allem in Nordamerika Zigaretten oder Zigarren aus gerollten Cocablättern, pur oder vermischt mit Tabak, vertrieben. Nachdem um 1914 im Zusammenhang mit der massiver werdenden Kritik an Coca kaum noch Blätter zu bekommen waren, verlagerten sich die Konsumwege auf den nasalen oder intravenösen Konsum von Kokainhydrochlorid. Erst wieder ab den 1970er Jahren ist die Nutzung von Kokain über das Rauchen dokumentiert (Siegel 1982). Erste Erfahrungen wurden laut Siegel (1982) innerhalb von Qualitätstests von Kokainhydrochlorid gemacht, während derer das Kokainpulver auf einer Folie verbrannt wurde. Je nach Farbe des Rauches sowie verbleibender Rückstände auf der Folie wurde die Qualität der Ausgangssubstanz eingeschätzt. Bei diesem Prozess stellten die Anwender die euphorische Wirkung des Rauches fest. Es entwickelten sich verschiedene Arten des Rauchens von Kokainhydrochlorid, neben dem puren Rauchen auf der Folie auch das Rauchen in Verbindung mit Tabak oder Marihuana. Mitte der 1970er Jahre begann man in den Kokain-Anbauländern Peru und Bolivien die Kokainpaste, die sogenannte Basuco, zu rauchen Diese wurde pur oder auch mit Tabak oder Marihuana vermischt konsumiert[3]. Das Rauchen der Kokainpaste verbreitete sich in den folgenden Jahren in allen Anbauländern der Cocapflanzen. Nordamerikanische Kokainkonsumenten, die in den Süden reisten, beobachteten diese Konsumart und brachten sie nach Nordamerika (Siegel 1982). Berichten zufolge ließ sich das Kokainrauchen zudem deutlich entlang der Transportwege durch die Karibik verfolgen, bis es schließlich in den USA auftauchte, dort jedoch verbunden mit einem anderen Kokainprodukt (Inciardi 1987 zit. nach Waldorf et al. 1991). Denn nicht die Kokainpaste fand den Weg nach Nordamerika. Nach der Rückwandlung des Kokainhydrochlorid in seine basische Form entstand eine neue Kokainform, Freebase und Crack, die zunehmend populär wurde (Siegel 1982). Einige Autoren berichten, dass das Freebase ebenfalls aus einer zufälligen Entdeckung bei der Qualitätskontrolle des Pulverkokains durch Dealer entstanden ist. Um den Reinheitsgehalt ihrer Ware zu prüfen, verwandelten sie das Kokainpulver in seine basische Form, indem sie es in einer Lösung aus Wasser, Ammonium und Äther erhitzten. Hatte das Produkt nach Entfernung aller Verunreinigung und Streckmittel noch 80–85 % des Ausgangsgewichts, zeugte dies von Reinheit. Da sich das entstandene Kokainprodukt weder zum Schnupfen noch zum intravenösen Konsum eignete, wurde es geraucht (McDonnell et al. 1990 zit. n. Waldorf et al. 1991, S. 103f). Im Laufe der Jahre und vor allem ab Ende der 1970er Jahre verbreitete sich das Rauchen von Freebase und dem ebenfalls entdeckten Crack zunehmend unter Konsumenten, die bisher Kokainhydrochlorid gebrauchten (Siegel 1982). Anfang der 1980er Jahre entstanden in den USA sogenannte Crack und Base Houses, in denen Crack hergestellt und konsumiert wurde (Sterk-Elifson und Elifson 1993; Williams 1992)[4]. Während in den Base Houses Crack gemeinschaftlich hergestellt und konsumiert wurde, wurde in Crack Houses neben der Herstellung und dem Gebrauch auch mit der Substanz gehandelt und Sex gegen Crack getauscht (Sterk-Elifson und Elifson 1993). Als Armendroge rückte das rauchbare Kokain nun immer mehr in den Fokus der US-Medien, die, unterstützt von der damaligen Regierung, das Bild der Substanz als Grund aller sozialen Missstände zeichnete. Die Substanz zerstöre die Jugend und sei verantwortlich für Kriminalität, Gewalt, Prostitution und Kindesmissbrauch (Reinarman und Levine 1994 zit. n. Kaulitzki 1996).

In Deutschland wurde Crack Ende der 1980er/Anfang der 1990er Jahre bekannt und immer populärer, ab Mitte der 1990er auch immer sichtbarer. Diese Entwicklung vollzog sich gleichzeitig mit der Bedeutungszunahme des Kokainhydrochlorid in den Drogenszenen. Waren anfangs die Szenen der Crack-Raucher von denen

---

[3] sog. Pitillos oder Papilloes.
[4] Angeblich allein 3000 in New York (Browne 1988, S. 4)

der intravenös Heroin Konsumierenden noch räumlich voneinander getrennt, vermischten sich die Gebraucher immer mehr, und es konnte eine starke Verbreitung eines polyvalenten Drogenkonsums beobachtet werden (Crack-Street-Projekt 1998; Dworsky 2001). Seit Anfang 2000 hat Crack in der offenen Drogenszene der Städte Frankfurt am Main, Hannover und Hamburg das pulverförmige Kokain fast vollständig verdrängt (Kemmesies 2004a). In Frankfurt ist es mittlerweile die am häufigsten konsumierte Substanz und liegt damit in ihrer Bedeutung noch vor Heroin (Müller et al. 2007). In die Allgemeinbevölkerung scheint das rauchbare Kokain nicht wesentlich eingedrungen zu sein (Prinzleve et al. 2005). Erst seit wenigen Jahren wird in den Repräsentativbefragungen überhaupt zwischen pulverförmigem und rauchbarem Kokain unterschieden. Aktuell wird von einer Verbreitung von 0,3 % in der Gesamtbevölkerung der Bundesrepublik Deutschland ausgegangen (Kraus et al. 2008b, S. 20)

2.2 Die Herstellung von Kokainhydrochlorid, Crack und Freebase

Kokain wird wie bereits erwähnt aus den Blättern der Cocapflanze gewonnen. Nachdem die Blätter getrocknet sind, können sie bereits zum Gebrauch durch Kauen verwendet werden. Zur Weiterverarbeitung werden die getrockneten Blätter in eine Mischung aus Kerosin, einer alkalischen Base, Sodacarbonat und Schwefelsäure eingelegt. Die daraus gewonnene Kokapaste ist bereits rauchbar. Sie enthält neben Kokain auch weitere Kokaalkaloide, Sulfate, Streckmittel und Verdünnungsmittel. Wird die Kokapaste mit Salzsäure gemischt, ist das Extrahieren des Alkaloids Kokain zu Kokainhydrochlorid möglich. Außerhalb der Anbauländer enthält das bei den Händlern auf der Straße als Kokain erhältliche weiße Pulver allerdings in der Regel nur zwischen 10 und 50 % reine Substanz, der Rest sind Streck- und Verdünnungsmittel (Haasen 2004, S. 16f).

Reines Kokainhydrochlorid ist gut in Wasser löslich, was die Injektion und die Resorption über Schleimhäute ermöglicht. Dagegen lässt es sich nicht rauchen, da der Siedepunkt bei 230 Grad liegt (Crack-Street-Projekt 1998, S. 5). Um es rauchbar zu machen, muss es deshalb zunächst wiederum in seine basische Form umgewandelt werden. Rauchbares Kokain kann man als Freebase oder Crack erhalten. Die Herstellung von Freebase erfolgt durch Erhitzen des Kokainpulvers mit Äther und Natriumhydroxid oder Ammoniumbicarbonat. Dadurch wird das Kokainhydrochlorid von Verunreinigungen befreit, und es entsteht ein Stoff, der schon bei relativ geringen Temperaturen verdampft (Haasen 2004; Freye 1997; Langer et al. 2004; Crack-Street-Projekt 1998). Aus einem Gramm Kokain können auf diese Weise je nach Reinheitsgrad der Ursprungssubstanz etwa 0,5 bis 0,7 Gramm Freebase gewonnen werden (Stone et al. 1990; Götz 2001 zit. n. Stöver 2001, S. 7). Problematisch bei dieser Herstellungsweise ist die leichte Brennbarkeit des Äthers, was eine hohe Verpuffungs- und Explosionsgefahr in sich birgt. Deshalb und auch aufgrund der höheren Herstellungskosten ist die Freebase-Gewinnung mehr und mehr in den Hintergrund getreten und die Herstellung von Crack hat sich stärker etabliert (Waldorf et al. 1991; Freye 1997; Schweer und Strasser 1994). So ist davon auszugehen, dass es sich bei der in Europa und Nordamerika verbreiteten Kokainbase um Crack handelt. Hinsichtlich ihrer pharmakologischen Wirkung sind beide Zubereitungsformen gleich. Sie unterscheiden sich aber in ihrer Herstellungsweise und dem Gehalt an Streckmitteln.

Die Substanz Crack erhielt ihren Namen durch das knisternde, knackende Geräusch, das während des Rauchens entsteht. Crack kann sowohl aus Kokainpaste unter Zuführung von Basen, als auch aus Kokainhydrochlorid unter Zuführung von Wasser und einem Bikarbonat (Natriumhydrogencarbonat/Natron oder Ammoniumhydrogencarbonat), hergestellt werden. Nach dem Aufkochen der Substanzen entsteht ein brauner bis beigefarbener Stoff (Haasen 2004; Langer et al. 2004). Bei diesem Vorgang werden Verunreinigungen des Kokains nicht wie beim Freebase herausgelöst, sondern verbleiben in der Substanz. Aus einem Gramm Kokain ergibt sich auf diese Weise etwa 1,3 Gramm Crack (Götz 2001 zit. n. Stöver 2001, S. 8). Neben den zur Umwandlung in die basische Form benötigten Zusatzstoffen können auch andere Streckmittel wie z. B. Milchpulver, Ascorbinsäure, Amphetamine oder sonstige Aufputschmittel im Crack enthalten sein (Haasen et al. 2004; Schweer und Strasser 1994).

In einem Artikel von Langer, Behr und Hess (2004) beschreibt ein Konsument die Crack-Herstellung wie folgt: „Kokapulver ins Reagenzglas, ungefähr ein Drittel Natron dazu, 'n Zentimeter Wasser obendrauf, heiß machen, und dann wird's erst milchig und wenn's Koka gut ist, dann wird das schnell wieder klar und dann schwimmt der Stein oben drauf, und wenn das Koka jetzt net so gut ist, dann wird's zwar auch klar, aber es bleibt unten das ganze Zeug, der fertige Stein, das ist dann nicht zusammen, das ist dann Gekrümel." (S. 29). Die eigene Herstellung von Crack ist also kein Problem. In der heutigen Zeit kaufen die Konsumenten der Crack-Szene ihre Substanz aber in der Regel bereits fertig zubereitet, da häufig eine gute Kokain-Erwerbsquelle fehlt (ebd.).

In den USA ist die Herstellung von Crack vor allem in Verbindung mit Backpulver bekannt. Da dem Backpulver in Deutschland aber neben dem Natriumhydrogencarbonat auch Stärke hinzugefügt wird, eignet es sich hier nicht zur Crackherstellung (Stöver 2001).

2.3 Die Verbreitung von Kokain und Crack

2.3.1 Verbreitung in der Allgemeinbevölkerung

Kokainhydrochlorid Kokain ist die zweithäufigste illegale Droge in Europa – nach Cannabis und knapp vor Amphetaminen und Ecstasy (EBBD 2009). In den letzten Jahren ist laut EBDD (Europäische Beobachtungsstelle für Drogen- und Drogensucht) ein steter Zuwachs des Kokainkonsums zu verzeichnen. Dies mache sich unter anderem in einer europaweiten Zunahme von Kokainbeschlagnahmungen seit Ende der 1980er Jahre bemerkbar (EBDD 2003 zit. n. Kemmesies und Werse 2004). Aber auch in den Behandlungsstatistiken der einzelnen Länder wird die stärkere Verbreitung deutlich. So haben sich die Behandlungsnachfragen aufgrund von Kokain von 1999 bis 2004 verdoppelt (EBDD 2006). Insgesamt haben etwa 10 Mio. und damit mehr als 3 % der europäischen Erwachsenen Erfahrungen mit Kokain. Damit habe der Kokainkonsum „ein historisches Maximum" in Europa erreicht (EBDD 2006, S. 13). 2009 sprach die EBDD von einem weiteren Zuwachs auf 13 Mio. und damit etwa 3,9 % der europäischen Bevölkerung im Alter von 15 und 64 Jahren, die Erfahrungen mit Kokain haben. Dennoch ist der Kokainkonsum im Vergleich zum Gebrauch von Alkohol und Cannabis in der Allgemeinbevölkerung relativ wenig verbreitet. Die Lebenszeitprävalenz innerhalb der verschiedenen europäischen Länder schwankt zwischen 0,1 % und 8,3 % der erwachsenen Bevölkerungen. Am stärksten verbreitet ist der Kokainkonsum in Spanien, und Großbritannien (EBDD 2009, S. 71 ff). In den meisten europäischen Ländern weisen jedoch maximal 3 % der Bevölkerung Erfahrung mit dem Konsum von Kokain auf. In Australien und Neuseeland sind es etwa 4 %, in Kanada 6 % und in den USA 14 % (Drogen- und Suchtbericht 2005, S. 83). Innerhalb der 12-Monate-Prävalenz kann von einer durchschnittlichen Verbreitung des Kokains bei 1 % der europäischen Bevölkerung ausgegangen werden, d. h. etwa 3,5 Mio. Erwachsene in Europa konsumierten innerhalb der letzten 12 Monate vor den jeweiligen Erhebungen Kokain (EBDD 2006, S. 59). Im Jahr 2009 sind diese Werte auf 4 Mio. und damit 1,2 % der europäischen Bevölkerung gestiegen (EBDD 2009, S. 71)

In Deutschland ist die Lebenszeitprävalenz von Kokain seit 1990 signifikant angestiegen. Der fortgesetzte Kokainkonsum ging jedoch zurück (Kraus et al. 2005b). In der regelmäßig durchgeführten deutschen Repräsentativbefragung unter 18- bis 59jährigen lag die Lebenszeitprävalenz von Kokainhydrochlorid im Jahr 2003 bei 3,1 %, wobei doppelt so viele Männer als Frauen Erfahrungen mit dieser Substanz hatten. Insgesamt 1 % der Befragten gaben an, auch innerhalb der letzten 12 Monate Kokainhydrochlorid konsumiert zu haben, 0,4 % in den letzten 30 Tagen (Kraus et al. 2005a, S. 22). Damit wird deutlich, dass der aktuelle Gebrauch innerhalb der deutschen Bevölkerung vergleichsweise gering ist. Erstmals wurde 2003 der SDS-Test in dieser Repräsentativbefragung aufgenommen, auf dessen Grundlage 0,1 % aller Befragten als psychisch kokainabhängig anzusehen sind (Kraus et al. 2005a, S. 19). In der Repräsentativbefragung im Jahr 2006 konnte eine leichte Verringerung des Kokainkonsums in der deutschen Allgemeinbevölkerung verzeichnet werden. So lag die Lebenszeitprävalenz von Kokainhydrochlorid bei 2,5 %, die 12-Monateprävalenz bei 0,6 % und die 30-Tageprävalenz bei 0,2 % (Kraus et al. 2008b, S. 20).

Verschiedene Repräsentativerhebungen zeigen, dass der Konsum von Kokain vorwiegend im Alter zwischen 20 und 30 Jahren zu finden ist. Dabei wird die Substanz von den meisten Konsumenten am Wochenende in Freizeitsettings konsumiert (EBDD 2006, 2009). Sie ist vor allem in den jugendlichen Party- und Technoszenen, aber auch bei Opiat- und Alkoholabhängigen, bei Jugendlichen im Großstadtmilieu und unter Strafgefangenen verbreitet (Kraus et al. 2004). In den Statistiken der ambulanten und stationären Suchthilfeeinrichtungen stellte Kokain im Jahr 2006 nur bei 2,1 % bzw. 1,6 % der Behandelten die Hauptdiagnose dar. Damit ist Kokain unter den Hilfesuchenden im Vergleich zu anderen Substanzen nur sehr gering vertreten (Sonntag et al. 2007a, b). Kemmesies und Werse (2004) gehen auch von einer Verbreitung des Kokains in Bevölkerungsteilen aus, die durch Repräsentativerhebungen nicht erreicht werden, z. B. in der offenen Drogenszene, aber auch unter medizinisch und polizeilich unauffälligen Konsumenten in sozialen Nischen, die sich aus Angst vor Entdeckung nicht an Bevölkerungsbefragungen beteiligen und aufgrund ihrer polizeilichen Unauffälligkeit auch in diesen Statistiken nicht erscheinen (S. 29f).

Crack und Freebase Weniger häufig in der Allgemeinbevölkerung vertreten als das Kokainhydrochlorid sind die daraus hergestellten basischen Varianten Crack und Freebase. Ein genauer Blick ist jedoch erst seit einigen Jahren möglich, da zuvor in den meisten Studien keine Differenzierung zwischen Pulverkokain und dem rauchbaren Kokain vorgenommen wurde.

Hohe Verbreitungsraten zeigen sich in Europa vor allem in Hamburg, London und Paris und in geringerem Maße in Barcelona und Dublin (EBDD 2006). Crack und Freebase scheinen jedoch entgegen den Vermutungen sowohl in Europa als auch in Nordamerika in nicht-deviante Kreise nur wenig eingedrungen zu sein (Prinzleve et al. 2005; Reinarman und Levine 2004; Kemmesies 2004a). Dennoch konnte in den letzten Jahren gerade in Deutschland ein signifikanter Anstieg des Crackkonsums in der Lebenszeitprävalenz verzeichnet werden. Waren es im Jahr 2000 0,1 % der westdeutschen und 0,2 % der ostdeutschen 18–59jährigen, die jemals in ihrem Leben Crack konsumierten (Kraus und Augustin 2001, S. 30), stieg der Anteil auf 0,4 % im Jahr 2003 (Kraus et al. 2005a, S. 22). Mittlerweile ist die Zahl

2.3 Die Verbreitung von Kokain und Crack

im Jahr 2006 wieder leicht auf 0,3 % gesunken (Kraus et al. 2008b, S. 20). Gegenüber der Lebenszeitprävalenz des Crackkonsums ist der Anteil der Personen, die in den der Erhebung vorangegangenen 12 Monaten Crack konsumierten mit 0,1 % der Befragten sehr gering (Kraus et al. 2005a, S. 22; Kraus et al. 2008b, S. 20). Auch im Rahmen einer Studie zum Umgang mit illegalen Substanzen im bürgerlichen Milieu kommt Kemmesies (2004a) zu dem Schluss, dass der regelmäßige Crackgebrauch außerhalb offener Drogenszenen eher wenig verbreitet ist. Jedoch verfügte jeder Zehnte der 169 in dieser Studie Befragten über Erfahrungen mit der Substanz (S. 169).

In den ESPAD-Studien zum Drogengebrauch von deutschen Schülern der 9. und 10. Klasse wurden Lebenszeitprävalenzen von 2,1 % (im Jahr 2003; Kraus et al., 2004, S. 76) und 2,3 % (im Jahr 2007; Kraus et al. 2008a, S. 105) des rauchbaren Kokains erhoben. In der ESPAD-Statistik von 2003 zeigte sich in der Einschätzung des aktuellen Gebrauchs der Substanz eine geringere Prävalenz in den letzten 12 Monaten (1,5 %) und in den letzten 30 Tagen (0,7 %) (Kraus et al. 2004, S. 79 ff). In den Studien fällt auf, dass sich die beteiligten Bundesländer in den Prävalenzraten teilweise recht stark unterscheiden. Sie liegen 2007 zwischen 1,8 % (Berlin und Saarland) und 3,0 % (Brandenburg) (Kraus et al. 2008a, S. 108). Deutlich wird aber, dass Schüler in allen sieben teilnehmenden Bundesländer Erfahrungen mit Crack haben. Dies überrascht insofern, da aufgrund der Beobachtungen in offenen Drogenszenen häufig vermutet wird, dass Crack außerhalb von Frankfurt am Main, Hamburg und Hannover kaum verbreitet sei (Stöver 2001). In den europäischen Statistiken zur Behandlung von Kokainabhängigkeit und Kokainmissbrauch spielt Crack eine vergleichsweise geringe Rolle. 15 % der Kokainpatienten gaben an, Crack als ihre Hauptsubstanz zu konsumieren (EBDD 2009, S. 77)

Hose und Kraus (2004) verglichen einige Untersuchungen zur Prävalenz des Crackkonsums in verschiedenen anderen Ländern. Im europäischen Vergleich wird vor allem in Großbritannien eine höhere Verbreitungsrate als in der Bundesrepublik deutlich. Sie liegt in der Lebenszeitprävalenz der 16–59jährigen Bevölkerung bei etwa 1 %. Aktuell gebrauchen etwa 0,3 % der britischen Bevölkerung rauchbares Kokain (S. 38). Österreich berichtet, Crack spiele in der Allgemeinbevölkerung in den vergangenen Jahren und bis heute keine Rolle. Crackkonsumenten tauchen in den wenigen kokainbezogenen Studien Österreichs so gut wie nicht auf. Und auch in Behandlungssettings benannten Hilfesuchende keinen Crackkonsum (Bericht zur Drogensituation 2006, 2009). In den Niederlanden wird in der Betrachtung der Allgemeinbevölkerung keine Unterscheidung zwischen Kokain und Crack getroffen. Auch hier scheint das rauchbare Kokain kaum in die Gesamtbevölkerung eingedrungen zu sein und wird in der Regel nur in Verbindung mit marginalisierten Drogenkonsumenten erwähnt (vgl. NDM 2008). In einer Studie in der Amsterdamer Partyszene 1998 zeigten 48 % der Befragten eine Lebenszeitprävalenz von Kokainpulver, 4 % von Crack und 12 % von Freebase (Netherlands Focal Point 2000, S. 133).

Deutlich höher als in Europa liegt die Prävalenz des Crackkonsums in den USA. Dort verfügten in den Jahren 2002 bis 2006 jeweils 3,3 % der Bevölkerung ab 12 Jahren über Erfahrungen mit Crack, wobei ebenfalls deutlich weniger Befragte auch in den letzten 12 Monaten vor den Erhebungszeitpunkten rauchbares Kokain gebrauchen. In den Jahren 2004 und 2006 lag der Anteil der Konsumenten innerhalb der letzten 12 Monate bei 0,5 % bis 0,6 %, die Zahl der aktuellen Konsumenten bei 0,2 % bzw. 0,3 % der Allgemeinbevölkerung (Substance Abuse and Mental Health Services Administration 2007, S. 229 ff). 2007 schätzte man die Zahl der aktuellen Crackkonsumenten in den USA auf 610.000 Personen (NIDA 2009, S. 3). In Australien spielt der Crackkonsum keine Rolle und wird in den Drogenberichten des Landes nicht näher beleuchtet. In Neuseeland und Kanada liegen die Lebenszeitprävalenzen unter einem Prozent (Hose und Kraus 2004, S. 39).

Der regelmäßige Konsum von Crack scheint in Deutschland aber auch in anderen europäischen Ländern im Vergleich zu anderen Drogen innerhalb der Gesamtbevölkerung eine ‚Randerscheinung' zu sein (Prinzleve et al. 2005). Die Substanz wird vermutlich in einigen Jugendszenen konsumiert, in denen pulverförmiges Kokain eine Rolle spielt. Hier ist vor allem die Party- und Technoszene zu nennen. Baumgärtner (2004) sieht in der Hamburger Technoszene zwar keinen Anstieg eines Crackgebrauchs, hält jedoch einen Freebasekonsum für möglich, wobei sich diese Vermutungen lediglich auf „sehr vereinzelte Hinweise" beziehen (S. 60). In der Studie von Kemmesies (2004b) zum Drogengebrauch im bürgerlichen Milieu waren diejenigen Befragten mit Erfahrungen im Konsum rauchbaren Kokains ebenfalls vornehmlich in der Technoszene integriert. Aber auch in sozial unauffälligeren Kreisen außerhalb der Technoszene soll der Crackgebrauch angewachsen sein, vor allem in bestimmten Berufen des Dienstleistungsbereichs (z. B. im Medien- oder IT-Bereich, Werbung), in denen es vermutlich einige „Leistungskokser" gibt (Villhauer zit. n. Stöver 2001, S. 24; Degkwitz und Verthein 2000). Auch innerhalb von Studien zum Kokainkonsum im bürgerlichen Milieu wurden sozial integrierte, unauffällige Crackkonsumenten erreicht (Cohen und Sas 1994; Reinarman und Levine 1997a; Waldorf et al. 1991, Decorte 2000). Zahlen über ihre Verbreitung existieren jedoch kaum. Sie suchen nur selten Drogenhilfeeinrichtungen auf und werden deshalb in den Statistiken nicht erfasst (Villhauer zit. n. Stöver 2001; Degkwitz und Verthein 2000). Allgemein wird von einer geringen Verbreitung des rauchbaren Kokains unter sozial integrierten, unauffälligen Drogengebrauchern ausgegangen (EBDD 2009). Somit scheint der Konsum von Crack eher ein Phänomen der offenen Drogenszene oder anderweitig sozial ausgegrenzter Gruppen[5] zu sein.

2.3.2 Verbreitung in der offenen Drogenszene

In den 1980er Jahren waren in den offenen Drogenszenen der größeren Städte in erster Linie Heroinkonsumenten anzutreffen. Im Laufe der 1990er Jahre kam es zu einer Vermischung der Szenen mit ihren unterschiedlich präferierten psychotropen Substanzen (Dworsky 2001). In der Straßenszene gewann neben Heroin Kokain an Bedeutung (Kemmesies 2004a), vor allem in Form von sogenannten ‚Speedballs' oder ‚Cocktails'. In diesen wurde Heroin und Kokain gemischt und teilweise noch mit Barbituraten oder Benzodiazepinen angereichert. Zunehmend stiegen aber auch die Zahlen der Konsumenten, die intravenös Kokain konsumierten (Dworsky 2001). Dem steigenden Kokainkonsum folgte die Etablierung von Crack in einigen Drogenszenen. Seit Mitte der 1990er Jahre hat sich in Frankfurt am Main, Hamburg und Hannover eine sichtbare Crackszene ausgebildet. Gleichzeitig zeigte sich vor allem in Hamburg und Frankfurt ein deutlicher Rückgang des Kokainhydrochlorids (Prinzleve et al. 2004; Schmid und Vogt 2005). In den Szenen anderer Städte konnte sich Crack nicht durchsetzen und bleibt dort eher eine Seltenheit. Lediglich in Berlin soll es eine nennenswerte Verbreitung von Freebase geben, aber auch hier hält sich die Auffälligkeit in Grenzen (Stöver 2001). Vermutlich halten sich die dortigen Gebraucher auch weniger in offenen Drogenszenen auf, da Freebase als eine teurere Form des rauchbaren Kokains für Konsumenten der bekannten Drogenszenen eher unerschwinglich sein dürfte.

Während es über die Verbreitung des rauchbaren Kokains in der Hannoveraner Drogenszene kaum Untersuchungen gibt, sind die Entwicklungen in Hamburg und Frankfurt am Main deutlich besser dokumentiert. In Hamburg wird seit 1994 ein steter Anstieg des Crackkonsums beobachtet. Möller und Prinzleve (2004) gehen von einem Anteil von 80–90 % der offenen Drogenszene aus, die Crack konsumieren. Dabei sei der exzessive Crackkonsum weitaus häufiger vertreten als der gelegentliche (S. 203). Trotz des weit verbreiteten polyvalenten Gebrauchs von Crack und Heroin, ist Crack in Hinblick auf Konsum und Beschaffung zur alltagsbestimmenden Droge geworden (ebd., S. 204). Eine ganz ähnliche Entwicklung wurde in Frankfurt beobachtet. Auch dort etablierte sich Mitte der 1990er Jahre zunehmend eine Crackszene. Blieb diese Raucherszene zunächst räumlich von der Heroinszene getrennt, vermischten sich beide Szenen bald, und es dominiert bis heute der

---

[5] z. B. Prostituierte und bestimmte Migrantengruppen (Stöver 2001)

polyvalente Drogenkonsum von Heroin und Crack in der Frankfurter Drogenszene (Langer et al. 2004). Innerhalb der durch die Universität Frankfurt regelmäßig durchgeführten Szenebefragungen wird ebenfalls die starke Präsenz rauchbaren Kokains deutlich. Seit Anfang 2000 hat Crack Pulverkokain in der Szene fast verdrängt. Langer, Behr und Hess (2004) gehen davon aus, dass 80 % der Frankfurter Szenegänger mehrmals in der Woche Crack konsumieren (S. 28). In Frankfurt nimmt Crack im Vergleich zu Heroin eine immer stärkere Bedeutung ein. So stiegen die 24h-Prävalenzen von Crack in den Szenebefragungen deutlich an, während die 24h-Prävalenzen von Heroin zurückgingen. Diese Entwicklung scheint seit 2003 wieder etwas rückläufig. Dennoch bleibt für Kemmesies Crack die am intensivsten genutzte Droge, noch vor Heroin (Kemmesies 2004a). Dies scheint über die Jahre auch so geblieben zu sein (Müller et al. 2007). Einen kleinen Einblick in die Entwicklung der Hannoveraner Drogenszene ermöglicht ein Bericht des Café Connection, eine niedrigschwellige Einrichtung der Drogenhilfe inmitten des Bahnhofsgebietes und der dort ansässigen Drogenszene in Hannover. Die Mitarbeiter der Einrichtung beobachten seit 1996 einen zunehmenden Kokainkonsum. Fast alle ihrer Klienten verfügen über Erfahrungen mit Kokain. Zwar überwiege bei den 38 in der Einrichtung Befragten der intravenöse Konsum von Heroin oder Kokainhydrochlorid, das Rauchen von Crack sei jedoch weiter zunehmend (Café Connection 1999, S. 1 ff). Bewegt man sich heutzutage in der Hannoveraner Drogenszene zeigt sich eine sehr starke Verbreitung von Crack. Mitarbeiter der Drogenhilfe gehen von bis zu 90 % der Szenegänger als Crackerfahrene aus (Bapat 2007).

Eine große Rolle spielen Kokain und Crack unter anderem bei Teilnehmern an Substitutionsprogrammen mit Methadon. Methadon wird als sedierend und Trägheit fördernd empfunden. Mit dem Beikonsum des antriebssteigernden und wach machendem Kokain bzw. Crack versuchen viele Substituierte dieser Wirkung zu begegnen (Dworsky 2001; Stöver 2001). Wurde bis Mitte der 1990er Jahre neben der Substitution mit Methadon hauptsächlich intravenös Kokain konsumiert, stieg seitdem das Crackrauchen in der Beliebtheit (Heinz 1999; Degkwitz und Verthein 2000; Fischer et al. 2005).

Eine ähnliche Situation wie in Deutschland zeigt sich auch in anderen Ländern der Erde. Crack dringt kaum in die Allgemeinbevölkerung ein, spielt aber unter Konsumenten der offenen Drogenszene eine wichtige Rolle. In den Niederlanden konsumierten laut eines Berichtes aus dem Jahr 2000 80 bis 90 % der polyvalenten Drogenkonsumenten der Straßenszene Crack. In Amsterdam ist sie außerdem die Hauptdroge unter Straßenkindern, jungen Prostituierten sowie Jugendlichen aus sozialen Brennpunkten, vor allem ethnische Minderheiten (Netherlands Focal Point 2000, S. 132). Nach wie vor hat Crack in den Niederlanden diese hohe Be-

2.3 Die Verbreitung von Kokain und Crack

deutung unter Konsumenten mit einem problematischen Drogengebrauch (NDM 2008, S. 55; 94). Auch in Deutschland wurde der Crackgebrauch neben der Drogenszene unter sozial desintegrierten, auf der Straße lebenden Jugendlichen, minderjährigen Prostituierten und jugendlichen Strichern beobachtet (Degkwitz und Verthein 2000; Stöver 2001). In einer europaweiten Studie[6] zeigte sich nur in Paris, London und Hamburg eine wesentliche Verbreitung von Crack in den dort bestehenden Drogenszenen (Haasen et al. 2004).

In Nordamerika finden sich größere Verbreitungszahlen des Crackkonsums ebenfalls nicht in der Allgemeinbevölkerung, dafür aber in Drogenszenen oder sozialen Randnischen. In Kanada konnte in den letzten Jahren eine starke und zunehmende Verbreitung des Crackkonsums unter Konsumenten beobachtet werden, die intravenös Drogen gebrauchen. In einer Studie von 794 intravenös Drogen Konsumierenden aus verschiedenen Städten rauchten 52,2 % zusätzlich zu ihrem übrigen Drogenkonsum Crack. In einer Studie in Toronto im Jahr 2000 gaben 70 % der befragten intravenös Drogen Gebrauchenden einen Kokaingebrauch vorrangig in Form von Crack an. In Vancouver stieg der Crackkonsum zwischen 1998 bis 2000 von 35 % auf 55 % der Drogennutzer mit einem intravenösen Gebrauch (Überblick über diese Studien bei Canadian Centre on Substance Abuse 2006, o. S.). In den USA wird der Crackgebrauch nach wie vor überwiegend unter ethnischen Minderheiten in sozial schwachen Gebieten beschrieben, vor allem unter Bürgern afro-amerikanischer Herkunft. In diese Bevölkerungsschichten drang Crack in den 1980er Jahren ein, nachdem die vielen Arbeitslosen in dem Vertrieb dieser Substanz eine Einnahmemöglichkeit sahen (Waldorf et al. 1991).

---

[6] Befragt wurden Kokainkonsumenten, die aus einem sozial integrierten Rahmen, aus einem Behandlungssetting oder aus der jeweiligen Drogenszene stammten. Die teilnehmenden Städte waren: Hamburg, Zürich, Stockholm, Rom, Dublin, Barcelona, Budapest und Wien (Haasen et al. 2004)

Wirkungen und Folgen des Konsums rauchbaren Kokains 3

3.1 Pharmakologische Wirkung des Kokains

In ihrer pharmakologischen Wirkung sind sich alle Kokainprodukte ähnlich, da als Grundsubstanz das Kokain im Körper wirkt. Klinisch-pharmakologisch gehört das Kokain zu den Stimulanzien (Haasen 2004), die eine anregende und leistungssteigernde Wirkung hervorrufen (Geschwinde 1998). Kokain wirkt sowohl auf das vegetative als auch das Zentrale Nervensystem, wo es in den Neurotransmitter-Stoffwechsel eingreift. Weiterhin entfaltet Kokain eine lokalanästhetische Wirkung. Wird es auf Schleimhäute aufgetragen, blockiert es den Beginn oder die Weiterleitung des Nervenimpulses an dieser Stelle (Haasen 2004).

Im Zentralen Nervensystem wirken und beeinflussen Kokainmoleküle vor allem die Neurotransmitter Noradrenalin, Dopamin und Serotonin (Freye 1999, S. 89). Beim Konsum von Kokainprodukten erfolgt eine vermehrte Ausschüttung der genannten Neurotransmitter. Gleichzeitig verhindern die Kokainmoleküle die Wiederaufnahme der Neurotransmitter in die präsynaptischen Speichervesikel. Dies führt zu einer starken Anreicherung der Neurotransmitter, und die Wirkung an den postsynaptischen Rezeptoren wird verstärkt. Die Folge ist eine massive Stimulation des Zentralen Nervensystems und eine Verstärkung der emotionellen Empfindungen (DHS o. J., S. 6; Freye 1999, S. 89).

Nach der Kokaineinnahme ist als erste Reaktion des Körpers eine starke Euphorie zu bemerken, verbunden mit einem zumeist als sehr positiv erlebten Erregungszustand. Weitere durch die Kokainaufnahme verursachte körperliche Erscheinungen sind Ruhelosigkeit, Zunahme der Atemfrequenz, Anregung des Wärmeregulationszentrums sowie die Zunahme der Herzfrequenz und des Blutdrucks (Freye 1999, S. 91). Ganz typische, auch nach außen hin wahrnehmbare Zeichen, sind vermehrtes Schwitzen und erweiterte Pupillen (Erhardt 1993). Für das verminderte Hunger- und Durstgefühl ist neben dem Noradrenalin auch das Dopamin verantwortlich (Freye 1999, S. 89). Weitere körperliche und psychische

Erscheinungen nach der Kokaineinnahme sind ein Stärkegefühl mit Hemmungswegfall, erhöhter Antrieb und Bewegungsdrang, verstärktes Mitteilungsbedürfnis sowie eine stärkere Wahrnehmung von sexuellen Gefühlen verbunden mit einem Anstieg der Libido (Haasen et al. 2004, S. 132). Da die emotionalen Empfindungen aufgrund der Kokainwirkung instabil sind und zudem eine gesteigerte Reizbarkeit besteht, befindet sich der Konsument in einer Art „Alarmbereitschaft" hinsichtlich verteidigendem und angreifendem Verhalten (Freye 1999, S. 91). Möglicherweise ist dies ein Grund, warum eine höhere Aggressionsbereitschaft unter Kokainkonsumenten festgestellt wird.

Laut der Deutschen Hauptstelle gegen die Suchtgefahren[1](DHS) lässt sich das Rauscherleben bei einem Kokainkonsum in drei Phasen einteilen:

1. das euphorische Stadium mit den als positiv empfundenen Symptomen (gehobene Stimmung, erhöhtes Selbstwertgefühl, gesteigerter Antrieb, verstärkte Sinneswahrnehmungen und Kreativität, Sorglosigkeit, Verringerung sozialer und sexueller Hemmungen, gelegentlich Halluzinationen)
2. das Rauschstadium, in dem unter Umständen paranoide Stimmungen mit akustischen und/oder optischen Halluzinationen auftreten können
3. das depressive Stadium, das mit Antriebslosigkeit, Müdigkeit, Erschöpfung aber unter Umständen auch mit Angstzuständen, Schuldgefühlen, Selbstvorwürfen und Suizidgedanken einhergeht (Deutsche Hauptstelle gegen die Suchtgefahren o. J., S. 5 f)

Wie intensiv die psychotrope Wirkung wahrgenommen wird, hängt von vielen Faktoren ab – von der Dosis der Substanz, ihrer Einnahmeform, der Persönlichkeit des Konsumenten und der Umgebung, in der sie gebraucht wird (Haasen 2004, S. 19). Aber auch die Erwartung, die ein Konsument an das Rauscherleben hat, kann dieses stark beeinflussen (Reinarman et al. 1997).

3.1.1 Wirkungseintritt

Kokain lässt sich auf verschiedene Weise konsumieren. Es kann als Kokainhydrochlorid, also als Pulver, geschnieft, mit Wasser aufgelöst und injiziert oder inhaliert werden. Die basische Form des Kokains, also Crack und Freebase, kann geraucht aber ebenfalls auch mit Wasser und Ascorbinsäure aufgelöst und dann injiziert werden (Schmid und Vogt 2005).

---

[1] heute Deutsche Hauptstelle für Suchtfragen

Wie schnell eine Wirkung nach einer Kokainzufuhr eintritt, aber auch wie lang sie anhält, hängt vom jeweiligen Stoffwechsel (Krausz 2001) und in hohem Maße von der Art der Substanzaufnahme ab. Am schnellsten wirkt das Kokain, wenn es als Base, also als Crack oder Freebase, geraucht wird. Das liegt vor allem an dem kurzen Weg von der Lunge über das linke Herz ins Gehirn. So ist bereits nach etwa zehn Sekunden eine Wirkung zu spüren. Bei intravenösem Konsum muss die Substanz zusätzlich das rechte Herz und den Lungenkreislauf passieren, bis sie in das Gehirn gelangt. Die Wirkung tritt auf diesem Wege nach 30 bis 45 Sekunden ein. Beim Schniefen des Kokainpulvers und bei der oralen Einnahme dauert es am längsten, bis die Wirkung eintritt, nämlich ein bis zwei Minuten bzw. fünf bis zehn Minuten (Haasen 2004, S. 19).

Die Schnelligkeit des Wirkungseintritts bestimmt auch den Abfall der Wirkung und den anschließenden Crash. Das heißt die effektiven Konsumformen, über die mit einer geringeren Dosis eine schnell Wirkung erzielt wird, sind wiederum die mit der kürzesten Wirkdauer. Das wird vor allem bei Crack und Freebase deutlich. Bei dieser Kokaindarreichungsform werden die Wirkung am kürzesten, zwischen fünf und fünfzehn Minuten, und der Crash am heftigsten empfunden (Haasen et al. 2004, S. 131).

3.1.2 Kokainintoxikation

Wie bei anderen psychotropen Substanzen kann es auch bei Kokain und seinen verschiedenen Darreichungsformen zu einer Überdosierung kommen. Zeichen einer Intoxikation können laut Haasen (2004) anhaltende möglicherweise quälende Angst, Bluthochdruck, Herzrasen, in schweren Fällen Kreislaufkollaps, Herzinfarkt, Krämpfe, Zittern, Erbrechen, Atembeschwerden u. a. sein (S. 20 f). Überempfindlichkeitsreaktionen können zudem schon bei geringen Mengen zu einem Kokainschock führen. Dieser äußert sich mit Blässe, kaltem Schweiß, Atemnot und kann bis zum Versagen des Kreislaufes führen (DHS o. J.). Allergische Reaktionen können sogar tödliche Auswirkungen haben (Uniklinik Frankfurt am Main 2005).

Laut Gay (1982 zit. n. Freye 1997) lassen sich drei Phasen der Intoxikation differenzieren. 1. die Phase der frühen Stimulation, 2. die Phase der späten Stimulation und 3. die Phase der Depression (S. 33 ff). Durch die verstärkte Stimulierung tieferer Zentren des motorischen Systems treten bei hohen Kokaindosen Hyperreflexie und Tremor, gefolgt von tonisch-klonischen Krämpfen auf. Die Stimulierung der Atmung und die Zunahme der Atemfrequenz durch das Kokain können bei einer zu hoher Dosierung in ein oberflächliches und schnelles Atemmuster und schließlich auch in einer Atemdepression münden. Durch danach folgende Hypoxie und einem unzureichendem Herzschlag (Arrhythmien) sowie einer ungenügenden Hirndurchblutung kann eine Kokainüberdosierung in den Tod führen (Freye 1997, S. 23).

3.2 Gesundheitsfolgen des Crack- und Freebasekonsums

Die durch Untersuchungen und Beobachtungen innerhalb der Drogenszene benannten Nebenwirkungen und gesundheitlichen Folgen des Crackkonsums sind denen des Konsums von Kokainhydrochlorid ähnlich, aber häufig potenziert. Dieser Umstand resultiert aus der angenommenen stärkeren Abhängigkeit. Die Folge ist eine noch stärkere Konzentration auf die Fortsetzung von Konsum und Beschaffung, wodurch unter Umständen andere wichtige Maßnahmen der Gesundheitsfürsorge vernachlässigt werden (Vogt et al. 2000; Fischer et al. 2005).

Schon die Konsumart mit der Crack und Freebase dem Körper zugeführt wird, kann spezifische Schäden hervorrufen. Beim länger andauernden Rauchen der Substanz kann es zu Verbrennungen im Nasen-Rachen-Bereich und der Lunge kommen, die durch die lokalanästhetische Wirkung des rauchbaren Kokains häufig erst spät bemerkt werden (Haasen et al. 2004, S. 130). Aber auch weitere Beeinträchtigungen des Mundes, der Zunge und Luftröhre können erfolgen. So sind chronische Schmerzen im Mund, eine geschwollene Zunge, aber auch Atemprobleme und Abhusten von schwarzem Belag möglich (Stone et al. 1990, S. 55 f). Auch die Schleimhäute von Lippen und Mund können Schaden nehmen (Stöver 2001, S. 10). Wird bei der Inhalation zudem eine Verstärkung der Wirkung durch Pressen versucht, kann es zu krankhaften Luftansammlungen im Brustfellraum oder Herzbeutel kommen (DHS o. J., S. 7). Stark verbreitet sind zudem Bronchitis-Erkrankungen und andere Lungenschäden (Stöver 2001, S. 10). Beim Spritzen von Crack oder Freebase besteht hauptsächlich eine Infektionsgefahr der Einstiche, die zur Bildung von Abszessen führen kann. Da Crack auch hier seine lokalanästhetische Wirkung entfaltet, werden fehlerhafte Injektionen nicht sofort bemerkt. So ist die Gefahr von Abszessen beim Spritzen von Crack oder Freebase höher als beim intravenösen Konsum von Heroin (Haasen 2004; Dörrlamm 2004).

Andere Gesundheitsfolgen können Leber-, Herz- und Nierenschäden sein (DHS o. J.). Olgiati (1991) befragte 32 Konsumenten und stellte weitere wichtige Folgen des Crackkonsums fest: Angst (60 %), Paranoide Wahrnehmung (60 %), Visuelle Halluzinationen (50 %), Unsoziales Verhalten (40 %), Aufmerksamkeits- und Konzentrationsprobleme (38 %), Logorrhoe (38 %), Sehstörung (35 %), Husten mit schwarzem Auswurf (35 %), Muskelschmerzen (35 %), Psychomotorische Erregtheit (35 %), Gewichtsverlust (35 %), Artikulationsstörungen (31 %), Massiver

Verlust der Impulskontrolle (28 %), Akustische Halluzinationen (25 %), Lethargie (25 %) und Depressionen (25 %) (zit. n. Stöver 2001, S. 9).

Wird Crack oder Freebase mit anderen Stoffen gemeinsam konsumiert, kann es zu unbeabsichtigten negativen Wechselwirkungen kommen (Haasen 2004). Wird z. B. Crack und Nikotin gemeinsam konsumiert, tritt eine Verstärkung der gefäßverengenden Wirkung ein, wodurch sich die Gefahr eines Schlaganfalls deutlich erhöht (DHS o. J., S. 10).

3.3 Das öffentliche Bild von Crack und Freebase

Der Kokainkonsum unterlag in seiner Geschichte einem steten Imagewandel. Wurde das Kokain nach seiner Entdeckung als Allheilmittel gesehen, kamen bald erste Warnungen hinsichtlich einer möglichen Abhängigkeitsentwicklung und anderer negativer gesundheitlicher und sozialer Probleme auf. Das Kokain entwickelte sich in der Folge von einer Substanz für Alle zunächst zu einer Substanz einer Subkultur, der Künstler und der Boheme der Zwanziger Jahre. Schließlich wurde sie Ende der Zwanziger Jahre des 20. Jahrhunderts verboten und in der Popularität von anderen psychotropen Substanzen abgelöst (siehe Kap. 2.1.3). Erst Ende der 1960er und vor allem Mitte der 1970er Jahren gelangte der Kokainkonsum wieder mehr ins Blickfeld und das Interesse an der Forschung über den Umgang mit dieser Substanz wuchs. Bereits in den 1970er Jahren gab es in den USA Studien zu Kokainkonsumenten, die die Substanz über kurze Zeiträume oder gelegentlich in der Freizeit konsumierten, wobei dies in der Regel ohne negative Auswirkungen geschah. Aus diesen Studien erwuchs ein Kokainbild, das eine relativ ungefährliche Droge zeigte (Waldorf 1991). Gleichzeitig avancierte Kokain über die Medien zur Droge der High Society, der Schönen und Reichen, aus deren Reihen auch immer wieder Prominente als Kokainkonsumenten entdeckt wurden. Ende der 1970er Jahre wurden die ersten Freebaser unter Prominenten in den USA bekannt. So erhielt auch diese Kokainform zunächst das Image einer Lifestyledroge, die dem „Lebensgefühl der Spaß- und Freizeitkultur" entspricht und zudem „ständige sexuelle Leistungsfähigkeit" verspricht (Degkwitz und Verthein 2000, S. 37 f; Reinarman und Levine 2004). Ende der 1970er Jahre gab es die ersten Studien, in denen eine verstärkte Hinwendung zum Freebase verbunden mit einem problematischeren Gebrauch beobachtet wurde. Dies stachelte eine öffentliche Diskussion über eine starke Abhängigkeit und Toxizität des rauchbaren Kokains an. Gleichzeitig gewann Freebase unter Konsumenten von Pulverkokain immer mehr an Bedeutung (Siegel 1982; Reinarman und Levine 2004). Als dann Mitte der 1980er Jahre in den USA neben Freebase Crack auftauchte, änderte sich das Bild des Kokains komplett. 1986 wurde Crack von der US-Regierung zum nationalen Problem erklärt (Sahihi 1995). Infolge einer sich anschließenden hohen Medienaufmerksamkeit und starken politischen Kampagnen wurde das rauchbare Kokain zu einer gefährlichen, nicht zu beherrschenden Substanz mit einem hohen Suchtpotential und einem fast zwangsläufigen Abhängigkeitsverlauf stilisiert, deren Konsum mit schwerwiegenden physischen und psychischen Folgen einhergeht. Von großer Bedeutung war dabei die Ausweitung des Kokainkonsums von der fast ausschließlichen Mittelschicht hin zur Unterschicht, vor allem unter Afroamerikanern und Latinos in den entsprechenden Stadtteilen und Ghettos (Waldorf et al. 1991). Damit wurde Crack nicht nur aufgrund der Wirkung und damit verbundenen problematischen Gebrauchsmustern, sondern auch wegen der Konsumentenschicht für Medien und deren Berichte interessant (Reinarman und Levine 1994 zit. n. Kaulitzki 1996). „Die ganzen USA wurden durchgerüttelt von Nachrichten über sofortige Suchterzeugung, tote Sportler und verkrüppelte Künstler, zwölfjährige Crack-Huren und von Schwerbewaffneten bewachte Crack-Höhlen" (Sahihi 1995, S. 44). Aufgrund des in kleineren Mengen und dadurch zu erschwinglicheren Preisen verkauften Cracks drang die Substanz in eine Gesellschaftsschicht ein, die ohnehin schon als gefährlich und kriminell angesehen wurde. Die Substanz wurde nun in politischen Kampagnen als Ursache für soziale und gesellschaftliche Probleme dargestellt, für Kriminalität, Schulabbrüche, Armut, Prostitution und vieles mehr. Dabei schürten die amerikanischen Medien, unterstützt von der Regierung, das negative Bild vor allem in den Wahlperioden, da so auf einfache Weise Erklärungen für die sozialen Missstände gefunden wurden, ohne die Ursachen in der eigenen Politik suchen zu müssen. Weiterhin vereinfachte es die Rechtfertigung der stärksten Inhaftierungswelle in der Geschichte der USA (Reinarman und Levine 2004, S. 182 ff).

Die typischen Mythen, die sich damals und teilweise bis heute um das rauchbare Kokain ranken sind 1. Eine epidemische Verbreitung des Crack in verschiedene Alters- und sozialen Gruppen, 2. eine sofortige unweigerliche Abhängigkeit, 3. eine erhöhte Aggressivität und Gewalt der Konsumenten und 4. eine unweigerliche Behinderung des Kindes, wird Crack während der Schwangerschaft konsumiert (vgl. z. B. Reinarman und Levine 2004; Schweer und Strasser 1994; Kaulitzki 1996). Mit der hohen Medienpräsenz und den erschütternden Berichten rüstete sich auch die deutsche Drogenhilfe. Sie befürchtete ein Überschwappen der Substanz nach Europa und wappnete sich für eine ähnliche Entwicklung als schließlich 1986 die ersten Crackfunde in Deutschland gemacht wurden. Jedoch bewahrheitete sich keine der oben genannten Mythen in einer näheren wissenschaftlichen Betrachtung (Prinzleve et al. 2004; Reinarman und Levine 2004; Kaulitzki 1996). Crack blieb in Deutschland auf wenige Szenen beschränkt und ist in der Allgemeinbevölkerung als eine Randerscheinung zu sehen. Dennoch bleibt das stark negativ besetzte Bild der Substanz erhalten, was wohl vor allem auf die weiterhin geringe wissenschaftliche Forschung und das nach wie vor negativ propagierte Bild in den Medien zurückzuführen ist. So berichten Zeitungen nach wie vor von der „Todesdroge Crack" und ihren verheerenden Auswirkungen für die Konsumenten. Dabei nähren sich vor allem Medienberichte in erster Linie aus Beobachtungen in der offenen Drogenszene und Berichten aus Krankenhäusern sowie Behandlungseinrichtungen. Dies führte zu einem sehr einseitigen Blick, da sich innerhalb dieser Institutionen immer nur eine bestimmte Teilgruppe der Konsumenten bewegt, eben jene, deren Konsumverhalten eine Inanspruchnahme professioneller Hilfe notwendig macht. Diejenigen, die kontrolliert konsumieren, deren Substanzgebrauch nicht auffällig wird und die damit oben genannte Institutionen gar nicht aufsuchen, bleiben verborgen. Damit steht das öffentliche Bild des rauchbaren Kokains fast ausschließlich mit der Behandlung und der offenen Drogenszene in Verbindung. Jene Gebraucher werden mit Prostitution, Wohnungslosigkeit, Kriminalität und schlechtem Gesundheitszustand sowie stark aggressivem Verhalten in Verbindung gebracht (Brink 2005; Prinzleve et al. 2004; Café Connection 1999). Obwohl diese Faktoren tatsächlich unter jenen Gebrauchern beobachtet werden konnten (Zurhold und Kuhn 2004; Vogt et al. 2000; Fischer et al. 2005), umfasst es vermutlich nur einen Ausschnitt von Konsumenten und lässt andere Gebraucher mit eventuell anderen Konsummustern außen vor.

Das negative Image der Substanz wird nicht nur an die breite Öffentlichkeit vermittelt, sondern auch an die Konsumenten selbst weitergegeben. Selbst Gesundheitsmaterialien vermitteln dieses Bild der unkontrollierbaren Substanz und untergraben entgegen ihrem eigentlichen Vorhaben zusätzlich das für eine Konsumbegrenzung notwendige Selbstbewusstsein (Southwell 2003). Kontrollverlust, Verelendung und Aggression werden quasi schon von vornherein erwartet, auch wenn einige Autoren die Ursachen dieser Phänomene eher in anderen Zusammenhängen als in der Substanzbeschaffenheit sehen. Zwar wurden darüber die Mythen der Substanz relativiert, dennoch bleibt das alte Bild. Dabei wies Szasz bereits 1974 darauf hin, dass solche Mythen bei jeder neuen Droge wiederkehren, da das Bedürfnis herrsche, die Ursachen einer Substanzverbreitung zu erklären und diese losgelöst vom Kontext zu dramatisieren und in der Substanz selbst oder der Persönlichkeit des Konsumenten zu sehen (zit. n. Kaulitzki 1996). Dieses Phänomen konnte vor der Bedeutungszunahme des rauchbaren Kokains auch schon bei Marihuana, Heroin und Kokainhydrochlorid beobachtet werden (Reinarman und Levine 2004) und wird sicher auch bei zukünftigen neuen Substanzen wieder auftreten.

Stand der Drogen- und Suchtforschung

Bis in den 1970er Jahren dominierte eine Drogen- und Suchtforschung, die sich ausschließlich mit den negativen Folgeerscheinungen eines Substanzgebrauchs auseinandersetzte. Untersuchungspersonen wurden aus Behandlungssettings rekrutiert und der süchtige Umgang mit einer Substanz entweder auf die Schwäche der Persönlichkeit oder die Wirkungen der Substanz selbst zurückgeführt. Ohne den Einbezug der konkreten Lebenswelt entstand ein eindimensionales Krankheitsbild, das in der deutschen Forschung bis in die 1980er Jahre aufrechterhalten wurde (Weber und Schneider 1997). Die wichtigsten Forschungszugänge waren und sind Erfahrungen von Mitarbeitern der Drogenhilfe und des Strafvollzugs, Repräsentativbefragungen in Form von Prävalenzstudien in der Allgemeinbevölkerung oder unter Schülern, die Betrachtung spezifischer Untersuchungsfelder über institutionelle Zugänge und des Weiteren die Therapieforschung, die aus Analysen der Patientenakten und -statistik, Katamneseerhebungen sowie Einzelfallbefragungen besteht (Weber und Schneider 1997, S. 19 f.). Jeder dieser Forschungszugänge ermöglicht ausschließlich einen Blick auf eine Teilgruppe und ist nicht in der Lage eine generalisierende Einschätzung über das Konsumverhalten von Menschen und die beeinflussenden Wirkungszusammenhänge zu treffen. Selbst innerhalb von Repräsentativbefragungen, die in der Allgemeinbevölkerung durchgeführt werden, werden nicht alle Konsumentengruppen erreicht (Weber und Schneider 1997). Gleichzeitig hat die Forschung hier ein weiteres Problem mit der Illegalität der abgefragten Substanzen. So stellt sich die Frage, inwieweit am Telefon oder über Fragebögen befragte Personen in sozial integrierten Kreisen tatsächlich ausführliche und wahrheitsgetreue Aussagen machen oder nicht doch eine mögliche Entdeckung befürchten (Thomasius 1991 u. Tossmann et al. 2001 zit. n. Dollinger 2002). In diesem Zusammenhang gewinnen Befragungen über das Internet an Bedeutung, da dieses Medium neben einer hohen Erreichbarkeit und Repräsentativität der Konsumenten auch die absolute Anonymität ermöglicht und damit Hemmungen im Antwortverhalten abbauen helfen kann (Stetina et al. 2008).

Häufig liegt auch heute noch der primäre Blick auf Konsumenten mit einem problemhaften Drogengebrauch. Zunehmend etablierten sich in den letzten Jahrzehnten aber auch andere Forschungszugänge, innerhalb derer man versucht, die bisher stark selektive Forschung aufzubrechen und durch neue Zugänge ein umfassenderes Bild über den Umgang mit Drogen zu erhalten. Gleichzeitig öffnete sich das Verständnis eines Substanzkonsums hin zu einem multikausalen Bedingungsgefüge, das den Umgang mit einer Droge beeinflusst. Nicht nur die Substanz und der verfehlte Charakter des Konsumenten sondern auch seine Umwelt, in der er aufwächst, lebt und konsumiert, gewannen nun in der Betrachtung eines Konsumverhaltens an Bedeutung. Detaillierte Untersuchungen zum kontrollierten, regelgeleiteten Umgang mit illegalen Drogen bieten die Möglichkeit, Hilfestellungen für Gebraucher illegaler Drogen mit einem kompulsiven also unkontrollierten Konsum zu geben und auf Forschungs-, Suchthilfe- und Politikebene ein Umdenken zu erreichen (Schippers und Cramer 2002).

4.1 Abhängiger Substanzkonsum

4.1.1 Entstehung des Suchtbegriffs und heutiges Suchtverständnis

Ein wichtiger Aspekt der Deutung ist die Definition von Grenzen für den Konsum. Die jeweilige Grenze zwischen integriertem und ausgegrenztem, von erlaubtem Konsum zu Sucht oder Abhängigkeit ist nichts ‚Objektives', sondern kulturhistorisch in Auseinandersetzungen um eine ‚angemessene' Lebensweise und deren ‚Interpretationshoheit' gewachsen (Degkwitz 2002a, S. 23).

Der Konsum psychotroper Substanzen geht bis in die frühesten Kulturen zurück. So nutzten schon die Ägypter, die Griechen und die Römer in der Antike Bier und Wein als alltägliche Getränke sowie bei Ritualen und gemeinschaftlichen Festen (Schmidt-Semisch und Nolte 2000; Strieder 2001[1]). Bereits damals gab es moralische Bewertungen des Rausches. So galt bei den Griechen das Prinzip der Selbstbeherrschung, der ausladende Rausch blieb auf die Feste zu Ehren des Gottes Dionysos beschränkt. Die Römer dagegen verurteilten diese Feste und verfolgten und bestraften deren Anhänger. Auch in der Bibel erfährt Alkohol eine zweideutige Bewertung. So stehen zum einen Wein und Weinberge als Symbol für Fruchtbarkeit, zum anderen wird wiederholt der negative Einfluss des Alkohols auf das soziale Zu-

---

[1] Strieder bezieht sich in seinen im Folgenden zusammengestellten Ausführungen auf Beiträge in den 1982 erschienenen Bänden „Rausch und Realität" von Völker & von Welck.

sammenleben benannt. Neben Alkohol fanden in den frühen Kulturen auch andere Substanzen Verwendung. In den Hochkulturen Südamerikas waren die Cocablätter weit verbreitet. Die Skythen verbrannten Hanfsamen und atmeten den Rauch bei Bestattungsritualen ein (Strieder 2001). Cannabis wurde im antiken Griechenland (Schmidt-Semisch und Nolte 2000), aber vor allem in Asien zur Erlangung höherer geistiger Zustände genutzt. Die Schamanen der frühen amerikanischen Kulturen nutzten bei ihren Ritualen halluzinogene Pflanzen und Pilze. Im Mittelalter wurden psychogene Pflanzen im Hexenkult zu medizinischen Salben und Tinkturen verarbeitet (Strieder 2001). In der übrigen Gesellschaft, also außerhalb der kultischen Zusammenhänge war vor allem im Mittelalter Alkohol stark verbreitet. Er wurde als Nahrungsmittel und auch vielfach hemmungslos zu Festen konsumiert (Schmidt-Semisch und Nolte 2000). Der Rauschzustand wurde geschätzt und gehörte zum normalen Leben dazu (Legnaro 1982 zit. n. Strieder 2001). Lediglich die allzu große Maßlosigkeit wurde negativ bewertet. Diese galt allerdings auch in anderen Lebensbereichen als Sünde (Voigtel 2001).

Mit dem Ende des 15. Jahrhunderts und einem sich verändernden Weltbild änderte sich auch die moralische Beurteilung des Alkohols als damals vorherrschendes Rauschmittel. „Nicht mehr die Erkenntnis der Ganzheit der Welt wird angestrebt (Ekstase), sondern das Wissen über das Funktionieren ihrer Teile. Dadurch geht der Bezug zur Ekstase – der Verschmelzung von Subjekt und Objekt – verloren, da sich diese weitgehend der wissenschaftlichen Definition entzieht" (Strieder 2001, S. 82). In der Folge wurde Alkohol und insbesondere die Trunkenheit zunehmend negativ bewertet und ein gemäßigter also kontrollierter Gebrauch gefordert. Mit dieser Rationalisierung des Trinkverhaltens brauchte es aber Möglichkeiten, die zurückgehaltenen Affekte bei bestimmten Gelegenheiten zu durchbrechen, um sie wenigstens in bestimmten Momenten ausleben zu können. In diesem Zusammenhang kam es im 16. Jahrhundert zu einer Verbreitung des Alkoholkonsums in einer hedonistischen Funktion. Gleichzeitig wird er mit dem moralischen Ziel der Selbstbeherrschung zunehmend aus dem öffentlichen Alltag verbannt. In der Freizeit jedoch behielt er zum Stillen des Rauschbedürfnisses weiterhin seine Bedeutung. Dabei wurde im Besonderen Brandwein attraktiv, da mit diesem der Rauschzustand schneller erreichbar war. Jedoch selbst im Rausch galt und gilt es bis heute, die Selbstkontrolle und die Berechenbarkeit der Person zu bewahren (Legnaro 1982 zit. n. Strieder 2001).

Der Suchtbegriff im Zusammenhang mit der Einnahme psychotroper Substanzen entstand erst zu Beginn des 19. Jahrhundert nach Benjamin Rushs Untersuchungen zu den Auswirkungen des regelmäßigen Brandweinkonsums. In ihnen beschrieb Rush die Wandlung des Trinkens von einer gewohnten Handlung zu einer Notwendigkeit. Dabei deutete er den Alkoholismus als eine Schwäche des

Willens (Degkwitz 2002a). Mit dem Suchtbegriff bot sich erstmals die Möglichkeit, bereits früher beschriebene physische Phänomene wie z. B. Entzugserscheinungen sowie verschiedene andere physiologische Wirkungen, beobachtete Verhaltensweisen und soziale Folgen des Alkoholgebrauchs unter einem Begriff zu kategorisieren. Gleichzeitig wurden dadurch die beobachteten Phänomene greifbar und ermöglichten, Konsumenten mit entsprechenden Merkmalen zu identifizieren, einzuordnen und gesellschaftlich „moralisch, strafend, helfend oder therapeutisch" zu reagieren (Degkwitz 2002a, S. 25). Nicht nur der Umgang mit Alkohol führte zu jener Zeit zu einer medizinischen Auseinandersetzung mit Rauschzuständen. Auch der problematische Konsum anderer, neu entdeckter Substanzen verbreitete sich. Wesentlich war hier die Entdeckung des Morphins aus der Mekonsäure und des Kokains aus den Cocablättern. In gleicher Zeit kam es zu einem Wandel der Gesellschaft. Infolge schlechter Arbeitsbedingungen, Ausbeutung, Armut und Not fielen schützende kulturelle Konsummuster weg und der Substanzgebrauch bekam für weite Bevölkerungsschichten die Funktion der Unterdrückung von Hunger, der Betäubung und der Entspannung am Feierabend nach harter Arbeit (Schmidt-Semisch 1997).

1952 versuchte die WHO eine erste allgemein gültige Begriffsdefinition, in der die Sucht als eine periodische oder chronische Intoxikation nach wiederholter Einnahme einer Droge mit der Folge eines starken Verlangens zur Konsumfortsetzung, einer Dosissteigerung sowie psychischer und physischer Abhängigkeit auftritt. 1957 wurde der Begriff Gewöhnung hinzugefügt, um eine Differenzierung in einem Konsumverhalten zu erreichen. Der Begriff Sucht wurde schließlich von der WHO 1964 vollständig durch den Begriff der psychischen oder physischen Abhängigkeit ersetzt (Schmidt-Semisch 1997; Dollinger 2002; Vogt und Scheerer 1989). Bereits 1928 verabschiedete der Deutsche Ärztetag die Prämisse einer Behandlung der Alkoholabhängigkeit mit Hilfe einer stationären Langzeittherapie in sogenannten Entziehungsanstalten mit dem Ziel der Abstinenz. „1955 wurde diese Grundsatzentscheidung (...) vom Deutschen Ärztetag nochmals bestätigt" (Schmidt-Semisch und Nolte 2000, S. 45). 1968 wurde der Alkoholismus schließlich durch das Bundessozialgericht offiziell als Krankheit anerkannt, womit die Versicherungsträger ab sofort verantwortlich waren, Kosten einer Behandlung zu übernehmen (Herwig-Lempp 1994).

Im Zusammenhang mit einem Drogenkonsum dominierte lange Zeit in der Suchtforschung die Drogendeszendenztheorie, die jeglichen Gebrauch illegaler Drogen als Ausgangspunkt einer Entwicklung hin zu einer Abhängigkeit sieht, in deren Folge Straffälligkeit oder Therapie steht. Ein Ausstieg aus diesem Kreislauf könne lediglich dann realisiert werden, wenn der Konsument durch die negativen Konsumfolgen einen solchen Leidensdruck (Leidensdrucktheorie) erfährt, dass er schließlich tatsächlich für die Therapie bereit ist (Weber und Schneider 1997). Die einhergehende Beurteilung des Drogenkonsums als abweichendes, kriminelles Verhalten führte dazu, dass sich die gesundheitliche und soziale Lebenssituation der Gebraucher zusätzlich verschlechterte (Stöver 1999). Bis in die 1980er Jahre galt das Prinzip der Therapeutischen Kette mit dem Ziel der absoluten Abstinenz (Abstinenzparadigma) als die einzig zu verfolgende Handlungsstrategie in der Bekämpfung des Konsums illegaler Drogen und der Drogenabhängigkeit[2] (Schmidt-Semisch und Nolte 2000; Schmid 2003). Legitimiert wurde dieses Modell nicht zuletzt durch die Justiz, die das Prinzip der Therapie statt Strafe einführte, um darüber Gebrauchern das Abstinenzparadigma geradezu aufzuzwingen. Damit war die Behandlung nicht Unterstützung einer von dem Konsumenten gewollten Veränderung sondern übernahm in diesem Zusammenhang selbst die Funktion der Bestrafung (Schmidt-Semisch und Nolte 2000, S. 47).

Das etablierte (und nach wie vor bestehende) Krankheitsmodell der Sucht führte dazu, dass Drogenkonsumenten lange Zeit jegliche Kontrolle und Einflussnahme auf ihren Konsum abgesprochen wurde. Dieser einseitige Blick auf den Substanzkonsum und seine Bezeichnung als irreversible Krankheit unterdrückt auf massive Weise die Eigenverantwortung von Konsumenten und die Möglichkeit, den Drogengebrauch nach Konsumregeln zu gestalten und selbst initiierte Kontrollstrategien anzuwenden (Haves und Schneider 1992; Stöver 1999). Erst die Mitte der 1980er Jahre aufkeimende AIDS-Problematik und die wachsenden Todeszahlen in Verbindung mit einem Drogenkonsum führten zu neuen Initiativen in der Bereitstellung von Hilfen für Drogenabhängige (Schmidt-Semisch und Nolte 2000; Schmid 2003). So wurden Konsumenten Adressaten von Aufklärungs- und Präventionskampagnen. Diese hatten zum Ziel, Informationen über Infektionswege von HIV (und später auch Hepatitis B und C) zu vermitteln und Verhaltensweisen zu fördern (z. B. durch die Abgabe steriler Spritzen), einen Drogenkonsum so zu praktizieren, dass er keine zusätzlichen Risiken für die Gesundheit in sich birgt. Dies setzte ein Verständnis voraus, dass trotz eines abhängigen Substanzkonsums der Konsumenten ein Mindestmaß an Eigenverantwortung und Einflussnahme auf das Konsumverhalten möglich ist (vgl. Stöver 1999).

In der heutigen Zeit ist vielfach wissenschaftlich anerkannt, dass nicht jeder Gebrauch von Alkohol und Drogen in ein süchtiges Verhalten führen muss. Sowohl die Existenz von kontrollierten Konsummustern als auch von Menschen, die eine Abhängigkeit selbständig überwinden, ist durch eine Reihe von Studien wissen-

---

[2] Dieses Hilfeprinzip sah vor, dass Konsumenten nach dem Kontakt zu Drogenberatungsstellen eine Entzugsbehandlung aufsuchen, anschließend in eine stationäre Langzeittherapie wechseln und danach die erreichte Substanzabstinenz mit einer folgenden Nachsorgebehandlung festigen (Schmidt-Semisch und Nolte 2000; Schmid 2003).

schaftlich belegt (überblicksartig: Kolte und Schmidt-Semisch 2006; Schippers und Cramer 2002; Sobell 2006; Smart 2006). Eine Differenzierung der Nutzung von Drogen und des Umgangs mit psychotropen Substanzen ist daher wichtig. Vorrangig wird in der Auseinandersetzung mit dem Drogenkonsum nach den Begriffen Gebrauch, Missbrauch bzw. schädlicher Gebrauch und Abhängigkeit unterschieden. Nach Vogt und Scheerer (1989) müsse zunächst in einen alltagstranszendierenden Gebrauch mit dem Ziel einer Bewusstseinsänderung und Rauscherfahrung und dem alltagsakzessorischen Gebrauch mit dem Ziel der Alltags- und Problembewältigung unterschieden werden (S. 9). Die Bedeutung des Begriffs Drogenmissbrauch zur Benennung eines schädlichen Substanzkonsums richtet sich nach den jeweiligen gesellschaftlichen, fachlichen, legislativen und persönlichen Vorstellungen (Loviscach 1996). Der Konsum illegaler Substanzen stellt dabei bereits rein juristisch einen Missbrauch dar (Wilkens 2003). Bezieht man sich in der Definition eines missbräuchlichen Substanzkonsums auf die Internationale Klassifikation der Krankheiten ICD-10, so fällt dort die weniger moralisierende, also sachlichere Benennung des Konsummusters als „schädlicher Gebrauch" auf (Degkwitz 1999; Krausz und Degkwitz 1996). Damit ist ein Gebrauchsmuster bezeichnet, das zu negativen psychischen oder physischen Gesundheitsschäden führt. Das ICD-10 bemerkt weiter: „Die Ablehnung des Konsumverhaltens oder einer bestimmten Substanz von anderen Personen oder einer ganzen Gesellschaft, ist kein Beweis für den schädlichen Gebrauch" (in Krausz und Degkwitz 1996, S. 12). Das Diagnostische und Statistische Manual Psychischer Störungen in der vierten Textrevision (DSM-IV) fügt der Definition eines Substanzmissbrauches soziale Aspekte zu, nämlich die Vernachlässigung alltäglicher Verpflichtungen sowie wiederkehrende Probleme in sozialen Kontakten oder mit dem Gesetz aufgrund des fortgesetzten Substanzkonsums (Saß et al. 2003). Von einer Substanzabhängigkeit sprechen die Klassifikationssysteme ICD-10 und DSM-IV beim Auftreten verschiedener Merkmale. Dazu gehören der Kontrollverlust in Hinblick auf Substanzmenge und Dauer des Konsums, die Toleranzentwicklung sowie physische und psychische Entzugssymptome (Loviscach 1996). Weitere Aspekte sind das unbändige Verlangen nach einer Fortsetzung des Konsums, die Vernachlässigung alltäglicher Verpflichtungen und früherer Interessen, ein verstärkter Aufwand in der Beschaffung der Substanz sowie eine Fortsetzung des Konsums trotz auftretender negativer Folgen. Insgesamt müssen innerhalb der letzten 12 Monate mindestens drei dieser Kriterien erfüllt sein, um eine Substanzabhängigkeit im Sinne der Klassifikationssysteme festzustellen (Dilling et al. 1994; Saß et al. 2003). In den Definitionen der Substanzabhängigkeit werden heutzutage neben somatischen auch psychische und soziale Faktoren berücksichtig, die dem heutigen Verständnis des Bedingungsgefüges der Droge, der Person und ihrer Umwelt Rechnung tragen (DHS 2001). Dennoch sei festgehalten, dass es neben den genannten diagnostischen Kriterien in der sozialwissenschaftlichen Auseinandersetzung mit den Begriffen Sucht und Abhängigkeit immer wieder, neue Konzepte und Verständnisversuche gibt (Herwig-Lempp 1994, S. 78).

4.1.2 Modelle der Abhängigkeitsentstehung

Betrachtet man die einzelnen aktuellen Konzepte der Abhängigkeitsentwicklung, wird ein Wandel des Suchtverständnisses deutlich. Zwar richten sie nach wie vor ihren Fokus auf die jeweilig untersuchte Bedingung oder Ausgangslage, dennoch werden andere, außerhalb liegende Einflüsse nicht vollständig negiert. Im oben benannten Zusammenspiel der Psyche des Drogengebrauchers, der Substanzwirkung und den gesellschaftlichen Einflüssen müssen die verschiedenen Modelle der Suchtentstehung als einzelne Bestandteile der Abhängigkeitsentwicklung betrachtet werden, die individuell verschieden mehr oder weniger stark auch ineinandergreifen können. Zudem ist zu beachten, dass die einzelnen in den Modellen benannten Voraussetzungen zwar ein Suchtverhalten begünstigen, sie müssen aber nicht automatisch zu diesem führen.

Neurobiologische Erklärungsmodelle Innerhalb neurobiologischer Zugänge wird die Entwicklung eines zunächst kontrollierten Substanzkonsums hin zu einem abhängigen, kompulsiven Konsumverhalten als ein Resultat aus Wechselwirkungen zwischen den Substanz und Umwelteinflüssen gesehen[3]. Bestimmend sind dabei „Prozesse der Sensitivierung und Desensitivierung sowie der Konditionierung in suchtrelevanten neurobiologischen Systemen". Besteht eine manifeste Erkrankung treten bei Versuchen der Abstinenz von der gebrauchten Substanz Entzugssymptome und eine Rückfallneigung auf (Rommelspacher 1999, S. 28).

Mit der Einnahme von Drogen kann der Konsument ganz bewusst in die chemischen Prozesse im Zentralen Nervensystem eingreifen und bestimmte Wirkungen hervorrufen. Die psychotropen Substanzen setzen sich dabei wie die Neurotransmitter an die Rezeptoren im Gehirn und beeinflussen die Informationsübertragung zwischen den Nervenzellen. Auf diese Prozesse wirken sie beschleunigend oder verlangsamend, so dass stimulierende oder beruhigende Empfindungen hervorgerufen werden. Wird die Substanz über eine längere Zeit konsumiert, kommt es

---

[3] Auch genetische Dispositionen werden insbesondere bei der Alkoholabhängigkeit diskutiert (Näheres dazu ebenfalls in Rommelspacher 1999).

zu einer Veränderung des Gleichgewichts zwischen den neurochemischen Systemen. Beim plötzlichen Absetzen der Substanz tritt dann ein Ungleichgewicht auf, das sich in Form von psychischen und/oder physischen Entzugserscheinungen äußert und sich erst nach einiger Zeit wieder ausgleicht (Tretter 1998 zit. n. Degkwitz 2002b, S. 47 f.; Loviscach 1996). Psychische Entzugserscheinungen beruhen vor allem auf einer verringerten Aktivierbarkeit des Wohlbefindlichkeitssystems infolge einer verminderten Dopaminausschüttung (Rommelspacher 1999, S. 34) und äußern sich häufig in einem sehr starken psychischen Verlangen (sog. Craving) gegenüber der Fortsetzung des Drogenkonsums (Zieglgänsberger 2000 zit. n. Degkwitz 2002b). Infolge eines chronischen Konsums kann das dopaminerge Belohnungssystem gestört werden, was laut Rommelspacher (1999) langfristig zu einer geringeren Dopaminausschüttung führt. In dem Moment der Drogenzufuhr kommt es zunächst zu einer höheren Zahl an Dopamin. In den folgenden Wochen bleibt diese jedoch deutlich niedriger. Infolge einer Sensitivierung geschieht eine zunehmende Verstärkung des Konsumverhaltens (Rommelspacher 1999, S. 33). Das häufig beobachtete zunehmende Rauschverlangen ist die Folge dieser neuronalen Selbstverstärkung. Bei der nächsten Drogenzufuhr kommt es durch Lernprozesse bzw. Erinnerungsleistungen zu einer stärkeren Reaktion (Tretter 1998 zit. n. Degkwitz 2002b, S. 49). Bestimmend für eine Aufrechterhaltung des abhängigen Konsumverhaltens ist weiterhin die zunehmende Toleranz gegenüber einer Substanz infolge einer neuronalen Anpassung an die fortgesetzte Drogenzufuhr. Die erzeugte Wirkung ist bei gleicher Drogenmenge schwächer und verringert die Verstärkereffekte. Dieser Umstand ist auch ein Grund für das Phänomen, dass Abhängige immer mehr Zeit einsetzen, um die Substanz zu beschaffen. Der Konsum wird weiter erhöht, um eine gleiche Wirkung wie zuvor zu erleben (Rommelspacher 1999).

Im Konsum einer Droge mit einer als positiv erlebten Wirkung werden sonst neutrale Reize stärker wahrgenommen. Wird diese verstärkte Wahrnehmung als angenehm empfunden, entsteht schnell der Wunsch, diesen Effekt durch eine weitere Drogenzufuhr aufrechtzuerhalten (Degkwitz 2002b). Gleichzeitig geschieht eine Assoziation zwischen dem Drogenkonsum und wiederum eigentlich neutraler Reize (z. B. bestimmten Gegenständen, Situationen, Umgebungen) (Rommelspacher 1999). So kommt es bereits bei der durch die Reize ausgelösten Erwartungen zu einer Dopaminausschüttung, die wiederum alle Verhaltensweisen, die mit dem Drogenkonsum verbunden sind, verstärkt (Wildermuth 2007). Begegnet der Gebraucher diesen Reizen zu einem anderen Zeitpunkt wieder, kann dies eine Erinnerung an die positive Drogenwirkung bewirken und ein Konsumverlangen hervorrufen. Dabei kann dieses auch noch nach Jahren der Abstinenz ausgelöst werden und zu einem Rückfall führen (Zieglgänsberger 2000 zit. n. Degkwitz 2002b).

Psychologische Erklärungsmodelle Psychologische Ansätze beschäftigen sich vor allem mit lernpsychologischen Modellen, in deren Fokus u. a. die Funktionen liegen, die die Droge für den Gebraucher hat. Drogenabhängigkeit wird dabei als ein Verhalten gesehen, das über „allgemeine Lerngesetze erworben oder verändert wird" (Degkwitz 2002b, S. 50). Auch hier spielen die bereits erwähnten neurobiologischen Vorgänge, und zwar vor allem Belohnungs- bzw. positive Verstärkungseffekte eine Rolle. Wirkt eine Droge als Verstärker, unterstützt sie die Aufrechterhaltung des dem Konsum vorausgehenden Verhaltens. Jedoch ist die Verstärkerwirkung nicht bei allen Substanzen gleich stark. Eine häufig zunächst unangenehme Wirkung muss erst durch Adaption überwunden werden, was vor allem über „Suggestions- und Erwartungseffekte" geschieht (Rist und Watzl 1999, S. 39 f.). So hat bereits Becker (1981) darauf hingewiesen, dass die positiv erlebte Wirkung einer Droge innerhalb einer Anpassung an die Erwartungen der Gesellschaft oder der Peer Group zunächst erwartet und schließlich erlernt werden muss.

Hohe Bedeutung haben die Klassischen Lerntheorien. Nach der Theorie der Klassischen Konditionierung kommt es zu einer Assoziation zwischen verschiedenen Ereignissen. In der Folge werden durch bestimmte Reize körperliche oder psychische Reaktion ausgelöst, die vor allem das Verlangen nach einem Substanzkonsum steigen lassen. In erster Linie gehören dazu direkt mit der Substanz verbundene Reize wie der Anblick, der Geruch und der Geschmack. Genauso können auch zuvor neutrale Reize (z. B. Utensilien, Umgebungen etc.) ein Konsumverlangen auslösen, wenn sie zuvor wiederholt mit dem Konsum in Verbindung standen (Rist und Watzl 1999). Im instrumentellen Lernen spielt die enge Verbindung zwischen negativen und positiven Verstärkern eine Rolle. Zunächst wirkt die als positiv erlebte Wirkung der Droge als ein positiver Verstärker. In ihrer negativen Verstärkerwirkung verringert sie einen als negativ erlebten psychischen Zustand, Schmerzen oder Entzugssymptome. Werden diese negativ erlebten Spannungszustände durch den Drogenkonsum vermindert, steigt die Wahrscheinlichkeit eines erneuten Drogengebrauchs in später auftretenden ähnlichen Situationen. In diesem Zusammenhang ist auch die hohe Komorbidität von Drogenkonsum und psychischen Störungen zu erklären (Rist und Watzl 1999). Treten negative Folgen auf, wird der Drogengebrauch trotz Abschwächung der Verstärkerwirkung beibehalten. Bei einer lediglich langsamen Verminderung der Verstärkerwirkung oder einer unfreiwilligen zeitweisen Unterbrechung des Konsums geschieht wiederum eine Verstärkung des Verhaltens bis hin zu einer Löschungsresistenz. Zeitlich versetzte negative Folgen haben insbesondere dann keinen großen Einfluss auf das Verhalten, wenn die positive Wirkung nach dem Konsumvorgang zunächst überwiegt (Rist und Watzl 1999). Eine weitere Lerntheorie, die für die Suchtentstehung von Bedeutung ist, ist das Lernen am Modell von Bandura, in dem es um die Aneignung eines Verhaltens durch soziale und sprachliche Faktoren geht. In ihrem Verhalten für einen Menschen attraktive Modelle wie bestimmte Personen (real im direkten Umfeld, aber auch in Büchern, Fernsehen, Filmen) werden näher wahrgenommen und im Gedächtnis behalten. Wird das erste Mal ein gleiches Verhalten gezeigt und aufgrund bekräftigender Konsequenzen als positiv bewertet, steigt die Wahrscheinlichkeit, das Verhalten erneut zu zeigen (Bandura 1979).

Psychoanalytische Modelle zur Suchtentstehung gehen von einem in seiner Persönlichkeitsstruktur gestörten Konsumenten aus (Rost 1987 zit. n. Degkwitz 2002b). Der Drogenkonsum wird als triebhafte Handlung, zum Lustgewinn, zur Unlustvermeidung und zum Erreichen von Unabhängigkeit gegenüber der Außenwelt eingesetzt (Freud 1967 zit. n. Degkwitz 2002b; Voigtel 2001). Die Ursache wird in der Kindheit gesehen, in der der Umgang mit negativen Gefühlen nicht erlernt werden konnte sowie eine fehlende Eigenliebe von Bedeutung war (Voigtel 2001). Im weiterentwickelten Ich-psychologischen Modell wird dem Drogenkonsum eine Kompensationsfunktion hinsichtlich persönlicher Schwächen zugeschrieben. Die Droge wird zur Selbstmedikation „eines schwachen, labilen Ich" verwendet. „Ich-Defekte" und „Selbstdesintegration" sollen mit Hilfe des Drogenkonsums ausgeglichen werden (Degkwitz 2002b, S. 52). Gleichzeitig kommt es jedoch durch die Verwendung der Substanz zu einer weiteren Schwächung des Selbstwertes, was wiederum eine weitere Fortsetzung des Drogenkonsums begünstigen kann (ebd.). Dabei sollen die zugeführten Drogen helfen, das affektive Erleben positiv zu beeinflussen und Ängste sowie Frustrationen zu verringern. Gleichzeitig werden die Substanzen mit ihrer euphorisierenden Wirkung zum Ausgleich gegen innere Leere und Depressionen eingesetzt (Rost 1987 zit. n. Degkwitz 2002b, S. 53).

Entwicklungspsychologische Ansätze befassen sich mit der Auswirkung verschiedener Lebensphasen und deren Anforderungen auf den Menschen und einem möglichen Substanzgebrauch. Nach Weber und Schneider (1992) umfasst der Entwicklungsbegriff die gesamte Lebensspanne, in der es immer wieder zu Veränderungen in der individuellen Vorgehens- und Verhaltensweisen kommen kann. Dabei geschieht die Entwicklung laut Ulich (1987) aus einem „dynamischen Wechselspiel" zwischen der sich entwickelnden Person und sich wandelnden Lebenswelten (beide zit. n. Degkwitz 2002b, S. 53). Gerade dem Jugendalter kommt eine besonders wichtige Bedeutung im Kontakt mit psychotropen Substanzen zu. Der mit der Pubertät verbundene Rollenwandel und der Neuaufbau der Identität führen zu Verunsicherungen, die der Jugendliche unter Umständen auch mit Hilfe von Drogen zu bewältigen versucht (Loviscach 1996, S. 43 ff.). Dies gilt ebenfalls nach Degkwitz (2002b) für den Umgang und die Bewältigung des „jugendtypischen Kontrollverlusts" und damit verbundenen Selbstwertbeeinträchtigungen. „Viele Jugendliche sind zusätzlich ihrerseits aus persönlichen oder sozialstrukturellen Gründen besonders prädestiniert, Antizipation und Kontrolle gar nicht erst zu gewinnen" (S. 54). Dabei muss die zeitweise Verwendung von Drogen zur Problembewältigung noch nicht in einen abhängigen Drogengebrauch münden. Gelingt es dem Konsument aber nicht mehr, auch auf andere Lösungsstrategien zurückzugreifen, liegt der dauerhafte Einsatz der Droge zur Bewältigung von Problemen und Spannungen nahe. Über einen längeren Zeitraum praktiziert, kann dies zur Entwicklung einer Abhängigkeit führen. In deren Verlauf dominieren dann die Gesetzmäßigkeiten der Suchtprozesse gegenüber den ursprünglichen Konflikten. Im so entstandenen Regelkreis kann es in Verbindung mit weiteren Missbrauchsfolgen zusätzlich zu einer deutlichen Verschlechterung der Umweltsituation kommen, die wiederum zu einer Verstärkung des Konsumverhaltens führen kann (Antons und Schulz 1987 zit. n. Degkwitz 2002b).

Soziologische Erklärungsmodelle Neben den Einflüssen der pharmakologischen Eigenschaften der konsumierten Substanz sowie der physischen und psychischen Voraussetzungen des Konsumenten hängen die Drogenwirkung und die Abhängigkeitsentwicklung auch vom sozialen Kontext ab. Renn (1990) sieht den Drogengebrauch gar als sozialinduziertes Verhalten in einer Auseinandersetzung mit der Sozialstruktur (zit. n. Schmidt et al. 1999, S. 50). Der Drogenkonsum wird von sozialen Bedingungsfaktoren, wie die Verfügbarkeit der Substanz, ihre gesellschaftliche Bewertung, die soziokulturelle Festlegung geduldeter Konsummuster sowie das Ausmaß sozialer Belastungen beeinflusst (Schmidt et al. 1999, S. 50). In dem Einbezug dieser soziokulturellen Aspekte „wird Drogenkonsum einerseits als Ausdruck spezifischer Wert- und Normorientierung und andererseits als Reaktion auf soziale und gesellschaftliche Belastungen betrachtet" (Schmidt et al. 1999, S. 50). Damit wird der mittlerweile anerkannten Trias aus Person, Droge und Umwelt Rechnung getragen und der fortgesetzte Substanzkonsum als Ergebnis eben dieses Bedingungsgefüges gesehen.

Innerhalb soziologischer Theorien wird der Substanzkonsum in Verbindung mit den sozialen Werten und Strukturen sowie Umweltbedingungen häufig als eine Form devianten Verhaltens gewertet, an dessen Entstehung die soziale Struktur einer Gesellschaft eine zentrale Rolle spielt. Der Drogenkonsum stellt in diesem Zusammenhang eine Reaktion auf Belastungen von außen dar. Dem Gebraucher gelingt es aufgrund seiner strukturellen Umgebung und womöglich ungenügenden materiellen und immateriellen Ressourcen nicht, bestimmte Ziele und Positionen und damit gesellschaftliche Anerkennung zu gewinnen. Dies versucht er mit dem Gebrauch der psychotropen Substanzen zu kompensieren (Anomietheorie v. Merton zit. n. Schmidt et al. 1999). Eine solche Reaktion wird nach der Chancen-Struktur-Theorie von Cloward und Ohlin zudem durch eine zusätzlich größere Verfügbarkeit illegitimer Mittel gefördert, zu denen besonders Mitglieder unterer Schichten Zugang haben. Werden die gesellschaftlich akzeptierten Mittel und Wege abgelehnt, treten die illegitimen in den Vordergrund. Inwieweit diese dann angewandt werden, liegt am „Grad der Internalisierung der gesellschaftlichen Werte und Normen" (Schmidt et al. 1999, S. 53 f.). Sutherland (1968) sieht laut Schmidt et al. (1999) das abweichende Verhalten nicht nur als Folge der Verfügbarkeit der illegitimen Mittel sondern als eine erlernte Verhaltensweise. Lebt ein Mensch in einer sozialen Umgebung, in der ein bestimmtes Verhalten (z. B. Drogenkonsum) allgemein akzeptiert und praktiziert wird, ist die Wahrscheinlichkeit einer Übernahme dieser Verhaltensweise nach Beobachtung und Erlernen erhöht. Das Verhalten werde besonders dann übernommen, wenn die positiven Konsequenzen (Wertschätzung, Anerkennung, Zugehörigkeit) die negativen (mögliche Strafverfolgung, Gefährdung von Personen) überwiegen. Jedoch können negative Konsequenzen auch lange Zeit im Hintergrund bleiben und erst spät auftreten (Schmidt et al. 1999, S. 54).

In einer gemeinschaftlichen Anomieerfahrung innerhalb von Gesellschaften kommt es zu Zusammenschlüssen interagierender Personen mit ähnlichen Anpassungsschwierigkeiten. Die daraus entstehenden Subkulturen heben sich in ihren Werte- und Verhaltensmustern von der übrigen Gesellschaft ab, so teilen sie einen Teil der gesellschaftlichen Werte, andere lehnen sie ab und entwickeln konträre Verhaltensmuster (Subkultur-Ansatz v. Cohen, zit. n. Schmidt et al. 1999, S. 55). Der Drogenkonsum und -missbrauch in Subkulturen wird als eine Form der Zugehörigkeit verstanden und als Mittel einer gewollten Abgrenzung gegenüber der Gesamtgesellschaft eingesetzt (Degkwitz 2002a). Das Verhalten wird von den neuen Mitgliedern der Subkultur erlernt und ist für den Einzelnen mit sozialer Anerkennung verbunden (Schmidt et al. 1999), die sie in der Gesamtgesellschaft nicht oder nur schwer erreicht hätten. Damit entspricht der Drogenkonsum für die Konsumenten sinnvollem Handeln. Probleme, die dabei aus der Abgrenzung entstehen, werden durch den Kontakt mit den anderen Konsumenten (Becker 1976 zit. n. Degkwitz 2002b) und auch wiederum mit der Droge selbst bewältigt (Degkwitz 2002a, S. 30).

Einen wichtigen Einfluss auf die Bewertung des Gebrauchs psychotroper Substanzen hat die Gesellschaft mit ihren Normvorstellungen. Dies spiegelt sich in der Theorie des Labeling approach (Becker 1981) wider. Erst die gesellschaftliche Definition des Drogenkonsums als abweichendes Verhalten lässt es zu diesem werden.

Diese Etikettierung basiert auf den aktuellen Wertevorstellungen der jeweiligen Gesellschaft gegenüber dem gezeigten Verhalten (Schmidt et al. 1999). Bestes Beispiel dafür ist die unterschiedliche Bewertung verschiedener Substanzen, so z. B. der gesellschaftlichen Akzeptanz von Alkohol und Nikotin auf der einen Seite und der Ablehnung illegaler Drogen und deren Definition als abweichendes Verhalten auf der anderen Seite (Loviscach 1996). In einer Erweiterung dieser Theorie durch Lemert um eine Unterscheidung in primärer und sekundärer Devianz wird der Drogenmissbrauch als eine Reaktion auf die vorangehende Zuschreibung gesehen. Demnach sind Konsumenten in ihren Verhaltensmöglichkeiten eingeschränkt, wenn ihr bisheriges Handeln bereits als deviant etikettiert wurde. Dabei stellt die primäre Devianz das Verhalten dar, das als abweichend definiert wird und zu einer Ausgrenzung aus der Gesellschaft führt. Die Folge der Etikettierung ist die sekundäre Devianz. Das abweichende Verhalten wird nunmehr von dem Konsumenten erwartet. Durch Aufnahme dieser Vorstellung in das eigene Selbstbild kommt es zu einer Anpassung an die Zuschreibung, in deren Folge der Konsument das von ihm erwartete Verhalten zeigt (Schmidt et al. 1999, S. 57 f.). Im Falle des Konsums illegaler Drogen ist der Gebraucher neben der sozialen Etikettierung mit möglichen strafrechtlichen Konsequenzen konfrontiert. Zugleich drohen Stigmatisierung, Ausgrenzung, Abdrängung in eine Subkultur (ebd.; Loviscach 1996, S. 53) und der Verlust jeglicher Bindungen zur Außenwelt der Szene, so dass sich das Leben des Konsumenten immer mehr in die Subkultur mit ihren typischen Regeln und Verhaltensweisen verlagert. Zunehmend verankert sich dann in dem Denken, der Wahrnehmung und dem Handeln ein typischer „Junkie-Habitus" (Degkwitz 2002a, S. 31 ff.).

Soziologische Theorien versuchen, die Suchtentwicklung im Kontext der gesamten Lebenszusammenhänge des Konsumenten zu betrachten. In ihnen spielt die jeweilige Lebenssituation auf mikro-, meso- und makrosoziologischer Ebene eine wichtige Rolle. Auf der mikrosozialen Ebene der Familie und des Freundeskreis, aber auch auf der mesosozialen Ebene von Schule und Beruf werden konsumspezifische Werte und Normen vermittelt. Gleichzeitig können familiäre Belastungen sowie schulische und berufliche Anforderungen und Probleme einen Drogenkonsum als Bewältigungsstrategie begünstigen. Einen besonderen Einfluss auf den Substanzkonsum hat die Peer Group (Schmidt et al. 1999). Je mehr Drogen konsumierende Freunde im Umfeld sind, desto höher ist die Konsumwahrscheinlichkeit, zum einen durch eine erhöhte Gelegenheit zum anderen durch das entstehende Gemeinschaftsgefühl. Eine Gruppe beeinflusst zudem Konsummuster und -gewohnheiten (Schmidt et al. 1999 unter Verweis auf Wills und Vaugan 1989; Reuband 1987, 1994). Einen weiteren Einfluss auf das Konsumverhalten über die Vermittlung von Werten, Normen und sozialen Kompetenzen hat die alles umfassende Gemeinde. Gleichzeitig haben qualitativ schwierige Bedingungen in diesen Bereichen belastende Auswirkungen, die einen Drogenkonsum fördern können (schlechte Wohnbedingungen, Einsamkeit und Isolation in Großstädten, schlechte Infrastruktur in suburbanen Gebieten etc.) (ausführlich: Schmidt et al. 1999, S. 63 ff.).

4.2 Kontrollierter Substanzkonsum

Lange Zeit wurde jeglicher mehr als einmalige Gebrauch illegaler psychotroper Substanzen als zwangsläufiger Weg in die Sucht sowie in einen gesundheitlichen und sozialen Verfall gesehen. Daraus resultierendes kriminelles Verhalten und das Abdriften in entsprechende Subkulturen galten als vorprogrammiert. Ein kontrollierter Konsum wurde lediglich als eine kurze Übergangsphase in das süchtige Verhalten für möglich gehalten und ein langjähriger nicht abhängiger Umgang mit einer illegalen Substanz galt als ausgeschlossen. Aus den beobachteten Verhaltensweisen der Konsumenten sowie neurobiologischen, psychologischen und soziologischen Zusammenhängen entstanden verschiedene Modelle (s. o.), die versuchten, ein Suchtverhalten hinsichtlich seiner Entstehung zu erklären. Jedoch blieb der Aspekt, dass nicht jeder Mensch mit den gleichen Voraussetzungen das gleiche Verhalten zeigt, lange Zeit außen vor. „All die gleichgearteten Fälle mit ähnlichen oder gar gleichen Voraussetzungen, die nicht in süchtigem Verhalten endeten, können eben nicht erklärt werden und lassen damit solche Theorien und Erklärungsversuche bestenfalls als Einzelteile eines unübersehbaren Puzzles zurück" (Schmidt-Semisch 1997, S. 44).

Bereits vor dem zweiten Weltkrieg gab es erste Hinweise auf verschiedene Verlaufsmöglichkeiten eines Drogenkonsums. So wies Lindesmith 1938 im Zusammenhang mit Opiaten darauf hin, dass ein Drogenkonsum in Form eines süchtigen Gebrauchs aber auch in einer nichtabhängigen Weise vollzogen werden kann (Kolte und Schmidt-Semisch 2006; Schippers und Cramer 2002). Chein, Gerald et al. entdeckten in den 1960er Jahren in einer Untersuchung der New Yorker Straßengangs, dass das Konsumverhalten der Befragungspersonen stark von ihren Lebenskontexten abhing und nach bestimmten Regeln und Normen der jeweiligen Gruppe ablief (Schippers und Cramer 2002). Aufsehen erregte die Untersuchung von Robins, die in den 1970er Jahren Vietnamveteranen, die während des Krieges Heroin konsumierten, nach ihrer Rückkehr in die Heimat über Jahre begleitete und dabei beobachtete, dass ein großer Teil dieser Heimkehrer den Opiatkonsum in der Heimat nicht oder nur gelegentlich also in einem nicht-abhängigen Maße fortsetzte (Robins und Slobodyan 2003; Reinarman und Levine 1997b). Weitere grundlegende Forschungsarbeiten zu den Möglichkeiten eines kontrollierten Konsums illegaler Drogen folgten. Vor allem die Untersuchungen von Zinberg und Harding zum Umgang mit Heroin, Cannabis und LSD wiesen nach, dass ein sozial integrierter Gebrauch illegaler Drogen über einen längeren Zeitraum hinweg in moderatem und nicht abhängigem Maße aufrechterhalten werden kann. Dabei orientieren sich die Gebraucher an allgemeinen sozialen Verhaltensmustern und den Verhaltensregeln der Konsumentengruppe. Aus diesen entwickeln sie ganz individuelle Regeln und Rituale, an die sie ihr Konsumverhalten anpassen. Nicht nur die Substanz und die Persönlichkeit sind demnach dafür bestimmend, wie ein Konsum illegaler Drogen vollzogen wird, sondern auch der gesellschaftliche sowie persönliche Rahmen, in dem der Gebraucher lebt und konsumiert, hat nicht zu unterschätzenden Auswirkungen auf den Substanzgebrauch (Zinberg 1984; Harding 1982). Eine Reihe nachfolgender Studien auch zu anderen Drogen konnte diese Ergebnisse bestätigen. Vielfach wurde deutlich, dass neben einer stabilen Integration in gesellschaftliche Zusammenhänge der Personen- oder Freundeskreis, in dem in der Regel konsumiert wird, regulierenden Einfluss ausübt. Der Konsum einer Substanz wird in diesem Zusammenhang in erster Linie über eine informelle Kontrolle geregelt. Seine Intensität richtet sich nach der Vereinbarkeit mit den an den Konsumenten herangetragenen Rollenerwartungen und dem Alltagsgeschehen (Cohen und Sas 1994; Decorte 2000; Erickson et al. 1994; Kemmesies 2004b; Peele 1998; Waldorf et al. 1991; Weber und Schneider 1997). „Unkontrolliert steht demgegenüber für mengenmäßig hohen und häufigen (täglichen) Konsum und das Auftreten von Problemen als Konsequenzen des Konsums. Spezifischer bedeutet Kontrolle die Möglichkeit der Unterbrechung eines habitualisierten Verhaltens. Unkontrolliert (im Sinne von Kontrollverlust) bedeutet die Unfähigkeit, ein abhängiges Konsummuster selbst stoppen zu können" (Schippers und Cramer 2002, S. 72).

Trotz des Wissens um verschiedene Einflussgrößen auf das Konsumverhalten ist eine klare Definition des Begriffs ‚Kontrollierter Konsum' nicht so einfach, da er je nach Betrachtungsweise verschiedener Ausprägung sein kann. Zudem richtet er sich mehr nach der jeweiligen gesellschaftlichen Beurteilung als nach tatsächlich objektiven Kriterien. Weber und Schneider (1997) sahen den kontrollierten Konsum von Heroin unter Berufung auf verschiedene Studien in drei Varianten, zum einen als ein langfristiges stabiles Konsumverhalten, des Weiteren als ein Gebrauchsmuster, das in seiner weiteren Entwicklung in einer Abstinenz münden wird sowie als ein Konsumverhalten, dass aus der Überwindung einer Abhängigkeit resultiert (S. 53).

Letztlich lässt sich jede selbst gesteuerte und zielgerichtete Einflussnahme auf den Konsum einer psychotropen Substanz als eine Form von Kontrolle bezeichnen, die jedoch verschiedener qualitativer Ausprägung sein kann: 1. Der Konsum einer

Substanz wird ohne größere Anstrengungen flexibel gestaltet. Er wird in Häufigkeit und Substanzmenge so vollzogen, dass er keine oder kaum negativen Auswirkungen auf das Alltagsleben des Konsumenten, seine persönliche Zielsetzung (Schippers und Cramer 2002) und gesellschaftliche Rollenerwartungen hat (Kemmesies 2004b; Wolffgramm 2004). Häufig vollzieht sich die Regulierung unbewusst (Kolte und Schmidt-Semisch 2006; Haves und Schneider 1992). 2. Der Substanzkonsum wird nach einem von dem Gebraucher zuvor bewusst festgelegten Plan durchgeführt, der eine Begrenzung des Konsums hinsichtlich der Konsumzeit und der Menge der Substanz beabsichtigt. In dieser Form kann der Umgang mit der Substanz mit Abstinenzphasen einhergehen, ganz gleich ob diese einige Stunden, Tage oder Woche dauern (Drinkmann 2002; Körkel 2002). 3. Der Substanzgebrauch wird an bestimmten „Randbedingungen" orientiert, z. B. hinsichtlich des Konsumortes oder anwesenden Personen. Dabei kann eine Konsumreduktion auftreten, sie muss es aber nicht. Vielmehr geht es darum, zusätzliche negative Auswirkungen für sich oder Andere zu verhindern (Drinkmann 2002, S. 83). Zu diesem Punkt sind also auch jegliche selbst gesteuerte harm-reduction-Maßnahmen zu zählen. Diese angeführten Formen des kontrollierten Konsums setzen ein voluntaristisches Verständnis des Konsumenten als Handelnden voraus (Erickson et al. 1994). Er ist derjenige, der Entscheidungen trifft, darauf basierend mit der Substanz umgeht und sie dementsprechend für sich nutzt. Daher ist er auch innerhalb kompulsiver Gebrauchsmuster in der Lage (wenn auch mit hoher Wahrscheinlichkeit eingeschränkt) auf seinen Konsum Einfluss zu nehmen.

Der kontrollierte, flexible Umgang mit einer Substanz entwickelt sich über Lernprozesse. Von großer Bedeutung sind dabei Beobachtungsmomente im gemeinsamen Drogengebrauch mit anderen Personen. Von diesen werden Kontrollregeln erlernt und übernommen (Harding 1982). Mitkonsumenten dienen als Vorbild hinsichtlich positiv beurteilter Konsummuster, aber auch als abschreckende Beispiele, wenn sie ein als negativ bewertetes Konsumverhalten zeigen (Kemmesies 2004b; Decorte 2000). Ein weiterer wichtiger sozialer Einflussfaktor ist die Integration in gesellschaftliche Zusammenhänge außerhalb einer rein drogenbezogenen Lebensführung. Je stärker die Gebraucher z. B. beruflich etabliert sind, desto größer ist ihre Verantwortung gegenüber der Erfüllung der Aufgaben und dem Erhalt des Erreichten. Dies führt in der Regel zu einem vorsichtigeren Umgang mit konsumierten Substanzen, einerseits, um ein Versagen in Alltagsaufgaben infolge des Drogenkonsums zu verhindern, andererseits um nicht strafrechtlich auffällig zu werden (Kemmesies 2004b). Gleichzeitig bewirkt das Erleben von Kompetenzen in anderen Lebensbereichen, einen eigenen Identitätsentwurf, ein eigenes Selbstbild zu entwickeln, was ebenfalls das Konsumverhalten beeinflusst (Weber und Schneider 1997). In diesem Zusammenhang kann auch ein bestimmtes Image einer Substanz, passt sie nicht in das eigene Selbstbild, einen Menschen abhalten sie zu konsumieren (Kemmesies 2004b). Weiterhin versuchen viele sozial integrierte Konsumenten aus diesem Selbstbild heraus, sich von den auffälligen Gebrauchern der Drogenszenen zu distanzieren und entsprechende Szene zu meiden bzw. nur dann aufzusuchen, wenn es sich aufgrund der Substanzbeschaffung nicht vermeiden lässt. Ein solches Verhalten hat weiterhin häufig zum Ziel, eine Drogenzentrierung des eigenen Lebens zu verhindern. In diesem Zusammenhang legen viele Gebraucher großen Wert darauf, drogenfreie Bezüge, Hobbies und nicht Drogen konsumierende Freunde zu erhalten (Weber und Schneider 1997; Zinberg 1984).

Die individuellen Kontrollregeln, nach denen sich Konsumenten in ihrem Gebrauchsverhalten richten, haben die Funktion, die Umstände des Konsums, dessen Häufigkeit sowie die Menge der Substanz zu bestimmen und zu begrenzen. Im Vordergrund steht, ein bestmögliches Rauscherleben zu erlangen und dabei gleichzeitig möglichst geringe Risiken hinsichtlich der eigenen Gesundheit und der Erfüllung der alltäglichen Anforderungen einzugehen (Kemmesies 2004b). Wichtige Kontrollregeln sind beispielsweise die Beschränkung des Konsums auf bestimmte Anlässe in der Freizeit außerhalb einer Funktion zur Problembewältigung, das Einhalten einer geringen Menge nach einem zuvor festgelegten Budget oder die ausschließliche Durchführung des Konsums unter bekannten Personen bzw. an bestimmten Orten. Solche Regeln können neben dem eigentlichen Konsum auch die Beschaffung der Substanz umfassen und das Ziel haben, einer Verschärfung des Konsums oder eine Auffälligkeit dessen vorzubeugen. Dazu gehört z. B. die Substanz nur bei bekannten Personen oder außerhalb der Drogenszene zu besorgen (zusammenfassend: Schippers und Cramer 2002; Kolte und Schmidt-Semisch 2006). Die Orientierung des Konsumenten an den dem Drogengebrauch übergeordneten Konsum- und Kontrollregeln erfolgt aus Rückgriffen auf individuelle personale, soziale, materielle und informelle Voraussetzungen und Ressourcen (Weber und Schneider 1997, S. 52; Kolte und Schmidt-Semisch 2006, S. 3). Vermutlich sind also diese Regeln und Rituale, nach denen der Konsum gestaltet wird, je nach Lebenssituation ganz verschieden. In diesem Zusammenhang kann es bei Veränderungen in Lebensumständen auch zu einer Veränderung der Konsumgewohnheiten kommen (Zinberg 1984; Kemmesies 2004b), je nachdem, ob neue Aspekte die Priorität gegenüber dem Substanzkonsum einnehmen. Dabei ist für viele kontrolliert konsumierende Personen eine ganz bewusste Anpassung des Konsumverhaltens an diese Regeln und damit eine explizite Planung des Konsums gar nicht nötig. Für sie verläuft die Kontrollbewahrung unbewusst und bedeutet keine größere Anstrengung (Kemmesies 2004b, Kolte und Schmidt-Semisch 2006).

Auch in einem überwiegend kontrollierten Konsum können kompulsive Phasen auftreten, in denen die Konsumintensität und die Wahrscheinlichkeit der subjektiven Einschätzung des Drogengebrauchs als abhängiges Verhalten steigen. In der Regel sind die Gebraucher aber auch in solchen Phasen in der Lage, auf bestimmte sichernde Verhaltensweisen zurückzugreifen oder wichtige Verpflichtungen beizubehalten, um größeren negativen Auswirkungen des Konsums vorzubeugen. In kompulsiven Phasen spielen dann risikominimierende Maßnahmen, also eine ‚harm reduction', eine wichtige Rolle. Dazu gehört z. B. die Anwendung weniger gefährlicher Gebrauchstechniken und steriler Gebrauchsgegenstände oder der Konsum unter Personen, die in einer Risikosituation helfend eingreifen könnten (Weber und Schneider 1997). In diesem Zusammenhang geht es also um eine bewusste Risikoabschätzung. Ein kurzzeitiger Kontrollverlust des Drogenkonsums bedeutet weiterhin noch lange nicht den Verlust der Kontrolle hinsichtlich des eigenen „biographischen Geschicks" (Kemmesies 2004b, S. 266 f.). Vielmehr konnte in verschiedenen Studien beobachtet werden, dass sich kompulsive Phasen mit kontrollierten oder konsumfreien Gebrauchszeiten abwechseln (Schippers und Cramer 2002). Insofern ist ein Teilaspekt des kontrollierten Handelns auch die Möglichkeit, einen Substanzkonsum selbständig ohne professionelle Hilfe einzuschränken oder ganz aufzugeben. Dies zeigt, wie wichtig es ist, den Drogengebrauch eines Menschen nicht als einen vorbestimmten linearen Verlauf zu sehen, sondern als das was er ist – eine individuelle Entwicklung, die sich aus dem Zusammenspiel der Substanz, des Konsumenten und seiner Lebenswelt vollzieht.

In den letzten Jahren hat der kontrollierte Substanzkonsum auch als eine Therapieform Einzug in die Drogenhilfe genommen, die sich vor allem an kompulsive Konsumenten richtet, die sich nicht in der Lage sehen, ein abstinentes Leben zu führen oder dies (noch) nicht wollen. In den zugrundeliegenden Konzepten geht es um die Einhaltung eines bestimmten, zuvor festgelegten Konsumplanes, dessen Ziel es ist, den Substanzkonsum bewusst in Menge und Häufigkeit zu begrenzen und damit die Kontrolle über das eigene Konsumverhalten zurückzugewinnen. Dabei beobachtet der Gebraucher ganz bewusst sein Gebrauchsverhalten und orientiert es an den zuvor erstellten Plänen. Ausführliche Erfahrungen mit solchen Konzepten gibt es mit Programmen für Alkoholabhängige und Raucher (Körkel 2002; Drinkmann 2002). Mittlerweile werden darauf basierende Hilfsangebote auch in Einrichtungen der Drogenszene und für alle dort konsumierten Substanzen angeboten (z. B. das Projekt KISS – Kontrolle im Selbstbestimmten Substanzgebrauch vgl. Happel et al. 2009 oder AKST – Ambulantens Konsumreduktions- und Selbstkontrolltraining vgl. Klemt und Hamacher 2007). Ein weiterer wichtiger Aspekt einer Kontrolle über das eigene Konsumverhalten sind harm-reduction-Maßnahmen, die auch unter langjährig Drogenabhängigen beobachtet werden können. In ihnen liegen trotz abhängigen Drogengebrauchs ebenfalls Möglichkeiten der Selbstbegrenzung des Konsums und der Ausrichtung dessen an äußere Umstände.

So orientieren sich Konsumenten z. B. an bestimmten Konsumorten, verwenden ausschließlich saubere Spritzenutensilien oder setzen andere Substanzen quasi zur Selbstmedikation ein, um eventuelle negative Wirkungen einer anderen Droge aufzuheben (Boekhout van Solinge 2001; Dörrlamm 2004; Möller und Prinzleve 2004). Auch eine Einstellung des Konsums aufgrund einer fehlenden Gelegenheit oder fehlender finanzieller Mittel bedeutet eine Kontrolle gegenüber der Substanz mit dem Ziel, weiteren Risiken durch eine Auffälligkeit des Konsums vorzubeugen (Cohen 1987 zit. n. Weber und Schneider 1997). Gleichzeitig versucht die Drogenhilfe kompulsiven Drogengebrauchern eben solche ‚harm reduction'-Strategien nahezubringen, und diese zur Vermeidung zusätzlicher Gesundheitsrisiken anzuregen. Die Vermittlung dieses Wissens spielt sowohl in der niedrigschwelligen Drogenhilfe als auch z. B. in der Gesundheitsförderung unter Konsumenten in Haftanstalten eine wichtige Rolle (Stöver 2000; Heudtlass 1998; Kolte und Schmidt-Semisch 2006).

4.3 Abhängiger und kontrollierter Konsum von Kokain

4.3.1 Kokainabhängigkeit und die Besonderheit von Crack und Freebase

Die verschiedenen bereits erläuterten Modelle einer Abhängigkeitsentstehung lassen sich auf viele psychotrope Substanzen anwenden, demzufolge auch auf Kokain. Jede Substanz verfügt jedoch über Eigenheiten, die in der Entstehung eines bestimmten Konsumverhaltens von Bedeutung sein können.

Auch bei der Entwicklung einer Abhängigkeit von Kokain sind verschiedene Einflussfaktoren verantwortlich. Spricht man von einem chronischen Gebrauch von Kokainhydrochlorid oder Crack und Freebase, unterscheidet man zwei Varianten. So gibt es den episodischen Gebrauch, während dem hohe Dosen so lang konsumiert werden, bis die Substanz aufgebraucht oder der Körper stark erschöpft ist und sich daran einige Zeit ohne Kokainkonsum anschließt. Die zweite Variante ist der kontinuierliche Konsum, der meist täglich mit gleich bleibenden Drogenmengen verläuft (DHS, o. J.).

Zunächst lässt sich ein Missbrauchs- und Abhängigkeitsverhalten mit der pharmakologischen Wirkung des Kokains erklären. Ein wichtiges Zeichen ist die Toleranzentwicklung gegenüber der Substanz. Durch die Kokaineinnahme kommt es zu einem Anstieg der Neurotransmitter, insbesondere des Dopamins, was eine gesteigerte Erregung und eine Stimmungsaufhellung bewirkt. Wird Kokain über einen längeren Zeitraum konsumiert, erhöht sich die Erregungsschwelle und es tritt eine Erschöpfung der dopaminergen Nervenzellen ein. In der Folge wird eine immer höhere Menge der Substanz benötigt, um die gleiche Wirkung wie am Anfang zu erreichen (Haasen 2004). Die im Laufe der Zeit immer schwerer zu erreichende euphorische Wirkung wird von einer immer stärker werdenden Depression begleitet, die im Wesentlichen auf die stete Abnahme des Neurotransmitters Dopamin zurückzuführen ist (Freye 1997). Gerade starke Crackkonsumenten, die über Tage eine Pfeife nach der anderen rauchen, haben nach dem Absetzen der Substanz und der folgenden starken Depression häufig das Gefühl, es ohne die Substanz nicht mehr aushalten zu können. Gleichzeitig bemerken sie, dass sie die anfängliche Euphorie mit der gewohnten Dosis nicht mehr erreichen können. Beide Umstände führen häufig zu einer Dosissteigerung und einem vermehrten Konsum. Lediglich Geld- und/oder Substanzmangel setzen dem Konsumkreislauf ein Ende. Ist beides wieder vorhanden wird der Konsum fortgesetzt, um zu versuchen, das anfängliche Rauscherlebnis wiederzuerlangen (Freye 1997, S. 45 f.). Ein weiteres Zeichen einer Kokainabhängigkeit sind Entzugserscheinungen, die beim Absetzen der Substanz auftreten. Lange Zeit ist man davon ausgegangen, dass diese nach einem länger anhaltenden Kokainkonsum lediglich in psychischer Form auftreten und sich vor allem in einem sehr starken Verlangen, den Konsum fortzusetzen (das sogenannte Craving), äußern (Haasen 2004). Des Weiteren spielen laut Haasen (2004) häufig Energielosigkeit, ein geringes Interesse an der Umwelt, depressive Stimmungen, Angst und Freudlosigkeit (Anhedonie) eine Rolle, wobei diese Erscheinungen unter Umständen über Wochen anhalten können. Physische Entzugserscheinungen, die so stark sind, dass sie eine Medikation erfordern, treten beim Kokain- und Crackkonsum zwar nicht auf (S. 20), dennoch können Konsumenten unter Umständen Übelkeit, Schlaf- und Appetitlosigkeit oder aber ein übersteigertes Schlafbedürfnis, einen Verlust des sexuellen Verlangens, Schwindel und Tremor erleben (Sahihi 1995, S. 46 f.). Wird ein chronischer Gebrauch von Kokain über eine sehr lange Zeit beibehalten, besteht die Gefahr nachhaltiger Störungen des Nervensystems, was als ein wesentlicher Grund für die typische Persönlichkeitsveränderung abhängig Konsumierender gesehen wird (DHS, o. J.). Freye (1997) sieht diese „als unvermeidbare Konsequenz der stetigen Entladung der Dopaminspeicher im zentralen dopaminergen Belohnungssystem (…) und der stetig verlangsamenden natürlichen Synthese des Neurotransmitters" (S. 44). Die Folge sind paranoide und unter Umständen psychotische Manifestationen, wie sie auch bei anderen das Zentrale Nervensystem stimulierende Substanzen auftreten können. Dies zeigt sich neben den bereits beschriebenen Depressionen ebenfalls in einer gesteigerten Irritabilität, Halluzinationen bis hin zu Verfolgungswahn. Gerade diese Effekte begünstigen die große Rückfallgefahr nach einer akuten Entgiftung (Freye 1997). Durch ihre über-

4.3 Abhängiger und kontrollierter Konsum von Kokain

aus unangenehme Wirkung kann das Verlangen, diese durch eine erneute Kokainzufuhr zu lindern, sehr stark sein.

In Tierexperimenten konnte tatsächlich die eine starke Abhängigkeit begünstigende Wirkung des Kokains nachgewiesen werden. So zeigen z. B. Affen bei einer selbstgesteuerter Kokaininjektion ein Verhalten, während dem sie den Gebrauch der Substanz immer weiter fortsetzen und erhöhen. Sie vernachlässigen dabei Fortpflanzung, Nahrung und Schlaf und erhöhen ihren Verbrauch systematisch in Häufigkeit und Menge der Substanz bis sie Überdosierungen oder Schlaganfälle erleiden, die zum Tode führen. Bei keiner anderen Droge zeigen Affen ein solch extrem drogenbezogenes Verhalten (Stone et al. 1990, S. 59). Solche Tierexperimente sind allerdings laut Peele (1998) mit Vorsicht zu betrachten. Nicht selten werden Umweltbedingungen im Labor- und Untersuchungsaufbau völlig außer Acht gelassen, obwohl diese überaus wichtige Einflussfaktoren auf den Kokaingebrauch darstellen. Damit ist eine realitätsnahe Abbildung der Umstände eines Kokaingebrauchs nicht gegeben und mit einer Verzerrung der Ergebnisse zu rechnen. So lässt sich eine Abhängigkeitsentwicklung nicht nur mit der pharmakologischen Wirkung des Kokains erklären. Wie bei anderen Drogen auch spielen Umweltbedingungen sowie verhaltenspsychologische Einflüsse und damit verbundene Lernprozesse eine große Rolle. „Wenn Set und Setting eine positive, euphorische, erfreuliche Erfahrung mit Kokain für einen Konsumenten bieten, dann will er natürlich den Konsum wiederholen" (Stone et al. 1990, S. 59). Die positive Grundhaltung gegenüber der Drogeneinnahme wird durch die als positiv erlebte Wirkung verstärkt. Je stärker das positive Gefühl, desto mehr prägt sich das Verhalten und damit verbundene angenehme Assoziationen bei dem Gebraucher ein (ebd.).

In einer Repräsentativbefragung unter 18- bis 59 jährigen Deutschen aus dem Jahr 2003 wurden 15,9 % der dort erreichten Kokainkonsumenten der letzten 12 Monate als kokainabhängig eingestuft. Das entspricht 0,1 % aller Befragten der Studie. Die Grundlage dieser Einschätzung bot die Severity of Dependence Scale. Geht man bei mindestens einem erreichten Punkt im SDS-Test von einem problematischen Kokainkonsum aus, trifft dies auf 28,9 % der Konsumenten der vorangegangenen 12 Monate und 0,3 % der Gesamtstichprobe zu (Kraus et al. 2005a, S. 23). Innerhalb dieser Untersuchung wurde nicht zwischen Pulverkokain und der basischen Form, also Crack und Freebase unterschieden. Aufgrund der stärkeren Verbreitung von Kokainhydrochlorid in der Allgemeinbevölkerung ist jedoch davon auszugehen, dass der größte Teil der Befragten diese Kokainform konsumierte. Eine Unterscheidung der verschiedenen Kokainformen wäre aus einem wichtigen Grund von großer Bedeutung. So wird dem rauchbaren Kokain ein extrem hohes Suchtpotential zugeschrieben, dass zudem als stärker gilt als das des Pulverkokains. Die Folge sei eine höhere Wahrscheinlichkeit einer Abhängigkeitsentwicklung bei einem regelmäßigen Gebrauch von Crack und/oder Freebase im Vergleich zum Konsum von Kokainpulver. So geht Freye (1997) in Anlehnung an die NIDA (National Institute on Drug Abuse) davon aus, dass bei Crack eine Abhängigkeit nach sechs bis zehn Wochen auftritt, während dies bei über die Nasenschleimhäute konsumiertes Pulverkokain im Mittel erst nach drei bis vier Jahren der Fall wäre (S. 4). Andere Autoren sprechen von einer möglichen Abhängigkeit nach fünf- bis sechsmaligem Konsum oder gar nach bereits einmaligem Konsum des rauchbaren Kokains (Freye 1997, S. 4; Täschner und Richtberg 1988 u. Schmidtbauer und vom Scheidt 1989 zit. n. Erhardt, 1993, S. 450). Haasen, Zurhold et al. (2004) verweisen auf eine US-Studie, die ergab, dass nur jeder Zwanzigste der darin untersuchten Konsumenten von Pulverkokain abhängig wurde, während aber jeder Fünfte Crackkonsument die Substanz in einer abhängigen Form konsumierte (S. 132). Robson und Bruce (1997) fanden bei den Crackkonsumenten in ihrer Studie höhere Werte im angewandten SDS-Test als bei den ebenfalls befragten Pulverkokainkonsumenten (S. 1735). Auch Blanken (1999) fasst nach Auswertung einiger Studien zusammen, dass Crackkonsumenten häufiger einen problematischen Konsumverlauf zeigen und Konsumenten mit einem kontrollierten Freizeit-Kokaingebrauch eher zu den Gebrauchern von Kokainhydrochlorid gehören. Die Ursache des vermuteten höheren Suchtpotentials liegt in den Wirkeigenschaften des rauchbaren Kokains. Durch die Aufnahme über die Lunge, wird der Wirkungseintritt als extrem schnell und sehr stark erlebt. So ist bereits nach wenigen Sekunden eine Rauschwirkung zu erleben (Freye 1999). Gleichzeitig hält die Wirkung nur sehr kurz an, und in der Regel folgt ein Crash, der mit einer starken depressiven Verstimmung einhergeht. Durch den großen Unterschied zwischen High und Crash entsteht ein schnelles, starkes Ungleichgewicht im Transmitterhaushalt des Gehirns. Die Folge ist ein starkes Verlangen nach dem Fortsetzen des Konsums und dem erneuten Erleben des Highs (ebd.; Haasen 2004). Ein anderes Bild als in den oben aufgeführten Untersuchungen zeigt eine europaweite Studie unter Kokain- und Crackgebrauchern aus sozial integrierten Kreisen aber auch der Drogenhilfe- und Behandlungsszene. Dort benannten die Gebraucher, die sowohl Kokainhydrochlorid als auch Crack konsumieren, einen deutlich intensiveren Pulverkokain- als Crackkonsum (Prinzleve et al. 2005). Bei ihnen liegt die Priorität trotz des vermuteten höheren Suchtpotentials auf dem Konsum des ‚schwächeren' Pulverkokains. Insofern stellt sich die Frage, ob Crack tatsächlich alle anderen Drogen verdrängt und zur alles bestimmenden Substanz wird.

4.3.2 Forschungsstand Kontrollierter Konsum von Kokainhydrochlorid

Seit der neueren Forschung zum kontrollierten Substanzgebrauch, wurde der Fokus zunehmend auch auf den Umgang mit Kokain gelegt. So wurden abseits des vorgefertigten Bildes von Abhängigkeit und damit verbundenem gesundheitlichen und sozialen Verfall verschiedene Studien zum Kokainkonsum in sozial integrierten Personenkreisen durchgeführt. Sie zeigen, dass der kontrollierte Kokainkonsum ohne negative Konsequenzen für den Alltag im ‚bürgerlichen Milieu' eher die Regel denn die Ausnahme ist (Kolte und Schmidt-Semisch 2005, Erickson und Weber 1994; Cohen und Sas 1994; Decorte 2000; Mugford 1994; Waldorf et al. 1991; Robson und Bruce 1997). In den Untersuchungen lag der Fokus stets auf Konsumenten außerhalb eindeutig drogenbezogener Szenen. Eine Rekrutierung über Behandlungseinrichtungen der Drogenhilfe oder Institutionen der Strafverfolgung wurde bewusst nicht durchgeführt, um jene Personen auszuschließen, deren Konsum von Kokain oder anderen Substanzen bereits zu negativen Konsequenzen und einer Auffälligkeit führte[4].

Für die meisten untersuchten Konsumenten bietet die Substanz Kokain in erster Linie Genuss. In moderatem Maße stört die Kokaineinnahme den Alltag nicht. Im Gegensatz zu anderen Drogen, wie z. B. LSD, Ecstasy, aber auch in gewissem Maße Cannabis oder Alkohol, verändert die Substanz die Wahrnehmung nicht in einer Weise, die die Erfüllung von Alltagsaufgaben erschwert oder unmöglich macht (Waldorf et al. 1991). Sie lässt sich quasi für ein „kontrolliertes High" einsetzen (Erickson et al. 1994, S. 221) und einige Wirkeigenschaften können hinsichtlich mancher Anforderungen des Alltags geradezu unterstützend wirken (Hess und Behr 2004). Genannt seien hier vor allen Dingen die energiesteigernde, Wachsein und Aufmerksamkeit verstärkende Wirkung, die Stärkung des Selbstbewusstseins oder die Förderung von Kommunikation und sozialer Kontaktfähigkeit. In den untersuchten Kokainkonsumgruppen wurde die Substanz in erster Linie im Freundeskreis als Partydroge und beim geselligen Zusammensein konsumiert (Cohen und Sas 1994; Mugford 1994; Waldorf et al. 1991). Weitere Konsumgründe sind die Verbesserung des sexuellen Erlebens oder die Förderung der Leistungsfähigkeit bei der Arbeit (Waldorf et al. 1991). Deutlich wurde, dass der Kokainkonsum für die meisten untersuchten Gebraucher in der Regel einen funktionellen Nutzen hat. Sie

---

[4] Zum Teil wurden in Studien zum Kokaingebrauch in sozial integrierten Kreisen über das Hilfesystem erreichte Konsumenten als Kontrollgruppe befragt, um darüber mögliche Unterschiede beider Konsumentengruppen zu erfassen (z. B. Robson und Bruce 1997, Haasen, Prinzleve et al. 2004).

sind es, die die Droge bewusst in bestimmten Situationen einsetzen, und in ihrem Handeln eben gerade nicht durch die Droge bestimmt werden.

Der größte Teil der untersuchten Konsumenten aller Studien nutzten das Kokain in Menge und Häufigkeit sehr moderat. In einer Studie von White (1988) unter heranwachsenden Kokainkonsumenten konnte zwar innerhalb von drei Jahren eine Steigerung der Konsummenge beobachtet werden, die Häufigkeit des Konsums blieb jedoch bei den Befragten im Mittel bei zweimal im Monat mit einer durchschnittlichen Konsummenge von sechs Linien Kokain (S. 13). Cohen und Sas (1994), die eine der ersten Studien zum Kokainkonsum im ‚bürgerlichen Milieu' durchführten und diese nach vier Jahren wiederholten, unterschieden in ihrer Untersuchung zwei Arten von Konsumenten: Low Level-User, die meist nur am Wochenende Kokain konsumieren und High-Level-User, die in Hochphasen täglich Kokain gebrauchten. Aber selbst diejenigen Konsumenten, die auch Phasen eines starken Kokainkonsums durchliefen, gebrauchten nur selten sehr große Mengen der Substanz[5] (Cohen und Sas 1994). Waldorf et al. (1991) differenzierten die von ihnen befragten Konsumenten nochmals in vier Gruppen: die Coke Hogs mit einem täglichen, hohen Kokaingebrauch, der auch intravenös vollzogen wird, die Nippers mit einem zwar täglichen, aber in der Dosis geringen Kokainkonsum, den sie nach einer Vielzahl von Regeln und Ritualen gestalten (z. B. nur zu bestimmten Tageszeiten oder nicht, wenn etwas Wichtiges ansteht), die Bingers mit einem gelegentlichen innerhalb kurzer Zeiträume starken Konsum (z. B. am Wochenende), den sie nach vorhandenen Geldmitteln oder negativen Erfahrungen regulieren, und als letzte Gruppe die Occasional User, die gelegentlich, und nur zu besonderen Anlässen, Kokain konsumieren (S. 29 ff.). Zu dieser vierten Gruppe gehörten nach Schätzungen der Forschungsgruppe die meisten Kokainkonsumenten in den USA (ebd. S. 35). In ihrer Studie stellten sie zudem fest, dass Konsumenten durchaus im Laufe ihrer Konsumerfahrungen zwischen den Gruppen wechseln und auch sehr starke Konsumenten ohne professionelle Hilfe wieder zu einem gelegentlichen Konsum zurückkehren können.

In allen Untersuchungen zum Kokainkonsum in sozial integrierten Kreisen wurde deutlich, dass der Gebrauch von Kokainhydrochlorid nicht automatisch in einen exzessiven Konsum führt, sondern auch über einen langen Zeitraum mengen- und zeitmäßig moderat durchgeführt werden kann. Das Kokain wird dabei von vielen Gebrauchern in einem Maße genutzt, in dem es nicht negativ mit dem Alltagsgeschehen korreliert und somit als kontrolliert zu betrachten ist. In der Be-

---

[5] 50 % der Befragten konsumierten auch in Hochphasen nie mehr als 0,5 g Kokain pro Woche, während nur 20 % der restlichen Befragten in Hochphasen mehr als 2,5 g Kokain pro Woche nutzten (Cohen und Sas 1994).

grenzung des Konsums spielen verschiedene Aspekte eine tragende Rolle. So wird der Konsum an die jeweiligen Alltagsanforderungen angepasst, um negative Auswirkungen auf die Erfüllung der Aufgaben und Pflichten zu verhindern. Weiterhin richtet sich die Konsumintensität nach den jeweiligen finanziellen Mitteln und Möglichkeiten sowie der Absicht, negative gesundheitliche Folgen und Abhängigkeit zu verhindern (Cohen und Sas 1994; Mugford 1994). Zu diesem Zwecke befolgen sie verschiedenste Kontrollregeln, die sich z. B. auf die Substanzbeschaffung, Applikationsformen, einbezogene Personen oder zeitlichen Vorgaben beziehen und nach denen sie ihren Kokainkonsum gestalten (Cohen 1989; Cohen und Sas 1994; Decorte 2000).

Innerhalb einer Untersuchung von Decorte (2000) in der Antwerpener Partyszene wurden als weitere Indikatoren eines kontrollierten Konsums ein mengenmäßig und zeitmäßig geringer Konsum, die zeitweise Abstinenz, das Vermögen, Kokain abzulehnen und eine geringe Anstrengung, Kokain zu erwerben, genannt (S. 341 f.). Waldorf, Reinarman & Murphy (1994) fassten drei wichtige Punkte zusammen, die für einen kontrollierten Konsum von Bedeutung sind. 1. der Kokainkonsum wird nicht zur Lösung von bereits bestehenden psychischen Problemen oder zur Regulierung einer bereits bestehenden Abhängigkeit von anderen Substanzen angewandt. 2. kontrollierte Konsumenten erfüllen eine Vielzahl von Rollen, durch die sie eine positive Identität erhalten. Vor allem die Integration in ein konventionelles Leben mit Arbeit, Wohnung, Familie etc. wirkt sich positiv auf eine Bewahrung vor einem drogenzentrierten Leben aus. 3. Die Konsumenten sind in der Lage, ihren Konsum durch von ihnen entwickelte Regeln, Rituale und Routinen zu gestalten und zu begrenzen (S. 267).

Auch in integrierten Kreisen gibt es neben einem kontrollierten Kokainkonsum kompulsive Gebrauchsmuster. Ein eher unkontrollierter Konsum scheint dabei auch vom Kokainangebot abzuhängen. Ist für den Konsumenten das Kokain leicht erreichbar, z. B. weil er damit dealt, ist die Wahrscheinlichkeit deutlich höher, dass er größere Mengen der Substanz konsumiert als andere (Waldorf et al. 1991). Auf der anderen Seite ist es für die meisten Konsumenten bei fehlendem Kokainangebot kein Problem, nicht zu konsumieren. Nur eine Minderheit setzt in diesem Falle andere Substanzen ein, um das Kokain zu ersetzen (Mugford 1994). Kommt es zu einem kompulsiven Konsum, scheint sich dieser in sozial gut integrierten Kreisen in aller Regel auf bestimmte Phasen zu beschränken. Die meisten Kokainkonsumenten haben wenige Probleme damit, ihren Konsum für einige Zeit zu unterbrechen. Gründe für konsumfreie Zeiten sind fehlendes Verlangen, negative psychische oder physische Effekte, Angst vor Abhängigkeit, fehlendes Geld oder die Konsumunterbrechung von Freunden (Cohen und Sas 1994). Auch der kontrollierte Kokainkonsum muss nach Decorte (2000) als ein Lernprozess betrachtet werden, der sich aus eher exzessiven, abstinenten und kontrollierten Konsumphasen nährt. Neben der eigenen persönlichen Auseinandersetzung mit dem Konsum spielen Kontrollinstanzen eine wichtige Rolle. Diese scheinen aber weniger formeller Art zu sein. So scheinen gesetzliche Bestimmung und damit das Drogenverbot keinen besonders großen Einfluss auf das Konsumverhalten zu haben (Decorte 2000; Kemmesies 2004b). Viel wichtiger ist die informelle Kontrolle und soziale Kontrolle, wie z. B. durch den Freundeskreis. Dieser dient als Lerninstanz mit Vorbildfunktion oder Abschreckung. Gleichzeitig begleitet er eine regulierende Funktion, so fallen gerade Freunden (oder der Familie) zuerst negative Veränderungen auf (Decorte 2000; Kemmesies 2004b; Erickson et al. 1994).

In den Studien wurde also deutlich, dass der Gebrauch des Kokainhydrochlorids ebenso wie der Gebrauch anderer illegaler Drogen auch in einem kontrollierten Maße vollzogen werden kann. Offen bleibt, ob ein kontrollierter Konsum auch mit dem rauchbaren Kokain möglich ist, oder ein Konsum dieser Substanz aufgrund des höheren Suchtpotentials unweigerlich in kompulsive, jeglicher Selbststeuerung entzogene Verhaltensmuster führt.

4.3.3 Forschungsstand zum Umgang mit Crack und Freebase

Nachdem es im vorangehenden Abschnitt um den kontrollierten Umgang mit Kokainhydrochlorid in sozial integrierten Konsumentenkreisen ging, soll nun der Fokus auf den Forschungsstand zum Gebrauch von Crack und Freebase gelegt werden. In den oben angeführten Studien war der Anteil der hauptsächlich rauchbares Kokain konsumierenden Personen in den untersuchten Stichproben jeweils sehr klein und wurde häufig nur am Rande erwähnt (Cohen und Sas 1994; Kemmesies 2004b). Während Cohen und Sas (1994) betonten, dass sie während der Forschungsprojekte auch sozial integrierten Freebase-Konsumenten begegneten und auch diese Substanz ohne schädliche Folgen konsumiert werden kann (Cohen und Sas 1994), glaubt das Forscherteam um Kemmesies (2004b) aufgrund ihrer Untersuchungen, dass ein langjähriger kontrollierter Konsum rauchbaren Kokains nur schwer möglich ist. Jedoch waren Crackkonsumenten auch in ihrer Studie zum Drogenkonsum im ‚bürgerlichen Milieu' nur marginal vertreten. Das regelmäßige Rauchen von Crack und Freebase war in diesen Studien also eher eine Ausnahmeerscheinung, obwohl während der Rekrutierung der Befragten ein solcher Kokaingebrauch kein Ausschlusskriterium darstellte. Für dieses Phänomen gibt es drei mögliche Erklärungen. Erstens, der Konsum von Crack und Freebase ist unter sozial integrierten Personen so wenig vertreten, dass kaum ein Konsument gefunden wurde. Zweitens, der Konsum von Crack und Freebase ist sozial stigmatisierter, wodurch sich weniger Konsumenten bereit erklärten, an den Forschungsprojekten teilzunehmen. Oder drittens, ein fortgesetzter Crack- und Freebase-Konsum ist in einem sozial unauffälligen Rahmen nicht möglich. Im Konsumverlauf kommt es zum Kontrollverlust, Abhängigkeit und Auffälligkeit des Crackgebrauchs gegenüber der Drogenhilfe oder Institutionen der Strafverfolgung. In diesem Fall wäre das Fehlen der Konsumenten von Crack und Freebase in den Studien mit der fehlenden Erfüllung der in der Regel auf Unauffälligkeit ausgerichteten Zugangskriterien und -wege zu erklären (Cohen und Sas 1994; Decorte 2000; Waldorf et al. 1991). Gerade diese letzte Annahme würde dem öffentlichen Bild zum Gebrauch von Crack und Freebase entsprechen. Aber welche Konsummuster wurden in den wenigen Studien über Crack und Freebase tatsächlich gefunden? Ist der Umgang mit dieser Substanz tatsächlich von einem unausweichlichen Kontrollverlust geprägt oder lässt sich auch diese Droge in einem moderaten Maße und ohne ein Abdriften in deviante Szenen vollziehen?

In einer Studie über außerhalb und innerhalb des Drogenhilfesettings erreichten Konsumenten rauchbaren Kokains setzte sich Siegel (1992) mit den fünf von der amerikanischen National Commission on Marihuana and Drug Abuse entwickelten Drogenkonsummustern auseinander. Diese Konsummuster unterscheiden den Experimentierkonsum, den Freizeit- und situativen Gebrauch sowie den intensiven und den kompulsiven Konsum. Bei keinem der untersuchten Crackkonsumenten blieb es bei einem maximal zehnmaligen Experimentierkonsum. Auch den ausschließlich sozialen Freizeitkonsum, in dem der Crackgebrauch als eine gemeinschaftliche Aktivität häufig nach Einladung durch einen anderen Konsumenten vollzogen wird, hält Siegel für unwahrscheinlich. Nur ein kleiner Teil der Stichprobe schaffte es, den Konsum aufgrund fehlender eigener Beschaffungsmöglichkeit oder der Angst vor Abhängigkeit zu beschränken. Ebenso sieht es mit dem situativen Konsum aus, in dem die Droge in einer ganz bestimmten Situation für eine ganz bestimmte Funktion eingesetzt wird. Auch die Möglichkeit eines solchen Konsums wird von Siegel angezweifelt. Deutlich stärker sei unter den Gebrauchern der intensive, tägliche Konsum geringer Mengen, der durch Bingingzeiten mit vielen, nacheinander folgenden Konsumvorgängen unterbrochen wird, sowie der kompulsive Konsum, in dem täglich große Mengen konsumiert werden, vertreten (S. 189 f.). Selbstkontrollregeln zeigten sich laut Siegel lediglich in einigen risikominimierenden Gebrauchsregeln (z. B. Verwendung mehrerer Siebe in der Pfeife zur Filterung des Rauches), der eigenständigen Substitution mit Kokainstreckmitteln, der Meidung von Konsumorten und anderen Konsumenten und der an andere Personen herangetragenen Bitte um Kontrolle (S. 206 f.). Insgesamt schreibt Siegel diesen Maßnahmen aber wenig Erfolg zu. Zusammengefasst zeigten die untersuchten Konsumenten eher eine schnelle Hinwendung zu intensiven und problematischen Konsummustern als zu kontrollierten. Dies entspricht einer Vielzahl von Veröffentlichungen, die von einem starken Abhängigkeitspotential des rauchbaren Kokains schon nach wenigen Konsumerfahrungen berichten (siehe Kap. 4.3.1). Dagegen benannten Haasen und Springer (2002) in Anlehnung an eine US-Studie, dass lediglich 5–10 % der Konsumenten, die jemals Crack gebrauchten auch abhängig werden. In Kemmesies' (2004b) Studie zum kontrollierten Drogenkonsum im bürgerlichen Milieu fanden sich einige wenige Konsumenten, die auch Erfahrungen mit rauchbarem Kokain hatten. Jedoch blieb es bei den meisten dieser Gebraucher bei einem Konsum unter 10 Mal. Insofern zeigten diese Personen keine sofortige Hinwendung zu der Substanz, vielmehr stellten sie den Konsum nach wenigen Erfahrungen wieder ein und beließen es also bei einem Experimentierkonsum.

Die wenigen vorhanden Studien zum fortgesetzten Konsum von rauchbarem Kokain haben in der Regel Konsumenten der offenen Drogenszene oder aus Behandlungssettings im Blick. Dabei beschränken sie sich häufig neben der Untersuchung der Häufigkeit des Konsums auf die sozialen und gesundheitlichen Folgen des Crackgebrauchs. Szenegänger, die Crack konsumieren sind in höherem Maße mit Verelendung, Wohnungslosigkeit, Prostitution, Kriminalität sowie physischen und psychischen Erkrankungen konfrontiert als Konsumenten anderer Substanzen, wie Heroin oder Kokainpulver (Fischer et al. 2005; Haasen et al. 2004; Möller und Prinzleve 2004; Vogt et al. 2000; Zurhold und Kuhn 2004). Grund sei die extrem schnell eintretende psychische Abhängigkeit und das häufig auftretende Binging-Verhalten, während dem die Konsumenten übermäßig viele Konsumvorgänge haben, sich auf der ständigen Suche nach Geldmitteln und der Substanz befinden und darüber die Grundversorgung aber auch Schlaf, Nahrungsaufnahme und Hygiene vernachlässigen. Anschließend kann ein starker Erschöpfungszustand eintreten, während dem die Gebraucher bis zu 48 Stunden durchschlafen (Haasen et al. 2004; Haasen et al. 2002). Degkwitz und Verthein (2000) fanden in einer Untersuchung in der Hamburger Drogenszene unter den befragten Crackkonsumenten ein Drittel mit mindestens 10maligem Konsum pro Tag und charakterisierten diese als intensive, möglicherweise abhängige Konsumenten (S. 42). Dabei scheint ein starker Crackkonsum vielfach mit dem polyvalenten Gebrauch anderer Drogen einherzugehen. So wird aus jeder der Szenen der Städte Frankfurt, Hamburg und Hannover von einem häufigen Konsum anderer Substanzen, vor allem Heroin/Methadon und Benzodiazepinen berichtet (Café Connection 1999; Degkwitz und Verthein 2000; Vogt et al. 2000). Vogt et al. (2000) fanden in einer Befragung von 59 Crackkonsumenten der Frankfurter Drogenszene 90 % mit einem täglichen Crackkonsum. Ein Viertel von ihnen benannten mehr als fünf Konsumvorgänge an einem Tag (S. 10). In einer anderen Studie, ebenfalls in der Frankfurter Drogenszene, die sich über die Jahre 2002 bis 2004 erstreckte, wurden 60 % der Befragten als intensive Konsumen-

4.3 Abhängiger und kontrollierter Konsum von Kokain

ten mit einem täglichen Crackgebrauch und etwas mehr als ein Drittel als gelegentliche Nutzer mit einem Crackkonsum von mindestens einmal in der Woche eingestuft. Lediglich 5 % der Crack konsumierenden Szenegänger der Befragung nutzten das rauchbare Kokain nur selten also weniger als einmal in der Woche (Müller et al. 2007, S. 147 f.). Einen anderen Eindruck hinterlässt eine Befragung in der Hamburger Drogenhilfeeinrichtung Drob Inn. Zwar ist auch in dieser Untersuchung von einer sehr großen Verbreitung des Konsums von Crack unter den Szenegängern die Rede, aber während sich 60 % der Befragten zu den regelmäßigen Konsumenten mit mindestens zwei Konsumtagen pro Woche zählten, konsumierten 17,9 % der Gesamtstichprobe Crack nur sporadisch. Dies ließ die Autoren zu dem Schluss kommen, dass auch ein relevanter Anteil der Konsumenten der Drogenszene in der Lage ist, Crack gemäßigt zu konsumieren. „Crack führt nicht unweigerlich in exzessive, der Selbststeuerung völlig entzogene Konsummuster" (Prinzleve et al. 2004, S. 187). Ebenso fanden Thane und Thiel (2000) unter 64 befragten Crackkonsumenten der Hamburger Drogenszene nur 45 % mit einem täglichen Konsum. 18 % konsumierten zwei- bis dreimal pro Woche, die restlichen Konsumenten noch seltener (S. 16). Auch eine Studie der holländischen Organisation Mainline widerspricht dem Bild völlig fehlender Regulierung des Konsums. Sie zeigte, dass Crackkonsumenten der offenen Drogenszene in Utrecht und Amsterdam genauso wie Drogengebraucher anderer Substanzen und anderer Milieus ihren Konsum nach bewussten Strategien und Regeln organisieren, um auch im kompulsiven Gebrauch für sich als negativ definierte Folgen zu vermeiden. Dazu gehört z. B. eine sorgsame Auswahl des Konsumortes, der Einsatz anderer Substanzen, um negative Wirkungen des rauchbaren Kokains zu vermindern oder aufzuheben sowie das Einhalten von konsumfreien Zeiten, wobei dies durch ein bewusstes Fernhalten von der Szene oder durch das Aufsuchen von Orten, an denen nicht konsumiert werden kann, unterstützt wird (Boekhout van Solinge 2001). Diese Erkenntnisse wendet Mainline zusätzlich an und unterstützt Konsumenten der offenen Szene in Rotterdam mit Angeboten, die ‚harm reduction'- und Selbstregulationsstrategien vermitteln (Blanken 1999). Damit vertritt die Organisation die Ansicht, dass Crackgebraucher durchaus in der Lage sind, regulierend und risikominimierend auf ihren Konsum einzuwirken. In einer Studie unter Hamburger Drogenprostituierten wurde ebenfalls eine starke Verbreitung des rauchbaren Kokains beobachtet. Wobei die Frauen auch in hohem Maße ein starkes Bingingverhalten zeigten. Entgegen der häufigen Vermutung ließen sie sich jedoch nicht stärker auf sexuell riskante und gefährliche Praktiken ein als es Prostituierte ohne Crackkonsum tun. Das heißt, sie stellen den Erwerb der zum Konsum nötigen finanziellen Mittel nicht über die Gesundheit schützende Regeln (Zurhold und Kuhn 2004). In einer Studie mit 50 Crackkonsumenten in North West England, die 1995 zum ersten Mal und

1997 erneut befragt wurden, zeigte sich eine große Variabilität in den Konsummustern. 13 Konsumenten hatten zwischen den zwei Befragungszeitpunkten den Crackgebrauch aufgegeben, 15 hatten ihn gesenkt und 22 stark erhöht. Inwieweit die Aufgabe des Crackgebrauchs mit einer Behandlung zusammenstand, wurde in der Ergebnisdarstellung nicht deutlich. Es wurde aber auf eine Form von persönlicher Stärke, soziale Unterstützung von Bezugspersonen oder Schlüsselereignisse als die eine Abstinenz unterstützende Faktoren verwiesen (Brain et al. 1998, S. 46 f.).

Insgesamt zeigt sich damit ein sehr ambivalentes Bild, was die Einschätzung eines Kontrollvermögens gegenüber dem rauchbaren Kokain darstellt. Während einige Studien von der Möglichkeit gemäßigter Konsummustern sprechen, verweisen andere auf sehr problematische Konsummuster in Bezug auf die Gebrauchshäufigkeit und die daraus resultierenden Folgen.

Außerhalb der Drogenszene scheint der Crackgebrauch eher gering verbreitet zu sein. Dennoch gibt es Hinweise auf Gebraucher in der Allgemeinbevölkerung. Dabei wird die Annahme, dass ein Konsum rauchbaren Kokains auch unter integrierten Konsumenten stattfindet und nicht immer in totalen Kontrollverlust und damit verbundene auffällig negative Folgen mündet, laut Dörrlamm (2004) von der Tatsache gestützt, dass dem beobachteten Anstieg der Gebrauchserfahrenen keine steigenden Zahlen der Konsumenten innerhalb der offenen Drogenszene gegenüber stehen (S. 218 f.). Auch Degkwitz & Verthein (2000) glauben, dass es Crackkonsumenten in der Allgemeinbevölkerung, vor allem in der New Economy, gibt, die neben einem kontrollierten Konsum durchaus auch einen problematischen Gebrauch vollziehen können. Sie bewältigen diesen aber selbst oder im Rahmen bestehender Hilfsangebote. So sehen die Autoren keine Hinweise für ein Abrutschen in die Drogenszene aufgrund ihres Crackgebrauchs. Der Konsum von Crack und Freebase muss also auch in sozial integrierten Kreisen stattfinden, ohne automatisch in ein Abdriften in drogenbezogene deviante Szenen zu münden. Southwell (2003) geht davon aus, dass auch gelegentlich Kokain schniefende Konsumenten auf dem Heimweg von einer Party zu rauchbarem Kokain greifen. Dabei ist der Griff zu dieser Konsumform des Kokains von dem Setting abhängig, da das Rauchen auf dem Nachhauseweg leichter umzusetzen ist als das Schniefen des Kokainpulvers. In der Begrenzung ihres Crackkonsums greifen diese Konsumenten dann auf die gleichen Regeln und Rituale zurück, die sie auch in ihrem Umgang mit Pulverkokain anwenden. Bedeutend sei dabei eine feste Einbindung in soziale Strukturen, die einen schützenden Einfluss auf das Konsumverhalten haben. In Studien aus Canada und den USA wurde ebenfalls deutlich, dass der Konsum von rauchbarem Kokain nicht unweigerlich zum sozialen Abstieg führen muss. Viele der Befragten erlebten zwar kompulsive Gebrauchsphasen, in denen sie Crack oder Freebase in größeren Mengen und eher unkontrolliert konsumierten, aber auch in

4.3 Abhängiger und kontrollierter Konsum von Kokain

diesen Zeiten waren sie in der Lage schadensminimierende Strategien zu verfolgen. Viele dieser Konsumenten stellten zudem den Gebrauch von Crack und Freebase selbständig, das heißt ohne eine professionelle Behandlung, wieder ein (Erickson et al. 1994; Waldorf et al. 1991). Diese Studien zeigen also ein differenzierteres Bild. Zudem wurde deutlich, dass sich die untersuchten Crackkonsumenten hinsichtlich ihrer soziodemographischen Daten nicht signifikant von Schniefern unterschieden. In der Regel hatten die Crackkonsumenten schon vor ihrer ersten Pfeife vielfältige und häufig langjährige Erfahrungen mit dem nasalen Gebrauch von Pulverkokain. Wie bei Pulverkokain auch scheint der Freundeskreis von großer Bedeutung zu sein. In ihm bietet sich in der Regel die erste Konsummöglichkeit, und von ihm wird der Konsum sowohl positiv als auch negativ beeinflusst (Erickson et al. 1994; Waldorf et al. 1991). Blickt man jedoch direkt auf den Umgang der Crackkonsumenten mit der Substanz zeigen sich Unterschiede innerhalb der beiden Studien. In der kanadischen Studie von Erickson et. al. (1994) wurden 79 Crack-Konsumenten befragt. Lediglich 33 % hatten Crack innerhalb der letzten 30 Tage vor der Befragung konsumiert, die meisten von ihnen ein- bis zweimal. Insgesamt gebrauchten in dem vorangegangenen Monat lediglich 14 % der Befragten die Substanz mehr als zehn Mal (S. 179). Alles in allem wurden hier also auch eher geringfügig konsumierende Crackgebraucher erreicht. Die meisten Konsumenten erfuhren in keinem größeren Maße negative Folgen des Konsums wie schniefende Gebraucher von Pulverkokain. Auch berichtete weniger als die Hälfte der Befragten, dass sie Probleme mit einem starken durch Crack erzeugten Craving gehabt hätten. Trotz eines eher moderaten Konsums schätzten jedoch die meisten Gebraucher den Konsum von Crack als risikoreich ein. Viele zeigten großen Respekt vor möglichen negativen Folgen, was vermutlich zu einem vorsichtigeren Umgang mit der Substanz führte. So zeigte sich ein geringerer Crackgebrauch, je riskanter und gefährlicher der Umgang mit dieser Substanz eingeschätzt wurde (Erickson et al. 1994). In der US-Studie von Waldorf et al. (1991) schien der Crackkonsum nicht ganz so unproblematisch regulierbar. Viele der untersuchten Personen hatten häufiger mit Phasen kompulsiven Gebrauchs zu kämpfen, in denen sie das dem Crack zugeschriebene starke Craving und eine Art Besessenheit von der Substanz empfanden. Viele berichteten, dass der Konsum anfangs kein Problem war, mit der Zeit aber das Craving für die Konsumenten sehr bestimmend wurde. Im Gegensatz zu Kokainhydrochlorid schien Crack weniger funktionell eingesetzt werden zu können. Häufig konsumierten die Befragten wochenlang nichts, waren sie dann aber in einer Konsumphase, fiel das Aufhören schwer oder sie konnten kein Konsumangebot ablehnen. Deutlich wurde weiterhin, dass im Vergleich zu dem Gebrauch von Kokainhydrochlorid Probleme mit Gesundheit, Familie, Finanzen und Alltagsbewältigung in der Folge des Crackkonsums schneller auftraten. Dennoch gab es viele Befragte, die den Konsum über Jahre hinweg aufrechterhalten konnten, ohne, dass ein Verlust des Arbeitsplatzes oder die Auffälligkeit des Gebrauchs folgten. Vielen gelang es, anderen, alltäglichen Aufgaben Priorität zu geben, nur am Wochenende zu konsumieren und den Konsum nach einer stärkeren Phase auch wieder zu verringern. Trotzdem wurde die Aufrechterhaltung der Kontrolle von den Konsumenten als eher schwierig eingeschätzt (Waldorf et al. 1991). Es zeigen sich also verschiedene Ergebnisse. Während die eine Untersuchung ein eher unproblematischeres Bild von der Substanz Crack und ihrem Gebrauch zeichnet, betrachtet die US-Studie den Umgang etwas differenzierter. Sie stellt heraus, dass der kontrollierte Konsum des rauchbaren Kokains durchaus schwierig, aber entgegen dem Image der Substanz nicht unmöglich ist. Eine unterstellte Abhängigkeit gegenüber dem rauchbaren Kokain nach einmaligem Konsum können beide Studien nicht bestätigen. Auch die Gebraucher mit Konsumerfahrungen mit Crack und Freebase in der Studie von Kemmesies (2004b) konsumierten die Substanz lediglich einige Male und stellten den Gebrauch wieder ein, ohne zu irgendeinem Zeitpunkt eine Abhängigkeit gegenüber der Substanz entwickelt zu haben (s. o.). Insofern schein ein Konsum der Substanz nicht unbedingt zu einer Abhängigkeitsentwicklung und einem Kontrollverlust zu führen, sondern auch in einer begrenzten Form möglich zu sein – sei es innerhalb eines experimentellen Gebrauchs oder eines längerfristig moderaten Konsums.

Empirische Untersuchung 5

5.1 Untersuchungsdesign

5.1.1 Bezugsrahmen und Fragestellung der Untersuchung

Wie Studien zum kontrollierten Konsum illegaler Substanzen verdeutlichten, scheinen die Integration in gesellschaftliche Zusammenhänge und soziale Bezüge sowie ein ausschließlich auf die Freizeit beschränkter Drogenkonsum von erheblicher Bedeutung für ein moderates Konsumverhalten zu sein. Diese Faktoren lassen sich in der Regel bei sozial integrierten Drogengebrauchern finden. Bei Konsumenten der offenen Drogenszene trifft dies vermutlich nicht zu. So gehören gerade Crackkonsumenten der offenen Dogenszenen häufig zu den „Randgruppen unter den Randgruppen" („marginalized among the marginalized") (Fischer et al. 2005, S. 221).

Beiden Konsumentengruppen des rauchbaren Kokains (sozial integrierte sowie marginalisierte, deviante Konsumenten) ist gemein, dass sie eine Substanz konsumieren, der von vielen Seiten ein hohes Suchtpotential durch den schnellen Wirkungseintritt und Wirkungsabfall, starkes Craving und hohe Gefahren eines Kontrollverlusts durch das Binging-Phänomen zugeschrieben wird. Aufgrund der verschiedenen Lebensgrundlagen der beiden Konsumentengruppen ist jedoch auch hinsichtlich des Crack- und Freebase-Konsums von einem unterschiedlichen Umgang mit den Substanzen auszugehen – so wie es sich auch bei einigen Studien zum Gebrauch von Kokainhydrochlorid und anderer psychotroper Substanzen zeigt. Ob sich rauchbares Kokain in Suchtpotential und Konsummuster (im Gegensatz zum Kokainhydrochlorid) tatsächlich erheblich von anderen psychotropen Substanzen unterscheidet, ist bisher jedoch nicht bekannt und muss näher untersucht werden.

Für die vorliegende Untersuchung ergeben sich folgende Leitfragen.

- Welche verschiedenen Konsumentengruppen lassen sich erreichen?
- Welche Konsummuster rauchbaren Kokains lassen sich unter verschiedenen erreichten Gebrauchern finden?
- Inwieweit findet eine Kontrolle oder Regulierung des Konsums durch die Gebraucher statt? Welche Ausprägung hat diese Konsumkontrolle?
- Mit Hilfe welcher Verhaltensweisen versuchen die Konsumenten von Crack und Freebase mögliche Konsumpausen einzuhalten sowie negativen Folgen des Konsums entgegen zu wirken? Auf welche materiellen, sozialen und informellen Ressourcen greifen sie dabei zurück?
- Sind Konsumpausen Willensentscheidungen oder sind sie nur durch äußere Umstände bestimmt?
- Ist die Verwurzelung in die offene Drogenszene stets mit kompulsivem Gebrauch des rauchbaren Kokains verbunden, oder folgen auch diese Konsumenten bestimmten Regeln und Strategien hinsichtlich einer Regulierung ihres Konsums?

5.1.2 Methodologische Vorüberlegungen

Das methodische Design einer Untersuchung muss sich stets an die spezifische Forschungsfrage und Beschaffenheit des Untersuchungsgegenstandes anpassen. Je nach Forschungsziel, Forschungssubjekt sowie dessen spezifische Lebenswelt und Prämissen kann es sinnvoll sein, unterschiedliche methodologische Mittel für die Untersuchung zu verwenden. Die vorliegende Forschungsarbeit soll den Umgang mit Crack und Freebase sowohl von sozial integrierten Personen als auch von Personen innerhalb der offenen Drogenszene zum Thema haben. Während die Kontaktaufnahme zu letzteren als eher unproblematisch eingeschätzt wurde, gestaltet sich ein Erreichen sozial integrierter Konsumenten erwartungsgemäß eher schwierig. Das liegt zum einen an der vermutlich geringen Verbreitung von Crack und Freebase in dieser Gruppe, zum anderen wurde eine Zurückhaltung hinsichtlich der Offenlegung drogenbezogener Aktivitäten erwartet. Durch die strafrechtliche Kriminalisierung des Drogenkonsums bedeutet es für nicht auffällige Konsumenten stets ein Risiko, ihren Drogengebrauch mitzuteilen, sowohl hinsichtlich einer strafrechtlichen Aufdeckung als auch hinsichtlich sozialer Konsequenzen. Gerade der Konsum von Crack und Freebase kann mit gesellschaftlicher Stigmatisierung verbunden sein, da diese Substanzen häufig mit der verelendeten und kriminellen offenen Drogenszene in Verbindung gebracht werden (Kemmesies 2004b; Stöver 2001).

Vor diesem Hintergrund stand die Frage, wie man dennoch Kontakt zu dieser Konsumentengruppe erhalten kann. Ein Medium, das Anonymität und dabei

5.1 Untersuchungsdesign

große Erreichbarkeit verschiedener Personengruppen gewährleistet, ist das Internet. Gleichzeitig setzt dieses Medium eine Lebenswelt voraus, in der der Zugang und der Gebrauch dessen überhaupt möglich sind. Es ist daher zu erwarten oder gar vorauszusetzen, dass bei einem Forschungszugang über das Internet eher sozial integrierte Personengruppen angesprochen werden als Personen offener, eindeutig drogenbezogener Szenen.

Zwar ist das Internet mittlerweile auch als Medium qualitativer Forschung nutzbar, jedoch bieten sich in diesem Rahmen aufgrund der Distanz zu den Befragten dennoch eher quantitative Methoden an. In der vorliegenden Untersuchung wurden zur Entwicklung des entsprechenden Erhebungsinstrumentes theoretische Grundannahmen der bisherigen Forschung zum Crack- und Freebase-Konsum sowie zum kontrollierten Konsum anderer psychotropen Substanzen herangezogen. Dabei wurde angenommen, dass der Konsum von rauchbarem Kokain im sozial integrierten Milieu nach ähnlichen Mustern, Regeln und Ritualen abläuft, wie bei dem Konsum von anderen illegalen Drogen. Es sollte jedoch berücksichtigt werden, dass es um den Konsum einer Substanz geht, der durch ihre Wirkeigenschaften ein sehr hohes Suchtpotential zugeschrieben wird und für die der Forschungsstand zur Kontrolle des Konsums sehr gering ist. Daher wurde der Fragebogen als ein teilstandardisiertes Erhebungsinstrument konzipiert. Offene Fragen erlaubten auch einen Blick auf Phänomene außerhalb der vorgegebenen Antwortkategorien. Die Möglichkeit freier Formulierungen lockert dabei die Quasi-Dominanz der Forscherperspektive (Diekmann 2004, S. 444).

Was die Nutzung des Internets in Hinblick auf die sozial integrierten Gebraucher rauchbaren Kokains zum Mittel der Wahl macht, nämlich ein sehr hoher Grad an Anonymität und vor allem die Erreichbarkeit einer großen Anzahl von Personen, hat seine Grenzen bei der Kontaktaufnahme zu Konsumenten, die sich in einer Lebenssituation befinden, in der die Nutzung des Internets nicht so unproblematisch möglich ist. Gebraucher der offenen Drogenszene, denen in der Regel ein kompulsiver Crackgebrauch zugeschrieben wird, verfügen vermutlich über weniger gute Möglichkeiten, das Internet zu nutzen. Zwar kann man auch in einigen Einrichtungen der Drogenhilfe PCs mit Internetzugang finden, die von Klienten genutzt werden können. Jedoch ist fraglich, ob in einem solchen Rahmen die Ruhe und die Motivation gegeben sind, die Voraussetzung für die Teilnahme an einer solchen Befragung sind.[1]

---

[1] Um die Erreichung der Zielgruppe weiter zu erhöhen, wurden einige Fragebögen als Paper-Pencil-Ausgabe an höherschwellige Frankfurter Suchtberatungsstellen übermittelt. Da jedoch keiner der Fragebögen zurückgesandt wurde, können weitere damit verbundene Betrachtungen vernachlässigt werden. Der nicht erfolgte Rücklauf sei laut Angaben der Beratungsstellen mit dem Fehlen entsprechender die Zugangsvoraussetzungen erfüllender Klienten zu erklären.

Durch den Einsatz der teilstandardisierten Fragebögen ist der Erkenntnisgewinn auf die im Fragebogen vorgegebenen Themen begrenzt. Aspekte, die für den Konsumenten wichtig sind und unter Umständen ebenfalls Einfluss auf das Konsumverhalten haben, aber durch Inhalte des Fragebogens nicht angesprochen werden, bleiben verborgen. Dagegen lassen persönliche Tiefeninterviews den Befragten Möglichkeiten und Spielraum in der sprachlichen Auseinandersetzung mit dem angesprochenen Thema. Neue, bisher nicht erfasste Zusammenhänge lassen sich mit qualitativen Verfahren explorieren. Zusätzlich können Äußerungen des Befragten jederzeit vom Interviewer vertieft oder hinterfragt werden, so dass ein umfassendes Bild entsteht. Auch gerade in Hinsicht auf unterbewusst ablaufende Verhaltensmuster und Kontrollmechanismen ist ein solcher Untersuchungsansatz von großer Bedeutung. Deshalb wurde die Online-Untersuchung durch eine qualitative Befragung von Konsumenten ergänzt. Dem Untersuchungssubjekt sollte dabei ein Höchstmaß an Offenheit entgegengebracht werden, um eine Fixierung auf bestimmte Erwartungen und ein möglicherweise damit verbundenes Übersehen wichtiger Aspekte zu vermeiden (Lamnek 2005).

Die Ziele des multimethodologischen Vorgehens können wie folgt zusammengefasst werden:

- hinsichtlich des Erreichens der Forschungssubjekte bestmögliche Anpassung an das Feld und seine Bedingungen (Hellfeld und Dunkelfeld)
- Überprüfung der Ausgangshypothesen
- Erfassen tieferer Zusammenhänge und unbewusster Handlungen außerhalb der durch andere Studien erfassten Phänomene, die Konstruktionsgrundlage des standardisierten Erhebungsinstrumentes sind
- Exploration bisher weniger beachteter Aspekte des Konsums rauchbaren Kokains.

5.1.3 Quantitativer Teil – Die Online-Befragung

Die Online-Befragung richtete sich an Konsumenten rauchbaren Kokains, die in der Lage sind, dieses Medium in ihrem Lebensalltag zu nutzen. Das Internet kann in diesem Zusammenhang als Teilnahmeschwelle betrachtet werden, die eine Gruppe von Gebrauchern ausschließt bzw. ihnen den Zugang erheblich erschwert. Andererseits kann es aber den Zugang zu bestimmten Konsumentengruppen schaffen, die mit anderen Methoden nicht oder nur sehr schwer erreicht werden können.

5.1.3.1 Das Internet als Forschungsraum

Mit der immer stärkeren Nutzung des Internets im alltäglichen Leben, wurde dieses Medium in den letzten Jahren auch als Ort sozialwissenschaftlicher Forschung immer interessanter. Die Online-Forschung bietet dabei den entscheidenden Vorteil, auch dort einsetzbar zu sein, „wo es darauf ankommt, schwierig zu erreichende Gruppen zu erforschen oder weit auseinanderliegende Personen zusammen zu bringen" (Welker et al. 2005, S. 3).

Im ersten Quartal des Jahres 2006 verfügten 62 % der privaten Haushalte in der Bundesrepublik über einen Internetzugang. 65 % der Bevölkerung über 10 Jahre nutzten das Internet regelmäßig, sei es im privaten oder beruflichen Bereich (Statistisches Bundesamt 2007b, S. 17 ff.). Diese Zahlen sprechen für eine sehr große Verbreitung des Internets, lassen aber keine Aussagen darüber zu, ob über diesen Weg der Kontaktaufnahme ein Erreichen der Zielgruppe tatsächlich möglich ist. Diesem Problem stehen jedoch auch andere Forschungszugänge gegenüber. Gerade die Drogenforschung in sozial integrierten Kreisen sieht sich einem enormen Dunkelfeld gegenüber, das keine genauen Aussagen über Ausmaß und Beschaffenheit ermöglicht (Kemmesies 2004b; Weber und Schneider 1997).

Klarer Vorteil der Nutzung des Internets als Erhebungsraum ist die Wahrung der Anonymität der Befragten. Es ist kein Rückschluss auf ihre Person möglich, was zu einer größeren Teilnahmebereitschaft verhelfen und Hemmungen im Antwortverhalten abbauen kann (Stetina et al. 2008). Dabei steht der Verwendung des Internets verglichen mit anderen standardisierten Erhebungsmedien nichts entgegen. So sieht z. B. Batinic nach seinen Untersuchungen in der Online-Forschung eine nahezu gleich hohe Qualität wie bei Paper-Pencil-Befragungen (zit. n. Batinic et al. 1999, S. 80).

5.1.3.2 Technische Vorarbeiten

Das Internet diente als Medium zum Erreichen der Konsumentenstichprobe, zur Verbreitung der Fragebögen sowie als Ort der Erhebung selbst. Um die Erhebung im Internet durchführen zu können, wurde eine Homepage erstellt, auf der die Besucher den Fragebogen nach einem kurzen Einleitungstext ausfüllen konnten. Die einzelnen Fragen konnten je nach Frageart entweder über Drop-Down-Funktionen, über die Auswahl einzelner Antwortvorgaben oder über offene Felder mit freier Texteingabe beantwortet werden. Am Ende des Fragebogens waren die Erhebungsteilnehmer aufgefordert, auf ein markiertes Feld zu klicken, um die Daten zu übermitteln. In dem Moment, in dem die Teilnehmer diese Funktion aktivierten, wurde eine E-Mail mit den einzelnen Antworten an eine eigens dafür eingerichtete E-Mail-Adresse geschickt.

5.1.3.3 Stichprobe

Der Fragebogen richtete sich grundsätzlich an ‚erfahrene' Konsumenten von Crack und Freebase. Dabei wird ‚erfahren' in Anlehnung an die Untersuchung von Kemmesies (2004b) mit einem mindestens zehnmaligen Gebrauch rauchbaren Kokains definiert. Auch Harding und Zinberg definierten in ihren bedeutenden Untersuchungen zum kontrollierten Heroinkonsum den ‚erfahrenen' Konsumenten als einen Konsumenten mit einem mindestens zehnmaligen Gebrauch der Substanz. Damit werden Gebraucher mit einem lediglichen Experimentierkonsum gewollt ausgeschlossen (Harding 1982). Der letzte Konsum des rauchbaren Kokains sollte nicht länger als ein Jahr zurückliegen. Ähnliche Zugangsbeschränkungen finden sich in anderen Studien zum Gebrauchsverhalten gegenüber illegalen Drogen (Haasen und Prinzleve 2001; Kemmesies 2004b). Die Konsumenten, die an der Untersuchung Interesse hatten, wurden auf der Homepage im Eingangstext, also vor der Beantwortung des Fragebogens, auf diese Teilnahmevoraussetzungen hingewiesen.

Das Sample entsteht also über eine Selbstselektion. Das Untersuchungsobjekt wählt sich selbst zu einem solchen, indem es sich nach den Zugangskriterien als erfahrener Konsument rauchbaren Kokains definiert und bereit ist, an der Untersuchung teilzunehmen. Wie groß die Erhebungseinheit ist, also wie viele Personen den Aufruf sehen und potentiell teilnahmeberechtigt wären, kann nicht bestimmt werden (Welker et al. 2005, S. 39). Ebenso sind Aussagen über die Grundgesamtheit an Crack oder Freebase konsumierenden Personen nicht möglich. Größere Repräsentativerhebungen und andere Untersuchungen zum Drogengebrauch in der Bevölkerung lassen lediglich Schätzungen zu (siehe Kap. 2).

5.1.3.4 Konstruktion des Fragebogens

Der teilstandardisierte Fragebogen als Erhebungsinstrument erfasst die soziodemographische Beschreibung der teilnehmenden Konsumenten sowie Daten über ihre jeweiligen Gebrauchsmuster und die Verhinderung negativer Folgen des Konsums. Neben der deskriptiven Erhebung von Daten enthält das Instrument hypothesenprüfende Fragestellungen, die anhand des aktuellen Forschungsstandes entwickelt wurden:

Folgende Haupt-Hypothesen liegen der Untersuchung zugrunde:

- Aufgrund des Erhebungsmediums wird erwartet, dass mehr Personen mit eigener Wohnung oder Wohnsitz bei den Eltern teilnehmen als Personen, die auf der Straße oder in Notunterkünften leben.
- Es wird erwartet, dass der Gebrauch von Crack und Freebase Teil eines polyvalenten Substanzkonsums ist.

5.1 Untersuchungsdesign

- Es wird erwartet, dass sich verschiedene Konsummuster hinsichtlich des Gebrauchs von Crack und Freebase zeigen. Genauer wird erwartet, dass sich bezüglich Menge und Häufigkeit ein gemäßigtes Konsumverhalten, als auch ein von den Konsumenten als unkontrolliert beschriebenes Konsumverhalten zeigt.
- Es wird erwartet, dass Konsumenten von Crack und Freebase auf ähnliche Verhaltensweisen zur Regulation ihres Konsums zurückgreifen, wie es Studien zum Konsum anderer Substanzen erarbeitet haben.
- Es wird erwartet, dass es Konsumenten gibt, deren Crack- oder Freebase-Konsum nicht zu strafrechtlicher Auffälligkeit oder zur Inanspruchnahme von Drogenhilfeangeboten führte.

Natürlich kann der Fragebogen keinen Anspruch auf Vollständigkeit erheben. Der Umfang der Fragen muss methodisch beschränkt werden, damit Personen ohne persönlich motiviert worden zu sein, bereit sind, ihre Zeit zur Teilnahme an der Untersuchung einzusetzen. Trotzdem ermöglicht der Fragebogen einen wichtigen Einblick in das Konsumverhalten der Teilnehmer.

Die Konstruktion des Fragebogens erfolgte in Hinblick auf die Forschungsfrage, unter Berücksichtigung von Forschungsergebnissen und Erfahrungen anderer Studien. Aus dem Fragebogen konnten folgende Aspekte der Erhebungsteilnehmer und ihres Konsumverhaltens erfasst werden:

- Soziodemographische Daten zur Charakterisierung der Stichprobe.
- Lebenszeit- 12 Monate- und 30 Tage-Prävalenz verschiedener psychotroper Substanzen.
- Erstkonsummuster von Crack und Freebase und aktueller Gebrauch (Konsumumfeld, Konsummotivation, Konsumeinheiten, Konsumart, Kombination des rauchbaren Kokains mit anderen Substanzen).
- nominal-skalierte Fragen mit vorgegebenen Antwortvarianten und offene Fragen zu angewandten Strategien der Konsumregulierung.
- Daten zu Häufigkeit und Dauer von Konsumpausen und der zu diesem Verhalten vorausgesetzten Motivation sowie zu Häufigkeit und Ausprägung möglicher Phasen kompulsiven Gebrauchs des rauchbaren Kokains.
- Angaben zum Kauf- und Finanzierungsverhalten des Konsums von Crack und Freebase und möglicher devianter Verhaltensweisen, z. B. hinsichtlich illegaler Beschaffung der notwendigen Geldmittel oder Prostitution.
- Auskünfte über mögliche psychische und physische Probleme nach dem Absetzen, aber auch während des Konsums.

- Familiärer Hintergrund und das Vorhandensein eines drogenfreien Freundeskreises sowie die Häufigkeit des Kontaktes.
- Inanspruchnahme von Institutionen und Angeboten der Drogenhilfe sowie mögliches strafrechtliches Auffallen als Folge des Crackgebrauchs und/oder des Beschaffens der Substanz.

Im Rahmen dieses Forschungsprojekts wurden zwei verschiedene Fragebögen verwendet. Der Rücklauf der Antworten des ersten Fragebogens (FB1) legte eine Erweiterung der Fragen nahe. Deshalb wurden in einem erweiterten Fragebogen (FB2) insbesondere Fragen zu den persönlichen Konsumregeln sowie zum kompulsiven Gebrauch weiter vertieft. Des Weiteren wurde in den erweiterten Fragebogen (FB2) die Severity of Dependence Scale[2] aufgenommen, mit deren Hilfe die Stärke einer psychischen Abhängigkeit ermittelt werden kann (Gossop et al. 1995).

In der Auswertung wurden beide Fragebögen, FB1 und FB2, berücksichtigt. Für FB1 liegen 32 beantwortete Fragebögen vor, für FB2 28 beantwortete Fragebögen. Da die für die Auswertung relevanten Fragen aus FB1 auch in FB2 enthalten waren, ergibt sich für diese eine Stichprobengröße von 60. Für die vertiefenden Fragen aus FB2 ist die Stichprobengröße 28. Die zugrunde liegende Gesamtheit wird in der deskriptiven Auswertung der Daten jeweils kenntlich gemacht. Im Vergleich der beiden Teilnehmergruppen (FB1 und FB2) gab es keine relevanten signifikanten Unterschiede. Deshalb wird auf eine Darstellung der jeweiligen Stichprobengröße in den Ergebnissen der hypothesenprüfenden, also schließenden statistischen Verfahren verzichtet.

5.1.3.5 Störfaktoren

Durch die Ansprache der Teilnehmer sowie die Durchführung der Erhebung über das Internet ist kein persönlicher Kontakt zu den Befragten gegeben[3]. Die dadurch garantierte Anonymitätswahrung kann zu einer Erhöhung der Teilnahmebereitschaft führen. Gleichzeitig erschwert es aber die Überprüfung der Erfüllung der Teilnahmevoraussetzungen. Durch Kontrollfragen an verschiedenen Stellen des

---

[2] Die Severity of Dependence Scale besteht aus 5 Fragen, deren jeweiligen vier Antwortmöglichkeiten bestimmte Punktwerte zugeordnet werden. Diese werden wiederum zu einem Summenscore zusammengefasst. Die so zu erreichende niedrigste Punktzahl ist 0. Die höchstmögliche Punktzahl beträgt 15 (Gossop et al. 1995). Nach Kaye und Darke (2002) ist ab einem erreichten Punktwert von 3 von einer psychischen Abhängigkeit nach DSM IV auszugehen.

[3] Die Ausnahme bildeten zwei Konsumenten, die nach dem Ausfüllen des Fragebogens über E-Mail Kontakt aufnahmen und sich zu einem persönlichen Interview bereit erklärten.

Fragebogens sollte eine Nichterfüllung der Zugangskriterien überprüft und möglichst ausgeschlossen werden.

In dem Fragebogen enthaltene Retrospektivfragen sind unter dem Gesichtspunkt möglicher Verzerrungen durch die vergangene Zeit und möglichen Erinnerungsdefiziten zu betrachten (Diekmann 2004). Auch hier sind in dem Fragebogen Kontrollfragen eingefügt, die eine tendenzielle Überprüfung von Angaben über frühere Begebenheiten ermöglichen. Dies erlaubte, sich stark widersprechende Fragebögen von der Auswertung auszuschließen.

Das Internet als Erhebungsraum hat den Nachteil, dass nicht direkt und persönlich für eine Teilnahme geworben werden kann. Man kann schwerlich abschätzen, wie stark sich Konsumenten durch einen Online-Aufruf angesprochen und zu einer Teilnahme motiviert fühlen. Im Hinblick auf die Auswertung muss beachtet werden, dass die Teilnahme an einem so ausführlichen Fragebogen nur von dazu motivierten Personen zu erwarten ist. Insofern ist davon auszugehen, dass die Ergebnisse nur einen Ausschnitt der Gesamtheit mit dem Internet erreichbarer Konsumenten darstellen.

5.1.3.6 Metrik der Skalen und Auswertungsmethoden

Die Auswertung der Fragebögen erfolgte mit der Statistiksoftware SPSS 14 für Windows. Die anwendbaren Auswertungsverfahren richten sich nach dem Skalenniveau der durch die verschiedenen Fragen erhaltenen Daten. Diese wurden mittels Methoden deskriptiver und explorativer Statistik ausgewertet. Die Antworten auf offene Fragen wurden zum einen als qualitative Daten ausgewertet, zum anderen nachkodiert, um Kategorialdaten zu erhalten.

Als ersten Auswertungsschritt wurde die Häufigkeitsverteilung verschiedener Merkmale ermittelt und weitere Kennwerte erfasst. Dazu gehören die Messung des Median, des arithmetischen Mittels und der Standardabweichung. Anschließend wurden die erfassten Merkmalsunterschiede durch Verfahren der schließenden Statistik (T-Test, U-Test, K-W-Test, Wilcoxon-Test, Kreuztabellen) auf ihre statistische Signifikanz hin getestet. Zusammenhänge zwischen ordinal- und metrisch-skalierten Variablen wurden mit Korrelationsverfahren (Spearman, Pearson) erfasst. In der unten stehenden Tab. 5.1 sind die in der Ergebnisdarstellung enthaltenen Abkürzungen und ihre Bedeutung aufgeführt. Ebenso enthalten ist die Darstellungsweise der verschiedenen Signifikanzniveaus. In der Beurteilung einer vorliegenden Signifikanz wird der Untersuchung ein 5 %-Niveau zugrunde gelegt. Wird ein Signifikanzniveau von 5 % erreicht, kann man zu 95 % davon ausgehen, dass die erfassten Unterschiede oder Zusammenhänge nicht nur zufällig in der Stichprobe vorliegen (vgl. Kemmesies 2004b). Ist das 5 %-Niveau nur knapp verfehlt, werden die Werte dennoch in der Ergebnisdarstellung angegeben.

Tab. 5.1 Abkürzungen und Signifikanzniveaus in der Ergebnisdarstellung

MW	Mittelwert
MD	Median
Min	Minimalwert
Max	Maximalwert
SD	Standardabweichung
r	Korrelationskoeffizient nach Pearson
t	Wert des T-Test zu Mittelwertsunterschieden
Signifikanzaussage	
n.s.	Nicht signifikant, $p > 0{,}05$
*	$p < 0{,}05$ – signifikant
**	$p < 0.01$ – sehr signifikant
***	$p < 0{,}001$ – höchst signifikant

5.1.3.7 Erreichen der Zielgruppe und Rücklauf

Nach dem Erstellen der Homepage, auf der der anonymisierten, teilstandardisierten Fragebogen beantwortet werden konnte, galt es diese bei den Crack und/oder Freebase konsumierenden Internetnutzern bekannt zu machen. Um auf die Untersuchung aufmerksam zu machen, wurden Teilnahmeaufrufe in Internet-Foren zum Thema Drogen sowie in Online-Gästebüchern von Homepages über Drogen und Drogenkonsum (in denen teilweise ebenfalls ein reger Austausch stattfindet) platziert.

Insgesamt zeigte sich ein unerwartet hohes Interesse an der Untersuchung. Zwar kann nicht nachvollzogen werden, wie viele Besucher die Homepage besuchten, es wurden aber insgesamt 82 Fragebögen abgeschickt. Auch wenn neben den in die Auswertung eingeflossenen 60 Fragebögen ein großer Teil weiterer Fragebögen nicht, nur teilweise oder widersprüchlich ausgefüllt wurde und damit für die weitere Analyse nicht brauchbar waren, zeugen sie doch von interessierten Menschen, die sich auf der Homepage aufhielten und mit dem Thema beschäftigten.

5.1.4 Qualitativer Teil – Die Tiefeninterviews

In Abgrenzung zu quantitativen Erhebungsmethoden ermöglicht die qualitative Forschung einen tiefergehenden Blick auf Sinnzusammenhänge und Relevanzsysteme der Untersuchungssubjekte. Die Theorie wird nicht zuvor zugrunde gelegt, sondern aus dem Datenmaterial entwickelt. Genauso geht es nicht darum, zuvor festgelegte Hypothesen zu überprüfen, sondern auch diese aus dem Datenmaterial herauszuarbeiten (Lamnek 2005). Insofern soll das Ziel des qualitativen Teils der Untersuchung sein, einen tieferen Einblick in das Konsumverhalten von Gebrauchern rauchbaren Kokains zu erhalten. Tiefergehende Zusammenhänge, aber auch unbewusste Verhaltensweisen sowie entwicklungsbedingte Veränderungen sollen exploriert werden und einen Einblick in die Sinnzusammenhänge der Handelnden geben.

Nach Adler und Adler (1987) muss beachtet werden, dass man in sozialen Gruppen stets mit zwei Wirklichkeiten konfrontiert ist. Der einen, die sie nach außen preisgeben und der anderen, die nur für Eingeweihte zugänglich ist (zit. n. Flick 2006, S. 94). Der Forscher hat die Aufgabe, auch die nicht auf den ersten Blick zu sehende Wirklichkeit zu erkennen und zu begreifen. „Dieselbe – ‚objektiv' beobachtbare – Handlung kann sowohl für unterschiedliche Akteure als auch für unterschiedliche Beobachter völlig andere Bedeutung haben" (Mayring 1996, S. 11). Das subjektive Alltagswissen des Forschers unbeachtet, sollte dem Forschungsobjekt als der Experte seiner Lebenswelt begegnet werden. „Man betrachtet den Einzelnen als Fachmann für die Deutungen und Interpretationen des Alltags" (Lamnek 1995, S. 6). Dem Untersuchungssubjekt soll in diesem Zusammenhang ein Höchstmaß an Offenheit entgegengebracht werden, um eine Fixierung auf bestimmte Erwartungen zu vermeiden. Damit soll verhindert werden, dass wichtige Aspekte übersehen werden. Die dem Forschungsprojekt im Vorfeld zugrunde liegende Theorie wird als subjektive Version der Welt bezeichnet und als solche als vorläufig und relativ betrachtet. Erst mit der fortlaufenden Analyse und Interpretation des erhaltenen Daten- und Textmaterials kommt es zu einer zunehmenden Gegenstandsbegründetheit (Goodman 1984 zit. n. Flick 2006).

5.1.4.1 Das offene, teilstandardisierte Interview

Im Mittelpunkt der Erhebung stand ein offenes, teilstandardisiertes Interview. Dieses orientierte sich an Prinzipien des Fokussierten Interviews nach Merton und Kendall (1979), wie die Nichtbeeinflussung des Befragten durch die Verwendung verschiedener Fragestile und den Verzicht auf Suggestivfragen, die Animierung zu einer Präzisierung des Gesagten sowie zu tiefergehenden Beschreibungen der erlebten Erfahrungen (Flick 2006; Lamnek 2005). Ein weiteres Prinzip dieser Interviewmethode ist das Erfassen eines breiten Spektrums. Der Interviewer überlässt dem Befragten zwar die Möglichkeit, eigene ihm wichtige Themen einzubringen, führt ihn aber auch zu bisher nicht ausreichend beleuchteten oder außer Acht gelassenen Themen zurück (Flick 2006; Merton und Kendall 1979).

Aus dem anfänglichen Wissensbestand wurde ein Interviewleitfaden entwickelt, der sich in der Wahl der Themenschwerpunkte an dem Fragebogen der quantitativen Erhebung orientierte. Damit sollte das Ziel einer Vertiefung von Erkenntnissen aus der quantitativen Erhebung gewährleistet werden, wobei der Leitfaden in Frageform und Gewährleistung der Antwortoffenheit an die qualitative Forschungsmethode angepasst war. Durch die Verwendung eines Frageleitfadens ist das Erhebungsinstrument als ein offenes, teilstandardisiertes bzw. halb-strukturiertes Verfahren zu bezeichnen. Die Offenheit wird insofern gewährleistet, dass der Interviewpartner die Möglichkeit hat, offen und frei auf die während des Interviews gestellten Fragen zu antworten. Des Weiteren wurden die im Leitfaden aufgegriffenen Aspekte, wie von Merton und Kendall empfohlen, während der Interviewdurchführung nicht strikt in ihrer zuvor festgelegten Reihenfolge angesprochen (Flick 2006). Vielmehr wurde die Ansprache der Themen den Bedürfnissen des Interviewpartners angepasst und gegebenenfalls in ihrer Reihenfolge variiert.

Für die vorliegende Untersuchung orientierte sich der Leitfaden des Interviews an folgenden Punkten:

- Sozialdemographische Daten (Alter, Geschlecht, Familienstand, Sozialstatus etc.)
- Konsumvergangenheit und aktueller Drogenkonsum
- Häufigkeit des Drogenkonsums, vor allem des Konsums von Crack und Freebase
- Regulierende Mechanismen, Strategien und Ressourcen, auf die die Konsumenten zurückgreifen, um ihren Konsum zu beeinflussen
- Konsumpausen, Abstinenzphasen
- Kontakte zu Angeboten der Drogenhilfe und zu Strafverfolgungsinstanzen
- Subjektive Gesundheitseinschätzung
- Einschätzung des Gefährdungs- bzw. Risikopotentials der Substanz

5.1.4.2 Stichprobenwahl

Die Stichprobe setzt sich aus Konsumenten rauchbaren Kokains der offenen Drogenszene sowie aus außerhalb der Drogenszene erreichten Konsumenten zusammen. Dabei wurden die Konsumenten der Drogenszene in Einrichtungen der szenennahen Drogenhilfe angesprochen, während die szenefern erreichten Konsumenten über das Medium Internet von der Untersuchung erfuhren und sich zu einer Teilnahme meldeten oder durch andere Konsumenten vermittelt wurden. Als allgemeine Zugangskriterien wurde wie in der Online-Befragung ein mindestens zehnmaliger Konsum rauchbaren Kokains vorausgesetzt, wobei der letzte Konsum nicht länger als 12 Monate zurückliegen sollte.

Grundsätzlich basierte die Teilnahme an einem Interview auf Freiwilligkeit. Die Freiwilligkeit ist bei den Gebrauchern, die über das Internet dem Aufruf folgten von vornherein gegeben, da sie den Kontakt initiierten. Die Konsumenten, die in Einrichtungen der niedrigschwelligen Drogenhilfe angesprochen wurden, wurden ebenfalls auf die Freiwilligkeit der Teilnahme hingewiesen. Lehnten Personen nach Ansprache eine Teilnahme ab, wurde dies akzeptiert und nicht weiter auf sie eingewirkt.

Aufgrund der geringen Teilnehmerzahlen ist natürlich kein Anspruch auf Repräsentativität der Interviewpartner gegenüber der Gesamtgruppe der Konsumenten rauchbaren Kokains erfüllt. Dies ist auch nicht Absicht einer qualitativen Forschung, vielmehr geht es darum, über die qualitative Erhebung eine Vertiefung der Wissensbestände zu ermöglichen.

5.1.4.3 Die Durchführung der Interviews
5.1.4.3.1 Konsumenten außerhalb der offenen Drogenszene

Die Kontaktaufnahme zu Konsumenten außerhalb der offenen Drogenszene erfolgte wie bei der Online-Befragung über das Internet. So war im Rahmen des dort hinterlegten Fragebogens auch ein Hinweis auf die Suche nach Konsumenten platziert, die sich zu einem persönlichen Gespräch bereit erklärten. Zum anderen wurde in Internetforen auch direkt ein Aufruf zur Teilnahme gestartet. Des Weiteren wurden Flyer mit einer kurzen Vorstellung des Projektes in Geschäften ausgelegt, die Materialien wie Wasserpfeifen, Tabak, Zigarettenpapier etc. verkaufen. Als Voraussetzung für ein Interview wurde zusätzlich zu den oben genannten Kriterien auf das Vorhandensein eines festen Wohnsitzes sowie keinen aktuellen intensiv-regelmäßigen Kontakt zur offenen Drogenszene Wert gelegt.

Es war geplant, eine nahezu gleich große Anzahl an Gebrauchern außerhalb der Drogenszene zu befragen, wie innerhalb der Szene. Es zeigte sich jedoch, dass sich die Ansprache und das Erreichen dieser Konsumenten deutlich schwieriger gestalteten als das Erreichen der Gebraucher innerhalb der offenen Drogenszene. Zwar geht man bei Crack von einer geringeren Verbreitung in unauffälligen Kreisen aus als bei Kokainhydrochlorid, dennoch zeigen die relativ vielen Teilnehmer der quantitativen Erhebung, dass der Gebrauch des rauchbaren Kokains auch unter Bevölkerungsgruppen zu finden ist, die über einen festen Wohnsitz verfügen und in einer Lebenssituation sind, in der sie Zugang zu Internetportalen haben und darüber einen Fragebogen ausfüllen können. So könnte die geringe Zahl an Konsumenten, die sich von sich aus zu einem Interview bereit erklärten, eher damit zusammenhängen, dass die Gebraucher ihren Konsum weiter versteckt halten möchten. So gehen Kemmesies und Werse (2004) davon aus, dass in unauffälligen, integrierten Kreisen stets von einer hohen Verweigerungshaltung gegenüber Interviews zu einem stark stigmatisierten Themengebiet, auszugehen ist. Dies resultiere in erster Linie aus der Angst vor dem Bekanntwerden des Drogengebrauchs und einem möglicherweise damit einhergehendem Verlust der sozialen Stellung. Der Konsum des rauchbaren Kokains ist gesellschaftlich stark stigmatisiert, und auch der Umstand der Illegalität der Substanz bewegt unauffällige Konsumenten aller Wahrscheinlichkeit nach eher dazu, ihren Gebrauch versteckt zu halten, um vermeintliche Gefahren einer Entdeckung infolge eines persönlichen Gespräches mit einer ihnen unbekannten Person zu verhindern. In diesem Zusammenhang ist sicher auch nicht verwunderlich, dass alle hier befragten Gebraucher nicht berufstätig waren und zwei von ihnen in früheren Zeiten in der Drogenszene verkehrten.

Insgesamt nahmen fünf Crackkonsumenten selbständig via E-Mail Kontakt auf und erklärten sich zu einem Gespräch bereit. Jedoch fand nur mit drei dieser Gebraucher tatsächlich ein Interview statt. Ein Interviewpartner erschien nicht zum vereinbarten Treffpunkt und konnte auch nicht mehr erreicht werden. Ein weiteres Interview wurde von dem Interviewpartner zweimal kurzfristig abgesagt und kam dadurch ebenfalls nicht zustande. Durch einen der über das Internet erreichten Interviewteilnehmer wurden zwei weitere Interviewpartner ähnlich dem Snowball-Prinzip, vermittelt. Über die in den Geschäften verteilten Flyer konnten keine Gebraucher motiviert werden, sich zu einem Gespräch zu melden. Insgesamt wurden damit fünf außerhalb der Drogenszene erreichte Konsumenten befragt.

Die Interviews fanden alle in ruhigen, etwas abseits gelegenen Ecken von wenig besuchten Bistros oder Gaststätten statt, die die Interviewpartner vorher auswählten. Obwohl die Gespräche damit in einem öffentlichen Rahmen erfolgten, zeigten die Interviewpartner viel Vertrauen und waren sehr offen in ihren Erzählungen. Andere Besucher der Lokale wurden in der Regel nicht beachtet. Lediglich ein Interviewpartner senkte vereinzelt die Stimme, wenn ein anderer Gast oder das Servicepersonal vorüberging. Zu Beginn eines jeden Interviews wurden die Gesprächspartner darauf hingewiesen, dass die Wahrung ihrer Anonymität von großer Bedeutung ist und demnach alle personenbezogenen Daten streng vertraulich behandelt werden. Die von den Gebrauchern genannten Pseudonyme, nach denen sie zu Beginn des Interviews gefragt wurden, wurden zur Sicherheit im Auswertungsprozess nochmals verändert.

Im Vergleich zum Großteil der Interviews mit Konsumenten der Drogenszene dauerten die Gespräche mit den außerhalb erreichten Gebrauchern recht lang. Während eines zwar bereits nach 45 min beendet war, dauerten die übrigen drei zwischen 80 und 120 min.

5.1.4.3.2 Konsumenten innerhalb der offenen Drogenszene

Im Gegensatz zu der Kontaktaufnahme zu Konsumenten außerhalb der Drogenszene konnten in der Szene verkehrende Crackkonsumenten verhältnismäßig einfach erreicht werden. Die Ansprache dieser Konsumenten erfolgte über verschiedene Einrichtungen der niedrigschwelligen Drogenhilfe in den drei Städten mit

5.1 Untersuchungsdesign

einer bekannten Crackszene: Frankfurt, Hamburg und Hannover. Der Weg über diese Institutionen diente zum einen dem relativ einfachen Erreichen der Interviewpartner. Auf der anderen Seite konnte darüber sichergestellt werden, dass sich die teilnehmenden Konsumenten tatsächlich innerhalb der offenen Drogenszene bewegen. Dabei spielte die Häufigkeit des Aufenthaltes keine Rolle. Insgesamt wurden 23 Konsumenten in Einrichtungen der Drogenszene befragt.

20 Interviews gingen in die vorliegende Analyse ein. Zehn dieser Befragungen wurden in Frankfurt durchgeführt. Jeweils fünf weitere Interviews fanden in den Städten Hannover und Hamburg statt, um darüber auch einen Einblick in die anderen bekannten Crackszenen Deutschlands zu erlangen.

Es gab kaum Schwierigkeiten, Nutzer der Drogenhilfeeinrichtungen zu einer Teilnahme an den Interviews zu bewegen. Trotz relativ vieler Personen, die eine Teilnahme verweigerten, dauerte es in der Regel nicht lange bis sich jemand zu einem Gespräch bereit erklärte. Zum Teil wurden Nutzer der Einrichtung zusätzlich von den Mitarbeitern der Institutionen auf ihre Teilnahmebereitschaft angesprochen. Des Weiteren meldeten sich Konsumenten auch selbst, nachdem sie von anderen Gebrauchern, die bereits an einem Interview teilgenommen hatten, von diesem erfuhren. Ähnlich positive Erfahrungen hinsichtlich der Auskunftsfreudigkeit und Teilnahmebereitschaft an wissenschaftlichen Untersuchungen von Konsumenten der Drogenszene berichten auch andere Studie in eben diesem Feld (Müller et al. 2007; Café Connection 1999).

Die Gründe für eine Verweigerung der Teilnahme waren ganz verschieden. Sie reichten von „keine Zeit" über „keine Lust" bis hin zu „Ich konsumiere kein Crack.". Gerade in der Frankfurter Szene wurde eine Ablehnung einer Befragungsteilnahme relativ häufig damit begründet, die Person würde kein Crack konsumieren. Häufig stellte sich aber heraus, dass ein intravenöser Konsum dieser Substanz durchaus bestand, der eigentliche Crackkonsum aber von den Angesprochenen spontan mit der Konsumform des Rauchens verbunden wird. In Hannover wurde als Ablehnungsgrund in der Regel angegeben, „gerade keine Zeit" zu haben. Nur ein einziges Mal gab eine angesprochene Nutzerin der Drogenhilfeeinrichtung an, kein Crack zu konsumieren. Innerhalb der Hamburger Szene waren die Ablehnungsgründe ganz unterschiedlicher Art.

Für jedes Interview erhielten die Konsumenten 5 € Aufwandsentschädigung. Für einen schätzungsweise relativ großen Teil der Befragten war dies eine durchaus wichtige Motivation an der Befragung teilzunehmen. Nach einem anfänglichen Interesse aber noch bestehender Unsicherheit gab die Aussicht, dieses Geld zu „verdienen" den entscheidenden Impuls, mitzuwirken. Die Aufwandsentschädigung wurde allerdings erst benannt, wenn die Konsumenten nach einer ersten Ansprache bereits ein Interesse an der Teilnahme zeigten. Gebraucher, die eine Teilnahme sofort ablehnten, wurden auch nicht mit dem Geld ‚gelockt'.

Eine weitere wichtige Teilnahmemotivation einiger Gebraucher war die Möglichkeit, einmal als Experte von den eigenen Konsumerfahrungen erzählen zu können und zum zweiten damit eine Hilfe innerhalb eines Forschungsprojektes zu sein. Andere waren froh, einfach mal von ihrem Leben erzählen zu können.

> **Moritz:** Ich zieh mal Jacke aus. Nee, frag ruhig. Ich unterhalt mich gerne, wenn das 'n angeregtes Gespräch ist und, dass mir auch mal jemand zuhört, tut mir ja auch mal ganz gut. Weißt du, was ich meine? Weil, hier draußen interessiert sich keine Sau für dich. [219, 4-6]

Bei nicht wenigen Gesprächen entstand der Eindruck, dass die Konsumenten auch für sich einen Nutzen aus den Gesprächen zogen, indem sie dazu angeregt wurden, über bestimmte Zusammenhänge und Aspekte ihres Konsums nachzudenken. Viele dieser Teilnehmer gaben im Anschluss an das gemeinsame Gespräch eine sehr positive Rückmeldung zu dem Gesprächsverlauf. Wie bei den außerhalb der Drogenszene erreichten Konsumenten wurden auch die befragten Szenegänger zu Beginn des Gespräches gebeten, sich einen Phantasienamen zu wählen. Auch diese Namen wurden während der Transkription nochmals geändert, um den Grad der Anonymität nochmals zu erhöhen. Die Interviews fanden überwiegend in Büroräumen der jeweiligen Drogenhilfeeinrichtung statt und dauerten zwischen 33 und 80 min. In der Regel verliefen die Interviews in einer sehr offenen Atmosphäre, nur bei zwei Interviewpartnern blieb das Antwortverhalten eher zurückhaltend.

5.1.4.4 Aufzeichnung und Transkription

Alle Interviews wurden mittels Diktiergerät aufgezeichnet und anschließend vollständig transkribiert, wobei nicht nur das Gesprochene verschriftlicht wurde, sondern ebenso besonders auffällige Sprechpausen, Intonationsbesonderheiten sowie weitere Auffälligkeiten, die für eine Interpretation von Bedeutung sein können. Dialekte wurden ebenfalls transkribiert und nur dann an das Hochdeutsch angepasst, wenn eine Verständlichkeit sonst nicht oder kaum noch gegeben gewesen wäre. Die Tonbandaufnahmen standen während der Analyse weiterhin zur Verfügung, so dass sprachliche Besonderheiten oder Intonationsauffälligkeiten jederzeit ‚nachgehört' werden konnten.

Während der Transkription wurden alle Daten wie Orts- und Personennamen sowie Namen von Institutionen anonymisiert. Dies erfolgte zum einen, indem bei wiederholt auftretenden Drogenhilfeeinrichtungen frei erfundene Namen eingesetzt wurden, Städtenamen mit anderen Anfangsbuchstaben abgekürzt oder der Name mit dem Hinweis auf die Funktion der benannten Person oder Einrichtung ganz entfernt wurde[4]. Der Einsatz dieser verschiedenen Vorgehensweisen richtete sich jeweils nach der bestmöglichen Lesbarkeit und Nachvollziehbarkeit der Texte.

5.1.4.5 Auswertungsverfahren

Die Auswertung des verschriftlichten, sprachlichen Datenmaterials wurden nach Methoden der Grounded Theory (Glaser und Strauss 1998) und Vorgehensweisen strukturierender qualitativer Inhaltsanalyse nach Mayring (2007) vollzogen. Dabei wurden die theoretischen Annahmen wie von der Grounded Theory beabsichtigt aus dem vorliegenden Datenmaterial entwickelt.

Im Zentrum der Analyse steht ein ebenfalls direkt am vorliegenden Datenmaterial entwickeltes Kategoriensystem. Nach dem sorgfältigen Lesen aller Texte wurden einzelne grob gefasste Überkategorien festgelegt und an das Material herangetragen. Dies betraf in erster Linie die durch den Interviewleitfaden vorstrukturierten grob eingeteilten Bereiche wie die soziodemographischen Aspekte, Erstkonsumerfahrungen, Konsumentwicklung, aktuelles Konsumverhalten und Behandlungserfahrungen. Dieses Vorgehen hatte eine erste Strukturierung des Kategoriensystems und der Texte zum Ziel. Gleichzeitig wurden stichpunktartige Zusammenfassungen der einzelnen Interviews verfasst sowie Fallvariablen angelegt, die charakteristische Merkmale des jeweiligen Falles enthielten. Diese wurden anschließend in die Statistiksoftware SPSS 14 übertragen, und standen somit auch für quantitative Analyseschritte zur Verfügung. Die Zusammenfassung der Texte und die angelegten Fallvariablen boten weiterhin die Möglichkeit, während der schrittweisen Analyse des Materials auf diese überblicksartigen Aufzeichnungen zurückgreifen und in die Interpretation einzelner Texteinheiten einbeziehen zu können. Damit konnte stets der gesamte Text im Blick behalten werden und nicht nur losgelöste Textfragmente (Kuckartz 2007).

Die weitere Bearbeitung des Kategoriensystems erfolgte nun nach Prinzipien des offenen Kodierens der Grounded Theory, das durch einen „Prozess des Aufbrechens, Untersuchens, Vergleichens, Konzeptualisierens und Kategorisierens von Daten definiert" ist (Kuckartz 2007, S. 73). Im Vorgehen des offenen Kodierens werden erste konzeptuelle Kategorien entwickelt sowie sogenannte In-Vivo-Codes gesetzt, die von den Akteuren verwendete auffällige Begriffe beinhalten. Dadurch werden die Sichtweisen der Interviewpartner direkt aufgegriffen ohne sie durch Theorien zu verdecken (Strauss zit. n. Kuckartz 2007, S. 74; Glaser und Strauss 1998). Durch den Fokus auf das interessierende Phänomen und nicht auf die bereits existierende Theorie bleibt der Blick offen und „fördert andererseits auch die präzise und anschauliche Beschreibung der interessierenden Phänomene" (Böhm 1994,

---

[4] Bsp: statt dem Name Markthaus wurde folgende Darstellung gewählt: [Name einer Drogenhilfeeinrichtung]

S. 122 f.). Strauss und Corbin (1996) verstehen unter Konzepten Bezeichnungen, quasi Etiketten für Ereignisse und bestimmte Phänomene (zit. n. Kuckartz 2007, S. 74). Diese Konzepte werden schließlich in übergeordneten Kategorien zusammengefasst, sofern sie sich auf ähnliche Phänomene beziehen. Einzelne Kategorien enthalten wiederum Subkategorien, durch die ihre unterschiedlichen Merkmale aufgezeigt werden (Kuckartz 2007). Während des Kodierens wurden an auffälligen Textstellen Memos geschrieben. Damit konnten, wie von Glaser und Strauss (1998) empfohlen, Gedanken, die im Zuge des Erarbeitens der Texte kamen, festgehalten und zu einem späteren Zeitpunkt jederzeit wieder hervorgeholt werden.

Die Erstellung des Kategoriensystems und die Analyse der Texte erfolgten mit Hilfe der Software MAXQDA, ein Programm zur computergestützten Analyse qualitativer Daten. Es bietet die Möglichkeit, Textstellen einzelnen Kategorien zuzuordnen, diese jederzeit im Rahmen verschiedener Text-Retrivals aufzugreifen, zu vergleichen und gegeneinander abzugrenzen. Dies ist zum einen im Kontext des Gesamttextes als auch aus diesem herausgelöst möglich. Überschneidungen einzelner Codes genauso wie Einbettung einzelner Codes in andere können mit Hilfe des Programmes ebenfalls untersucht werden (Kuckartz 2007). Des Weiteren können Memos mit Kategoriendefinitionen an die einzelnen Kategorien sowie Memos mit textinterpretierenden Gedanken an Textstellen direkt angefügt und während des Kodierens und der Analyse jederzeit aufgerufen werden.

Die Interpretationsarbeiten begannen im Sinne der Grounded Theory bereits während des Codierens und wurden weiterhin durch strukturierende Verfahren der qualitativen Inhaltsanalyse ergänzt. „Gerade für die Kategorienkonstruktion ist oft ein offeneres, weniger schematisches Vorgehen in Anlehnung an die ‚Grounded Theory' sinnvoll; darauf (...) können strukturierende Inhaltsanalysen durchgeführt werden." (Mayring 1994, S. 173). So wurden die in die Kategoriensysteme eingefügten Themen und Inhalte zusätzlich paraphrasiert, pro Kategorie und Überkategorie zusammengefasst und dargestellt (Mayring 2007). Des Weiteren wurde für verschiedene Themengebiete eine sogenannte Matrix angelegt, in der pro Interviewpartner wichtige Phänomene aufgezeigt waren. Auf diese Weise wurden die Merkmale zusätzlich veranschaulicht und überblicksartig dargestellt.

Im Auswertungskapitel 4.3 werden die Ergebnisse der Analyse dargestellt, verglichen und interpretiert.

5.2 Ergebnisse der quantitativen Erhebung

Im folgenden Abschnitt werden die über das Internet beantworteten Fragebögen ausgewertet. Eine Differenzierung zwischen Crack und Freebase wird nicht vorgenommen. Vielmehr werden beide Substanzen basierend auf den Erkenntnissen der Tiefeninterviews als rauchbares Kokain betrachtet. In den Interviews wurde deutlich, dass die Konsumenten häufig ganz unterschiedliche Vorstellungen zu den Begriffen Crack und Freebase haben. Was die jeweilige Substanz ausmacht, wie sie hergestellt wird und worin sie sich von der jeweils anderen unterscheidet, ist den Konsumenten nicht immer klar. Deshalb ist davon auszugehen, dass auch unter den Fragebogenteilnehmern Unklarheiten und Missverständnisse hinsichtlich der Substanzbeschaffenheit vorherrschen. Eine nach der Substanzart differenzierte Auswertung des Datenmaterials könnte in dem Zusammenhang ein ungenaues oder gar falsches Bild zur Folge haben. Im Auswertungstext werden die Bezeichnungen Crack und rauchbares Kokain synonym verwendet und schließen einen möglichen Konsum von Freebase ein.

Um einen Eindruck von der Stichprobe und ihrer Beschaffenheit zu erhalten, wird zunächst auf die soziodemographischen Daten der Fragebogenteilnehmer eingegangen. Anschließend folgt ein Einblick auf das allgemeine Drogenverhalten der Untersuchungsgruppe. Dies ermöglicht einen Eindruck hinsichtlich der Relevanz des Konsums rauchbaren Kokains gegenüber anderen von den Gebrauchern konsumierten Substanzen. Der Hauptteil dieser Ergebnisdarstellung beschäftigt sich ausführlich mit dem Verhalten der Gebraucher im Umgang mit dem rauchbaren Kokain. Dabei wird ein besonderes Augenmerk auf Merkmale eines abhängigen sowie eines kontrollierten Umgangs mit der Substanz sowie auf konsumbeeinflussende Bedingungen und Faktoren gelegt.

5.2.1 Soziodemographische Daten der Fragebogenteilnehmer

5.2.1.1 Alter und Geschlecht

Insgesamt haben 15 weibliche (25 %) und 45 männliche (75 %) Internetnutzer den Fragebogen ausgefüllt. Das Durchschnittsalter der Frauen liegt bei 22,7 Jahren. Bei den Männern liegt es mit 26,9 Jahren um vier Jahre höher (n.s.)[5]. Beide Geschlechter zusammengefasst, ergibt ein durchschnittliches Alter von 25,9 Jahren[6].

Verglichen mit Daten aus der Jahresstatistik 2006 der ambulanten Behandlungs- und Beratungsstätten in Deutschland, in der das Durchschnittsalter bei Erstbehandlung und Wiederbehandlung nach Substanzart erhoben wurde, zeigt sich ein deutlicher Unterschied zwischen den dort erfassten Kokainkonsumenten und den

---

[5] Beim Durchschnittsalter sind aufgrund eines fehlenden Eintrags nur 44 der 45 männlichen Crack-Konsumenten berücksichtigt. Männer: n = 45, Min: 14, Max: 58, SD: 10,802, Frauen: n = 15, Min: 14, Max: 38, SD: 6,638.

[6] n = 59, Min: 14; Max: 58, SD: 10,026.

Tab. 5.2 Altersverteilung der Fragebogenteilnehmer

Altersgruppen	
unter 15 Jahre	6/10,2 %
15 bis 19 Jahre	14/23,7 %
20 bis 24 Jahre	13/22,0 %
25 bis 29 Jahre	12/20,3 %
30 bis 39 Jahre	8/13,6 %
40 bis 49 Jahre	4/6,8 %
über 49 Jahre	2/3,4 %
$n = 59$	

vorliegenden Crackgebrauchern. Das Durchschnittsalter der wegen Kokain Erstbehandelten lag dort bei 31,1 Jahren (Sonntag et al. 2007a)[7]. In den stationären Einrichtungen lag es bei 31,0 Jahren (Sonntag et al. 2007b). Demnach sind die vorliegenden Konsumenten im Schnitt jünger als die in den Suchthilfestatistiken erfassten Konsumenten mit einem problematischen Kokaingebrauch.

Interessant ist der teilweise starke Altersunterschied unter den vorliegenden Untersuchungsteilnehmern. Der jüngste Konsument war zum Erhebungszeitpunkt 14 Jahre, der älteste 58 Jahre alt. Betrachtet man die Altersverteilung in Tab. 5.2, zeigt sich eine deutliche Häufung in den drei Altersgruppen zwischen 15 und 29 Jahren, wobei die Altersgruppe der 15 bis 19jährigen Konsumenten von allen am stärksten vertreten ist.

Die hohe Zahl junger Konsumenten hebt sich stark von der Altersverteilung der Allgemeinbevölkerung ab. Während in der vorliegenden Stichprobe 49,2 % zwischen 15 und 24 Jahren alt sind, findet sich diese Altersgruppe lediglich zu 11,7 % in der Allgemeinbevölkerung. Auch die Altersgruppe der 25- bis 44jährigen ist mit 39 % in der Stichprobe deutlich stärker als in der Allgemeinbevölkerung (28,3 %) vertreten. Anders sieht es in den höheren Altersstufen aus. Diese finden sich unter den Konsumenten der vorliegenden Untersuchung deutlich unterrepräsentiert (Statistisches Bundesamt 2007a).

Der überproportional hohe Anteil junger Konsumenten entspricht Ergebnissen repräsentativer Studien zum allgemeinen Substanzgebrauch. Kraus et al. (2005a) wiesen in einer Untersuchung der Gesamtbevölkerung eine weitaus stärkere Prävalenz eines Drogenkonsum der von ihnen befragten 18- bis 24jährigen gegenüber den 25- bis 59jährigen Befragten nach. So zeigte sich bei den Jüngeren verglichen mit den Älteren eine doppelt so hohe Lebenszeitprävalenz, eine viermal so hohe

---

[7] In dieser Statistik wurde jedoch nicht nach Crack und Kokainhydrochlorid unterschieden.

5.2 Ergebnisse der quantitativen Erhebung

Tab. 5.3 Schulabschluss und Berufsausbildung

Schulabschluss		Berufsausbildung	
Aktuell Schüler	8/13,6 %	(noch) keine Berufsausbildung	31/53,4 %
Kein Schulabschluss	8/13,6 %	Abgeschl. Lehre	19/32,8 %
Hauptschule	4/6,8 %	Abgeschl. Studium	8/13,8 %
Realschule	16/27,1 %		
Abitur/Fachhochschulreife	23/39,0 %		
Gesamt	n = 59	Gesamt	n = 58

12-Monate-Prävalenz und eine fünfmal so hohe 30-Tage-Prävalenz des Konsums irgendeiner illegalen Droge (S. S21). In ihrem Jahresbericht 2006 kommt die EBBD zu dem Schluss, dass Kokain „offenbar vorwiegend im Alter zwischen 20 und 30 Jahren" konsumiert wird. Wiederum ist hier nicht speziell der Gebrauch von Crack oder Freebase betrachtet, da dieser nach Ansicht der EBBD in der Allgemeinbevölkerung eine Randerscheinung darstellt (EBBD 2006, S. 59 ff.).

In der vorliegenden Studie sind also Konsumenten junger Altersgruppen stärker vertreten als andere. Untersuchungen zum Konsum verschiedenster illegaler Drogen sehen in den gleichen Altersstufen eine Häufung der Konsumerfahrungen. In dieser Hinsicht scheinen sich die vorliegenden Konsumenten rauchbaren Kokains nicht von Gebrauchern sonstiger Drogen innerhalb anderer Studien zu unterscheiden[8].

5.2.1.2 Nationalität

Der größte Teil der Teilnehmer, nämlich 43 Personen (71,7 %)[9], ist deutscher Nationalität. Sechs Personen haben die schweizerische (wovon ein Gebraucher zusätzlich eine nordafrikanische Staatsangehörigkeit hat) und vier die türkische Staatsangehörigkeit. Vier Teilnehmer gaben andere Nationalitäten an, drei machten keine Angaben.

5.2.1.3 Ausbildungsstand und aktuelle Einkommenssituation

72,8 % der Erhebungsteilnehmer verfügen über einen Schulabschluss (siehe Tab. 5.3). Im Vergleich erreichte der größte Teil der Konsumenten das Abitur,

---

[8] Zu leichten Verzerrungen kann es aufgrund der Erhebungsmethode Internet kommen. In den Statistiken zur Internetnutzung der Allgemeinbevölkerung zeigt sich mit steigendem Alter eine Abnahme der Internetnutzung. Die Frage, ob dies einen starken Einfluss auf die Altersverteilung der Stichprobe hat, konnte im Rahmen dieser Arbeit nicht berücksichtigt werden.

[9] n = 57.

Tab. 5.4 Vergleich des Schulabschlusses der 20- bis 29jährigen Fragebogenteilnehmer ($n=25$) mit der gleichaltrigen Allgemeinbevölkerung (Statistisches Bundesamt 2004, S. 88)

Schulabschluss	Stichprobe zw. 20 und 29 Jahre	Gleichaltrige Allgemeinbevölkerung
Kein Schulabschluss	16,0 %	2,6 %
Hauptschulabschluss	8,0 %	25,2 %
Realschulabschluss	36,0 %	34,3 %
Abitur/Fachhochschulreife	40,0 %	35,6 %
Sonstiges	–	2,3 %

gefolgt von Gebrauchern mit Realschulabschluss und Hauptschulabschluss. Der relativ hohe Anteil von 27,1 % ohne einen Schulabschluss ergibt sich aus den teilweise sehr jungen Fragebogenteilnehmern, die sich aktuell noch in der Schule befinden. Differenziert man die Betrachtung, bleiben 13,6 % – also 8 der 59 antwortenden Personen, die bisher keinen Schulabschluss haben und auch aktuell nicht mehr in der Schule sind. Das sind eine Frau und sieben männliche Untersuchungsteilnehmer.

Aufgrund der verhältnismäßig kleinen Stichprobe ist eine Gegenüberstellung mit der Allgemeinbevölkerung nur begrenzt möglich. Vergleicht man das Bildungsniveau der 20- bis 29jährigen Fragebogenteilnehmer ($n=25$) als am stärksten vertretene Altersgruppe mit dem der gleichaltrigen Allgemeinbevölkerung, so zeigt sich, dass Abitur und Fachhochschulreife unter den Erhebungsteilnehmern stärker verbreitet sind als in der Allgemeinbevölkerung (s. Tab. 5.4). Betrachtet man die niedrigeren Schulabschlüsse, sind die Konsumenten mit einem Realschulabschluss in der Stichprobe ähnlich vertreten wie in der gleichaltrigen deutschen Allgemeinbevölkerung, während die Hauptschulabsolventen in der vorliegenden Stichprobe im Vergleich zur Allgemeinbevölkerung stark unterrepräsentiert sind. Weiterhin fällt auf, dass der Anteil der Personen ohne Schulabschluss unter den 20- bis 29jährigen der vorliegenden Stichprobe deutlich höher liegt als in der Gesamtbevölkerung.

Betrachtet man nun auch die höheren Altersgruppen, relativiert sich dieses Bild. Dort zeigt sich unter den Konsumenten der vorliegenden Stichprobe (vor allem unter den 30- bis 39jährigen Erhebungsteilnehmern) ein höheres Bildungsniveau als in der Allgemeinbevölkerung[10].

---

[10] 30-39jährige Erhebungsteilnehmer (n=8): 12,5 % Realschule, 87,5 % Abitur gegenüber 27,7 % Realschule und 29,1 % Abitur in der Allgemeinbevölkerung – 40-49jährige Erhebungsteilnehmer (n=4): 50 % Realschule, 25 %% Abitur gegenüber 20,2 und 23,8 % in der gleichaltrigen Allgemeinbevölkerung. Bei dem Vergleich mit der Allgemeinbevölkerung ist zu beachten, dass vergleichsweise wenige an der Erhebung teilnehmende Konsumenten diesen Altersgruppen angehören.

5.2 Ergebnisse der quantitativen Erhebung

Tab. 5.5 Berufliche Situation der Konsumenten und monatlich zur Verfügung stehende finanzielle Mittel

Aktuelle berufliche Situation		Monatlich zur Verfügung stehende Geldmittel	
Schüler/Student	20/33,3 %	Unter 500 €	19/34,5 %
Angestellt	16/26,7 %	500 bis 1500 €	19/34,5 %
Selbständig	8/13,3 %	1500 bis 3000 €	10/18,2 %
gelegentliches Jobben	3/5,0 %	Über 3000 €	7/12,7 %
Arbeitslos	13/21,7 %		
Gesamt	$n=60$	Gesamt	$n=55$

Die Hälfte der vorliegenden Konsumenten verfügte zum Erhebungszeitpunkt über eine abgeschlossene Berufsausbildung (s. Tab. 5.5). 32,8 % haben eine abgeschlossene Lehre und 13,8 % ein abgeschlossenes Studium. Der sehr große Anteil von 31 Konsumenten ohne Berufsausbildung scheint in hohem Maße der Altersstruktur der Stichprobe geschuldet und resultiert aus einer hohen Anzahl von Crackgebrauchern, die noch zur Schule gehen oder sich gerade in Ausbildung bzw. Studium befinden. So gaben 20 Teilnehmer (33,3 %) an, Schüler oder Student zu sein (s. Tab. 5.5). 26,7 % der Konsumenten sind angestellt, 13,3 % selbständig tätig. 5,0 % jobben gelegentlich. 21,7 % der Stichprobe gaben an, zum Erhebungszeitpunkt arbeitslos zu sein. Der größte Teil der Befragten steht also trotz ihrer Erfahrungen mit rauchbarem Kokain in einem Beschäftigungs- oder Ausbildungsverhältnis. Differenziert man die berufliche Situation nochmals nach den Geschlechtern, so sind 40 % der Frauen Schülerinnen oder Studentinnen, 33,3 % sind angestellt und eine Frau jobbt gelegentlich. Damit gaben 20 % der Frauen eine aktuelle Arbeitslosigkeit an. Der Anteil der Arbeitslosen unter den Männern liegt ungefähr gleich bei 22,2 %. 31,1 % der männlichen Fragebogenteilnehmer sind Schüler oder Studenten, 41,3 % sind angestellt oder selbständig berufstätig und 4,4 % jobben gelegentlich.

Betrachtet man die monatlich verfügbaren finanziellen Mittel der Gebraucher, zeigt sich, dass 34,5 % der Erhebungsteilnehmer über weniger als 500 € verfügen. Dies betrifft vor allem die arbeitslosen und die in einer Ausbildung befindlichen Konsumenten. Für 30,9 % liegen die finanziellen Mittel im Monat über 1500 €. Im Vergleich zwischen den Geschlechtern haben die männlichen Gebraucher im Durchschnitt etwas mehr Geld zur Verfügung (n.s.).

5.2.1.4 Familienstand und Kinder

Der überwiegende Teil der Untersuchungsteilnehmer ist ledig (88,3 %). Damit heben sich die Gebraucher deutlich von der Allgemeinbevölkerung ab[11]. 32 Konsu-

---

[11] Allgemeinbevölkerung: 41,4 % ledig, 44,2 % verheiratet, 14,5 % verwitwet/geschieden (Statistisches Bundesamt, 2007).

menten (53,3 %) sind in einer Partnerschaft. 28 Teilnehmer und damit die Hälfte aller Befragten (46,7 %) gaben zum Erhebungszeitpunkt an, keinen Partner bzw. keine Partnerin zu haben. Zwei Konsumenten sind geschieden, wovon einer in einer neuen Partnerschaft lebt. Obwohl viele Konsumenten eine Partnerschaft haben, sind mit vier Personen nur verhältnismäßig wenige verheiratet (7,4 %). Dies kann bei der vorliegenden Stichprobe u. a. an den vielen sehr jungen Fragebogenteilnehmern liegen.

Der geringe Anteil an Verheirateten entspricht den Merkmalen von Konsumentengruppen anderer Untersuchungen, die zu dem Ergebnis kommen, dass Kokainkonsumenten überwiegend unverheiratet sind (Cohen und Sas 1994). Cohen und Sas (1994) erreichen 60 % in einer festen Partnerschaft lebende Konsumenten, aber nur 14 % waren verheiratet. Bei Mugfords Untersuchung australischer Kokainkonsumenten lebten 45 % der Befragten in einer festen Partnerschaft, aber keiner in einer Ehe (Mugford 1994).

Der mit 75,9 % größte Teil der Untersuchungsteilnehmer gab an, keine eigenen Kinder zu haben. 14 Befragte haben ein oder mehrere Kinder. Das sind vier Frauen und zehn Männer. Der Anteil von 24,1 % der Teilnehmer, die bereits eigene Kinder haben, ist verglichen mit anderen Studien relativ hoch. So waren es z. B. bei Kemmesies (2004b) nur 19 % (S. 104). Andere speziell auf Kokain und/oder Crack und Freebase ausgerichtete Untersuchungen machen keine genauen Angaben über Kinder der von ihnen untersuchten Konsumenten.

Differenziert man die Ergebnisse der vorliegenden Untersuchung nach den Geschlechtern, so zeigt sich, dass 88,9 % der männlichen Gebraucher ledig sind. 6,7 % der Männer sind verheiratet und 4,4 % leben getrennt oder sind bereits geschieden. Knapp die Hälfte der in der Befragung erreichten Männer (46,7 %) lebt zum Erhebungszeitpunkt in einer Partnerschaft. 24,3 % der Männer und damit fast ein Viertel der männlichen Teilnehmer haben bereits ein oder mehr Kindern. Auch der überwiegende Teil der Frauen ist mit 86,7 % ledig. Eine Frau ist verheiratet und eine geschieden (jew. 6,7 %). Etwas mehr als ein Viertel der Frauen (26,6 %) hat ein oder mehr Kinder. Damit unterscheiden sich die Frauen in ihrem Familienstand nicht wesentlich von den männlichen Untersuchungsteilnehmern. Im Gegensatz zu den Männern haben jedoch mit 73,3 % fast drei Viertel der Frauen eine Partnerschaft. Damit leben im Verhältnis mehr Frauen in einer Partnerschaft als Männer (n.s.).

5.2.1.5 Aktuelle Wohnsituation

Der größte Teil der Fragebogenteilnehmer lebt aktuell in einer (Miet-)Wohnung oder einem (Miet-)Haus (s. Tab. 5.6). Mit 43,3 % wohnen jedoch fast genauso viele Konsumenten bei ihren Eltern oder in einer Wohngemeinschaft. Dies hängt ver-

Tab. 5.6 Wohnsituation

Aktuelle Wohnsituation	
Eigene (Miet-)wohnung/Haus	27/45,0 %
Bei/mit anderen Personen (Eltern oder WG)	26/43,3 %
Betreutes Wohnen	2/3,3 %
Notunterkunft	1/1,7 %
Straße	4/6,7 %
$n = 60$	

mutlich in erster Linie mit der Altersstruktur der Stichprobe zusammen. Schließlich ist ein Drittel (33,9 %) der Fragebogenteilnehmer unter 20 Jahre alt.

Fünf Konsumenten (davon zwei Frauen) verfügten zum Erhebungszeitpunkt über keinen regulären Wohnsitz. Sie leben in einer Notunterkunft oder auf der Straße. Diese vergleichsweise geringe Zahl an Personen in einer ungesicherten Wohnsituation (8,4 %) widerspricht auf den ersten Blick dem Bild des rauchbaren Kokains als eine in soziale Verelendung führende Substanz. Dabei muss bedacht werden, dass mit der Wahl des Erhebungsmediums Internet von vornherein eher Personen mit einem geregelten Wohnsitz in der Lage sind, den Fragebogen zu beantworten. Die Ergebnisse zeigen aber, dass es, entgegen den häufigen Darstellungen, Konsumenten rauchbaren Kokains gibt, die in gesicherten Wohnverhältnissen leben.

Zusammenfassend lassen sich folgende soziodemographische Merkmale der Stichprobe festhalten. Der überwiegende Teil der Untersuchungsteilnehmer ist zwischen 15 und 29 Jahre alt, ledig und ohne Kinder. Mit 13,6 % haben relativ viele Konsumenten keinen Schulabschluss, während sich aber in den erreichten Schulabschlüssen ein höheres Bildungsniveau gegenüber der Allgemeinbevölkerung festhalten lässt. Der größte Teil der Konsumenten befindet sich in einem Arbeitsverhältnis oder ist selbständig beruflich tätig. Ebenfalls recht stark in der Stichprobe vertreten, sind Schüler und Studenten. Insgesamt sind mit 21,7 % unerwartet wenige Befragte arbeitslos. 88,3 % aller Befragten leben in einer eigenen Wohnung, bei den Eltern oder in einer Wohngemeinschaft. Nur 8,4 % befinden sich in einer vorübergehenden oder unsicheren Wohnsituation.

Wie es mit der Erhebungsmethode beabsichtigt war, konnte somit eine Gruppe von Konsumenten rauchbaren Kokains erreicht werden, die zum überwiegenden Teil hinsichtlich Arbeitsverhältnissen und eigenständigen Wohnsituationen als sozial integriert bezeichnet werden kann.

5.2.2 Allgemeine Drogenerfahrung

Innerhalb verschiedener Veröffentlichungen wird der Gebrauch von Crack stets mit einem polyvalenten Drogenkonsum in Verbindung gebracht. Der Blick auf die allgemeine Drogenerfahrung der Untersuchungspersonen verdeutlicht, dass auch sie das rauchbare Kokain als eine von vielen psychotropen Substanzen verwenden. Sie kombinieren diese Substanzen mit Crack und Freebase oder nutzen sie zu Zeiten, in denen sie kein rauchbares Kokain gebrauchen. Erfahrungen mit anderen Drogen gingen vermutlich dem ersten Gebrauch des Crack oder Freebase voraus. Angaben über das Alter beim Erstkonsum anderer Substanzen liegen von 26 Teilnehmern vor. Da alle diese Teilnehmer bis auf einen Gebraucher erst andere illegale Drogen konsumierten, bevor sie rauchbares Kokain probierten, liegt die Vermutung nahe, dass auch die übrigen Konsumenten, oder wenigstens der größte Teil von ihnen, ihre ersten Erfahrungen mit Crack nach dem Konsum anderer Drogen machten. Dies lässt sich aus zwei Punkten schließen. Für 51 der 54 Konsumenten, die jemals Pulverkokain konsumierten, liegen Angaben zu ihrem Alter beim Erstkonsum der Substanz vor. Lediglich vier dieser Gebraucher nutzten das pulverförmige Kokain erst nach Konsumerfahrungen mit Crack zum ersten Mal. Alle anderen machten zuerst Erfahrungen mit Kokainhydrochlorid bevor sie auch Crack oder Freebase konsumierten. Des Weiteren zeigen Untersuchungen zum allgemeinen Drogengebrauch und dessen Entwicklung, dass in der Regel andere Substanzen, vornehmlich Alkohol und Cannabis, vor dem Gebrauch ‚härterer' illegaler Drogen genutzt werden (Farke und Broekman 2003; Kandel 1983). Auch Studien speziell zum Kokainkonsum stellten einen bereits vor dem Einstieg in den Kokaingebrauch praktizierten Konsum von Alkohol, Cannabis sowie Amphetaminen und Ecstasy fest (Zurhold und Degkwitz 2007). So liegt die Vermutung nahe, dass auch bei dem größten Teil der hier vorliegenden Fragenbogenteilnehmer das rauchbare Kokain nicht die Einstiegsdroge in den Konsum psychotroper Substanzen darstellte. Vielfältige Erfahrungen mit Rauschmitteln senken die Hemmschwelle gegenüber dem Gebrauch anderer Substanzen. So verleiten die verschiedenen bereits erlebten Erfahrungen dazu, mittels anderer, noch nicht probierter Drogen einen neuen Rausch zu entdecken (Waldorf et al. 1991).

Die am häufigsten jemals konsumierten Substanzen der Fragebogenteilnehmer sind neben Nikotin vor allem Alkohol und Cannabis (s. Tab. 5.7). Mehr als 95 % der Befragten haben Erfahrungen mit mindestens einer dieser Substanzen gemacht. Fast genauso hoch sind die Erfahrungen mit Pulverkokain. 90,0 % der Befragten haben den Ausgangsstoff von Crack und Freebase bereits einmal in ihrem Leben konsumiert.

5.2 Ergebnisse der quantitativen Erhebung

Tab. 5.7 Lebenszeitprävalenz sowie 12-Monate- und 30-Tage-Prävalenz verschiedener Substanzen

Substanz	Lebenszeitpräv.	12-Monate-Präv.	30-Tage-Präv.
Alkohol	96,7 %	88,3 %	66,7 %
Nicht verordnete Medikamente	66,7 %	61,7 %	46,7 %
Cannabis	91,7 %	83,3 %	61,7 %
Ecstasy/Amphetamine	78,3 %	56,7 %	35,0 %
LSD/psychoaktive Pilze	68,3 %	46,7 %	25,0 %
Heroin	48,3 %	38,3 %	26,7 %
Methadon	18,3 %	10,0 %	10,0 %
Kokainpulver	90,0 %	78,0 %	51,7[a] %
Crack/Freebase[b]	100 %	100 %	66,7 %

n = 60, [a] n = 59

[b] Bei zwei Fragebögen fehlt bei der Frage zur 12-Monate-Prävalenz die Angabe eines Crack- oder Freebase-Konsums. Aus Plausibilitätsgründen wurden diese Fragebögen trotzdem berücksichtigt. Zum einen gab es auf der Einstiegsseite der Homepage deutliche Hinweise darauf, dass der Konsum dieser Substanzen in den letzten 12 Monaten eine Voraussetzung zur Teilnahme an dieser Studie ist. Zum anderen fand sich besonders bei einem Fragebogen bei den Antworten zum aktuellen Konsum eine entsprechende Bestätigung. Bei dem zweiten Fragebogen ist ebenfalls ein Zutreffen der Teilnahmevoraussetzungen zu vermuten

Bei allen Substanzen wird deutlich, dass viele Konsumenten ihren Gebrauch nicht dauerhaft beibehalten haben. Die 12-Monate- und die 30-Tage-Prävalenzen sind bei einigen Substanzen wesentlich geringer als ihre Lebenszeitverteilung.

Im Durchschnitt konsumierten die Fragebogenteilnehmer sechs verschiedene Substanzen innerhalb der letzten 12 Monate[12]. Auch in diesem Zeitraum sowie innerhalb der letzten 30 Tage spielen neben Crack und Freebase vor allem Alkohol und Cannabis eine wichtige Rolle. Hier spiegelt sich die große Verbreitung dieser Substanzen in der Gesellschaft wider[13]. Über 80 % der Fragebogenteilnehmer konsumierten diese Substanz auch in den letzten 12 Monaten vor der Befragung und knapp 62 % auch in den letzten 30 Tagen. Ebenfalls stark verbreitet ist die Nutzung

---

[12] MW: 5,6; Min: 2; Max: 9; SD: 1,74; MD 6; n = 59

[13] Cannabis ist die am häufigsten konsumierte illegale Droge. Etwa 23,0 % der Gesamtbevölkerung zwischen 18 und 64 Jahren haben laut einer Repräsentativbefragung im Jahre 2006 mindestens einmal in ihrem Leben Cannabis konsumiert. Die Lebenszeitprävalenz anderer illegaler Drogen (ohne Cannabis) liegt bei 5,8 % (Kraus et al. 2008b).

von Pulverkokain. Da das Kokainhydrochlorid der Grundstoff zur weiteren Verarbeitung in Crack und Freebase darstellt, liegen Erfahrungen mit dieser Substanz nahe. Insgesamt haben 90,0 % der Fragebogenteilnehmer jemals in ihrem Leben Pulverkokain konsumiert, 78,0 % auch in den letzten 12 Monaten. Etwas mehr als die Hälfte der Befragten gebrauchte Kokain innerhalb der letzten 30 Tage.

Ebenfalls relativ hoch in den Lebenszeiterfahrungen der Stichprobe vertreten, sind Amphetamine und Ecstasy sowie LSD und psychoaktive Pilze. Diese Substanzen wurden aber weitaus weniger in den letzten 12 Monaten und letzten 30 Tagen konsumiert. Gleiches gilt für Heroin. Zwar hat fast die Hälfte der Befragten Heroin schon einmal in ihrem Leben genutzt. Ein Gebrauch innerhalb der letzten 30 Tage wurde aber nur von 26,7 % der Teilnehmer angegeben. In vielen Veröffentlichungen wird von der großen Bedeutung von Crack in heroinbezogenen, drogenauffälligen Kreisen gesprochen, so dass eine Verbindung der beiden Substanzen fast zu erwarten wäre. Dies lässt sich in der vorliegenden Stichprobe nicht bestätigen. So geht nur bei einem Viertel der Befragten der Crackkonsum mit dem Gebrauch von Heroin einher. Auffallend ist der vergleichsweise große Anteil von nicht verordneten Medikamenten. Zwar ebenfalls in der Bedeutung innerhalb der verschiedenen Zeiträume abnehmend, scheint der Gebrauch recht weit unter den Konsumenten verbreitet zu sein.

66,7 % der Erhebungsteilnehmer gaben an, Crack und/oder Freebase auch innerhalb der letzten 30 Tage konsumiert zu haben. Damit ist das rauchbare Kokain gleich auf mit Alkohol und noch vor Cannabis die Substanz, die von den meisten fortgesetzt konsumiert wird. Zu klären bleibt, ob die Ursache dafür im hohen Suchtpotential der Substanz liegt, oder ob es andere Erklärungen dafür gibt. Womöglich liegt im aktuellen Konsum überhaupt die Bereitschaft, sich mit dem eigenen Gebrauch des rauchbaren Kokains auseinanderzusetzen und an einer Untersuchung wie der vorliegenden teilzunehmen.

Der hohe Stellenwert anderer Drogen wird in der Zuordnung verschiedener Substanzen als hauptsächlich konsumierte Drogen deutlich[14]. Lediglich zehn (18,5 %) der Fragebogenteilnehmer schätzen Crack oder Freebase als ihre Hauptdroge ein. Gleich viele Konsumenten benennen Cannabis als ihre wichtigste Substanz. Auffallend ist auch die Nennung von Nikotin (11/20,4 %) als konsumierte Substanz, das damit für einen Teil der Gebraucher ebenfalls eine Droge darstellt. Pulverkokain und Heroin wurden von sechs (11,1 %) bzw. sieben (13,0 %) Teilnehmern genannt. Als ihre zweite Droge nannten neun (16,7 %) der Konsumenten Crack oder Freebase. Für weitere neun (16,7 %) ist es die dritte Substanz, das heißt zwei andere Substanzen nehmen für sie einen größeren Stellenwert ein. Geht man

---

[14] n = 54

von den 54 Konsumenten aus, die Angaben zu einer oder mehreren präferierten Drogen gemacht haben, wird deutlich, dass der Stellenwert des rauchbaren Kokains für 48,1 % so gering ist, dass sie die Substanz nicht als eine ihrer drei wichtigsten Drogen aufzählen. Der in der vorliegenden Stichprobe verbreitete polyvalente Drogenkonsum ist mit Blick auf die Erkenntnisse anderer Studien kein Ausnahmephänomen. So verfügen Kokainkonsumenten im Allgemeinen über hohe Erfahrungswerte mit anderen Drogen. Diese multiplen Drogenerfahrungen werden sowohl aus sozial integrierten Kokainkonsumkreisen (Cohen und Sas 1994; Decorte 2000) als auch aus offenen Drogenszenen berichtet (Haasen und Prinzleve 2001). Dabei wird in den sozial integrierten Konsumentenkreisen von einer Dominanz von Alkohol, Cannabis, Ecstasy und LSD berichtet, so wie sie auch in der vorliegenden Stichprobe deutlich wird (Kraus et al. 2004, 2005b).

5.2.3 Anfangskonsum des rauchbaren Kokains

5.2.3.1 Einstiegsalter

Der erste Konsum rauchbaren Kokains erfolgte bei den Erhebungsteilnehmern im Durchschnitt mit 21,4 Jahren[15]. Damit ist der Erstkonsum ganz ähnlich den Ergebnissen der deutschen Suchthilfestatistik für 2006. Die Konsumenten, die wegen einem Crackgebrauch ambulante Einrichtungen der Suchthilfe aufsuchten, konsumierten durchschnittlich mit 22,1 Jahren das erste Mal rauchbares Kokain (Sonntag et al. 2007a). In den stationären Einrichtungen lag das Einstiegsalter fast wie bei den vorliegenden Crackgebrauchern bei 21,7 Jahren (Sonntag et al. 2007b).

Der größte Teil der Fragebogenteilnehmer machte die ersten Konsumerfahrungen mit dem rauchbaren Kokain im Teenageralter (s. Tab. 5.8). 41,1 % erlebten ihr „erstes Mal" im Alter zwischen 16 und 19 Jahren. 11 Konsumenten (19,6 %) waren bei ihrem Erstkonsum jünger als 16 Jahre alt. In erster Linie sind dies die Konsumenten, die auch zum Erhebungszeitpunkt unter 16 Jahre alt waren. Auch die anderen Konsumenten mit diesem frühen Konsumbeginn sind noch sehr jung. Zwei waren zum Erhebungszeitpunkt gerade 16 Jahre alt, ein weiterer 22 Jahre. Von der vierten Person fehlen Angaben zum aktuellen Alter. Es zeigt sich aber, dass das junge Einstiegsalter in der Stichprobe ohnehin junge Konsumenten betrifft und kein Phänomen ist, das auf eine lange Konsumdauer hinweist. Auch die älteren Gebraucher blicken nicht auf eine auffallend lange Konsumdauer zurück. Sie haben ihren Crackgebrauch in der Regel auch erst in einem höheren Alter begonnen.

---

[15] n = 56, Min: 11 Jahre, Max: 57 Jahre, SD: 9,65

Tab. 5.8 Einstiegsalter in den Crackgebrauch, in Kategorien zusammengefasst

Alter beim Erstkonsum von rauchbarem Kokain	
Unter 16 Jahre	11/19,6 %
16 bis 19 Jahre	23/41,1 %
20 bis 24 Jahre	9/16,1 %
25 bis 29 Jahre	6/10,7 %
30 bis 39 Jahre	3/5,4 %
40 bis 49 Jahre	2/3,6 %
Über 49 Jahre	2/3,6 %
$n = 56$	

Ein junges Einstiegsalter hat keine statistisch bedeutsamen Auswirkungen auf die Häufigkeit des aktuellen Gebrauchs. Im Durchschnitt lag der Erstkonsum bei den Fragebogenteilnehmern 3,8 Jahre zurück. Auch hier erstreckt sich eine starke Spanne zwischen den Minimal- und Maximalwerten. So lag die kürzeste genannte Zeit bei 0,5 Jahren und die längste Dauer zwischen der Befragung und den ersten Konsumerfahrungen bei 14 Jahren (SD 3,44, MD 3,0).

Überraschend korreliert die Dauer der Konsumerfahrungen nicht mit einem problematischeren Konsumverhalten in Hinblick auf die Häufigkeit und Intensität des Konsums sowie der Ausprägung von Folgeerscheinungen. Das heißt, die Konsumenten, die Crack noch nicht so lang gebrauchen, unterscheiden sich in ihrem Konsumverhalten nicht signifikant von jenen, deren Erstkonsum schon länger zurückliegt. Zu bedenken ist, dass die ersten Konsumerfahrungen mit einer Substanz nicht automatisch mit dem Beginn eines regelmäßigen Konsums gleichgesetzt werden können. So kann auch eine Substanz zunächst lediglich probiert werden, und ein regelmäßiger Konsum setzt erst nach einigen Jahren Pause ein.

5.2.3.2 Umfeld des Erstkonsums und Konsummotivation

Ganz bestimmend innerhalb erster Konsumerfahrungen mit rauchbarem Kokain scheint die Peer Group zu sein, in der die meisten Konsumenten auch aktuell die Substanz verwenden. 39 Fragebogenteilnehmer (66,1 %) gaben an, das erste Mal Crack oder Freebase unter Freunden oder Bekannten konsumiert zu haben[16]. Sechs Gebraucher (10,2 %) machten ihre ersten Erfahrungen mit dem Partner oder in der Familie. Lediglich zehn Fragebogenteilnehmer (16,9 %) konsumierten rauchbares Kokain zum ersten Mal unter ihnen nicht bekannten Personen.

Wie in anderen Studien zum kontrollierten Umgang mit ‚harten' Drogen zeigt sich in der untersuchten Stichprobe eine Konsumaufnahme in erster Linie infolge

---

[16] $n = 59$.

Tab. 5.9 Motive des Erstkonsums

Motiv des Erstkonsums	
Neugier	19/32,2 %
Einladung	21/35,6 %
Partner/in konsumierte	3/5,1 %
Probleme verdrängen	8/13,6 %
Keine anderen Drogen/kein Kokain da	4/6,8 %
Weiß nicht mehr	3/5,1 %
Sonstiges	1/1,7 %
$n = 59$	

sozialer und sozialpsychologischer Faktoren. Nicht der Versuch einer Problembewältigung sondern „situationsspezifische Anreizbedingungen wie eine sich zufällig ergebende Konsumgelegenheit" (Weber und Schneider 1997, S. 37 f.) sind dominierende Auslöser für die ersten Konsumerfahrungen. So gaben 35,6 % der Crackgebraucher an, zum ersten Gebrauch eingeladen worden zu sein (s. Tab. 5.9). 19 Personen (32,2 %) nannten Neugier als den bestimmenden Grund, rauchbares Kokain zu probieren. Dabei ist, wie von Werse (1997) bemerkt, Neugier in einem freiwilligen Konsum einer Substanz grundsätzliche Voraussetzung. Ohne Neugier hinsichtlich der durch den Gebrauch der Substanz erwarteten Wirkung wird eine Droge nicht probiert. So nannten zwei Gebraucher zusätzlich zu der von ihnen erlebten Konsumeinladung auch die Neugier als den weiteren bestimmenden Konsumgrund. Lediglich 13,6 % der Konsumenten verbanden bereits mit dem ersten Konsum den Wunsch, Probleme zu verdrängen.

Bei den ersten Erfahrungen war das Rauchen des Crack oder Freebase die deutlich dominierende Konsumform. Während sich drei der Nutzer nicht mehr an die Gebrauchsart des ersten Males erinnerten, gaben 54 Personen (91,5 %) an, beim ersten Mal geraucht zu haben. Nur zwei Teilnehmer nutzten Crack schon beim ersten Mal intravenös.

5.2.3.3 Konsumverhalten der ersten sechs Monate

In den ersten sechs Monaten nach ihren ersten Erfahrungen mit rauchbarem Kokain gestaltete sich der Umgang der Konsumenten mit der Substanz zum Teil ganz unterschiedlich (s. Tab. 5.10).

Trotz des zugeschriebenen hohen Suchtpotentials zeigt sich, dass die ersten Erfahrungen mit Crack und Freebase nicht unbedingt sofort zu einer hohen Konsumfrequenz führen. Betrachtet man nur die Daten derer, die bereits entsprechend lang konsumieren und angaben, sich noch an die ersten sechs Monate ihres fort-

Tab. 5.10 Überwiegende Konsumhäufigkeit der ersten sechs Monate nach dem ersten Konsum

Konsumhäufigkeit in den ersten sechs Monaten	Häufigkeit	Prozent	Gültige Prozent
Weniger als 5 Mal	12	20,0	24,5
Ein- bis dreimal im Monat	8	13,3	16,3
Ein- bis dreimal in der Woche	16	26,7	32,7
Mehr als dreimal in der Woche	4	6,7	8,2
Täglich	9	15,0	18,4
Gesamt	49	81,7	100,0
Fehlend	11	18,3	
Gesamt	60	100,0	

Zu den fehlenden Werten gehören jene Konsumenten, die sich nicht mehr an die Konsumhäufigkeit der ersten Monate erinnern sowie jene, die Crack noch keine 6 Monate konsumieren oder keine Angaben machten.

gesetzten Konsums erinnern zu können ($n = 49$), wird deutlich, dass 40,8 % der Gebraucher in den ersten sechs Monaten maximal drei Mal pro Monat Crack konsumierten. 24,5 % konsumierten die Substanz sogar weniger als einmal im Monat. Trotzdem nutzte ein großer Teil der Stichprobe das rauchbare Kokain in der Anfangszeit bereits recht häufig. 59,3 % konsumierten Crack und Freebase innerhalb der ersten sechs Monate mindestens einmal pro Woche. 18,4 % gebrauchten die Substanz bereits (nahezu) täglich. Folgt man der Einteilung der Konsumenten nach Müller et al. (2007) gehörten 40,8 % zu den seltenen Gebrauchern, 32,7 % zu den gelegentlichen und 26,5 % zu den intensiven Gebrauchern[17] in den ersten Monaten nach ihrem Erstkonsum des rauchbaren Kokains.

Deutlich zeigen sich Zusammenhänge zwischen der Konsumhäufigkeit der ersten sechs Monate mit der des aktuellen Gebrauchs. Je stärker die Konsumenten in der Anfangszeit Crack oder Freebase nutzten, desto häufiger tun sie dies auch aktuell (r = 0,473**). Dies bedeutet jedoch nicht, dass alle Gebraucher eine hohe Konsumhäufigkeit auf dem gleichen Niveau beibehalten haben oder den Konsum verstärkten. Vergleicht man die Konsumhäufigkeit der 49 Personen innerhalb der ersten sechs Monate mit ihrer aktuellen, so konsumieren lediglich 11 Gebraucher (22,4 %) aktuell häufiger rauchbares Kokain als in der ersten Zeit. 23 der Konsu-

---

[17] Die Autoren teilten die untersuchten Konsumenten wie folgt ein: 1. Seltene Konsumenten (weniger als einmal pro Woche), 2. Gelegentliche Konsumenten (ein- bis mehrmals pro Woche) und 3. Intensive Konsumenten (täglich oder annähernd täglich) (Müller et al. 2007, S. 147) Die Konsumenten mit einer Konsumhäufigkeitsangabe von mehr als drei Mal in der Woche wurden vorliegend zu den intensiven Konsumenten gezählt.

5.2 Ergebnisse der quantitativen Erhebung

Tab. 5.11 Konsumentwicklung auf Grundlage der Gebrauchshäufigkeit der ersten sechs Monate, eingeteilt in die Häufigkeitskategorien nach Müller et al. (2007)

Anfangskonsum der ersten sechs Monate, $n = 49$	Aktuell etwa gleich hoher Konsum, $n = 29$	Aktuell stärkerer Konsum als zu Beginn, $n = 8$	Aktuell geringerer Konsum, $n = 12$
Selten	15	5	–
Gelegentlich	7	3	6
Intensiv	7	–	6

menten (46,9 %) verfolgen aktuell einen gleich hohen Konsum, 30,6 % konsumieren aktuell weniger als in den ersten sechs Monaten nach dem ersten Gebrauch von Crack/Freebase. Die Personen, deren Konsum gleich hoch blieb, setzten sich interessanterweise zu einem großen Teil aus Gebrauchern zusammen, die schon in den ersten sechs Monaten eher selten Crack und Freebase konsumierten sowie aus Personen, die bereits einen sehr starken Gebrauch verfolgten. Fügt man die Häufigkeit des Erstkonsums in die Kategorien nach Müller et al. (2007) ein, so ergibt sich eine Konsumveränderung hinsichtlich eines geringeren oder stärkeren Konsums bei 20 Gebrauchern. 29 Konsumenten behielten ihre Konsumfrequenz im Wesentlichen bei (siehe Tab. 5.11). Dies zeigt deutlich, dass der Konsum rauchbaren Kokains nicht automatisch immer stärker wird, sondern auch gerade ein zu Beginn niedriges Konsumniveau in diesem Maße auch nach einiger Zeit weiterhin der Fall sein kann. Betrachtet man die Veränderungen in der Konsumhäufigkeit mit Hilfe des Wilcoxon-Tests, so zeigt sich die Veränderung des Konsumverhaltens der Gebraucher als nicht statistisch bedeutsam.

Zu beachten ist, dass die Daten zur Häufigkeit des Crackkonsums im ersten halben Jahr nach dem Konsumbeginn und der Häufigkeit zum Erhebungszeitpunkt keine Auskunft über die Zwischenzeit geben. Demzufolge ist ebenso denkbar, dass der Gebrauch des rauchbaren Kokains zwischenzeitlich ansteigt und schließlich wieder sinkt, oder umgekehrt der Gebrauch über die Jahre sinkt und schließlich wieder ansteigt.

5.2.4 Aktueller Konsum von Crack und Freebase

5.2.4.1 Konsumhäufigkeit und Setting

Der Konsum von Crack und Freebase wird von einem großen aber nicht dem überwiegenden Teil der Stichprobe täglich betrieben (siehe Tab. 5.12). 15 Personen (25,0 %) verfolgen einen solch häufigen Gebrauch. Sie gehören zu den 53,3 %,

Tab. 5.12 Aktuelle Konsumhäufigkeit	Konsumhäufigkeit	
	Weniger als einmal im Monat	20/33,3 %
	Ein- bis dreimal im Monat	8/13,3 %
	Ein- bis dreimal in der Woche	15/25,0 %
	Mehr als dreimal in der Woche	2/3,3 %
	Täglich	15/25,0 %
	$n = 60$	

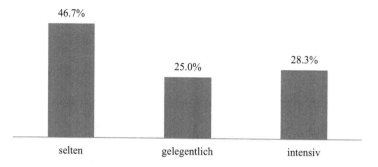

Abb. 5.1 Einteilung der Konsumhäufigkeit nach Müller et al. (2007)

die mindestens einmal pro Woche Crack nutzen. Die andere Hälfte der Untersuchungsteilnehmer konsumiert zum Teil deutlich seltener. So nannten 33,3 % der Erhebungsteilnehmer einen Crackgebrauch von weniger als einmal im Monat. Mit den weiteren Konsumenten zusammen gesehen, gebrauchen damit insgesamt 46,7 % das rauchbare Kokain weniger als einmal pro Woche. Damit ist der Anteil der Konsumenten, die einen eher geringen Crackkonsum verfolgen, überraschend hoch.

Folgt man der Konsumenteneinteilung von Müller et al. (2007) so sind 46,7 % der vorliegenden Stichprobe als seltene, 25,0 % als gelegentliche und 28,3 % als intensive Nutzer rauchbaren Kokains einzustufen (Abb. 5.1).

Im Vergleich gebrauchen die vorliegenden Konsumenten das rauchbare Kokain deutlich seltener als die von den oben genannten Autoren befragten Konsumenten der Frankfurter Drogenszene. Diese sind in den Jahren 2002 bis 2004 zu 60 % als intensive Konsumenten und zu etwas mehr als einem Drittel als gelegentliche Nutzer der Droge eingeschätzt worden. Lediglich 5 % der Crack konsumierenden Szenegänger in jener Befragung nutzten das rauchbare Kokain nur selten (Müller

5.2 Ergebnisse der quantitativen Erhebung

et al. 2007, S. 147 f.). Damit wird deutlich, dass der Gebrauch des rauchbaren Kokains in der vorliegenden Stichprobe vergleichsweise gering ist. Es zeigt aber auch, dass Crack nicht in allen Fällen mit einem extrem häufigen Konsum einhergeht. Zwar ist der Anteil von 28,3 % der Konsumenten mit einem (nahezu) täglichen Gebrauch recht hoch. Der größte Teil der Erhebungsteilnehmer praktiziert den Crackgebrauch jedoch in einem moderaten Maße.

Für mehr als die Hälfte aller untersuchten Konsumenten gibt es hinsichtlich der Wochentage, an denen sie konsumieren, keine klaren Regeln. 70,0 % der 60 Gebraucher unterscheiden in ihren Konsumgewohnheiten nicht konsequent zwischen Werktagen oder dem Wochenende. 20,0 % gaben dagegen an, ausschließlich am Wochenende zu konsumieren, 5,0 % nur im Urlaub oder zu besonderen Anlässen. Lediglich 5,0 % der Stichprobe gebrauchen rauchbares Kokain ausschließlich an Werktagen. Wie zu erwarten war, zeigen die Konsumenten, die den Crackgebrauch auf das Wochenende, auf Ferien und Urlaub sowie besondere Anlässe beschränken, eine signifikant geringere Konsumhäufigkeit, als jene, die auch unter der Woche zur Pfeife oder Spritze greifen ($p<0,01$). Schließlich bedeutet eine Beschränkung auf bestimmte Tage auch eine zeitliche Einschränkung der Konsummöglichkeiten.

Im aktuellen Konsum der Fragebogenteilnehmer dominiert klar das Rauchen gegenüber dem Spritzen. 89,1 % der Fragebogenteilnehmer[18] nannten das Rauchen als ihre bevorzugte Konsumform von Crack oder Freebase. Lediglich drei Personen konsumieren das rauchbare Kokain überwiegend intravenös. Damit bestätigen die Daten Ergebnisse anderer Studien zum Applikationsverhalten. In der Deutschen Suchthilfestatistik für 2006, die die Klienten ambulanter Beratungsstellen erfasst, ist ebenfalls das Rauchen die dominierende Konsumform der Kokainbase. 2006 rauchten demnach 74,2 % ihr Crack. Lediglich 5,4 % injizierten es ($n=186$, Sonntag et al. 2007a). Gründe für die Bevorzugung des Rauchens wurden in dieser Statistik nicht erfasst. Die Fragebogenteilnehmer der vorliegenden Untersuchung bevorzugen das Rauchen im Wesentlichen aus zwei Gründen. Zum einen erreichen sie damit die für sie subjektiv beste Wirkung, die zudem sehr schnell eintritt. Auch der Geschmack wird von einem Teil der Gebraucher als angenehm erlebt. Dabei beruht die Einschätzung des Rauchens als die Konsumform mit der besseren und schnelleren Wirkung offensichtlich nur bei einem geringen Teil der Konsumenten auch auf tatsächlichen Erfahrungen mit dem Spritzen der Substanz. So wird bei vielen Konsumenten (36,7 %) eine generelle Ablehnung eines intravenösen Konsums deutlich. Thorsten (m, 32 J., seltener Konsum) schrieb zur Begründung des Rauchens als bevorzugte Konsumform:

---

[18] $n=55$

[Ich] kenne keine andere [Gebrauchsform] zum Konsum von Freebase als Rauchen und i.v. Konsum kommt für mich generell nicht in Frage.

Die Ablehnung begründet sich zum Teil aus einer Angst vor Spritzen:

Es kickt am besten und vor Spritzen hab ich Angst (Heidi, w, 25 J., intensiver Konsum),

aber auch vor möglichen Folgeerkrankungen oder einer Übertragung einer Infektionskrankheit.

Spritzen kommt für mich nicht in Frage, auch wegen Infektionsrisiko. Es ist auch nicht mein Fall, mir was in die Vene zu jagen. (Manfred, m, 42 J., gelegentlicher Konsum)

Neben dem Eindruck eines größeren Risikos beim intravenösen Konsum kann auch das Image dieser Applikationsform zur Ablehnung der Gebraucher beitragen. So kann diese Konsumform auch mit der offenen Drogenszene, Ausgrenzung und sozialer Verelendung assoziiert werden, wie es z. B. bei Otto (m, 18 J., seltener Konsum) sehr deutlich wird:

Beim Spritzen würde ich mir wie ein typischer Junk vorkommen, der ich definitiv nicht zu sein hoffe.

Das Spritzen der Substanz wird dabei als eine Verschärfung des Crackkonsums empfunden. Das Rauchen hilft, sich von den Konsumentenkreisen zu distanzieren, die mit Sucht und sozialem Abstieg verbunden werden. Auch andere Autoren beschreiben Abgrenzungsgründe für die Bevorzugung des Rauchens (Stöver 2001). Gleichzeitig wirke das Rauchen harmloser (Tab. 5.13).

Es ist schlimm genug, es zu rauchen. Der Körper leidet von außen beim Spritzen. (Liselotte, w, 25 J., gelegentlicher Konsum)

Die Bevorzugung des Rauchens kann jedoch auch Folge eines früheren starken intravenösen Substanzgebrauchs sein. So gab ein Konsument an, nicht mehr in der Lage zu sein, Kokainprodukte zu spritzen – *„weil ich keine Venen mehr zum Kokainspritzen habe"* (Karl, m, 24 J., intensiver Konsum). Allerdings scheint dieser Grund unter den erreichten Gebrauchern eher die Ausnahme zu sein.

Konsumsetting Der Gebrauch des rauchbaren Kokains findet unter den Erhebungsteilnehmern sehr häufig in der Peer Group statt (siehe Tab. 5.14). So ist der

5.2 Ergebnisse der quantitativen Erhebung

Tab. 5.13 Gründe für die Bevorzugung einer bestimmten Gebrauchsform

	Rauchen, $n=49$	i.v. Konsum, $n=3$	Beides $n=3$
Schnellste/beste Wirkung	15/32,1 %	2/66,7 %	2/66,7 %
Guter Geschmack	3/5,7 %		
Einfache Handhabung	3/5,7 %		
Gut dosierbar	1/2,0 %		
Generell kein i.v. Konsum	23/36,7 %		
Andere Konsumart unbekannt	3/6,1 %	1/33,3 %	

Mehrfachnennungen, Angaben von 45 der 55 Personen, die ihre bevorzugte Konsumart nannten

Tab. 5.14 Konsumsetting und Konsumort, Mehrfachantworten möglich

Konsumsetting		Konsumort	
Allein	32/55,2 %	Zu Hause	31/53,4 %
Unter Freunden/Bekannten	43/74,1 %	Bei Partys/Disko	21/36,2 %
Unter Unbekannten	16/27,6 %	Auf der Straße	19/32,8 %
		In der Natur	16/27,6 %
		Bei der Arbeit	8/13,8 %

Freundes- und Bekanntenkreis die dominierende Konsumumgebung. 74 % der Befragten gebrauchen das rauchbare Kokain in diesem Umfeld. Neben dem Konsum in der Peer Group gebrauchen 55,2 % der Stichprobe die Substanz auch allein. Weitaus geringer ist der Anteil derer, die auch unter Unbekannten rauchbares Kokain nutzen (27,6 %). Dies ist vermutlich auf die Illegalität der Substanz und die Risiken der Entdeckung bei einem Konsum unter Fremden zurückzuführen.

Der am häufigsten genannte Konsumort ist das eigene Zuhause oder das von Freunden und Bekannten, gefolgt von Partys/Diskos sowie der Natur (s. Tab. 5.14). Auch auf der Straße wird das rauchbare Kokain von einem Teil der Gebraucher konsumiert. Lediglich acht der Erhebungsteilnehmer, und damit 13,8 % der bei diesem Item Antwortenden, gaben an, Crack auch bei der Arbeit zu nutzen. Dies kann zum einen an dem relativ hohen Anteil an Teilnehmern ohne festes Arbeitsverhältnis liegen. Andererseits ist ein Drogenkonsum in einen Arbeitsalltag schwer zu integrieren. Betrachtet man die acht Personen, die bekannten auch bei der Arbeit Crack zu konsumieren, stellt man fest, dass nur drei von ihnen überhaupt berufstätig sind. Zwei dieser Gebraucher gehen einer selbständigen Arbeitstätigkeit nach, einer gab eine angestellte Berufstätigkeit an, konsumiere Crack aber auch nur selten in dieser Umgebung. Von den fünf weiteren Konsumenten mit einem Crackgebrauch während der Arbeit gaben zwei Gebraucher an, zu studieren, zwei bezeichneten sich als arbeitslos. Da sich diese Aussagen hinsichtlich eines Crackgebrauchs bei der Arbeit widersprechen, sind sie kaum zu werten.

Tab. 5.15 Konsummotivation

Konsummotivation			
Schönes Gefühl	47/79,7 %	Problembewältigung	24/40,7 %
Um auf Party zu gehen	6/10,2 %	Entzugserscheinungen	14/23,7 %
Macht wach	14/23,7 %	Starkes Verlangen	9/32,1 %[a]
Leistungssteigerung	3/5,1 %	Verstärkung der Wirkung anderer Drogen	16/27,1 %
Steigerung der Kreativität	2/3,4 %	Kein Pulverkokain da	4/6,8 %
Unterdrückung von Hunger	9/15,3 %	Keine bessere Drogen da	5/8,5 %

$n = 59$, [a] $n = 28$, Mehrfachnennungen möglich

Aktuelle Konsummotivation Der Gebrauch des rauchbaren Kokains wird von den Befragten in erster Linie aufgrund der angenehmen Wirkung praktiziert (s. Tab. 5.15). Für knapp 80,0 % ist das durch den Konsum erzeugte ‚schöne Gefühl' wesentlicher Grund, Crack oder Freebase zu nutzen. Interessanterweise wird der Wunsch nach Problembewältigung bzw. -verdrängung bereits als zweithäufigster Grund für den Konsum angegeben. Zwar deutlich weniger genannt, spielt dieses Motiv dennoch für 40,7 % der Erhebungsteilnehmer eine Rolle. Weitere wichtige Gründe für den Konsum von rauchbarem Kokain sind die Wirkeigenschaften der Substanz hinsichtlich des Wachbleibens und der Unterdrückung von Hunger. Für 27,1 % der Fragebogenteilnehmer spielt zudem die Verstärkung der Wirkung anderer Substanzen eine Rolle (s. Tab. 5.15).

Neben dem Einsatz der Substanz zur Problembewältigung finden sich unter den Konsummotiven auch andere Gründe, die mit abhängigem Verhalten in Verbindung stehen können. Für einen Teil der Crackgebraucher sind ein starkes Verlangen nach der Substanz und/oder die Linderung von Entzugserscheinungen wesentliche Konsumgründe. In diesem Falle wird die Substanz nicht mehr nur zur Erzeugung einer positive Wirkung genutzt. Vielmehr resultiert die positive Wirkung daraus, dass negative Erscheinungen nach dem Absetzen der Substanz mit dem erneuten Konsum beseitigt werden. Gebraucher mit einer entsprechenden Konsummotivation weisen in vielen Faktoren einen problematischeren Konsum als die anderen auf (siehe Kap. 5.2.5.4 Entzugserscheinungen).

Deutlich wird, dass der Crackkonsum zwar von einigen Konsumenten aufgrund eines starken Verlangens nach der Substanz und zur Linderung von Entzugserscheinungen fortgesetzt wird. Trotzdem zeigt sich, dass die Substanz von den meisten Gebrauchern in erster Linie konsumiert wird, um einen positiven Effekt zu erzielen, der nicht nur darauf abzielt, negative Erscheinungen zu unterdrücken.

5.2 Ergebnisse der quantitativen Erhebung

Tab. 5.16 Konsumdetails

	N	MW	MD	Min	Max	SD
Substanzmenge pro Konsum-Vorgang	36	0,63	0,30	0,10	2,5	0,687
Wirkdauer Rauchen in min	56	17,74	10,0	0,2	120	19,962
Wirkdauer i.v. Konsum in min	13	94,69	38,0	2	600	163,071
Anzahl Pfeifen/Spritzen an einem Tag	52	10,8	4,0	1	100	19,59
Zeit zw. Pfeifen/Spritzen in min	48	84,66	37,0	1	600	115,094

5.2.4.2 Konsumdetails

Um einen genaueren Einblick in das Konsumverhalten zu erlangen, wurden die Gebraucher nach einigen Details ihres Konsumverhaltens gefragt. Dabei zeigte sich ein sehr unterschiedliches Bild. Nicht in allen Fällen lassen sich die teilweise sehr großen Differenzen in den übermittelten Werten (z. B. bei den Konsummengen) überzeugend mit einem unterschiedlichen Konsumverhalten erklären. Ein weiteres Problem sind die häufig fehlenden Antworten. Es entsteht der Eindruck, dass für viele der Konsumenten eine detaillierte Einschätzung des eigenen Konsumverhaltens eher schwierig ist. In Tab. 5.16 sollen die Ergebnisse dennoch aufgeführt werden.

Bei der Substanzmenge ergab sich in der ersten Betrachtung ein Mittelwert von 0,75 Gramm. Der genannte Maximalwert lag bei 5 Gramm pro Konsumvorgang. Da dies eine eher unglaubwürdig hohe Menge ist, liegt die Vermutung nahe, dass sich diese Angabe womöglich auf die Substanzmenge eines ganzen Tages bezieht und nicht auf eine einzelne Pfeife oder Spritze. Lässt man diesen Wert einmal außer Betracht, ergibt sich ein Mittelwert von 0,63 Gramm pro Konsumvorgang[19]. Bei knapp der Hälfte der Gebraucher (44,1 %) liegt der gewohnte finanzielle Aufwand bei einer Konsumeinheit unter 10 €. 55,9 % der Gebraucher wenden eine höhere Geldmenge pro Konsumvorgang auf.

Crack und Freebase werden stets mit einer schnell eintretenden aber ebenso schnell wieder abfallenden Wirkung in Verbindung gebracht. Nach Angaben der Konsumenten ($n=56$) dauert die Wirkung nach dem Rauchen der Substanz im Mittel knapp 18 min an. Betrachtet man die Angaben genauer, wird wiederum deutlich, wie unterschiedlich die Länge der Wirkdauer eingeschätzt wird. Während viele Gebraucher lediglich einige wenige Minuten eine Wirkung verspüren (einer

---

[19] Verzichtet man in der Mittelwertberechnung auch auf 2,5 g, was ebenfalls eine fast unvorstellbar große Menge pro Konsumvorgang bedeutet, erhält man einen MW von 0,52 g (n = 34, Min 0,1/Max 2,0, SD 0,53, MD 0,3).

der Teilnehmer gab sogar nur wenige Sekunden an), nannten andere Wirkzeiten von länger als einer Stunde. Tendenziell scheint der intravenöse Gebrauch gegenüber dem Rauchen von Crack und Freebase zu einer länger anhaltenden Wirkung zu führen. Durchschnittlich ergibt sich hier eine Wirkdauer von knapp 95 min, die damit deutlich höher liegt als die Werte zur Wirkdauer nach dem Rauchen. Allerdings machten lediglich dreizehn Teilnehmer Angaben zu dem Wirkverhalten nach intravenöser Applikation. Dies liegt in erster Linie an der klaren Dominanz des Rauchens unter den Befragten. Bei einem häufigen Substanzkonsum und dem damit hohen Einsatz von Geldmitteln vor allem aufgrund der Illegalität der Substanz sind häufig Gebraucher bestrebt, die für sich effektivste Konsumform zu finden, um möglichst wenig Verlust der Substanzwirkung zu haben. So zeigt sich sowohl bei Heroin- als auch bei Pulverkokainkonsumenten häufig der Umstieg von einem nasalen zum intravenösen Gebrauch (vgl. Degkwitz 2002a). Interessanterweise ist dieses Phänomen unter den am Fragebogen teilnehmenden Gebrauchern nicht zu beobachten. Selbst die Gebraucher mit einem starken Konsum bleiben beim Rauchen der Substanz. Ob die vorliegenden Gebraucher phasenweise das rauchbare Kokain spritzten und wieder zum Rauchen zurückkehrten, lässt sich aus den vorhandenen Daten nicht beantworten. Jedoch haben, nach den Angaben zur Wirkdauer bei intravenösem Konsum zu urteilen, mindestens dreizehn Konsumenten Erfahrungen mit dieser Gebrauchsform.

Wie bei den vorhergehenden Werten, schwankt auch die angegebene Anzahl der Konsumvorgänge pro Konsumtag enorm. Im Durchschnitt nutzen die Gebraucher das rauchbare Kokain 11 Mal am Tag. Dabei führt fast die Hälfte der Teilnehmer (48,1 %) in der Regel lediglich maximal drei Konsumvorgänge an einem normalen Konsumtag durch. Etwas mehr als die Hälfte aller Teilnehmer (51,9 %) hat nicht mehr als vier Konsumvorgänge an einem Tag. Im Gegensatz dazu konsumieren 21,2 % der Gebraucher mehr als zehn Pfeifen oder Spritzen am Tag. Die Spitzenwerte sind 70, 80 und 100 Konsumvorgänge bei jeweils einer teilnehmenden Person. Diese hohen Zahlen sind aber Ausnahmen. Die Regel bilden eher wenige Konsumvorgänge pro Tag. Definiert man wie Müller et al. (2007) den exzessiven Konsum als einen täglichen Gebrauch mit acht und mehr Konsumvorgängen, so ist dieser nur bei vier Konsumenten der Stichprobe zu beobachten. So scheint in der vorliegenden Stichprobe der exzessive Gebrauch der Substanz zwar existent aber eher die Ausnahme zu sein. Auch die durchschnittliche Zeit von rund 85 min, die zwischen einzelnen Konsumvorgängen liegen, spricht gegen das öffentliche Bild. Jedoch ist auch hier zu beachten, dass die einzelnen Angaben der Teilnehmer zwischen einer Minute und zehn Stunden schwanken. Die am häufigsten genannten Zeiten sind zum einen 30 min (sieben Mal genannt) sowie 60 min (sieben Mal genannt) zwischen einzelnen Konsumvorgängen. 76 % der Befragten warten min-

5.2 Ergebnisse der quantitativen Erhebung

destens 25 min, bis sie den nächsten Konsumvorgang vollziehen. Fast die Hälfte der Gebraucher, nämlich 45,8 %, wiederholt ihren Konsum frühestens nach einer Stunde.

Interessanterweise sind es nicht immer nur die Konsumenten mit einem sehr häufigen oder gar täglichen Konsum, die sehr viele Pfeifen mit Crack an einem Konsumtag konsumieren. So rauchen die Gebraucher mit einem Konsum von weniger als einmal in der Woche im Durchschnitt 13,3 Pfeifen (SD 25,85), während es bei den Konsumenten mit einem häufigeren Konsum nur 9,0 Pfeifen (SD 8,98) sind (n.s.). Von den Konsumenten, die mindestens einmal pro Woche und häufiger Crack konsumieren und Angaben zu den Konsumvorgängen machten (n = 28 von 32), haben lediglich sechs Personen (21,4 %) mehr als zehn Konsumvorgänge pro Tag. 66,7 % dieser Gebraucher konsumieren maximal fünf Mal an einem Tag. Die durchschnittliche Anzahl der Konsumvorgänge der intensiven Gebraucher mit einem (nahezu) täglichen Konsum liegt bei 5,8 Pfeifen oder Spritzen an einem Konsumtag[20]. Lediglich 31,3 % der intensiven Gebraucher haben mehr als fünf Konsumvorgänge an einem Tag.

Die in der Gesamtstichprobe genannten Spitzenwerte von einmal 100 und einmal 80 Konsumvorgängen wurden von Konsumenten angegeben, die weniger als einmal im Monat Crack konsumieren und somit zu eher episodischen Konsumenten gehören. Damit kann also ein häufiger Crackgebrauch nicht automatisch mit einer hohen Anzahl an Konsumvorgängen gleichgesetzt werden. Vielmehr zeigt sich in der Betrachtung, dass es in der Stichprobe Gebraucher gibt, die nur ab und zu Crack konsumieren, dafür dann aber relativ viele Konsumvorgänge durchführen. Genauso wie Konsumenten zu beobachten sind, die zwar recht häufig bis täglich Crack konsumieren aber verhältnismäßig wenige Pfeifen rauchen.

5.2.4.3 Mischkonsum mit anderen psychotropen Substanzen

Wie bereits in der Betrachtung der allgemeinen Drogenerfahrungen deutlich wurde, verfügen die Erhebungsteilnehmer über vielfältige Erfahrungen mit verschiedensten Suchtmitteln. Als Teil eines polyvalenten Drogenkonsums ist davon auszugehen, dass es auch zu einem kombinierten Konsum mehrerer Substanzen kommt. Da dieser Aspekt aufgrund möglicher (unerwünschter) Wechselwirkungen von großer Bedeutung ist, wurden die Konsumenten auch zu einem möglichen Mischkonsum des rauchbaren Kokains mit anderen Drogen oder Alkohol befragt.

58 Erhebungsteilnehmer machten Angaben über einen Gebrauch anderer Substanzen kurz vor, während oder kurz nach dem Konsum von rauchbarem Kokain. 89,7 % der Gebraucher gaben an, zeitweise zusätzlich zu dem rauchbaren Kokain

---

[20] n = 16 von 17 intensiven Konsumenten, MW: 5,84; Min: 1, Max: 20, SD 5,026

Tab. 5.17 Gründe für einen Mischkonsum anderer Substanzen mit Crack

Gründe für Mischkonsum	
Bessere Wirkung des Crack	25/56,8 %
Zum Runterkommen	9/20,5 %
Gegen Nebenwirkungen des Crack	4/9,1 %
Verminderung des Suchtdrucks	3/6,8 %
Täglicher Gebrauch der anderen Substanz	5/11,4 %
Durch andere Drogen Lust auf Crack	1/2,3 %

$n = 44$, Mehrfachantworten möglich[a]

[a] Diese Daten wurden mittels offener Fragen, erhoben und für die Auswertung kategorisiert

andere Substanzen zu konsumieren. Dabei sticht ganz deutlich Cannabis hervor. So konsumieren 69,2 % der Gebraucher Cannabis kurz vor oder kurz nach dem Konsum von Crack und/oder Freebase. Weitere häufig genannte zusätzlich konsumierte Substanzen sind Alkohol (50,0 %) und Pulverkokain (36,5 %), gefolgt von dem parallelen Gebrauch des rauchbaren Kokains mit Heroin (28,8 %), Medikamenten (23,1 %) und Ecstasy bzw. Amphetamine (23,1 %). LSD und psychoaktive Pilze (9,6 %) sowie Methadon (5,8 %) werden von den Erhebungsteilnehmern vergleichsweise selten im Mischkonsum eingesetzt.

Der gleichzeitige Konsum anderer Substanzen hat für die Crackgebraucher verschiedene Funktionen (s. Tab. 5.17). Deutlich wird, dass es der Hälfte der Konsumenten (25/56,8 %), die Angaben zu ihren Gründen für einen Mischkonsum machten, vor allem um eine Beeinflussung der Wirkung des rauchbaren Kokains geht. Sie bezwecken eine Verstärkung oder positive Veränderung der Wirkung, um damit ein besseres Rauscherleben zu erzielen. Eine wichtige Rolle spielt weiterhin die Verminderung negativer bzw. unangenehmer Folgen des Crackkonsums. So nutzen 13 Personen andere Substanzen, um negativ empfundene Wirkungserscheinungen der Kokainbase zu vermindern, von der Substanz ‚runterzukommen', um z. B. schlafen zu können; oder sie versuchen mit dem Mischkonsum negative Nebenwirkungen des Crackgebrauchs zu verringern bzw. diese quasi zu behandeln.

Neben der reinen Wirkungsverbesserung wird der polyvalente Substanzkonsum also auch dazu genutzt, negative Folgen des Crackgebrauchs zu reduzieren. Hinsichtlich des Konsumverhaltens zeigen die Gebraucher mit einem Mischkonsum keine signifikanten Unterschiede zu denen ohne einen gleichzeitigen Gebrauch anderer Drogen. Weder der eine noch der andere Umstand spricht unter den vorliegenden Konsumenten für einen auffallend problematischen Konsum des rauchbaren Kokains.

Tab. 5.18 Nebenwirkungen

Unangenehme Begleiterscheinungen			
Schädigung der Mundhöhle	9/15,0 %	Schlaflosigkeit	36/60,0 %
Schädigung der Bronchien	13/21,7 %	Konzentrationsschwierigkeiten	25/41,7 %
Husten	23/38,3 %	Depression	33/55,0 %
Atemprobleme	18/30,0 %	Angst	21/35,0 %
Bluthochdruck	15/25,0 %	Paranoia	21/35,0 %
Herzrasen	29/48,3 %	Aggression	32/53,3 %
Brustschmerzen	17/28,3 %	Sonstiges	3/5,0 %
Unterernährung	22/36,7 %		
Akne	6/10,0 %	Keine NW	5/8,3 %

$n = 60$

5.2.4.4 Negative gesundheitliche und psychische Begleiterscheinungen

Wie im vorangegangenen Abschnitt deutlich wurde, nutzen viele Konsumenten andere psychotrope Substanzen, die sie zum Teil zum Ausgleich negativer Erscheinungen des Crackkonsums verwenden. Negative gesundheitliche und/oder psychische Erscheinungen sind in der vorliegenden Stichprobe bei fast allen Konsumenten vorhanden (s. Tab. 5.18). Lediglich fünf Personen gaben an, keine unangenehmen Nebenwirkungen durch den Konsum von Crack und/oder Freebase zu verspüren.

Die häufigsten körperlichen Beschwerden scheinen klar aus den Substanz- und Wirkeigenschaften sowie aus der Art und Weise des Konsums zu resultieren. Die stimulierende Wirkung des Kokaingrundstoffes führt zu Schwierigkeiten wie Schlaflosigkeit und Herzrasen. Die Konsumform des Rauchens schädigt in erster Linie die Atemwege, und es treten bei vielen Gebrauchern Husten und Atemprobleme auf. Der Einfluss des Substanzgebrauchs auf die Psyche äußert sich in verstärkten Problemen mit Angst und Aggressivität. Mehr als die Hälfte der Gebraucher gab an, an Depressionen zu leiden. Dies ist das am häufigsten genannte Phänomen. Depressionen oder depressive Verstimmungen werden auch in anderen Schriften über Crack als eine ganz typische Begleiterscheinung des Konsums erwähnt. Auch die übrigen genannten Nebenwirkungen decken sich mit Berichten verschiedener Autoren (Prinzleve et al. 2005; Haasen et al. 2004; Möller und Prinzleve 2004).

Da eine Vielzahl der untersuchten Konsumenten neben dem rauchbaren Kokain auch Alkohol und andere Drogen nehmen, darf der Mischkonsum in der Betrachtung der negativen Begleiterscheinungen nicht außer Acht gelassen werden. So lässt sich bei einem polyvalenten Gebrauch verschiedener Drogen häufig nicht eindeutig sagen, ob die beobachteten Phänomene tatsächlich nur aus dem Gebrauch einer bestimmten Substanz, in dem Fall des rauchbaren Kokains, resultieren, oder es Nebenwirkungen des Gebrauchs der anderen Substanzen sind. Gleichzeitig kann der Mischkonsum selbst zu einer Wechselwirkung zwischen den Drogen führen, aus der unter Umständen negative Nebenerscheinungen resultieren. In der Stichprobe zeigen sich aber Hinweise auf die Verstärkung von negativen Begleiterscheinungen durch einen verstärkten Crackgebrauch. So korreliert die Zahl der Nebenwirkungen zwar nicht mit der erhobenen Häufigkeit des aktuellen Gebrauchs, dafür aber deutlich mit der Anzahl der Konsumtage der Teilnehmer des FB2. Je mehr Konsumtage diese Gebraucher in den der Erhebung vorausgegangenen 30 Tagen hatten, desto mehr negative Begleiterscheinungen nannten sie (r= 0,579**).

Obwohl die meisten Personen Nebenwirkungen nannten, scheinen sie nicht bei allen, Maßnahmen einer Vermeidung oder eine Verringerung des Konsums nötig zu machen. Fast die Hälfte der 55 Konsumenten mit körperlichen und/oder psychischen Begleiterscheinungen (24/46,2 %) unternimmt nichts gegen die unangenehmen Folgen. Drei Personen (5,5 %) gaben an, regelmäßig zum Arzt zu gehen. 14 Personen (29,8 %) konsumieren zur Vermeidung von Nebenwirkungen andere Substanzen. Am häufigsten wurden hier Cannabis (sieben Personen), Heroin und andere Opiate (sechs Personen) sowie Benzodiazepine (drei Personen) genannt. Knapp ein Viertel der Gebraucher gab an, zur Verminderung unerwünschter psychischer und körperlicher Folgen regelmäßige Konsumpausen einzulegen. Zwei Teilnehmer gaben an, aufgrund der unangenehmen Folgen, den Crackgebrauch ganz eingestellt zu haben und nun zu versuchen, von Crack abstinent zu bleiben. Weitere genannte Methoden der Vermeidung negativer Folgeerscheinungen waren die mengenmäßige Reduktion der Substanz bei einem Konsumvorgang (einmal genannt) und im Gegensatz dazu auch die Verstärkung des Konsums (zwei Mal genannt). Ein Konsument benannte eine gesunde Ernährungsweise, um damit negativen gesundheitlichen Folgen vorzubeugen.

Als eine negative Folge eines Drogenkonsums ist natürlich auch eine entstehende Abhängigkeit mit den Folgen eines hohen Konsums, Kontrollverlust und deviante Beschaffung der notwendigen Geldmittel zu sehen. Inwiefern diese Phänomene bei den teilnehmenden Konsumenten auftritt, wird an anderer Stelle näher betrachtet.

5.2.4.5 Erwerb und Finanzierung des rauchbaren Kokains

Die Intensität eines Substanzgebrauchs kann im Wesentlichen auch von der Verfügbarkeit der Substanz abhängen. So beobachteten Studien, dass die Wahrscheinlichkeit eines starken Konsums höher ist, wenn Gebraucher z. B. mit der von ihnen konsumierten Substanz dealen und sie dadurch sehr stark mit ihr in Kontakt sind (Waldorf et al. 1991). Um einen möglichen Einfluss der Verfügbarkeit des rauchbaren Kokains auf das Konsumverhalten der Erhebungsteilnehmer einschätzen zu können, wurden sie nach Details des Erwerbs des rauchbaren Kokains befragt. Für mehr als die Hälfte der Gebraucher scheint der Erwerb von Kokainpulver wesentlich einfacher als der des rauchbaren Kokains zu sein. 60 % der antwortenden Teilnehmer ($n=55$) gelangen in ihrem Umfeld leichter an das pulverförmige Kokainhydrochlorid. Dennoch unterscheidet sich damit die Verfügbarkeit beider Stoffe nicht übermäßig. Eine Rolle für die bessere Verfügbarkeit der jeweiligen Substanz spielt womöglich die Szene, in der sich die Gebraucher aufhalten. So gaben die Konsumenten, die über den Erwerb der Droge mit der offenen Drogenszene Kontakt haben (im Gegensatz zu denen, die keinen Kontakt zur Szene haben), an, leichter an Crack zu gelangen als an Pulverkokain (70 % vs. 22,9 %, $p<0,01$). Dabei zeigen die Gebraucher mit einem leichteren Zugang zu Crack eine signifikant stärkere Konsumhäufigkeit ($p<0,01$). Zudem konsumieren sie die Substanz im Vergleich zu den Gebrauchern mit einem leichteren Zugang zu Pulverkokain häufiger in einer problematischeren Art und Weise (z. B. hinsichtlich häufigerer Wachphasen, der Vernachlässigung wichtiger Verpflichtungen, geringeres Einhalten von Konsumpausen etc.)

Der größte Teil der Gebraucher erwirbt das rauchbare Kokain über Dealer, sei es von einem Stammverkäufer (45,0 %) oder wechselnden Dealern in der Drogenszene (38,3 %). 25,0 % der Konsumenten bekommen das rauchbare Kokain auch geschenkt. Sieben Konsumenten (11,7 %) gaben an, Crack von Freiern zu erhalten. Ein wesentlicher Teil der Konsumenten stellt Crack selbst her. Immerhin 21 Personen und damit 35,0 % gaben an, selbst Kokainpulver in seine rauchbare Form umzuwandeln. Für ihren Konsum des rauchbaren Kokains benötigen die Gebraucher durchschnittlich 58,32 €[21] pro Konsumtag. Während fünf Personen berichteten, gar kein Geld für die Finanzierung ihres Crackkonsums auszugeben, gaben elf Personen an, mindestens hundert Euro pro Konsumtag einzusetzen. Dabei korreliert die Höhe der finanziellen Aufwendung kaum mit der Häufigkeit des Konsums. Von den 11 Konsumenten mit einer Aufwendung von mindestens 100 € pro Konsumtag konsumieren nur zwei Gebraucher die Substanz täglich. Fast die Hälfte der Gebraucher mit diesem hohen finanziellen Einsatz (45,5 %) nutzt sie weniger als einmal in der Woche. Hier lässt sich ein ähnliches Verhalten wie bei der Anzahl der Konsumvorgänge beobachten. Ein Teil der eher episodischen Crackgebraucher nutzt das rauchbare Kokain zwar selten, dann aber in einem größeren Umfang.

Der Gebrauch rauchbaren Kokains wird häufig mit kriminellem Verhalten vor allem in der Beschaffung der für den Crackkonsum notwendigen Geldmittel verbunden. Dies bestätigen die vorliegenden Konsumenten nur zum Teil. Mit 53,3 % finanziert der größte Teil der Konsumenten ihren Crackgebrauch mit Arbeit (s. Tab. 5.19). 68,8 % dieser 32 Teilnehmer reicht der Verdienst aus, so dass sie nicht

---

[21] $n=51$, Min: 0/Max: 400, SD: 76,127/ MD 30,0

Tab. 5.19 Erhalt der zur Crackbeschaffung nötigen Geldmittel

Finanzierungswege			
Arbeit	32/53,3 %	Prostitution	7/11,7 %
Staatl. Unterstützungsleistungen	12/20,0 %	Drogengeschäfte	22/36,7 %
Eltern	17/28,3 %	Vermittlung von Deals	19/31,7 %
Partner/in	4/6,7 %	Sonstige illegale Tätigkeiten	19/31,7 %
Freunde/Bekannte	8/13,3 %		

$n = 60$, Mehrfachantworten möglich

auf zusätzliche Geldmittel aus illegalen Quellen oder Prostitution angewiesen sind. Insgesamt nutzen 33 Personen und mit 55,0 % etwas mehr als die Hälfte der Stichprobe zur Finanzierung ihres Crackgebrauchs neben legalen Wegen auch Geldquellen, die bei Auffallen strafrechtlich verfolgt werden können oder wie beim Beispiel der Prostitution gesellschaftlich wenig akzeptiert sind. Die am häufigsten vertretenen illegalen Beschaffungsarten sind Drogengeschäfte und die Vermittlung zwischen Käufern und Verkäufern illegaler Substanzen. Aber auch andere nicht weiter spezifizierte illegale Aktivitäten werden vollzogen. Prostitution ist mit 11,7 % im Vergleich zu den anderen Beschaffungsquellen relativ gering vertreten. Innerhalb dieser gibt es kaum einen Geschlechtsunterschied. So gaben vier Frauen und drei Männer an, ihren Drogenkonsum auch durch Prostitution zu finanzieren.

5.2.5 Merkmale abhängigen Konsumverhaltens von Crack und Freebase

Möchte man eine Einschätzung zum Konsumverhalten der Gebraucher und einer möglichen Abhängigkeit gegenüber dem rauchbaren Kokain treffen, ist der Blick auf verschiedene Anzeichen eines abhängigen Konsums nötig. Ein großer Teil der untersuchten Stichprobe hat in der Zeit ihres Crackgebrauchs ein subjektives Abhängigkeitsempfinden gegenüber dem rauchbaren Kokain verspürt (s. Tab. 5.20). Deutlich mehr als die Hälfte der Befragten (62,7 %) gaben an, sich zumindest zeitweise von der Substanz abhängig zu fühlen oder gefühlt zu haben. Allerdings berichten lediglich 23,7 % der Stichprobe über ein entsprechendes Empfinden zum Erhebungszeitpunkt. 28,8 % der Teilnehmer gaben an, noch nie eine Abhängigkeit von rauchbarem Kokain verspürt zu haben.

Wie im Kapitel zum Untersuchungsdesign beschrieben, wurde die Severity of Dependance Scale (SDS) zur Bestimmung der psychischen Abhängigkeit in den Fragebogen aufgenommen. Von 23 Teilnehmern liegen zu allen fünf dem Test zu-

5.2 Ergebnisse der quantitativen Erhebung

Tab. 5.20 Subjektives Abhängigkeitsempfinden

Abhängigkeitsempfinden	
Weiß nicht	5/8,5
Habe mich noch nie abhängig gefühlt	17/28,8
Ich fühle mich aktuell nicht abhängig, früher aber schon	9/15,3
Ich fühle mich manchmal abhängig	14/23,7
Ich fühle mich aktuell abhängig	14/23,7

$n = 59$

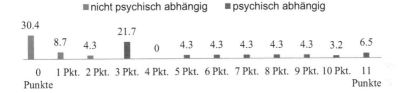

Abb. 5.2 Punkteverteilung der SDS-Ergebnisse der Fragebogenteilnehmer

gehörenden Fragen Antworten vor. Fast die Hälfte dieser Konsumenten (43,5 %) erreicht einen SDS-Wert unter drei Punkten und kann auf dieser Grundlage als nicht abhängig eingeschätzt werden[22]. Aber auch der Anteil derer, die gerade drei Punkte erreichen und damit knapp über der Grenze der Abhängigkeitseinschätzung liegen, ist mit 21,7 % recht hoch (s. Abb. 5.2). Insgesamt erreichen damit 65,2 % der Befragten maximal drei Punkte des Tests. Damit weist etwas mehr als die Hälfte der erfassten Personen keine oder lediglich eine sehr geringe psychische Abhängigkeit auf.

Auch wenn dieser Anteil deutlich macht, dass ein Crackkonsum nicht zwangsweise mit einer Abhängigkeit einhergeht, ist dennoch die Zahl der nach dem SDS-Test grundsätzlich als abhängig einzustufenden Konsumenten mit 56,5 % der

---

[22] Kaye und Darke (2002) sehen ab einem Wert von drei Punkten eine psychische Abhängigkeit im Sinne des DSM-IV gegeben.

Antwortenden recht hoch[23]. Damit liegt der Wert deutlich höher als in einer deutschen Repräsentativerhebung zum Drogenkonsum von 2003 (Kraus et al. 2005a). Bezogen auf den Gebrauch von Kokain (allerdings ohne eine Differenzierung in Kokainhydrochlorid und Crack/Freebase), zeigte sich dort eine Abhängigkeit nach den SDS-Kriterien von 15,9 % der Kokain gebrauchenden Befragten (S. S23). Dieser Wert ist deutlich geringer als in der vorliegenden Erhebung. Fraglich ist, ob dies als ein Phänomen unterschiedlicher untersuchter Substanzen zu werten ist. Durch die fehlende Differenzierung zwischen Kokain und Crack innerhalb der Repräsentativbefragung ist jedoch ein tatsächlicher Vergleich nicht möglich. Da jedoch Kokainhydrochlorid in der Allgemeinbevölkerung weitaus stärker verbreitet ist als Crack und Freebase, ist davon auszugehen, dass der größere Teil der repräsentativ befragten Konsumenten diese Kokainform gebrauchten. Auf Grundlage dieser Vermutung könnte der höhere Anteil an psychisch abhängigen Konsumenten ein Hinweis auf ein möglicherweise höheres Suchtpotential von Crack und Freebase sein. Im Vergleich zu einer Studie mit Befragten aus der Drogenszene oder einem Behandlungssetting wurde aber in der vorliegenden Erhebung ein geringerer Anteil an abhängigen Konsumenten erfasst. Dort lag der Anteil der Abhängigen bei 71–75 % (Prinzleve et al. 2005, S. 213).

Neben der eigenen subjektiven Abhängigkeitseinschätzung und der Einschätzung mit Hilfe der Severity of Dependence-Scale gibt es verschiedene Teilaspekte eines problematischen oder abhängigen Substanzgebrauchs. Dazu gehören im ICD-10 und DSM-IV aufgeführte Aspekte wie eine Toleranzentwicklung gegenüber der Substanz, ein Kontrollverlust, der im Umgang mit rauchbarem Kokain häufig als Bingingkonsumverhalten beschrieben wird, psychische oder physische Entzugserscheinungen, ein starker Aufwand zur Beschaffung der Substanz (und der notwendigen Geldmittel) sowie negative gesundheitliche und soziale Folgen (siehe Kap. 4.1.1). Diese Aspekte im Zusammenhang mit Crack und Freebase näher zu betrachten, wird Inhalt der nächsten Abschnitte sein.

---

[23] Bei drei weiteren Konsumenten fehlte lediglich eine beantwortete Frage des SDS-Tests. Die übrigen Angaben machen aber eine Einschätzung der fehlenden Frage möglich. Da zwei dieser Gebraucher bereits mit vier beantworteten Fragen einen Punktwert von mindestens 3 erreichen, können sie als psychisch abhängig eingestuft werden. Die dritte Person erreichte nach vier beantworteten Fragen einen Punktwert von 0. Da es sehr unwahrscheinlich ist, dass die fehlende Frage mit der höchsten zu erzielenden Punktzahl von 3 beantwortet worden wäre, kann dieser Konsument zu den nicht abhängigen Gebrauchern gezählt werden. Bezieht man also auch diese drei Gebraucher in die Berechnung mit ein, ergeben sich bei n = 26, 42,3 % nicht abhängige und 57,7 % abhängige Teilnehmer.

5.2.5.1 Kontrollverlust

Ein häufiges Zeichen eines problematischen Drogengebrauchs ist ein Kontrollverlust gegenüber der Substanz. Dieser äußert sich vor allem in dem subjektiv empfundenen Unvermögen, den Gebrauch der Droge zu unterbrechen oder einzuschränken. 50,0 %, und damit genau die Hälfte der Interviewteilnehmer, die sich zu diesem Punkt äußerten ($n = 54$), gaben an, Schwierigkeiten damit zu haben, eine Konsumpause einzulegen bzw. auf die Substanz zu verzichten.

Zu einem Kontrollverlust gegenüber einer Substanz gehört, dass sie nicht nur länger sondern häufig auch in einer größeren Menge konsumiert wird, als es der Gebraucher zuvor beabsichtigt hat. So beschrieb ein Konsument eine Phase des Kontrollverlustes mit den folgenden Worten:

> 30 Gramm Base in zwei Tagen... einfach keine Lust mehr gehabt, war wohl ein bisschen viel. (Lothar, m, 39 J., seltener Konsument)

Dieser Konsument beschreibt den Kontrollverlust als den Gebrauch einer unverhältnismäßig hohen Menge der Substanz, der dann in der Folge als negativ empfunden wird. 54,8 % der Konsumenten, die angaben, sich vor dem Konsum vorzunehmen ($n = 31$ von 60), lediglich eine bestimmte Menge zu gebrauchen, schaffen es häufig nicht, diese Substanzmenge einzuhalten. Sicher konsumiert dann nicht jeder Gebraucher eine so extrem hohe Menge, wie es Lothar beschrieben hat. Trotzdem gelingt es ihnen nicht, die Kontrolle über den Gebrauch des rauchbaren Kokains zu bewahren, sondern sie konsumieren mehr als sie zuvor beabsichtigten.

Nähere Informationen zur Ausprägung eines Kontrollverlustes liegen von 27 Konsumenten vor. 20 von ihnen, und damit 74,1 %, gaben an, bereits Phasen erlebt zu haben, in denen sie glaubten, die Kontrolle über ihren Konsum verloren zu haben. Unter diesen Gebrauchern sind auch solche, die nach dem SDS-Test als nicht abhängig eingestuft werden können (fünf Gebraucher). Auch sie haben bereits mindestens einmal einen Kontrollverlust gegenüber dem rauchbaren Kokain empfunden. Der oben erwähnte stärkere Gebrauch der Substanz als zuvor beabsichtigt, ist das am häufigsten genannte Phänomen eines Kontrollverlustes[24]. 11 Gebraucher (55 %) erlebten das Unvermögen, den Konsum zu begrenzen, als ein Merkmal ihres Kontrollverlustes gegenüber dem rauchbaren Kokain. Manfred beschreibt sein Erleben wie folgt:

---

[24] Zugrunde liegen die Angaben der 20 Personen (von insgesamt 27 Erhebungsteilnehmer), die angaben, bereits mindestens einmal einen Kontrollverlust gegenüber dem rauchbaren Kokain verspürt haben.

hohes Suchtgefühl (und) ständiges Denken an die Droge. Als unkontrollierte Phase sehe ich auch Phasen, in denen ich meine Vorgabe von einmal wöchentlichem Konsum durchbreche. Auch wenn dieser dann nach bereits 5 anstatt 7 Tagen stattfindet. (Manfred, m, 42 J., seltener Konsum)

Für neun Befragte (45,0 %) äußert sich eine fehlende Kontrolle in einem täglichen Konsum. Sechs (30 %) der Konsumenten fühlten sich in den Phasen des Kontrollverlustes richtiggehend von der Substanz besessen. Für acht (40,0 %) und fünf (25,0 %) der Konsumenten verursachte das Unvermögen einer Kontrolle gegenüber dem Crackgebrauch psychische bzw. gesundheitliche Probleme. Ein starker Konsum einer illegalen Substanz geht in der Regel auch mit einem größeren finanziellen Aufwand einher, der sich dann nicht immer mit den vorhanden finanziellen Ressourcen bewerkstelligen lässt. So achten Konsumenten in einem Kontrollverlust unter Umständen auch nicht mehr in dem Maße auf die Qualität der Substanz und haben auch *„billiges Zeug gekauft"* (Heinz, m, 29 J., gelegentlicher Konsum). Eine Reihe der Gebraucher (9/45,0 %) hat persönliche Dinge verkauft, um den Konsum finanzieren zu können. Drei Befragte (15 %) nahmen eine zweite Arbeit an. Sechs Teilnehmer (30 %) beschafften die nötigen Geldmittel auf illegale Weise. Drei Konsumenten (15,0 %) prostituierten sich, um den Konsum weiter zu finanzieren.

Vielfach wird in der öffentlichen Diskussion dem Crackgebrauch und der daraus resultierenden starken Substanzabhängigkeit eine soziale Verelendung als Konsequenz zugesprochen. Jedoch gaben in der vorliegenden Untersuchung lediglich drei Personen an, aufgrund ihres Crackkonsums bzw. in dessen Folgen ihre Wohnung verloren zu haben. Aufgrund des Erhebungsmediums Internet kann diese geringe Zahl auch an einer Selektion der Teilnehmer liegen und ist daher unter diesem Aspekt eingeschränkt zu betrachten. Dennoch zeigt dieses Ergebnis, dass es durchaus möglich ist, den Gebrauch von Crack zu vollziehen, ohne so zu verwahrlosen, dass dies in Wohnungslosigkeit endet, und zwar auch dann, wenn es zu Phasen eines Kontrollverlustes kommt. Mit drei Personen und damit 15,0 % ist der Anteil derjenigen, die aufgrund des Konsums ihren Arbeitsplatz verloren, ebenfalls geringer als man in Hinblick auf die mediale Darstellung der Substanz hätte vermuten können. Da aber nicht bekannt ist, wie viele Personen zu Beginn und während ihres Gebrauchs berufstätig waren, muss auch dieses Ergebnis vorsichtig bewertet werden.

Wie bereits erwähnt, nannten fünf Konsumenten, die auf SDS-Grundlage aktuell keine Abhängigkeit gegenüber dem rauchbaren Kokain aufweisen, ebenfalls Phasen eines erlebten Kontrollverlustes. Auch drei Konsumenten, die nach dem SDS-Test als nicht abhängig eingestuft werden können und zusätzlich angaben, sich auch nie abhängig gefühlt zu haben, berichten von Kontrollverlustphasen. Damit scheint für einige Gebraucher ein erlebter, aber begrenzter Kontrollverlust nicht automatisch mit einer Abhängigkeit gegenüber der Substanz gleichgesetzt werden zu können. Des Weiteren zeigt sich, dass ein Kontrollverlust überwunden werden kann und damit nicht unbedingt ein Phänomen des aktuellen Konsums sein muss. Interessanterweise ergibt sich aus einer Frage des SDS-Tests, dass lediglich 12 Gebraucher (von 27 antwortenden Konsumenten) in den letzten 12 Monaten einen Kontrollverlust verspürten. Bei den restlichen 15 Personen scheint ein solcher Moment demnach entweder noch nie präsent gewesen zu sein oder schon länger als ein Jahr zurückzuliegen. Dies bedeutet, dass es auch möglich ist, den Konsum so zu vollziehen, ohne dass er für die Konsumenten in einen empfundenen Kontrollverlust mündet. Betrachtet man die 13 Gebraucher ohne einen Kontrollverlust in den letzten 12 Monaten und entsprechenden weiteren Angaben genauer, zeigt sich, dass sieben von ihnen (53,8 %) bereits eine oder mehrere Phasen eines Kontrollverlustes hatten, die aber demnach vor über einem Jahr gewesen sein müssen.

Betrachtet man die zwei Konsumenten, deren Kontrollverlust in einem Verlust der Arbeitsstelle und der Wohnung mündete, so zeigt sich bei einem dieser beiden eine eigenständige Überwindung dieses Kontrollverlustes. Er wohnt inzwischen wieder in einer eigenen (Miet-)Wohnung, ist vollzeitberufstätig, konsumiert lediglich einmal im Monat Crack und zeigt keine psychische Abhängigkeit nach dem SDS-Test. Er gab weiterhin an, bisher keine professionelle Unterstützung durch Institutionen der Drogenhilfe in Anspruch genommen zu haben. Demnach kann bei diesem Konsumenten von einer selbstinitiierten und selbstgesteuerten Überwindung der kompulsiven Konsumphase ausgegangen werden.[25]

5.2.5.2 Bingingkonsum

In der öffentlichen Diskussion über den Konsum rauchbaren Kokains wird häufig das Phänomen des Binginggebrauchs benannt, mit einem langanhaltenden Konsum einer Pfeife nach der anderen, teilweise mit nur wenigen Minuten zwischen den Konsumvorgängen, bis die Substanz oder die Geldmittel zu ihrer Beschaffung erschöpft sind. Dieses Verhalten bestätigt sich in der vorliegenden Untersuchung im normalen Gebrauchsmuster der Konsumenten nur in vergleichsweise wenigen Fällen. Wie im Abschnitt Konsumdetails beschrieben, lässt der größte Teil der Gebraucher zwischen den Konsumvorgängen eine gewisse Zeit verstreichen oder führt von vornherein eher wenige Konsumvorgänge durch. Fast die Hälfte der Konsumenten (48,1 %) führt an einem normalen Konsumtag maximal drei Konsum-

---

[25] Der andere Konsument mit Arbeits- und Wohnungsverlust lebt in einer Notunterkunft und hat aktuell einen täglichen Konsum mit einer nach SDS-Test einzustufenden Abhängigkeit. Eine Konsumentin mit einem Arbeitsplatzverlust lebt in einer WG und hat ebenfalls einen abhängigen, intensiven Konsum. Ein weiterer Gebraucher mit einem Wohnungsverlust dagegen lebt bei seinen Eltern und ist Vollzeit selbständig berufstätig. Er nutzt Crack gelegentlich, weist aber lediglich eine geringe psychische Abhängigkeit auf (3 Punkte im SDS-Test).

Tab. 5.21 Länger andauernde Wachphase infolge des Crackgebrauchs

Wachphasen	
Nie	23/39,0 %
Ein- bis dreimal im Jahr	16/27,1 %
Einmal im Monat	4/6,8 %
Zwei- bis dreimal im Monat	9/15,3 %
Häufiger als dreimal im Monat	7/11,9 %
n = 59	

vorgänge durch. Weniger als ein Viertel (21,2 %) konsumiert mehr als zehn Pfeifen oder Spritzen. Extrem häufige Konsumvorgänge (geschätzte 70 bis 100 Konsumvorgänge) treten nur bei drei Personen auf. Ähnliches lässt sich in der Betrachtung der zwischen Konsumvorgängen liegenden Zeit beobachten. Ein dem Binging ähnlicher Gebrauch würde neben den vielen Konsumvorgängen auch eine sehr kurze Zeitspanne zwischen den einzelnen Pfeifen oder Spritzen bedeuten. Aber auch hier scheint nur ein Teil der Gebraucher dieses Verhalten in ihrem normalen Crackgebrauch zu bestätigen. 76,7 % der Konsumenten warten mindestens 30 min bis zum nächsten Konsumvorgang. Fast die Hälfte (45,8 %) wiederholt den Konsum frühestens nach einer Stunde. Diese Konsummuster lassen nur bei einem vergleichsweise geringen Teil der Konsumenten ein Bingingverhalten vermuten. Deutlich wird die Bedeutung der Wirkungsdauer. Je länger die Konsumenten eine Wirkung verspüren, desto länger warten sie, bis sie erneut konsumieren (r = 0,690**).

Ein weiterer in der Literatur beschriebener Aspekt des Binging-Phänomens ist das häufig in der offenen Drogenszene beobachtete lange Wachbleiben der Crackkonsumenten. Den Gebrauchern fällt es schwer, den fortgesetzten Konsum zu unterbrechen. Ist das rauchbare Kokain aufgebraucht, versuchen sie, so schnell wie möglich die Substanz oder die dafür notwendigen Geldmittel aufzutreiben, um weiterhin konsumieren zu können. Die Folge sind tage- und nächtelange Konsumphasen, in denen die Gebraucher aufgrund des fortgesetzten Konsum- und Beschaffungsverhaltens sowie der stimulierenden pharmakologischen Wirkung der Substanz nicht oder kaum schlafen (Dörrlamm 2004; Stöver 2001; Zurhold und Kuhn 2004). Auch dieses Phänomen scheint bei den in der vorliegenden Untersuchung teilnehmenden Konsumenten weniger stark vertreten zu sein, als erwartet. Innerhalb des Fragebogens befand sich ein Punkt, der sich mit einem außergewöhnlich langen, durch den Gebrauch des rauchbaren Kokains hervorgerufenen Schlafentzug befasst. Da fehlender Schlaf innerhalb von 24 h zwar ungewöhnlich ist, aber dennoch auch bei Personen ohne Crackkonsum vorkommen kann, stellte sich die Frage nach einer schlaflosen Zeit von 36 h und mehr (s. Tab. 5.21). 39,0 %

der Befragten gaben an, nie mehr als 36 h wach zu sein. 16 Personen (27,1 %) bleiben aufgrund ihres Crackkonsums ein- bis dreimal im Jahr über einen solch langen Zeitraum wach. Das bedeutet, dass deutlich mehr als die Hälfte der teilnehmenden Konsumenten (66,1 %) nie oder nur maximal drei Mal im Jahr durch den Konsum und ein vermutlich damit verbundenes Binging-Verhalten über einen längeren Zeitraum wach bleiben. Die übrigen 33,9 % zeigen ein anderes Verhalten. 6,8 % sind einmal im Monat, 15,3 % zwei- bis dreimal im Monat und 11,9 % sogar häufiger als dreimal im Monat aufgrund ihres Crackgebrauchs über solch eine lange Zeit wach.

Wenn der Crackgebrauch häufig so lange Phase des Wachbleibens verursacht, ist von einem intensiveren Konsum auszugehen. Dies bestätigen die untersuchten Konsumenten. Die Gebraucher, die infolge ihres Crackkonsums über einen längeren Zeitraum wach bleiben, verfolgen allgemein einen häufigeren Crackkonsum ($p<0,01$). Jene Konsumenten, die häufiger als einmal im Monat länger als 36 h wachbleiben, verfolgen einen signifikant häufigeren Crackgebrauch ($p<0,001$). Sie haben häufiger Schwierigkeiten, auf Crack zu verzichten ($p<0,05$) und konsumieren in Zeiten ohne Crack signifikant häufiger andere Substanzen als Ersatz ($p<0,001$). Zudem nannten sie mehr negative gesundheitliche und psychische Folgeerscheinungen.

Innerhalb der vorliegenden Stichprobe scheint ein exzessiver Gebrauch des rauchbaren Kokains in Form des Bingings durchaus stattzufinden. Bei einem geringen Teil der Teilnehmer ist ein entsprechend problematischer Konsum Teil des aktuellen Gebrauchsmusters. Bei einem weiteren Anteil der Teilnehmer scheint ein exzessiver Konsum mit langen Wachphasen und einer hohen nacheinander folgenden Zahl an Konsumvorgängen lediglich phasenweise aufzutreten. Weiterhin scheint es Gebraucher zu geben, die das rauchbare Kokain stets in einem mengenmäßig geringen Maße konsumieren.

5.2.5.3 Toleranzentwicklung

Im Laufe eines anhaltenden Drogenkonsums kommt es häufig zu einer Toleranzentwicklung und mit ihr zu einer Steigerung der Dosis, mit der der Gebraucher versucht, die gleiche Wirkung wie zu Beginn des Substanzgebrauchs zu erreichen (siehe Kap. 4.1). Da dies einen überaus wichtigen Aspekt einer Abhängigkeitsentwicklung darstellt, wurden die Konsumenten auch zu diesem Punkt befragt. Wiederum scheint dieses Phänomen nur bei etwas mehr als einem Drittel der Erhebungspersonen aufzutreten. 36,7 % gaben an, mit dem fortgesetzten Substanzkonsum eine geringere Wirkung gegenüber dem Anfangskonsum zu verspüren. Ebenfalls 36,7 % bemerken keine Wirkungsänderung. 13,3 % empfinden die Wirkung sogar stärker als früher[26]. Im Vergleich gebrauchen die Konsumenten, die von einer Toleranzentwicklung berichten, das rauchbare Kokain aktuell häufiger als die Konsumenten ohne eine solche Wirkungsveränderung ($p<0{,}05$). So gehören zu ihnen mehr intensive oder gelegentliche Konsumenten als zu den Konsumenten ohne Toleranzentwicklung (68,2 vs. 37,9 %). Interessanterweise haben die Gebraucher mit einer Toleranzentwicklung im Mittel weniger Konsumvorgänge als die Gebraucher ohne ein solches Empfinden (n.s.). Trotzdem bleiben sie deutlich häufiger aufgrund des Crackgebrauchs über längere Zeit wach ($p<0{,}05$), was für einen mengenmäßig hohen Substanzgebrauch spräche.

Demnach gehen in der Stichprobe intensivere Gebrauchsmuster mit einer Gewöhnung an die Substanz einher oder resultieren aus der erlebten Wirkungsveränderung. Wird der Gebrauch des rauchbaren Kokains in einem moderaten Maße durchgeführt, kann dieser mit einer gleichbleibenden Wirkung oder gar einer subjektiven Verstärkung der Wirkung einhergehen.

5.2.5.4 Entzugserscheinungen

Ein weiteres deutliches Zeichen für die Gewöhnung an einen Substanzkonsum ist das Auftreten von Entzugserscheinungen nach dem Ende eines anhaltenden Drogenkonsums. Beim Gebrauch rauchbaren Kokains spricht die Literatur in erster Linie von psychischen Folgeerscheinungen (siehe Kap. 4.3.1).

In der vorliegenden Untersuchung berichten 56,9 %, und damit mehr als die Hälfte der Gebraucher (33 von 58), nach dem Beenden des Crackgebrauchs Entzugserscheinungen zu verspüren. Dies scheint tatsächlich Folge eines stärkeren Konsums zu sein. So verfolgen die Gebraucher mit Entzugserscheinungen einen häufigeren Konsum des rauchbaren Kokains ($p<0{,}01$) und greifen in Zeiten ohne die Substanz häufiger zu anderen Drogen oder Alkohol (n.s., $p=0{,}05$). Entzugserscheinungen treten signifikant häufiger bei intensiven Konsumenten auf als bei Nutzern mit einem gelegentlichen oder seltenen Gebrauch der Substanz (93,3 vs. 44,2 %, $p<0{,}01$). Gebraucher mit entsprechenden Symptomen haben außerdem signifikant höhere Werte im SDS-Test (MW 6,8 vs. 1,8; t = -3,38**)[27]. Ein großer Teil der an der Erhebung beteiligten Konsumenten gab an, keine Beschwerden zu haben, wenn der Crackkonsum eingestellt wird. 43,1 % der Stichprobe verspüren keine Entzugserscheinungen, wenn sie auf das rauchbare Kokain verzichten.

---

[26] Die verbleibenden 8 Personen (13,3 %) gaben an, nicht einschätzen zu können, ob sich die Wirkung verändert hat.

[27] MW 6,8/ SD 2,04; MW 1,8/ SD 4,12

5.2 Ergebnisse der quantitativen Erhebung

Als ein bedeutendes Merkmal nach dem Ende einer Konsumphase ist ein starkes Verlangen zu sehen, den Crackkonsum fortzusetzen. Dieses, von der Literatur als substanztypisch gezeichnete Craving (Haasen et al. 2004; DHS, o. J.; Thane 2002) ist auch für 33,3 % der 51 Antwortenden einer der vorherrschenden Gründe, den Crackgebrauch nach einer Konsumpause fortzusetzen. Weitere Entzugserscheinungen zeigen sich unter den Fragebogenteilnehmern in Form von Freudlosigkeit, verbunden mit Energielosigkeit und geringem Interesse an der Umwelt. Dies kann auch zu depressiven Verstimmungen führen, die von einem weiteren Teil der Befragten genannt wurden. Hinzu kommen für viele eine gereizte Stimmung, innere Unruhe/Nervosität, Angst und sexuelle Lustlosigkeit. Das Auftreten von Entzugserscheinungen und insbesondere der Wunsch, diese mit einem erneuten Konsum zu unterdrücken, gehen in der untersuchten Stichprobe wie zu erwarten war mit einem stärkeren Gebrauch des rauchbaren Kokains einher.

Um Entzugserscheinungen entgegenzuwirken, setzt ein Teil der Konsumenten den Gebrauch des rauchbaren Kokains fort. Ein anderer Teil nutzt andere psychotrope Substanzen quasi als Ersatz für das rauchbare Kokain. 18 der 33 Gebraucher (54,5 %), die von Entzugserscheinungen berichten, konsumieren immer nach dem Absetzen des rauchbaren Kokains als Ersatz Alkohol oder andere Drogen. 11 dieser Personen ersetzen Crack manchmal oder selten mit anderen Substanzen. Damit nutzen aber 87,9 % der Konsumenten mit Entzugssymptomen mindestens zeitweise andere Drogen, wenn sie kein Crack konsumieren.

Der Konsum anderer Substanzen in Zeiten ohne das rauchbare Kokain beschränkt sich jedoch nicht nur auf diejenigen Gebraucher, die Entzugserscheinungen verspüren, auch wenn sie Ersatzdrogen häufiger nutzen als jene ohne Entzugssymptomatik ($p = 0,05$). Insgesamt gaben 12 Konsumenten (20,7 %) der Gesamtstichprobe ($n = 58$) an, nie eine andere Substanz zu konsumieren, wenn ihnen kein Crack mehr zur Verfügung steht. 26 Gebraucher (44,8 %) konsumieren immer eine andere Substanz, um damit das rauchbare Kokain zu ersetzen. 11 Konsumenten (19,0 %) praktizieren dies manchmal und neun Konsumenten (15,5 %) selten.

Über die präferierten Ersatzsubstanzen gaben 45 der 46 Personen mit einem zeitweisen Ersatzkonsum Auskunft. Dabei wird deutlich, dass auch hier, so wie im allgemeinen Drogengebrauch, Cannabis und Alkohol klar dominieren. Über die Hälfte der Gebraucher mit Ersatzkonsum (23/51,1 %) nutzt Cannabis und mehr als ein Drittel (17/37,8 %) trinkt in Zeiten ohne Crack und Freebase Alkohol. Eine weitere, von etwas mehr als einem Viertel der Gebraucher (14/31,1 %) genutzte Substanz, ist das Pulverkokain. Diese Konsumenten ersetzen das rauchbare Kokain mit dessen Ausgangssubstanz. Heroin (5/11,1 %) und Medikamente (7/15,6 %) sowie Ecstasy/Amphetamine (6/13,3 %) und Halluzinogene (3/6,7 %) werden seltener genutzt. Deutlich wird, dass ein Ersatzkonsum auch mit einem signifikant häufigeren

Crackkonsum einhergeht. Je häufiger die Gebraucher aktuell Crack konsumieren, desto häufiger greifen sie auch auf eine Ersatzdroge zurück (r = 0,599***), wenn ihnen kein Crack mehr zur Verfügung steht. Ein stärkerer Gebrauch des rauchbaren Kokains geht also auch mit einem häufigeren Konsum anderer Substanzen einher. So greifen Konsumenten mit einem intensiven Konsum signifikant häufiger zu anderen Drogen und Alkohol, wenn sie kein Crack mehr haben bzw. auf dessen Gebrauch verzichten müssen ($p < 0{,}05$). Weitere Merkmale der Gebraucher mit einem Ersatzkonsum sind seltenere und deutlich kürzere Konsumpausen, eine häufiger auftretende Vernachlässigung von beruflichen und privaten Verpflichtungen sowie höhere Werte im SDS-Test (MW 5,0 vs. 1,0; t = -3,432**)[28].

5.2.5.5 Illegales Beschaffungsverhalten der finanziellen Mittel

Ein häufig beobachteter Aspekt eines problematischen Drogenkonsums ist die Akzeptanz von Risiken, ohne dass diese zu einer Verringerung des Konsums führen. Dies zeigt sich z. B. im fortgesetzten Substanzgebrauch trotz negativer Folgeerscheinungen wie Nebenwirkungen, negativ empfundenen Abhängigkeitsgefühlen, Entzugserscheinungen oder negativen sozialen Folgen. Es bedeutet aber auch das Eingehen von Risiken in der Beschaffung der Substanz und der nötigen Geldmittel. Dabei stellt der Umgang mit illegalen Substanzen aufgrund der Illegalität von Erwerb und Besitz per se ein Risiko dar. Damit bewegt sich ein Gebraucher immer wieder in rechtlichen Problemzonen. Mit einem häufigeren Konsum geht ein größeres Entdeckungsrisiko einher, da in der Regel auch die vorherige Beschaffung der Substanz intensiver betrieben werden muss. Aufgrund der Illegalität des rauchbaren Kokains ist kein freier Erwerb möglich, was sich nicht zuletzt auch in hohen Beschaffungskosten auswirkt. Will der Gebraucher rauchbares Kokain nutzen, hat er zum einen das Problem, die Substanz zu beschaffen, ohne gegenüber Strafverfolgungsbehörden aufzufallen (das Angebot ist eingeschränkt), und zum anderen muss er über die notwendigen finanziellen Mittel verfügen (das eingeschränkte Angebot macht sich im Preis bemerkbar). So zeigt sich, dass etwas mehr als die Hälfte der Konsumenten (33/55,0 %) ihren Crackkonsum mit illegalen Mitteln oder durch Prostitution bestreiten. Ihnen reichen reguläre Finanzierungsquellen (Arbeit, staatliche Unterstützungsleistungen, Eltern, Freunden/Bekannte) allein nicht aus, um ihren Konsum zu finanzieren, sondern sie nutzen zur Finanzierung eigene Drogengeschäfte, die Vermittlung von Deals und sonstige illegale Aktivitäten. Sieben Personen finanzieren ihren Konsum auch durch Prostitution (siehe Kap. 5.2.4.5).

Die Konsumenten mit einem illegalen Geldbeschaffungsverhalten stehen über ihren Drogenerwerb signifikant häufiger mit der Drogenszene in Kontakt als die

---

[28] MW 5,0/ SD 3,92 vs. MW 1,0/ 1,55

Konsumenten ohne diese Finanzierung (54,5 vs. 18,5 %, $p<0,01$). Die Beschaffung über illegale Wege oder Prostitution scheint dabei eine Folge und ein Merkmal eines stärkeren und problematischeren Konsums zu sein. Diese Fragebogenteilnehmer unterscheiden sich in wesentlichen Faktoren von jenen, die ihren Gebrauch allein durch legale Quellen finanzieren. Zu ihnen gehören im Vergleich signifikant häufiger intensive Gebraucher als zu den Gebrauchern ohne dieses Beschaffungsverhalten (39,4 vs. 14,8 %, $p<0,05$). Dabei verfolgen sie nicht nur insgesamt einen häufigeren Konsum ($p<0,01$), der auch durch vermehrte Wachphasen geprägt ist, sondern vernachlässigen zudem häufiger ihre alltäglichen Verpflichtungen (p jew. $<0,01$) als Konsumenten, die ihren Crackgebrauch ausschließlich auf legale Weise finanzieren. Haben sie kein Crack mehr, gebrauchen Konsumenten mit devianten Finanzierungswegen zum Ausgleich signifikant häufiger Ersatzdrogen ($p<0,001$).

5.2.5.6 Behandlung und Strafverfolgung

Man kann davon ausgehen, dass eher Gebraucher mit einem problematischen und abhängigen Crackkonsum professionelle Hilfe in Anspruch nehmen als Gebraucher mit einem moderaten und kontrollierten Konsum. Im Umkehrschluss könnte man also die Inanspruchnahme von Einrichtungen der Drogenhilfe als einen Indikator für einen problematischen bis hin zu abhängigem Konsum zählen.

Etwas mehr als die Hälfte der Fragebogenteilnehmer, nämlich 54,2 % der Gebraucher (32 von 59), hat bisher keinerlei drogenbezogene Beratung oder Behandlung in Anspruch genommen. 27 Personen (45,8 %) verfügen über Erfahrungen mit der Drogenhilfe. Davon hatten die meisten (19 Personen) Kontakt zu Beratungsstellen. 14 Personen waren mindestens einmal in einer Entzugsbehandlung, acht Gebraucher haben bereits eine Therapie absolviert. Deutlich wird, dass die Kontaktaufnahme zu entsprechenden Angeboten tatsächlich mit einer größeren Belastung durch den Konsum einhergeht. Der problematischere Umgang mit der Substanz bei den Gebrauchern, die sich Hilfe suchten, zeigt sich im Vergleich dieser Konsumenten mit jenen ohne einen Kontakt zum Hilfesystem[29]. So benennen

---

[29] Zwar zeigen die Gebraucher mit einer Kontaktaufnahme zum Hilfesystem einen häufigeren Drogenkonsum als die Gebraucher, die noch nicht mit der Drogenhilfe in Kontakt standen, dieser Unterschied ist jedoch nicht signifikant. In diesem Punkt ist aber auch zu bedenken, dass durch den Kontakt zur Drogenhilfe Gebraucher eventuell den Konsum verringert haben und deshalb evtl. nicht mehr so stark konsumieren.

Tab. 5.22 Gründe, Kontakt zu Einrichtungen der Drogenhilfe aufzunehmen

Kontaktaufnahme mit Drogenhilfe			
Körperliche Probleme	7/26,9 %	Jemandem z. Reden	8/30,8 %
Psychische Probleme	11/42,3 %	Alltägliche Probleme	4/15,4 %
Gefühl v. Abhängigkeit	13/50,0 %	Gerichtliche Auflage	9/34,6 %
Konsumpause nötig	2/7,7 %	Drängen der Familie	9/34,6 %

Mehrfachnennungen möglich, $n = 26$ von 27 Konsumenten mit Drogenhilfeerfahrung

Tab. 5.23 Strafrechtliche Verfahren

Strafrechtliche Verfahren	
Keine Auffälligkeit	36/62,1 %
Kontakt zu Gerichten	22/37,9 %
Haftaufenthalt	6/10,5 %*

$n = 58$, *$n = 57$

sie signifikant mehr erlebte Anzeichen eines Kontrollverlustes (MW 4,8 vs. 1,8, t = 3,180**)[30], glauben stärker, ihren Konsum nicht mehr kontrollieren zu können ($p < 0,01$), haben mehr negative körperliche Nebenerscheinungen (MW 4,9 vs. 2,38, t = 3,670**)[31] und vernachlässigen häufiger wichtige Aufgaben ($p < 0,05$).

Das subjektiv erlebte Gefühl der Abhängigkeit von der Substanz ist für die Hälfte der Personen, die sich Hilfe suchten, der bestimmende Grund für die Kontaktaufnahme zum Hilfesystem, gefolgt von erlebten psychischen und gesundheitlichen Problemen (s. Tab. 5.22). Sehr wichtig scheint diesen Gebrauchern weiterhin die Möglichkeit zu sein, in Einrichtungen der Drogenhilfe ihre Probleme ansprechen zu können und in deren Lösung Hilfe zu erhalten. Aber auch das Drängen der Familie oder gerichtliche Auflagen gaben für einige Gebraucher den Ausschlag dazu, sich um eine professionelle Hilfe zu bemühen.

Der größere Teil der Befragten hat keinerlei Erfahrungen mit der Drogenhilfe. Ebenfalls ist weniger als die Hälfte der Teilnehmer mit Justizbehörden in Kontakt gekommen (s. Tab. 5.23). 22 Personen, also 37,9 % mussten sich gegenüber gerichtlichen Instanzen verantworten. Jedoch ist der Anteil derer, die danach inhaftiert wurden mit 10,5 % deutlich geringer. Unerwartet zeigen die Konsumenten, die sich bereits einmal durch ihren Crackkonsum gegenüber Justizbehörden verantworten mussten, keine signifikanten Unterschiede in ihrem Konsumverhalten gegenüber den übrigen Gebrauchern.

---

[30] MW 4,8/ SD 2,28 vs. 1,8/ SD 1,74
[31] MW 4,9/ SD 3,05 vs. 2,38/ SD 2,11

5.2.6 Kontrolliertes Konsumverhalten

Innerhalb der vorangegangenen Ausführungen zum aktuellen Konsumverhalten der Fragebogenteilnehmer wurde deutlich, dass nur ein Teil der Gebraucher einen intensiven oder gar exzessiven Crackkonsum verfolgt. Ein großer Teil der Stichprobe konsumiert eher selten. 33,3 % der Konsumenten gebrauchen das rauchbare Kokain weniger als einmal im Monat. Bei den meisten dieser Gebraucher kann von einem lediglich episodenhaften Konsum des rauchbaren Kokains ausgegangen werden. Dabei kann der episodische Konsum auch mit einer hohen Anzahl an Konsumvorgängen einhergehen und trotzdem wieder eingestellt werden.

Nach Einteilung der Autoren Müller et al. (2007) sind 46,7 % der Erhebungsteilnehmer zu den seltenen und 25,0 % zu den gelegentlichen Konsumenten zu zählen, verglichen mit anderen Studien zum Crackgebrauch sind dies unerwartet große Zahlen. Gleichzeitig zeigen diese Konsumenten keine stärkere Hinwendung zu anderen Drogen. So bedeutet ein geringerer Konsum des rauchbaren Kokains in der Stichprobe auch einen geringeren Konsum anderer Substanzen. Je seltener die Konsumenten Crack gebrauchen, desto seltener konsumieren sie andere Substanzen in crackfreien Zeiten ($r = 0{,}599^{***}$). Des Weiteren zeigt sich, zwar nur in sehr geringem Zusammenhang, eine allgemein niedriger Zahl an Drogen in der 30-Tageprävalenz ($r = 0{,}286^{*}$), je seltener die Gebraucher zum rauchbaren Kokain greifen. Die Konsumenten gebrauchen also ganz allgemein weniger psychotrope Substanzen und halten auch den Gebrauch von Crack und/oder Freebase auf einem eher niedrigen Level.

Der Konsum des rauchbaren Kokains wird von einem Teil der Gebraucher nicht nur selten betrieben, sondern auch in einem Maße, in dem er nicht zu einer psychischen Abhängigkeit führt. Dies zeigen die bereits betrachteten Ergebnisse des SDS-Tests (siehe Kap. 5.2.5). 43,5 % der 23 antwortenden Konsumenten bleiben in den Ergebniswerten unter drei Punkten und sind damit als nicht abhängig einzustufen. Dabei zeigen sie keine signifikanten Unterschiede in der Anzahl der Konsumjahre gegenüber den abhängigen Konsumenten (MW 4,7 – 4,3 J., $t = 0{,}206$, n.s.), so dass das Argument, eine Abhängigkeit entwickle sich erst mit fortgesetztem Konsum, im vorliegenden Falle, nicht angeführt werden kann. Vielmehr zeigen die nicht abhängigen Gebraucher sogar eine geringfügig (aber nicht statistisch bedeutsame) längere Konsumerfahrung als die anderen. Bezieht man die Gebraucher der Stichprobe, die den Schwellenwert von drei Punkten in der SDS-Skala erreichen und damit als psychisch abhängig einzustufen sind, mit in die Betrachtung ein, wird deutlich, dass mehr als die Hälfte (65,2 %) der Konsumenten nach der Severity of Dependence Scale nicht oder als nur leicht psychisch abhängig eingeschätzt werden können. Dies ist angesichts der weit verbreiteten Meinung eines extrem starken

Suchtpotentials des rauchbaren Kokains, infolge dessen eine Abhängigkeit nicht zu vermeiden sei, ein unerwartetes Ergebnis.

Die nicht-abhängigen Gebraucher zeigen eine niedrigere Konsumhäufigkeit ($p<0,05$) und vor allem weniger Konsumtage im letzten Monat vor der Erhebung (MW 3,9 Tage vs. 15,4 Tage, t = -2,946**)[32]. Weitere Signifikante Unterschiede zeigen sich vor allen Dingen in der von den nicht-anhängigen Konsumenten praktizierten geringeren Anzahl der Konsumvorgänge, einem längeren Wirkungsempfinden bei einer größeren konsumierten Substanzmenge, weniger negativen Begleiterscheinungen (p jew. $<0,05$) sowie einer geringeren Vernachlässigung privater Kontakte ($p<0,01$).

Zu bedenken sei jedoch, dass nicht jede psychische Abhängigkeit sofort einen unkontrollierten Substanzgebrauch mit sich zieht. Vielmehr definiert sich ein kontrollierter Konsum neben der Einhaltung einer vergleichsweise geringen Konsumfrequenz aus einem Drogengebrauch, der sich mit konventionellen Lebenskontexten vereinbaren lässt. Einen Beleg, dass auch ein Crackgebrauch, an den Alltag angepasst werden kann, stellen die vergleichsweise vielen Gebraucher dar, die trotz ihres Crackkonsums einer Berufstätigkeit nachgehen. 40,0 % der Gesamtstichprobe sind angestellt oder selbständig berufstätig. 33,3 % gehen zur Schule oder studieren. Betrachtet man jene Konsumenten, die zusätzlich Angaben zu einer negativen Auswirkung des Crackkonsums auf ihren beruflichen oder schulischen Alltag machten[33], wird deutlich, dass mehr als die Hälfte der Gebraucher (55,0 %) nie oder nur selten Beruf oder Schule aufgrund ihres Drogengebrauchs vernachlässigen. Sie sind also in der Lage, ihren Crackgebrauch an die Alltagsverpflichtungen anzupassen. Somit ist eine Vereinbarung von Beruf und Schule mit einem freizeitlichen Crackgebrauch durchaus möglich. Dies kann auch für Konsumenten gelten, die nach SDS-Test als psychisch abhängig eingeschätzt werden. Nur ein Drittel dieser 15 Konsumenten ist arbeitslos. Die übrigen Konsumenten sind trotz ihrer psychischen Abhängigkeit berufstätig (6/40 %) oder Schüler und Studenten (4/26,7 %). Dabei gab die Hälfte von ihnen an, nie oder nur selten ihre schulischen oder beruflichen Verpflichtungen zu vernachlässigen. Nur 30 % benannten häufige negative Auswirkungen auf die alltäglichen Verpflichtungen.

Die Vermeidung negativer Auswirkungen auf das übrige Leben beinhaltet auch die Verhinderung einer Straffälligkeit und einer damit verbundenen Auffälligkeit. Fast die Hälfte aller Fragebogenteilnehmer verzichtet auf eine illegale oder deviante Beschaffung der finanziellen Mittel für den Konsum. Das heißt, sie finanzieren ihren Gebrauch ausschließlich über die Geldmittel, die ihnen durch ihr monat-

---

[32] MW 3,9/ SD 6,06 vs. 15,4/ SD 12,83

[33] n = 20 von 44 nicht arbeitslosen Konsumenten

liches Einkommen oder die Unterstützung der Eltern zur Verfügung stehen. Nur etwas mehr als ein Drittel der Gesamtstichprobe musste sich bisher vor gerichtlichen Instanzen verantworten. Ebenso führte der Crackgebrauch nur bei 45,8 % der Konsumenten zu einer Kontaktaufnahme zu Einrichtungen der Drogenhilfe. Verbindet man beide Merkmale zeigt sich, dass fast die Hälfte der Gebraucher (43,1 %) ihren bisherigen Crackkonsum durchführten, ohne dass er zu einer Auffälligkeit gegenüber Justizbehörden oder einer Offenbarung gegenüber Einrichtungen der Drogenhilfe führte.

Betrachtet man weitere wichtige Aspekte, die einer Abhängigkeitsentwicklung zugesprochen werden, so zeigt sich, dass lediglich 36,4 % der Konsumenten von einer Veränderung des Wirkungserlebens berichten, durch die auf eine Toleranzentwicklung geschlossen werden könnte. Weiterhin berichten fast die Hälfte der Gebraucher (43,1 %) keine psychischen oder körperlichen Entzugserscheinungen zu verspüren, wenn sie den Gebrauch der Droge einstellen.

Eine direkte Einschätzung des Konsumverhaltens der Gebraucher in kontrolliert und kompulsiv ist auf Grundlage der statistischen Daten äußerst schwierig, da sie keinen tiefergehenden Einblick in die Konsummuster und die Auswirkungen auf die Gesundheit und den Alltag der Gebraucher ermöglichen. Aus diesem Grund wird auf eine solche Einteilung der Frageteilnehmer verzichtet, da eine Fehleinschätzung nicht ausgeschlossen werden kann.

5.2.6.1 Konsumpausen

Ein moderates und kontrolliertes Konsumverhalten bedeutet in der Regel einen flexiblen Umgang mit der Substanz. Dieser äußert sich unter anderem darin, dass es neben den Gebrauchsphasen auch immer wieder Zeiten gibt, in denen die Droge nicht konsumiert wird. Des Weiteren stellen selbstinitiierte Konsumpausen eine wichtige Strategie in der Begrenzung des Gebrauchs und der Vermeidung negativer Folgen sowie einer Abhängigkeit mit einem allein drogenbezogenen Lebensstil dar (Zinberg 1984; Cohen 1987). Aus diesem Grunde enthielt der Fragebogen einige Fragen zur Durchführung konsumfreier Zeiten sowie Ereignissen und Motiven, die diesen Pausen vorausgehen.

Tatsächlich führen mit 86,7 % die meisten Gebraucher regelmäßig Konsumpausen durch. Damit gehören für einen großen Teil der Erhebungsteilnehmer Zeiten, in denen sie auf den Konsum von Crack verzichten, zu ihrem Konsumverhalten dazu. Der Substanzgebrauch wird somit immer wieder unterbrochen. Jedoch variiert die konsumfreie Zeit enorm. Während manche Konsumenten ihren Gebrauch für nur wenige Tage unterbrechen, verzichten andere mehrere Monate auf das rauchbare Kokain. Im Durchschnitt dauern die Konsumpausen 31 Tage und damit etwas mehr als einen Monat[34]. Die Häufigkeit und Dauer der konsumfreien Zeit hat dabei wie zu erwarten Auswirkungen auf das gesamte Konsumverhalten. Je länger Konsumpausen durchgeführt werden, desto seltener wird das rauchbare Kokain aktuell konsumiert (r = − 0,841***) und desto seltener wird der Konsum so durchgeführt, dass er zu längeren Wachphasen führt (r = − 0,409**). Je häufiger die Gebraucher Konsumpausen einlegen, desto länger dauern diese auch an (r = 0,707*). Dabei bedeutet ein unterbrochener Crackgebrauch nicht gleichzeitig einen Anstieg des Konsums anderer Substanzen. Vielmehr zeigt sich, dass die Häufigkeit und die Dauer konsumfreier Zeiten auch mit einem selteneren Ersatzdrogenkonsum korrelieren (r = − 0,563* bzw. r = − 0,627***).

Nach einer Pause wird der Konsum aus verschiedenen Gründen wieder aufgenommen. Für den überwiegenden Teil aller Erhebungsteilnehmer (61,5 %) ist es die Lust auf die Substanz und das Rauscherleben. Lediglich ein Drittel (33,3 %) aller Konsumenten gab an, den Crackgebrauch aufgrund eines starken Verlangens wieder aufzunehmen. Damit wird das Craving innerhalb der Stichprobe von verhältnismäßig wenigen Konsumenten als der wesentliche Grund einer Konsumfortsetzung bezeichnet. Weitere von den Gebrauchern genannte Motive, die zu einer Wiederaufnahme des Crackkonsums nach einer Konsumpause führen, sind das Auftreten unvorhergesehener Probleme sowie ein ungünstiges soziales Umfeld, das immer wieder zur Konsumaufnahme verleitet.

Alles in allem geben also recht viele Konsumenten an, regelmäßig ihren Gebrauch des rauchbaren Kokains bewusst zu unterbrechen. Trotzdem fällt es einigen schwer, Konsumpausen durchzuhalten. Genau die Hälfte der 54 Konsumenten (50,0 %), die dazu Angaben machten, findet es schwierig, Zeiten ohne Crack zu meistern oder auszuhalten. Dazu gehören erwartungsgemäß häufiger Konsumenten, die einen intensiven Crackgebrauch haben ($p < 0{,}001$). So benannten alle intensiven Konsumenten, dass ihnen konsumfreie Zeiten schwer fallen (gegenüber einem Drittel der nicht intensiven Konsumenten). Gleichzeitig spiegeln sich Schwierigkeiten im Aushalten von konsumfreien Zeiten auch deutlich in der Dauer der Konsumpausen. So legen Gebraucher ohne Schwierigkeiten mit konsumfreien Zeiten deutlich längere Pausen ein als die übrigen Cracknutzer (MW 47,2 Tage vs. 10,2 Tage; t = -2,391*)[35]. Empfinden Gebraucher konsumfreie Zeiten als unproblematisch, bedeutet dies jedoch nicht, dass es ihnen leicht fällt, jederzeit Crack abzulehnen. 41 Konsumenten und damit 71,4 %[36] sehen sich nicht in der Lage, den Konsum zu unterbrechen, solange sie noch rauchbares Kokain besitzen. 8,9 % ge-

---

[34] n = 43, MW 30,6, MD 10,0; Min. 1; Max. 350 Tage; SD: 58,7
[35] MW 47,2/ SD 74,5 vs. 10,2/ SD 10,89
[36] n = 56

lingt es zumindest manchmal. 19,6 % gaben an, dies häufig zu praktizieren. Für den Großteil der Teilnehmer ist es also nicht einfach, den Konsum einzustellen, wenn die Substanz noch vorhanden ist. Gelingt es den Gebrauchern auf Crack zu verzichten oder gar einen Vorrat anzulegen, ohne den Zwang zu verspüren, den Konsum fortzusetzen, kann von einer klaren Kontrolle und Steuerung des eigenen Konsumverhaltens ausgegangen werden (Harding 1982; Zinberg 1984). Als alleinigen Beweis eines kontrollierten Konsums kann man dieses Verhalten jedoch nicht sehen. Denn auch nicht kompulsive Gebraucher geben Schwierigkeiten an, den Gebrauch einzustellen, wenn sie noch Crack besitzen. Betrachtet man aber die 16 Konsumenten näher, die trotz der Konsummöglichkeit auf sie verzichten, zeigen sich einige Zusammenhänge, die jenen Konsumenten eines solch flexiblen Konsums tatsächlich einen weniger problematischen Substanzgebrauch bescheinigen. So ist unter ihnen kein intensiver Konsument. Zudem gebrauchen sie im Vergleich zu den anderen Konsumenten häufiger nur am Wochenenden bzw. zu besonderen Anlässen (56,3 vs. 15,0 % $p<0,01$). Sie gaben häufiger an, bei einem Verzicht auf Crack keine Entzugserscheinungen zu verspüren (62,5 vs. 33,3 %; $p<0,05$) und keine Toleranzentwicklung gegenüber der Substanz erlebt zu haben (92,3 vs. 48,6 %) als die Gebraucher, denen es nicht gelingt, auf die Konsummöglichkeit zu verzichten. Sie setzen zudem den Konsum der Substanz deutlich häufiger aus Lust am Gebrauch statt aus einem Verlangen gegenüber der Droge fort (92,9 vs. 52,9 %; p jew. $<0,01$).

5.2.6.2 Kontrollmotive

Wie in den vorangegangenen Ausführungen deutlich wurde, ist der Gebrauch von Crack und Freebase für einige Konsumenten auch in einem moderaten und kontrollierten Maße möglich. Doch was motiviert Crackgebraucher zu einer Begrenzung des Konsums einer Substanz, deren hohes Suchtpotential immer wieder in den Vordergrund gestellt wird? Welche Motive haben sie, ihren Konsum zu bestimmten Zeiten einzustellen?

Verfolgen Gebraucher lediglich einen seltenen Crackgebrauch, sind konsumfreie Phasen normal. Ein großer Teil der Gebraucher konsumiert rauchbares Kokain nur ab und zu und muss damit gar keine bewussten Pausen einlegen. Für sie stellt die konsumfreie Zeit nicht die Ausnahme dar, sondern sie gebrauchen die Substanz von vornherein eher selten. Wird der Konsum des rauchbaren Kokains nicht nur bewusst unterbrochen, sondern ohnehin nur ab und zu betrieben, ist dies ein wesentliches Indiz für einen kontrollierten Gebrauch. Für einen weiteren Teil der Konsumenten resultiert eine Konsumpause aus fehlender Lust auf die Substanz, oder sie unterbrechen ihren Konsum, wenn es für sie keinen Grund gibt, ihn fortzusetzen. In diesen drei Voraussetzungen wird ein entspannter Umgang mit der

Tab. 5.24 Gründe und Umstände, die einer Konsumpause vorangehen

Extrinsisch			
Kein Geld	20/37,7 %	Keine Gelegenheit/ungünstige äußere Umstände	12/22,6 %
Auf Verlangen von Freunden/Familie	4/7,5 %	Kein Crack vorhanden	1/1,8 %
Intrinsisch			
Keine Lust zu konsumieren	8/33,3 %[a]	Kein Grund zu konsumieren	3/12,5 %[a]
Angst vor Abhängigkeit	8/32,0 % ($n=25$)	Starke Anforderung durch Schule/Beruf	5/9,4 %
Mal normal schlafen	6/11,3 %	Bei Krankheit	3/5,7 %
Dem Körper eine Pause gönnen	13/24,5 %	Körperlich am Ende	3/5,7 %
Nebenwirkungen eindämmen	10/18,9 %	Wenn Freunde nicht konsumieren	4/16,7 %*
Ausschließlich extrinsisch	10/18,9 %	*Ausschließlich intrinsisch*	26/49,1 %

Mehrfachantworten möglich, $n = 53$, [a] $n = 24$

Substanz und Zeiten ohne den Gebrauch des rauchbaren Kokains deutlich. Aber es gibt noch weitere Gründe, die die Gebraucher in Hinblick auf Konsumpausen und einer damit verbundenen (zeitweisen) Einstellung des Crackgebrauchs nannten. Einerseits entspringen diese Pausen aus äußeren Umständen, die einen Konsum, z. B. durch fehlende Gelegenheit, einschränken (extrinsisch), zum anderen sind es eigenmotivierte Entscheidungen (intrinsisch), die zu einer Konsumunterbrechung führen. In der folgenden Tab. 5.24 sind die verschiedenen Motive einer zeitweisen Aufgabe des Konsums aufgeführt[37].

Der am häufigsten genannte und damit größte Einflussfaktor auf das Konsumverhalten ist das Fehlen nötiger Geldmittel für den Erwerb der Substanz. Für 37,7 % der Gebraucher ist dies ein wesentlicher Grund, der zu einer zeitweisen Abstinenzphase führt. Hier resultiert die Beschränkung klar aus einem äußeren Umstand,

---

[37] Zugrunde liegen die Antworten der 53 Personen, die angaben, regelmäßig Konsumpausen einzulegen. Hinzu kommen Aussagen dreier weiterer Gebraucher; die zuvor angaben, nie auf das rauchbare Kokain zu verzichten. Sie nannten vor allem fehlende finanzielle Mittel, körperliche Erschöpfung und die fehlende Konsumgelegenheit als Grund für eine Konsumpause. Das unterschiedliche Antwortverhalten resultiert damit möglicherweise aus dem Verständnis der Konsumenten, dass ein reiner Verzicht auf Crack infolge fehlender finanzieller Mittel, körperlicher Erschöpfung und ungünstiger äußerer Umstände nicht als eine bewusste Konsumpause gewertet werden kann.

der eine Fortsetzung des Konsums deutlich erschwert. Ähnlich sieht es mit den etwas seltener genannten Gründen einer fehlenden Gelegenheit zum Konsum oder anderweitig ungünstigen äußeren Umständen aus. Dazu gehört auch die fehlende Möglichkeit, die Substanz zu beschaffen. Weiterhin stellen Gebraucher ihren Konsum ein, wenn sie sozialem Druck ausgesetzt sind, wenn also z. B. die Familie oder Freunde verlangen, den Crackgebrauch aufzugeben. Lediglich 18,9 % der Konsumenten stellen den Crackgebrauch ausschließlich aufgrund dieser äußeren Einflüsse ein. Bei ihnen handelt es sich im Vergleich zu den Gebrauchern, die auch intrinsische Gründe benannten, signifikant häufiger um intensive Konsumenten (80,0 vs. 16,3 %, $p < 0,001$) mit einem eher problematischen Konsum. Ihnen fällt es deutlich schwerer, den Konsum bewusst und aus eigenem Antrieb heraus zu unterbrechen. Dagegen gaben 49,1 % der Konsumenten ausschließlich intrinsische Gründe an, den Crackgebrauch nicht durchgängig zu betreiben. Das heißt, in ihrem Konsumverhalten spielen finanzielle Mittel oder fehlende Konsumgelegenheiten keine Rolle, sondern sie entscheiden sich bewusst dazu, das rauchbare Kokain nicht ständig zu gebrauchen.

Eigenmotivierte Entscheidungen für Konsumpausen, also intrinsische Gründe, den Konsum des rauchbaren Kokains zu stoppen, entstehen bei vielen Gebrauchern aus dem Wunsch heraus, dem Körper Regeneration zu verschaffen und negative Effekte für die Gesundheit sowie im alltäglichen Handeln zu vermeiden. Deutlich wird aber auch die Angst vor Abhängigkeit, der Wunsch, normal zu schlafen, dem Körper eine Pause zu gönnen und Nebenwirkungen einzudämmen. In diesem Zusammenhang verfolgen die Gebraucher mit der Konsumreduktion die Absicht, negative Folgen für Psyche und Physis zu vermeiden und bereits erlebte negative Auswirkungen des Konsums zu mindern. Auch die soziale Umwelt mit den an die Gebraucher herangetragenen Erwartungen kann einen solchen Einfluss ausüben. So bemerken die Gebraucher z. B., dass ihr Drogengebrauch und die zu erfüllenden Verpflichtungen nicht befriedigend zu vereinbaren sind und entscheiden sich für eine Einschränkung des Substanzkonsums. Neben beruflichen Aspekten kann auch das private Umfeld zu einer Einschränkung des Crackgebrauchs führen. So passen manche Gebraucher ihren Konsum an die Gewohnheiten der Peer Group an. Wird dort gerade kein rauchbares Kokain konsumiert, nutzen auch sie die Substanz nicht.

Die wichtigsten Gründe zu einer Begrenzung des Konsums liegen also zum einem in erschwerten äußeren Umständen und fehlenden Konsumgelegenheiten sowie zum anderen in der Vermeidung negativer gesundheitlicher und sozialer Folgen bzw. der Eindämmung dieser, wenn sie bereits aufgetreten sind. Diese Motive werden auch an anderen Stellen der Erhebung deutlich. Nach Ereignissen befragt, die längeren Konsumpausen vorangingen, zeigten sich ähnliche Faktoren[38]. Am häufigsten beschrieben die Gebraucher, eine Konsumpause eingelegt zu haben, nachdem sich negative Auswirkungen des bisher praktizierten Konsumverhaltens zeigten. So nannten sie z. B. einen vorausgegangenen sehr starken Konsum als Anlass für eine Verhaltensveränderung (einmal genannt) oder das Erleben von Entzugserscheinungen (zwei Mal genannt). Sie gaben an, unter negativen psychischen und/oder physischen Folgen (fünf Mal genannt), wie Depressionen, Ängsten bis hin zu paranoiden Vorstellungen oder Aggressionen gelitten oder allgemein eine Veränderung ihres Wesens festgestellt zu haben. Um eine Verstärkung der negativen Folgen sowie ein weiteres Abrutschen in ein abhängiges Verhalten zu verhindern, entschieden sich diese Teilnehmer zu einer Reduktion ihres Crackkonsums. Andere Gebraucher benannten Schlüsselerlebnissen, die zu einem Umdenken geführt haben. Dazu gehörte ein gleich von drei Konsumenten genannter Krankenhausaufenthalt genauso wie die Entdeckung bzw. die Offenlegung des Konsums durch die Familie (zwei Mal genannt). Beide Ereignisse machten eine Auseinandersetzung mit dem Konsum, seinen Begleiterscheinungen und Folgen notwendig, in dessen Verlauf die Konsumenten entschieden, ihren Gebrauch einzuschränken bzw. für eine Zeit aufzugeben. Weitere genannte Faktoren, die Konsumpausen vorangingen, waren wiederum fehlende finanzielle Mittel (zwei Mal genannt), keine Lust auf den Konsum (einmal genannt) sowie ein Rückfall mit anderen Drogen (einmal genannt).

Allgemein werden Konsumpausen nicht nur von Konsumenten durchgeführt, die zu den nach dem SDS-Test als nicht psychisch abhängigen Gebrauchern zu zählen sind. Auch Gebraucher, die eine psychische Abhängigkeit entwickelt haben, geben konsumfreie Zeiten an. Betrachtet man die Konsumhäufigkeit, wird deutlich, dass die Unterbrechung ausschließlich aufgrund äußerer Umstände eher ein Phänomen eines intensiven Crackgebrauchs darstellt. Diesen Gebrauchern fällt es deutlich schwerer, sich selbst für eine Konsumpause zu entscheiden und diese dann durchzuführen. Dabei kann selbst eine Konsumpause, die ausschließlich auf einer extrinsischen Motivlage beruht, zu einem risikominimierenden Verhalten gezählt werden. Entscheidet sich ein Gebraucher z. B. nach dem völligen Aufbrauchen sei-

---

[38] Innerhalb des Frageblockes zum Thema Konsumpausen wurden die Teilnehmer in offener Form nach Ereignissen befragt, die konsumfreien Zeiten vorausgingen. 18 Personen antworteten mehr oder weniger ausführlich, was sie zu einer Einstellung ihres Crackkonsums bewegte. Fraglich ist, ob das zurückhaltende Antwortverhalten durch die Länge des Fragebogens und damit verbundener Unlust zur weiteren Beantwortung offener Fragen hervorgerufen wurde, oder ob die Entscheidung für eine Konsumpause sich bei vielen Teilnehmern ergab, ohne dass vorher ein einschneidendes Ereignis passierte. Lediglich fünf Personen drückten explizit aus, Pausen nicht von bestimmten Ereignissen abhängig zu machen.

ner Geldmittel dazu, den Crackkonsum einzustellen statt auf illegalem Wege weitere finanzielle Mittel zu beschaffen, verfügt er „sehr wohl über ein hohes Maß an Autonomie gegenüber der Droge" (Weber und Schneider 1997, S. 48).

5.2.6.3 Konsumregeln und Kontrollstrategien

Die Vielzahl der Konsumenten nimmt also Einfluss auf ihr Konsumverhalten. Doch wie gelingt es Gebrauchern, einen kontrollierten, zeitlich begrenzten Gebrauch des rauchbaren Kokains zu realisieren oder Konsumpausen einzuhalten?

Wie in anderen Forschungsarbeiten bemerkt, ist auch bei den vorliegenden Gebrauchern davon auszugehen, dass ein großer Teil der Konsumkontrolle über unbewusste Verhaltensregeln abläuft (Kemmesies 2004b; Kolte und Schmidt-Semisch 2006). Dies zeigt sich zum Beispiel durch einen großen Anteil an Konsumenten (25 %), die auf die Frage nach Kontrollregeln angaben, den Konsum einfach einzustellen, ohne dabei spezifischen Regeln zu folgen. Weiterhin fällt auf, dass die an die vorgegebenen Antwortauswahlen anschließende Möglichkeit, selbständig weitere Kontrollregeln zu benennen, von den Gebrauchern kaum genutzt wurde. Kemmesies (2004b) wertete ein solches Antwortverhalten in seinem Forschungsprojekt als einen Hinweis darauf, dass sich die befragten Konsumenten vielen Gebrauchsregeln nicht bewusst sind. Insofern sind die folgenden Ausführungen zu den Kontrollregeln der vorliegenden Crackkonsumenten vor dem Hintergrund zu bewerten, dass sie womöglich nur einen Ausschnitt der tatsächlich vorhandenen und vielfach unbewusst ablaufenden Verhaltensregeln darstellen.

Im Rahmen vorgegebener Antwortkategorien machten 28 Konsumenten vertiefende Angaben zu ihren Konsumregeln. Fast alle von ihnen nannten bestimmte Verhaltensweisen, die sie verfolgen, um den Konsum des rauchbaren Kokains zu kontrollieren und zu begrenzen. Strategien und Kontrollregeln wurden also auch von jenen Gebrauchern genannt, die ihren Gebrauch des rauchbaren Kokains in einem abhängigen Maße vollziehen. Lediglich zwei Gebraucher gaben an, momentan auf keinerlei Verhaltensweisen oder Strategien zurückgreifen zu können, mit denen sie ihren Konsum regulieren. 25,0 % der Gebraucher gaben an, einfach mit ihrem Crackkonsum aufzuhören, ohne dafür größere Anstrengungen zu unternehmen (s. Abb. 5.3). Dies entspricht in großem Maße der Vorstellung eines flexiblen Konsums. 70,4 % der Konsumenten nannten mindestens drei für sich entwickelte Kontrollstrategien. Damit wird deutlich, dass ein großer Teil der Konsumenten mehreren verschiedenen Regeln folgt und über Strategien verfügt, ihren Crackgebrauch zu begrenzen. Eine der wichtigsten Maßnahmen zur Regulierung des Konsumverhaltens ist das Meiden von Orten, Personen und Situationen, in denen das Konsumverlangen steigt. 35,7 % der Befragten halten sich bewusst von drogenbezogenen Szenen und anderen Crack oder Freebase konsumierenden Personen fern,

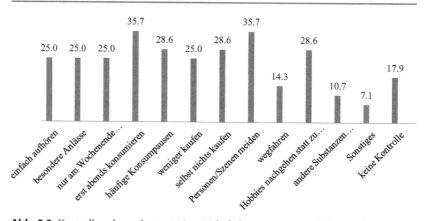

Abb. 5.3 Kontrollregeln und –strategien, Mehrfachnennungen möglich, Angaben in Prozent, n = 28

um ihren Gebrauch ganz oder zeitweise einzuschränken. Dies stellt neben der Beschränkung auf einen Konsum in den Abendstunden die am häufigsten genannte Kontrollstrategie der Fragebogenteilnehmer dar. Ein ähnliches Motiv ist auch das ebenfalls genannte Wegfahren. Die Gebraucher verlassen ihr gewohntes Umfeld, fahren für einige Zeit zur Familie, zu nicht Drogen konsumierenden Freunden und Bekannten oder einfach in eine andere Umgebung, um sich von der Substanz und dem Konsumverlangen zu entfernen.

Einige Gebraucher versuchen eine Regulierung des Konsums über den Nichterwerb der Substanz zu erreichen. Sie konsumieren Crack ausschließlich, wenn sie dazu eingeladen werden oder besorgen sich von vornherein nur eine begrenzte Menge der Substanz, um einen Kontrollverlust gegenüber ihrem Gebrauch zu vermeiden. Weiterhin wird der Konsum des rauchbaren Kokains von vielen Nutzern auf bestimmte Zeiten begrenzt, was eine unter den Gebrauchern sehr häufig verbreitete Regel darstellt. Der Konsum wird nur am Abend durchgeführt, also dann, wenn die Verpflichtungen des Tages erfüllt sind. Oder er bleibt auf das Wochenende oder besondere Anlässe beschränkt. Diese Konsumenten passen den Drogengebrauch zeitlich an ihren Alltag an, damit er nicht mit allgemeinen Aufgaben kollidiert. Neben dem beruflichen oder schulischen Alltag spielt auch eine aktive Freizeitgestaltung außerhalb eines Drogengebrauchs eine Rolle. Fast 29 % der Konsumenten gehen aktiv Hobbys nach statt Crack zu konsumieren. Damit haben private Beschäftigungen Priorität gegenüber dem Drogenkonsum. Weiterhin bieten Hobbys und Freizeitaktivitäten Ablenkung, wenn der Crackkonsum bewusst nicht durchgeführt wird, wie z. B. in einer selbstinitiierter Abstinenzphase. Die

5.2 Ergebnisse der quantitativen Erhebung

regelmäßige Durchführung von Konsumpausen, in denen auf den Gebrauch des rauchbaren Kokains verzichtet wird, ist, wie bereits ausführlich dargestellt, ein weiteres wichtiges Kontrollverhalten der Erhebungsteilnehmer. Im Vergleich zu den anderen genannten Strategien zwar weitaus weniger häufig vertreten, aber dennoch für fast 11 % der antwortenden Personen von Bedeutung, ist der Konsum anderer psychotroper Substanzen, um den Crackgebrauch zu beschränken.

Damit verfügen die Konsumenten also über eine gewisse Zahl von Regeln, an denen sie ihren Konsum orientieren. Um die Regulierung des Konsums zu vollziehen, wenden sie bestimmte Verhaltensstrategien an. Diese lassen sich in drei wichtige Hauptgruppen zusammenfassen: 1. die zeitliche Anpassung des Konsums an übrige Aufgaben und Pflichten des Alltags, 2. das Meiden oder bewusste Verlassen von Orten oder sozialen Umfeldern, in denen das Konsumverlangen steigt und 3. den von vornherein eingeschränkten Erwerb der Substanz. Dabei scheint vor allem die zeitliche Anpassung des Konsums an den Alltag von großer Bedeutung (gefolgt vom Vermeiden und Verlassen von konsumierenden Szenen), da die diese Kategorie umfassenden Verhaltensweisen auch die am häufigsten genannten Regeln der Konsumenten darstellen, die nach dem SDS-Test als nicht psychisch abhängig eingestuft werden können.

Um neben den vorgegebenen Antwortkategorien mögliche weitere Regulierungsstrategien zu erfahren, waren die Erhebungsteilnehmer zusätzlich in offener Form gefragt, wie es ihnen gelingt, konsumfreie Zeiten durchzuhalten und ihren allgemeinen Crackgebrauch zu regulieren[39]. Auch in den offenen Antworten der Crackgebraucher werden die bereits oben genannten Kategorien deutlich. Wichtigstes Ziel ist wiederum die Vermeidung negativer gesundheitlicher und sozialer Konsequenzen des Crackgebrauchs. Aus diesem Bewusstsein schöpfen Konsumenten den Willen und die Disziplin (sieben Mal genannt), auch in schwierigen Phasen, Konsumpausen aufrecht zu halten bzw. den Konsum einzuschränken. Neben möglichen psychischen und physischen Folgen bereitet manchen Gebrauchern auch die Aussicht, die Kontrolle über den Konsum verlieren zu können, Bedenken (sechs Mal genannt). Sie sehen in der Bewahrung der Kontrolle und Autonomie gegenüber dem Crackgebrauch eine Voraussetzung zur Erhaltung des „Selbst" und der Bewahrung der „Selbstachtung". Darunter kann auch die Vermeidung sozialer Konsequenzen gezählt werden. So ist die Anpassung des Crackgebrauchs an beruflichen Pflichten für einige Gebraucher von großer Priorität. Als weiterer Aspekt wird erneut deutlich, wie hilfreich das Fernhalten von konsumbezogenen Kreisen für die Gebraucher ist. Sie fahren weg oder ziehen sich zurück. Damit vermeiden

---

[39] Es liegen von 20 Personen nähere Auskünfte vor. Da sich die Angaben mit weiteren zur Konsumkontrolle enthaltenen Fragen decken, sollen die Antworten an dieser Stelle zusammengefasst dargestellt werden.

sie, mit konsumierenden Personen und mit der Substanz selbst konfrontiert zu werden.

Explizit danach befragt, gaben 25 Personen an, ab und zu bewusst Orte aufzusuchen, an denen kein Konsum möglich ist. Damit nutzt fast die Hälfte (48,1 %) der antwortenden Gebraucher ($n = 52$) das Aufsuchen eines anderen Ortes, um dem Konsumverlangen nicht nachzugeben und Abstand zu finden. 21 der 25 Personen präzisierten ihre Antworten und nannten Orte, zu denen sie in solchen Phasen gingen. Hier werden vor allem die Bedeutung eines drogenfreien Freundeskreises (sechs Mal genannt) sowie der Eltern/Familie (fünf Mal genannt) als Rückzugsmöglichkeit deutlich. Fällt es den Gebrauchern schwer, im normalen Umfeld die Kontrolle über den Drogengebrauch zu bewahren, suchen sie die Familie oder drogenfreie Freunde auf. Des Weiteren werden Orte gewählt, die weit entfernt von dem gewohnten Konsumumfeld sind (drei Mal genannt). Hier wurde beispielsweise das Ferienhaus als Rückzugsort genannt. Aber auch schon der Rückzug in die eigenen vier Wände kann von Bedeutung sein (zwei Mal genannt)[40]. Um einer kompulsive Gebrauchsphase entgegenzuwirken, gaben zwei Konsumenten an, in eine andere Umgebung gezogen zu sein, um damit die Kontrolle über ihren Crackgebrauch zu erhalten, wieder zu erlangen oder den Gebrauch ganz einzustellen. So haben sich also die Konsumenten sowohl in der allgemeinen Begrenzung ihres Konsums als auch im Durchhalten von Konsumpausen bestimmte Verhaltensweisen angeeignet, die es ihnen erleichtern, trotz eines möglichen Konsumverlangens eine Regulierung ihres Gebrauchsverhaltens zu erreichen.

Interessant ist, dass sich die genannten Kontrollstrategien nicht wesentlich von denen in anderen Studien erhobenen unterscheiden. Das heißt, auch Crackkonsumenten können in der Lage sein, sich Regelsysteme aufzubauen, nach denen sie ihren Gebrauch ausrichten, um einen langfristigen Kontrollverlust zu verhindern. Hier scheinen sie sich also nicht von Konsumenten von Pulverkokain oder anderer Drogen zu unterscheiden.

5.2.6.4 Konsumplanung

Ein kontrollierter Konsum bezeichnet nicht ausschließlich ein Gebrauchsverhalten, dass einen flexiblen und seltenen Drogengebrauch beinhaltet. Ein kontrollierter Konsum kann auch einen Substanzgebrauch meinen, der nach einem bestimmten Plan erfolgt und dadurch eine mengen- und zeitmäßige Reduktion erfährt. Dieser Plan regelt den Umgang mit der Substanz und begrenzt ihn in Dauer, Menge und der Art und Weise (Drinkmann 2002; Körkel 2002). Ob die Konsumenten ihr ge-

---

[40] Weiterhin genannt: eine Drogenhilfeeinrichtung (einmal), öffentliche Plätze (vier Mal) und Sonstiges (zweimal)

Tab. 5.25 Nehmen sie sich vor dem Crackgebrauch vor, wie viel Crack/Freebase sie konsumieren?

Nehmen Sie sich vor dem Konsum von Crack und Freebase vor, wann und wie viel Sie konsumieren?	
Nein	29/48,3 %
Ja, und ich halte das ein	14/23,3 %
Ja, aber ich halte das nicht ein	17/28,3 %

$n = 60$

samtes Gebrauchsverhalten nach einem konkreten Konsumplan ausrichten, lässt sich anhand der Daten nicht feststellen, dafür aber, ob sie sich vor dem Konsum Gedanken über die Substanzmenge, die sie konsumieren werden, machen. Um einen Konsum der Fragebogenteilnehmer nach einer zuvor festgelegten Menge zu ermitteln, wurden sie gefragt, inwieweit sie sich vor dem Gebrauch von Crack und Freebase vornehmen, wie viel sie von der Substanz konsumieren. Fast die Hälfte der Teilnehmer (48,3 %) gab an, den Umfang ihres Konsums vorher nicht zu planen (s. Tab. 5.25). Etwas mehr als die Hälfte der Konsumenten macht sich vor ihrem Gebrauch Gedanken, in welcher Menge sie das rauchbare Kokain konsumieren wollen. Dabei bedeutet das Vorhandensein eines Konsumentwurfs nicht automatisch die Begrenzung des Crackgebrauchs. So nehmen sich 28,3 % der Gebraucher zwar vor, lediglich eine bestimmte Menge der Substanz zu konsumieren, halten diesen Plan aber in der Regel nicht ein. Sie konsumieren mehr als beabsichtigt. Nur 23,3 % setzen sich ein Limit, und es gelingt ihnen die vorgenommene Menge einzuhalten.

Während sich die Gebraucher ohne einen Konsumplan nicht wesentlich von denen unterscheiden, die sich eine bestimmte Konsummenge vornehmen, zeigen sich deutliche und statistisch bedeutsame Unterschiede unter den Konsumenten, die das Vorhaben einer begrenzten Substanzmenge tatsächlich umsetzen, und den Gebrauchern, denen dies nicht gelingt. Unter den Gebrauchern, die ihre geplante Menge einhalten, sind signifikant häufiger seltene und gelegentliche Gebraucher (92,9 vs. 41,2 %, $p<0,05$), und sie beschränken ihren Crackgebrauch häufiger auf das Wochenende oder besondere Anlässe (42,9 vs. 11,8 %, n.s.). Sie gaben seltener Entzugserscheinungen an ($p<0,05$), und es gelingt ihnen eher den Gebrauch der Substanz auch dann zu unterbrechen, wenn ihnen noch Crack zur Verfügung steht ($p<0,01$) als den Konsumenten, die ihre Konsumvorgaben nicht einhalten.

Eine persönliche Vorgabe einer Konsummenge bedeutet ein Auseinandersetzen des Konsumenten mit seinem Gebrauch. Gleichzeitig ist darin der Wunsch einer Begrenzung enthalten, was aus einem negativen Empfinden der zuvor praktizierten Konsummuster resultieren könnte. Einen Zusammenhang mit einem früheren, stärkeren Konsum lässt sich nicht signifikant nachweisen. Für einen Teil der Gebraucher scheint die Begrenzung des Konsums nicht ohne weiteres möglich. Sie halten ihre zuvor vorgenommene Konsummenge nicht ein und verlieren in diesem Zusammenhang ein Stück ihrer Kontrolle gegenüber der Substanz. Gleichzeitig gibt es aber auch Gebraucher, die trotz eines relativ häufigen Crackgebrauchs, diesen in seiner Ausprägung vorher planen und sich an ihre persönlichen Vorgaben orientieren.

5.2.6.5 Risikominimierende Gebrauchsregeln

In allen Maßnahmen, die Gebraucher zur Kontrolle, Einschränkung und Begrenzung ihres Drogenkonsums ergreifen, versuchen sie Risiken, die mit dem Substanzgebrauch verbunden sind, so weit wie möglich zu minimieren. Dabei sind nicht nur kontrolliert gebrauchende Drogenkonsumenten in der Lage, risikominimierende Regeln anzuwenden. Verschiedene Studien konnten auch bei kompulsiven Drogengebrauchern Regeln beobachten, mit denen zusätzliche Risiken eingeschränkt werden sollen (Weber und Schneider 1997; Kemmesies 2004b; Boekhout van Solinge 2001). Zwar enthielt der Fragebogen keine Fragekomplexe, die spezifisch auf die während des Drogengebrauchs praktizierte Risikominimierung ausgerichtet waren, dennoch lassen sich Einschätzungen zu einem solchen Verhalten der Gebraucher aus anderen Zusammenhängen schließen. Deutlich wird dieses z. B. in der klaren Bevorzugung des Rauchens gegenüber der intravenösen Konsumform. Lediglich drei Gebraucher der Gesamtstichprobe konsumieren Crack überwiegend intravenös. Damit sind auch die meisten Konsumenten mit einem intensiven Crackkonsum nicht auf die riskantere Applikationsform umgestiegen, um z. B. die Substanz noch effektiver zu nutzen. Während ein Teil der Gebraucher das Rauchen aufgrund der von ihnen am angenehmsten empfundenen Wirkung praktiziert, lehnen 36,7 % der Fragebogenteilnehmer die intravenöse Applikationsform von vornherein kategorisch ab. Hauptgründe für diese Ablehnung sind die Angst vor gesundheitlichen Risiken in Form von Verletzungen und Infektionen, aber auch vor einer Verschärfung des Konsums. Diese Gebraucher bevorzugen das Rauchen der Substanz also nicht nur aufgrund eines subjektiv als besser empfundenen Rauscherlebens, sondern auch, weil sie diese Gebrauchsart als die ungefährlichere erachten.

Im Prinzip kann jede Maßnahme, die die Gebraucher ergreifen, um negative Begleiterscheinungen und Folgen des Crackkonsums zu verringern, als eine Risikominimierung betrachtet werden. Neben der Wahl der weniger riskanten Gebrauchsart gehört dazu die Vermeidung von Gesundheitsrisiken, die Verhinderung strafrechtlicher Auffälligkeit sowie die zeitliche Anpassung des Drogengebrauchs an die konventionellen Lebenskontexte, in denen sich die Gebraucher bewegen.

Deutlich wird, dass auch die Gebraucher mit einem häufigen Crackgebrauch in der Lage sind, negative Folgen für die Gesundheit, Psyche oder soziale Umwelt

5.2 Ergebnisse der quantitativen Erhebung

zu erkennen und entsprechend zu reagieren. Aus einem solchen Abwägen der aktuellen Vor- und Nachteile entsteht für viele Gebraucher der Wunsch nach einer Konsumpause oder längeren Abstinenzphase, wenn die Nachteile des Konsums überwiegen. Lediglich 19 % der Gebraucher mit zeitweisen Abstinenzphasen legen Konsumpausen nur dann ein, wenn sie keine Möglichkeit zum Crackgebrauch haben, das heißt ihnen z. B. die nötigen finanziellen Mittel fehlen. Somit spielen für den überwiegenden Teil der Gebraucher in der Entscheidung für Konsumpausen auch Gründe eine Rolle, die ganz bewusst eine Vermeidung oder Verminderung negativer Folgen des Konsums beabsichtigen.

Neben Konsumpausen gaben einige Konsumenten an, zur Begrenzung und Behandlung gesundheitlicher Folgen des Crackkonsums regelmäßig zum Arzt zu gehen. Wiederum andere nutzen andere Substanzen, um das vermeintlich problematischere Crack zu ersetzen oder negative Nebenerscheinungen zu senken (z. B. um von der Substanzwirkung ‚runterzukommen'). Selbst die Gebraucher, bei denen Abstinenzphasen ausschließlich aufgrund der fehlenden finanziellen Mittel auftreten, treffen eine Entscheidung hinsichtlich ihres Gebrauchs, indem sie statt deviante Beschaffungswege einzuschlagen, auf den Substanzgebrauch verzichten. Ein wichtiges Ziel dabei ist vermutlich die Vermeidung strafrechtlicher und sozialer Auffälligkeit oder die Verhinderung eines sozialen Abrutschens. Ein großer Teil der Gebraucher verzichtet außerdem auf einen Crackgebrauch im öffentlichen Raum. So praktizieren 67,2 % der Konsumenten ihren Konsum nie auf der Straße. 72,4 % der Konsumenten nutzen das rauchbare Kokain nie unter ihnen unbekannten Personen. Damit verringern sie auch hier die Gefahr, polizeilich oder gesellschaftlich auffällig zu werden[41].

Wenn auch nicht explizit befragt, zeigen sich also in der Stichprobe Konsummuster und Verhaltensweisen, die zum Ziel haben, zusätzliche Risiken des Crackgebrauchs zu minimieren.

---

[41] Die Gefahr einer strafrechtlichen Verfolgung bei Bekanntwerden des Crackgebrauchs oder polizeilicher Entdeckung führt aber nicht bei jedem Konsumenten zu einer Anpassung des Konsums. Zu den Befürchtungen hinsichtlich einer strafrechtlichen Auffälligkeit liegen von 22 Konsumenten nähere Angaben vor. 18,2 % dieser Gebraucher haben trotz der Illegalität der Substanz keinerlei Befürchtungen strafrechtlich auffällig zu werden. 36,4 % sind sich einer Gefahr der Entdeckung zwar bewusst. Dies hat aber keine Auswirkungen auf ihr Konsumverhalten. 18,2 % konsumieren heimlich und 9,1 % nur unter bekannten und vertrauenswürdigen Personen. Lediglich 13,6 % gaben an, aufgrund der Entdeckungsgefahr weniger Crack und Freebase zu konsumieren. Bei diesen Personen scheint die präventive Absicht der Strafverfolgung zu einem Teil erfüllt. Sie verhindert den Konsum zwar nicht, schränkt ihn aber ein.

5.2.7 Konsumbeeinflussende Faktoren

Der Umgang mit einer Droge gestaltet sich stets aus verschiedenen Faktoren und Einflussgrößen. Auch ein kontrollierter Umgang mit einer Substanz entsteht aus einer Vielzahl an Ressourcen, Regeln und Ritualen. Neben den eben genannten Motiven und Regeln hinsichtlich einer Konsumanpassung und -reduktion sowie Abstinenzphasen zeigen sich in der näheren Betrachtung der Fragebogenteilnehmer Hinweise auf verschiedene Faktoren, die einen Einfluss auf die Gebrauchsmuster der Konsumenten haben können.

5.2.7.1 Geschlecht

Mit dem Blick auf mögliche konsumbeeinflussende Faktoren wurden die Gebraucher zunächst hinsichtlich ihres Geschlechtes miteinander verglichen. Genau ein Viertel der Fragebogenteilnehmer waren Frauen, drei Viertel Männer. Im Vergleich zeigten sich kaum signifikante Unterschiede hinsichtlich möglicher verschiedener Konsummuster. Allein der Konsum rauchbaren Kokains innerhalb der letzten 30 Tage war unter den Konsumentinnen im Verhältnis häufiger vertreten als bei den männlichen Gebrauchern.

5.2.7.2 Alter und berufliche Einbindung

Richtet man den Blick allein auf die Konsumintensität der Gebraucher zeigt sich zunächst ein Zusammenhang zwischen der Häufigkeit des Crackgebrauchs und dem Alter der Konsumenten. Mit steigendem Alter sinkt die Gebrauchshäufigkeit der Fragebogenteilnehmer (n.s.). Bei den Gebrauchern, bei denen die Zahl der Crack-Konsumtage des letzten Monats vorliegt, korreliert die Anzahl der Konsumtage mit dem Alter signifikant. Das heißt, je älter die Gebraucher sind, desto weniger Crackkonsumtage hatten sie im vergangenen Monat (r = -0,403*). Ein möglicher Zusammenhang zeigt sich zudem in der Betrachtung weiterer konsumbezogener Verhaltensweisen. Je älter die Gebraucher sind, desto häufiger legen sie Konsumpausen ein (r = 0,513*). Diese Punkte könnten ein Hinweis auf den bereits eingangs der Auswertung angesprochenen stärkeren Drogengebrauch innerhalb jüngerer Altersgruppen gegenüber älteren sein. Aber worin unterscheiden sich junge und ältere Konsumenten? Und inwieweit hat dies einen Einfluss auf den Umgang mit Crack und Freebase?

In Anlehnung an Erkenntnisse der Autoren Kraus et al. (2005a), die eine weitaus stärkere Drogenkonsumprävalenz der von ihnen befragten 18- bis 24jährigen gegenüber den 25- bis 59jährigen Befragten sahen, wurde die vorliegende Stichprobe in die Altersgruppen der unter 25jährigen ($n = 32$) und der älteren Konsumenten ($n = 27$) unterteilt und verglichen. Dabei zeigten sich Unterschiede in der

5.2 Ergebnisse der quantitativen Erhebung

Konsumhäufigkeit beider Gruppen. Die Konsumenten der höheren Altersgruppe gehören häufiger zu den seltenen und gelegentlichen Konsumenten ($p = 0{,}051$) als zu den intensiven Gebrauchern. 14,8 % der Älteren zeigen einen intensiven Gebrauch, während es 37,5 % der Jüngeren sind. Gleichzeitig bleiben die Älteren seltener aufgrund ihres Konsums über eine längere Zeit wach ($p < 0{,}05$), und das, obwohl sie bereits deutlich länger als die Jüngeren Crack konsumieren (MW 5,3 J. vs. MW 2,6 J., $t = 2{,}863^{**}$)[42]. Die Älteren legen Konsumpausen häufiger auch aufgrund intrinsischer Motive ein, das heißt Konsumpausen resultieren bei ihnen nicht ausschließlich aus ungünstigen äußeren Bedingungen (96,0 vs. 70,4 %, $p < 0{,}05$). Um ihren Konsum zu finanzieren, nutzen die älteren Konsumenten signifikant weniger illegale Wege oder Prostitution (33,3 vs. 71,9 %, $p < 0{,}01$). Weiterhin gaben sie signifikant weniger an, in unsicheren Umgebungen wie der Straße zu konsumieren ($p < 0{,}05$). Wendet man den Blick auf die soziodemographischen Merkmale der beiden Altersgruppen wird vor allem eine stärkere berufliche Integration der Konsumenten in einem Alter über 25 Jahre deutlich. So sind sie signifikant häufiger berufstätig (81,5 vs. 35,7 %, $p < 0{,}01$), während die unter 25jährigen häufiger Schüler und Studenten oder arbeitslos sind. Gerade die deutlich stärker verbreitete Berufstätigkeit der älteren Konsumenten stützt die Vermutung, dieser Faktor könne einen wichtigen Einfluss auf das Konsumverhalten der Befragten haben. In einer Studie, die sich mit dem Gebrauch verschiedener Suchtmittel in bürgerlichen Kreisen auseinandersetzte, wurde deutlich, dass gerade mit zunehmendem Alter und damit verbundener verstärkter Übernahme beruflicher Verpflichtungen und wachsenden Anforderungen eine Veränderung des Konsumverhaltens in Form einer Reduktion oder einer gänzlichen Aufgabe des Gebrauchs illegaler Drogen einherging. Drogenkonsum und Beruf ließen sich nicht adäquat vereinbaren, woraufhin die meisten der dort Befragten ihren Konsum aus eigener Überzeugung und ohne professionelle Hilfe verringerten (Kemmesies 2004b). Während in der hier vorliegenden Erhebung die Konsumenten über 25 Jahre eher berufstätig waren, zeigte sich, dass sie gleichzeitig ihre aktuelle Konsumfrequenz gegenüber dem Anfangskonsum signifikant häufiger verringert haben (50,0 vs. 15,4 %, $p < 0{,}05$). Das heißt, sie haben zu einem früheren Zeitpunkt, mehr Crack konsumiert als sie es heute tun. Noch deutlicher zeigt sich diese Entwicklung bei den über 30jährigen Gebrauchern, die signifikant seltener Crack konsumieren als die unter 30jährigen und darüber auch häufiger zu den seltenen Konsumenten gehören (p jew. $< 0{,}05$). Sie vernachlässigen seltener schulische oder berufliche Dinge und konsumierten insgesamt weniger Substanzen in den letzten 12 Monaten und 30 Tagen. (p jew. $< 0{,}05$). Sie gaben im Gegensatz zu den Jüngeren signifikant häufiger an, in früheren Zeiten, vor allem

---

[42] MW 5,3/ SD 4,15. vs. MW 2,6/SD 2,21

während ihrer ersten Konsummonate stärker Crack konsumiert zu haben als zum Befragungszeitpunkt (77,8 vs. 20,5 %, $p<0{,}01$). Ob die Verringerung des Konsums mit der Aufnahme beruflicher Verpflichtungen einherging, kann über die erhobenen Daten nicht ermittelt werden. Es lässt sich aber vor allem im Hinblick auf die Ergebnisse anderer Forschungsarbeiten vermuten.

Ein Einfluss der Integration in alltägliche Lebenskontexte (wie Schule, Studium und Beruf) auf das Konsumverhalten wird deutlich, richtet man den Fokus direkt auf Bildung und die berufliche Einbindung der Gesamtstichprobe. Je höher der Schul- und Berufsabschluss desto seltener und weniger exzessiv konsumieren die Teilnehmer, was sich auch im Gebrauch anderer Drogen äußert. Weiterhin verlief der Drogenkonsum bei Konsumenten, die berufstätig oder Studenten sind bzw. noch zur Schule gehen, seltener in einem solchen Maße, dass er zu einer Kontaktaufnahme mit Einrichtungen der Drogenhilfe führte (63,6 vs. 33,3 %, n.s., $p=0{,}06$). Sie verfügen im Gegensatz zu den arbeitslosen Konsumenten alle über eine gesicherte Wohnsituation (100 vs. 69,2 %, $p<0{,}01$) und nutzen deutlich seltener illegale Finanzierungswege (40,9 vs. 92,3 %, $p<0{,}01$).

Der Besuch der Schule, die Absolvierung eines Studiums sowie die Ausübung einer Erwerbstätigkeit sind in hohem Maße mit Verpflichtungen verbunden, die es zu erfüllen gilt und in der Regel nur schwer mit einem Drogenkonsum zu vereinbaren sind. Lediglich drei der berufstätigen Konsumenten gaben an, auch während der Arbeit, rauchbares Kokain zu konsumieren. Jedoch sind zwei von ihnen selbständig tätig, wodurch sie mit hoher Wahrscheinlichkeit in der Lage sind, ihre Arbeitszeit sowie die zu lösenden Aufgaben flexibler zu gestalten. Allgemein beschränken die Gebraucher in einem Arbeitsverhältnis ihren Konsum häufiger auf das Wochenende, Urlaub oder besondere Anlässe. So ist ein Crackkonsum unter der Woche bei den arbeitslosen Gebrauchern verbreiteter als bei Gebrauchern, die zur Schule gehen, studieren oder berufstätig sind (92,3 vs. 68,2 %, n.s., $p=0{,}078$). Die stärkere Bedeutung des rauchbaren Kokains[43] für Konsumenten ohne eine regelhafte Beschäftigung zeigt sich auch in anderen Punkten. Sie setzen ihren Crackgebrauch häufiger aufgrund eines starken Verlangens fort als die nicht-arbeitslosen Gebraucher (63,6 vs. 25,7 %) und sind in der Folge ihres Crackkonsums mit mehr negativen gesundheitlichen Folgen konfrontiert. Arbeitslose Konsumenten gaben signifikant häufiger an, rauchbares Kokain auch unter Unbekannten und auf der Straße (p jew.$<0{,}05$) zu konsumieren sowie auf illegale Finanzierungswege der für ihren Gebrauch notwendigen Geldmittel zurückzugreifen (s. o.). Dabei ist dies nicht allein auf ein niedrigeres monatliches Einkommen der arbeitslosen Konsu-

---

[43] Arbeitslose Konsumenten nannten zudem signifikant mehr Substanzen, die sie jemals und in den letzten 12 Monaten konsumierten.

menten zurückzuführen. Betrachtet man nämlich Schüler und Studenten, die innerhalb der Stichprobe im Monat sogar weniger finanzielle Mittel zur Verfügung haben als die arbeitslosen Konsumenten (n.s.), weisen diese ebenfalls signifikant seltener ein deviantes Finanzierungsverhalten auf. Demzufolge kann die geringere deviante Beschaffung Folge eines moderaten Gebrauchs bzw. einer geringeren Bereitschaft, auch illegale Finanzierungswege zu nutzen, sein. Gleichzeitig zeigt sich, dass die arbeitslosen Konsumenten ein signifikant größeres Risiko haben, mit einer ungesicherten Wohnsituation konfrontiert zu sein als die berufstätigen Konsumenten oder die Schüler bzw. Studenten (s. o.). Weiterhin sind es eher arbeitslose Konsumenten, die mit Hilfe des rauchbaren Kokains versuchen, Hunger zu unterdrücken ($p<0,01$). Für einen Teil der arbeitslosen Gebraucher scheint damit die Lebenssituation allgemein weniger stabil zu sein.

Diese Hinweise lassen die Bedeutung einer Einbindung in alltägliche Lebenskontexte außerhalb rein drogenbezogener Lebenswelten auch bei den vorliegenden Gebrauchern rauchbaren Kokains vermuten. Die Konsumenten passen ihren Drogengebrauch zeitlich an das ‚normale' gesellschaftliche Leben an (z. B. durch Beschränkung des Drogengebrauchs auf Wochenende oder besondere Anlässe) und geben damit den Alltagsverpflichtungen Priorität. Daraus resultiert eine Begrenzung des Konsums, wodurch es wiederum zu weitaus geringeren negativen Auswirkungen des Crackgebrauchs kommt. Die Bevorzugung anderer Aufgaben und Lebenszusammenhänge sowohl in Beruf und Freizeit gilt als eine wichtige Grundlage eines kontrollierten Drogengebrauchs (vgl. Kap. 4.2). Deutlich wird unter den Erhebungsteilnehmern auch eine geringere Bereitschaft der älteren und der sozial integrierten Konsumenten, die finanziellen Mittel für den Crackkonsum auf illegale Weise oder durch Prostitution zu beschaffen. So sind die Konsumenten, die ihre finanziellen Mittel über diese Quellen erhalten, signifikant jünger als die Gebraucher ohne deviante Finanzierungswege (MW 22,2 J. vs. 30,2 J., t = 3,202**)[44]. Auch in diesem Rahmen führen die Konsumenten eine Kontrolle ihres Crackgebrauchs durch. Eventuell ist dieses Verhalten auch Ausdruck des höheren Verlustrisikos, dass sich mit einer zunehmenden gesellschaftlichen Etablierung entwickelt. Eine strafrechtliche und gesellschaftliche Auffälligkeit des Drogengebrauchs bedeutet größere negative Auswirkungen, je mehr ein Gebraucher für sich aufgebaut und erreicht hat (vgl. Kemmesies 2004b).

---

[44] MW 22,2/ SD 6,83 vs. 30,2/ SD 11,49

5.2.7.3 Konsummotivation

In einem kontrollierten Substanzkonsum ist die Drogeneinnahme nicht die alltagsbestimmende Aktivität sondern stellt nur einen Aspekt eines vielseitigen Lebens dar. In Untersuchungen zum kontrollierten Gebrauch der verschiedensten Substanzen wird der Konsum nicht dauerhaft sondern zu bestimmten Gelegenheiten aufgenommen und ist Bestandteil einer (gemeinsamen) Freizeitaktivität (Zinberg 1984; Cohen und Sas 1994; Decorte 2000). So zeigen auch die vorliegenden Crackgebraucher mit einem moderaten Konsumverhalten Konsummotive, die eine Ausrichtung des Konsums auf das Freizeiterleben vermuten lassen. Sie konsumieren z. B. im Party- und Diskosetting, mit der Absicht, in diesem Rahmen den schönen Rausch und den Vorteil der verstärkten Wachsamkeit für sich zu nutzen (n.s.). Dabei beschränken viele der seltenen Gebraucher im Gegensatz zu den übrigen Konsumenten von vornherein den Konsum auf diese Gelegenheiten bzw. auf das Wochenende oder andere besondere Anlässe (46,4 vs. 6,3 %, $p<0,001$). Damit wird der Konsum auf die klar abgegrenzte Freizeit beschränkt. Wie oben bereits beschrieben, zeigen vor allem Konsumenten mit einer beruflichen oder schulischen Einbindung eine solche Begrenzung des Konsums. In den genaueren Ausführungen eines Konsumenten wird zudem deutlich, dass der Crackgebrauch auch zufällig aufgenommen werden kann, dann wenn die Substanz gerade verfügbar ist, was in der Lebensumgebung dieses Gebrauchers nicht alltäglich der Fall sei. Dies reiche ihm aus, und er setze nicht alle Hebel in Bewegung, um die Substanz zu beschaffen oder selbst herzustellen, sondern ergreife die Konsumgelegenheit lediglich dann, wenn sie sich ihm bietet. Unter beiden Voraussetzungen ist der Crackkonsum ein zeitlich limitierter Genuss und dient nicht als Bewältigungsstrategie.

Während das Motiv der Problembewältigung unter den vorliegenden Konsumenten zu keinem signifikant verändertem Konsumverhalten führt, zeigen sich Unterschiede bei den Gebrauchern, die Crack nicht mehr nur aufgrund eines schönen Wirkungserlebens in der Freizeit gebrauchen, sondern negative Effekte aus dem Konsum selbst mit wiederum diesem bekämpfen. Wird das rauchbare Kokain von den vorliegenden Konsumenten aufgrund eines starken Verlangens oder zur Beruhigung von Entzugserscheinungen geraucht, zeugt dies von einem stärkeren und im Resultat problematischeren Gebrauch der Substanz. So ergaben sich bei den Gebrauchern, die Crack aufgrund eines starken Verlangens konsumieren ein signifikant höheres SDS-Ergebnis (MW 8,0 vs. 2,2, t = -4.157***)[45], und sie gehören damit häufiger zu den nach diesem Test als psychisch abhängig einzustufenden Gebrauchern ($p<0,01$). Einen deutlich problematischen Crackgebrauch zeigen vor allem die Konsumenten, die mit dem erneuten Konsum Entzugserschei-

---

[45] MW 8,0/ SD 2,37 vs. 2,2/ SD 3,07

nungen dämpfen wollen. So konsumieren diese Gebraucher die Substanz häufiger ($p<0{,}001$) und zeigen mehr Hinweise, die auf einen kompulsiven Gebrauch schließen lassen (z. B. sign. häufiger Ersatzkonsum anderer Substanzen, stärkere Vernachlässigung der Alltagsaufgaben, längere Wachphasen etc.). Sie gehören signifikant häufiger zu den intensiven Konsumenten (71,4 vs. 15,6 % der Gebraucher mit anderen Motiven, $p<0{,}001$), erleben Konsumpausen als schwieriger, haben mehr negative gesundheitliche Begleiterscheinungen und zeigen auch in weiteren anderen Verhaltensweisen ein eher problematisches Konsumverhalten.

5.2.7.4 Freundes- und Bekanntenkreis

In einem Freizeitverhalten spielt bei den meisten Menschen der Freundes- und Bekanntenkreis eine wichtige Rolle. Auch in der vorliegenden Stichprobe wird die große Bedeutung der Peer Group im Konsumverhalten der Crackgebraucher deutlich. 66,1 % der Konsumenten machten ihre ersten Erfahrungen mit dem rauchbaren Kokain im Freundeskreis. Das heißt, sie kamen in diesem das erste Mal mit der Substanz in Berührung und wurden häufig sogar von Anderen zu dem ersten Konsum eingeladen. Gebraucher, die ihre ersten Erfahrungen im Freundeskreis machten, konsumieren auch aktuell häufiger in diesem Kreis ($p<0{,}01$). Das gewohnte Konsumumfeld wird also von den meisten beibehalten. Allein der Freundes- und Bekanntenkreis zeigt in der vorliegenden Untersuchung gegenüber anderen Konsumumfeldern keine Unterschiede. Dazu erscheint dieser Begriff aber auch zu undifferenziert. So kann der Freundes- und Bekanntenkreis auf der einen Seite andere kontrolliert gebrauchende Konsumenten beinhalten, und auf der anderen Seite auch aus kompulsiv gebrauchenden Konsumenten z. B. der offenen Drogenszene bestehen. In beiden Umgebungen kann ein verschiedenes Konsumverhalten vermutet werden.

Auf Grundlage des vorliegenden Datenmaterials ist jedoch nicht abschätzbar, ob die für die Konsumenten wichtigste Peer Group aus drogenfreien, kontrolliert oder kompulsiv gebrauchenden Personen besteht, oder ob gar die offene Drogenszene das primäre Umfeld darstellt. Möglich ist es aber, Unterschiede im Konsumverhalten bei drogenfreien Freundeskreisen sowie bei Kontakten zur offenen Drogenszene zu beleuchten.

5.2.7.5 Kontakt zur offenen Drogenszene

Kontakte mit der Drogenszene gelten als kritischer Faktor in einem Konsumverhalten. Bewegt sich der Gebraucher in diesen Kreisen geht er ein größeres Risiko im Hinblick einer Entdeckung und Auffälligkeit seines Drogengebrauchs ein. Gleichzeitig ist er dort vielfach mit kompulsiv gebrauchenden Konsumenten konfrontiert, und es besteht die Gefahr der Annahme eines ähnlichen Verhaltens. Das Meiden dieser Szene oder die Beschränkung der Kontakte auf die Substanzbeschaffung stellen damit laut verschiedener Autoren für viele kontrolliert gebrauchende Drogenkonsumenten eine wichtige Regel dar (Zinberg 1984; Kemmesies 2004b; Weber und Schneider 1997).

Innerhalb der Gesamtstichprobe halten sich 38,3 % und damit 23 Konsumenten zur Beschaffung der Substanz auf der offenen Drogenszene auf. Ob die Szenekontakte dabei allein auf den Substanzerwerb beschränkt bleiben, lässt sich auf Grundlage der vorhandenen Daten nicht festlegen. Es zeigt sich aber, dass 63,6 % der Gebraucher mit jenem Beschaffungsverhalten auch auf der Straße konsumieren. In den offenen Antwortfeldern des Fragebogens wurde zum Teil auch von Gebrauchern mit Szenekontakten eine Ablehnung dieses Konsumentenkreises deutlich: So kann das Bewegen auf der Szene mit einem „*Kontakt mit Menschen, mit denen ich mich sonst nicht abgeben würde*" (Joachim, m, 32 J., seltener Konsum) verbunden sein. Insofern kann man vermuten, dass zumindest ein Teil dieser Gebraucher, die Kontakte zur Drogenszene auf den Substanzerwerb beschränkt. Ganz deutlich zeigt sich, dass jene Gebraucher, die angaben, Crack leichter erhalten zu können als Pulverkokain, signifikant häufiger zu wechselnden Dealern auf der Straße gehen (63,6 vs. 18,2 %, $p<0,01$).

Vergleicht man die Konsumenten, die sich über die Crackbeschaffung auf der Straßenszene aufhalten, zeigen sich einige wichtige Unterschiede gegenüber den anderen Konsumenten, für die der Substanzerwerb über diese Szene keine Rolle spielt. Sie konsumieren Crack häufiger, gehören darüber signifikant häufiger zu den intensiven Gebrauchern (43,5 vs. 18,9 %), haben aufgrund ihres Konsumverhaltens häufiger längere Wachphasen und nutzen die Substanz eher auch unter der Woche (91,3 vs. 64,9 %; p jew..05). Sie sind häufiger von einer ungesicherten Wohnsituationen betroffen und bei der zeitweisen Konsumaufgabe dominieren extrinsische Motive (p jew.$<0,01$). Setzen sie ihren Konsum fort, erfolgt dies häufiger, weil sie ein starkes Verlangen dazu treibt als dies bei den Konsumenten ohne Szeneerwerbskontakte der Fall ist ($p<0,001$). Sie gehören eher zu den Konsumenten, die eine Toleranzentwicklung bemerken (63,2 vs. 31,3 %, $p<0,05$) und müssen häufiger nach dem SDS-Test als psychisch abhängig eingestuft werden (81,8 vs. 40,0 %, $p<0,05$). Sie haben mit mehr problematischen Folgen zu kämpfen, und konsumieren häufiger andere Substanzen, wenn sie auf Crack verzichten (müssen). Die Finanzierung des Crackkonsums geschieht verstärkt über deviante Wege (73,9 vs. 37,8 %, $p<0,001$). Dabei sticht vor allem die Beschaffung der Geldmittel über Prostitution ins Auge. Alle Gebraucher, die über Prostitution Geld verdienen ($n=7$) erwerben das rauchbare Kokain auf der Straßenszene. Somit scheint diese Finanzierungsquelle den Szeneerwerb zu begünstigen oder aber umgekehrt, sei es nun durch hohe Preise, eine Verbreitung dieser Erwerbsquelle unter drogenabhängigen Szenegängern oder eine räumliche Nähe der beiden Szenen.

5.2 Ergebnisse der quantitativen Erhebung

Deutlich zeigt sich bei den Konsumenten mit Szenekontakten der für die offene Drogenszene typische polyvalente Konsum. Sie gaben mehr Drogen an, die sie zusammen mit Crack gebrauchen (MW 3,0 vs. 1,8, t= -2,774**)[46], wobei tatsächlich typische Drogen entsprechender Szenen hervorstechen. So nannten die Gebraucher mit Beschaffungskontakten zur Szene häufiger Medikamente ($p<0{,}01$) und Heroin (n.s., $p=0{,}06$) als Substanzen, die sie neben Crack oder an dessen Stelle konsumieren. Überhaupt gaben diese Konsumenten im Vergleich signifikant häufiger den Konsum gerade diese Substanzen in ihrer Lebenszeit sowie in den letzten 12 Monaten und letzten 30 Tagen an. Dies gilt vor allem für den Umgang mit Heroin (p für alle Zeiträume $<0{,}05$). Das heißt also, mit Kontakten zur offenen Drogenszene steigt auch die Wahrscheinlichkeit eines Gebrauchs szenetypischer Drogen. Interessant wäre hier ein Einblick darin, ob die Gebraucher über den Konsum der anderen Substanzen in dem Szenesetting das rauchbare Kokain kennenlernten oder ob sie erst durch den Crackgebrauch an die Kontakte mit der Szene und deren Drogen gelangten.

Ein weiteres Phänomen der Gebraucher, die sich über den Crackerwerb in der offenen Drogenszene aufhalten, sind die größeren Erfahrungen mit Einrichtungen der Drogenhilfe (72,7 vs. 29,7 %, $p<0{,}01$). Dies könnte auf die Etablierung niedrigschwelliger Drogenhilfeeinrichtungen in den Drogenszenen großer Städte zurückzuführen sein. Weiterhin zeigt sich aber auch eine signifikant größere Erfahrung mit Entzugsbehandlungen, was wiederum auf einen problematischeren Konsum mit stärkeren Entzugserscheinungen sowie den verbreiteten Heroinkonsum zurückgeführt werden könnte.

Die Gebraucher mit Szenekontakten konsumieren signifikant häufiger im öffentlichen Raum der Straße. In der Gesamtstichprobe gab insgesamt ein Drittel der Gebraucher an, auch in diesem Rahmen das rauchbare Kokain zu nutzen. Damit gehen sie ein größeres Risiko der Entdeckung ihres Konsums ein. Ein solches Verhalten lässt daher einen riskanteren Konsum vermuten. So zeigt sich auch, dass die auf der Straße Gebrauchenden eher einem intensiven Crackkonsum nachgehen als die Konsumenten, die nicht an diesem Ort konsumieren ($p<0{,}05$). 17 der 19 Personen konsumieren das rauchbare Kokain mindestens einmal in der Woche, davon 9 täglich. Fast alle (89,5 %) zeigen ein riskantes oder illegales Verhalten in der Beschaffung der nötigen Geldmittel für die Substanz. Die Gebraucher sind signifikant jünger als die Gebraucher, die das rauchbare Kokain nicht in diesem Setting konsumieren (MW 21,2 vs. 27,1, t = 2,214*)[47].

---

[46] MW 3,0/ SD 1,76 vs. 1,8/ SD 1,31
[47] MW 21,2/ SD 6,8 vs. 27,1/ SD 10,25.

Von 21 Gebrauchern lagen unabhängig vom Drogenerwerb Daten zu einem Kontakt zur offenen Drogenszene vor. 61,9 % von ihnen verkehren in der Straßenszene. Die meisten von ihnen halten sich nicht nur auf der Drogenszene auf, sondern erwerben dort auch das rauchbare Kokain. Das heißt, der Aufenthalt auf der Drogenszene steht häufig auch in einem Zusammenhang mit dem Erwerb der Substanz. Damit kann der Substanzerwerb in der Straßenszene als Hinweis auf den generellen Kontakt zu der Szene gesehen werden. Auf Grundlage der Daten kann man davon ausgehen, dass ein sehr großer Teil der Erhebungsteilnehmer trotz Crackgebrauch keine Kontakte zur Drogenszene hat. Damit geht ein Konsum dieser Substanz also nicht unbedingt mit einem Abdriften in diese Szene einher. Hinsichtlich des problematischeren Konsumverhaltens der Konsumenten mit Szenekontakten bleibt die Frage, ob dies die Folge des Crackkonsums ist oder diese Verhaltensmuster bereits über die anderen Substanzen etabliert wurden und Crack lediglich als eine weitere hinzukam.

5.2.7.6 Zur Bedeutung eines drogenfreien Freundeskreises

Wie in dem vorherigen Kapitel deutlich wurde, geht der Konsum von Crack unter den vorliegenden Konsumenten nicht automatisch mit einem Bezug zur offenen Drogenszene einher. Ein großer Teil der Gebraucher bewegt sich außerhalb dieser Szenen. Gleichzeitig bedeutet der fortgesetzte Crackgebrauch nicht automatisch die Aufgabe drogenfreier Freunde. Ein Teil der Erhebungsteilnehmer hat sich trotz des fortgesetzten Drogenkonsums einen drogenfreien Freundes- und Bekanntenkreis bewahrt. 74,1 % der Gebraucher, über deren Freundeskreis nähere Daten vorliegen[48], gaben an, Freunde auch außerhalb drogenbezogener Kreise zu haben, während die restlichen Gebraucher ausschließlich mit anderen Drogenkonsumenten befreundet sind. In der Regel muss ein Drogenkonsum aufgrund der Illegalität und dem stark negativen Image vor diesen Freunden und Bekannten geheim gehalten werden (Kemmesies 2004b; Harding 1982), so dass während der gemeinsamen Zeit der Drogenkonsum nicht durchgeführt wird. In der vorliegenden Stichprobe werden Unterschiede im Konsumverhalten der Gebraucher mit einem drogenfreien Freundeskreis gegenüber jenen, die sich nur in drogenbezogenen Kreisen bewegen, deutlich. So konsumieren sie auf einem signifikanten Niveau seltener und gehören von vorherein häufiger zu den seltenen Konsumenten (65,0 vs. 14,3 % der Konsumenten ohne drogenfreien Freundeskreis, p jew.$<0,01$). Sie legen häufiger Konsumpausen ein und vernachlässigen seltener schulische oder berufliche Angelegenheiten (p jew.$<0,05$). Des Weiteren zeigen sie einen deutlich geringeren

---

[48] n = 28

Punktwert im SDS-Test (MW 2,7 vs. 7; t = 2,371*)[49]. Außerdem fällt es den Gebrauchern mit einem drogenfreien Freundeskreis signifikant leichter Konsumpausen auszuhalten (*p* < 0,05). In Konsumpausen scheint der drogenfreie Freundeskreis auch gerade dann von Vorteil zu sein, wenn die Gebraucher sich aus ihrem konsumgeprägten Umfeld entfernen möchten. So nannten Gebraucher, die ab und zu wegfahren, um den Konsum unter Kontrolle zu behalten, neben dem Elternhaus auch häufig drogenfreie Freunde, bei denen sie für einige Zeit bleiben können. Der Erhalt eines drogenfreien Freundeskreises kann neben der Möglichkeit eines Rückzugsortes auch eine Auswirkung auf die moralische Einstellung des Konsumenten zu seinem Crackgebrauch haben. So zeigt sich eine starke Korrelation zwischen der Kontakthäufigkeit zu drogenfreien Freunden und der Wünsche zu einer Aufgabe des Crackgebrauchs (r = 0,618**). Im Umkehrschluss kann man davon ausgehen, dass ein allein aus Drogen konsumierenden Personen bestehender Freundes- und Bekanntenkreis einen stärkeren Crackgebrauch begünstigt.

5.2.7.7 Partnerschaft und Familie

Partnerschaft Neben dem Freundes- und Bekanntenkreis kann auch der Partner eine wichtige Rolle im Konsumverhalten gegenüber einer Substanz spielen. So kann der Drogengebrauch des Intimpartners z. B. den auslösenden Faktor im Konsumbeginn darstellen, weil sein Konsum die Neugier weckt oder sich über ihn die erste Konsumgelegenheit bietet. In der vorliegenden Stichprobe gaben nur drei Konsumenten explizit an, der Crackkonsum des Partners wäre der ausschlaggebende Grund für die eigenen ersten Gebrauchserfahrungen gewesen.

Über die Hälfte der teilnehmenden Konsumenten (53,3 %) hat eine aktuelle Partnerschaft. In der Häufigkeit des Konsums zeigen sich keine signifikanten Unterschiede zwischen den Konsumenten in einer festen Partnerschaft und denen ohne Partner/in. 18,3 % der Gesamtstichprobe haben einen Partner oder eine Partnerin, der oder die ebenfalls Crack konsumiert. Das bedeutet 37,5 % der Konsumenten mit einer festen Partnerschaft sind mit einem ebenfalls Crack gebrauchenden Partner oder einer Partnerin zusammen. Diese Gebraucher nutzen das rauchbare Kokain signifikant häufiger als die Gebraucher mit einem nicht-konsumierenden Partner und gehören darüber signifikant häufiger zu den Gebrauchern, die das rauchbare Kokains mindestens einmal pro Woche konsumieren (75,0 vs. 30,0 %, *p* < 0,05). Sie greifen in Konsumpausen häufiger auf andere Drogen zurück und haben ganz allgemein mehr Erfahrungen mit einer größeren Anzahl an Substanzen. Auffallend ist weiterhin, dass bei einem ebenfalls konsumierenden Partner

---

[49] MW 2,7/ SD 3,33 vs. 7/ SD 4,36

die Verbreitung eines devianten Finanzierungsverhaltens im allgemeinen ($p<0{,}01$) und vor allem hinsichtlich Prostitution signifikant höher ist ($p<0{,}05$) als bei Gebrauchern ohne einen konsumierenden Partner. Möglicherweise wird der Crackgebrauch des Partners mitfinanziert, was dann zu einem solchen Verhalten führt.

Familie Innerhalb der Betrachtung der Strategien und Maßnahmen, die die Gebraucher durchführen, um Konsumpausen durchzuhalten, wird neben dem drogenfreien Freundeskreis auch die große Bedeutung der Familie für einige der Teilnehmer deutlich. Einige Konsumenten legten zum Beispiel bereits auf Drängen von Familie und von Freunden Konsumpausen ein (7,1 %). Für andere dient die Familie in substanzfreien Zeiten als Rückzugsort. Dort können sie hinfahren, wenn sie Abstand von der Substanz oder der konsumbezogenen Umgebung benötigen. Lediglich 15 Konsumenten (25,4 %) gaben an, ihre Eltern wüssten von ihrem Crackgebrauch. Über die Hälfte (57,6 %) glaubt nicht, dass der Konsum von der Familie entdeckt wurde. Alle anderen der antwortenden Konsumenten[50] sind sich über eine Auffälligkeit gegenüber den Eltern nicht sicher. Im Vergleich unterscheiden sich die Konsumenten, deren Konsum den Eltern bekannt ist und die, deren Eltern nichts davon wissen, in ihrem Gebrauchsverhalten nicht signifikant voneinander. Möglicherweise ging eine Entdeckung des Gebrauchs durch die Eltern jedoch mit Phasen eines Kontrollverlustes oder Folgen des Konsums, die auch sichtbar werden, einher. So gehören diese Gebraucher häufiger zu jenen mit Entzugserscheinungen und sie benannten mehr Folgen (MW 4,6 vs. 1,3; t = 4,325***)[51] durch einen (teilweise) mehrfachen Verlust der Kontrolle gegenüber dem Crackgebrauch. Mit mehr bzw. offensichtlicheren Auswirkungen des Konsums, wurde damit eventuell der Gebrauch auch für die Familie sichtbar.

5.2.8 Entwicklungen des Crackkonsums und Konsumkarrieren

Deutlich zeigt sich in den Betrachtungen des Konsumverhaltens, dass es unter den vorliegenden Crackgebrauchern keine allgemein gültige lineare Konsumentwicklung gibt. Es ergab sich nicht bei allen Konsumenten ein steter Anstieg des Konsums, der in einer schnellen Abhängigkeit mit entsprechenden negativen sozialen Folgen mündet. Ein großer Teil der Konsumenten verfolgt offensichtlich auch nach mehreren Konsumjahren einen episodischen oder kontrollierten Crackgebrauch,

---

[50] Es haben insgesamt 59 Teilnehmer auf diese Frage geantwortet.
[51] MW 3,8/ SD 1,86 vs. MW 1,3/ SD 1,49

5.2 Ergebnisse der quantitativen Erhebung

der auf die Freizeit beschränkt wird und nicht negativ mit dem Alltagsgeschehen korreliert.

Ginge man von dem hohen Suchtpotential der Droge Crack aus, das in fast allen Fällen zu einem abhängigen Konsum führt, wäre anzunehmen, dass mit einer längeren Dauer des Crackgebrauchs auch ein verstärkter Gebrauch in Häufigkeit und Menge einhergeht. Dies ist in der vorliegenden Stichprobe nicht zu beobachten. So gibt es kaum statistisch bedeutsame Zusammenhänge zwischen der Dauer des Crackgebrauchs und dem aktuellen Konsumverhalten. Anders als es zu erwarten wäre, lässt sich in der Stichprobe statt eines Anstiegs eine Verringerung des Crackgebrauchs beobachten. Zwar nicht signifikant ausgeprägt und mit nur einer geringen Korrelation, zeigt sich unter den Konsumenten sogar eine Abnahme der Konsumhäufigkeit. Gleichzeitig dauern konsumfreie Zeiten mit ansteigender Erfahrung signifikant länger an ($r = 0{,}475^{**}$). Jedoch lassen sich allein aus dem Alter bei Konsumbeginn und dem aktuellen Alter keine genauen Aussagen über die Konsumdauer bzw. das Konsumverhalten in der Zwischenzeit machen. So können zwischen dem Erstkonsum und dem aktuellen Gebrauch auch längere Zeiten ohne einen Substanzkonsum liegen.

Im Anfangsgebrauch der ersten sechs Monate zeigt sich ein unterschiedlicher Umgang mit dem rauchbaren Kokain. Ein großer Teil der Erhebungsteilnehmer hat die Droge nur selten genutzt, ein anderer Teil gebrauchte sie von Anfang an sehr häufig. Stellt man allein die Konsumfrequenzen der ersten sechs Monate und die des aktuellen Crackgebrauchs gegenüber, zeigt sich nur bei sehr wenigen Konsumenten eine aktuell höhere Konsumhäufigkeit als in den ersten Erfahrungsmonaten. Wie im Kap. 5.2.3.3 zum Konsumverhalten der ersten 6 Monate deutlich wurde, verfolgt der größte Teil der Konsumenten aktuell einen gleich hohen (oder gleich niedrigen) Gebrauch der Substanz. Weiterhin gibt es Anzeichen, dass das Gebrauchsverhalten nicht immer konstant wächst, sinkt oder gleich bleibt. So schätzen nur die wenigsten Konsumenten ihren Gebrauch selbst als einen geradlinigen Verlauf ein. 29,4 % der Gebraucher, gaben an, den Konsum der Kokainbase immer wieder aufgenommen und wieder eingestellt oder ihr Gebrauchsmuster häufig verändert zu haben.

Die am häufigsten benannte Konsumentwicklung äußerte sich zunächst in einem steten Anstieg des Konsums (s. Tab. 5.26). Ein großer Teil der Befragten (30,8 %) gab an, dass dieser Anstieg bis zum Befragungszeitpunkt anhielt. Betrachtet man die 13 Konsumenten mit einem intensiven Gebrauch der Substanz, die Angaben zu ihrem Konsumverlauf machten, nannten sie zu 92,3 % genau diese Konsumentwicklung. Sie gaben an, im Laufe ihrer Konsumerfahrungen immer häufiger und mehr Crack konsumiert zu haben. Hier wäre interessant, wie sich der Konsum bei diesen Gebrauchern zukünftig entwickelt. Denn ein weiterer ebenfalls

Tab. 5.26 Konsumentwicklung

Konsumentwicklung[a]	
Anfang viel, dann immer weniger konsumiert	4/7,7 %
Anfang wenig, stetig mehr konsumiert	16/30,8 %
Konsum hat bis Höhepunkt zugenommen, dann weniger	10/19,2 %
Immer eine Konsumhöhe	7/13,5 %
Unregelmäßig, häufig angefangen und wieder aufgehört	11/21,2 %
Immer wieder Änderung der Gebrauchsmuster	4/7,7 %

[a] Fragestellung in Anlehnung an Centre for Drug Research (o. J.)
$n = 52$

sehr großer Anteil der Befragten (19,2 %) zeigte anfangs ein ähnliches Verhalten. Auch ihr Konsum stieg stetig an. Jedoch vollzog sich dies bis zu einem Höhepunkt, um dann wieder abzufallen. Ähnlich ist es bei einem weiteren Teil der Gebraucher, die zu Beginn ihrer Konsumerfahrungen viel konsumierten, ihre Konsumhäufigkeit aber ebenfalls wieder verringerten. Das heißt, insgesamt nahm bei 26,9 % der Gebrauch des rauchbaren Kokains nach einem hohen Gebrauch wieder ab und wurde weniger. Und das, ohne, dass diese Gebraucher größere Erfahrungen mit der Annahme professioneller Hilfe oder Kontakten zu Justizbehörden hätten. Vielfach geschah diese Konsumreduktion also offensichtlich aus eigenem Antrieb. 13,5 % der Fragebogenteilnehmer gaben an, ihren Crackgebrauch stets auf einer Höhe beibehalten zu haben.

Ein weiterer Hinweis auf die Möglichkeit, einen Crackgebrauch auch wieder zu verringern zeigt sich in der Einschätzung der Gebraucher zu ihrem aktuellen Konsum. Über die Hälfte der Konsumenten (62,3 %) gab an, heute weniger zu konsumieren als in früheren Zeiten. 37,7 % der Teilnehmer haben entweder weniger oder gleich viel wie heute konsumiert. Damit zeigt sich ein klarer Widerspruch gegenüber dem Bild des rauchbaren Kokains als eine Substanz mit einer so starken Suchtentwicklung, die automatisch zu einem immer stärker werdenden Konsum führe. Ganz im Gegenteil wird deutlich, dass ein erheblicher Teil der Befragten den Konsum wieder eingeschränkt hat. Dabei ist die Abnahme des Konsums nicht nur eine Folge des Kontaktes zu Einrichtungen der Drogenhilfe. So hatten die Gebraucher mit einem aktuell geringeren Crackkonsum als in der Vergangenheit nicht häufiger Kontakte zu diesen, sondern verringerten den Konsum vermutlich eher selbständig und ohne professionelle Hilfe. Jedoch gaben Konsumenten, die bereits gegenüber Strafverfolgungsbehörden auffällig wurden im Vergleich zu den unauffälligen Konsumenten signifikant häufiger an, ihren Konsum gegenüber früher reduziert zu haben (88,9 vs. 50 %, $p < 0,05$). Damit stellt sich die Frage, ob die strafrechtliche Auffälligkeit zu einem Umdenken im Konsumverhalten geführt und damit den Wunsch nach einer Konsumsenkung unterstützt hat. Jedoch wurden strafrechtlich relevante Geschehnisse z. B. von keinem der Gebraucher als Ereignisse benannte, die zu einer zeitweisen Einstellung des Crackgebrauchs führten.

5.2.9 Eigene Einschätzung der Konsumenten zu ihrem Konsumverhalten

Rauchbares Kokain hat gesellschaftlich ein sehr schlechtes Image. Dies liegt zum einen an der starken Verbreitung der Substanz in den offenen Drogenszenen in Frankfurt, Hamburg und Hannover und der damit verbundenen Auffälligkeit und Abschreckung. Zum anderen wurde Crack von den Medien wiederholt als ‚Todesdroge' dargestellt, deren Konsum mit einer sofortigen Suchtentwicklung, körperlichem Verfall und sozialen Abstieg einhergeht. Doch wie sehen die Gebraucher selbst die Substanz? Bestätigen sie diese Einschätzungen oder hat Crack für sie aufgrund der eigenen, durchaus auch kontrollierten Konsumerfahrungen, den Schrecken verloren?

Von den Teilnehmern liegen Einschätzungen zu einer vermuteten Gefährlichkeit des rauchbaren Kokains vor. Einen vertiefenden Einblick bieten die Teilnehmer, die ebenfalls Vorteile ihres Crackgebrauches aufzählten. Am häufigsten nannten sie in diesem Zusammenhang den außergewöhnlichen Kick und das *„beeindruckende Gefühl"*. Der Crackgebrauch bringe *„temporäre absolute Entspannung auf Knopfdruck, (ein) unvergleichbares Gefühl, andere Gesprächs- und Bewusstseinsebenen"* (Joachim, m, 32 J., seltener Konsum), genauso wie die Möglichkeit der Problembewältigung (*„Gefühl zu fliegen, keine Probleme"* – Erwin, m, 28 J., gelegentlicher Konsum), Selbstmedikation gegen gesundheitliche Einschränkungen (*„Rheumaschübe"* – Lothar, m, 39 J., seltener Konsum) sowie einer Steigerung des Selbstbewusstseins. Mit Blick auf die vielen verschiedenen Beschreibungen der Konsumenten entsteht zunächst ein positives Bild der Substanz und des Umgangs mit ihr. Betrachtet man aber die Nachteile, die die Gebraucher ebenfalls aufführen sollten, wechselt das Bild. Zunächst fällt auf, dass die Gebraucher mehr Nachteile aufzählten als Vorteile. Deutlich stechen der *„schwer einzuschätzenden Suchtfaktor"* (Erich, w, 19 J., seltener Konsum) der Substanz bzw. die zugeschriebene *„hohe Suchtgefahr"* und damit verbunden die schnell eintretende Abhängigkeit hervor: *„Die Sucht erfasst einen zu schnell."* (Oskar, m, 19 J., seltener Konsum).

Aber auch die Wirkung selbst und das Nachlassen der Wirkung sind für viele der Gebraucher negativ besetzt:

> Dachschaden, das schlimmste von allem alles andere geht janoch aber das zeug macht beim ersten mal den kopf kaputt, is zu krass, zu intensiv, das runterkommen zu hart und die psyche geht kaputt extrem schnell. (Hans, m, 19 J., intensiver Konsum)

Die Gebraucher nannten eine weitere Vielzahl an negativen gesundheitlichen und psychischen Folgen, verbunden mit einem sehr großen finanziellen Aufwand. Dabei weisen sie immer wieder auch auf eine Veränderung des Charakters hin, der sich in „*moralischem Verfall*" und einer Aufgabe der eigenen Person zeige. Dabei unterscheide sich die Droge wesentlich von anderen:

> weil sich in der Regel jeder aufgibt für die Droge, ich habe täglich gekokst, und es war kein Problem. Basen ist eines. Es ist so schwer, damit aufzuhören. (Liselotte, w, 25 J., gelegentlicher Konsum.)

Betrachtet man die Einschätzungen der vorliegenden Konsumenten, entsteht der Eindruck, dass trotz oder gerade wegen ihres wiederholten Konsums rauchbaren Kokains ein fast ebenso negatives Bild von dieser Substanz besteht, wie es in der Öffentlichkeit herrscht. In den oben zitierten Äußerungen spiegeln sich dabei auffallend die Vorurteile wider, die allgemein gegenüber der Substanz herrschen. Betrachtet man die Einschätzung der Konsumenten zur allgemeinen Gefährlichkeit des rauchbaren Kokains zeigt sich, dass sie zu großen Teilen die Meinung vertreten, dass der Gebrauch von Crack und/oder Freebase ein Risiko birgt. 76,6 % der Gesamtstichprobe sprechen sich dafür aus, dass ein Crackkonsum grundsätzlich gefährlich sei, wenn auch nicht unbedingt gefährlicher als andere Drogen[52]. Nur 23,4 % teilen diese Ansicht nicht.

Zwischen den Konsumenten, die den Konsum des rauchbaren Kokains als gefährlich einschätzen und jenen, die dies nicht tun, zeigen sich einige signifikante Unterschiede. Konsumenten, die im Crackgebrauch Gefahren sehen, sind deutlich älter als die anderen (MW 27,4 vs. 19,6, t = − 2,216*)[53] und leben signifikant häufiger in einer gesicherten Wohnsituation als die anderen Gebraucher (97,1 vs. 66,7 %, $p < 0,05$). Deutlich wird, dass diese Gebraucher Crack, wenn auch nicht signifikant ausgeprägt, trotzdem aber seltener als die Gebraucher ohne eine Gefahreneinschätzung konsumieren. Gebraucher, die die Substanz als ungefährlich einschätzen, gaben signifikant häufiger an, aktuell keine Kontrolle über ihren Konsum zu haben ($p < 0,05$). Sie konsumieren nach kürzeren Abständen die nächste Pfeife oder Spritze (MW 146 min vs. 61 min, t = 2,040*), haben kürzere Konsumpausen

---

[52] Der Wert setzt sich zusammen aus 29 von insgesamt 47 antwortenden Personen (61,7 %), die Crack ohne Einschränkung als gefährlich einschätzen und 7 Personen (14,9 %), die Crack als gleich gefährlich wie andere Drogen ansehen. 11 Personen (23,4 %) halten Crack für nicht gefährlich.
[53] MW 27,4/ SD 11,07 vs. 19,6/ SD 5,95

5.2 Ergebnisse der quantitativen Erhebung

(MW 7,6 vs. 24,4 Tage, t = − 2,164*)[54] und greifen in konsumfreien Zeiten häufiger zu Ersatzdrogen ($p < 0{,}05$).

Es wäre nun zu vermuten, dass eine Einschätzung des Konsums als ein gefährliches bzw. riskantes Verhalten mit Erfahrungen eines problematischen Gebrauchs und dessen Folgen einhergeht. Dies lässt sich jedoch in der Stichprobe nicht erkennen. Die negative Einschätzung des Konsums resultiert weder aus einer signifikant größeren Anzahl an negativen Begleiterscheinungen des Gebrauchs, Erfahrungen des Kontrollverlustes oder einer stärkeren Abhängigkeit gegenüber der Substanz. Die Konsumenten mit einer solchen Meinung weisen auch keine größere Wahrscheinlichkeit eines früher verstärkten Konsums oder anderweitiger negativer sozialer oder gesundheitlicher Folgen auf. Ganz im Gegenteil sind es gerade die Gebraucher in gesellschaftlich normalen Lebenskontexten, die eine Gefährlichkeit des Crackkonsums sehen. Während die Konsumenten, die einen aktuell kompulsiven Gebrauch zeigen oder die bereits in instabilen Wohnverhältnissen leben, den Gebrauch des rauchbaren Kokains häufiger als nicht gefährlich einschätzen ($p < 0{,}05$, s. o.).

Die Einschätzung des Gefährdungspotentials erfolgt also nicht unbedingt aus dem eigenen aktuell unkontrollierten Crackgebrauch. Vielmehr scheint hier ein Phänomen beobachtet werden zu können, das auch Erickson et al. (1994) in ihrer Untersuchung kanadischer Crackgebraucher entdeckten. Nicht diejenigen Konsumenten mit einem sehr häufigen und stark problematischen Crackkonsum schätzen den Umgang mit der Substanz als riskant ein. Vielmehr zeigt sich diese Haltung eher bei den Gebrauchern, die Crack in geringerem Maße konsumieren. Die Autoren deuten dies als einen entscheidenden Faktor in der Begrenzung des Gebrauchs. Aufgrund des zugeschriebenen Suchtpotentials und vielfältigen negativen Folgen, konsumierten die befragten Gebraucher weniger und vorsichtiger. Und auch in der vorliegenden Studie ist diese Auswirkung zu vermuten. So ließ sich in der Betrachtung der Gründe für eine Begrenzung des Konsums sowie die Durchführung von Abstinenzphasen immer wieder das Bewusstsein um die Gefahren und die Angst vor negativen Folgen beobachten. Aus dieser nehmen die Gebraucher den Willen, ihren Konsum einzugrenzen und vermeiden so negative Folgen des Crackgebrauchs. Betrachtet man die Aussagen der Konsumenten näher, entsteht bei einigen zudem der Eindruck, dass sie nicht allein aus ihren eigenen Erfahrungen berichten, sondern Beobachtungen oder allgemeine Zuschreibungen äußern:

Weil sie Elend verbreitet und Menschen lebendig verwesen lässt. (Bruno, m, 21 J., seltener Konsum)

---

[54] MW 7,6/ SD 10,05 und 24,4/ 34,68

> Für MICH keine (Nachteile), da ich nur selten Free-Base konsumiere. Generell sorgt die Gier nach mehr sowie die Tendenz dazu, sein Zeug alleine zu konsumieren, um mehr davon zu haben, dafür, dass viele User zu asozialen Egoisten und Wracks werden. (Thorsten, m, 32 J, seltener Konsum)

> Sucht bzw. Abhängigkeit ist bei mir kein Problem, im Gegensatz zu anderen Leuten, für die das sehrwohl zutraf. (Lothar, m, 39 J., seltener Konsum)

Gerade im Hinblick auf die oben angeführten Äußerungen (die alle drei von Konsumenten mit seltenem Gebrauch geschrieben wurden) stellt sich dennoch die Frage, ob ein Teil der Gebraucher nicht auch die Mythen der Substanz auf ihre eigenen Beobachtungen übertragen und damit trotz ihres eigenen kontrollierten Gebrauchs weiterhin der Substanz ein stark negatives Bild zuschreiben.

5.2.10 Zusammenfassung und Fazit der quantitativen Erhebung

Wie es mit der Erhebungsmethode und dem Medium Internet beabsichtigt war, konnten in der vorliegenden Untersuchung Konsumenten rauchbaren Kokains erreicht werden, die sich auch oder ausschließlich außerhalb der offenen Drogenszene bewegen. Anders als häufig vermutet findet der Crackgebrauch also auch unter sozial integrierten Personen statt. Mehr als drei Viertel der vorliegenden Erhebungsteilnehmer sind in Ausbildungs- oder Beschäftigungsverhältnissen integriert, und nur 8,4 % leben in einer ungesicherten Wohnsituation ohne einen festen Wohnsitz. Damit ist das Ziel, vornehmlich sozial integrierte Konsumenten anzusprechen, erfüllt und es konnte ein Konsumentenkreis erreicht werden, der in der bisherigen Forschung zum Gebrauch rauchbaren Kokains kaum zum Gegenstand wurde. Auch wenn eine standardisierte Erhebung ohne direkten Kontakt mit den Untersuchungspersonen in Tiefe, Umfang und Ausführlichkeit seine Grenzen hat, konnten wichtige neue Aspekte zum Umgang der Konsumenten mit Crack und Freebase beobachtet und bewertet werden.

Die in der Erhebung erreichten Konsumenten rauchbaren Kokains sind in erster Linie junge Menschen. Somit scheint auch der Gebrauch von Crack und Freebase wie der Konsum anderer Substanzen in der Gesellschaft in einem stärkeren Maße im Jugend- und jungen Erwachsenenalter aufzutreten. Deutlich werden die vielfältigen Erfahrungen der Konsumenten mit illegalen Drogen, wobei sich die hohe Lebenszeitprävalenz der einzelnen Substanzen nicht im selben hohen Maße in der 12-Monate- oder 30-Tage-Prävalenz fortsetzt. In der Regel lagen die Konsumerfahrungen mit den meisten Drogen vor dem Erstkonsum des rauchbaren Kokains. Dies ist ein wichtiger Hinweis darauf, dass Crack im überwiegenden Fall nicht als Einstiegsdroge genutzt wird. Vielmehr scheint die Substanz dann attraktiv zu werden, wenn Konsumenten nach den Erfahrungen mit anderen Stoffen ein neues Rauscherleben kennenlernen möchten und sich dazu im Freundes- oder Bekanntenkreis eine Gelegenheit bietet. Der polyvalente Drogengebrauch spiegelt sich zudem in einem Mischkonsum von Crack mit anderen Substanzen wider. Während in Studien innerhalb von Drogenszenen die vorherrschenden Drogen Heroin und Benzodiazepine sind, dominieren unter den Erhebungsteilnehmern Alkohol und Cannabis sowie Kokainhydrochlorid, und damit also typische Substanzen sozial integrierter Drogenkonsumenten.

Trotz des hohen Suchtpotentials nutzt fast die Hälfte der Gebraucher das rauchbare Kokain nur selten, also weniger als einmal pro Woche. Weniger als ein Drittel der Stichprobe verfolgt einen intensiven, (nahezu) täglichen Konsum. Damit wird die Substanz weitaus geringer konsumiert als von Gebrauchern in Studien aus bekannten Drogenszenen. Der Umgang mit dieser Droge muss also differenziert betrachtet werden. Deutlich wird weiterhin, dass der Crackkonsum nicht bei jedem Gebraucher mit einer steten Steigerung der Konsumhäufigkeit einhergeht. So gibt es unter den Gebrauchern der Stichprobe nicht den einen linearen, immer gleichen Konsumverlauf, der zu einem andauernden kompulsiven Gebrauch mit der Folge einer gesundheitlichen und sozialen Verelendung sowie der Integration in rein drogenbezogene Szenen führt. Vielmehr zeigte sich eine ganz unterschiedliche Entwicklung des Konsumverhaltens und Umgangs mit dem rauchbaren Kokain. So scheint auch innerhalb eines Gebrauchs dieser Substanz ein selbstinitiierter Wechsel der Konsummuster möglich zu sein. Der Gebrauch kann aufgenommen, aber auch wieder eingestellt und Phasen eines Kontrollverlustes können mit aber auch ohne professionelle Hilfe überwunden werden.

Entgegen den von der bestehenden Literatur hervorgerufenen Erwartungen verfolgen relativ wenige der Gebraucher ein Konsumverhalten, das durch sehr viele schnell aufeinander folgende Konsumvorgänge charakterisiert ist. Demnach scheint das Bingingphänomen in der Stichprobe relativ wenig vertreten zu sein, auch wenn längere Wachphasen bei intensiven Konsumenten durchaus beobachtet werden können. Sehr viele Konsumvorgänge sind vornehmlich bei eher seltenen Konsumenten zu beobachten. Bei ihnen entsteht der Eindruck, dass sie das rauchbare Kokain zwar an einem Tag exzessiv gebrauchen, den Konsum dann aber wieder für einige Zeit einstellen.

Der sehr häufige und unkontrollierte Konsum der Substanz geht in der Stichprobe erwartungsgemäß mit Entzugserscheinungen, Toleranzentwicklung, einem illegalen Beschaffungsverhalten und Schwierigkeiten beim Einhalten regelmäßiger konsumfreier Zeiten einher. Der Substanzkonsum wird von diesen Konsumenten häufiger erst dann unterbrochen, wenn er durch äußere Umstände nicht mehr möglich ist. Trotzdem scheinen auch intensive Crackkonsumenten in der Lage zu sein, Gefahren und negative Folgen des Crackkonsums zu erkennen und risikominimierende Verhaltensweisen zu ergreifen. Dazu gehören vor allem risikoärmere Gebrauchswege und das Einhalten von Konsumpausen.

Zwar zeigt sich auf Grundlage des SDS-Tests in der Stichprobe eine stärker verbreitete psychische Abhängigkeit als in Repräsentativerhebungen von allgemeinen Kokainkonsumenten (mit vermutlich höherem Anteil von Konsumenten von Kokainhydrochlorid). Eine leichte psychische Abhängigkeit muss jedoch nicht gleich einen kompulsiven Gebrauch der Substanz bedeuten. So wird Crack von einem großen Teil der Erhebungsteilnehmer selten und vermutlich kontrolliert genutzt, ohne dass vermehrt andere Drogen als Ersatz konsumiert werden. Auch ein in diesem Sinne moderates Konsumverhalten scheint also mit dieser Substanz trotz ihres hohen Suchtpotentials möglich. Dabei konnte bei episodischen Nutzern auch ein Crackgebrauch beobachtet werden, der nicht zu einer Abhängigkeitsentwicklung führte und keiner bewussten Regulierung bedarf. Nach einer Konsumphase hören jene Gebraucher wieder auf. Das gilt auch dann, wenn der episodische Gebrauch mit einer großen Anzahl an Konsumvorgängen einhergegangen ist. So wurden in der Erhebung auch Konsumenten erreicht, die das rauchbare Kokain nur wenige Male im Jahr nutzen, dies dann aber sehr intensiv tun und dabei eine relativ große Menge gebrauchen. Nach der kurzen Konsumphase leben die Gebraucher aber wieder eine lange Zeit ohne die Droge.

Weiterhin kann die Regulierung des Crackgebrauchs auch nach expliziten Gebrauchsregeln erfolgen. Auch hier hebt sich die Substanz nicht wesentlich von anderen Drogen ab. Wichtige Verhaltensmuster der Gebraucher sind das Meiden von Umgebungen, die das Konsumverlangen steigern, die zeitliche Anpassung des Konsums an Alltagsanforderungen oder die Steuerung des Crackkonsums über den Erwerb einer ausschließlich geringen Menge. Hinweise auf weitere konsumbeeinflussende Faktoren zeigen sich z. B. in Hinblick auf das Alter der Konsumenten und damit verbundene stärkere Verpflichtungen, die eine Anpassung des Konsumverhaltens an alltägliche Anforderungen notwendig macht. Weiterhin scheinen der Erhalt eines drogenfreien Freundeskreises und die Bewahrung von Rückzugsmöglichkeiten wie z. B. bei der Familie oder anderen drogenszenefernen Orten eine wichtige Rolle zu spielen.

Im Gegensatz zum medialen Bild des rauchbaren Kokains als eine Substanz, deren moderater Konsum aufgrund des hohen Suchtpotentials nicht möglich ist, gibt ein großer Teil der Erhebungsteilnehmer Hinweise auf ein kontrolliertes Konsumverhalten. So scheint ein kontrollierter Gebrauch des rauchbaren Kokains also grundsätzlich möglich zu sein und wie der Umgang mit anderen Substanzen nicht nur von den pharmakologischen Eigenschaften der Droge und der Persönlichkeit des Konsumenten, sondern auch von dessen Lebenswelt beeinflusst zu sein. Um diese Zusammenhänge vertiefender herausarbeiten zu können, wäre eine weitere qualitative Forschung unter sozial integrierten Konsumenten außerhalb drogenbezogener Szenen von großer Bedeutung.

5.3 Ergebnisse der qualitativen Erhebung

Im Folgenden werden die Ergebnisse der qualitativen Befragung dargestellt, die mittels Face-to-Face-Interviews einen vertieften Einblick in das Konsumverhalten von Crackkonsumenten, beeinflussende Faktoren, Besonderheiten der Substanz und persönliche Kontrollstrategien der befragten Crackgebraucher bietet. Der größte Teil der Befragten wurde über niedrigschwellige Einrichtungen der Drogenhilfe in Frankfurt, Hannover und Hamburg angesprochen. Insgesamt fließen 20 Interviews mit dieser Konsumentengruppe in die Auswertung ein. Zusätzlich werden fünf Interviews mit Crack gebrauchenden Konsumenten außerhalb der offenen Drogenszene analysiert (siehe Kap. 5.1.4). Da durch die größere Anzahl an Interviews mit Szenegängern ein tieferer Einblick in das Konsumverhalten dieser Gebraucher möglich ist, werden die Konsummuster und Konsumerfahrungen dieser Konsumentengruppe im Zentrum der Auswertung und Ergebnisdarstellung stehen. Am Ende eines jeden Abschnittes werden wichtige Aspekte der Interviews der szenefern befragten Crackgebraucher zusammengefasst dargestellt.

Um einen Eindruck von der Stichprobe und ihrer Beschaffenheit zu erhalten, werden zunächst die soziodemographischen Daten der Interviewpartner vorgestellt. Anschließend folgt ein Blick auf ihr Konsumverhalten im Umgang mit verschiedenen Substanzen. Im Hauptteil dieser Ergebnisdarstellung werden die ersten Erfahrungen der Konsumenten mit dem rauchbaren Kokain sowie ihr aktueller Umgang mit der Substanz dargestellt. Besondere Aufmerksamkeit wird nach der Darstellung abhängiger Verhaltensweisen auf selbstregulierende Verhaltensweisen, Gebrauchsregeln und Kontrollstrategien sowie den Konsum beeinflussende Faktoren gelegt.

5.3.1 Soziodemographische Daten der Konsumenten

5.3.1.1 Alter und Geschlecht

Bei den befragten Konsumenten der offenen Drogenszene handelte es sich um sechs Frauen (30 %) und 14 Männer (70 %). Das Durchschnittsalter der Gebraucher liegt bei 35,2 Jahren[55]. Betrachtet man die Befragten getrennt nach den Geschlechtern, zeigt sich ein sehr ähnliches Alter. Es beträgt bei den befragten Frauen 34,8 Jahre und bei den Männern 35,3 Jahre. Die männlichen Interviewpartner sind damit nur geringfügig älter als die weiblichen.

Der vorliegende Anteil an Frauen und Männern ähnelt der allgemein angenommenen Verteilung der beiden Geschlechter innerhalb der Drogenszene. Regelmäßig in Frankfurt stattfindende Szenebefragungen orientieren sich bereits im Studiendesign an einer ein-Drittel-zu-zwei-Drittel-Verteilung der Geschlechter. Das Alter der hier vorliegenden Befragungsteilnehmer ist dem Durchschnittsalter von 35,7 Jahren der mit der Frankfurter Szenebefragung von 2006 erreichten 150 Szenegänger sehr ähnlich (Müller et al. 2007, S. 16). Auch in der von Müller et al. (2007) vorgenommenen Analyse der Szenebefragungen im Hinblick auf Konsumenten rauchbaren Kokains zeigen sich kaum Unterschiede. Sie benennen ein Durchschnittsalter der CrackkonsumentInnen in den Jahren 2002 bis 2004 von etwa 35 bis 36 Jahren (S. 153). Damit konnten in der vorliegenden Untersuchung Konsumenten befragt werden, die sich in ihrem Alter nicht von den in anderen Studien erreichten Crackgebrauchern der offenen Drogenszene unterscheiden.

Die in der vorliegenden Untersuchung außerhalb der Drogenszene befragten Konsumenten setzen sich aus einer Frau und vier Männern zusammen[56]. Ihr Durchschnittsalter lag bei 32,6 Jahren und ist damit etwas niedriger als das der Interviewpartner der offenen Drogenszene.

5.3.1.2 Nationalität

Die 20 Konsumenten der offenen Drogenszene sind zu 85 % deutscher Staatsangehörigkeit. 15 % verfügten über eine jeweils andere europäische Staatsangehörigkeit. Damit liegt der Anteil der Deutschen gegenüber den in der Szenebefragung erreichten Konsumenten etwas höher (2002–2004: zw. 75 und 79 % mit deutschem Pass in Müller und 2007, S. 153).

Die fünf außerhalb der Szene befragten Gebraucher sind alle deutsche Staatsangehörige. Zwei Befragte haben jedoch einen Migrationshintergrund.

5.3.1.3 Ausbildungsstand und aktuelle Einkommenssituation

Alle 20 Befragten der offenen Drogenszene verfügen über einen Schulabschluss. Davon verließen über die Hälfte (12/60 %) die Schule mit einem Haupt- und 10 % (zwei Befragte) mit einem Sonderschulabschluss. Drei der Befragten beendeten

---

[55] MW 35,2, Min 21/Max 55, SD 8,96– bei den Konsumenten außerhalb der Drogenszene MW 32,6, Min 22/Max51, SD 10,9.

[56] In der Ergebnisdarstellung wird die befragte Frau aufgrund der geringen Fallzahl zur nochmaligen Erhöhung des Anonymitätsgrades in männlicher Form dargestellt.

ihre Schulbildung mit einen Realschulabschluss und drei mit Abitur (jew. 15%). In der Befragung Frankfurter Crackkonsumenten hatten im Jahr 2004 52 % einen Hauptschul- und 25 % einen Realschulabschluss, während 11 % das Abitur erreichten (Müller et al. 2007, S. 154).

Mehr als die Hälfte der vorliegenden Befragten (12/60 %) schloss mindestens eine Berufsausbildung ab; acht von ihnen eine Lehre im Handwerk, zwei eine Lehre in Büro und Verwaltung. Eine Konsumentin gab an, ein Studium in einem anderen Land abgeschlossen zu haben.

Alle 20 Befragten der Drogenszene waren zum Gesprächszeitpunkt ohne eine feste Arbeitsstelle. 19 Konsumenten leben von staatlichen Unterstützungsleistungen. Lediglich eine Konsumentin erhält keine dieser Leistungen sondern finanziert ihren Lebensunterhalt hauptsächlich über Prostitution. Vier der 20 erreichten Konsumenten (jeweils zwei Frauen und zwei Männer) verdienen sich im Rahmen von 1,50 €-Jobs in Arbeitstrainingsprogrammen etwas Geld dazu. In der bereits zitierten Untersuchung von Müller et al. (2007) verfügten im Jahr 2004 3 % der Szenegänger über eine Vollzeitbeschäftigung (S. 154). Auch wenn damit in jener Studie regulär beschäftigte Konsumenten erreicht werden konnten, stellt eine Beschäftigung in der offenen Drogenszene doch eher eine Ausnahme dar. Insofern unterscheiden sich die vorliegend Befragten nicht wesentlich von befragten Gebrauchern anderer Studien.

Die außerhalb der Drogenszene erreichten Konsumenten verfügen alle über einen Schulabschluss. Drei der Befragten verließen die Schule mit der mittleren Reife und zwei mit Abitur. Jedoch haben nur drei der fünf Konsumenten eine Berufsausbildung abgeschlossen. Wie die Konsumenten der Drogenszene üben alle fünf szenenfern befragten Konsumenten zum Interviewzeitpunkt keine reguläre Beschäftigung aus. Während drei der Gebraucher Arbeitslosengeld II erhalten, lebt ein Befragter von einer Rente und einer von erspartem Geld.

5.3.1.4 Familienstand und Kinder

16 der 20 befragten Szenegänger (80 %) waren zum Erhebungszeitpunkt ledig. Sechs von ihnen leben jedoch in einer festen Partnerschaft. Vier Personen sind geschieden (15 %) oder verheiratet, aber getrennt lebend (5 %). Acht der Befragten haben ein oder mehr Kinder, wobei lediglich ein männlicher Konsument mit seinem Kind zusammenlebt. Die Kinder der anderen Interviewpartner waren überwiegend bereits erwachsen oder lebten bei dem anderen Elternteil, seltener in Pflegefamilien. Differenziert man diese Ergebnisse nach den Geschlechtern, so sind 11 (85,7 %) der männlichen Konsumenten ledig. Drei von ihnen lebten zum Erhebungszeitpunkt in einer Partnerschaft. 14,3 % der Männer sind geschieden. Insgesamt haben 6 der 14 befragten Männer ein oder zwei Kinder. Von den sechs innerhalb der Befragung

erreichten Frauen, sind vier ledig, wovon drei in einer festen Partnerschaft leben. Eine Frau ist verheiratet, lebt aber von ihrem Mann getrennt. Eine weitere Konsumentin ist geschieden. Zwei der Frauen haben zwei und mehr Kinder. Keine lebt mit diesen Kindern zusammen.

Die 2004 in der Frankfurter Drogenszene befragten Crackkonsumenten waren zu 67 % ledig, zu 12 % verheiratet und zu 18 % geschieden (Müller et al. 2007, S. 153). Damit ist die Zahl der noch nie Verheirateten in der vorliegenden Untersuchung etwas höher.

Drei der fünf außerhalb der Drogenszene befragten Konsumenten sind ledig, wobei nur einer in einer aktuellen Partnerschaft lebt. Die zwei weiteren Gebraucher sind geschieden oder getrennt lebend. Beide dieser Gesprächspartner haben jeweils ein Kind, wobei das zum Interviewzeitpunkt minderjährige Kind des einen Konsumenten mit diesem zusammenlebt. Zudem hat er eine neue feste Partnerin, die jedoch nicht mit ihm und dem Kind in der gemeinsamen Wohnung lebt.

5.3.1.5 Aktuelle Wohnsituation

Nur sieben (35 %) der in der Szene interviewten Personen verfügen über einen festen Wohnsitz in einer eigenen (Miet-)Wohnung. Davon leben drei Gebraucher mit ihrem Partner bzw. ihrer Partnerin zusammen. Wie es in diesem Feld zu erwarten war, leben die meisten Interviewpartner in wenig gesicherten Umständen, in einer Notunterkunft der Drogen- oder Obdachlosenhilfe (50 %) oder bei Freunden und Bekannten (15 %). Differenziert man die Wohnsituation nach Geschlechtern, zeigt sich, dass über die Hälfte der Männer (64,2 %) in einer Notunterkunft oder vorübergehend bei Bekannten lebt. Bei den Frauen ist der Anteil an Konsumentinnen mit einer solch ungesicherten Wohnsituation mit etwa 66,6 % gleich hoch. Das sind zwei Frauen, die in einer Notunterkunft und zwei Frauen, die bei Freunden und Bekannten leben.

Einige Konsumenten nutzen die Notschlafstellen bereits über einen längeren Zeitraum, teilweise über Jahre. Ein weiterer Teil der Gebraucher berichtet über eine gewisse Rastlosigkeit in ihren verschiedenen Unterkünften. Infolge der fehlenden festen Wohnung nutzen sie wechselnde Schlafmöglichkeiten, neben Notunterkünften z. B. auch bei Freunden und Bekannten.

> **Interv.:** Wo wohnst du momentan?
> **Theo:** Na mal da, mal da. Jetzt im Moment bei ner Freundin, und, na vorher die Zeit im Knast und davor im [Name einer Drogenhilfeeinrichtung] war ich und auch hier.
> **Interv.:** Seit wann hast du keine eigne Wohnung mehr.
> **Theo:** Ähm, seitdem ich hier verkehre, seit drei Jahren ungefähr. Also bzw. nee, noch vorher, Entschuldigung. Eigene Wohnung war 2001 war die eine weg, da hab ich wieder eine gehabt, doch seit drei Jahren. [134, 21–27]

5.3 Ergebnisse der qualitativen Erhebung

> **Paul:** Also ich kam vorgestern aus'm Knast. Also, ich war nur 14 Tage U-Haft, und ich will halt ne Tagestherapie machen. Ne Tagestherapie in S. und wollte mir deswegen jetzt in S. ne Wohnung suchen. (...)
> **Interv.:** Aber momentan wohnst du in solchen Einrichtungen wie hier?
> **Paul:** Überall mal, ja. [157, 23–28]

Im Vergleich unterscheiden sich die mit der vorliegenden Erhebung erreichten Konsumenten rauchbaren Kokains bezüglich ihrer Wohnsituation kaum von Szenegängern der Frankfurter MOSyD-Studie. Dort lebten jedoch anteilig noch etwas weniger Konsumenten (31 %) in eigenem Wohnraum (Müller et al. 2007, S. 20). In der Befragung Frankfurter Crackkonsumenten im Jahr 2004 lebten 38 % allein oder mit ihrem Partner in einer eigenen Wohnung und 37 % in einer Notunterkunft (Müller et al. 2007, S. 154). Damit ist der Anteil der Gebraucher mit einer eigenen Wohnung in der vorliegenden Untersuchung etwa gleich hoch, während die Unterbringung in einer Notunterkunft etwas stärker vertreten ist. Dies kann jedoch auch an der Ansprache der Gebraucher über Drogenhilfeeinrichtungen, die teilweise selbst Notschlafplätze anbieten, liegen. Wohingegen die Frankfurter Szenestudien Konsumenten auch außerhalb der Einrichtungen ansprechen.

Im Gegensatz zu den Konsumenten der offenen Drogenszene verfügten alle außerhalb der Szene erreichten Interviewpartner zum Befragungszeitpunkt über eine eigene Wohnung, wobei ein Gebraucher kurz vor einem Auszug aus seiner Wohnung stand und zum Interviewzeitpunkt noch keine neue Wohnung gefunden hatte.

Zusammenfassend kann festgehalten werden, dass in der vorliegenden Untersuchung Szenegänger erreicht wurden, die im Durchschnitt 35 Jahre alt und ledig sind. Sie leben überwiegend in Einrichtung der Drogen- und Obdachlosenhilfe oder in eigenem Wohnraum. Sie alle verfügen über einen Schulabschluss und mehr als die Hälfte zudem über eine abgeschlossene Berufsausbildung. Keiner der Gebraucher ist in einem regulären Arbeitsverhältnis angestellt, jedoch sind 20 % in einer Arbeitsgelegenheit beschäftigt. Im Vergleich zu anderen Studien in der Drogenszene unterscheiden sich die hier erreichten Szenegänger in ihren soziodemographischen Merkmalen nicht wesentlich von anderen Crackgebrauchern der Drogenszene.

Die Konsumenten, die außerhalb der Drogenszene befragt wurden, sind im Durchschnitt 33 Jahre alt, sind ledig oder geschieden und leben alle in einer eigenen Wohnung. Sie haben alle einen Schulabschluss, jedoch haben nur drei eine Berufsausbildung abgeschlossen. Keiner der Gebraucher ist in einem festen Arbeitsverhältnis angestellt. So konnten also in dieser Gruppe Konsumenten erreicht werden, die nicht in Notunterkünften oder auf der Straße leben, und darüber in normale Zusammenhänge integriert sind. Jedoch konnte niemand erreicht werden, der zudem berufstätig ist.

5.3.2 Allgemeine Drogenerfahrung

Alle befragten Konsumenten verfügen über vielfältige Erfahrungen mit den verschiedensten Drogen. Dies gilt sowohl für die Konsumenten der offenen Drogenszene als auch für die außerhalb der Szene erreichten Crackgebraucher. Deutlich wird, dass die meisten Erfahrungen mit anderen Drogen vor dem Erstkonsum des rauchbaren Kokains lagen. Die Konsumenten kannten also bereits verschiedene andere Substanzen, bevor sie das rauchbare Kokain probierten. Demnach stellte das rauchbare Kokain nicht den Einstieg in den Drogenkonsum dar.

Tabak und Alkohol Nicht alle Konsumenten begannen bereits in sehr jungen Jahren mit dem Drogenkonsum. Die ersten Erfahrungen mit Alkohol und Tabak lagen jedoch bei allen Gebrauchern im Teenageralter. Im aktuellen Substanzgebrauch spielt zwar für jeden Befragten das Rauchen von Tabak eine große Rolle, aber auffallend wenige konsumieren Alkohol. Lediglich ein Viertel der Befragten gab an, in den letzten 12 Monaten Alkohol getrunken zu haben. Nur ein Interviewpartner benannte, mindestens einmal in der Woche kleine Mengen Alkohol in Form von Bier zu trinken.

Im aktuellen Konsumverhalten der meisten Befragten hat Alkohol also keine hohe Bedeutung. Teilweise lehnen die Konsumenten Alkohol sogar strikt ab, halten ihn für eine riskante Substanz und sind nach Beobachtungen negativer Beispiele eher davon abgeschreckt.

Ralf: Ja. Ja. Ich wüßte net, was gefährlicher ist... Ich wüßte net, was gefährlicher ist. Vielleicht Alkohol noch. Weil, das ist nicht zu verachten. Alkohol. Auch wieder aus Erfahrung. Entgiftung, hab ich mit nem Alkoholiker entgiftet. Aber hallo, da bin ich ja noch ein Waisenkind dagegen. [63, 31–34]

Beatrice: Aber Alkohol war nie mein Ding, da mein Vater war Alkoholiker und davor ekelt mich. Wenn ich was trinke, dann vergesse ich halt, mach ich irgendwie (unverständlich). Is nicht mein Ding. [285, 13–15]

Theo: Ich trink halt net unbedingt gern, wenn dann vielleicht so Wochenende mal n Bier oder wie auch immer. Ich rauch halt lieber mal so ne Pfeife oder zieh mir meine Nase. [133, 14–16]

Alkohol kann in Phasen, in denen auf illegale Drogen verzichtet wird, an Bedeutung gewinnen. So gaben zwei der in der Drogenszene Befragten an, schon einmal in ihrem Leben mehr als ‚normal üblich' Alkohol getrunken zu haben. Dieser übermäßige Alkoholgenuss fand bei beiden Interviewpartnern während einer Abstinenzphase von illegalen Substanzen, quasi als Ersatz für die zuvor konsumierten

5.3 Ergebnisse der qualitativen Erhebung

Drogen, statt. Einer der beiden Interviewpartner gab an, während einer Anstellung in einer Brauerei mit dem übermäßigen Genuss begonnen zu haben. Dies lag seines Erachtens in hohem Maße daran, dass fast alle Kollegen tranken:

> **Ludwig:** Und da hab ich den Fehler meines Lebens gemacht, hab ich bei Brauerei angefangen zu arbeiten. Weißt du, und nach drei Monaten, du trinkst jeden Tag deine Flasche Limo. Willste was trinken, gehst zum Kühlschrank, alle saufen Bier. Weißt du? Und da hab ich gesagt, was ihr könnt, kann ich auch. Und da hab ich so kleine Strapse getrunken, weil ich bin gar kein gesoffen. Nach vier Monaten war ich vierzig Kilo zugenommen, Kasten Bier, Kasten Schnaps, äh, hab ich gefragt: „Was trinken wir jetzt?" Und dann ist es soweit gegangen, dass ich äh zuletzt gebraucht hab, 200 Mark an Kiosk, [um] besoffen zu werden. (...)
> **Interv.:** Und wie hast du dann wieder aufgehört mit dem Alkoholkonsum?
> **Ludwig:** Bin wieder zu meinen alten (unverständlich) zurückgefunden, zu Dope. Weil, ich hab nie gemischt, weißt du. Entweder Alkohol oder Drogisten, weißt du. Aber beides nie. [87, 21–33]

Wie bei diesem Gebraucher vollzog sich der starke Alkoholkonsum auch bei dem weiteren Interviewpartner während einer Abstinenzphase von illegalen Drogen. Beide Konsumenten waren zudem in dieser Konsumphase über einen Arbeitsplatz in alltägliche, bürgerliche Lebenszusammenhänge integriert. Es entsteht der Eindruck, dass der legale Alkohol bei den vorliegenden Konsumenten nicht oder nur selten mit dem illegalen Substanzgebrauch vermischt wird.

Auch bei den Konsumenten außerhalb der Drogenszene spielt der Alkoholkonsum eine eher geringe Rolle. Von den fünf Konsumenten gaben drei an, ab und zu Alkohol zu trinken, zwei von ihnen jedoch nur sehr selten. Einer der außerhalb der Drogenszene befragten Interviewpartner gab an, aktuell häufiger Alkohol zu trinken. Er habe alle illegalen Drogen und auch den Tabakkonsum hinter sich gelassen und habe in letzter Zeit aufgrund von Beziehungsproblemen vermehrt zu Alkohol gegriffen. Er plane jedoch, auch dies wieder zu verringern. Auch bei ihm zeigt sich also eine Hinwendung zu Alkohol während der Abstinenz von illegalen Substanzen.

Cannabis, Ecstasy, Amphetamine und Halluzinogene Nach den ersten Erfahrungen mit Alkohol und Tabak konsumierten fast alle Befragten als erste illegale Droge Cannabis, also Marihuana oder Haschisch. Durchschnittlich rauchten die Konsumenten der offenen Drogenszene mit ca. 15 Jahren (außerhalb der Szene: Durchschnittsalter ebenfalls ca. 15 Jahre[57]) ihren ersten Joint im Freundeskreis. Damit

---
[57] Eine genaue Angabe des durchschnittlichen Einstiegsalters in den Cannabisgebrauch ist aufgrund der häufig unpräzisen Angabe schwierig. Dennoch ist davon auszugehen, dass sich die Gebraucher außerhalb der Szene nicht wesentlich von denen innerhalb der Szene erreichten unterscheiden.

benannten die Konsumenten ein ähnliches Einstiegsalter in den Cannabisgebrauch, wie in anderen Studien zum Substanzkonsum in offenen Drogenszenen (Müller et al. 2007, S. 27). Jedoch war der Gebrauch in der Peer Group nicht bei jedem der ausschlaggebende Grund, zu Cannabisprodukten zu greifen. Im Falle von Franz bedeutete der Konsum psychotroper Substanzen stets eine Entlastung und Ablenkung vom belastenden Beruf. Schon bevor er ‚härtere' Drogen zu sich nahm, wurden die Substanzen bewusst nach ihrem Risiko für den Alltag ausgewählt:

> **Franz:** Ja. Ich hab ziemlich spät angefangen mit Drogen also, ich hab bis ich 18 war so gut wie gar keinen Alkohol getrunken auch gar nicht geraucht. Ich hab viel Sport gemacht. Und ähm, plötzlich so mit 18, wo ich angefangen hab, Auto zu fahren, wo die anderen getrunken haben, hab ich angefangen zu kiffen. Damit ich nicht erwischt werde, damals konnte man eben mit Kiffen nicht erwischt werden. [250 f., 39-2]

Der Gebrauch von Cannabisprodukten scheint im aktuellen Drogenkonsum der Befragten der offenen Drogenszene nicht übermäßig stark vertreten zu sein. Viele Konsumenten stellten über die Jahre das Rauchen von Cannabis ein. Insgesamt gaben mit 40 % weniger als die Hälfte der Befragten an, in den letzten 12 Monaten vor dem Interview Cannabisprodukte konsumiert zu haben. Lediglich vier dieser Konsumenten rauchten Marihuana oder Haschisch mindestens einmal in der Woche. Bei den anderen Konsumenten beschränkt sich der Gebrauch auf einige wenige Male im Monat oder noch seltener[58]. Dabei wird Cannabis vorwiegend von den Konsumenten gebraucht, die nur selten oder gelegentlich rauchbares Kokain konsumieren. Sie nutzen Cannabis zum Teil ganz bewusst zur Beruhigung oder zur Entspannung am Abend, dann, wenn die Pflichten des Tages erledigt sind. In der Bewertung des Konsumverhaltens klingt dabei häufig eine Genussabsicht mit, die nicht mit Sucht oder Kontrollverlust gleichgesetzt wird. Insofern hebt sich die Substanz in der Bewertung von den anderen Drogen ab.

> **Sascha:** Also, ich trink kein Alkohol, ich hab das eben gern, so wenn abends alles erledigt ist, Kinder im Bett sind und so, dass ich dann meinen Kopf rauche, wenn dann Feierabend ist und Ruhe einkehrt. Sind auch nicht so die Mengen, aber es ist halt regelmäßig. [321, 35–38]

> **Tom:** Ja natürlich THC. THC und…Das war's….So mit Alkohol hab ich's immer noch nicht. Ich trinke ganz gerne mal ein Bier, was jetzt auch in der Zeit wieder vorkam, aber…ja wie gesagt, das, das ist eher mehr oder minder, das, das ist nicht zu erwähnen. THC ist genauso. Da hab ich 'ne Kontrolle drüber. [267, 35-38]

---

[58] Von einem Befragten fehlt eine Angabe zu seiner Konsumintensität gegenüber Cannabisprodukten.

5.3 Ergebnisse der qualitativen Erhebung

Ralf: Ach du, wir haben ja ganz vergessen, also ich rauch jeden Tag mein Hasch. Haschisch rauch ich schon, das definitiv. Ich hab ne dicke Wasserblubber, die muss ich mir jeden Tag geben. Zur Beruhigung. [54, 1–3]

Bei den außerhalb der Drogenszene erreichten Crackgebrauchern hat der Cannabiskonsum eine höhere Bedeutung. Vier der fünf Crackerfahrenen konsumieren aktuell Haschisch oder Marihuana, drei davon fast täglich.

Die Hälfte der Befragten in der Drogenszene verfügt über Erfahrungen mit Ecstasy und/oder Amphetaminen. Ebenfalls zehn Personen der Drogenszene gaben an, jemals in ihrem Leben LSD und/oder psychotrope Pilze konsumiert zu haben. Bei beiden Substanzgruppen lag das durchschnittliche Einstiegsalter bei 17 Jahren. Dies entspricht in etwa der Zeit, in der Jugendliche beginnen in Diskos und zu Techno-Partys zu gehen und dort mit den Substanzen in Berührung kommen. Insofern wurde der Konsum von Ecstasy und Amphetaminen von den Befragten vorrangig in einem Zusammenhang mit dem Party- und Diskosetting benannt.

Mario: So, dann durfte ich halt mit 16 in die Disko rein, hab ich immer noch die ganze Zeit nur gekifft. Und dann durft ich halt irgendwann auch in die Diskos, also immer noch net, weil ich ja eigentlich 18, aber die haben mich immer so reingelassen. Dann hab ich angefangen mit Ecstasy halt, aber auch immer nur so gelegentlich. [104, 10–14]

Paul: Hab ich halt viel gekifft. Das ging auch so weiter, ähm, bis ich 16 war, und dann kam halt so ne Technozeit von mir mit Ecstasy, Speed, vier, fünf Mal LSD. [157, 2–3]

Jene Konsumenten behielten den Gebrauch dieser typischen Partydrogen nur solange bei, wie sie in den entsprechenden Kreisen der Partyszene verkehrten. Andere Interviewpartner, die diese Substanzen jemals konsumierten, berichten von einem Probierkonsum, der nach wenigen Malen wieder eingestellt wurde. Keiner der Befragten gab an, nach wie vor Ecstasy, Amphetamine oder Halluzinogene zu konsumieren. Die letzten Erfahrungen lagen für alle Gebraucher schon eine längere Zeit zurück.

Gerade Ecstasy und Amphetamine werden mit der Party- und Technoszene in Verbindung gebracht, das heißt mit vorwiegend jungen Menschen, die am Wochenende ‚feiern gehen'. Dieses Image passt nur wenig zur Realität der Drogenszene, in der sich fast alles um die Beschaffung und den Konsum von Drogen dreht. Verschiedene Studien zum Gebrauchsverhalten der Konsumenten der offenen Drogenszene bestätigen diese Beobachtungen (z. B. Müller et al. 2007). Neben der Präferenz anderer Drogen und der geringeren Verbreitung der genannten Substanzen in der Szene, spielen auch Vorbehalte der Konsumenten gegenüber den Substanzen eine Rolle. Gerade LSD wird von einigen Befragten aufgrund ihrer starken und speziellen Wirkung als eine in ihrer Gefährlichkeit nicht zu unterschätzende Droge gesehen, der sie großen Respekt entgegenbringen. Und so blieb es für die meisten der Konsumenten bei einem Experimentierkonsum, der nicht beibehalten wurde.

> **Interv.:** Hast du auch schon mal so Amphetamine genommen? Ecstasy?
> **Ralf:** Psylocibin, alles, was es gibt. Hab ich alles genommen, ja.
> **Interv.:** In größeren Mengen?
> **Ralf:** Nee. Nee, wie Trips und den ganzen Kram, das sind alles bei mir negative Erfahrungen, wo ich damit gemacht hab. Wie Psylocibin, Pilze, Fliegenpilze. [56, 23–27]

Die Konsumenten, die außerhalb der Drogenszene interviewt wurden, verfügen ebenfalls über Erfahrungen mit Ecstasy/Amphetaminen sowie LSD und/oder psychoaktive Pilze, jedoch konsumiert nur einer diese Substanzen auch aktuell in einem nennenswerten Maße.

> **Patrick:** Im letzten Monat ist viel Kokain und Ecstasy. Und Kiffen, THC und so. Das rechnet man ja schon gar nicht mehr als Droge dazu. Was auch ganz schön schlimm ist eigentlich so. [348, 36–38]

Jener Konsument hatte in den ersten Jahren des Konsums illegaler Drogen eine intensive Phase eines Ecstasy- und Amphetamingebrauchs. Auch im aktuellen Gebrauch spielen diese Substanzen eine größere Rolle. Ein weiterer Konsument berichtete ebenfalls von einer massiven Ecstasy-Konsumphase in der Vergangenheit. Diese hing in hohem Maße mit seiner damaligen Umgebung zusammen. So hielt er sich in dieser Zeit viel in der Diskoszene auf, was den Konsum dieser typischen Partydroge begünstigte. Zum Zeitpunkt des Interviews spielte der Konsum dieser Substanzen jedoch schon einige Jahre keine Rolle mehr für ihn.

Heroin, Substitutionsmittel und Benzodiazepine Als typische Substanz der offenen Drogenszene verfügen alle befragten Szenegänger über ausgeprägte Erfahrungen mit Heroin. Der Erstkonsum dieser Substanz lag bei allen Konsumenten vor den ersten Erfahrungen mit Crack oder Freebase. Jedoch mündete der erste Konsum nicht bei jedem sofort in einen regelmäßigen Gebrauch. Häufig begannen die Konsumenten mit einem gelegentlichen Konsum, der dann mit der Zeit stärker wurde.

Drei Konsumenten berichteten, dass der Heroinkonsum erst zunahm oder wieder aufgenommen wurde, als sie mit dem Gebrauch von Crack begannen. Sie benötigten das Heroin vor allem, um die im fortgesetzten Konsum des rauchbaren Kokains als negativ erlebte Wirkung aufzuheben und das erlebte starke Verlangen

5.3 Ergebnisse der qualitativen Erhebung

nach dem rauchbaren Kokain zu dämpfen. Mit der Steigerung des Crackkonsums ging bei ihnen damit auch ein Anstieg des Heroingebrauchs einher.

> **Albert:** Das war, äh, wart mal, '98 hab ich das erste Mal Heroin gezogen, gelegentlich einmal im Monat, mal aller zwei Monate ne Nase. Und '99 oder so war das dann regelmäßig angefangen. [4, 24–26]

> **Lisa:** Da hab ich, bin ich irgendwann so auf auf Crack abgedriftet und hab (betont:) dann verstärkt Heroin genommen, was ich vorher nur einmal im Jahr gemacht hab. Ähm, in diesem Crack war weniger Koks als drin sein sollte und dann zum Runterkommen immer auf Heroin hängen, also immer öfter Heroin genommen. Und dann bin ich heroinabhängig gewesen. Was vorher nie so richtig der Fall war, weil ich's nur ein-, zweimal im Jahr war, im Urlaub. [18, 16–21]

Innerhalb der letzten 12 Monate vor dem Interview nahmen 17 Befragte (85 %) Heroin. Davon gaben aber nur acht Personen an, Heroin täglich zu konsumieren. Fünf Befragte nahmen Heroin weniger als einmal im Monat. Der Hauptgrund für einen so geringen täglichen Gebrauch des Heroins liegt in erster Linie an dem großen Anteil an Konsumenten, die sich in Substitutionsprogrammen befinden. 16 der 20 Befragten waren schon einmal in einer Substitutionsbehandlung oder erhielten Methadon während einer Inhaftierung. Zum Zeitpunkt des Interviews befanden sich 55 % der Befragten in einer offiziellen Substitutionsbehandlung mit Methadon oder Buprenorphin. Eine weitere Konsumentin besorgte sich täglich ein Opioidsubstitut auf dem Schwarzmarkt. Aufgrund ihres fehlenden Aufenthaltsstatus war es ihr nicht möglich, wieder in eine offizielle Substitutionsbehandlung einzutreten. Der große Anteil an Substituierten an der Befragung kann ein Hinweis auf eine nicht zu unterschätzende Bedeutung des rauchbaren Kokains als Begleitdroge einer solchen Maßnahme sein. So weisen einige Autoren darauf hin, dass die mit Substituten Behandelten eine wichtige Gruppe unter den Crackkonsumenten darstellen (Heinz 1999 zit. n. Stöver 2001; Degkwitz und Verthein 2000; Fischer et al. 2005).

Neben Heroin und Substitutionsmitteln spielen in der offenen Drogenszene verschreibungspflichtige Medikamente, allen voran Benzodiazepine eine wichtige Rolle (Müller et al. 2007). Dies bestätigt sich auch unter den hier Befragten. 75 % der Interviewpartner berichteten von mehr oder weniger intensiven Erfahrungen mit diesen Medikamenten. Häufig entwickelte sich ein Gebrauch dieser Substanzen fast automatisch im Laufe der Erfahrungen mit dem Heroinkonsum. Über die Hälfte der Befragten konsumierte auch innerhalb der letzten 12 Monate vor der Befragung vor allem Benzodiazepine. Darunter waren acht Personen, die Medikamente täglich zu sich nehmen. Zwei nutzen Benzodiazepine seltener als einmal im Monat.

So wie Heroin spielen Medikamente für viele Gebraucher eine Rolle im gleichzeitigen Konsum mit Kokainprodukten, zum Teil auch alle drei Substanzgruppen gemeinsam. So wird von einem Teil der Konsumenten Heroin gemeinsam mit Benzodiazepinen und Crack oder Kokain aufgelöst und als sogenannter ‚Frankfurter Cocktail' intravenös konsumiert.

> **Paul:** Ja. Also mittlerweile. Früher hab ich's halt wie gesagt, wo die Zeit war gelegentlich Heroin, hab ich eigentlich nur Koka oder Stein genommen und halt ab und zu Heroin zum Runterkommen. Und jetzt mach ich mir nur noch Cocktails. [160, 39–41]

Auch vier der fünf außerhalb der Drogenszene erreichten Konsumenten verfügen über Erfahrungen mit Heroin, drei über Erfahrungen mit verschreibungspflichtigen Medikamenten. Zwei Gebraucher berichteten von einem abhängigen Heroinkonsum in der Vergangenheit, der zur damaligen Zeit auch zu Kontakten mit der Drogenszene führte. Beide Konsumenten nutzen schon seit längerer Zeit kein Heroin mehr, wobei einer der beiden Konsumenten in einem Substitutionsprogramm ist und der andere aus gesundheitlichen Gründen Morphium erhält.

Bei den anderen beiden Opiaterfahrenen stellte der Heroinkonsum lediglich eine Substanz von vielen dar, die nicht regelmäßig und nicht in einem abhängigen Maße konsumiert wurde. Bei ihnen klingt eine Abschreckung durch das Image der Droge und die bekannten ‚Schreckensbilder' von Heroinabhängigen in den offenen Drogenszenen an. So wird ein Heroinkonsum von ihnen als eine weitere Verschärfung des Drogenkonsums gesehen, die sie verhindern wollen. Auch der Konsum von Benzodiazepinen oder Barbituraten, der ebenfalls von einem der beiden Konsumenten angegeben wurde, blieb auf Ausnahmen beschränkt und entwickelte sich nicht zu einem regelmäßigen Gebrauch.

> **Interv.:** Hast du jemals Heroin konsumiert?
> **Patrick:** Ja. Aber, aber, also auf Heroin war ich auch nicht drauf, nur so als Ergänzung, Beigebrauch eben.
> **Interv.:** Irgendwelche Medikamente? Benzos, Barbiturate?
> **Patrick:** Ja, ab und zu in Notfällen. Also, wenn ich so voll durchgeknallt bin, und absolut nicht schlafen konnte, gar nichts. Dann auch sowas.
> **Interv.:** Also, zum Schlafen dann eher?
> **Patrick:** Ja. Ja, ich halt auch nichts von, sich mit diesem Medikamentenscheiß vollzuklatschen. Leute, die auf H sind, die sind mir auch nicht geheuer. Was die sich alles parallel so reinfahren, dann hier links und rechts. Das ist schon… [348, 18–27]

Kokainhydrochlorid Alle Interviewpartner der offenen Drogenszene konsumierten Pulverkokain bereits vor ihrem ersten Gebrauch des rauchbaren Kokains und verfügten zum Teil über jahrelange Erfahrung mit dieser Substanz. Einige Konsumenten nutzten das Kokainpulver zunächst wie Ecstasy oder Amphetamine als eine Partydroge im Diskosetting. Andere Gebraucher kamen mit Kokain in Kontakt, als sie sich bereits in der Drogenszene aufhielten.

Im aktuellen Konsumverhalten ist ein deutlicher Unterschied zwischen den Konsumenten der verschiedenen Städte zu bemerken. So richtet sich der Gebrauch von Pulverkokain stark nach der Verfügbarkeit in der Szene. Während die in Hannover erreichten Interviewpartner mit einer Ausnahme einen mehr oder weniger regelmäßigen Konsum von Kokainhydrochlorid verfolgen, findet dieser bei den Gebrauchern aus Hamburg und Frankfurt kaum noch bis gar nicht mehr statt. Deutlich benennen die dortigen Konsumenten einen Bedeutungswandel in der Drogenszene und die Verdrängung des Pulverkokains durch Crack, was auch eine Umstellung der Konsumgewohnheiten der Szenegänger zur Folge hatte.

Interv.: Nimmst du momentan noch Kokainpulver?
Franz: Nein, gar nicht, aber auch, weil's so gut wie gar nicht zu kriegen gibt. [252, 37–38]

Interv.: Nimmst du jetzt aktuell noch Pulver?
Ludwig: Nein, weil, äh (hustet) überall kriegst du nur noch nachgeschmissen die scheiß Steine, weißt du. Und ich, äh, such net besonders... Ich renn net hinterher unbedingt, weißt du. Weil inzwischen nach so ner langjährigen Konsum intravenös, irgendwann sind die ganzen Venen im Arsch, ja, und die Kokain macht dir die Venen noch mehr kaputt, ja. Also dann, warum soll ich mir das, was schon im Arsch ist, noch mehr im Arsch machen? Weißt Du? [89 f., 38–2]

Wird Pulverkokain von den Konsumenten der Drogenszene genutzt, konsumieren sie dieses in der Regel intravenös oder wandeln es, wenn auch weitaus seltener, selbst in die rauchbare Form um. Der nasale Gebrauch der Substanz ist nicht üblich. Obwohl dies häufig die Konsumform beim Einstieg in den Substanzgebrauch darstellte, berichteten nur zwei Konsumenten, das Pulverkokain noch zu schniefen. Wenn Kokain konsumiert wird, dann intravenös. Daraus wächst bei einem Teil der Gebraucher ebenfalls der Grund für einen Verzicht der Substanz. Die intravenöse Konsumform wird als zu riskant und gesundheitsgefährdend eingeschätzt. Statt auf den nasalen Konsum zurückzugreifen, verzichten die Konsumenten lieber ganz auf die Substanz und nutzen stattdessen das rauchbare Kokain. Wie bereits erwähnt, spielt Pulverkokain bei einigen Konsumenten als Bestandteil sogenannter Cocktails mit Heroin und/oder Benzodiazepinen eine Rolle.

Wie die Konsumenten der offenen Drogenszene verfügen auch die außerhalb der Szene interviewten Crackgebraucher über Erfahrungen mit dem pulverförmigen Kokain. Im Gegensatz zu den Konsumenten der offenen Drogenszene finden sich in dieser Gruppe zwei Gebraucher, die Pulverkokain erst nach den ersten Erfahrungen mit Crack konsumierten. Bei beiden spielte das Kokainhydrochlorid in seiner pulverförmigen Form nie eine größere Rolle. Vielmehr nutzten sie es, um es in die Kokainbase umzuwandeln und zu rauchen. Ein weiterer Befragter konsumierte Pulverkokain zum einen innerhalb eines lange zurückliegenden früheren Drogengebrauchs in der Drogenszene und zum anderen in einer zehn Jahre späteren erneuten Konsumphase. Ähnlich ist es bei einem weiteren Konsument. Während er zunächst über Jahre hinweg Kokain nur konsumierte, wenn es ihm angeboten wurde, hatte er eine Konsumphase von mehreren Monaten, in der er die Substanz täglich in großen Mengen konsumierte. Zum Interviewzeitpunkt hatte die Droge keine Bedeutung mehr. Wie alle anderen illegalen Drogen hatte er bis dahin den Gebrauch von Kokainhydrochlorid eingestellt. Eine übergeordnete Rolle spielt Kokainhydrochlorid für einen Gebraucher, der seit mehreren Jahren und auch noch zum Zeitpunkt der Befragung große Mengen der Substanz in einer abhängigen Art und Weise konsumiert.

Im Gegensatz zu den Gebrauchern der Drogenszene wurde Kokain nur von den beiden Konsumenten mit dem langjährigen Heroingebrauch und den Kontakten zur Drogenszene regelmäßig intravenös konsumiert. Die drei anderen Befragten nutzten das Kokain überwiegend nasal. Lediglich einer von ihnen hatte diese Substanz schon einmal injiziert. Trotz seines aktuell problematischen Kokainkonsums stellt der intravenöse Konsum eine Ausnahme dar, da diese Konsumform mit einem für ihn starken Negativimage besetzt ist.

> **Interv.:** Wie konsumierst du?
> **Patrick:** Also primär auf jeden Fall Nase. Aber ich rauch auch gerne. Aber Drücken… mach ich auch gelegentlich, aber das mach ich; bei mir ist das so n psychologisches Ding. Wenn ich ganz unten bin: Boah Alter, jetzt musst du dir aber mal beweisen, dass du der letzte Dreck auf der Welt bist. Dann mach ich mir morgen mal nen Knaller. Aber das kommt so selten vor. Das letzte Mal vor drei Jahren oder sowas, vor zwei.
> [350, 21–26]

Es deutet sich also an, dass der intravenöse Kokainkonsum eher ein Phänomen der Drogenszene ist. Häufig besteht durch den intravenösen Gebrauch von Heroin eine Nähe zu dieser Konsumform. Bei den Gebrauchern, die sich nicht auf der Drogenszene aufhalten, scheint vor allem das mit dem intravenösen Konsum verbundene Image der Junkies und der Straßenszene eine abschreckende Wirkung zu haben. In der Konsumentwicklung der Interviewpartner wird deutlich, dass zunächst ‚weiche' Konsummuster wie der Gebrauch von Alkohol und Cannabis praktiziert wurden und die ersten Drogenerfahrungen bildeten. Erst danach folgten Erfahrungen mit Ecstasy und Amphetaminen und später auch Kokain und Heroin. Damit zeigen die Befragten eine ganz ähnliche Konsumentwicklung, wie sie auch in anderen Studien beobachtet werden konnte (Farke und Broekman 2003; Zurhold und Degkwitz 2007; Kandel 1983).

Im aktuellen Drogenkonsum der befragten Gebraucher der offenen Drogenszene dominieren Substanzen, die zu den typischen Drogen dieser Konsumumgebung gehören. Dazu gehören Heroin, Opioidsubstitute (Methadon oder Buprenorphin), Benzodiazepine und Pulverkokain, sofern dieses für die Konsumenten erhältlich und finanzierbar ist. Substanzen, die eher der integrierten Allgemeinbevölkerung oder speziellen Partykulturen zugeschrieben werden, wie Alkohol, Cannabis und Ecstasy/Amphetamine (Kraus et al. 2005a), finden sich verhältnismäßig wenig bis gar nicht in der Konsumpalette der Gebraucher auf der offenen Szene. Während zwei der außerhalb der Drogenszene erreichten Konsumenten über längerfristige Erfahrungen mit Heroin und Pulverkokain verfügen, dominieren bei den anderen Konsumenten vornehmlich Drogen, die in der Allgemeinbevölkerung zu finden sind, allen voran Cannabis. Einer der fünf Konsumenten vollzieht einen sehr intensiven Konsum von Pulverkokain sowie anderen Partydrogen.

5.3.3 Crack, Freebase oder Stein?

Sowohl in Frankfurt als auch in Hannover und Hamburg lautet die in der Drogenszene übliche Bezeichnung für das rauchbare Kokain Stein. Seltener wird die Substanz als Crack bezeichnet, da Crack von vielen eher mit Geschichten und Mythen aus den USA in Verbindung gebracht wird. Die von den Konsumenten als sehr schlecht bewertete Qualität des in der Drogenszene erhältlichen rauchbaren Kokains passt in ihren Augen nicht zu den Erzählungen und Gerüchten aus den USA der 1980er und 1990er Jahre, in denen eine schnell abhängig machende Substanz mit einer sehr starken und außergewöhnlich schönen Wirkung in den Szenen und den Crackhouses zu finden war und bis heute ist. So wurde während der Interviews deutlich, dass unter den Konsumenten unterschiedliche Vorstellungen darüber existieren, was die in Deutschland erhältliche Substanz tatsächlich ist, d. h. welche Inhaltsstoffe sie außer dem Kokain enthält, wie sie hergestellt wird und wie sie zu bezeichnen ist. Neben den Inhaltsstoffen der Substanz scheint auch die Konsumform für einige Gebraucher ausschlaggebend für die verschiedenen Begriffe zu sein. Während der Suche nach Interviewpartnern in den Drogenhilfeeinrichtungen in Frankfurt gaben viele der Angesprochenen an, sie hätten mit Crack nichts zu tun. Bei näherem Hinterfragen stellte sich meist heraus, dass sie sehr wohl Steine konsumieren, diese aber nicht rauchen sondern injizieren. Somit scheint die Bezeichnung Crack häufig mit dem Rauchen als die typische Konsumform in Verbindung gebracht zu werden. Wird der Stein jedoch wieder aufgelöst und intravenös konsumiert, steht das Kokain als Grundstoff im Vordergrund. Im Körper wirken Kokain und Crack jedoch in gleicher Weise (Haasen et al. 2004).

Fünf der innerhalb der Drogenszene Befragten würden die von ihnen konsumierte Substanz als Freebase bezeichnen, vier als Crack und ein Konsument sieht überhaupt keinen Unterschied zwischen den beiden Substanzen. Für die Hälfte der Befragten ist das auf der Szene zu findende rauchbare Kokainprodukt weder Crack noch Freebase und wird von ihnen deshalb als Stein bezeichnet. Auch in der Herstellung des rauchbaren Kokains herrschen zwar in der Regel Vermutungen, häufig sind sich die Gebraucher aber über die Zubereitung der Substanz nicht sicher.

> **Interv.:** Um jetzt mal wieder zu den Steinen zurückzukommen, ist das Crack oder ist das Freebase, was du konsumierst?
> **Ralf:** Das is Freebase.
> **Interv.:** Was ist der Unterschied zwischen Crack und Freebase?
> **Ralf:** (atmet tief durch) Woher soll ich das wissen? Keine Ahnung.
> **Interv.:** Und wie werden die Steine hergestellt, die es hier gibt?
> **Ralf:** Ja die Steine, wie werden die hergestellt? Keine Ahnung. (…) Ich weiß net genau, wie's hergestellt wird. Äh, irgendwie wird das in irgendeine Flüssigkeit, das wird warm gemacht, das… Klumpen, dann gibt das lauter Klumpen. [44 f., 34–10]

Bis auf einen Interviewteilnehmer hat der größte Teil der Gebraucher zumindest eine vage Vorstellung von der Herstellung. Sie halten Ammoniak und/oder Natron für wichtige Komponenten im Zubereitungsprozess. Auffallend ist, dass von den in Hannover befragten Konsumenten ausschließlich Ammoniak als eine zugesetzte Substanz angegeben wurde. Diese Herstellungsweise scheint in der dortigen Szene vorherrschend zu sein. In Frankfurt und Hamburg wurden sowohl Natron als auch Ammoniak als Stoffe benannt, mit denen Kokainpulver aufgekocht werden kann, um die rauchbare Variante herstellen zu können.

Neben Ammoniak und Natron wurde von einigen Konsumenten zudem auch Backpulver als wichtiger Bestandteil im Umwandlungsprozess des Kokains in seine basische Form benannt.

> **Interv.:** Wie wird das hergestellt?
> **Franz:** Ich mach es nicht. Ich hab mal gehört, mit Backpulver aufgekocht irgendwie.
> **Interv.:** Also, du warst noch nicht dabei?
> **Franz:** Nein. Ich versuch mich da fernzuhalten. [254, 18–21]

Diese Annahme nährt sich aus Gerüchten und Medienberichten. So wird Backpulver tatsächlich in den USA zur Herstellung von Crack verwendet. In Deutschland ist die Verwendung des Backpulvers aufgrund der zusätzlich enthaltenen Stärke jedoch nicht möglich (Stöver 2001).

5.3 Ergebnisse der qualitativen Erhebung

Die verschiedenen Vorstellungen über die Herstellung und die Beschaffenheit des rauchbaren Kokains resultieren mit hoher Wahrscheinlichkeit aus den regionalen Erwerbsgewohnheiten. So kaufen die meisten Konsumenten ihre Steine bereits konsumfertig. Nur die wenigsten Gebraucher stellen die Substanz regelmäßig selbst her. Insofern kann man davon ausgehen, dass viele Konsumenten ihr Wissen über die Zubereitung aus den Erzählungen anderer Konsumenten haben, oder weil sie bereits einmal bei der Herstellung dabei waren.

> Interv.: Hast du das auch schon mal selber hergestellt?
> Albert: Nein. Ich war mal dabei, ja, wie es hergestellt worden ist. Ich war mal dabei, aber selber hab ich es nicht gemacht.
> Interv.: Wie wird das hergestellt?
> Albert: Ah, ich weiß net. Natron und Ammoniak. Und dann tut er das Koks und Wasser und das Ding dann aufkochen, und dann, was weiß ich, hat er da. Der, der das gemacht hat, war nicht so n Profi. Er hat's auf ne Dose drauf. Was war das? Ammoniak ist grob, so n bisschen Wasser, dann hat er das warm gemacht, und dann mit 'nem Draht hat er das auf der Dose umgerührt und irgendwie dann, ja, ist das so steinig geworden, ist da so was geworden draus. Das war nicht so n Profi, dass das so richtig, weiß nicht, wie das andere machen, mit Reagenzgläsern und so. Auf jeden Fall konnte man's danach rauchen. [9 f., 40-5]

> Interv.: Wie stellt man das her?
> Theo: Ach, es gibt verschiedene Möglichkeiten. Mit Ammoniak oder mit Kaisernatron, einen Löffel nehmen, aufkochen halt und dann wird das irgendwann zum Stein. Und das war am besten. Also Pulver gekauft halt, und dann halt das fertig gemacht. Man hat zwar weniger wie die fertig gekauften, aber die Qualität ist zehnmal besser.
> Interv.: Und ist das dann Crack oder Freebase oder was ganz anderes?
> Theo: Is eigentlich Crack. [132 f., 47-4]

Lediglich zwei Konsumenten gaben an, ihre Steine regelmäßig selbst herzustellen. Ein weiterer Gebraucher der gleichen Szene stellte sein Crack während einer sehr starken Konsumphase in der Vergangenheit selbst her, betreibt dies aber zwischenzeitlich nicht mehr. Auffallend ist, dass alle drei Gebraucher mit einer regelmäßigen eigenen Herstellung der Substanz in Hannover interviewt wurden. Unter den Konsumenten in Hamburg und Frankfurt ist die eigene Herstellung weniger üblich. Der rauchfertige Erwerb in diesen beiden Szenen ist vermutlich eine Folge der geringeren Verfügbarkeit des Kokainhydrochlorids.

In einem sind sich nahezu alle Konsumenten der Szene einig. Mit dem Crack, das sie aus Berichten aus den USA kennen, hat die Substanz auf der Straße in Deutschland nichts gemein. So sei das amerikanische Crack deutlich gefährlicher als die ‚deutschen Steine'. Diese Ansicht der Interviewpartner bestätigen andere Berichte, in denen das hierzulande erhältliche rauchbare Kokain von den Konsumenten als harmloser eingeschätzt wird (Stöver 2001). Die Gebraucher empfinden die Qualität der auf der Straße erhältlichen Substanz häufig als sehr schlecht. Die erlebte Wirkung deckt sich nicht mit den Berichten und Gerüchten über das ‚wirkliche' Crack, das in Suchtpotential und den verbundenen negativen Folgeerscheinungen noch gefährlicher als die auf der Drogenszene erhältlichen Steine sei.

> **Interv.:** Das, was man hier kauft als Steine, was ist das? Ist das Crack oder Freebase?
> **Marianne:** Das ist Freebase.
> **Interv.:** Und was ist der Unterschied zwischen den zwei Substanzen?
> **Marianne:** Kann ich dir nicht sagen. Ich hab noch nie Crack in dem Sinne wie es medizinisch beschrieben wird, genommen. Die Abhängigkeit und der Rausch soll extrem sein, ne, und auch sehr gefährlich, was jetzt über Körper, Organe und Hirn und Hallus, was weiß ich. Diese Crack-Droge ist ne chemische Sache. [69, 18–24]

> **Mario:** Crack das ist, da kannst du nicht zwei Züge, also. Crack ist viel, viel stärker. Das ist, das gibt's nicht hier, weil die Polizei würd gleich hinterher nach des Zeug gehen. Weil, die wollen ja, das Crack macht die Leute total aggressiv und Crack denkst, wie die Leute dann abfahren so, das macht die Leute richtig aggressiv. Und dann schlagen sich oder stechen sich ab wegen n kleinen Zug. [108, 40–44]

> **Paul:** Ich hab noch kein richtiges Crack genommen, aber ich weiß, dass es halt noch viel heftiger sein soll auch vom Suchtverlangen her. Also das, da kennt man halt kaum noch Grenzen. Da würd man, was ich so gehört hab, alles für geben. Auch Leute, die in die Staaten gefahren sind zum Beispiel. und haben das da geraucht, die mussten sich dann wirklich 24 h ins Hotelzimmer einschließen lassen, sonst hätten die ihre ganze Urlaubskasse und alles was sie hatten, halt weggeben. Oder halt zum Beispiel. Raubüberfälle machen und sowas. Also muss das wirklich das Gehirn komplett ausgeschaltet werden, weil das Suchtverlangen so extrem ist, dass man das unbedingt wieder haben will oder haben muss. Und das ist beim Freebase halt nicht ganz so. [161, 24–32]

Für einige Konsumenten ist Crack jedoch nicht nur in den USA, sondern auch in anderen deutschen oder europäischen Szenen erhältlich. Teilweise gaben sie an, selbst bereits einmal dieses ‚andere' Crack konsumiert zu haben, dessen Wirkung sie weitaus intensiver in Erinnerung haben als die Erfahrungen, die sie im aktuellen Gebrauch der Substanz machen. Um eine Erklärung für diese entweder selbst erlebte oder von Anderen berichtete stärkere Wirkung zu finden, werden Spekulationen darüber angestellt, welche weiteren zusätzlichen Substanzen in dem rauchbaren Kokain enthalten und für die berichtete stärkere Abhängigkeit verantwortlich sein könnten. Dazu zählt vor allem Heroin.

5.3 Ergebnisse der qualitativen Erhebung

Wolfgang: Und dann kommt da auch noch glaub ich, sogar Heroin eventuell bei, wenn mich nicht alles täuscht. Weil's halt sehr, sehr körperlich auch abhängig macht, dieses Crack, ne. Das kenn ich von Amsterdam damals her, ne. Da waren, die Schwarzen, die haben ihre Farbe verloren, die waren aschfahl, grau. [186, 27-31]

Charlie: Crack wird zum Beispiel mit Backpulver, da war ich selber schon dabei. Da wird Kokain genommen, wird, äh, mit Backpulver vermengt. Dann kommt n bisschen Heroin mit rein. Dann wird das Ganze 15 min lang bei 80 Grad ungefähr in Ofen geschoben. So, und das hat dann so ne gelbliche Farbe. Wenn's raus kommt, hat es ne gelbliche Farbe. Und das Backpulver verstärkt das Heroin, äh, das Kokain, fast ums Hundertfache. Und das Heroin, was da drinne ist, ist extra da drinne, damit's dich runter holt, ne. Und für dreißig Euro kriegste du da so ne Handvoll. Das reicht dir von morgens Achte bis abends Sechse. Nit so wie hier, n Zehner Stein, da haste hier so n Ding, ziehst einmal und fünf Minuten später war's das gewesen, ne. [236, 35-43]

Moritz: Ähm also meiner Meinung nach ist es; es heißt Base, weil es mit Ammoniak aufgekocht ist. Crack wird mit, äh, Backpulver gemacht, aber das wissen die ganzen Schlaumeier nicht. Aber das, was hier auf der Szene ist, ist meistens alles mit Speed äh, mit Speed, äh, gemischt, alles. [220, 2-5]

Die Unsicherheit der Konsumenten über die Zusammensetzung der Steine bedeutet, dass sie eine Substanz gebrauchen, von der sie lediglich wissen, welches ihr Ausgangsstoff ist. Welche weiteren Stoffe im Herstellungsprozess zugesetzt wurden und zum Konsumzeitpunkt noch enthalten sind (und dadurch ebenfalls konsumiert werden), wird zwar vermutet, ist aber trotzdem für viele ungewiss. Das heißt auch, dass eine Substanz konsumiert wird, deren weitere Risiken nicht eingeschätzt werden können. Aufgrund des eingeschränkten Wissens hinsichtlich der Substanzbeschaffenheit und ihrer Bezeichnung bleibt zudem die Möglichkeit einer sachlichen Information begrenzt. Worüber sollen sich die Konsumenten auch informieren, wenn sie sich schon über den Name der Substanz nicht sicher sind? Vielfach nährt sich dann das Wissen über das rauchbare Kokain aus Berichten anderer Konsumenten oder den populären Medien, was weiterem Halbwissen, Vermutungen und Gerüchten Tür und Tor öffnet.

Doch nicht nur die Konsumenten selbst zeigen Unsicherheiten über die Substanz, ihrer richtigen Bezeichnung und der Herstellungsweise. In den verschiedenen Informationsseiten im Internet aber auch in wissenschaftlichen Veröffentlichungen kann man ganz unterschiedliche Berichte zur Zusammensetzung und Bezeichnung des rauchbaren Kokains finden. Somit ist es schon für Menschen, die einen leichteren Zugang zu solchen Medien haben, problematisch, einheitliche Informationen zu erhalten. Insofern kann man sich leicht vorstellen, dass sich die Schwierigkeiten in der theoretischen Auseinandersetzung mit der Substanz in der Drogenszene noch stärker fortsetzen. Dies ist kein ausschließlich deutsches Phänomen. Ouellet et al. (1997) stellten in einer Überprüfung verschiedener nordamerikanischer Veröffentlichungen eine Vielzahl an Bezeichnungen für rauchbares Kokain fest. So ist die Substanz in den USA z. B. unter den Namen Crack, Rock, Ready-Rock, Base oder Freebase bekannt. Dabei orientiert sich die jeweilige Bezeichnung unter anderem nach dem Ort, in dem die Untersuchungen stattfanden. So scheinen sich die für die Substanz gängigen Bezeichnungen in den verschiedenen Regionen zu unterscheiden. Fraglich ist, ob all diese Namen stets die gleiche Substanz meinen oder qualitative Unterschiede bestehen. Schließlich fassen Konsumenten unter den Begriffen häufig verschiedene Substanzen zusammen, wie die Aussagen der in der Szene Befragten ebenfalls verdeutlichten (s. o.). Ähnliche Unsicherheiten finden sich z. B. auch in den Niederlanden, wo die Diskussion darüber, ob das ‚gekookte coke' nun Crack ist oder nicht, sowohl unter Experten und professionellen Helfern als auch unter Konsumenten anhält (Blanken 1999).

Für die deutsche Drogenszene wird in Veröffentlichungen in der Regel von Crack berichtet. Hinweise auf Crack finden sich auch in den Äußerungen der Interviewpartner. So beschreibt keiner der Konsumenten im Herstellungsprozess die Verwendung von Äther. Dies ist jedoch ein wichtiger Schritt bei der Herstellung von Freebase, um dem Kokainhydrochlorid die Streckmittel und die für den Umwandlungsvorgang verwendeten Zusatzstoffe wieder zu entziehen (Haasen 2004; Uniklinik Frankfurt am Main 2005; Schweer und Strasser 1994). Es ist also davon auszugehen, dass auf der Drogenszene kein Freebase angeboten wird, sondern es sich um die Substanz Crack handelt. Gegen Freebase spricht weiterhin der verhältnismäßig geringe Preis der Substanz. Durch eine mengenmäßige Verringerung des Ausgangsstoffes und die große Reinheit des Freebase durch Entfernen jeglicher Streckmittel ist diese Substanz recht teuer und damit für den Markt der Straßenszene, der von ständigem Geldmangel der Konsumenten geprägt ist, eher ungeeignet.

Auch die außerhalb der Drogenszene interviewten Konsumenten beschreiben nicht die Verwendung von Äther. Insofern ist auch bei ihnen nicht von einem Freebase-Konsum auszugehen. Ebenso wie unter den Szenegängern herrschen auch bei ihnen Unsicherheiten bezüglich der richtigen Bezeichnung der von ihnen konsumierten Substanz und den Unterschieden zwischen den Drogen Crack und Freebase. Zwei Konsumenten berichteten von einer höheren Gefährlichkeit des Crack im Vergleich zu Freebase. Ein Gebraucher bezeichnete Freebase als den ersten kostenlosen Zug (abgeleitet von ‚free' – engl. frei), den Dealer Kunden anbieten, um sie von der Substanz zu begeistern und abhängig zu machen. Auffallend ist, dass alle szenefernen Gebraucher entweder das rauchbare Kokain selber herstellen bzw. hergestellt haben oder bei der Herstellung dabei sind/waren bevor sie es konsumierten. Keiner der Konsumenten berichtete, die Substanz bei einem Dealer in seiner bereits rauchbaren Form zu erwerben. Hierin unterscheiden sich die Gebraucher außerhalb der Szene deutlich von denen, die in der Szene befragt wurden. Die Folge ist ein genaueres Wissen über die Herstellung des rauchbaren Kokains als es sich bei den Konsumenten der Szene zeigte. Dabei ist bei allen fünf außerhalb der Drogenszene befragten Gebrauchern die Verwendung von Ammoniak zur Crackherstellung üblich.

5.3.4 Anfangskonsum des rauchbaren Kokains

5.3.4.1 Einstiegsalter

Das Einstiegsalter der Konsumenten in den Gebrauch rauchbaren Kokains zu ermitteln, ist nicht in jedem Fall einfach. Häufig zeigten die Gebraucher Unsicherheiten in der Einschätzung, wie viele Jahre der anfängliche Konsum der Substanz zurückliegt[59]. Man kann jedoch von einem durchschnittlichen Alter von 24,4 Jahren[60] ausgehen, in dem die Konsumenten der Drogenszene ihre ersten Erfahrungen mit Crack machten. Damit liegt das Alter beim Erstkonsum der Substanz etwas höher als in den Ergebnissen der deutschen Suchthilfestatistik für 2006. In den ambulanten Einrichtungen konsumierten Behandelte mit einem Crackgebrauch durchschnittlich mit 22,1 Jahren das erste Mal Crack (Sonntag et al. 2007a). Im Vergleich zu den befragten Frankfurter Szenekonsumenten in der Studie von Müller et al. (2007) dagegen waren die vorliegend befragten Konsumenten bei ihrem Erstkonsum von Crack deutlich jünger (24,4 Jahre gegenüber 28,1 Jahren in der Frankfurter Szene im Jahr 2004) (S. 143).

Das Alter des Erstgebrauchs der Konsumenten außerhalb der Drogenszene ist den Ergebnissen der Suchthilfestatistik ähnlich. Es betrug bei vier der fünf Konsumenten durchschnittlich 21,5 Jahre[61].

Bei einigen Befragten der Drogenszene aber auch Gebrauchern außerhalb dieser Bezüge verstrichen Monate oder gar mehrere Jahre, bis sie das nächste Mal mit der Substanz in Berührung kamen, sie erneut gebrauchten und schließlich regelmäßig konsumierten. Betrachtet man das Einstiegsalter in den regelmäßigen Konsum, so lag dieses bei den Konsumenten der Drogenszene bei 26,7 Jahren (SD 8,2) und bei den außerhalb der Drogenszene Befragten bei 24 Jahren (SD 11,7). Damit konsu-

---

[59] Bei Interviews, in denen sich während der Erzählungen widersprüchliche Angaben zum Einstiegsalter ergaben, wurde das im Vergleich zu den restlichen Erzählungen wahrscheinlichere Alter als Einstiegsalter verwendet. In der Regel handelte es sich um eine Unsicherheit von einem, max. zwei Jahren. Lediglich zwei Konsumenten wurden aufgrund einer zu großen Widersprüchlichkeit bzw. ungenauen Altersangabe aus der Berechnung des durchschnittlichen Einstiegsalters herausgenommen.
[60] n = 18, SD 6,47, Min 16/Max 37.
[61] n = 4 aufgrund einer fehlenden Angabe zum Erstkonsumalter eines szenefernen Gebrauchers, SD 12,5, Min 13/Max 40.

mieren die Szenegänger durchschnittlich seit 7,5 Jahren (SD 5,2) Crack[62], während es bei der Gruppe der außerhalb der Drogenszene erreichten Konsumenten sogar 9,3 Jahre (SD 4,6) sind.

5.3.4.2 Umfeld des Erstkonsums und Konsummotivation

Schon bevor das rauchbare Kokain eine Rolle in ihrem Leben spielte, hielten sich die meisten der befragten Szenegänger regelmäßig in Drogen konsumierenden Cliquen und/oder in der Drogenszene auf. Zum Teil hatten sie durch den Erwerb anderer Substanzen Kontakte zu dieser. Alle Gebraucher verfügten vor ihren ersten Konsumerfahrungen bereits über vielfältige Erfahrungen mit anderen Drogen, die sie häufig über die Clique oder die Drogenszene bezogen. Crack war eine von vielen Substanzen, die in diesem Umfeld angeboten wurde oder plötzlich in der Szene auftauchte.

> **Doris:** Das weiß ich gar nicht mehr, wie ich dazu kam. Das, da fingen auf einmal alle hier an zu rauchen. Ich weiß gar nicht mehr, wie ich dazu kam. Auf einmal hatten alle so ne Pfeife und ‚Hier probier mal Doris, das ist, brauchste nicht mehr drücken und so.' Ja, und so fing ich dann an zu rauchen, ne. Das Crack. [301 f., 42-3]

Doris beschreibt ein Phänomen, das auch Mitarbeiter der Drogenszenen als eine schnelle Entwicklung erlebten. Das rauchbare Kokain tauchte in der Szene auf und verbreitete sich sehr rasch unter den Konsumenten, die bis dahin Heroin und/oder Pulverkokain nutzten (Crack-Street-Projekt 1998).

Fast alle in der Drogenszene angesprochenen Interviewpartner machten ihre ersten Konsumerfahrungen mit dem rauchbaren Kokain zusammen mit Freunden oder Bekannten innerhalb oder außerhalb der Drogenszene. Der erste Konsum erfolgte also in der Peer Group, unter Personen, mit denen bereits zuvor andere Drogen konsumiert wurden. In der Regel griffen die Befragten aus Neugier zu, als ihnen Crack durch Andere angeboten wurde. Aufgrund der Erfahrungen, die die Konsumenten zuvor mit anderen Drogen, darunter auch Pulverkokain, gemacht hatten, sank vermutlich zusätzlich die Hemmschwelle, diese Substanz zu probieren (vgl. Kap. 5.2.2).

> **Wolfgang:** Einfach so. Ich war bei ner Freundin, die hat da die Steine gemacht halt, ne. Ich hatte ja gar keinen Plan, wie das funktioniert. Dann hat sie n normales Wasserglas, so groß, hat se ne Alufolie rumgemacht. Vorne Löcher rein, Asche drauf, hinten kleinen Schlitz dran, n Gummi drum, dass keine Luft reinkommt. Und auf die Asche hat sie die Steine gelegt, und hinten haste Feuer gemacht, haste gezogen. Und hab ich

---

[62] n = 19, Grundlage bildet das Alter bei Einstieg in den regelmäßigen Konsum des rauchbaren Kokains.

5.3 Ergebnisse der qualitativen Erhebung

einfach aus Neugier probiert und gefiel mir halt. Und ja. Heute raucht man das halt in Pfeifen, ne. [185, 10–15]

Paul: … sie hat nen Freund gehabt, und der war halt auch auf Steinen und war auch immer hier unterwegs. Aber das war damals noch in der Zeit, wo die Schwarzen verkauft haben, ja, zu der Zeit. Und, ja, ich hatte ja immer nur das Kokspulver genommen, bin halt öfters zur Szene gefahren, hab mir dann halt hier öfters Koks geholt. Ich hab den da irgendwann zufällig getroffen (…) Und da hat er halt gemeint, er hätte Steine dabei. Wir hatten davon schon gehört, aber kannten es nicht, und da haben wir das erste Mal geraucht. Und dann war ich mit ihm halt auch oft unterwegs. [160, 4–13]

Neben den Konsumenten, die ein zufälliges Konsumangebot nutzten, gab es Gebraucher, die selbst gemeinsam mit der Clique oder allein die Substanz erwarben und probierten. Sie hatten über den Konsum anderer Substanzen bereits Kontakte zur Drogenszene und Drogendealern. Auch in ihrer Konsummotivation spielte die Neugier gegenüber der Substanz die größte Rolle. Vor allem die Erzählungen anderer Konsumenten führten zu dem Wunsch, den Rausch selbst einmal zu erleben.

Martina: Da gab's mal ne Krise abends, ja, und da war halt jemand da mit Steinen, und da hab ich mir Stein geholt, weil alle gesagt haben, das ist geil, so. [120, 29–31]

Beatrice: Und in Therapie hab ich immer gehört, oh Crack. Crack, was ist das? Hab ich früher nie gehört. Da Crack ist so gut, dass von dem Crack erzählt wurde. Wurde mir interessant. Bin ich hier hergekommen. (…) Nur durch das, nur durch das bin ich hier her. Ich hatte immer gesehen, was da… wie soviel Leute gibt. Aber ich habe nie verstanden, was wollen die da. So bin ich dann zum Crack, ja. [285, 25–28, 36–38]

Nicht nur die erwartete positive Wirkung weckte das Interesse an der Substanz. So bot sich mit dieser Substanz die Möglichkeit, andere bisher konsumierte Drogen und allen voran Pulverkokain zu ersetzen und damit den riskanteren intravenösen Konsum aufzugeben, wie es in dem bereits oben angeführten Zitat von Doris anklingt.

Doris: Auf einmal hatten alle so ne Pfeife und ‚Hier probier mal Doris, das ist, brauchste nicht mehr drücken und so.' Ja, und so fing ich dann an zu rauchen, ne. Das Crack. [302, 1–3]

Ein weiterer Vorteil des rauchbaren Kokains, der vor allem auf der Drogenszene zum Tragen kommt, ist der zunächst geringere Preis gegenüber dem teuren Pulverkokain. So ist es durch die kleinen Abgabemengen möglich, schon mit geringem finanziellen Aufwand, ein Kokainprodukt zu konsumieren und einen Kick zu erleben.

Franz: Das, das hat mich an das Kokainspritzen erinnert von damals und fand das billig, ne. 5 € so n Zug ist ja nicht teuer. [251, 47–48]

Zum Teil sind die Abgabemengen sogar noch kleiner, so dass ein Konsumvorgang erschwinglich erscheint und die Hemmschwelle hin zum Konsum noch weiter sinkt. Pulverkokain dagegen kann nach Aussage einiger Konsumenten in der Drogenszene meist erst ab einem Gramm erworben werden, das je nach Qualität zwischen 40 und 70 € kostet. Geld, das viele Gebraucher nicht auf einmal auftreiben können. Gerade der geringe Preis und das Angebot kleinerer Konsumeinheiten lässt das rauchbare Kokain erschwinglicher wirken. Dies wird von vielen Autoren als ein wesentlicher Grund gesehen, warum sich Crack gerade in der Drogenszene etablieren konnte (z. B. Langer, Behr et al. 2004; Kemmesies 2002).

Bei den außerhalb der Drogenszene befragten Konsumenten führten ähnliche Umstände wie bei den Szenegängern zu dem Konsum rauchbaren Kokains. Alle Gebraucher hatten bereits vor dem ersten Gebrauch des rauchbaren Kokains andere Drogen genommen, zwei von ihnen Haschisch, die anderen auch Kokain und zum Teil auch Heroin. Alle Gebraucher kamen über andere Konsumenten mit der Kokainbase in Kontakt und probierten die Substanz, nachdem sie sie angeboten bekamen, im Kreis der anderen Gebraucher. Nur einer der Befragten konsumierte das rauchbare Kokain alleine, nachdem er es geschenkt bekam.

Interv.: Und dann haben sie Crack geraucht? Und wie alt waren sie da?
Thomas: Also, wie gesagt, das erste Mal hab ich das probiert mit 15 und danach 25, 26 so.
Interv.: Also, das war mit 15 dann auch kein pulverförmiges Kokain sondern gleich....
Thomas: Auch geraucht, also mit Ammoniak, aber konnt' ich nicht, ich hab selber nicht gekocht, das hat alles der (...) gemacht. Ja, da hab ich halt zwei, drei Pfeifen geraucht und gar nichts gemerkt. Das war's dann auch so. Danach auch kein Kontakt mehr, eigentlich 10 Jahre, über 10 Jahre hatte ich da keinen Kontakt mehr zu. [327, 24–30]

Interv.: Was waren deine ersten Erfahrungen mit Crack und Freebase?
Patrick: Ah, ich kannte so nen Typen (...) Also, eigentlich ein netter Typ, aber halt aus total asozialen Verhältnissen. Und er kam dann irgendwann mal mit Koka um die Ecke und hatte das gekocht. ‚Hier, willste rauchen?' ‚Ja, gib mal her.' [351, 7–10]

Anders als einige Gebraucher der Drogenszene berichtete keiner der außerhalb der Szene erreichten Konsumenten, im besonderem Maße auf die Substanz aufmerksam gemacht worden zu sein, und sie daraufhin eigenständig erworben zu haben. Dies scheint auf der Drogenszene durch die größere Präsenz der Substanz eher der Fall zu sein.

5.3.4.3 Erste Wirkung

Interessanterweise berichtet lediglich die Hälfte der Befragten positiv über die ersten Konsumerfahrungen. Bei ihnen reichte das Wirkungserleben von einer positiven aber nicht übermäßig beeindruckenden Erfahrung bis hin zum überwältigenden Rauschgefühl. Dabei war für einige bereits zu diesem Zeitpunkt auffallend, wie kurz die Rauschwirkung und der damit verbundene Kick des rauchbaren Kokains sind. Dies war anders als die Konsumenten es bisher von anderen Drogen kannten.

> **Franz:** Und ich hab dran gezogen, und es hat einfach nur Bumm gemacht, im Kopf. Ja, das ist die kurze Beschreibung.... Also das, was n Süchtiger einfach sucht, ne. Also diese Leere im Kopf einfach, dieses Nicht-mehr-Nachdenken. [253, 25–28]

> **Stefan:** Ja, erstmal... weiß ich nicht... Also, ganz genau kann ich das jetzt nicht sagen, also.... Ich weiß nicht, es war irgendwie so kurz alles. Der Rest war halt wie, wenn man ne Nase genommen hat, zum Schluss. Bisschen euphorisch und gut drauf. Alles war so n bisschen netter. [203, 8–12]

> **Charlie:** Und da hab ich das erste Mal Stein geraucht, ne. Und da hab ich gemerkt: Boah, das macht ja och ganz schön wuschig. Zwar nur paar Minuten, aber das haut schon ganz schön rein, ne. [237, 20–22]

Für die anderen Gebraucher waren die ersten Erfahrungen mit dem rauchbaren Kokain weniger positiv[63]. Während zwei der Befragten überhaupt keine Wirkung verspürten, beschrieben sieben Konsumenten ihr ‚erstes Mal' als ein eher negatives Erlebnis, das den zuvor gehegten Erwartungen nicht entsprach. So berichteten mehrere Konsumenten von unangenehmen körperlichen Reaktionen wie Erbrechen oder einer unangenehmen Nervosität. Trotz der negativen Wirkungserfahrung wiederholten sie aber den Konsum, bis sich subjektiv als positiv empfundene Effekte einstellten.

> **Interv.:** Kannst du dich an das erste Mal noch erinnern? Wie hast du die Wirkung empfunden?
> **Beatrice:** Gar nicht. Ich hab gedacht: ‚Was, Leute nicht ganz dicht, dass sie zahlen solche Geld für sowas?' Dann merkst du nur eine Minute und... gar nix mehr.
> **Interv.:** Und warum hast du's dann wieder konsumiert?
> **Beatrice:** Wieder Neugier: ‚Warum machen die Anderen?' Wieder später: ‚Warum machen die Anderen?' Andere Leute haben mir nachgeholfen, ja. Haben mir immer gegeben, gegeben und dann irgendwie bin ich immer gesprächiger geworden und dass sie irgendwie bisschen freizügiger geworden. Aber, ansonsten nix, eigentlich. [288, 1–8]

---

[63] n = 19, 10 Konsumenten verspürten eine positive Wirkung, neun eher eine negative Wirkung.

> **Interv.:** Als du das erste Mal Steine konsumiert hast, das allererste Mal, ja. Wie war die Wirkung? Kannst du das beschreiben?
> **Mario:** Nicht gut. Überhaupt nicht gut. Ich hab gezogen, und dann hab ich gekotzt. Also, mir hat's überhaupt nicht gefallen. Vielleicht hat's am Alkohol gelegen, also mir hat's am Anfang überhaupt nicht gefallen die ersten zwei Mal. Und dann irgendwann fand ich's dann irgendwie doch gut. [108, 3–8]

Es scheint, als mussten gerade jene Konsumenten, die am Anfang ihres Konsums keine oder eine negative Wirkung verspürten, das Konsumerleben und den Rausch erst erlernen. Dabei scheint das Umfeld von großer Bedeutung gewesen zu sein. So wie Beatrice (s. o.) wurde Moritz von den Freunden dazu motiviert, wieder Crack zu gebrauchen und erhielt von ihnen Unterstützung in der Wahl der richtigen Substanzmenge, die dann zu einer Wirkung führte.

> **Moritz:** Und hab n paar Kollegen bei mir pennen lassen, und die haben immer gezogen und gezogen. Und ich hab auch vorher schon mal probiert, aber hab da keinen Gefallen dran gemacht. Und dann haben die mal n richtigen Fetten drauf gelegt, und der Körper; der, der Kopf muss immer erstmal wissen, was da ankommt. Der erste, war bei allen Sachen bei mir, bei Schore, Koka, bei Hasch, der Erste, den ich genommen habe jemals, hab ich immer nicht gemerkt. Weil, der Kopf muss wohl erstmal kennenlernen, was kommt da überhaupt. So, und die haben mir so n Dreißiger gemacht. Das ganze Ding voll. Und dann hab ich das erste Mal den richtigen Kick gehabt und seitdem bin ich auf Koks. Seitdem bin ich auf Kokasteinen. [219, 10–18]

Es wird also deutlich, dass ein Teil der Konsumenten erst mit fortlaufendem Konsum die Wirkung entweder überhaupt wahrnahmen oder sie erst dann als angenehm und positiv empfanden. Die Gebraucher nutzten die Substanz so lange, bis die von ihnen erwartete Wirkung eintrat. Es musste ja schließlich einen Grund dafür geben, warum die anderen Konsumenten in ihrer Umgebung das rauchbare Kokain nutzten. Das negative Wirkungserleben der Gebraucher wandelte sich also mit der Zeit und führte nach einigen Versuchen zu den erwünschten Effekten.

Neben den anhaltenden Versuchen bis eine angenehme Wirkung erlernt wurde, entwickelten sich auch andere Strategien, die zu einem positiven Rauscherleben führten. So begannen Gebraucher das als negativ empfundene rauchbare Kokain mit einer anderen Substanz, vor allem Heroin, zu mischen und darüber eine verbesserte Rauschwirkung zu erlangen, wie es z. B. Markus bereits nach seinem ersten Konsum praktizierte.

> **Markus:** Ich hab nicht viel gemerkt. Paar Sekunden halt nen Turn gehabt, bissel wach gewesen, Herzrasen, und das war's dann.
> **Interv.:** Hast du's damals geraucht bei dem ersten Mal oder hast du's gespritzt?
> **Markus:** Ich hab's geraucht. Hab dann auch gekotzt direkt danach. (…)
> **Interv.:** Warum hattest du wieder Lust, wenn das erste Mal nicht so toll war?

> **Markus:** Weil ich dann Cocktail gemacht hab, zusammen mit Heroin.
> **Interv.:** Also schon ab dem Zeitpunkt Cocktails?
> **Markus:** Und mit Cocktails mit Heroin ist ne ganz andere Wirkung.
> **Interv.:** Was ist da so anders dran?
> **Markus:** Ähm, nja, also, das macht erstmal sozusagen wach, gibt nen Kick und dann wirkt das Heroin. Das macht dann down, beruhigt. [146, 13–28]

Die zunächst als negativ erlebte Wirkung wurde also ganz gezielt durch den gleichzeitigen Konsum einer anderen Substanz beeinflusst, um so die gewünschte Wirkung zu erreichen.

Die außerhalb der Drogenszene erreichten Konsumenten, die von ihrem ersten Crackrausch berichteten, benannten alle eine positive Wirkung bei ihrem Einstiegskonsum. Ein Gebraucher machte jedoch ebenfalls wie einige Konsumenten der Drogenszene die Erfahrung, dass er die Wirkung bei seinen ersten Crackkonsum nicht so intensiv erlebte, wie bei seinem Jahre später praktizierten Gebrauch.

5.3.4.4 Konsumverhalten der ersten Monate

Möchte man die erste Zeit des Crackkonsums, also die Monate nach dem ersten Konsum betrachten, zeigen sich wie in der Einschätzung des Einstiegsalters bei einigen Konsumenten Schwierigkeiten in der Erinnerung an diese Zeit. Dies wird vor allem in widersprüchlichen Angaben zu der anfänglichen Konsumintensität und der Entwicklung des weiteren Konsumverhaltens deutlich. Es ist jedoch klar zu erkennen, dass es unter den Konsumenten in ihren ersten Gebrauchsmonaten nicht den einen allgemein auftretenden Konsumverlauf gab. Entgegen vieler Medienberichte über eine sofortige und schnelle Abhängigkeit, haben nur acht Szenekonsumenten, und damit weniger als die Hälfte, sofort nach dem Erstkonsum einen hohen weiteren Crackkonsum praktiziert.

Sieben Konsumenten gaben an, entweder direkt nach ihrem ersten Konsum mehrere Monate oder Jahre nicht mehr konsumiert zu haben oder zunächst einige wenige Male die Substanz gebraucht und den Konsum dann wieder für mehrere Jahre eingestellt zu haben.

> **Interv.:** Hast du es jemals gespritzt?
> **Ralf:** Crack? Nö. Crack? Steine.
> **Interv.:** Ja. hast du's?
> **Ralf:** Ja, ja. Früher. Also in der Zeit, wo ich noch Heroin genommen hab, zum Probieren. Man kann etwas probieren und nimmt es trotzdem net, weil man net damit einverstanden ist.
> **Interv.:** Also war dein erstes Mal im Prinzip doch schon früher, also nicht erst mit 39, sondern in der Zeit…
> **Ralf:** (unterbricht) Ja, aber was willste machen? Einmal, nur um das zu probieren. Da kann ich net sagen, das war mein erstes Mal. Nee. Um mir dann große Gedanken drüber zu machen… Ja, wenn ich dann gleich gesagt hätte, ja, das ist geil und am nächsten Tag. ‚Haste davon noch was da? Ich will davon noch mal probieren.' Dann würde ich

das sagen, aber net nur, um festzustellen, des hat mir net behagt. Zu der Zeit, wo des mit dem Heroin war, hat mir das net behagt. [56, 7-19]

Bei Markus dauerte es zwar keine Jahre bis er nach seinem ersten Konsum des rauchbaren Kokains wieder zu der Substanz griff, aber auch er gebrauchte Crack erst Monate nach seinem Erstkonsum wieder und machte damit die Erfahrung, dass der Konsum von Crack nicht automatisch in eine sofortige Abhängigkeit mündet.

Interv.: Und wann hast du dann wieder konsumiert?
Markus: Ach, das hat dann bisschen länger gedauert, paar Monate. Also, das ist gar nicht wahr, wenn man ein, zwei Mal raucht, dass man sofort abhängig ist. Das stimmt gar nicht.
Interv.: Also, es hat dann ein paar Monate gedauert bis du wieder konsumiert hast.
Markus: Bis ich wieder Lust hatte, was zu machen. [146, 17-21]

Nur bei einem Gebraucher stand das Einstellen des Konsums nach seinem Erstgebrauch mit einer fehlenden Konsumgelegenheit in Verbindung. Er hatte sie, mitgebracht von einem amerikanischen Bekannten, zu einer Zeit gebraucht, in der die Droge in Deutschland noch nicht verbreitet war. Alle anderen Gebraucher hatten die Möglichkeit, nach ihrem ersten Konsum auch weiter zu konsumieren. Sie haben sich jedoch zunächst dagegen entschieden, den Konsum der Substanz fortzusetzen. Ein Teil dieser Konsumenten fand zum Zeitpunkt ihrer ersten Konsumerfahrungen keinen Gefallen an der Substanz oder befürchtete negative Folgen und konsumierte sie deshalb einige Zeit nicht mehr. Ein Gebraucher benannte deutlich die Priorität anderer Aspekte wie die Verpflichtungen durch ein Arbeitsverhältnis, denen er den Vorzug gegenüber dem Crackgebrauch gab. Auch wenn äußere Bedingungen, wie eine fehlende Gelegenheit, einen Einfluss haben können, wird damit deutlich, dass der Erstkonsum des rauchbaren Kokains die Konsumenten nicht unbedingt dazu veranlasst, alle Hebel in Bewegung zu setzen, um die Substanz sofort erneut zu konsumieren.

Betrachtet man den Einstieg in einen regelmäßigen Konsum lassen sich also verschiedene Entwicklungsmuster erkennen, die hier nach der Häufigkeit ihrer Nennung durch die Szenegänger aufgeführt sind:

1. Der Crackkonsum nimmt nach einer Abstinenzphase oder einem zunächst geringen Konsum langsam aber stetig an Häufigkeit und Intensität zu. Dabei kann die Steigerung auch erst nach einem halben Jahr geschehen, in dem das rauchbare Kokain zunächst nur unregelmäßig konsumiert wurde.

2. Nach dem ersten Konsum des rauchbaren Kokains wird der Gebrauch schnell wiederholt und mündet in einen starken und unkontrollierten Konsum.

Wie bereits erwähnt, hielten sich viele der befragten Szenegänger bereits regelmäßig auf der Drogenszene auf, als sie das erste Mal an Crack gelangten oder nach jahrelanger Abstinenz erneut zu der Droge griffen. Gebraucher, die zu diesem Zeitpunkt im engen Bezug zur Drogenszene standen, wechselten schneller in einen intensiven Crackkonsum als jene, die in anderen Peer Groups oder Lebenszusammenhängen mit der Substanz in Berührung kamen. So benannten Konsumenten mit überwiegend außerszenischen Bezügen nur wenige Konsumtage innerhalb der ersten sechs Monate. Andere Gebraucher berichteten von einer langsamen, aber steten Steigerung ihres Crackkonsums.

Interv.: Wie lange hat es dann gedauert bis du das zweite Mal Steine oder Crack oder Freebase genommen hast?
Tom: Das kann ich gar nicht mehr so sagen. ... Also dann wurde es dann auch schon regelmäßig. Regelmäßig auch in größeren Abständen, weil letztens ist Kokain sehr teuer, und äh, es ist nicht, äh, ich würde auch sagen...ja... Also zu dem Zeitpunkt war's so, dass Koks für mich immer noch was bestimmtes Heiliges oder wie auch immer war, dass man es also wirklich genommen hat, wenn's, ja, wenn man sich was besonderes Gutes tun will. Um es mal so auszudrücken. Andre gehen eben fein essen, und ich als Drogist zu der Zeit, ähm, habe eben Kokain auch so gesehen. So, das ist was Feines, Besondres. Das wurde auch... Das ganze Aufkochen, Kaufen usw. wurde auch ritualisiert. Es war ein Ritual. (...)
Interv.: Und wie häufig war das dann, dass du's konsumiert hast? Was bedeutet regelmäßig?
Tom: Ich könnte sagen ca. ein, zwei Mal im Monat. Je nachdem. Also maximal denn zwei Mal im Monat....Ja...So, hm... Es wurde dann vielleicht auch mehr. Vielleicht, weil so genau weiß ich's nicht mehr. Dass, wenn man von einer Regelmäßigkeit sprechen will, vielleicht, dass es auch vier oder fünf Mal im Monat war, sprich einmal die Woche. Aber mehr wurde es auch nicht, weil wie gesagt, das ist n unwahrscheinlich teures Vergnügen. Ja. Und wie gesagt, das war's dann auch. Und dann kippte das dann auch, dass es eher zur Sucht wurde, und das, was ich eben erwähnte, dieses Ritualisierte weggefallen ist und mehr Sucht war. Die Gier. [270 f., 31-3]

Interv.: Und wie hat sich dann nach diesem ersten Konsum in den darauf folgenden sechs Monaten der Konsum entwickelt? Also, wie häufig hast du dann Steine konsumiert?
Mario: Na immer häufiger, immer häufiger.
Interv.: Am Anfang? .... War es dann jedes Wochenende, oder aller zwei Wochen?
Mario: Ja, so Wochenende wollte ich's machen, weil ich ja noch arbeite. Dann ging's aber net, hab ich's bei der Arbeitszeit auch gemacht. Und dann... fast dann immer, also es ging dann nicht mehr um das Wochenende oder. Es ging dann... wenn ich's hatte, hatt ich's gehabt. Dann hab ich's geraucht. Hatte ich keine Pfeife in der Hand

gehabt oder eine Spritze, jetzt alles einstecken gehabt, hab ich natürlich auch im Klo schnell gespritzt.
Interv.: Und wann war's dann irgendwann täglich? Nach wie viel Zeit gegenüber dem Erstkonsum?
Mario: Wann's dann eigentlich jeden Tag so? (überlegt) Also ich hab's genommen n halbes Jahr, und nach m halbes Jahr dann täglich. [108, 23–35]

Bei weniger als der Hälfte der befragten Konsumenten mündete der erste Gebrauch des rauchbaren Kokains in einen sofortigen massiven und andauernden Konsum der Substanz.

Interv.: Und wie ging's dann weiter, nachdem du das erste Mal mit deinen Freunden konsumiert hast?
Moritz: Bergab.
Interv.: Wann hast du das nächste Mal konsumiert?
Moritz: Gleich die nächsten Tage. Es ging dann tierisch schnell bergab. Finanziell, körperlich und auch sozial. Mit der Arbeit und Freundin und (er bricht ab). (…) Ich hab in drei Wochen alles verloren, meine Beziehung, meine Wohnung, meine Frau, äh meine Arbeit.
Interv.: Und du hast dann jeden Tag konsumiert?
Moritz: … ja. [219, 19–32]

Der größte Teil der Konsumenten mit einem sofortigen hohen Crackkonsum war zu dieser Zeit bereits sehr stark in die offene Drogenszene involviert, was diese Entwicklung sicher zusätzlich begünstigte.

Keiner der außerhalb der Szene Befragten benannte einen sofortigen starken Konsum des rauchbaren Kokains. Zwei Gebraucher, die in sehr jungen Jahren, Crack zum ersten Mal konsumierten, stellten den Konsum für mehrere Jahre wieder ein. Bei einem Gebraucher erfolgte dies bereits nach der ersten Konsumerfahrung, bei einem anderen nachdem eine größere Menge Substanz, die er zu diesem Zeitpunkt besaß, aufgebraucht war. Bei den anderen szenefern befragten Gebrauchern wurde der Crackkonsum weder in den Monaten nach dem ersten Konsum noch zu einem späteren Zeitpunkt zu einem regelmäßigen und häufigen Gebrauchsmuster. Einer der Konsumenten verfolgte jedoch bereits einen starken Pulverkokainkonsum.

5.3.5 Aktueller Konsum von Crack/Freebase

5.3.5.1 Konsumhäufigkeit

Die aktuellen Gebrauchsmuster der Konsumenten der Drogenszene variieren enorm. Auffallend ist, dass nur sehr wenige Konsumenten das rauchbare Kokain

5.3 Ergebnisse der qualitativen Erhebung

Tab. 5.27 Einteilung der Konsumhäufigkeit der Szenegänger nach Müller et al. (2007)

Aktuelle Konsumhäufigkeit	
Selten	3/15,0 %
Gelegentlich	8/40,0 %
Intensiv	9/45,0 %

als alleinige Substanz gebrauchen. Die meisten Szenegänger nutzen die Steine als eine von vielen Drogen. Dabei dominieren klar die für die Drogenszene typischen Stoffe Heroin und Benzodiazepine.

In der Konsumhäufigkeit des rauchbaren Kokains zeigen sich zum Teil starke Unterschiede zwischen den Erhebungsteilnehmern. Die Kontaktaufnahme zu den Befragten über die Drogenszene hatte keinesfalls zur Folge, dass lediglich exzessive Konsumenten in die Untersuchung integriert werden konnten. Orientiert man sich an der bereits in der Auswertung der quantitativen Erhebung verwendeten Einteilung nach Müller et al. (2007) kann man bei drei (15 %) der befragten Szenegänger von einem seltenen, bei acht (40 %) von einem gelegentlichen und bei neun (45 %) von einem intensiven Konsum des rauchbaren Kokains ausgehen[64]. Zwar gebraucht damit fast die Hälfte der befragten Konsumenten der Drogenszene Crack nahezu täglich. Gleichzeitig zeigt sich aber, dass es für mehr als die Hälfte der Konsumenten möglich ist, den Crackgebrauch für mehrere Tage zu unterbrechen. So gibt es auch in der Drogenszene Konsumenten, die den Crackgebrauch auf wenige Tage im Monat oder in der Woche beschränken (Tab. 5.27).

Dabei ist die Zuordnung der einzelnen Konsumenten zu der Einteilung in seltene und gelegentliche Gebraucher nicht immer eindeutig. So wurden zwei Konsumenten zu den gelegentlichen Gebrauchern gezählt, die häufig länger als eine Woche am Stück kein rauchbares Kokain konsumieren, dann aber wieder mehrere Tage hintereinander.

Doris: Ich will's auch versuchen, wenn ich jetzt zum Beispiel zu Jan gehe, hier zu meinem Psychologen oder zu meiner Betreuerin, und ich habe Geld in der Tasche, dass ich keinen Stein hole. Oder wenn ich jetzt hier durch die Stadt muss, dass ich nicht hier ins [Einrichtungsname] gehe. Verstehst du? Dass, ne... dass ich das auch lerne. Ist auch abhängig, ne.
Interv.: Und das funktioniert momentan noch nicht?
Doris: Nee.
Interv.: Wie häufig bist du hier?

---

[64] Seltene Konsumenten = weniger als einmal pro Woche, Gelegentliche Konsumenten = ein- bis mehrmals pro Woche und Intensive Konsumenten = täglich oder annähernd täglich (Müller et al. 2007, S. 147).

> **Doris:** Oah, das ist verschieden. Mal bin ich ne Woche nicht hier, mal bin ich auch länger nicht hier. Mal bin ich drei, vier, fünf Tage hintereinander hier, wenn wir Tabletten haben, zu verkaufen, ne. Das ist verschieden. [305f, 38-4]65

> **Ludwig:** So wie heute, ab und zu. Also nicht täglich, nicht dass ich… Manchmal passiert, dass ich ein, zwei Wochen gar keins nehme, weißt du?
> **Interv.:** Und wenn du so einen normalen Monat betrachtest, wie häufig konsumierst du da schätzungsweise Steine?
> **Ludwig:** (überlegt einige Sekunden) Zehn Tage würde ich sagen.
> **Interv.:** Zehn Tage von 30?
> **Ludwig:** Ja. [92, 34–40]

Damit liegen beide Interviewpartner in ihrer Gebrauchshäufigkeit zwischen den seltenen und den gelegentlichen Konsumenten.

Weiterhin zeigt sich, dass allein die Häufigkeit des Crackkonsums nichts über die an den Konsumtagen gebrauchte Substanzmenge aussagt. So bestätigt sich die Vermutung, dass häufige Konsumtage auch mit hohen Konsummengen bzw. wenige Konsumtage mit geringen Konsummengen einhergehen, nicht automatisch. Zwei der drei Gebraucher mit einem seltenen Crackkonsum gebrauchen an ihren Konsumtagen relativ große Mengen der Substanz. Genauso gibt es auch unter den gelegentlichen und intensiven Konsumenten Gebraucher, die verhältnismäßig geringe Substanzmengen an ihren Konsumtagen gebrauchen.

Bei den acht gelegentlichen Konsumenten, also jenen Befragten, die Crack ein- bis mehrmals in der Woche gebrauchen, lässt sich eine gewöhnlich geringe Substanzmenge des rauchbaren Kokains pro Konsumtag beobachten. Damit heben sie sich von den seltenen und von den intensiven Konsumenten ab. Gängige Substanzmengen an einem ihrer Konsumtage liegen zwischen 10 und 20 €. Drückt man dies in den üblichen Abgabeportionen aus, so sind dies ein bis vier Steine an einem Konsumtag. Die Anzahl der Gebrauchstage und die Zeit des Konsums variieren zudem bei den gelegentlichen Konsumenten. Für zwei Gebraucher ist der Konsum überwiegend an das Wochenende gebunden. So erhalten sie Geld aus ihrer Beschäftigung in einem Arbeitsprogramm, das sie dann für kleine Mengen Crack ausgeben. Andere Konsumenten nutzen die Substanz alle zwei bis drei Tage.

> **Lisa:** Ja, ich hör nicht komplett auf. Das stimmt auch nicht. Also einmal die Woche versuch ich's. Ich versuche es bei einmal die Woche zu lassen. Das krieg ich meistens nicht ganz hin. Ich bin dann so bei zweimal die Woche, dass ich mir Crack hol. [19, 32-34]

---

[65] Doris gab an anderer Stelle an, dass ein Crackgebrauch stets mit dem Besuch der Szene zusammenhängt.

5.3 Ergebnisse der qualitativen Erhebung

Dagegen nutzen die Befragten mit einem (nahezu) täglichen Konsum die Substanz in der Regel in recht großen Mengen bzw. praktizieren relativ viele Konsumvorgänge. Zwischen den Konsumvorgängen liegen dann häufig nur wenige Minuten und die Konsumenten bleiben auch häufiger einmal über mehrere Tage wach. Insgesamt können fünf der neun Konsumenten mit einem intensiven Gebrauch zu exzessiven Konsumenten gezählt werden. Das heißt, sie haben täglich acht oder mehr Konsumvorgänge[66]. Im Verhältnis zu allen Interviewpartnern konsumiert ein Viertel der befragten Szenegänger das rauchbare Kokain in diesem hohen Maße.

> **Interv.:** Du hast vorhin gesagt, zwischen 300 und 700 € würde dich das am Tag kosten. Wie viele Pfeifen sind das dann pro Tag ungefähr?
> **Stefan:** Das kann ich nicht zählen. Das weiß ich nicht. Wenn ich das selber verkaufe, dann... ich will jetzt nicht übertreiben, aber... ich weiß nicht, so 30, 40, die ich so selber rauche. 30 bestimmt. Man raucht ja immer wieder zwischendurch, gibt was weg, zieht selber eine, gibt was weg, zieht selber eine. [206, 33-38]

Ein täglicher Konsum ist jedoch nicht automatisch mit einem exzessiven Gebrauch gleichzusetzen. So gaben zum Beispiel Beatrice und Moritz an, zwar jeden Tag Crack zu rauchen, jedoch nur in geringen Mengen zwischen 5 und 10 €.

> **Interv.:** Wenn du jetzt die letzten Wochen betrachtest, wie häufig hast du da Crack konsumiert?
> **Beatrice:** Ja, wenn ich hier komm, um Pola zu kaufen, ich kaufe mir halt da für fünf Euro, für zehn Euro was. Alles andere ist mir zu schade.
> **Interv.:** Also schon jeden Tag, aber nur geringe Mengen?
> **Beatrice:** Ja, genau, kleine Mengen. Früher hab ich dann Gramm, zwei Gramm geraucht. Und jetzt rauch ich dann kleine Kopf. (...)
> **Interv.:** Gibt's auch mal Tage, wo du mehr konsumierst?
> **Beatrice:** Ähm, nein, jetzt nicht mehr. Nee. [288, 45-9]

Während Beatrice diesen konstanten aber niedrigen Konsum in dieser Form beibehält, erhöht Moritz den Konsum durchaus zu manchen Zeiten, vor allem dann, wenn es die finanziellen Mittel erlauben. Aber selbst dann, wenn ihm mehr Geld zur Verfügung steht, wie z. B. am Anfang des Monats, gebraucht er immer noch verhältnismäßig geringe Mengen:

> **Interv.:** Wenn du Geld hast, wie viele Pfeifen konsumierst du da am Tag?
> **Moritz:** Puh. Wie viel Geld hab ich denn?
> **Interv.:** Sagen wir mal, es ist Anfang des Monats.
> **Moritz:** na... drei, vier. [222, 32-35]

---

[66] Einteilung als exzessive Konsumenten nach Müller et al. (2007).

Bei vielen Konsumenten zeigte sich, dass die Häufigkeit und Intensität des Crackgebrauchs nicht immer auf einer Höhe bleiben, sondern durchaus variieren kann. In diesem Zusammenhang kommt es z. B. zu Konsumphasen, in denen, der Crackgebrauch ansteigt und die Gebraucher stärker konsumieren als in ihren üblichen Gebrauchsmustern. So beschreibt Lisa einen gewöhnlichen ein- bis zweimaligen Crackgebrauch in der Woche. Ein bis zwei Mal im Jahr aber geht sie in die offene Drogenszene und gebraucht das rauchbare Kokain täglich, in einem Maße, dass sie über etwa drei Wochen ihren Verpflichtungen nicht nachkommt und die Drogenhilfeeinrichtung, in der sie lebt, nur alle paar Tage aufsucht. Dennoch folgen die Konsumvorgänge in diesen Phasen nicht unmittelbar aufeinander, sondern es können sogar Stunden vergehen, bis sie erneut Crack konsumiert.

> **Lisa:** Ich geh in die Stadt und bleib hängen. (…) Das heißt, ich mach das auch da, übertreib das auch da nicht so, dass ich alle 5 min nen Druck mach, sondern, wenn ich nen Druck zusammen hab, von dem ich mein, das reicht mir. Dann sitz ich irgendwo am Fluss mit meinem Buch oder meiner Zeitung drei, vier Stunden und wenn ich dann wieder Bock auf irgendwas hab, schieb ich wieder los und versuch was zusammenzukriegen. [23, 43; 24, 17–22]

Auch andere Konsumenten berichten von wechselnden Konsummustern. Moderate Konsummuster werden mal von etwas stärkeren Konsumphasen und intensive Konsummuster auch mal von Konsumpausen unterbrochen. Weiterhin können sich Konsummuster auch über längere Zeiträume verändern. So berichten die meisten Gebraucher, ihren Konsum gegenüber früheren Zeitpunkten verringert zu haben. Das betrifft zum einen jene, die nur noch gelegentlich oder selten konsumieren, aber auch jene, die nach wie vor fast täglich konsumieren. Sie haben z. B. die Anzahl der Konsumvorgänge verringert oder gebrauchen eine geringere Menge der Substanz. Umgekehrt kann es auch im Laufe der Zeit zu einer andauernden Steigerung der Konsumhäufigkeit und -menge kommen. Bei den vorliegenden Konsumenten der Drogenszene ist dies im Bezug auf den aktuellen Konsum selten vertreten. So berichten die Konsumenten über ihr aktuelles Konsumverhalten im Vergleich zu früheren Konsumzeiten deutlich häufiger über eine Verringerung des Crackgebrauchs als über eine Steigerung. Für diese Veränderungen des Konsumverhaltens sind verschiedene Faktoren verantwortlich, auf die im Kap. 5.3.8 näher eingegangen wird.

Von den fünf Konsumenten, die außerhalb der Drogenszene befragt wurden, hatten drei Konsumenten zum Interviewzeitpunkt seit einigen Monaten kein rauchbares Kokain mehr konsumiert. Bei zwei von ihnen steht dies im Zusammenhang mit einer kompletten Aufgabe des Konsums von Kokainprodukten. Ein Kon-

5.3 Ergebnisse der qualitativen Erhebung

sument gebraucht weiterhin fast täglich Kokainhydrochlorid, konsumierte es aber nicht in seiner basischen Form. Erstaunlicherweise blieb es bei allen Konsumenten im Laufe ihrer Konsumentwicklung bei einem seltenen, bisweilen gelegentlichen, Konsum des rauchbaren Kokains. Keiner der Konsumenten gab an, die Substanz über einen längeren Zeitraum täglich konsumiert zu haben. Zwei von ihnen nutzten dafür aber exzessiv Kokainhydrochlorid, also Pulverkokain.

> **Interv.:** Wie häufig nehmen sie jetzt Crack?
> **Ernst:** (überlegt) Unterschiedlich.... Also mal, zwei, drei Tage und dann wieder mal zwei Wochen nich. Also, ich sag ja, da bin ich auch ne Ausnahme dabei. Weil, die meisten, die da unterwegs sind, die brauchen das irgendwie jeden Tag. Das macht total bekloppt im Kopf. [400, 10–13]
> **Interv.:** Wieviel rauchen sie an einem Abend?
> **Ernst:** Ich sag ja, manchmal rauch ich nur ein, zwei, drei Züge, ne. Manchmal gar nicht, also, völlig unterschiedlich.
> **Interv.:** Gibt's auch Tage, wo sie mehr rauchen?
> **Ernst:** Ja, da mach ich mal ne Nacht durch. (lacht)(...)
> **Interv.:** Wie häufig kommt das vor?
> **Ernst:** Zwei, drei Mal im Jahr. [403, 18–26]

Während dieser Konsument an Konsumtagen in der Regel sehr wenig raucht und selten zu größeren Mengen greift, beschreiben die beiden anderen Konsumenten bei ihrem seltenen bis gelegentlichen Gebrauch auch den Konsum größerer Substanzmengen. Dabei kann eine Konsumphase, wie bei Thomas, auch einmal mehrere Tage und Nächte dauern, in denen eine Pfeife nach der anderen konsumiert wird, solange bis die Substanz aufgebraucht ist.

> **Thomas:** also wenn ich rauche, das dauert (lacht leicht) dann schon manchmal zwei Tage halt. Dass ich dann am Stück da sitze so, an der Couch da mit denen... und Pfeife um Pfeife und keiner sagt eigentlich mehr was so, sondern wird nur noch Pfeife geraucht und Musik läuft ganz leise und ach is voll paranoid so, bei einem Geräusch schon (lacht). Ja, so, so läuft das halt ab. [328, 25–29]
> **Interv.:** Wenn wir jetzt mal so die letzten sechs Monate betrachten, wie häufig haben sie da Crack oder Freebase konsumiert?
> **Thomas:** Also jetzt diesen Monat... also ich hab jetzt das letzte Mal am Donnerstag und am Samstag, also jetzt letzten Samstag. Davor zwei Wochen gar nicht. Die ersten drei Monate dieses Jahres hab ich gar nicht geraucht, weil Silvester hatte ich mir gesagt, eigentlich wollte ich komplett aufhören mit Rauchen, und dann kam wieder ein Mal, wo ich drei Tage zu Hause hing. Zwischendurch halt ein paar Mal, ich kann jetzt nicht genau wirklich sagen.......Aber schon einige Male wieder. [332, 8–15]

Interv.: Und wie häufig haben sie dann konsumiert? Dass ich mir das so n bisschen vorstellen kann.
Heiner: Also ich hab dann mal, äh, einen Abend geballert. Dann bin ich wieder nach Hause, paar Tage Pause. Dann hatte ich nen Freund, mit dem hab ich auch geballert (...). S war eigentlich Pi mal Daumen, so im Durchschnitt, im Monat ein bis zwei Mal höchstens.
Interv.: Im Monat ein- bis zwei Mal. Dann einen Abend oder über mehrere Tage?
Heiner: Ja, dann waren da mal auch; ich hab nie zwei Tage durchgemacht. Nie. Ich musste immer schla; also Schlafen ist mir hoch und heilig. Echt so. Da geht nix drüber. Ehrlich. [384, 1–9]

Bei den beiden noch fehlenden Konsumenten war bzw. ist der Crackgebrauch ebenfalls nur selten bis gelegentlich. Er stellte jedoch auch lediglich eine Facette ihres Kokaingebrauchs dar. Der Crackkonsum war und ist auf sich bietende Konsumgelegenheiten beschränkt. Bei beiden Konsumenten ist vor allem der Umstand interessant, dass der Crackgebrauch keine Priorität gegenüber dem nasalen oder intravenösen Konsum von Kokainhydrochlorid einnahm. Die Gebraucher hatten kein Verlangen, das Kokainpulver stets in seine basische Variante umzuwandeln, um es dann zu rauchen und einen noch stärkeren Kick zu erleben.

Wie bei den Konsumenten der Drogenszene lassen sich auch bei den Nichtszenegängern wechselnde Gebrauchsmuster beobachten. Das heißt, ein seltener, zum Teil episodischer Crackkonsum kann phasenweise von intensiveren Konsumzeiten unterbrochen werden und schließlich erneut in einen moderaten und seltenen Konsum münden.

5.3.5.2 Gebrauchsart

Die meisten interviewten Konsumenten (14/70 %) der offenen Drogenszene rauchen die Kokainbase. Lediglich drei (15 %) der Befragten konsumieren das rauchbare Kokain ausschließlich intravenös in der Regel gemeinsam mit anderen Substanzen. Weitere drei Interviewpartner (15 %) rauchen Crack, lösen die Substanz aber auch auf, um sie dann allein oder gemeinsam mit anderen Drogen zu spritzen.

In der Art und Weise des Konsums zeigen sich deutlich regionale Unterschiede. So sind das Wiederauflösen des rauchbaren Kokains und dessen intravenöse Applikation nur bei den in der Drogenszene in Frankfurt und Hamburg erreichten Konsumenten als eine mögliche Konsumart bekannt. In Hannover werden die Steine von den befragten Konsumenten ausschließlich geraucht, was die gängige Konsumform in der dortigen Szene darstellt. Dies könnte damit zusammenhängen, dass in Hannover im Gegensatz zu den anderen Städten Pulverkokain nach wie vor in der Drogenszene verfügbar ist und für den i.v. Konsum verwendet werden kann.

Der Entscheidung für eine Applikationsart liegen neben den regionalen Besonderheiten auch andere Ursachen zugrunde. Wählen die Konsumenten das Rauchen als bevorzugte Konsumform, ist dies in fast allen Fällen Ausdruck einer beabsichtigten Risikominimierung über die Wahl der in ihren Augen ungefährlicheren Gebrauchsart (siehe Kap. 5.3.7.3). Des Weiteren ist es eine verhältnismäßig schnelle Konsumform, die mit wenig Aufwand verbunden ist.

Jene Konsumenten, die den intravenösen Konsum der Kokainbase wählen, versprechen sich darüber vor allem eine angenehmere Wirkung als beim Rauchen. So lässt sich mit dieser Konsumform zum einen im fortgesetzten Konsum eine stärkere Wirkung erreichen, wodurch einige Konsumenten entweder ganz oder zweitweise vom Rauchen auf die intravenöse Applikation umsteigen.

Lisa: Ja, ich hab angefangen mit Rauchen, aber das hat mir irgendwann, hab ich überhaupt nichts mehr davon gemerkt. Und dann hab ich das irgendwann intravenös genommen. [20, 2 f.]

Mario: Es gibt auch, dass ich auch rauche, aber spritzen tu ich auch, weil der Kick ja viel besser ist. [117, 12 f.]

Zum anderen kann beim intravenösen Konsum das rauchbare Kokain mit anderen Substanzen gemischt und gleichzeitig konsumiert werden, um negativ erlebter Rauschzustände zu vermindern.

Während unter den befragten Szenegängern also beide Konsumformen, nämlich das Rauchen und der intravenöse Konsum zu finden sind, gaben alle außerhalb der Drogenszene erreichten Crackgebraucher an, die Substanz ausschließlich zu rauchen. Das Wiederauflösen der Substanz ist unter diesen Befragten nicht üblich. Die drei Konsumenten, die Erfahrungen mit einem intravenösen Kokainkonsum hatten, verwendeten dazu Kokainhydrochlorid.

5.3.5.3 Konsummotivation

In dem fortgesetzten Konsum des rauchbaren Kokains nach den ersten Konsumerfahrungen spielte für die meisten Konsumenten der Drogenszene neben der hohen Präsenz der Substanz und der geringen Verfügbarkeit von Pulverkokain die als sehr schön empfundene Wirkung eine wichtige Rolle. *„Es geht einem halt gut."* [Marianne, 72, 2-3] Diese positive Wirkung wollten die Konsumenten wieder erleben und konsumierten daher erneut. Auch jene Gebraucher, die bei ihren ersten Konsumerfahrungen kaum eine oder gar eine negative Wirkung verspürten, konsumierten wieder und fanden an dem Rausch Gefallen.

Neben dem positiven Rauscherleben nimmt der Crackgebrauch auch andere Funktionen ein. In den Berichten der Konsumenten wird deutlich, dass die Motivation, Drogen und vor allem Crack zu konsumieren, aus verschiedenen Aspekten und Gründen resultiert. Dazu gehören die Bewältigung von Problemen, die eigene Belohnung für erbrachte Leistungen (sich etwas gönnen) und nicht zuletzt ein starkes Verlangen oder die Vermeidung bzw. Unterdrückung von negativen Folgen oder Entzugserscheinungen.

> **Ralf:** Ich bin hier hergekommen vor zwo, drei Jahren. Vor drei Jahren war die Scheidung. Nee, die Scheidung war jetzt erst vor anderthalb Jahren, des dauert ja immer bis die Scheidung durch ist. Wir haben uns getrennt vor drei Jahren, so. Und wir sind in der Hinsicht alles Städter. Die sind halt aus der Stadt weggezogen (…), mit de Kinder, mit allem. Wenn de immer jemanden gehabt hast, und auf einmal ist überhaupt kein Mensch mehr da, des….Du kannst ja net mal eben hinfahren und ne Tasse Kaffee trinken oder mal die Kinder sehen, weil sie ja weit weg sind. Das ist alles erst drei Jahre her. Da, da war dann der große Absturz. [48 f., 47-4]

> **Interv.:** Warum holst du dir dann wieder was?
> **Tom:** Ja, warum? Schöne Frage. Ja, weil ähm, ich mich nach diesem Kick sehne, oder ich möchte gern wieder, ja, berauscht sein, ebend halt. Ist auch meistens so, äh, Koks lässt einem schon irgendwie so das Gefühl geben oder vermitteln. Oder wie soll ich sagen? Ist immer schwer zu sagen. Aber, ähm…. es ist n schönes Antidepressivum, würde ich fast sagen. Und wenn einem alles über ist oder alles zuviel wird, äh, ist es schön, irgendwie auf Koks irgendwie zu nehmen. Also auch den Stein zu rauchen. Danach fühlt man sich also wieder kräftiger oder besser oder das alles bewältigen zu können oder… wie gesagt, inklusive, dass man sich dann wohler fühlt. [273, 29-37]

Gerade die Problembewältigung mit Hilfe von Drogen ist ein Aspekt, der zu einem fortgesetzten Drogenkonsum verleiten kann. Sehr viele Konsumenten befanden sich in ihrer Anfangszeit ihres Drogen- und/oder Crackkonsums in schwierigen Lebenssituationen. Nicht alle dieser Konsumenten benennen jedoch für ihren aktuellen Konsum die Bewältigung von Problemen als ausschlaggebenden Konsumgrund. Vermutlich spielen diese Aspekte nach wie vor eine Rolle, jedoch sind andere Konsummotive in den Vordergrund gerückt. Interessanterweise konsumieren jene Gebraucher, die dem Steinekonsum nach wie vor eine Problembewältigungsfunktion zusprechen (neun Konsumenten der Drogenszene) in den letzten Monaten vor dem Interview vergleichsweise wenig Crack. Die meisten von ihnen konsumieren nur gelegentlich, die täglichen Konsumenten (zwei Gebraucher) nur geringe Mengen. Der Crackkonsum wird von ihnen vor allem dann eingesetzt, wenn sie sich in einer schwierigen Lebenssituation befinden oder frühere negative Erlebnisse präsent werden.

Wie bereits erwähnt haben sich häufig auch andere Gründe entwickelt. So beschreibt z. B. Ralf in seinem Crackkonsum das Motiv einer Bewältigung seiner Vergangenheit und dem Verlust der Familie aber auch den negativen Wirkungen

5.3 Ergebnisse der qualitativen Erhebung

der Substanz selbst. Gleichzeitig nutzt er seinen einmal wöchentlichen Konsum als seine Form von Belohnung für die Abstinenzwahrung unter der Woche:

> **Ralf:** ... du sagst dir dann: ‚Hier, du hast jetzt die ganze Woche durchgehalten, von montags bis freitags, so jetzt heute haben wir Freitag.' (lacht), also da wenn ich es mir dann am Freitag net geben würde, dann würde ich es auch unter der Woche net einzusehen zu warten. Des ist zwar doof, aber... lieber so. [53, 39–42]

Der Konsum des rauchbaren Kokains stellt für ihn den Abschluss der Woche dar und leitet das Wochenende ein, nachdem er die ganze Woche in einem Arbeitsprojekt gearbeitet und in der Regel vom rauchbaren Kokain abstinent geblieben ist. Ähnliche Beweggründe werden auch bei einigen anderen Gebrauchern, vor allem bei zwei Konsumenten außerhalb der Szene deutlich. Der Stein ist etwas Besonderes, das man sich eben einmal gönnt, wohlgemerkt aber nur dann, wenn es sich die Konsumenten finanziell leisten können, z. B. am Monatsanfang und wenn die Substanz dann ohne Schwierigkeiten erhältlich ist. Diese Gebraucher zeigen keine intensiven Bemühungen, unbedingt an das rauchbare Kokain zu gelangen. Damit kann der Crackkonsum eine ähnliche Funktion einnehmen, wie das ‚Feierabend'- oder ‚Wochenendbier' in der Allgemeinbevölkerung. Insofern kann der Crackgebrauch auch dazu dienen, sich etwas zu gönnen, sich zu belohnen und etwas Abstand vom Alltag zu erhalten.

> **Interv.:** Wie schaffst du das, dass du einfach ein paar Tage nicht konsumierst? Also keine Steine konsumierst, so, wie du das beschrieben hast?
> **Ludwig:** Kein Problem für mich. Das ist nicht für mich A und O... mein Vegetieren, sag mal so. Also, ich mein, es gibt andere Sachen, die viel, viel wichtiger sind, ob ich jetzt Zug Stein mach oder nicht. Das geht mir im Endeffekt am Arsch vorbei, weißt du, wie ich mein? Wenn da ist, ist da. Wenn net da ist, ist net da. Fertig.
> **Interv.:** Also würdest du sagen, vielleicht, wenn man es mal bildlich ausdrückt, wie jetzt für Jemanden in Anführungsstrichen, Normalen, der jetzt keine illegalen Substanzen, äh, konsumiert, das heißt, wenn derjenige Appetit auf Schokolade hat, dann kauft er sich halt mal welche,
> **Ludwig:** (unterbricht) Genau.
> **Interv.:** und wenn er keinen Appetit hat, kauft er nicht?
> **Ludwig:** Genau, genau. Richtig, so sieht`s aus. So seh ich das, und so betrachte ich das. Wohlgemerkt, wenn ich es mir leisten kann, mache ich es. Und wenn jemand vorbeikommt. Beispielsweise, auch wenn ich kann und bin beispielsweise bei mein Kumpel zwei, drei Tage, ich komm nie auf die Idee, in die Stadt zu fahren und mir Steine zu holen... auch wenn ich Geld habe. Ich weiß nicht. Das hat sich bei mir ein komischer Bezug zu den Steinen entwickelt. [97, 21–38]

Solche entspannten Umgangsweisen mit dem rauchbaren Kokain sind jedoch verhältnismäßig wenig unter den Konsumenten vertreten. Der Wunsch nach dem

Rauscherleben, die Versuchung durch die ständige Präsenz im Lebensumfeld oder durch Konsumangebote sowie das Verlangen oder gar die Gier nach der Substanz wurden weit häufiger benannt. Weitere Vorteile des rauchbaren Kokains sind sein verhältnismäßig geringer Preis, die hohe Verfügbarkeit sowie die schnelle und einfache Konsummöglichkeit über eine Pfeife.

Natürlich spielt bei den meisten Konsumenten die Gewöhnung gegenüber dem Gebrauch des rauchbaren Kokains, eine Rolle in der Fortsetzung des Konsums. So konnte Albert z. B. gar nicht benennen, warum er die Substanz weiterhin konsumiert. Damit scheint der Konsum nicht mehr bewusst praktiziert zu werden sondern eine gewohnte Handlung darzustellen. Zudem beschreiben einige Gebraucher ein subjektiv als überwältigend erlebtes starkes Verlangen, den Konsum fortzusetzen. Dieses besteht auch dann noch, wenn die Wirkung nicht mehr positiv erlebt wird, wie sie es zu früheren Zeitpunkten war, und ist ein wichtiger Aspekt im Zusammenhang mit einem Abhängigkeitsgefühl.

> **Ralf:** Das einzige halt vom Kopp her mit den Steinen. Das ist halt immer so ne Sache. Wenn du die Finger weg lässt, ist gut, nur wenn du einmal geraucht hast, in dem Moment ist das wie Schalter im Kopf und dann willst du das als. (…) Und vom Geist her kannst du das so machen: ‚Vielleicht heute Abend, vielleicht morgen‘, aber in dem Moment, wo du dann morgen den Zug gemacht hast. Dann kannst du dass alles hinnedran. Dann hast du voll… kannst du erst wieder aufhören, wenn du kein Geld mehr hast. [43, 22–25 und 30–33]

Gleichzeitig sind die Konsumenten, die sich regelmäßig in den Drogenszenen der drei Städte aufhalten, fast ständig mit der Substanz Crack konfrontiert, wodurch das Verlangen, selbst die Droge zu nutzen, zusätzlich wächst.

> **Wolfgang:** Ja, du siehst die Leute rauchen und hast selber ne Pfeife in der Tasche und: ‚Mann ey, ich will auch einen rauchen.', und na ja, und dann machste irgendwas, um Geld zu kriegen, oder vermittelst irgendwie was. Und irgendwie kriegstes hin, ne. [190, 13–15]

Neben dem Stillen des Konsumverlangens kann auch der Wunsch nach dem Mindern negativer psychischer oder körperlicher Befindlichkeiten zu einem erneuten Konsum führen. Dazu gehört das Mindern der psychischen Entzugserscheinungen oder negativer Begleiterscheinungen des Crackkonsums selbst. So wird aus Beschreibungen eines Gebrauchers auch der Versuch deutlich, die Folgeerscheinungen des langen Wachbleibens oder der großen Mobilität am Tag (vor allem um Drogen zu kaufen oder zu verkaufen) mit dem Crackkonsum einzuschränken.

> **Interv.:** Diese Schmerzen, von denen du gerade gesprochen hast, könnte das ne Entzugserscheinung sein, ne körperliche?

> Stefan: Nein, das ist ne Nebenerscheinung, die einfach davon kommt, dass man den ganzen Tag unterwegs ist, und laufen, rennen, hinterher, dahin, hier hin, zurück. Und, die Leute kriegen Blasen an die Füße, die Zehennägel entzünden sich. Die Finger tun weh, meine sind auch nicht so sauber von diesem Ammoniak, und alles so… rauchst du ne Pfeife, verschwindet das erstmal. [207, 13-19]

Weiterhin benannte Konsummotive waren das morgendliche Kräftesammeln für die täglichen Strapazen der Geldbeschaffung und des Drogenverkaufs sowie zur Vorbereitung und Überwindung zur Prostitution. Aber auch die Kontrolle der Qualität der selbst verkauften Steine kann zum ersten Konsumvorgang führen, der dann durch das folgende Verlangen fortgesetzt wird.

Es gibt also verschiedene Gründe, warum die Konsumenten der Drogenszene immer wieder zum rauchbaren Kokain greifen. Darin unterscheiden sie sich nicht von den außerhalb der Szene befragten Crackgebrauchern, die ebenfalls zunächst von dem überwältigenden Rauschgefühl berichten. Aber auch der Wunsch, sich zeitweise etwas zu gönnen, kann einem Konsum zugrunde liegen.

> Interv.: Was sind die Vorteile des Konsums? Oder warum machen sie's?
> Ernst: Ja, just for fun, oder teilweise auch Langeweile. Trampolin springen kann ich nicht mehr oder irgend sowas. Ich bin da sehr eingeschränkt irgendwie, ne, gesundheitlich. [405, 7-9]

Auffallend ist, dass die außerhalb der Drogenszene erreichten Gebraucher vor allem dann Crack rauchen, wenn sie mit anderen Konsumenten zusammen sind bzw. sich die Konsumgelegenheit bietet. Durch den Konsum der Anderen und deren Anblick entsteht der eigene Konsumwunsch. Ein eigenständig initiierter Crackkonsum wurde verhältnismäßig selten benannt. Weiterhin berichten nur zwei Konsumenten davon, dass die sich bietenden Konsumgelegenheiten zu einem problematischen und unkontrollierten Crackkonsum führen.

Weiterhin wurde die Konsumform des Rauchens als klarer Vorteil des Cracks gegenüber dem intravenösen Konsum des Pulverkokains benannt. So bietet das Crack-Rauchen einen ähnlichen starken Kick wie der intravenöse Konsum ohne dass die damit verbundenen Risiken in Kauf genommen werden müssen.

5.3.5.4 Konsumsetting

Crack bzw. Steine werden in den Drogenszenen der drei besuchten Städte an jeder Ecke angeboten. Vor allem die Konsumenten, die sehr intensiv in Szenezusammenhänge integriert sind, müssen keine großen Hürden nehmen, um die Substanz zu kaufen. Dort, wo sich viele Drogenkonsumenten aufhalten, sind auch die Dealer zu finden.

Fast alle Gebraucher der Drogenszene gebrauchen die Substanz auch in eben diesem Setting innerhalb der Drogenszene. Dies ist insofern nicht verwunderlich, da sich ein großer Teil der Befragten fast ausschließlich in dieser Umgebung aufhält. Dazu gehören vor allem jene Gebraucher, die in Einrichtungen der Drogen- oder Obdachlosenhilfe schlafen und teilweise schon einige Jahre leben. Die Drogenszene bildet damit das primäre soziale Umfeld der Konsumenten, und sie verbringen fast alle Aspekte ihres alltäglichen Lebens in der Szene. Über ein Umfeld, das nicht mit der Drogenszene in Verbindung steht, verfügen sie nicht mehr. Somit konsumieren sie auch das rauchbare Kokain in dieser Umgebung.

Neben jenen Konsumenten, die sich ohnehin fast ausschließlich auf der Drogenszene aufhalten, konsumieren auch jene mit einer eigenen außerhalb der Szene liegende Wohnung oder Unterkunft ihre Steine hauptsächlich in der Drogenszene. Dies hat wesentlich mit der Nähe zum Erwerbsort zu tun. So kaufen die Gebraucher die Steine in der Szene oder handeln selbst damit. Zum anderen zeigt sich bei einigen Gebrauchern die Absicht, den Konsum außerhalb der ‚privaten', szenefernen Umgebung zu belassen. Damit soll der Gebrauch in erster Linie von dem Partner oder der Familie ferngehalten werden. Konsumieren die Angehörigen nicht selbst die Substanz wird der Konsum nicht in deren Gegenwart praktiziert und bleibt damit auf Orte beschränkt, die nicht zur gemeinsamen Umgebung gehören.

> **Sascha:** (…) dass ich für drei, vier Stunden herkomm', weil ich das auch zu Hause nie konsumier, weil ich ja noch n Kind hab und so. Und da halt ich das irgendwie von der Familie fern. [316, 43–45]

Lediglich zwei über die Drogenszene erreichte Konsumenten berichten auch von einem Crackkonsum in ihrer eigenen Wohnung außerhalb der Drogenszene, mit dem Ziel, den Substanzkonsum in einem angenehmen, entspannten und sicheren Rahmen zu genießen.

Bei den über das Internet erreichten Konsumenten ist oder war das Konsumumfeld verschieden. Während ein Konsument Crack in der Regel bei Reisen raucht und in Deutschland eher Pulverkokain konsumiert, nutzen oder nutzten die vier anderen Gebraucher das rauchbare Kokain in der Regel zusammen mit anderen Personen, also im Freundes- und Bekanntenkreis. Ausschlaggebend hierfür ist zum einen ein durch die Anwesenheit anderer Konsumenten entstehendes Konsumsumverlangen, aber auch die sich dadurch bietende Konsumgelegenheit.

> **Interv.:** Also, die bringen dann immer wieder was mit?
> **Thomas:** Ja, die bringen was mit, kommen vorbei … paar Mal sagt man dann ‚nein' so, und dann sagt man halt wieder ‚ja'. Ok machen wir noch mal eine. Und dann ist man wieder drin halt. [328, 12–15]

> **Interv.:** Wo konsumieren sie?
> **Ernst:** Zu Hause.

Interv.: Allein?
Ernst: Unterschiedlich. Zum Teil, meistens eigentlich auch, häufig mit Freunden, ne. Beziehungsweise, ne...
Interv.: Was heißt beziehungsweise?
Ernst: Die kommen ja mit was vorbei, ne. [405, 17-23]

Damit ist der Konsum in der eigenen Wohnung oder der von Freunden die am häufigsten benannte Konsumumgebung der szenefern befragten Konsumenten.

5.3.5.5 Wirkungserleben

Alle befragten Konsumenten sowohl in der Szene als auch außerhalb berichteten von einer schnell eintretenden Wirkung des rauchbaren Kokains, in der Regel sofort nach dem Ein- oder Ausatmen des Rauchs bzw. direkt nach dem Injizieren beim intravenösen Konsum. Vorherrschend in den Erzählungen der Gebraucher ist das Gefühl einer starken Euphorie bis hin zu einem Sinneseindruck, durch den man spürt *„wie die Probleme von dir abfallen"* [Charlie: 240, 30]. Recht häufig genannt, wurden zudem ein Rauschen, Pfeifen oder Echo, das im Kopf verspürt wird. Im Gegensatz zu anderen Substanzen, wie z. B. Heroin, hält die stark berauschende Wirkung des rauchbaren Kokains nur sehr kurz an, zwischen wenigen Sekunden und zwei bis vier Minuten. Nur wenn eine sehr gute Substanzqualität zu erhalten ist, sei eine Wirkung bis zu zehn Minuten, noch seltener bis zu einer halben Stunde zu bemerken. Seltener wurde berichtet, dass nach dem eigentlichen Kick eine weitere leicht euphorische Wirkung bliebe, die in etwa an den nasalen Gebrauch von Kokainhydrochlorid erinnere.

Nach dem sehr positiv erlebten Kick, also dem starken Rauschzustand, tritt bei sehr vielen Konsumenten schnell das Verlangen auf, erneut zu konsumieren.

Ralf: Da ist eine Minute was da und sechs Minuten Gier nach dem nächsten Zug. Die bleibt lang, also danach dann die Zeit, wo du gierig bist, du willst jetzt noch mal ziehn. Deswegen auch das mit dem Geld immer ausgeben, ist oberst brutal. Das Gefühl selbst.... is net lange. Echt so kurz, also. Net so, wie beim Heroin, wo se sich dann drei, vier Stunden in de Sessel hocken. [47, 25–29]

Interv.: Was ist danach? Wie fühlt man sich nach diesen zehn, zwanzig Sekunden? Also ist es dann so wie vorher?
Franz: (lacht sarkastisch) Danach. Also meinst du wie bevor ich geraucht hab?
Interv.: Ja.
Franz: Nein, absolut nicht. Danach fühlst du dich absolut scheiße. Du hast einfach Bock, noch einen zu rauchen. Hast absolute Gier, noch einen zu rauchen. Und ähm... man könnte über Leichen gehen, um an Geld zu kommen, um noch mehr Stoff zu kriegen. [255, 37–43]

Auffallend ist, dass dieses starke Verlangen hauptsächlich nach dem Rauchen der Substanz berichtet wird. Konsumenten, die Crack ausschließlich intravenös vor allem als Cocktail mit anderen Substanzen konsumieren, scheinen dieses Verlangen weniger stark zu empfinden. Dies zeigt sich auch in ihren gewöhnlichen Konsummustern. So liegt bei ihnen zwischen den Konsumvorgängen in der Regel mehr Zeit als bei den rauchenden Konsumenten. Dieses unterschiedliche Verhalten zeigten auch Konsumenten, die die Steine sowohl intravenös mit anderen Substanzen konsumieren als auch rauchen. Nach der zeitlichen Folge der Konsumvorgänge befragt, benannten sie lediglich wenige Minuten zwischen mehreren Pfeifen aber in der Regel mehrere Stunden zwischen intravenösen Konsumvorgängen. Der zeitlich geringere Spritzkonsum ist wahrscheinlich auch eine Folge der gemeinsamen Wechselwirkung der verschiedenen Substanzen, die das Verlangen nach einem erneuten Konsum zunächst geringer werden lässt. Das nach einigen Stunden auftretende Konsumverlangen hängt dann, wie einige Aussagen vermuten lassen, vor allem mit der nachlassenden Heroinwirkung und dem Wunsch nach Vermeidung von Entzugserscheinungen zusammen.

Ein weiteres in der Literatur beschriebenes Phänomen ist eine depressive Stimmung, die sich entweder direkt an die starke Rauschwirkung anschließt oder dann auftritt, wenn dem weiteren Konsumverlangen nicht nachgegeben wird bzw. nachgegeben werden kann. Man geht davon aus, dass gerade diese Depression, die im starken Gegensatz zum eben noch erlebten Hochgefühl steht, ein wichtiger Grund für die berichtete Gier nach der Konsumfortsetzung darstellt (Stöver 2001).

Interv.: Kannst du da die Wirkung beschreiben? Also, wenn du ne Pfeife rauchst, was passiert dann? Wie schnell tritt die Wirkung ein?
Moritz: Drei bis vier Sekunden, euphorisch.
Interv.: Ne Euphorie is es?
Moritz: Ja. Und danach kriegst du Depressionen. [222, 14–18]

Wolfgang: Ja, weil mir das gefällt. Es ist voll euphorisch, obwohl im Prinzip sogar Blödsinn ist, weil, du wirst, einmal wirst du gierig von, willst immer mehr rauchen, immer mehr, aber kriegst du nicht mehr, wirst du depressiv. Kommst du richtig schlecht drauf. Kriegste schlechte Laune und alles, ne. Aber trotz alledem willst du immer mehr haben, immer mehr, immer mehr, ne. Du findest kein Ende... irgendwie. [187, 12–26]

Aufgrund der extrem kurzen Wirkung und dem darauf folgenden starken Drang, erneut zu konsumieren, betrachten nicht wenige Konsumenten den Crackgebrauch als „eigentlich sinnlos". Dennoch überwiegt das Verlangen, eben dieses kurze überwältigende Gefühl wieder zu erleben. Gleichzeitig kann dieser kurze heftige Kick, der so schnell wieder vorbei ist, auch gerade den Reiz darstellen.

Theo: Der Rausch ist nur ein paar Sekunden. Im Endeffekt sinnlos. Wenn man das ganze mal Pi mal Daumen nehmen würde. Das ist aber dann grad der Reiz wiederum. [136, 19–20]

Geben die Konsumenten dem Verlangen nach und konsumieren erneut, bedeutet das jedoch nicht, dass die gleiche Wirkung wieder erzeugt werden kann. So berichten Gebraucher von dem Unvermögen, die anfängliche Wirkung wieder zu erreichen. *„Also, ne wirkliche Wirkung hat man wohl nur morgens beim ersten Mal."* [Stefan: 206, 13] Dennoch versuchen sie diese Euphorie wieder zu erleben und konsumieren erneut. Ähnliches beobachtet auch ein außerhalb der Drogenszene erreichter Konsument.

Thomas: Ja, also man raucht das, man inhaliert das, dann hält man das ne Zeitlang an, also in der Lunge kurz, und dann eigentlich direkt beim Ausblasen. (…) Und (räuspert sich), aber… also, wie so n euphorisierendes Gefühl, so halt im Bauch. So am Anfang denkt man halt so, ok, man will reden so mit den Leuten halt so, sich irgendwie…. Keine Ahnung, man kann die ganze Welt umarmen am Anfang so, würde am liebsten alles verschenken. Das hört sich jetzt blöd an, aber man hat halt so n Gefühl halt so. Glücksgefühl halt irgendwie. Ja und das lässt auch direkt nach so, nach zwei, drei Minuten so, wenn man nicht raucht so. Dann merkt man, du willst wieder drauf, auf dieses Glücksgefühl.
Interv.: Und wenn man dann wieder raucht, kommt man dann auch wieder
Thomas: (unterbricht) kommt man, also, dann is wieder Ruhe so, n Moment so. Aber man will dann eigentlich wieder, man merkt dann, man schafft nicht wieder dieses erste, dieses erste zu schaffen und versucht das dann immer wieder weiter. Und dann sitzt man dann da, und keine Ahnung, inhaliert eigentlich und hechelt halt nur noch rum so, fast wie hyperventilieren so, weil so, wie so n Blöder halt (lacht), um halt wieder drauf zu kommen. [334, 1–18]

Weitere subjektive positive Empfindungen beim Einsetzen der Wirkung sind neben der starken Euphorie Macht- und Stärkegefühle, angenehme Wärmeempfindungen, Kribbeln im Körper, eine verstärkte Wahrnehmung von Geräuschen, Wachheitsgefühle, die Linderung körperlicher Schmerzen usw.

In der Wirkweise unterscheiden sich die Konsumenten der Szene nicht von den außerhalb erreichten. Deshalb sind die Erfahrungen und Berichte der Nichtszenegänger in die oben genannten Auswertungsergebnisse eingeflossen.

5.3.5.6 Negative Nebenerscheinungen beim Crackgebrauch

Neben der eben beschriebenen Gier und dem depressiven Gefühl, die nach dem kurzen Kick des rauchbaren Kokains einsetzen (können), berichten die Konsumenten auch von weiteren negativen Erscheinungen. Am häufigsten wurden in diesem Zusammenhang paranoide Verhaltensweisen und Ängste (acht Mal genannt) benannt. Weitere häufig benannte Nebenwirkungen resultieren vor allem aus der stimulierenden Substanzwirkung selbst. Dazu gehört ein Gefühl der Unruhe und Hektik (sechs Mal genannt), aber auch der Anspannung. Des Weiteren wurden Erscheinungen benannt, die in einem direkten Zusammenhang mit einem sehr starken Konsum des rauchbaren Kokains stehen, also nicht allein aus der Substanz an sich sondern ihrem übermäßigen Konsum resultieren. Dazu gehören die Vernachlässigung der Ernährung und des Schlafbedürfnisses, die unter anderem zu Gewichtsverlust oder Schmerzen in den Füßen durch das ständige ‚Auf-Achse-Sein' sowie zu einer allgemein geringeren Belastungsfähigkeit (zweimal) führen. Weitere Phänomene sind Kopfschmerzen (sechs Mal genannt), Herzrasen und Schwitzen (drei Mal genannt), sogenannte ‚Suchticks' (drei Mal genannt) und aggressive Tendenzen (drei Mal genannt). Häufig benannten Crack rauchende Konsumenten Probleme mit der Lunge sowie Husten (sechs Mal genannt), aber auch die durch den intravenösen Konsum der rauchbaren Substanz oder der Grundsubstanz Kokain begünstigte Bildung von Abszessen (zweimal genannt), genauso wie die auch allgemein dem Drogenkonsum zugeschriebenen Phänomene einer Minderung der Konzentration oder der Gedächtnisleistung (drei Mal genannt).

In der Art der negativen Folgeerscheinungen unterscheiden sich die Gebraucher der offenen Drogenszene kaum von den außerhalb der Szene erreichten. Auffallend ist jedoch, dass lediglich zwei der außerhalb der Szene erreichten Konsumenten von massiven Beschwerden berichteten. Deutlich wird, dass negative körperliche und psychische Folgen in der Regel mit einem starken Konsum zusammenhängen. Wird der Crackgebrauch vermindert oder eingestellt, gehen auch die Beschwerden zurück. Dies trifft sowohl auf die Konsumenten innerhalb als auch außerhalb der Drogenszene zu.

HIV und Hepatitis C 65 % der Gebraucher der offenen Drogenszene gaben an, eine chronische Hepatitis C zu haben oder gehabt zu haben[67], jedoch leide keiner an einer HIV-Infektion bzw. dem Krankheitsbild AIDS. Bei den Konsumenten außerhalb der Drogenszene berichtete nur ein befragter Gebraucher von einer bestehenden chronischen Hepatitis C. Ob die Infektion mit dieser Virushepatitis im Zusammenhang mit dem Crackkonsum steht, lässt sich nicht sagen. Zwar sprechen einige Quellen davon, dass die Konsumenten des rauchbaren Kokains zu den stärker betroffenen Gruppen gehören, also ein größeres Risiko für eine Infektion mit den Hepatitiden haben (Vogt et al. 2000; Daly 2003; Canadian Centre on Substance Abuse 2006; Dworsky 2002), aber ob dies an der größeren Fixierung auf die Substanz bzw. deren Konsum und eine daraus resultierende Vernachlässigung von ‚safer use-Maßnahmen' liegt, lässt sich nicht klären. Die befragten Konsumenten

---

[67] Einer dieser Gebraucher gab an, nun nach einer Interferonbehandlung virusfrei zu sein.

gaben nur zum Teil das gemeinsame Benutzen von Spritzen mit anderen Gebrauchern an (siehe Kap. Risikominimierende Gebrauchsregeln).

5.3.5.7 Mischkonsum mit anderen Substanzen

Neben dem Gebrauch von Crack spielt für die meisten Interviewpartner auch der Konsum anderer Substanzen eine wesentliche Rolle. Da sich 11 Konsumenten der Drogenszene (55 %) zum Befragungszeitpunkt in einem Substitutionsprogramm befanden sowie eine weitere Konsumentin täglich ihr Methadon auf der Drogenszene besorgt, liegt bei diesen Interviewpartnern ein gleichzeitiger Gebrauch des rauchbaren Kokains bei einer bestehenden Substanzwirkung des Opiatsubstituts vor. Schließt man die Substitution in die Betrachtung mit ein, zeigt sich, dass keiner der Befragten ausschließlich Crack oder Kokain konsumiert.

Lässt man die Heroinsubstitute außen vor, bleibt nur eine Konsumentin der Drogenszene, die außer dem rauchbaren Kokain keine weiteren illegalen Drogen konsumiert. Alle anderen Befragten gebrauchen neben Crack auch andere Substanzen. Betrachtet man einen direkten Mischkonsum, der die Absicht verfolgt, bestimmte Substanzwirkungen zu verbinden, bleiben lediglich fünf Szenekonsumenten, die (abgesehen von ihrer Substitution) nie andere Substanzen mit Crack kombinieren[68]. Eine Konsumentin praktiziert einen Mischkonsum nur sehr selten. Alle anderen Gebraucher nutzen regelmäßig andere Drogen, entweder gemischt mit Crack oder direkt vor oder nach dem Konsum des rauchbaren Kokains.

Im Mischdrogenkonsum der Interviewpartner ist der neben dem Crackgebrauch stattfindende Konsum von Heroin und/oder Benzodiazepinen vorherrschend. Insgesamt neun (45 %) in der Szene befragte Konsumenten gebrauchen zum Teil regelmäßig bewusst zusätzlich Heroin. Drei dieser Konsumenten nutzen das Heroin ausschließlich nasal. Insofern ist eine Mischung der beiden Substanzen nur bedingt möglich. Bei ihnen schließt sich der Konsum des Heroins an das Rauchen der Steine an oder beide Substanzen werden abwechselnd gebraucht.

> **Theo:** Dann wieder ne Nase H ziehen, zum Runterkommen.
> **Interv.:** Zum Runterkommen vom Crack?
> **Theo:** Ja. Dass de wieder ruhiger wirst. Dann pushste dich wieder hoch. Das ist immer so ne, äh, äh, Berg-und-Talfahrt. [136, 41–45]

Alle anderen Interviewpartner gebrauchen das Heroin intravenös, teilweise zusätzlich gemischt mit Benzodiazepinen. Fünf Konsumenten kochen Crack gemeinsam mit Heroin auf (ein Konsument mischt auch Benzodiazepine darunter) und injizieren es in die Vene. Benzodiazepine und andere Medikamente spielen genauso wie

---

[68] Jedoch konsumiert einer von ihnen regelmäßig abends i.v. einen Substanzcocktail mit Heroin, Benzodiazepinen und Pulverkokain.

Heroin eine wesentliche Rolle. Insgesamt konsumieren sechs Konsumenten regelmäßig solche Präparate zusammen mit dem rauchbaren Kokain oder direkt nach dessen Gebrauch.

Haschisch wird erwartungsgemäß wenig direkt mit Crack gemischt. Lediglich zwei Konsumenten beschrieben, in seltenen Fällen Crack und Haschisch gemeinsam in einer Pfeife zu rauchen. Zwei weitere Konsumenten gaben an, regelmäßig zusätzlich oder nach dem Crackgebrauch Haschisch in einem Joint oder einer Wasserpfeife zu konsumieren.

> **Ralf:** Ich hab vorher Hasch drauf geraucht, klar, danach, um wieder runterzukommen. Jedes Mal eigentlich. Das mach ich auch heut noch. [48, 15–16]

> **Ludwig:** Wenn es geht, rauche ich Joints zum, zum Crack, weil der Joint dämpft dann die Wirkung vom Crack. Das ist eine interessante Kombination an Wirkung. [97, 6–7]

Der gemeinsame Konsum mehrerer Substanzen erfüllt verschiedene Funktionen. Wie Theo oben beschreibt, nutzt er das Heroin um die stimulierende Crackwirkung zu dämpfen. Der erneute Gebrauch des rauchbaren Kokains erzielt schließlich wieder eine stimulierende Wirkung. Dieses gegensätzliche Auf und Ab erlebt er als besonders reizvoll. Für ihn hat wie für einige andere Befragte auch der Konsum verschiedener Substanzen die Funktion einer verbesserten Rauschwirkung. Ein weiterer wesentlicher Punkt für einen zusätzlichen Gebrauch einer anderen Substanz ist das ‚Runterkommen' von der zu einem Zeitpunkt als negativ empfundenen Crackwirkung oder die Verhinderung der aufkommenden Gier nach einem weiteren Konsum. Dazu werden in erster Linie sedierend wirkende Substanzen verwendet (siehe Kap. 5.3.7.2).

Man darf nicht außer Acht lassen, dass der tägliche Gebrauch von Heroin aber auch Benzodiazepinen mit einer körperlichen Abhängigkeit einhergehen kann. Insofern bewirken bei den Konsumenten auch die körperlichen Entzugserscheinungen ein Fortsetzen des zusätzlichen Substanzgebrauchs. So ist Heroin für jene Konsumenten, die nicht in einem Substitutionsprogramm sind, die wichtigste illegale Substanz. Sie gilt es zu beschaffen und zu konsumieren, um das Auftreten von Entzugserscheinungen zu verhindern.

> **Interv.:** Konsumierst du eigentlich beide Substanzen nacheinander oder mehr oder weniger gleichzeitig?
> **Martina:** Nee, wenn dann nacheinander, aber sowieso Heroin eher. Wenn ich es halt brauch, wenn ich merk, dass ich halt Turkey bekomme. [109, 19–20]

Auch Benzodiazepine müssen beschafft werden, wenn ein abhängiger Konsum vorliegt, da es sonst zu körperlichen Entzugserscheinungen kommt. Bei allen Befragten mit einem zusätzlichen Heroinkonsum lagen die Einstiegserfahrungen mit dieser Substanz vor dem Erstkonsum mit Crack. Insofern ist eher Crack als zusätzliche Droge hinzugekommen.

Der Mischkonsum verschiedener Substanzen scheint auch bei einigen der außerhalb der Drogenszene erreichten Gebraucher eine Rolle zu spielen. Dabei dominieren sogenannte ‚Partydrogen' und/oder vor allem Cannabisprodukte. Ein regelmäßiger direkter Mischgebrauch der Substanzen, z. B. über ihr gemeinsames Aufkochen und anschließendes Applizieren, wurde nicht berichtet. Wohl aber ein wechselhafter Gebrauch verschiedener Substanzen. Lediglich zwei Konsumenten gebrauchten jemals Crack unter dem Einfluss von Heroin oder einem Substitut. Dies betraf einen Konsument, der in der Vergangenheit jahrelang Heroin konsumierte, sowie einen weiteren Gebraucher, dessen Crackmischkonsum mit Heroin sich jedoch aus Angst vor der Substanz und ihres Suchtpotentials auf zwei Mal beschränkte. Ein zusätzlicher Konsum von Pulverkokain wurde von zwei Konsumenten benannte, wobei beide das Kokainhydrochlorid stets intensiver als das rauchbare Kokain konsumierten. Der parallele Gebrauch von Cannabis wurde von insgesamt drei Konsumenten benannt, wobei dies vor allem zur Beendigung der Kokainwirkung diente. Nur ein Konsument nutzte Cannabis direkt zusammen mit dem rauchbaren Kokain, um darüber eine positivere Rauchwirkung zu erreichen. Eine intensivere Rauschwirkung erreicht ein weiterer Konsument durch den gemeinsamen Gebrauch mit Zigaretten. Ein Mischkonsum, den kein anderer Konsument, weder innerhalb noch außerhalb der Drogenszene so deutlich benannte.

Thomas: Also Zigaretten werden en masse… also wenn wir rauchen, die ganze Zeit Zigaretten, also direkt fünf Zigaretten im Aschenbecher, die gar keiner raucht. Ja, also, jedes Mal immer wieder ziehen an der Zigarette, also nach einer Pfeife an der Zigarette. Da hab ich auch diesen Ammoniakkick so. Dadurch also, ich weiß nicht, ob sie das wissen, wenn man nach einer Pfeife eine Zigarette raucht, dann verstärkt sich halt die Wirkung nochmal. (…) Wie so n Turbo halt. [337, 36–41]

5.3.5.8 Erwerb und Finanzierung des rauchbaren Kokains

Lediglich drei Gebraucher der offenen Drogenszene stellen gelegentlich ihre Steine selbst aus Kokainhydrochlorid, also Kokainpulver, her. Wie die anderen erwerben sie die Substanz zusätzlich auch als konsumfertiges Produkt in seiner basischen Form.

Wolfgang: Wenn ich es kaufe, ziehe ich einen nach dem anderen erstmal. Dann hol ich mir aber auch gleich ne Menge, ne. Dann hol ich mir nicht einen Stein oder so. Dann hol ich mir gleich Pulver und mach das selber. Fertig.
Interv.: Du stellst das selber her?
Wolfgang: Ja.
Interv.: Wie häufig machst du das, dass du es selber herstellst?
Wolfgang: Ja, immer am Anfang des Monats, ne. [188, 6–12]

Werden die Steine bereits in ihrer basischen Form erworben, geschieht dies bei allen Befragten der Drogenszene hauptsächlich über Anbieter innerhalb der Szene. Kein Konsument benannte andere regelmäßige Bezugsquellen. In der Regel werden also die Drogenangebote der direkten Umgebung genutzt. Drei der Gebraucher begeben sich gerade aus diesem Grund in die Drogenszene. Sie suchen die Szene lediglich auf, um dort die Substanz zu erwerben und zu konsumieren. Diese Gebraucher konsumieren die Substanz nur außerhalb ihrer normalen, szenefernen Lebenswelt. Alle anderen Konsumenten halten sich regelmäßiger, zum Teil fast ausschließlich in der Drogenszene auf, so dass auch der Erwerb der Substanz in eben diesem Umfeld nahe liegt. Weiterhin bietet sich dort die Möglichkeit, geringe Mengen der Substanz zu besorgen. Dealer außerhalb der Szene bieten häufig lediglich größere Abgabemengen an. Dies setzt aber entsprechende finanzielle Mittel voraus, was bei den wenigsten gegeben ist.

> **Interv.:** Bekommst du es hauptsächlich auf der Szene?
> **Albert:** Nee, ich kann's auch privat kaufen gehen. Ja, wie gesagt, ich hol mir dann normal immer so Zwanziger, Zehner, Dreißiger, so ja? Da lohnt es sich nicht privat zu fahren, holen, ja. Aber wenn ich gleich zum Beispiel fünf Gramm holen will für 150 € so, dann fahr ich dann privat, ja. [9, 32–36]

Viele Konsumenten versuchen, ihr rauchbares Kokain über wenige, ganz bestimmte Verkäufer zu erwerben, also möglichst zu bestimmten Dealern zu gehen, bei denen sie in der Vergangenheit gute Erfahrungen gemacht haben. Dies betrifft im großen Maße intensive Konsumenten. Sie halten sich viel auf der Szene auf, kennen vermutlich gerade aus diesem Grund die verschiedenen Anbieter gut und wissen, wo sie gute Qualität zu einem guten Preis bekommen. Wird die Substanz als Lohn für Vermittlungstätigkeiten oder andere Dienstleistungen erhalten, ist eine ‚Zusammenarbeit' mit festen Dealern Voraussetzung.

Genauso ist aber auch der Erwerb über wechselnde Personen verbreitet. Sei es, weil die gewohnten Verkäufer nicht zu finden sind oder aber die Gebraucher von vornherein dort kaufen, wo und bei wem es gerade etwas gibt. Eine Verlässlichkeit in Hinblick auf Qualität und ein stets angemessenes Preis-Leistungs-Verhältnis sind dann nicht gegeben.

Wie der regelmäßige Erwerb anderer illegaler Drogen ist auch der wiederholte Kauf des rauchbaren Kokains mit einem hohen Einsatz von Geldmitteln verbunden. Im Gegensatz zu anderen Drogen, wie z. B. Heroin, tritt beim Konsum von rauchbarem Kokain weniger schnell eine Sättigung ein, so dass die Substanz in größeren Mengen und langanhaltender gebraucht werden kann. Der größte Teil der Konsumenten der offenen Szene kann dies nicht mit den erhaltenen Sozialleistungen, eventuellen Hinzuverdiensten durch 1,50 €-Jobs (vier Konsumenten) oder Unterstützung von Eltern, Verwandten oder Bekannten (vier Konsumenten) auffangen. Vier Konsumenten bestreiten ihren Unterhalt und die Finanzierung ihres Drogenkonsums ausschließlich über legale Wege. Wie zu erwarten ist, gehören sie zu den Konsumenten mit einem seltenen oder gelegentlichen Konsum. Zählt man jene Konsumenten dazu, die zusätzlich für Dealer vermittelnd tätig sind, aber selbst keine Drogen verkaufen und jene, die ihren Drogengebrauch zeitweise über Dienstleistungen, wie „Service machen" [69], finanzieren, so sind es sechs Konsumenten der Drogenszene, die keine illegalen Finanzierungswege oder Prostitution beschreiten – eine unerwartet hohe Zahl, wenn man bedenkt, dass die Drogenszene im öffentlichen Bild in der Regel mit kriminellem (Beschaffungs-)verhalten gleichgesetzt wird.

Die übrigen Konsumenten erschließen zusätzliche Geldquellen. Ein Viertel der Gebraucher beschafft sich Geldmittel durch klein-kriminelle Handlungen, wie Diebstähle, Betrügereien etc.. Zwei Konsumentinnen gehen der Prostitution nach, wobei dies bei einer befragten Konsumentin die Haupteinnahmequelle darstellt, da sie nicht über einen Sozialleistungsbezug verfügt. Die andere Konsumentin nutzt die Prostitution nur ab und zu, um die finanziellen Mittel aufzubessern. Am weitesten verbreitet ist der eigene Verkauf von Drogen. Fast die Hälfte der Konsumenten dealt in der Regel in eher kleinen Dimensionen mit Crack, Heroin oder Medikamenten. Vier Konsumenten sind für Drogenverkäufer vermittelnd tätig oder bieten Service bei anderen Gebrauchern an.

> **Interv.:** Das heißt, hast du überhaupt irgendwelche Geldkosten für die Steine?
> **Wolfgang:** Ja, am Anfang halt, am Ersten des Monats, ne. So die ersten zehn, vierzehn Tage hab ich halt Geld. Da mach ich selber mein Ding so, und danach, die letzten vierzehn Tage, bin ich so am Vermitteln meistens. [186 f., 43-3]

Dass gerade der Weiterverkauf von verschiedenen Substanzen am häufigsten praktiziert wird, hängt vermutlich mit der vergleichsweise positiven Bewertung dieses Verhaltens zusammen. So scheint das Dealen im kleinen Stil von den Befragten nicht als kriminelles Verhalten bewertet zu werden, anders als dies z. B. bei Diebstählen der Fall ist. Gleichzeitig wird dem Drogenverkauf ein geringeres Risiko hinsichtlich einer strafrechtlichen Auffälligkeit zugeschrieben (siehe Kap. 5.3.7.3).

> **Interv.:** Das erfordert ja auch so relativ hohe Geldmittel. Wie kommst du daran? Also einmal durch den Verkauf… Bekommst du Sozialleistungen?
> **Stefan:** Ja.

---

[69] Service machen = Szenejargon, bezeichnet die i.v. Verabreichung von Drogen bei einer anderen Person, die nicht in der Lage ist, sich die Substanz selbst zu spritzen

> **Interv.:** Hast du sonst noch irgendwelche Bezüge?
> **Stefan:** Nein, gar nichts. Da muss man entweder kriminelle Sachen machen. Klauen. Und das mach ich nicht, hab sehr viel Knast hinter mir. Also, es ist bei mir... ich muss sagen, ich hol sehr oft und sehr viel. Wenn mal wirklich kein Geld da ist, dann kann ich da, wo ich das hole hingehen, und dann gibt er mir auch mal so eine, die ich dann beim nächsten Mal, wenn ich hinkomme, dann nach und nach abdrücke so.... Die Verkäufer sind ja auch nicht doof, wenn sie mir einmal was geben, wissen sie ganz genau, das koche ich auf, verkaufe es und komme dann wieder. Am Tag komme ich vielleicht sieben, acht, zehn Mal und dann. Jedes Mal, wenn ich komme, verdient der seine 60 € an mir oder 70. Dann tut ihm wohl die eine Kugel am Anfang auch nicht weh. [205, 26-38]

Das rauchbare Kokain wird von den befragten Konsumenten der offenen Drogenszene nicht immer gekauft. Es kann auch als Tauschmittel gegen andere Substanzen oder Dienstleistungen erhalten werden.

> **Markus:** Crack kauf ich eigentlich gar nicht viel. Also kaum. Wenn, dann werd ich meistens eingeladen.
> **Interv.:** Wie kommt es, dass Leute so spendabel sind?
> **Markus:** Was heißt spendabel, irgendeiner hat den Stein, und ich hab zum Beispiel ein bisschen Heroin, und da macht man sich das zusammen. [148, 41-3]

Bezieht man Prostitution, Service und Vermittlungstätigkeiten mit ein, gehen 80 % der befragten Szenegänger riskanten Beschaffungsmustern nach, um ihren Lebensunterhalt und insbesondere ihren Drogenkonsum zu finanzieren. Dagegen sind 20 % der Konsumenten also in der Lage einen Crackkonsum zu verfolgen, der sich in legaler Weise finanzieren lässt, in dem ausschließlich auf Geldmittel zurückgegriffen wird, die über Sozialleistungen, Verwandte oder Arbeitsgelegenheiten erhalten werden.

Im Gegensatz zu den interviewten Szenegängern stellen alle außerhalb der Drogenszene erreichten Konsumenten das Crack in der Regel selbst her oder sind unmittelbar dabei, wenn das rauchbare Kokain von Bekannten hergestellt und anschließend gemeinsam konsumiert wird. Auch hier werden wieder Unsicherheiten bezüglich der richtigen Substanzbezeichnung deutlich:

> **Interv.:** Wie bist du dann an dein Zeug gekommen, an das rauchbare also Crack und Freebase? Hast du das selber hergestellt?
> **Patrick:** Crack kaufst du eigentlich. Crack herstellen; das muss schon vernünftig gemacht werden. Kochen mach ich selber, klar.
> **Interv.:** Und wie?
> **Patrick:** Du kochst das halt mit Ammoniak auf. Ganz normal mit Ammoniak, also so macht man es in Deutschland. Du holst das Zeug, kochst es mit Ammoniak und dann wird halt die Base da rauskristallisiert, oder wie man das formulieren soll. Ja, und dann ist es fertig. [357, 33-40]

5.3 Ergebnisse der qualitativen Erhebung

Für dieses gegenüber den Szenegängern unterschiedliche Konsumverhalten scheint es mehrere Gründe zu geben. Dazu gehört zum einen die fehlende Bezugsquelle von rauchbarem Kokain. So berichten zwei Konsumenten, dass sie in ihrer Umgebung kein rauchbares Kokain erwerben können, und damit auf die eigene Herstellung oder die durch Bekannte angewiesen sind.

> **Interv.:** Was gibt's hier eher zu kaufen? Pulver oder...
> **Gerd:** Pulver, also Koks jetzt. Nicht fertiggemacht. Gib's gar nicht. Also ich kenn nichts, wo man was kaufen kann hier. Ich weiß nur aus Frankfurt und Hamburg, dass man da das so kricht, aber hier gibt's sowas nicht. [414, 8–11]

> **Patrick:** Ähm, hier in Ü. kannst du mit Sicherheit, wenn du Leute kennst, Koks zum Basen kriegen. Ich mein letztendlich Koks zum Basen verkauft hier keiner, macht sich ja jeder selber. Crack so hat sich hier in der Gegend nie so richtig durchgesetzt. [357, 17–20]

Andere Gründe liegen in dem Wunsch nach einer Abgrenzung zu Konsumenten der Drogenszene. So wurde bei zwei Konsumenten eine starke Distanzhaltung zur Drogenszene und deren Mitglieder deutlich. Sie wollen nicht mit dieser in Verbindung gebracht werden und sich von deren Image distanzieren. Nicht zuletzt haben der Erwerb außerhalb der Drogenszene und die eigene Herstellung des rauchbaren Kokains die Funktion einer Qualitätskontrolle (siehe Kap. 5.3.7.3).

Von den fünf Nichtszenegängern gaben lediglich zwei Konsumenten an, Geldmittel auf deviantem Wege über „krumme Dinger" oder den Verkauf anderer Drogen zu beschaffen. Alle anderen Konsumenten leben aktuell ausschließlich von ihren vorhanden finanziellen Mitteln oder Sozialleistungen, kennen aber durchaus auch illegale Beschaffungsmuster während früherer starker Konsumphasen. Wobei diese jedoch nicht immer im Zusammenhang mit dem rauchbaren Kokain standen, sondern auch andere Drogen betrafen und zum Teil auch schon lange Zeit vor dem Konsum rauchbaren Kokains lagen.

5.3.6 Merkmale eines abhängigen Konsumverhaltens

Alle Konsumenten der Drogenszene zeigen oder zeigten in ihrem Crackkonsum Verhaltensweisen, die auf einen problematischen Konsum hinweisen. Neben einem starken oder häufigen Konsum spielen wie bereits in der quantitativen Erhebung aufgeführt eine Reihe weiterer Faktoren eine Rolle. Den Eindruck, gegenüber dem rauchbaren Kokain eine Abhängigkeit entwickelt zu haben, kennen viele Gebraucher. Insgesamt äußerten 13 Konsumenten, sie hätten das Gefühl, von rauchbarem Kokain abhängig zu sein.

Moritz: Ähm, also ich würde sagen, Kokain bin ich seelisch stark abhängig.
Interv: Pulver oder Steine?
Moritz: Steine. Also, Nase zieh ich ganz, ganz, ganz selten. Also, ich hab in meinem Leben drei, vier Nasen gezogen. Drei vier Nasen gezogen. [218, 20-23]

Fast alle Gebraucher benennen in diesem Zusammenhang eine vorrangig psychisch erlebte Abhängigkeit gegenüber der Substanz. Diese empfinden die Konsumenten zum Teil als problematischer als die körperliche Abhängigkeit von z. B. Heroin.

Interv.: Fühlst du dich abhängig von Heroin und Crack?
Martina: Ja, würde ich schon sagen.
Interv: Von beiden Substanzen?
Martina: Ist halt so n Unterschied, wie sagt man? Wie hat mal jemand von wegen: heroinabhängig und cracksüchtig.
Interv.: Und, ähm, wie würdest du den Unterschied definieren zwischen abhängig und süchtig?
Martina: Abhängig, das brauch ich vom Körper her. Und süchtig halt, weil ich es vom Kopf her einfach möchte. So, kurz gesagt. [119, 39-2]

Stefan: Also ich nehm Methadon. Ich bin im Methadonprogramm. Heroin is gar nicht mehr das Problem. S ist nur Koks. Diese, das ist da oben im Kopf drin. Ich krieg's nicht raus. (...) Ich weiß nicht, Koks ist wirklich da oben und, wenn man hier nicht wirklich mal ein paar Tage hier wegkommt, dann ist das sehr schwirig, die Finger davon zu lassen.
Interv.: Meinst du mit Koks Pulverkokain oder meinst du Steine?
Stefan: Stein. Stein. [200, 30-38]

Auf der anderen Seite gibt es fünf Konsumenten, die sich selbst als nicht abhängig bezeichnen. Von ihnen konsumieren drei das rauchbare Kokain gelegentlich. Die anderen beiden Konsumenten nutzen die Substanz täglich, einer von ihnen exzessiv, der andere nur in sehr geringen täglichen Mengen.

Theo: Ich fühl mich auch net abhängig davon, auch net gierig. Ich rauch, ähm... Was heißt, kommt drauf an. Gierig, was ist gierig? Ich bin net so, dass ich jetzt unbedingt jetzt losziehen müsste, mir was kaufen müsste, eher ist es das Heroin. Weil, durch den Turkey oder die Entzug oder sowas, des ist für mich eher die Gier bzw. ne Sucht. Aber das Crack, nee. [133, 6-10]

Interv.: Bist du von den Substanzen abhängig?
Beatrice: Natürlich.
Interv.: Von welchen?
Beatrice: Von Pola und von Flunis. Und von Crack eher weniger. Da ich jetzt so n bisschen, glaub ich, kontrollieren kann. So, wenn es nicht da, dann ist es nicht da. Seitdem mein Freund in Knast ist, ist es für mich nicht so wichtig geworden. [286, 37-42]

Es wird deutlich, dass sich intensive Konsumenten nicht unbedingt von der Substanz abhängig fühlen müssen, während die gelegentlichen und seltenen Gebraucher nicht alle unbeschwert mit der Substanz umgehen. Trotz ihres moderaten Umganges mit dem rauchbaren Kokain fühlt sich ein großer Teil von ihnen abhängig. Dies lässt sich vermutlich in erster Linie auf die früheren Erfahrungen eines massiven und von Kontrollverlusten geprägten Konsumverhaltens zurückführen.

Von den Konsumenten außerhalb der Drogenszene berichtete nur einer von einem Gefühl der Abhängigkeit. Dieses Empfinden hängt in erster Linie damit zusammen, dass er Konsumgelegenheiten nur schwer ausschlagen kann. Alle anderen Konsumenten gehen eher entspannt mit dem rauchbaren Kokain um und haben noch nie das Gefühl einer Abhängigkeit verspürt. Zwei von ihnen berichteten jedoch von Abhängigkeitsgefühlen gegenüber Pulverkokain.

5.3.6.1 Kontrollverlust und Bingingkonsum

Alle befragten Konsumenten der offenen Drogenszene berichten von Verhaltensweisen, die einen Verlust der persönlichen Kontrolle über den Crackgebrauch verdeutlichen. Dieser wird von den meisten Konsumenten vor allem in Hinblick auf die konsumierte Substanzmenge und die Dauer des Konsums benannt. Das starke Craving, von vielen Gebrauchern als Gier bezeichnet, kann sie schnell dazu bringen, schon nach kurzer Zeit die nächste Pfeife zu konsumieren oder sich die Droge erneut zu injizieren bis die Substanz und alle Geldmittel aufgebraucht sind.

> **Interv.:** Also, heute hast du Steine und Pulverkokain genommen?
> **Stefan:** Ja. Aber Pulver nicht viel.
> **Interv.:** Noch etwas?
> **Stefan:** Nein, gar nichts. Nur Steine. Ich wollte eine Pfeife rauchen. Dann wurde es noch eine, dann noch eine, dann noch eine. Und jetzt ist mein Geld weg. Leer. Weg. (atmet tief ein) [201, 8–13]

Nicht selten kann das starke Verlangen nach dem rauchbaren Kokain dazu führen, dass nicht nur die vorhandenen Geldmittel in einen erneuten Substanzerwerb investiert werden, sondern auf verschiedenste Weise neues Geld beschafft und in den weiteren Kauf der Substanz gesteckt wird. Durch die stimulierende Substanzwirkung des Kokainproduktes kann dieser Bingingkonsum mit langen Wachphasen einhergehen, die über einige Tage andauern können, nur unterbrochen von kurzen Erschöpfungsschläfen, die sie zum Teil gar nicht bemerken. Neben dem Schlafbedürfnis werden dann häufig auch die Ernährung und Hygieneregeln vernachlässigt, so dass exzessive Binging-Konsummuster nicht selten mit einem massiven Gewichtsverlust und Verwahrlosung und anderen Risiken einhergehen.

Interv.: Wie häufig kommt es vor, dass du durch die Steine länger als 24 h wach bist?
Stefan: Sehr häufig. Also im Moment hab ich mich unter Kontrolle, aber in der Regel ist das sehr häufig. Also viele hier machen.... bis zu sechs, sieben Tage durch, bis se anfangen zu phantasieren oder... Das hab ich selber schon gehabt. Mein längstes war wirklich 13 Nächte, 14 Tage hab ich durchgezogen. Da hab ich schon... ich hätte mich in eine Ecke setzen können und da stundenlang sitzen bleiben können, bis man... Ja, ich weiß nicht, wie ich das sagen soll. Ich hab wirklich schon phantasiert.
Interv.: Und du hast dich dann immer mit Steinen wach gehalten?
Stefan: Ja.
Interv.: Weil eigentlich hat der Körper irgendwann den Drang, zu schlafen, oder?
Stefan: Ja, das ist dann nur noch der Stein. Obwohl, ich hab glaub ich auch schon geschlafen, ohne, dass ich es merke. Auch im Gehen schon. Ich hab mir auch schon etliche Verletzungen zugezogen, dass ich gestürzt bin oder so. Ich bin auch schon die U-Bahn einfach runtergelaufen, in die Gleise reingefallen, weil ich das gar nich mehr mitgekriegt hab. Ich bin einfach eingeschlafen im Gehen oder so. Ich weiß es nicht.
Interv.: Und jetzt momentan? Wenn du ein paar Nächte wach bist, wie viel ist das dann?
Stefan: Im Moment hab ich das bisschen unter Kontrolle. Das ist maximal zwei Nächte [207 f., 39-8]

Interv.: Bist du manchmal mehrere Tage wach?
Theo: Öh....Wenn man selber will ja. Also, vom Körper her... nee. Also, wie soll ich sagen? Der Körper will eigentlich schlafen, aber du selber zwingst dich teilweise dazu, wach zu bleiben.
Interv.: Also der Geist will wach bleiben?
Theo: Ja. Und automatisch bist du dann einfach auch wach, wenn du die ganze Zeit unterwegs bist, von da nach da. Und machste dies und dann raucht man mal wieder einen, dann ziehst wieder ne Nase. Ist automatisch, dass du Zeitverlust hast. Und irgendwann ist der Tag rum. Und irgendwann musst du auch mal ins Bett, bringt nix. [137, 11-19]

Lisa: Hm... manchmal tagelang nicht geschlafen und nur das Zeug besorgt. N bisschen was verkauft, n bisschen was genommen. Eingekauft, verkauft, bisschen was genommen, dass ich meinen Verbrauch finanziert hab. Ich bin nie anschaffen oder klauen gegangen. Ich hab immer ein Stück geholt, die Hälfte davon verkauft, die andere Hälfte genommen, da konnte ich wieder einkaufen gehen. [22, 2-6]

Marianne: ...sieben Tage am Stück Tag und Nacht in der Stadt, nur geraucht. Ich hab richtig Zuckungen gehabt nachher, ne. Meine Motorik war total im Arsch. Ich konnt kaum schlafen.
Interv.: Wann war das das letzte Mal?
Marianne: Das war als mein Mann noch lebte, so die Anfangszeit... Party Tag und Nacht. Ja, das ist halt; und natürlich, ähm... der Stress um die Droge an sich. Jeder will sie haben, Keiner will sie geben, ohne Geld schon mal gar net und mit Geld wenig. Ja, und dann, es dreht sich dann nur um das eine. Das Produkt Steine und dann so viel wie möglich dafür zu kriegen. [74, 24-33]

5.3 Ergebnisse der qualitativen Erhebung

Interv.: Du hast ja jetzt gesagt, einmal die Woche. Gab es auch Zeiten, in denen du mehr konsumiert hast?
Ralf: Ja, nach meiner Scheidung, klar.
Interv.: Wieviel?
Ralf: Wieviel? Tja, mussten mich aus der Firma rausschmeißen, weil ich net gegangen bin. Ich hab die Abfindung plattgemacht. Ich hab von meiner Frau s Geld plattgemacht vom Konto. Also, ich hab bestimmt 20.000 €, 30.000 € innerhalb von, ich will net lügen, innerhalb von zwei Monaten...
Interv.: Für Steine?
Ralf: Für Steine. Nur für Steine.
Interv.: Das heißt, wie sah da dann dein Alltag aus?
Ralf: Na, 86 Kilo war ich schwer und mit was bin ich dann in die Entgiftung? Mit 49 Kilo. Wie mein Tages...? Ja, der, der war brutal. In der Hinsicht, nur den ganzen Tag die Steine organisiert. Ja, weil du bist auch so aufgedreht, du hast auch keine Ruhe in dir, solang du da druff bist.
Interv.: Schläft man da noch?
Ralf: Nee.
Interv.: Das heißt, wie lang warst du da hintereinander wach?
Ralf: Du schläfst schon abends mal zwei, drei Stunden oder so, aber net länger. Und dann musst du dich aber auch echt dazu zwingen, und so. Und dann echt vorher zwei Stunden versuchen, echt net zu rauchen. Wenn du als hintereinander rauchst, dann schläfst du natürlich net. Aber irgendwann sagt dir das dein Körper, das. Du siehst dann auch aus, es wird immer blauer, immer tiefer, und wenn du in den Spiegel guckst, erschreckst du, dass du selbst zu dir sagst: ‚Ich muss mich jetzt n paar Minuten hinlegen, es wird ja immer schlimmer.' Weil du merkst es, auch mit dem Essen, weil du nix mehr isst. Du hast n richtiges Loch im Bauch, und dann da de neue Stein drauf.
[47 f., 30-8]

Etwas Wichtiges deutet sich in den Erzählungen von Marianne und Ralf bereits an. Auch sie kennen den unkontrollierten Konsum des rauchbaren Kokains und einen damit verbunden Bingingkonsum. Bei ihnen stellte dies jedoch eine Konsumphase in der Vergangenheit dar. Im aktuellen Konsum gebraucht Ralf Crack in der Regel nur einmal in der Woche und Marianne zwei bis dreimal pro Woche. Beide konsumieren an ihren Konsumtagen nur eine geringe Menge des rauchbaren Kokains ohne einen Bingingkonsum zu zeigen. Anders als zunächst erwartet, tritt das Bingingphänomen im aktuellen Konsum der in der Drogenszene Befragten vergleichsweise wenig auf. 40 %, also 8 der 20 befragten Szenegänger berichten von einem aktuell stattfindenden bingingähnlichen Crackgebrauch. Insgesamt zeigen 35 % der Konsumenten mindestens einmal im Monat einen Crackgebrauch, der von sehr vielen Konsumvorgängen und längeren Wachphasen geprägt ist. Ein Viertel der Befragten bleibt häufiger als dreimal im Monat aufgrund des Crackkonsums über 24 Stunden wach.

Für fast alle Gebraucher ist es unmöglich, das rauchbare Kokain zu erwerben und für einen späteren Zeitpunkt aufzuheben. Lediglich zwei Konsumenten berichten, die Substanz eine Zeit zu besitzen, ohne sie sofort zu konsumieren. Alle anderen darauf angesprochenen Szenegänger halten ein Aufheben bzw. Einteilen der Substanz für unmöglich. Da viele der seltenen oder gelegentlichen Konsumenten aber in der Regel von vornherein nur eine geringe Menge erwerben und nach deren Gebrauch die Substanz nicht sofort wieder erneut beschaffen, bleibt der Konsum in einem moderaten Maße.

Trotz dem weniger als die Hälfte der Befragten in ihrem aktuellen Crackgebrauch von einem Bingingkonsum berichten, lässt sich eine Verbindung des rauchbaren Kokains mit einem solchen Konsummuster nicht von der Hand weisen. Fast alle Gebraucher kennen ein entsprechendes Konsumverhalten. Die Gebraucher ohne ein solches Konsummuster in ihrem aktuellen Gebrauchsverhalten zeigten es in der Vergangenheit. Lediglich zwei Gebraucher berichten, bis heute nie bzw. nur sehr selten solch exzessive Konsumerfahrungen gehabt zu haben. Jedoch erlebte einer dieser beiden Konsumenten einen ein Jahr zurückliegenden Bingingkonsum mit Kokainpulver. Mit der rauchbaren Kokainform hat er diese Erfahrung noch nie gemacht. Für alle anderen Konsumenten war oder ist ein sehr intensiver und unkontrollierter Crackgebrauch verbunden mit einem Bingingkonsum ein bekanntes Phänomen.

Auch im Gebrauchsverhalten der Konsumenten ohne aktuellen Bingingkonsum dominiert ein Konsummuster, bei dem das zur Verfügung stehende Crack ebenfalls in kurz hintereinander liegenden Konsumvorgängen genutzt wird. Das rauchbare Kokain gehört damit nicht zu den Substanzen, die (wie z. B. Heroin) nach ihrem Konsum zunächst zu einer Sättigung führen und erst nach einigen Stunden erneut gebraucht werden. Wie aber deutlich wird, liegt es an den Konsumenten, ob sie den Konsum so weit fortsetzen, dass er exzessive Ausmaße annimmt. Denn ganz offensichtlich gelingt es einigen Gebrauchern, ihren Konsum auch so zu steuern, dass er in einem moderaten Umfang bleibt. Deutlich zeigt sich zudem, dass ein Binginggebrauchsmuster durchbrochen und verändert werden kann. Es ist also kein Konsummuster, das in einem Crackgebrauch immer auftreten muss. Selbst jene Konsumenten, die aktuell auch einen Bingingkonsum haben, praktizieren diesen nicht automatisch jedes Mal. So kann dieser auch lediglich phasenweise auftreten und sich mit moderateren Konsumphasen abwechseln. Genauso wie ein ansonsten gemäßigter und verhältnismäßig geringer Konsum auch einmal durch einen intensiveren Konsumtag unterbrochen sein kann.

Bei den außerhalb der Drogenszene erreichten Gebrauchern finden sich verschiedene Konsummuster in ihrem aktuellen Konsumverhalten. So berichtete ein

5.3 Ergebnisse der qualitativen Erhebung

Konsument in seinen Konsumphasen stets einen bingingähnlichen Gebrauch des rauchbaren Kokains zu vollziehen. Verfügt er über die Substanz, nutzt er sie mit nur wenigen Minuten Abstand zwischen den einzelnen Konsumvorgängen. Dabei kann dieses Konsumverhalten wie bei den Gebrauchern in der Drogenszene durchaus über mehrere Stunden und bis zur Erschöpfung anhalten.

> **Interv.:** Und wie lange gehen dann immer diese Phasen? Also, sie rauchen eine Pfeife nach der anderen? Wie viele Minuten liegen so dazwischen?
> **Thomas:** eine, noch nich mal
> **Interv.:** Eine? Es geht also richtig hintereinander weg? Und wann hören sie dann auf?
> **Thomas:** Wenn es weg ist.
> **Interv.:** Wenn alles aufgebraucht ist?
> **Thomas:** Ja
> **Interv.:** Und wie lang ist das? Also wie viel haben sie normalerweise zu Hause?
> **Thomas:** Also, ich weiß das so, früher als ich angefangen habe, hab ich halt meistens ein halbes geholt oder eins.
> **Interv.:** Gramm?
> **Thomas:** Ja. Und dann hab ich geraucht. Das hat dann, am Anfang hat das sehr lange gehalten. Da hab ich mit einem Gramm vielleicht zweieinhalb Stunden geraucht.
> **Interv.:** Also, mit nem Gramm Pulverkokain?
> **Thomas:** mit nem Gramm Aufgekochtem …. Und halt mit ner Zeit halt, hab ich so n Gramm in ner Stunde halt geraucht. Also jetzt ist auch wieder weniger seit letztem Jahr geworden so, aber…Wie soll ich sagen?… Ich rauch dann schon fünf, sechs Gramm, also kauf ich dann. Also ich bin nicht allein. Also ich weiß nicht wie viel, mit zwei Mann, wir teilen dann. Und dann rauch ich schon fünf, sechs Stunden durch, so. Wenn nichts mehr da ist, geht vielleicht irgendeiner Neues holen, oder halt nicht. Oder wie gesagt, ich mach Ende.
> **Interv.:** Und wie oft kommt das vor, dass man dann wirklich mal länger als 24 h da sitzt?
> **Thomas:** Sehr häufig. Also Kollege von mir kommt mittlerweile immer an mit zehn, fünfzehn Gramm. (…) Kommt zu mir an und hat dann halt ohne Ende Material dabei so. Ja und dann rauchen wir. [332, 19–45]

Bei zwei weiteren Konsumenten steht ein berichteter Bingingkonsum eher im Zusammenhang mit dem Gebrauch von Pulverkokain. Einer dieser Gebraucher erlebte solche Erfahrungen aber auch schon mit Crack. Dieses Konsummuster wurde aber nicht zur vorherrschenden Umgangsform mit dieser Substanz. Die verbleibenden zwei Konsumenten nutzten und nutzen Crack fast ausschließlich außerhalb eines Bingingverhaltens. Kam oder kommt es zu einem anhaltenden Konsum so bleibt/blieb dies auf seltene Ausnahmen beschränkt.

5.3.6.2 Toleranzentwicklung

Bis auf drei Konsumenten berichten alle Befragten der Drogenszene[70] von einer Verminderung der Rauschwirkung beim Konsum des rauchbaren Kokains gegenüber dem früheren Erleben. So benötigen die Konsumenten in ihrem aktuellen Gebrauch eine größere Menge der Substanz, um eine ähnlich starke Wirkung wie in der Vergangenheit zu verspüren. Dies lässt eine Gewöhnung an die Substanz, also eine Toleranzentwicklung, vermuten. Die Gebraucher selbst beurteilen diesen Wandel unterschiedlich. Ein großer Teil der Befragten sieht die Veränderung in Verbindung mit einer über die Jahre deutlich verschlechterten Qualität des rauchbaren Kokains. So sei die immer geringer werdende Reinheit der Substanz und damit die verstärkte Beimischung von Streckmitteln die Ursache dafür, dass sie eine geringere Wirkung verspüren.

> **Interv.:** Hat sich die Wirkung gegenüber früher verändert?
> **Sascha:** Ja.
> **Interv.:** Inwiefern?
> **Sascha:** Dass es halt schwächer geworden ist.
> **Interv.:** Schwächer?
> **Sascha:** Ja, weil die Qualität nich mehr so is, wie sie früher mal war. [318, 24–29]

Ein Drittel der Befragten schreibt die verminderte Wirkung klar einer Toleranzentwicklung zu. Sie erleben die Verminderung der Rauschwirkung bei unveränderter Substanzmenge als eine Gewöhnung des Körpers an die Substanzzufuhr.

> **Interv.:** Und wie lang hält das an?
> **Marianne:** Das wird immer kürzer, immer kürzer. Je länger man das nimmt.
> **Interv.:** Also, je mehr man es an einem Tag nimmt, oder?
> **Marianne:** Nee, überhaupt mit der Zeit. Am Anfang ist die Wirkung halt noch halbstündig oder so hält die dann an, dann 20 min, 15 min und nachher nur noch 5 min. [72, 9–13]

Diese Gebraucher bemerken zudem, dass das Wirkungsempfinden mit den Konsummustern wechseln kann. So erreichen sie eine geringe Wirkung in besonders konsumhohen Zeiten, während die Wirkung nach einer konsumfreien Zeit wieder intensiver erlebt wird.

> **Interv.:** Hast du heutzutage eine andere Wirkung als damals am Anfang?
> **Mario:** Am Anfang war's stärker gewesen, jetzt ist es nicht mehr so stark.
> **Interv.:** Also dir reicht nicht mehr so viel?
> **Mario:** Genau, aber wo ich jetzt wieder von Entgiftung gekommen bin, jetzt ist es wieder wie vorher. Jetzt brauch ich wieder weniger, weil's mich jetzt wieder mehr platt

---

[70] n = 19, da ein Konsument keine Aussage zu einer Wirkungsveränderung machte.

5.3 Ergebnisse der qualitativen Erhebung

macht, weil ich jetzt wieder wie n Anfänger, sag ich mal. Weil, mein Körper ist jetzt entgiftet in dieser Hinsicht, und jetzt dauert's wieder ne Woche, zwei Wochen bis ich wieder in den Level komm, wo ich wieder viel mehr brauch. Weil mein Körper ist noch so wie ne Jungfrau in diese Hinsicht, so. [111, 5–13]

Interv.: Hat sich die Wirkung irgendwie verändert gegenüber früher?
Franka: Also beim Crack jetzt? Ich denke mal die Anfangs-, am Anfang oder wenn jetzt längere Pausen dazwischen sind, dann ist die Wirkung wieder stärker, ne. Aber wenn man jetzt wieder eine Woche konstant nimmt, dann nimmt das einfach ab, ne. Sag ich mal, weiß nicht.
Interv.: Also dein Körper gewöhnt sich dran?
Franka: Ja. Das ist mit dem Intravenösen genauso. Die Menge, am Anfang hab ich nur so n paar Krümel genommen, und irgendwann wurde es dann so ne ganze Kugel. [176, 8–15]

Neben den Befragten, die die verminderte Wirkung klar als Folge einer Toleranzentwicklung beschreiben, benennen weitere 20 % ein Zusammenspiel zwischen beiden Komponenten, nämlich einer Gewöhnung des Körpers an den Crackgebrauch mit einer gleichzeitig verringerten Qualität der Substanz.

Interv.: Hat sich ansonsten bei dem selbst hergestellten Crack die Wirkung verändert seit den Anfangszeiten?
Theo: Schwächer geworden.
Interv.: Woran liegt das?
Theo: Ich denk mal Gewöhnung vom Körper is die eine Möglichkeit. Die andere Möglichkeit, das Material ist schlechter… Weil, ähm Körper würd ich nur zum Teil, sag ich mal, 70, 30 nennen. Weil, äh, wenn's gutes Material ist, merkt man das trotzdem nach wie vor. [136, 28–34]

Lediglich eine Gebraucherin berichtet von einer stärkeren Wirkung gegenüber dem früheren Konsum, was damit zusammenhinge, dass sie zum Befragungszeitpunkt deutlich weniger Crack konsumiere als in der Vergangenheit. Insofern beschreibt sie ein ähnliches Phänomen, wie es von anderen Konsumenten benannt wurde. Wird der Crackgebrauch verringert, kann dies wieder zu einer stärkeren Rauschwirkung führen.

Interv.: Und früher hast du dieser Gier eher nachgegeben?
Beatrice: Ja. Genau. Ich hab immer mehr und mehr und mehr.
Interv.: Hat sich die Wirkung verändert gegenüber früher? Oder ist es die gleiche Wirkung wie früher?
Beatrice: Ja, es ist verändert. Da ich so wenig rauche, dadurch is n bisschen stärker. Dann ein Zug reicht da schon. [289, 40–45]

Auch ein Teil der außerhalb der Drogenszene befragten Konsumenten berichten von einer Veränderung des Wirkungserlebens als Folge des fortgesetzten Crackkonsums. Sie haben zu Beginn ihrer Konsumerfahrungen eine stärkere Wirkung bei einer geringeren Substanzmenge erlebt, als sie dies nach einer Phase der Gewöhnung also einem längeren fortgesetzten Gebrauch taten[71].

5.3.6.3 Entzugserscheinungen

Befragt man die Konsumenten nach möglichen Entzugserscheinungen beim Verzicht auf das rauchbare Kokain werden eher psychische Phänomene benannt. Körperliche Entzugserscheinungen werden dagegen eher Heroin und Benzodiazepinen zugeordnet, während der Verzicht auf das rauchbare Kokain nicht so deutlich mit diesen Effekten einhergeht.

> **Interv.:** Wenn du aufhörst, zu konsumieren, also Steine zu konsumieren, hast du da Entzugserscheinungen irgendwelcher Art?
> **Ludwig:** Überhaupt net. Das ist reine Kopfsache. Einzige Entzug, das man allgemein hat, ist Heroin. Weil der ist wesensbedingt. Alles andere ist… blablabla. [98, 1–4]

Die von weniger als der Hälfte der Konsumenten berichteten Entzugserscheinungen zeigen sich vor allem in einer gedrückten, depressiven Stimmung und einem starken Verlangen, den Konsum fortzusetzen. Auch aggressives Verhalten oder Konzentrationsschwierigkeiten wurden benannt. Die wenigen körperlichen Phänomene sind vor allem durch eine erhöhte Nervosität und Unruhe sowie eine körperliche Abgeschlagenheit oder Schweißausbrüche geprägt.

> **Interv.:** Von allen Substanzen hast du körperliche Entzugserscheinungen?
> **Wolfgang:** Ja, außer halt von den Kokain-Steinen nicht so. Nur halt, da merkste dann, dass de depressiv bist, dass du nicht so drauf bist, wie sonst. Von allen anderen hast du die körperlichen Entzugserscheinungen. [184, 30–33]

> **Interv.:** Hat man irgendwelche körperlichen Entzugserscheinungen beim Crack? Würdest du das sagen?
> **Marianne:** Ja, ich würd schon sagen, wenn du regelmäßig drei, vier Wochen lang jeden Tag rauchst, und du hörst plötzlich auf damit, dann hast du, bist du besonders schlapp und müde, kannst gar nix machen. Das geht drei, vier Tage so und dann merkst du, wie es wieder aufwärts geht. Sollteste dazwischen dann nen Rauch machen, dann ist vorbei, dann läufste wie n Flummi durch die Gegend, ne. Dann ist alles weg, aber bis dahin, also wenn du wirklich keinen Konsum hast in der Zeit, biste wirklich, als wenn der Körper wirklich drei, vier Wochen durchgearbeitet hätte. So fühlt man

---

[71] Bei einem Konsumenten betrifft diese Einschätzung den Kokainkonsum im Allgemeinen, also nicht allein den Konsum der rauchbaren Variante.

5.3 Ergebnisse der qualitativen Erhebung

sich dann halt, ne. Total kaputt. Schweißausbrüche und so. Aber es ist kein Schmerz da oder sowas. [73, 18–27]

Gerade diese unangenehmen Zustände können Anlass sein, den Crackgebrauch nach einer Konsumpause wieder aufzunehmen.

Paul: Ja, weil ich einfach dieses Gefühl wieder haben wollte, ne. Weil, grad, wenn man dann kein Kokain mehr nimmt, wenn man's die ganze Zeit genommen hat und nimmt's dann nicht mehr, dann wird man halt sehr unzufrieden, ne. Man wird lustlos und sowas. Und das versucht man dann mit'm Stein oder Kokain halt wieder auszugleichen. Dass man wieder auf das gute Level kommt. [167, 23–27]

Auch die außerhalb der Drogenszene erreichten Crackkonsumenten berichten von Entzugsbeschwerden. Jedoch lassen sich diese in den Aussagen nicht immer spezifisch dem Pulverkokain oder der rauchbaren Kokainform zuordnen. Verspüren sie negative Effekte nach dem Einstellen des Substanzgebrauchs, handelt es sich wie bei den befragten Szenegängern vorrangig um psychische Erscheinungen, vor allem Antriebslosigkeit und depressive Verstimmungen. Einige körperliche Phänomene, wie z. B. Frieren, Zittern, Muskelschmerzen oder Schmerzen im Rücken wurden ebenso benannt. Insgesamt unterscheiden sich jedoch die Gebraucher außerhalb der Drogenszene nicht von den innerhalb der Szene befragten.

5.3.6.4 Illegale Beschaffung der finanziellen Mittel

Innerhalb eines unkontrollierten Konsums des rauchbaren Kokains und vor allem bei dem beschriebenen Bingingkonsum entsteht ein großer finanzieller Aufwand. Dieser kann nicht mehr allein aus dem monatlichen Einkommen bestritten werden, und die Konsumenten versuchen die Finanzierung mit Hilfe von Beschaffungsdelikten und Kleindealerei zu ermöglichen. In diesem Zusammenhang sind also auch illegale Beschaffungsweisen der finanziellen Mittel ein Merkmal abhängigen Drogenkonsumverhaltens. Deshalb werden die Ergebnisse zum Beschaffungserhalten der finanziellen Mittel hier nochmals kurz zusammengefasst dargestellt.

70 % der Konsumenten der offenen Drogenszene beschaffen ihre Geldmittel auf illegale Weise oder durch Prostitution (inkl. Vermittlungstätigkeiten 75 %). Ein kleiner Teil dieser Gebraucher nutzt diese Wege jedoch sehr selten. Verbreitet sind vor allem der Weiterverkauf von Drogen oder Diebstähle. Zählt man die Prostitution und Vermittlungstätigkeiten für Drogendealer ebenfalls zu den riskanten Verdienstquellen, so pflegen drei Viertel der auf der Szene interviewten Konsumenten einen Drogengebrauch, der illegale Finanzierungswege oder Prostitution nötig macht und demnach, bedenkt man die Gefahren strafrechtlicher Verfolgung

oder Gefährdungen durch Freier in der Beschaffungsprostitution, zu einem problematischen Gebrauch gerechnet werden kann[72].

Auch für drei außerhalb der Drogenszene erreichte Konsumenten hat oder hatte das rauchbare Kokain bzw. Pulverkokain eine solche Bedeutung, dass sie nicht nur das reguläre Einkommen dafür einsetzten, sondern auch auf andere Beschaffungswege der finanziellen Mittel zurückgreifen. Bei ihnen dominieren ebenfalls kleinkriminelle Beschaffungsweisen, allen voran der im kleinen Maß praktizierte Verkauf von Drogen.

5.3.6.5 Behandlung und Strafverfolgung

Erfahrungen mit der Drogenhilfe Ein Drogenkonsum, der zu negativen Konsequenzen führt oder eine Behandlung notwendig macht, kann als ein problematischer Konsum, gemeinsam mit anderen Faktoren auch als ein abhängiger Substanzkonsum betrachtet werden. Alle Konsumenten der offenen Drogenszene haben ein Problembewusstsein bezüglich ihres aktuellen oder vergangenen Konsumverhaltens. Alle nahmen oder nehmen nach wie vor regelmäßig Angebote der professionellen Suchthilfe wahr, sei es um etwas an dem Konsumverhalten zu verändern oder Unterstützung darin zu erhalten, mit den Folgen des Drogenkonsums umgehen zu können. Dies verwundert nicht, bedenkt man, dass bereits die Kontaktorte Einrichtungen der Drogenhilfe waren. Aber auch über diese Institutionen hinaus haben alle Interviewpartner schon weiterführende Angebote genutzt.

Eine unter den Befragten stark verbreitete Hilfe- und Behandlungsform ist die Substitution mit Methadon oder Buprenorphin. Auch wenn sich lediglich etwas mehr als die Hälfte der Konsumenten (55%) zum Befragungszeitpunkt in einer solchen Behandlung befanden, so haben doch fast alle (85%) bereits Erfahrungen in einem Substitutionsprogramm gesammelt oder wurden während eines Haftaufenthaltes mit Unterstützung von Methadon medikamentös entgiftet. Die meisten in einer Substitution befindlichen Konsumenten nutzen dieses Behandlungsangebot mit Heroinersatzstoffen schon seit Jahren. Der Vorteil der Substitutionsbehandlung ist in erster Linie die Verhinderung körperlicher Entzugserscheinungen beim Verzicht auf die zuvor in abhängigem Maße konsumierte Substanz Heroin. Der Konsum des Heroins ist damit körperlich nicht mehr notwendig, der Beschaffungsdruck lässt nach und im besten Fall tritt eine Stabilisierung der Gesamtsituation ein (vgl. Michels und Stöver 1999). Wird trotz Substitution weiterhin Heroin

---

[72] Bei den zwei sich prostituierenden Konsumentinnen scheint dieses Beschaffungsverhalten eher aufgrund anderer Gründe als der Finanzierung ihres Crackgebrauchs praktiziert zu werden. So erhält eine der beiden Befragten keine Sozialleistungen, ist also auf die Prostitution angewiesen, um ihren Lebensunterhalt und ihr tägliches Methadon zu finanzieren. Die zweite Gebraucherin konsumiert lediglich gelegentlich. Sie nutzt die Prostitution selten und eher dazu, die Haushaltskasse etwas aufzubessern.

konsumiert, verspüren die Gebraucher keine Wirkung mehr. An diesem Punkt können andere Drogen attraktiv werden. Wollen Substitutionspatienten nicht auf ein intensives Rauscherleben verzichten, müssen sie andere Substanzen konsumieren. Insofern kann eine Substitutionsbehandlung dazu führen, dass zwar der Heroinkonsum abnimmt, der Konsum von Crack und/oder von anderen Substanzen aber gegenüber vorher ansteigt.

Für die befragten Konsumenten bedeutet die Substitution vor allem eine Stabilisierung durch die deutliche Verringerung des Beschaffungsdrucks sowie für einige Gebraucher auch eine Verminderung negativer Nebeneffekte des Crackkonsums. Eine Konsumentin hatte neben der Substitution auch Erfahrungen mit der heroingestützten Behandlung. innerhalb der sie aufgrund der stark tagesstrukturierender Begleitumstände der Behandlung keinerlei Beikonsum, also auch keinen Konsum des rauchbaren Kokains gehabt habe.

Die meisten der befragten Konsumenten der Drogenszene haben Erfahrungen mit Kontakten zu Drogenberaterinnen oder einem Drogenberater. Dies liegt zum einen an dem Besuch von Drogenhilfeeinrichtungen, in denen professionelle Helfer tätig sind, zum anderen aber auch an der hohen Zahl von substituierten Konsumenten und der mit dieser Behandlung einhergehenden Psychosozialen Betreuung. In den Kontakten mit Sozialarbeitern spielen vor allem strukturelle Hilfen, wie die Unterstützung in Behördenangelegenheiten und dem Schriftverkehr mit Gerichten eine Rolle. Aber auch zur Vorbereitung von Entzugs- und Entwöhnungsbehandlung werden Drogenberater aufgesucht.

Bis auf einen Konsumenten haben alle Gebraucher bereits Kliniken aufgesucht, um sich dort von ihren konsumierten Drogen entgiften zu lassen. Mindestens 60 % der befragten Konsumenten der Drogenszene waren bereits drei Mal oder häufiger in einer Entzugsbehandlung. Die höchste genannte Zahl von Entgiftungen waren 18 Behandlungen. Diese sehr hohe Anzahl an Entzugsbehandlungen stellt jedoch unter den Befragten eine Ausnahme dar. In der Regel standen die stationären Entzugsbehandlungen im Zusammenhang mit einem Heroinkonsum oder einem regelmäßigen Gebrauch eines Substituts, wie Methadon oder Buprenorphin, und der Entgiftung von begleitend eingenommenen Substanzen (sog. Beikonsumentgiftung). Bis auf einen Gebraucher bestand bei allen Konsumenten zu verschiedenen Entgiftungszeitpunkten ein Crackkonsum, der damit in der Behandlung ebenfalls eine Rolle spielte. Die von den Konsumenten am häufigsten benannten Gründe für eine Entzugsbehandlung sind der Wunsch nach einer Auszeit vom Alltag der Drogenszene, die Unterbrechung problematischer werdender Konsummuster sowie die Vorbereitung einer selbständigen Abstinenzbemühung oder einer Entwöhnungsbehandlung. Des Weiteren hat ein Teil der Gebraucher Entzugsbehandlungen auch schon aufgrund von äußerem Druck durch nahstehende Personen (z. B. Familie, Partner/in) oder Institutionen wie der behandelnden Substitutionsstelle angetreten.

Nur die Hälfte (55 %) der befragten Szenegänger hat bereits mindestens eine Entwöhnungsbehandlung begonnen, wobei die Behandlungen von den Konsumenten nicht immer abgeschlossen wurden. Wichtig ist, dass nicht bei allen Therapieerfahrenen die Behandlung bereits mit einem Crackkonsum in Zusammenhang stand. Ein Konsument besucht regelmäßig eine Selbsthilfegruppe, die ihm viel bedeutet: *Ich hab, meine Selbsthilfegruppe ist mir sehr wichtig.* [Tom: 280, 42]

Im Vergleich zu den Konsumenten der Drogenszene haben die außerhalb der Szene Befragten weitaus weniger Erfahrungen mit der Drogenhilfe, vor allem mit jenen Behandlungen, die über eine Beratung hinausführen. So verfügen lediglich zwei Konsumenten über Erfahrungen mit Entzugsbehandlungen im Zusammenhang mit einem vergangenen abhängigen Heroinkonsum. Ein weiterer Konsument suchte in durch seinen Kokainkonsum (hauptsächlich Pulverkokain) stark belastenden Situationen den Kontakt zu Ärzten und Entgiftungsstationen, konnte aber nie sofort in eine Behandlung aufgenommen werden. Die längere Wartezeit auf einen Entgiftungsplatz sowie die erforderlichen regelmäßigen Anrufe bei der Einrichtung waren für ihn subjektiv eine zu hohe Hürde und führten dazu, dass er nie eine Entzugsbehandlung antrat. Er hatte jedoch in der Vergangenheit eine länger dauernde ambulante Psychotherapie. Ein Gebraucher nahm wegen seines Crackgebrauchs Kontakt zu einer Drogenberatungsstelle auf, fühlte sich dort jedoch nicht ernst genommen, was unter anderem auch an dem geringen Wissensstand des Drogenberaters zum rauchbaren Kokain und dessen Verbreitung in dieser Gegend Deutschlands lag.

Ebenso haben die außerszenischen Konsumenten geringe Erfahrungen mit Entwöhnungsbehandlungen. Lediglich ein Konsument hat bereits einmal eine Therapie wegen Heroin- und Kokainkonsum angetreten. Ein weiterer Heroinkonsument berichtete, in der Vergangenheit als auch zum Interviewzeitpunkt in einer Substitutionsbehandlung gewesen zu sein. Dies stütze ihn heute ganz wesentlich im Verzicht auf jegliche Drogen, einschließlich des rauchbaren Kokains.

Strafverfolgung Zu klar negativen Konsequenzen eines Drogenkonsums sind strafrechtliche Aspekte zu zählen. Werden die Konsumenten als Folge ihres Drogenkonsums und der notwendigen Geld- und Substanzbeschaffung gegenüber Strafverfolgungsbehörden, also Polizei und Staatsanwaltschaft, auffällig, kann dies zu Geld- oder Bewährungs- bis hin zu Haftstrafen führen. Fast alle Konsumenten der offenen Drogenszene sind bereits mit dem Gesetz in Konflikt gekommen. Die häufigsten geahndeten Vergehen waren Verstöße gegen das Betäubungsmittelgesetz (in der Regel Besitz und Handel) oder Beschaffungskriminalität (Diebstähle, Einbrüche, Betrug). Nicht bei allen führten die Vergehen zu einer Inhaftierung. Dennoch waren 80 % der Befragten bereits in Haftanstalten, zum Teil insgesamt mehrere Jahre.

Drei der außerhalb der Drogenszene befragten Konsumenten berichteten über eine Auffälligkeit gegenüber Strafverfolgungsbehörden. Zwei dieser drei Gebraucher waren auch bereits einmal inhaftiert, wobei die Inhaftierung nicht im Zusammenhang mit dem rauchbaren Kokain stand.

5.3.7 Kontrolliertes Konsumverhalten

Wie bereits erwähnt, sind in der Literatur zum Konsum rauchbaren Kokains in erster Linie Beobachtungen verbreitet, die Crack konsumierenden Personen ein stark abhängiges Konsumverhalten mit Bingingkonsum und hoher Aggressivität sowie schlechter sozialer und gesundheitliche Verfassung nachsagen. Umso überraschender mag es sein, dass es unter den in dieser Untersuchung befragten Konsumenten mehrere Gebraucher gab, die in ihrem Konsumverhalten kontrollierte Verhaltensweisen zeigen. So wurde in den vorangehenden Ausführungen zum Beispiel deutlich, dass sowohl der tägliche Gebrauch des rauchbaren Kokains als auch der exzessive Konsum in Form eines Bingingebrauchs unter den Befragten weitaus weniger verbreitet ist als erwartet. Natürlich sind die kontrollierten Konsummuster der Gebraucher stets vor dem Hintergrund eines bei fast jedem Befragten vorherrschenden parallelen Gebrauchs anderer Substanzen oder einer bestehenden Substitution mit Heroinersatzstoffen zu betrachten. Deutlich zeigt sich aber, dass ein geringer Konsum des rauchbaren Kokains auch mit einem moderaten Konsum anderer Drogen einhergeht.

Ein kontrollierter Umgang mit einer Substanz zeichnet sich zunächst durch einen mengenmäßig eingeschränkten, flexiblen Konsum aus, der auch durch Konsumpausen unterbrochen wird. Mehr als die Hälfte der in der Drogenszene befragten Konsumenten, gebrauchen das rauchbare Kokain nur selten oder gelegentlich. Nur neun der 20 Befragten sind zu intensiven Gebrauchern mit einem (nahezu) täglichen Konsum zu zählen. Selbst unter diesen intensiven Konsumenten finden sich zwei Gebraucher, die zwar täglich Crack konsumieren, dies aber nur in sehr geringen Mengen.

Ein weiteres allgemeines Merkmal kontrollierter Konsumverhaltensmuster sind die Orientierung des Gebrauchs an bestimmte Rituale und Konsumregeln. Nach ihnen wird der Konsum ausgerichtet und gesteuert. Solche Regeln lassen sich auch bei den vorliegenden Konsumenten beobachten. Nicht allen gelingt es, die eigenen den Drogengebrauch begrenzenden Konsumregeln stets einzuhalten. Aber auch jene Gebraucher mit einem unkontrollierten Umgang mit dem rauchbaren Kokain haben Verhaltensweisen entwickelt, mit denen sie ihren Konsum beeinflussen und versuchen, im Sinne einer ‚harm reduction' negative Auswirkungen des Crackkonsums zu begrenzen. Dies widerspricht dem häufig gezeichneten negativen Bild der Substanz.

Umso wichtiger ist es nun, diese Beobachtungen in den folgenden Abschnitten genauer zu betrachten. So wird aufgezeigt, in welcher Form die Gebraucher kontrollierte Konsumverhaltensweisen praktizieren, welche Strategien und Regeln sie in ihrem Umgang mit dem rauchbaren Kokain haben und welche Motive und Einflussfaktoren sie zu der direkten Einflussnahme auf ihren Konsum und der Kontrolle gegenüber der Droge befähigen.

5.3.7.1 Konsumpausen und Abstinenzphasen

Zu einem kontrollierten Konsumverhalten gegenüber einer Substanz gehören Zeiten, in denen die Substanz nicht konsumiert wird, ohne dass es gleichzeitig zu einem Anstieg des Konsums anderer Drogen kommt. Bei den drei Konsumenten mit einem seltenen Crackgebrauch überwiegen die konsumfreien Zeiten ohnehin deutlich gegenüber den Konsumtagen. Und auch die acht gelegentlichen Konsumenten haben in ihrem ganz normalen Gebrauchsverhalten immer wieder Tage, in denen sie kein rauchbares Kokain konsumieren. Nicht alle Konsumenten verzichten in dieser Zeit ebenfalls auch auf andere Substanzen. Insbesondere das Heroinsubstitut, das sieben der 11 seltenen und gelegentlichen Crackgebraucher erhalten, nehmen sie auch in Zeiten ohne das rauchbare Kokain ein. Von den verbleibenden vier Konsumenten ohne eine Substitutionsbehandlung haben drei einen täglichen Heroinkonsum. Ein Konsument berichtete über einen täglichen Konsum von Benzodiazepinen. Diese nimmt er jedoch in einer eher geringen Dosierung und vornehmlich abends zum Schlafen. Ganz allgemein wird in der Betrachtung des Konsumverhaltens deutlich, dass die Konsumenten mit einem verhältnismäßig geringen Crackgebrauch auch andere Drogen nicht exzessiv einnehmen. Sie haben überwiegend neben dem Crackgebrauch auch den Konsum anderer Drogen eingeschränkt, wobei Heroin und Substitute so genutzt werden, dass keine Entzugserscheinungen entstehen, sie aber darüber hinaus nicht exzessiv gebraucht werden. Weiterhin vollziehen zwei Gebraucher einen täglichen Cannabiskonsum, der jedoch keine exzessiven Ausprägungen oder den Alltag beeinträchtigende Auswirkungen hat. Die Konsumenten gleichen also auch die crackkonsumfreien Zeiten nicht mit einem stärkeren Konsum anderer Drogen aus. Vielmehr scheint die Verringerung des Crackgebrauchs mit einer allgemeinen Konsumverringerung auch anderer Drogen einherzugehen.

Betrachtet man nun alle Konsumenten, also auch jene mit einem nahezu täglichen Konsum, wird deutlich, dass jeder Befragte bereits Zeiten hatte, in denen er kein rauchbares Kokain konsumierte. Ein Teil der intensiven Konsumenten berichtete von Gefängnisaufenthalten, die wesentliche Abstinenzphasen darstellten. So wurde der Crack- und allgemeine Drogengebrauch bei einem Teil der Konsumenten immer wieder von Haftphasen unterbrochen. Nur einer der Befragten berichtete, auch im Gefängnis psychotrope Substanzen konsumiert zu haben. Dies seien jedoch in erster Linie Haschisch und nur einige wenige Male Kokain gewesen. Alle

5.3 Ergebnisse der qualitativen Erhebung

anderen Gebraucher hielten sich in dieser Umgebung von Drogen fern, obwohl sie auch in Haft erworben werden können (Stöver 2000; Stuhlmann 1997). Darauf angesprochen, berichtete ein Konsument von Beschäftigungs- und Ablenkungsmöglichkeiten in Haft, die für ihn in dieser Lebenssituation wichtiger waren als der Drogenkonsum und so gar kein Konsumverlangen entstand.

> **Interv.:** Hast du das vermisst, die Drogen im Knast?
> **Wolfgang:** Eigentlich gar nicht, wenn ich ehrlich bin, ne. Weil, ich hatte ja was zu tun. Ich hatte jeden Tag meine Arbeit. Ich habe abends gelesen, habe Kraftsport gemacht, gut, ne. Ich habe 84 Kilo gewogen, an Muskelmasse. Und was hab ich jetzt? Noch nicht mal mehr 60. 58 Kilo. (lacht sarkastisch) [195, 15–19]

Neben Haftaufenthalten gab es bei allen Konsumenten auch andere konsumfreie Zeiten. Sieben Konsumenten haben seit dem Beginn ihres regelmäßigen Konsums des rauchbaren Kokains schon mehrere Monate bis Jahre andauernde Phasen gehabt, in denen sie unabhängig von Inhaftierungen kein Crack konsumierten. Für den längeren Konsumverzicht gab es verschiedene Auslöser – eine Partnerschaft mit einer nicht-konsumierenden Frau, die Teilnahme am Heroinvergabeprojekt, eine vorangehende Therapie, der zeitweise Aufenthalt im Ausland, aber auch einschneidende Erfahrungen, die ein Erschrecken über das eigene Konsumverhalten erzeugten (siehe Kap. 5.3.8.2).

Auch im aktuellen Konsum spielen konsumfreie Zeiten für viele Gebraucher eine Rolle. Neben den Konsumenten, die das rauchbare Kokain ohnehin nur selten oder gelegentlich konsumieren, legen auch alle intensiven Konsumenten mehr oder weniger regelmäßig Konsumpausen ein. Diese dauern in der Regel zwischen einem und drei Tagen. Wesentliche Gründe für einen zeitweisen Verzicht auf den Gebrauch des rauchbaren Kokains sind die Wahrung der Gesundheit durch eine körperliche Auszeit von den Drogen oder die Verhinderung einer weiteren Verschlimmerung des Konsumverhaltens. Vor allem nach besonders exzessiven Konsumphasen, insbesondere starken Bingingphasen mit einem sehr lang anhaltenden Konsum und hohen Substanzmengen, legen Konsumenten einige Tage Pause vom Konsum des rauchbaren Kokains ein, um dem Körper Ruhe zu gönnen und wieder zu Kräften zu kommen.

> **Interv.:** Seitdem du wieder draußen bist, hast du da schon ein paar Tage nichts konsumiert?
> **Stefan:** Nein.
> **Interv.:** Hast immer durchgängig? Jeden Tag?
> **Stefan.:** Außer drei Tage, nein vier sogar, knapp. Also eigentlich drei. Der vierte Tag war schon wieder. Was ich gesagt, ganz am Anfang, da war ich 8 Tage unterwegs. Dann hatte ich... irgendwie voll abgestürzt, bin zusammensackt. Bin ich zu Hause geblieben, war ich vier Tage, also drei, der vierte Tag war dann schon wieder. [209, 25–31]

Andere Motive für konsumfreie Zeiten können aus einem Gefühl der Überdrüssigkeit gegenüber dem ewigen Kreislauf von Beschaffung und Konsum oder aus der fehlenden Substanzwirkung aufgrund der Gewöhnung des Körpers entstehen.

> **Interv.:** Warum wolltest du nicht konsumieren?
> **Paul:** Ja, auch wegen dem körperlichen Verfall und weil's für die Gesundheit auch Scheiße ist und kostet viel Geld, muss man viel Straftaten für machen.... Ja, viel wegen der Gesundheit. Ich denk oft drüber nach über meine Gesundheit und versuch mich halt so gut wie's geht zu pflegen. Und deswegen waren das auch Gründe.
> **Interv.:** Wie häufig waren solche Konsumpausen von zwo, drei Tagen?
> **Paul:** Na ja, die waren schon sehr selten. Ja, vielleicht so einmal im Monat. [166, 31–37]

> **Charlie:** Irgendwann hab ich einfach nichts mehr gemerkt, von den. Und dann hab ich die Schnauze voll gehabt davon. Und dann der ganze Stress und so, ne. Da wollte ich irgendwie net mehr. Und da hab ich au mal zwei Tage gar nichts genommen, ne.
> **Interv.:** Fiel dir das dann schwer?
> **Charlie:** Nee. Das war eher ne Erleichterung, ne. Ich wollte das net. Echt. Ich hab, das hat mir bis hier gestanden. Ich meine, machst ne Pfeife fertig, ziehst, und merkst nichts, gar nichts. da kommt nichts mehr, ne. Oder musst dir gleich so ne ganze Kugel off die Pfeife legen, dass da irgendwas passiert, ne. Da hab ich halt immer mal zwei Tage Pause gemacht und dann hab ich mal wieder eine gezogen, und dann war's wieder in Ordnung. [243, 23–32]

Weiterhin können Abstinenzphasen Resultat eines fehlenden Angebotes der Substanz oder fehlender finanzieller Mittel sein. Dies entspricht zwar nicht einer bewussten Entscheidung gegen einen Konsum, sie entscheiden sich aber dafür, nicht alle Hebel in Bewegung zu setzen, um an die Substanz zu gelangen.

> **Interv.:** Du hast vorhin gesagt, du hast manchmal Tage, in denen du keine Steine konsumierst. Wie lang ist das? Wie viele Tage am Stück?
> **Wolfgang:** Maximal zwei, drei Tage. Also das Wochenende, also meistens, ist das dann, ne. Samstag, Sonntag. Freitag, Samstag, Sonntag, so, ne. Weil da halt nicht viel los ist in der Stadt auch, ne. Das sind meistens diese drei Tage so. Bei uns ist von Montag bis Donnerstag, Freitag geht, ne. Da ist halt immer was da, irgendwie so, ne. Und Samstag, Sonntag, da musste schon suchen, ob de irgendjemand findest, der nen Stein hat oder so. Und das ist viel zu viel Rumrennerei, ne. [191, 17–24]

Deutlich zeigt sich, dass die Konsumenten in der Lage sind, zeitweise auf das rauchbare Kokain zu verzichten. Mit Hilfe verschiedener Strategien, die sie sich angeeignet habe, gelingt es ihnen, die geplanten Pausen durchzuhalten. Diese und weitere Strategien zur Regulierung des eigenen Konsumverhaltens werden im Kap. 5.3.7.2 zu den Konsumregeln und Kontrollstrategien ausführlich dargestellt.

Auch die außerhalb der Drogenszene erreichten Konsumenten berichteten von konsumfreien Zeiten in ihrem Crackgebrauch. Zwei Konsumenten konsumierten die rauchbare Variante ohnehin nur bei sich bietenden Gelegenheiten. Die restlichen drei Konsumenten gebrauchen das rauchbare Kokain ebenfalls nur selten bis gelegentlich und legen regelmäßig Konsumpausen ein. Während dies für zwei Gebraucher keine größere Schwierigkeit bedeutet, entflieht ein Befragter der gewohnten Umgebung, die eng mit dem Crackkonsum verknüpft ist. In der Regel besucht er nicht-drogenkonsumierende Freunde oder Verwandte, um eine Konsumpause oder die Beendigung einer massiven Konsumphase zu realisieren.

5.3.7.2 Konsumregeln und Kontrollstrategien

In den Erzählungen der Konsumenten wird deutlich, dass sich nur ein Teil von ihnen ganz bewusst vornimmt, wie viel sie von dem rauchbaren Kokain nutzen. Gerade die Gebraucher mit einem intensiven Konsum haben in der Regel keinen konkreten, also zuvor bewusst festgelegten Plan im Kopf, nach dem sie die Substanzmenge oder die dafür eingesetzte Geldmenge ausrichten. Es sind eher die seltenen oder gelegentlichen Konsumenten, die konkrete Vorstellungen haben, wie viel rauchbares Kokain sie maximal gebrauchen oder wie viel Geld sie dafür aufwenden wollen. Das Konsumverhalten der meisten Konsumenten scheint sich häufig neben konkreten Vorgaben an unbewussten Regeln zu orientieren.

Deutlich wird, dass alle befragten Konsumenten ihren Konsum steuern, und zwar egal, ob ihr Gebrauchsverhalten eher einem abhängigen oder einem kontrollierten Verhalten zugeordnet werden kann. Jeder beeinflusst den eigenen Gebrauch des rauchbaren Kokains in dem Maße, dass

1. Die Substanz ihre für den Gebraucher subjektiv als optimal empfundene Wirkung entfaltet,
2. der Konsum mit Hilfe risikominimierender Strategien so wenige Risiken und negative Folgen wie nur möglich birgt,

oder/und

3. die Substanz zeitlich und mengenmäßig begrenzt konsumiert wird.

An zugrunde liegenden Konsumregeln wird der Drogengebrauch orientiert. Diese selbst auferlegten übergeordneten Regeln werden von bestimmten Kontrollstrategien ergänzt, die zielgerichtet verfolgt werden, um den Konsum unter Kontrolle zu behalten. Diese Regeln und Strategien helfen den Konsumenten, Einfluss auf ihren Gebrauch des rauchbaren Kokains zu nehmen. Sie entwickelten sich aus den bisherigen Konsumerfahrungen, die die Gebraucher über die Monate oder Jahre mit der Substanz gemacht haben. Sie wissen, wie das rauchbare Kokain bei ihnen wirkt und welche Konsequenzen der Konsum haben kann. Unter Einbezug ihrer jeweils ganz spezifischen Lebens- und Umweltbedingungen haben die Gebraucher sich Wege geschaffen, die es ihnen erleichtern, eine Kontrolle gegenüber dem Konsum auszuüben und ihn (wenn auch nicht immer zu jeder Zeit erfolgreich) zu regulieren.

Die Vielzahl von Konsumregeln und Kontrollstrategien, die von den befragten Szenegängern benannt wurden bzw. die in ihren Berichten deutlich wurden, und mit Hilfe derer sie ihr Konsumverhalten steuern, lassen sich in folgende Überkategorien zusammenfassen:

- die Vermeidung negativer Auswirkungen auf alltägliche Verpflichtungen oder soziale Beziehungen durch eine zeitliche Anpassung des Konsums
- eine Anpassung der gebrauchten Substanzmenge auf die persönlichen Vorstellungen und Erwartungen
- die Beschränkung des Konsums auf bestimmte Orte und Settings
- die Vermeidung zusätzlicher gesundheitlicher Risiken (‚harm reduction') über ‚safer use'-Regeln
- die Vermeidung einer strafrechtlichen Auffälligkeit durch den Verzicht auf illegale Beschaffungsweisen der notwendigen finanziellen Mittel oder die Beschränkung auf Beschaffungswege, die das geringste Risiko einer Entdeckung in sich bergen.

Nicht jeder der Konsumenten verfolgt alle diese Regeln, so sind für einige nur ein Teil der Regeln von Bedeutung. Welche Regeln für die Gebraucher attraktiv sind, richtet sich wiederum im Wesentlichen nach den Erfahrungen, moralischen Bewertungen und der ganz konkreten Lebenssituation des einzelnen Konsumenten. Um selbst auferlegte Konsumregeln einzuhalten, haben sich die Konsumenten verschiedene Strategien angeeignet, mit Hilfe derer es ihnen leichter fällt, ihren Konsum an die persönlichen Vorgaben anzupassen. Diese Strategien beinhalten z. B.

- den Rückzug und die Vermeidung bestimmter verlangensteigernder Orte und Situationen
- die Beschäftigung und Ablenkung von einem Konsumverlangen durch alternative Aktivitäten
- die Regulierung über die Beschränkung des Konsums auf eine zuvor festgelegte Substanzmenge oder finanzielle Aufwendung
- der gleichzeitige Konsum anderer Substanzen, zur Vermeidung negativer Folgen des Crackkonsum oder zur Verminderung eines starken Konsumverlangens

Die wichtigsten Kontrollstrategien und Konsumregeln werden nun im Folgenden genauer dargestellt.

Die zeitliche Regulierung des Crackkonsums In der zeitlichen Anpassung des Konsums an Aufgaben und Verpflichtungen nehmen andere Dinge Priorität gegenüber dem Drogengebrauch ein. Wie Untersuchungen zum kontrollierten Drogenkonsum zeigten, verfügen vor allem sozial integrierte Konsumenten über ein soziales Setting, in dem der Drogenkonsum gegenüber Aufgaben und Verpflichtungen zurückgestellt wird. Nur wenige der befragten Gebraucher verfügen noch oder wieder über außerhalb des Drogenkonsums und der Drogenbeschaffung bestehende Lebensinhalte, hinter denen sie ihren Crackkonsum zurückstellen. Aber auch bei Konsumenten, die sich fast ausschließlich in der Drogenszene aufhalten, lässt sich eine zeitliche Regulierung des Konsums beobachten, z. B. in Form von konsumfreien Zeiten oder mehr oder weniger regelmäßigen bewusst eingelegten Konsumpausen (s. o.). Deutlich wird, dass Konsumenten, die bindende Pflichten oder Verantwortung haben, häufiger einen geringeren Konsum zeigen als Gebraucher, die keine Rücksicht auf solche Dinge nehmen müssen. Sie passen ihren Gebrauch zeitlich an die zu erfüllenden Aufgaben an, um keine negativen Auswirkungen auf diese Verpflichtungen zu erhalten. Dazu gehören z. B. familiäre oder partnerschaftliche Verpflichtungen.

Zudem spielen berufliche Aspekte eine große Rolle. Diese Bezugspunkte sind unter den Befragten nur teilweise zutreffend, da keiner einem regulären Arbeitsverhältnis nachgeht. Der Einfluss von Beschäftigung und Arbeit zeigt sich in den Interviews aber umso deutlicher bei den Gebrauchern, die über eine Beschäftigung im Rahmen von Arbeitsgelegenheiten, also z. B. in Form von sogenannten 1 €/1,50 €-Jobs, verfügen. Gehen Konsumenten verantwortungsbewusst einer solchen Beschäftigung nach, können in dieser Zeit keine Drogen konsumiert werden. Eine Begrenzung des Konsums gilt dann nicht allein für die Zeit, in der die Arbeit ausgeführt wird. Auch im Vorfeld der Beschäftigung müssen die Gebraucher ihren Drogenkonsum so gestalten, dass sie in den nächsten Stunden oder am nächsten Tag in der Lage sind, ihre Arbeiten zu verrichten.

> Interv.: Gibt es irgendwelche Nebenwirkungen des Konsums?
> Lisa: Ja, dass man anschließend n paar Tage k.o. ist.
> Interv.: Auch wenn du nur an einem Abend konsumiert hast?
> Lisa: Ja, deshalb halt immer Freitag abend. Ich muss ja dann erst montags wieder arbeiten. (lacht) (atmet tief ein) Also je älter man wird, desto mehr schlaucht das den Körper ja auch. Bin ja auch keine 20 mehr. [29 f., 43-3]

Lisa weiß, dass der Konsum des rauchbaren Kokains sie auch noch am nächsten Tag nicht voll leistungsfähig sein lässt. Um die Arbeit, die sie innerhalb eines Arbeitsprojektes verrichtet, nicht negativ zu beeinflussen, beschränkt sie den Gebrauch des rauchbaren Kokains in der Regel auf Freitagabend. So hat sie das Wochenende zur Erholung noch vor sich und ist zum Arbeitsantritt am Montag nicht negativ eingeschränkt.

Mit dem freiwilligen Eingehen von Arbeitsaufgaben und der Orientierung des Crackgebrauchs an diese Verpflichtungen, erhalten sie Priorität gegenüber dem Drogenkonsum. Unter den Befragten der Drogenszene, die über Arbeitsgelegenheiten beschäftigt sind, wird dies sehr deutlich. Sie konsumieren weniger Crack und nutzen die Möglichkeit der Beschäftigung zum Teil ganz bewusst, um sich vom Drogenkonsum abzulenken und etwas Anderes zu tun als im Kreislauf der Beschaffung und des Konsums zu verbleiben. Eine solche Beschäftigung bedeutet insofern auch eine gewisse neue Sinngebung. Nicht nur, dass sie beschäftigt oder abgelenkt sind, sie haben durch die Arbeitsprogramme eine Aufgabe, leisten etwas und erhalten Anerkennung dafür, nicht zuletzt auch in finanzieller Hinsicht.

> **Marianne:** Ich halt mich nicht fern von den Leuten, von dem Konsum halt. Ich sitz net dabei und seh ständig, dass geraucht wird und so, und lenk mich halt bisschen ab mit Arbeit. Verdien mir halt noch ein paar Kröten dazu, und denke, dass mir das gut tut einfach. Statt mich halt, jetzt wie andere, morgens in die Stadt fahren zu lassen, und Geld zu machen, um Drogen zu kaufen. [80, 42–46]

> **Lisa:** Versuch ich das so, dass ich hier meine Arbeitsstunden, also ich hab keine Arbeitsstunden, sondern, dass ich morgens so zwischen 10 und 11 bei der [Name einer Mitarbeiterin] erscheine und frag, was sie für Arbeit hat. Dann arbeite ich ein paar Stunden, dann geh ich rüber, koch was zu essen, dann les ich was, oder, oder … guck Fernsehen oder mach irgendwelche anderen Sachen… unnütz oder auch nütz. (lacht) Und versuch nix zu machen. Klappt immer mal ne Weile. Und dann halt nur so freitags. [29,14–19]

Die Arbeit der Gebraucher bedeutet also eine willkommene Aufgabe, hinter der der Drogenkonsum zurückgestellt wird. Somit kann das bewusste Suchen von Arbeitsmöglichkeiten eine Strategie darstellen, sich durch eine sinnvolle Strukturierung des Tages vom Konsum des rauchbaren Kokains abzulenken.

Ablenkung von einem Konsumverlangen durch Beschäftigung Auch außerhalb von Arbeitsgelegenheiten erhält eine Beschäftigung und Aufgabe eine wichtige Bedeutung in der Umsetzung eines Reduktions- oder Abstinenzwunsches der Konsumenten. Sich mit alternativen Dingen zu beschäftigen, bedeutet nicht nur, in dieser Zeit nicht zu konsumieren, es hilft den Gebrauchern auch, sich von dem Verlangen nach einem Crack- und anderweitigen Drogengebrauch abzulenken. Dabei kann dies auch gerade dann von Bedeutung sein, wenn die Gebraucher bereits ein Konsumverlangen verspüren, diesem aber nicht nachgeben wollen.

Interv.: Hast du auch manchmal Verlangen zu konsumieren, und du gibst dem aber nicht nach?
Doris: Ja.
Interv.: Wie schaffst du das dann?
Doris: Dann setz ich mich vorm Fernsehen. (lacht) Echt. Da mach ich Fernsehen an, oder ich fang an zu Basteln, irgendwas fällt mir schon ein… Irgendwas mach ich dann. [307, 29–33]

Sascha: …oder wenn ich das merk, dass das in mir arbeitet, dass ich dann versuch', mich abzulenken. Oder zu meinem Bruder fahr, mit meinem Kind was mach'. Das mach' ich sowieso, aber das hilft mir auf jeden Fall dabei. [321, 15–17]

Interv.: Ein Konsumverlangen hast du, wenn du zu Hause bist, nicht in dem Maße?
Franka: Doch heute zum Beispiel, da hatte ich, hatten wir mit seinen, seine Eltern haben so n bisschen rumgezickt. Dann ist es einfach ätzend, dass man nicht; man kriegt keine Arbeit. Und wenn ich dann so n bisschen deprimiert bin, dann… dann überlege ich mir, wie könnte man denn jetzt an Geld kommen, um ne Kugel zu holen oder sowas. Aber dann, wir haben die Tiere, hab ich schnell n paar Käfige gemacht, dass ich körperlich n bisschen kaputt war. Und dann, weil, ich war also… dann war ich n bisschen ausgepowert, und dann ging das wieder. [178, 33–40]

Die Gebraucher sind also in der Lage ihre Abstinenzabsicht trotz eines Konsumverlangens umzusetzen. Die Beschäftigung mit anderen Dingen lässt die Gedanken und den Wunsch nach dem rauchbaren Kokain oder anderen Drogen in den Hintergrund treten und die zeitweise Abstinenz von der Substanz gelingt leichter.

Die Regulierung über das Konsumsetting, Rückzug und Vermeidung Für viele Konsumenten stellt die Drogenszene das primäre Konsumumfeld dar. Dort, wo die Substanz erworben wird, wird sie auch konsumiert. Dies ist ein für die Substanz ganz typisches Verhalten und wurde auch in anderen Untersuchungen und von professionellen Helfern beobachtet (z. B. Dworsky 2002).

Einige der vorliegend befragten Konsumenten rauchen Crack zwar in dieser Umgebung, achten aber trotzdem auf ein bestimmtes angenehmes Setting. So umgibt sich Tom beim Crackkonsum ausschließlich mit Menschen, deren Konsumverhalten dem eigenen entspricht und das darüber einen positiven Einfluss auf den eigenen Gebrauch des rauchbaren Kokains hat.

Tom: ich such mir auch die Leute aus, mit denen ich rauche. Ich hab also keinen Spaß mit Leuten zu rauchen, die also wirklich im 15-, 20-Sekunden-Takt die Pfeife rauchen, einfach definitiv zu viel rauchen. [278, 11–13]

Eine Konsumreduktion oder komplett konsumfreie Tage mit dem Ziel der Auszeit und Erholung stehen häufig im Zusammenhang mit einem Fernbleiben von der Szene. Die Vermeidung bestimmter Orte stellt die wichtigste und am häufigsten genannte Strategie der Konsumbegrenzung dar und wird sowohl von den selten bis gelegentlich konsumierenden als auch den intensiv konsumierenden Gebrauchern gezeigt. In erster Linie geht es in diesem Verhalten darum, bestimmte Orte oder Situationen, die zu einem Konsumverlangen führen können, nicht aufzusuchen oder zu verlassen. Dabei spielt vor allem das Meiden der Drogenszene und/oder konsumierender Personen eine wichtige Rolle. Sind die Konsumenten nicht mit dem rauchbaren Kokain und dessen Konsum durch andere Gebraucher konfrontiert, fällt es ihnen leichter, selbst darauf zu verzichten.

Ein überaus wichtiger Rückzugsort ist das eigene Zuhause. Verfügen die Konsumenten über einen festen Wohnraum, können sie dort von der Szene Abstand nehmen. In diesem Rahmen fällt es ihnen leichter, ohne das rauchbare Kokain auszukommen, da sie es nicht immer wieder vor Augen haben. Dies führt bei einigen Gebrauchern dazu, dass sie kaum ein Verlangen nach dem rauchbaren Kokain spüren, solange sie in den eigenen vier Wänden sind.

> **Marianne**: Ich bin manchmal ne Woche nicht aufgestanden ausm Bett raus, außer zum Einkaufen, und hab auch ne Woche kein Stein benutzt dann. Sobald ich in die Stadt kam, ging das dann wieder los, ne.
> **Interv.:** Und in der Woche? Hast du es dann vermisst?
> **Marianne**: Nö, eigentlich überhaupt nicht. [69/13–17]

Anders als bei einem abhängigen Konsum von Heroin oder Benzodiazepinen verspüren die wenigsten Konsumenten beim Verzicht auf Crack massive körperliche Entzugserscheinungen, die sie zu einem Fortsetzen des Konsums zwingen. Treten bei einer bestehenden Abhängigkeit von Heroin oder Benzodiazepinen während einer Konsumpause Entzugserscheinungen auf, können diese dazu führen, dass die Gebraucher die Pause abbrechen und sich wieder Drogen und damit auch wieder Crack besorgen.

Ein Rückzug in die eigenen vier Wände ist für jene Konsumenten, die in einer Notunterkunft der Drogenhilfe leben, weitaus schwieriger als für Konsumenten mit einer eigenen szenefernen Wohnung. Sie sind fast permanent mit der Szene und den anderen Szenegängern in Kontakt. Ein tatsächlicher Rückzug in eine völlig andere, szeneferne Umgebung ist daher kaum möglich. Dennoch kann schon das eigene Zimmer in der Drogenhilfeeinrichtung Rückzugsort sein und den Verzicht auf einen weiteren Substanzkonsum stärken.

> **Marianne**: Ich versuche zu vermeiden, es überhaupt einzunehmen. Was mir nicht gelingt. Ab und an mal… Oftmals lass ich mich krankschreiben und bin gar net krank.

5.3 Ergebnisse der qualitativen Erhebung

Aber ich weiß, dass ich da oben meine Ruhe hab. Und ich zieh mich halt sehr, sehr viel zurück auch. Wenn es mir denn gelingt, weil, es ist ja normal net möglich hier. (…) ich will mir das einfach net antun, Tag für Tag. Du wirst echt verfolgt, überall, wo du bist. „Hast du mal ne Pfeife, hast du mal 'nen Kratzer?" All so Dinge, ne: „Hier haste 'nen Zehner, hol mir mal 'nen Stein. Ich geb dir auch was." So Sachen laufen da ab. Also, du kannst da nirgendswohin flüchten. Die finden dich überall. Und die nerven dich überall. Und manchmal geht's mir halt auch besser ohne das Zeug. Ich fühl mich einfach wohl, wenn ich oben in meinem Zimmer lieg, kann auf meinem Bett liegen, kann Fernsehn gucken und keiner ist irgendwo da, der mich dauernd nervt mit dem Zeug. [74 f., 35-1]

Interv.: Gibt's auch irgendwelche Orte oder Situationen, die du dann aufsuchst, um halt nicht zu konsumieren?
Lisa: Eigentlich meistens mein Zimmer, selbst wenn der Z. neben mir sitzt und sich nen Druck setzt, interessiert mich das nicht. Wenn ich nicht will, will ich nicht.
Interv.: Also in deinem Zimmer ist dieses Verlangen oder diese Verführung nicht so groß, wie jetzt außerhalb.
Lisa: Ich hab mir auch schon in meinem Zimmer nen Druck gesetzt, obwohl's verboten ist, klar. Aber, da kann ich das am ehesten lassen. Auch, wenn das ganze Handwerkszeug da im Regal steht.
Interv.: Wie erklärst du dir das?
Lisa: Weiß ich nicht… Das kann ich mir selber nicht erklären, muss ich dir ehrlich sagen. Is so. Ich kann auch hier unten zwei Stunden daneben sitzen und denen beim Rauchen zugucken, das stört mich auch nicht. Aber irgendwann ist dann n Punkt, da will ich das auch, und da verschwind ich dann besser in mein Zimmer. Sonst muss ich mir was überlegen, wo ich auch was herkrieg. [32, 32-2]

Verfügen die Gebraucher über keine feste Bleibe oder leben in einer Einrichtung der Drogenhilfe bleibt die Nähe zur Szene beständig bestehen. Einige Konsumenten haben sich deshalb angewöhnt, die Szene zeitweise bewusst zu verlassen. Während ein Gebraucher sehr viel Zeit bei einem nicht-konsumierenden Freund verbringt, aber trotzdem täglich für kurze Zeit auf die Szene kommt, verlassen andere Konsumenten gleich für einige Tage das Szeneumfeld. Hier sind vor allem jene Gebraucher im Vorteil, die noch ein drogenfreies Umfeld bzw. noch Kontakte zur Herkunftsfamilie haben und diese zeitweise aufsuchen können. So besuchen einige Konsumenten die Eltern, Großeltern oder drogenfreie Freunde, können sich dort von dem anstrengenden Leben in der Drogenszene ausruhen und von dem weiteren Konsum ablenken.

Mario: Nee… erstmal, wenn ich total platt jetzt bin. Wenn ich mir denk: ‚Oh ich kann, kein Bock mehr.', kann ich zu meinen Eltern. Bin ich aber jetzt richtig zu, nee, wenn ich zu platt bin, kann ich zu meiner Schwester gehen. Dann weiß sie. Ich kann net, ich hab noch nen kleinen Bruder, ich kann net total high da sein. ‚Aber dann,

wenn ich mir denk: ‚so', ich geh zu meinen Eltern und hab meine Ruhe. Kann Fernseh gucken, kann mich auf die Couch legen.
Interv.: Und das nutzt du dann auch?
Mario: Natürlich.
Interv.: Wie lang bleibst du dann da?
Mario: Ein, zwei Tage.
Interv.: Und hast du dann in der Zeit auch Verlangen, zu konsumieren? Oder konsumierst du auch?
Mario: Am Anfang... Nee, ich konsumier nicht. Aber am Anfang überhaupt nicht. Wenn ich dann natürlich wieder gehe, ja, hab ich dann wieder Verlangen. [114, 29-42]

Martina: Ja. Fahr manchmal zur Oma, also bin ja, komm ja eigentlich aus X. Und wenn ich bei ihr bin manchmal, also... Ja, so kommt es halt vor, dass ich dann zwei, drei Tage nicht rauche.
Interv.: Also, du nimmst da nichts mit dort hin?
Martina: Doch. Nehm ich schon. Aber Steine halt für ein, zwei Tage oder so, und dann war's das.
Interv.: Und fehlt's dir dann, wenn du dort bist und nichts mehr hast?
Martina: Nee, ich weiß nicht, ich muss sagen irgendwie im Kopf da stell ich mich schon drauf ein. Ich schlaf soundso die meiste Zeit. Fehlen in dem Moment nicht. Aber sobald ich dann da wieder die Tür rausgehe... boah, brauch Stein. (lacht) Komisch. [121 f., 41-6]
Interv.: Wie oft fährst du ungefähr zu deiner Oma?
Martina: So momentan alle zwei Wochen. [125, 6-7]

In der szenefernen Umgebung ist der Drang, Crack zu gebrauchen weniger stark und der Verzicht auf die Substanz gelingt leichter.

Ein Rückzug aus dem konsumanregenden Umfeld der Szene kann für Konsumenten auch für sehr kurze Zeitabschnitte von Bedeutung sein, z. B. um einen begonnen Crackkonsum nicht eskalieren und exzessiv werden zu lassen. So beschreibt Tom, dass er nach einigen Konsumvorgängen bewusst aus dem Umfeld der Drogenszene herausgeht, um nicht in Versuchung zu geraten, gleich erneut zu konsumieren. Damit vermeidet er einen übermäßigen Konsum, der letztlich zu einem negativen Konsumerleben führen würde.

Interv.: Wie viel Zeit liegt normalerweise zwischen den Konsumvorgängen?
Tom: Uh, das ist unterschiedlich. Das ist unterschiedlich. Also, ich lass mir schon immer Zeit, und um was zu sagen, vielleicht fünf bis zehn Minuten bis ich die nächste Pfeife rauche. Aber wie eben schon erwähnt, kommt dann auch die Zeit, wo ich sage, wieso jetzt. Jetzt hab ich die dritte Pfeife geraucht. Jetzt geh ich aus der Situation heraus, und ähm rauche ne halbe Stunde lang nicht. Aber da bin ich ne Ausnahme, denk ich mal so.
Interv.: Und du hältst das durch, indem du aus der Situation herausgehst?
Tom: Ja. Richtig.
Interv.: Wo gehst du dann hin?

5.3 Ergebnisse der qualitativen Erhebung

> **Tom:** Ähm, ich gehe zum Beispiel rüber zu McDonald, hol mir n Kaffee. ... oder... ja, sowas, ne. ... Oder hab meistens noch, wenn ich noch ne Erledigung machen muss, wenn ich noch mal einkaufen gehen muss oder so, wenn was fehlt zu Hause. Mach ich das noch mal so... Man merkt auch ganz deutlich. Man geht aus der Situation heraus, und trotzdem giert man nicht gleich. Man merkt, man ist sozusagen für diesen Augenblick erstmal satt. [277, 1–15]

Anders als die meisten Befragten haben sich zwei Gebraucher angewöhnt, nach dem Erwerb des rauchbaren Kokains in der Drogenszene (und evtl. auch einem ersten Konsum in dieser Umgebung), die Substanz mit nach Hause zu nehmen und sie dort aufzubrauchen. Damit schaffen sie sich zum einen eine angenehme Konsumatmosphäre, und zum anderen haben sie nach dem Aufbrauchen der Substanz durch die szeneferne Umgebung einen bewussteren Konsumabschluss.

> **Tom:** Bei mir ist das immer so teils, teils. Wenn ich also mal so feiere, wie ich das nenne, äh, konsumier ich n Teil hier mit anderen Leuten und, äh, n großen, na n großen Teil würd ich nicht sagen, aber so die andere Hälfte konsumier ich schön zu Hause. In einer, ich sag immer so, mir fehlt dann auch das gewisse Ambiente und äh, um das wirklich auch zu genießen. Letztens bin ich zwar ein süchtiger Mensch, aber trotzdem genieß ich immer noch mein Konsum.
> **Interv.:** Und wenn du dann aufgehört hast, hast du dann das Verlangen, gleich wieder hier her zu fahren und neues zu holen?
> **Tom:** Solche Zeiten, sowas gibt es auch, ja. Ganz ehrlich so. Sowas gibt es auch, wo man dann irgendwie, morgens um fünf das Letzte aufgebraucht hatte... dann man mal unter die Dusche gegangen ist, vielleicht noch mal schnell zum Bäcker. Das eine oder andere Brötchen, das man sich dann noch reingedrückt hat, Kaffee getrunken und sofern dann die Zeit da war, dass man hier wieder auftauchen konnte, bin ich halt wieder auf Szene und hab mir dann was besorgt. Äh, das kam aber sehr selten vor. Das könnte ich vielleicht an einer Hand abzähln. Vielleicht fünf Mal irgendwie in den Jahren, wo ich also rückfällig war und also Stein konsumiert habe, wo das passiert ist. [272 f., 42-8]

Gelingt der Verzicht auf das rauchbare Kokain nicht mehr allein, oder sollen besonders exzessive Konsumphasen deutlich unterbrochen werden, gelingt dies als letzter Ausweg durch das Aufsuchen von stationären Entzugsbehandlungen. Dort besteht die Möglichkeit, zur Ruhe zu kommen, dem Körper eine Pause zu gönnen und auch über das eigene Konsumverhalten zu reflektieren.

> **Interv.:** Warum bist du in die Entgiftungen gegangen?
> **Franka:** Weil ich, manchmal ist es so, dass man einfach gar nicht mehr weiß, was vorne und hinten ist. Das war im Sommer, da ist er in den Knast gegangen. Da stand ich immer ganz alleine da, hatte ich fast 'nen Nervenzusammenbruch. Und dann hab ich gesagt, in der Entgiftung hat man dann erstmal Zeit, mal wieder klar zu denken und... hat eben, wird man n bisschen unterstützt und... [180, 5–10]

Auch im Erwerb der Substanz kann die Beschränkung auf ganz bestimmte Orte oder das Vermeiden bestimmter Szenen eine Rolle spielen. Das ist besonders dann von Bedeutung, wenn die Konsumenten, sich nicht dauerhaft in der Drogenszene aufhalten, und mit ihrem Erwerbsverhalten vermeiden wollen, noch stärker in diese involviert zu werden.

Die Regulierung über Geld- und die Substanzmengen Der Gebrauch des rauchbaren Kokains ist für viele Konsumenten (neben anderen Aspekten) wesentlich an die vorhandenen Geldmittel gebunden. Besitzen sie finanzielle Mittel, können sie diese für den Drogengebrauch einsetzen. Insgesamt sieben Gebraucher orientieren ihren Konsum klar an ihren monatlich oder wöchentlich zur Verfügung stehenden Geldmitteln. Sie teilen sich ihr Geld ein und geben ganz bewusst nur einen Teil ihres Einkommens für das rauchbare Kokain (und andere Drogen) aus. Im Vordergrund steht die Finanzierung wichtiger Dinge, wie z. B. Lebensmittel, Tabak, Miete und Strom. Erst wenn diese bezahlt und damit gesichert sind, wird das restliche Geld für den Gebrauch des rauchbaren Kokains eingesetzt. Sie schränken ihren Konsum damit ganz bewusst ein und sichern sich zum Teil zusätzlich ab, indem sie einen Teil ihres Geldes gleich nach dem Erhalt für andere Dinge ausgeben. So bleibt ihnen von vornherein auch weniger zum Konsum des rauchbaren Kokains übrig. Gerade wenn die Gebraucher auf eine illegale Geldbeschaffung verzichten oder diese bis auf seltene Ausnahmen verringern, gelingt es ihnen durch diese Verhaltensweisen ihren Crackgebrauch unter Kontrolle zu behalten. Steht ihnen kein Geld mehr zur Verfügung, können sie die Droge nicht mehr erwerben und konsumieren.

> **Ralf:** Dann versuch ich so, wie ich es eben schon gesagt hab, äh, dass ich nicht alles platt mach, damit ich noch Essen und Trinken kaufen kann, äh, und Zigaretten und des alles. Damit ich über die ganze Woche komm, weil ich ja jede Woche Geld krieg. [51, 33–35]

> **Interv.:** Du hast gesagt, wenn du halt 300 € am Tag hättest, dann würdest du die auch verrauchen.
> **Marianne:** Richtig. Aber, ich schütze mich auch selbst. Ich tu mir mein Geld immer so einteilen und sag halt: ‚Ok, ich hab jetzt 50 € für die Woche hier, mein Essen ist abgesichert, mein Tabak liegt im Schrank, diese 50 € kann ich jetzt ausgeben, wie ich will.', ja. Und einige gehen davon essen, andere in den Zoo, und ich hol mir halt Steine. Und es ist regelmäßig so, dass ich mich ärgere, dass ich mir mein Geld selbst einteile, weil ich dann weiter rauchen will, komm ich nicht mehr an die Kohle ran, weil alle weg sind. Aber am nächsten Tag bedauer ich das nicht. Dann bin ich froh drüber. [73, 4–12]

In diesem Zitat von Marianne deutet sie noch eine weitere Strategie an, die ihr hilft, nicht so viel Geld für Crack auszugeben. Um nicht in zu große Versuchung zu geraten, hinterlegt sie ihr Geld bei vertrauenswürdigen Personen und lässt sich jede Woche nur einen Teil davon auszahlen.

Marianne: Es gelingt mir an und ab, auch wenn ich Geld hab, zu gehen. Aber manchmal, oft gelingt's mir net. Deswegen schütz ich mich halt selbst, indem ich halt mein Geld irgendwo deponiere, beim Sozialarbeiter, bei meinem Onkel oder sonst wo, jemandem, dem ich halt vertraue. Sag: ‚100 € in der Woche und mehr nich.' Oder 70 €, ich verdien ja auch noch Geld dazu. Jede Woche bekomm ich ja ne Auszahlung, und...äh...ja, so überleb ich halt... [73, 37–41]

Auch Doris beschreibt ein ähnliches Verhalten. Da sie weiß, dass es ihrem Partner leichter fällt, verantwortungsbewusst mit den ihnen monatlich zur Verfügung stehenden finanziellen Mitteln umzugehen, hat er die Verantwortung dafür übernommen. „*Ich geb ihm auch mein Geld, weil, er kann mit Geld besser umgehen als ich, ne.*" [303, 22–23] Dies wird in einem kurzen Dialog der Beiden zu einem späteren Zeitpunkt des Interviews (er kam kurz in den Raum, um ihr zu sagen, wo er hingeht) auch deutlich:

Doris: (als er gehen will, sagt sie zu ihm:) Und rauch nich so viel.

Er: Nee, kein Geld für. (unverständlich) sonst kein Stromgeld.

Doris: Nee, das machen wir zusammen, ne Freundchen. (als er weg ist, lacht sie) Das war jetzt Flachs, das macht er. Nee, also Strom, Miete und Essen ist immer das Erste bei ihm. Das macht er... also bei ihm ist immer wichtig. [306, 34–39]

Neben der Einteilung des monatlichen Einkommens mit Hilfe der Erstfinanzierung von lebensnotwendigen Dingen, wurde von zwei Konsumenten, die sich ausschließlich zum Erwerb und zum Konsum des rauchbaren Kokains auf der Drogenszene aufhalten, eine weitere Form der Kontrolle über ihre Geldmittel deutlich. So benannten beide nur eine bestimmte zuvor festgelegte Menge Geld mit in die Drogenszene zu nehmen, die sie für Crack und/oder andere Drogen ausgeben wollen. Der Rest bleibt zu Hause. Zwar funktioniert dies nicht immer, und sie beschrieben, auch schon mal nach Hause zurückgefahren zu sein, um auch das restliche Geld einzusetzen. Dennoch hat sich dieses Vorgehen bewährt, und sie halten sich in aller Regel daran.

Interv.: Bevor du konsumierst, morgens oder wann immer du hier hergehst, um dir was zu holen, nimmst du dir dann vor, wie viel du holst und wie viel du konsumieren wirst?
Tom: Ja, klar. Aber das halt ich nicht ein.
Interv.: Nie?
Tom. Nie. Also deswegen nehm ich also schon Geld mit und sage, das und das brauch ich noch eben für was zu Essen oder Päckchen Tabak oder Zigaretten und ähm, da hab ich wirklich Schwierigkeiten. Also, ich sag, es soll n Dreißiger werden, aber es wird meistens nen Vierziger oder n Fünfziger. Ja, und das ist also... fahr oftmals ohne Fahrkarte nach Hause, weil ich das nicht gebacken kriege. Aber deswegen lass ich auch mein Geld zu Hause, meine Scheckkarte und so. (...) Und es kommt nur sehr, sehr, sehr selten vor, dass ich dann also sage, gut, jetzt fahr ich nach Hause und hol

noch mal nen Zwanziger, weil ich noch was haben will. Aber es ist also wirklich sehr, sehr selten. Hab ich ein paar Mal bis jetzt gemacht, kann ich nichts Genaues drüber sagen, wirklich. Wenn ich was sagen will, drei Mal jetzt, seitdem ich also jetzt Stein rauche.
Interv.: Dass du es geschafft hast, einzuhalten, was du dir vorgenommen hast?
Tom: Umgekehrt, dass ich nach Hause gefahren bin, hab doch irgendwie, noch mal Geld nachgeholt oder so. [277, 19-38]

Bei ihren Schilderungen wie auch denen der anderen Konsumenten, die ihre Geldmittel einteilen, zeigt sich, dass sie die Wirkung der Substanz, nämlich das starke Konsumverlangen nach den ersten Konsumvorgängen, einplanen. Sie wissen aus ihrer Konsumerfahrung, dass es ihnen sehr schwer fällt, dem Verlangen nach der Fortsetzung des Crackgebrauchs stand zu halten, solange sie noch die Möglichkeit haben, die Substanz zu beschaffen. So schützen sie sich mit der begrenzten Geldmenge selbst davor, mehr als geplant zu konsumieren.

Eng verbunden mit der Regulierung des Crackkonsums über die verwendeten Geldmittel sind Regeln, die selbst auferlegte Vorgaben zur Substanzmenge beinhalten. Dazu gehört in erster Linie der Erwerb einer bestimmten Menge des rauchbaren Kokains, mit der die Konsumenten aus Erfahrung gut zurechtkommen, ohne die Kontrolle über ihr Konsumverhalten zu verlieren. Die meisten dieser Konsumenten kaufen lediglich eine geringe Menge der Substanz, um nicht in die Versuchung zu geraten, zu viel von der Substanz zu gebrauchen. Dabei nehmen sie unter Umständen auch in Kauf, dass sie mehr Geld für die gleiche Substanzmenge ausgeben müssen, als wenn sie eine Preissenkung durch eine größere Abnahmemenge in Anspruch nehmen würden.

Albert: Ich hol mir normal immer so Zehner, Zwanziger auf der Scene, weil ich bin nicht so wie die, dass ich mir privat hol, so fünf Gramm oder so. Aber normal ist eigentlich besser, wenn ich es mir so privat hol, als auf der Scene.
Interv.: Warum?
Albert: Is so viel billiger.
Interv.: Weil man größere Mengen dann abnimmt?
Albert: Natürlich. Wenn ich es so auf der Scene hol, dann, ich zahl vielleicht 150 € zwei Gramm und so, wenn ich privat hol, ich krieg fünf Gramm dafür. Aber ich denke mir, ich denke mir, ich will nicht so viel holen. Ich denke mir, 'nen Zehner hole ich mir oder 'nen Zwanni. Ja aber wenn ich dann hoch-, zusammenrechne, Zehn, Zwanzig, Fünfzehn immer, dann kommt man schon ne Menge, auf jeden Fall über 150. [10, 10-20]

Marianne: Ich kauf mir keine Steine auf Vorrat oder so. Das tu ich nicht mehr. Spontane Sache.
Interv.: Also, das was du kaufst, rauchst du auch gleich?
Marianne: Ich kauf erstens Mal keine Grämmer oder so, wie Andere, auch wenn ich Geld hab nicht. Obwohl das viele sagen mir, die wollen ja auch mit mir verdienen, die

5.3 Ergebnisse der qualitativen Erhebung

sind ja net dumm. Aber ich sag mir dann, es ist mir egal, ob ich für Fuffzig Euro ein Gramm bekomme, und auf der anderen Seite geh ich halt fünf Mal für 'nen Zehner was holen, und da hab ich grad n halbes Gramm. Das ist mir dann wurscht. Daran liegst nicht, ich will halt gar nicht so viel nehmen, ne. [78, 16–24]

Ein ähnliches Verhalten zeigt ein Konsument, der bewusst nach dem ersten Konsumvorgang aufhört, sich zu einer Einstellung des Konsums zwingt, um damit einem exzessiven Konsum vorzubeugen. Auch er orientiert sich an der subjektiv als vertretbar eingeschätzten Konsummenge.

Markus: Man bekommt ne Gier davon, durch das Drücken. Immer mehr, immer mehr, immer mehr. Deswegen, wenn man einmal abdrückt, wenn man sein Kick hat, soll man schon so schlau im Kopf sein und sagen: ‚Ok, jetzt Stop. Jetzt, du hast deinen Kick gehabt, du weißt ganz genau, wenn du jetzt weiter machst, das geht einfach nur den Bach runter.'
Interv.: Und wie gehst du damit um? Hörst du nach dem einen Mal auf?
Markus: Ich hör dann auf meistens, nach dem ersten Mal.
Interv.: Und wie gelingt dir das?
Markus: Ich muss einfach, ich muss einfach. Wenn ich dran denke, wie ich letztes Jahr Sommer aussah. 60 Kilo nur gehabt. Du musst dir vorstellen, 21 Kilo weniger als jetzt. Und da sag ich mir: ‚Junge, das machst du jetzt nicht noch mal.' [147, 29–38]

Ein anderer Konsument wiederum kauft gleich eine größere Substanzmenge, da er so eine Art Sättigung erlebt und kein zusätzliches Konsumverlangen verspürt. Ein weiterer Konsument hat sich über die Zeit angewöhnt, immer nur sehr kleine Pfeifenköpfe, also nur sehr geringe Crackmengen, pro Konsumvorgang zu rauchen. Dies helfe ihm, nicht übermäßig von der Substanz zu konsumieren. Denn so hat er das Erlebnis eines langanhaltenden Konsums, ohne eine übermäßige Menge der Substanz zu gebrauchen.

Der Gebrauch anderer Substanzen Der Konsum anderer Substanzen gemeinsam mit dem rauchbaren Kokain oder im Anschluss an dessen Gebrauch nimmt eine große Rolle in der Beeinflussung des eigenen Konsumverhaltens ein. Wie bereits im Kap. 5.3.5.7 zum polyvalenten Drogenkonsum der Szenegänger betrachtet, konsumieren bis auf eine Gebraucherin alle Befragten neben Crack auch andere Substanzen. Sehr viele dieser Konsumenten nutzen diese anderen Drogen nicht allein aufgrund einer möglicherweise (ebenfalls) bestehenden Abhängigkeit sondern um ihren Umgang mit dem rauchbaren Kokain bewusst zu beeinflussen. Häufig setzen die Gebraucher zusätzlich zum Crack sedierende Substanzen ein. So nutzen fast die Hälfte der Konsumenten (neun Konsumenten) Heroin (fünf davon zusätzlich auch Benzodiazepine) und drei Konsumenten Benzodiazepine.

Marianne: Na, wenn du das so siehst, wenn ich rauche, ich hab ja Methadon in mir drin. Das ist ja ne Art Heroin. Also konsumier ich es ja doch irgendwie zusammen. Weil, mein Körper ist ja voll, meine Rezeptoren sind ja voll mit Metha. Also ist es auch ein Zusammen konsumieren mit Heroin. Das ist es, was es mir wahrscheinlich erleichtert, im Gegensatz zu vielen Anderen, weil diese Steine bringen dich hoch, und das H bringt dich wieder runter. Also sagt man. Das ist auch so. Also wenn du kein Heroin nimmst und kein Methadon nimmst, dann ist es unmöglich, teilweise da von den Steinen wieder wegzukommen. Das ist sehr, sehr schwierig. Und deswegen wirst du auch immer Leute treffen, die beides machen. [75, 31–38]

Im zusätzlichen Konsum anderer Drogen, der nicht allein aus der Befriedigung einer Abhängigkeit von dieser Droge praktiziert wird, sondern die Crackwirkung beeinflussen soll, zeigen sich vier Hauptziele der Gebraucher:

- die Verhinderung des sogenannten Cravings
- die Verminderung einer negativen Crackwirkung
- die Beendigung der Crackwirkung (das ‚Runterkommen' von der Substanz)
- ein Ersatzkonsum, wenn das Crack aufgebraucht ist und die Konsumenten ein Verlangen nach einer Konsumfortsetzung und damit eine Eskalierung des Crackgebrauchs verhindern wollen

Sedierende Substanzen werden von den Konsumenten vor allem dann eingesetzt, wenn der fortlaufende Gebrauch des rauchbaren Kokains unterbrochen werden soll. Neben dem Einsatz weiterer Kontrollstrategien versuchen sie so die Gier nach dem rauchbaren Kokain zu vermindern und einem Kontrollverlust gegenüber dem rauchbaren Kokain, z. B. in Form eines Bingingebrauchs, vorzubeugen.

Ludwig: Wenn es geht, rauche ich Joints zum, zum Crack, weil der Joint dämpft dann die Wirkung vom Crack. Das ist eine interessante Kombination, an Wirkung.
Interv.: Also, du konsumierst um eine Wirkung zu haben, aber dämpfst sie dann gleichzeitig?
Ludwig: (unterbricht) gleichzeitig, ja. Weil, dass ist irgendwie für mich Selbstbeschiss, ja. Weil, wie gesagt, Crack mit Asche macht gierig. Gib, gib, gib. Haschisch dämpft dich, ja. Also, machst du Zug, mach ich nicht gleich einen nach dem anderen, hab ich jetzt Zug gemacht, mach ich erst in einer viertel Stunde den nächsten, weißt du. Selbstbeschiss nenn ich das. [97, 6–13]

Franz: Also bevor ich dann, wo ich dann merk, jetzt werd' ich gierig, jetzt will ich mehr rauchen, dann kauf ich mir Tabletten und die wirken relativ schnell, und dann ist die Gier auch weg. Das ist dann der Rettungsanker. (…) am besten gleich ne Valium schmeißen, wenn man nicht mehr rauchen kann und man kein Geld hat, weil sonst, du verfällst wahrscheinlich in schlechte Lage, keine Ahnung. Du bist wie ferngesteuert. Du willst nur noch diesen Zug haben. [254, 7–10; 255 f., 45-3]

5.3 Ergebnisse der qualitativen Erhebung

> **Charlie:** Ich geh da morgens hin und zieh mir einen, und dann weiß ich auch schon, dann schmeiß ich n paar Dings, n paar Benzos, ne, dass ich nit die Gier kriege. Und dann bin ich auch schon wieder weg. [240, 5–7]

Damit setzen die Konsumenten die andere Droge bewusst ein, um den Konsum des rauchbaren Kokains besser kontrollieren zu können. Den Konsumenten gelingt es so, die positive Crackwirkung zu erleben und den Konsum mit Hilfe der zusätzlich gebrauchten Substanz zu begrenzen sowie negative Konsequenzen durch ein unkontrolliertes Fortsetzen des Konsums zu vermeiden.

Neben der beschriebenen starken Gier können beim Crackkonsum auch weitere unangenehme psychische Erscheinungen wie depressive Verstimmungen, eine starke Unruhe und Ängste auftreten. Mit dem zusätzlichen Konsum anderer Substanzen beeinflussen die Konsumenten ganz bewusst ihr Wirkungserleben, um einen möglichst angenehmen Rausch zu erhalten.

> **Sascha:** Dass ich aber wirklich ne kleine Menge Heroin nur nehm. Eigentlich schlägt das auch nicht so an. Aber durch diese Mixtur ist das was anderes, als wenn ich jetzt nur Kokain oder Stein nehmen würde. Weil, dann fühl ich mich irgendwie so... total aufgedreht und
> **Interv.:** Von den Steinen?
> **Sascha:** Von Stein pur ja. Deswegen nehm ich n bisschen Heroin und die Fluninoc dazu.
> **Interv.:** Heute hast du aber nur Stein und Heroin genommen? Heute hast du die Fluninoc nicht dazu genommen?
> **Sascha:** Doch, eine Fluninoc auch dazu. [315, 2–7]

> **Paul:** Und deswegen halt die Cocktails, dass das Heroin halt einen n bisschen runtergeholt wieder. Dass man n bisschen ruhiger ist, weil man wird ja auch aufgedreht. Wenn man nimmt nur noch hektisch, aufgedreht und paranoid wird man ja auch leicht. [161, 7-10]

Aber auch um den Crackrausch zu beenden, z. B. um schlafen zu können, werden andere Substanzen eingesetzt. In seiner stimulierenden Wirkung kann das rauchbare Kokain dazu führen, dass die Konsumenten langanhaltend wach sind und dadurch keinen Schlaf finden können. Sedierend wirkende Substanzen bringen den Körper wieder zur Ruhe und ermöglichen es den Gebrauchern schneller, sich wieder zu entspannen oder zu schlafen.

> **Interv.:** Und wie schafft man es dann zu sagen: ‚OK, ich muss jetzt schlafen, und ich hör dann erstmal auf für ein paar Stunden, damit ich schlafen kann?'
> **Ralf:** Wie man das schafft?

Interv.: Ja. Oder besser, wie hast du das geschafft?
Ralf: Ich hab mich einfach ins Bett gelegt. Ich hab vorher noch Hasch geraucht, klar, danach, um wieder runterzukommen. Jedes Mal eigentlich. Das mach ich auch heut noch. Wenn ich Steine rauch, irgendwann haste da keinen Bock mehr auf das Gefühl, das aufputscht. Weil das bleibt, manchmal willste das gar net mehr, da willste, dass es endlich wieder normal ist. Und dann Hasch rauchen und dann ins Bett legen, und dann geht das schon. [48, 11–20]

Stefan: Bei mir im Moment ist halt Schore, Koks und Benzos. Ja. Flunis. So abends halt so. Wenn man den ganzen Tag lang Koks nimmt, dann abends kann ich irgendwann nicht mehr schlafen. Dann muss ich die Benzos nehmen. [200, 40–42]

Eine weitere Absicht in einem Konsum anderer Drogen kann der Wunsch nach dem Ersatz des rauchbaren Kokains darstellen. Dies wurde aber vergleichsweise selten benannt. Dennoch dient der Ersatzkonsum als Kontrollstrategie, wenn es so dem Gebraucher möglich ist, eher auf das rauchbare Kokain zu verzichten und er damit negative Auswirkungen, die einem Crackgebrauch folgen würden, vermeiden kann.

Natürlich darf im Gebrauch anderer Drogen nicht außer Acht gelassen werden, dass bei einigen Szenegängern eine körperliche Abhängigkeit gegenüber diesen Substanzen besteht. Allen voran ist hier Heroin zu nennen, gefolgt von Benzodiazepinen. Werden beide Substanzen (also das rauchbare Kokain und z. B. Heroin) quasi schon immer gemeinsam genutzt, z. B. gemeinsam aufgekocht und injiziert, kann hierin auch ein Grund für den anhaltenden Crackkonsum bestehen. So ist es unter Umständen vielleicht gar nicht das Verlangen nach dem rauchbaren Kokain, das zu erneuten Konsumvorgängen motiviert. Vielmehr machen die körperlichen Entzugserscheinungen des Heroins (die durch die Wechselwirkung mit dem Crack unter Umständen sogar früher wieder einsetzen) einen erneuten Konsum dieser Substanz notwendig. Da sich die Gebraucher angewöhnt haben, Cocktails mit Crack zu konsumieren, wird das rauchbare Kokain ebenfalls immer wieder gebraucht. So erzeugt es zwar nicht selbst körperliche Entzugserscheinungen, ist aber dennoch an den Entzugserscheinungen des Heroins gekoppelt. Weiterhin beschrieben zwei Konsumentinnen, dass sie durch ihren früheren exzessiven Crackkonsum vermehrt Heroin konsumierten, um darüber ihren Crackgebrauch beeinflussen zu können und die negativen Effekte zu begrenzen. Dies führte schließlich zu einer körperlichen Abhängigkeit gegenüber dem Heroin. Auch bei einem anderen Konsumenten klingt eine solche Entwicklung an. Insofern ist eine Kontrolle des Konsums rauchbaren Kokains mit Hilfe einer anderen Substanz mit zum Teil großen Risiken verbunden. Neben der Entwicklung einer körperlichen Abhängigkeit sind dazu auch unvorhersehbare Wechselwirkungen zu zählen.

Betrachtet man die verschiedenen Aussagen der Gebraucher ganz allgemein scheinen für sie die positiven Wirkungen des Einsatzes anderer Substanzen gegen-

5.3 Ergebnisse der qualitativen Erhebung

über den möglichen Risiken zu überwiegen. So kann bereits der Einsatz geringer Mengen einer anderen Substanz verhindern, dass es zu einem exzessiven Konsum des rauchbaren Kokains kommt.

Weitere Kontrollstrategien Neben den oben genannten Kontrollstrategien zeigten sich noch weitere regulierende Verhaltensweisen der Konsumenten. Dazu gehört z. B. der Verzicht auf Verhaltensweisen, die einen exzessiven Konsum des rauchbaren Kokains begünstigen. So berichteten zwei Konsumenten, kurzzeitig Crack verkauft zu haben. Dies stellten beide bereits nach einigen Monaten wieder ein, da sie bemerkten, dass nicht nur ihr Substanzkonsum anstieg, sondern der Verkauf auch eine Verschärfung ihrer Lebenssituation nach sich zog, vor allem hinsichtlich der Gefahr der sozialen und strafrechtlichen Auffälligkeit aber auch im Hinblick auf die Personen, mit denen sie sich zu dieser Zeit umgaben.

> **Interv.:** Und dann hast du aufgehört zu verkaufen?
> **Ludwig:** Äh, naja, weil, es bringt kein Sinn, weißt du. Weil, das ist Selbstbeschiss, weißt du? Du käufst das, zu verkaufen, Ende der Geschichte, du rauchst es selber. [91, 38–40]

> **Interv.:** In welchem Zeitraum war das dann, dass du verkauft hast und dann auch so viel konsumiert hast?
> **Charlie:** Das ging…ähm, das war net lange. Das war…äh…knappes halbes Jahr. Da hab ich die Schnauze voll gehabt. Da hab ich die Schnauze wirklich voll gehabt. Weil du nur auf Achse bist. Das ist ein einziges Stressleben. Du kannst ne mehr schlafen. Du nimmst ab. Ich hab ausgesehen. Hier: (zieht die Wangen ein). Also, ich wollte nit mehr, ne. Das hat mir auch nichts mehr gebracht, irgendwie.
> **Interv.:** Du hast dann aufgehört, das zu verkaufen?
> **Charlie:** Ich hab aufgehört, das zu verkaufen.
> **Interv.:** Und hast du dann auch weniger konsumiert?
> **Charlie:** Ja, wesentlich weniger. Wenn, dann hab ich's wieder intravenös genommen. Dann hab ich mir ne Kugel geholt, hab's intravenös genommen. [239, 5–16]

Andere Konsumenten berichten, ihren Crackkonsum mit Hilfe einer bestimmten Applikationsform kontrollieren zu können. So konsumieren einige Gebraucher Crack in der Regel intravenös, wodurch sie ein starkes Craving verhindern können. Weiterhin wurde von einem Konsumenten der Verzicht auf eine eigene Pfeife benannt, da es ihn unterstütze, den eigenen Konsum zu begrenzen.

> **Interv.:** Hast du Pfeifen mit anderen Leuten zusammen benutzt?
> **Tom:** Oh ja ständig, heute erst. Ich kauf mir keine selber, weil, das ist auch so n Ding. Hab ich ne Pfeife selbst, gibt's das auch so… Wenn ich hier herkomme, um zum Beispiel hier mit'm Team zu reden oder sonst was, und ich nehm nur die Pfeife mit, ich weiß, dass das ne Selbstbelügerei ist oder so, ne. Das ist immer schon ein Schritt in …

aber so täglich, wie ich auch gesagt habe. Ich werde substituiert also bin ich drauf. Es ist nicht so n Mittelding. Und wenn ich ne Pfeife habe, bin ich drauf. Und, die kann zwar nicht benutzt sein, aber… verstehst du, es ist vorhanden, es ist präsent und dann zuzugreifen ist, äh (schnippst mit den Fingern) wie n Fingerschnippen. [282, 35–43]

Exzessive Konsummuster können von den Konsumenten auch wieder durchbrochen werden, indem sie Angebot der Drogenhilfe wahrnehmen. Von großer Bedeutung sind dabei die bereits erwähnten Entzugsbehandlungen. Weiterhin können Mitarbeiter der Drogenhilfe bewusst aufgesucht werden, wenn Probleme oder psychische Belastungen auftreten, statt die Belastungen mit einem verstärkten Crackkonsum zu betäuben.

> **Interv.:** Gibt es auch Orte oder Situationen, die du aufsuchst, um das Verlangen zu besänftigen?
> **Sascha:** Ja, also teilweise mach ich das dann so, dass ich, ähm, mit meinem Drogenberater sprechen tu, oder wenn ich das merk, dass das in mir arbeitet, dass ich dann versuch', mich abzulenken. [321, 13–16] Bei mir ist das so, dass ich eben die letzten Jahre ziemlich vereinsamt bin. Und, naja mit meiner Freundin klappt das ja auch nicht mehr so. Deswegen hab ich mich da auch in der Betreuten Wohngemeinschaft beworben. Dass ich eben, so n bisschen Unterstützung kriege mit Behördensachen aber auch Hilfe krich, so n paar Freizeitaktivitäten wieder zu machen, weil da eben auch Gruppenangebote sind und so. Weil ich glaub, wenn ich jetzt ne eigene Wohnung kriegen würde, dass ich dann total vereinsamen würde. [323, 35–40]

Auch die grundsätzliche Vermeidung von Situationen, die zu emotionalen Belastungen führen, kann eine Kontrollstrategie sein. Damit sinkt das Risiko, einem durch Belastungen hervorgerufenen Konsumverlangen nicht widerstehen zu können.

> **Interv.:** Hast du jetzt noch Kontakt zu den Kindern?
> **Ralf:** Nur noch telefonisch. Das geht net mehr. Ich kann da net mehr hin. Das geht net mehr.
> **Interv.:** Also, das belastet dich zu stark?
> **Ralf:** Uah. Ja. ich schleif dann jedes Mal wieder drei, vier Monate an mir rum, bis das dann wieder weg ist. Ja, wenn man so lang verheiratet war, ist das soundso.
> **Interv.:** Wären das Situationen, die dich wieder dazu bringen könnten…
> **Ralf:** (unterbricht) Definitiv.
> **Interv.:**… weiter zu konsumieren?
> **Ralf:** Ja, ja, natürlich. [58, 16-24]

Bei den außerhalb der Drogenszene erreichten Crackkonsumenten zeigten sich ebenfalls Regeln und Strategien, die die Konsumenten befolgen, um den eigenen Gebrauch zu beeinflussen. Diese Strategien lassen sich in die gleichen Kategorien einteilen, wie sie bei den Szenegängern bereits beschrieben wurden. Besonders wichtig sind der Konsum in einem ruhigen Setting und nur unter bestimmten Personen, das Meiden von Verlangen erzeugenden Orten und Personen sowie die Regulierung über den Erwerb einer bestimmten Substanzmenge oder finanzieller Mittel (z. B. über die vorrangige Finanzierung lebenswichtiger oder anhaltender Dinge).

> **Interv.:** Was ist, wenn sie kein Geld haben? Konsumieren sie dann nichts?
> **Ernst:** Nö. Hauptsache ist erstmal für mich sowieso, dass ich, ist erstmal Essen und Trinken und Medikamente und den ganzen Kram. Ich muss den ganzen Scheiß ja inzwischen bezahlen. [404, 1–4]

> **Gerd:** Hab ich andere Freunde kennengelernt. Und die waren so ziemlich weit oben so. Die haben da irgendwie so den ganzen Handel (…). in der Hand gehabt, würde ich sagen. Ja, mit denen bin ich dann immer rum. Ist immer noch eigentlich mein bester Freund. Ja.. aber mit dem hab ich jetzt keinen Kontakt mehr, weil ich sag' mir, es ist besser. Aber so, eigentlich so, fühl ich mich zu ihm hingezogen, weil er eigentlich OK ist. [419, 2–7]

> **Interv.:** Also haben sie immer nur mit bestimmten Leuten konsumiert?
> **Heiner:** Ja, ich hab nicht mit jedem, quatsch. Mit drei, vier verschiedenen Leuten in meinem ganzen Leben. So, wenn da jemand bei ist, den ich absolut sowieso nicht, dann mach ich das sowieso gar nicht. Und die müssen sich auch alle ruhig verhalten oder so, sonst… [393, 15–18]

Bei einem Konsumenten sind die Kontrollregeln hauptsächlich auf den Gebrauch von Pulverkokain ausgerichtet. Für ihn gehört der weitestgehende Verzicht auf Crack und Freebase zu den Regeln, die verhindern sollen, seinen Kokainkonsum noch weiter zu verstärken. Im Umgang mit dem Pulverkokain hat er schließlich ähnliche Kontrollstrategien entwickelt wie die anderen Konsumenten mit der rauchbaren Konsumform. So zieht er sich zweitweise zu seinen Eltern zurück, um von der Substanz und Konsumorten Abstand zu bekommen und befolgt weitere Strategien, um den Gebrauch nicht ganz eskalieren zu lassen (z. B. kleine Mengen kaufen, einen Teil der Substanz bei anderen Personen deponieren, Haschisch zum Runterkommen rauchen).

5.3.7.3 Risikominimierende Gebrauchsregeln

Alle Konsumenten verfolgen neben Regeln, die eine Anpassung des Crackkonsums an vorrangige Bedürfnisse und eine Begrenzung des Konsums beabsichtigen, auch Strategien, die zusätzliche Risiken des Gebrauchs einschränken und minimieren sollen. Das betrifft auch jene Gebraucher, die sehr häufig und eher unkontrolliert rauchbares Kokain konsumieren. Auch sie sind in der Lage ihren Konsum an risikominimierende Gebrauchsregeln anzupassen, um damit negative Gesundheitsfolgen und strafrechtliche sowie soziale Risiken zu vermeiden – also auch dann wenn es ihnen nicht gelingt, jederzeit Abstinenz- oder Reduktionswünsche gegenüber ihrem Crackgebrauch umzusetzen.

Zu den unter den Gebrauchern am stärksten vertretenen risikominimierenden Strategien sind Maßnahmen zur Vermeidung einer Übertragung von Infektionskrankheiten wie HIV und Hepatitis B oder C zu zählen. Des Weiteren wählen die Konsumenten in der Regel eine Gebrauchsart des rauchbaren Kokains aus, die sie subjektiv als weniger riskant einschätzen.

‚Safer use' beim intravenösen Konsum In den Aussagen der intravenös konsumierenden Gebrauchern zeigt sich eine starke Verankerung von ‚safer use'-Regeln im Bewusstsein dieser Gebraucher. So berichten die meisten von ihnen, ausschließlich sterile Konsumutensilien zu verwenden. Dabei teilt der größte Teil von ihnen auch die zum Aufkochen der Substanz und Aufziehen in die Spritze verwendeten Gegenstände wie Löffel und Filter nicht mit Anderen.

> **Marianne:** Nee. Nie. Ich schwöre dir, ich hab lieber Aff geschoben, bevor ich von irgendjemand Fremden ne gebrauchte Spritze genommen hab. Dafür bin ich mir einfach noch zu wichtig. [77, 17–19]

> **Markus:** Nie im Leben. Wenn ich einmal ne Nadel benutze und zum Beispiel ich treff nicht meine Vene, werf ich sofort die Nadel weg und tu ne neue Nadel drauf. Auch wenn's meine eigene ist. Deswegen hab ich auch keine Hepatitis, denke ich.
> **Interv.:** Auch kein Löffel mit anderen gemeinsam benutzt? Kein Filter, Wasser?
> **Markus:** Filters tu ich nicht sammeln. Ich verschenk die sogar. Wasser zieh ich mir selber auf, hol's mir unten in den Plastikteilen. [155, 12–17]

Bei den wenigen Konsumenten, die Nadeln oder Rückteile bereits einmal mit anderen Konsumenten genutzt haben, lag ein solches Risikoverhalten in der Vergangenheit oder fand mit Intimpartnern statt, deren Infektionsstatus den Befragten bekannt war.

Trotz dieses großen Bewusstseins hinsichtlich der Notwendigkeit steriler Spritzutensilien zeigt sich eine Unsicherheit hinsichtlich des Gebrauchs anderer Utensilien, die ebenfalls für einen intravenösen Konsum notwendig sind. Zwar verwenden auch hier die meisten stets ihre eigenen Gegenstände, dennoch berichten einige Befragte, vor allem in der Vergangenheit den selben Löffel oder das selbe Wasser

5.3 Ergebnisse der qualitativen Erhebung

mit anderen Konsumenten benutzt zu haben. Zum Teil nannten mit Hepatitis C infizierte Befragte diese Praxis auch als Ursache für die bestehende Infektion[73].

> **Lisa:** Du siehst es ja daran, dass ich Hepatitis C bekommen hab, das Wasser hab ich ja auch benutzt... Alles andere hab ich ja immer konsequent eingehalten, aber das mit dem Wasser war mir nicht bewusst. [37, 16–18]

Die Notwendigkeit einer strikten Umsetzung infektionsprophylaktischer Maßnahmen wurde einem Konsumenten insbesondere dann bewusst, als er befürchtete, sich mit Hepatitis C infiziert zu haben. Die Nachricht, sich doch nicht infiziert zu haben, führte zu einer konsequenteren Umsetzung von ‚safer use'-Regeln sowie dem Verzicht auf Hilfen beim Injizieren von Drogen durch andere Gebraucher.

Aber nicht nur die Angst vor einer Infektion mit HIV oder Hepatiden sondern auch gerade das Wissen um eine bestehende Infektion kann Auslöser für eine verstärkte Infektionsprophylaxe beim intravenösen Konsum sein, wie das unten stehende Zitat von Wolfgang verdeutlicht. Die eigene Erkrankung bedeutet für ihn keine Aufgabe der ‚safer use'- Regeln nach dem Motto ‚Jetzt ist es ja eh egal'. Vielmehr spielt nicht mehr nur der Eigenschutz eine Rolle sondern auch der Schutz Anderer vor der Ansteckung mit der eigenen Infektionserkrankung.

> **Wolfgang:** Alles, alles eigene.
> **Interv.:** Immer?
> **Wolfgang:** Schon immer. Das hab ich bis heute beibehalten. Das behalt ich auch bei. Weil, ich weiß, was passieren kann. Wenn ich anderen meine Nadel geben kann, kann auch die C kriegen. Bumm. So, und dann?, ne ‚Ey, gib mal deine Nadel.' ‚Was, gib deine Nadel, Junge? Bist du blöd? Ich hab Hepatitis C.' ‚Ja, ist mir doch egal, hab ich auch.' ‚Ja und? Scheißegal, ob du das hast, ich hab andere Viren als du. Und die kämpfen gegeneinander und dann gehst du drauf. Und ich bin schuld'. Nee, nee. Läuft nich, ne. [196, 28–35]

---

[73] Als weitere mögliche Ursache für eine Infektion mit Hepatitis C wurden von einigen Konsumenten ungeschützte sexuelle Kontakte benannt. Zwar ist die Übertragung der Hepatiden während sexueller Kontakte bei einem gleichzeitigen Kontakt mit Blut durchaus möglich, aber weitaus weniger verbreitet. Insofern ist fraglich, ob dies tatsächlich die Infektionsquelle darstellte. Allgemein wurde deutlich, dass entgegen dem Bewusstsein eines ‚safer use', ‚safer sex', also die Verwendung von Kondomen bei sexuellen Kontakten weitaus weniger konsequent durchgeführt wird. Dies scheint aber eher an einem allgemein geringeren Risikobewusstsein zu liegen und hat nichts mit dem Crackgebrauch zu tun. Eine größere Risikobereitschaft der zwei sich prostituierenden Frauen aufgrund eines großen Konsumverlangens und damit einhergehender größerer Bereitschaft zu ungeschützten sexuellen Kontakten konnte nicht beobachtet werden. Somit bestätigen sich die Berichte zu einem riskanten Sexverhalten durch einen Crackkonsum (z. B. Canadian Centre on Substance Abuse 2006; Word 1997) in der vorliegenden Untersuchung nicht.

Die über die Einrichtungen der Drogenhilfe angesprochenen Konsumenten rauchbaren Kokains halten sich fast alle regelmäßig auf der Szene auf. Nur wenige Konsumenten gaben an, auch mal ein, zwei oder drei Wochen nicht auf der Szene zu sein. Die große Nähe der Befragten zur Drogenszene und zu den Einrichtungen bietet dabei einen großen Vorteil in der Annahme von Spritzentauschangeboten der dort ansässigen Drogenhilfe.

> **Marianne:** Überall kann man tauschen umsonst. Keiner hat's heute mehr nötig, heut ne gebrauchte Nadel zu nehmen. Oder dann ist es Dummheit oder Faulheit. Da kann man dem Mensch auch ne mehr helfen. [83, 22–23]

Wie bei Franka deutlich wird, kann bei einem sonstigen Meiden der Drogenszene neben einem Substanzerwerb gerade der Spritzentausch wichtigster Grund für das Aufsuchen der Einrichtungen im Szenegebiet sein.

> **Franka:** Das Subutex für eine Woche mit nach Hause, ja. Und dann sind wir meistens auf der Szene. Einmal um halt Spritzen und Nadeln zu tauschen, und dann ab und zu mal, Tabletten zu holen oder um mal eine zu verkaufen zum Tanken. [179, 12–14]

Damit scheinen die Präventionsbemühungen der Drogenhilfe hinsichtlich der Information über Infektionswege mit HIV und Hepatitis beim Drogengebrauch sowie den initiierten Spritzentauschangeboten von den Konsumenten angenommen und als selbstverständlich umgesetzt zu werden. Eine hohe Risikobereitschaft hinsichtlich einer gemeinsamen Spritzennutzung infolge des Crackkonsums und einem damit einhergehenden starken Konsumverlangen lässt sich unter den Befragten nicht beobachten.

‚Safer use' beim Rauchen Die meisten Konsumenten konsumieren das rauchbare Kokain in einer Pfeife. Für 70 % stellt das Rauchen die ausschließliche Gebrauchsform der Substanz dar.

Im Gegensatz zum gemeinsamen Benutzen von Spritzbesteck ist die gemeinsame Verwendung und die Weitergabe von Pfeifen an Andere eine normale Handlung unter den Befragten. Nur sehr wenige sehen darin eine Gefahrenquelle zur Übertragung von Krankheiten und ergreifen entsprechende Schutzmaßnahmen.

> **Interv.:** Hast du Pfeifen mit anderen Leuten zusammen benutzt?
> **Franka:** Ja. Das ja. Und Herpes kriegt man, hab ich ab und zu dadurch gekriegt.
> **Interv.:** Durch die Pfeifen?
> **Franka:** Bin ich der Meinung, weil's eben unmittelbar danach kam. [182, 2–5]

5.3 Ergebnisse der qualitativen Erhebung

Einige Konsumenten glauben, es reiche aus, sich den anderen Gebraucher etwas genauer anzuschauen. Finden sich keine äußeren Hinweise auf eine Erkrankung, sieht der Mitkonsument also gesund aus, wird die Pfeife an ihn weitergegeben. Dies ist als ein riskantes Verhalten einzustufen, da Infektionskrankheiten häufig nicht äußerlich erkennbar sind. Besonders in Hinblick auf Tuberkulose, aber auch Hepatitis B und C, wenn blutende Wunden im Mundraum der Konsumenten sind, bedeutet die gemeinsame Verwendung von Pfeifen ein nicht zu unterschätzendes Ansteckungsrisiko (Canadian Centre on Substance Abuse 2006).

> **Interv.:** Die Pfeifen, die du benutzt, benutzt du die auch mit anderen Personen zusammen, oder hast du immer deine eigene?
> **Theo:** Ich hab meine eigene, aber... ähm... ich guck oder, ich weiß, wem ich sie geb, wenn ich sie jemand gebe. [141, 32–35]

> **Interv.:** Hast du Pfeifen mit anderen Leuten zusammen benutzt?
> **Charlie:** Ja.
> **Interv.:** Hast du irgendwelche desinfizierende Maßnahmen ergriffen?
> **Charlie:** Nee, ich hab sie vielleicht mal hier so abgeputzt, und das war's dann. [248, 4–7]

Ergreifen die Gebraucher Schutzmaßnahmen, bestehen diese häufig aus dem Abbrennen des Mundstücks mit dem Feuerzeug, wobei die Wirksamkeit dieser Methode zur Desinfektion eher fraglich ist.

> **Ralf:** Ja, es kommt drauf an. Wenn de so... das sind auch Erfahrungsdinge. Wenn da so einer ist, der da so abgefuckt ist, dann mach ich mit dem Feuerzeug hinten das ganze Mundstück heiß, bis ich mir fast die Finger verbrenn. Das sind Erfahrungsdinge, die man aber automatisch dazulernt, um gesund zu bleiben. Ja, also, man kennt seine Pappenheimer hier. [62, 24–28]

> **Wolfgang:** Und vor allen Dingen werden die auch vorher abgebrannt immer. Bei mir zumindestens.
> **Interv.:** Was werden die?
> **Wolfgang:** Hinten beim Mundstück abgebrannt.
> **Interv.:** Das heißt mit Feuer desinfiziert?
> **Wolfgang:** Ja. Ja. [197, 4–9]

Nur wenige Konsumenten berichten von tatsächlich effektiven ‚safer use'-Regeln wie dem Verzicht auf eine gemeinsame Pfeifennutzung mit anderen Konsumenten oder die Verwendung eines eigenen Mundstücks.

> **Interv.:** Hast du Pfeifen mit Anderen gemeinsam benutzt?
> **Marianne:** Ja. Das ist auch heut noch so. Oft. Aber, ich hab halt so n Mundstück dafür, ne. Das gibt's im [Name einer Drogenhilfeeinrichtung]. Die verkaufen das, also geben dir die Mundstücke für die Pfeife. (…) wenn ich dir jetzt die Pfeife geben

würde, dann kriegst du so n Mundstück, das ist steril eingepackt. Dann kannste rauchen. Ich weiß net, ob es ganz die Ansteckungsgefahr verhindert, aber zumindest verringert sie's. [83, 1-6]

Franz: Und deswegen hab ich auch kein HIV und Hepatitis C, weil ich immer aufgepasst hab. Da konnt' ich noch so breit sein, also, wenn ich keine frische Spritze hab, dann hab ich mir auch keine Spritze gesetzt. Genauso ist es mit den Pfeifen auch. Ich nehme, niemals würde ich ne Pfeife von ner anderen Person hier nehmen. Nein, vorher kauf ich mir eine. [263, 42-1]

Damit scheint die Notwendigkeit infektionsprophylaktischer Maßnahmen den Konsumenten eher im Zusammenhang mit dem intravenösen Konsum bekannt zu sein. In den Berichten der Gebraucher entsteht nicht der Eindruck, die Pfeifen würden aufgrund einer größeren Risikobereitschaft infolge des Crackkonsums gemeinsam benutzt. Die gemeinsame Verwendung von Crackpfeifen wird vielfach einfach als nicht übermäßig riskant eingestuft, was eher auf Unwissenheit denn auf eine Risikobereitschaft zurückzuführen scheint.

Verwendung risikoärmerer Gebrauchswege Nicht nur aus Gründen der Infektionsprophylaxe verzichtet ein großer Teil der Konsumenten ganz auf den intravenösen Konsum des rauchbaren Kokains. Die Entscheidung gegen die Injektion der Substanz resultiert vor allem aus der nicht abschätzbaren Qualität der Droge und den unbekannten Zusatzstoffen, die den Körper zusätzlich schädigen können. Aber auch die Angst vor unangenehmen gesundheitlichen Folgen durch eine potenzierte Substanzwirkung beim Spritzen sowie Befürchtungen hinsichtlich einer möglichen Überdosierung wurden als Gründe für einen ausschließlichen Rauchgebrauch der Substanz genannt.

Interv.: Warum ist dir das Rauchen lieber als die Spritzen?
Tom: äh...weil...ich... Angst vorm Spritzen habe, ...bedingt...ja, also Angst vor Spritzen, aber auch weil ich, ähm...doch so 'n...ja wie soll ich sagen... Ich bin nicht so 'n Selbstmörder, sag ich mal so, der sich die Spur, Pumpe reinjagen muss. Also, ich achte schon ein bisschen auf meinen Körper. [268, 11-15] Also beim Spritzen ist es eben so, dass ich dann keine Kontrolle drüber habe, wie hoch oder wie stark kickt das. Wie stark kommt jetzt die Wirkung, in welchem Zeitraum, wie lange, wie stark, ne? Da hab ich kein Einfluss drauf, eher hab ich da Angst. Ich hab selbst schon erlebt, dass ich also, äh... also, sagen wir so, so ein Kick bekommen habe, also so n starken Rausch bekommen habe, dass mir das Angst gemacht hat. [269, 33-38]

Charlie: Nee, ich hab Steine nur geraucht.
Interv.: Also bis heute?
Charlie: Ja. (entrüstet:) Ich lös die doch net auf, da ist doch Ammoniak drinne. Da muss man ja total bescheuert sein, um sich sowas in die Vene zu ballern. Also, da

5.3 Ergebnisse der qualitativen Erhebung

muss man ja wirklich schwer gesegnet sein vom Gott hier, wenn man sowas macht. Echt. Das muss man sich mal reinziehen. Nee, nee, nee. Das hab ich nit gemacht. [239, 20-25]

Marianne: Und, also, beim Rauchen finde ich es ja schon gefährlich, diese... Kopfsache, die das auslöst. Das ist ja wirklich ne extreme Sache, die man schlecht bekämpfen kann. Sehr schwer. Aber wenn man halt noch intravenös das Zeug nutzt, und sich da die Venen mit dem Zeug, mit dem Dreck, zuballert. Das find ich noch schlimmer. Davor hätt ich halt, hab ich Angst, n bisschen. Weil du weißt nie, was drin ist. [83, 35-39]

Ludwig: Geraucht...Nee. Die soll man nicht spritzen. Weil Natron machen dir die Venen kaputt. [90, 7-8]

Bei Albert führte das Erlebnis einer Überdosierung zu einer Senkung seines intravenösen Gebrauchs des rauchbaren Kokains. Heute praktiziert er das Spritzen der Substanz zwar immer noch, er raucht aber die Substanz inzwischen häufiger als dass er sie spritzt.

Albert: Nee, nee, da ist der Notarzt gekommen. Ich war irgendwie auf einmal... ich weiß nicht, auf einmal, ich war ohnmächtig und der Notarzt stand da. Seitdem hab ich auch wirklich viel Angst.
Interv.: Und seitdem konsumierst du.
Albert: (unterbricht) Hab ich Angst. Nee, ich nehm schon, aber weniger. [12f, 44-2]

Neben der Verhinderung von gesundheitlichen Folgen des Spritzgebrauchs, kann auch die Verhinderung einer äußeren Auffälligkeit der Grund für eine Beschränkung auf das Rauchen der Kokainbase sein (s. u.).

Im Gegenteil dazu gibt es Gebraucher, für die gerade der intravenöse Gebrauch die Konsumform des rauchbaren Kokains darstellt, mit der sie am besten zurechtkommen. Für ihr Empfinden ist das Rauchen die unangenehmere Variante mit den größeren zusätzlichen Risiken für die Gesundheit. Diese Ansicht steht in der Regel im Zusammenhang mit dem Erleben eines stärkeren Cravings beim Rauchen der Substanz. Weiterhin hängt die Präferenz für den Spritzkonsum auch mit der besseren Möglichkeit des gleichzeitigen Gebrauchs mit anderen Substanzen, vor allem Heroin, zusammen. Dieser führt zu einer positiver erlebten Wirkung und zur Verminderung von unangenehmen Folgen, die wiederum zusätzliche Risiken in sich bergen können.

Interv.: Warum konsumierst du eher intravenös, als dass du rauchst?
Paul: Ja erstens wegen den Cocktails. Ja und das Rauchen, ich weiß nicht. Ich werd vom Rauchen zum Beispiel viel paranoider als wenn ich jetzt nur Steine drücken würde. Also auch ohne Heroin. Ich weiß nicht, warum das so ist, aber, deswegen hab

ich das auch eigentlich ganz aufgegeben mit Rauchen. Und weil ich immer (hüstelt) so gemacht hab. [161 f., 45-2]

Verhinderung weiterer Gesundheitsrisiken Neben der Begrenzung von Infektionsrisiken und einem negativen Wirkungserleben verfolgen Konsumenten weitere risikominimierende Strategien, die eine zusätzliche Gesundheitsschädigung verhindern sollen. So beschreiben einige Konsumenten trotz ihres Drogenkonsums (oder gerade deshalb) wichtige gesunderhaltende und gesundheitsfördernde Maßnahmen zu ergreifen bzw. nicht zu vernachlässigen. Sie achten z. B. ganz bewusst darauf, regelmäßig zu schlafen oder sich gesund zu ernähren.

Tom: Also, ich achte schon ein bisschen auf meinen Körper, und auch, lebens-, auch wie ich esse usw. Das gehört also auch dazu. [268, 14–15]

Moritz: Deswegen, ich versuche mich auch n bisschen mehr zu pflegen. Bin zwar noch n bisschen dünn, aber das wird schon alles wieder alles besser. [218, 46-2]
Interv.: Wie schätzt du deinen Gesundheitszustand allgemein ein?
Moritz: Gut. ... Esse Obst, esse Gemüse. Ok, ich bin n bisschen unterernährt, aber es kommt wieder, geht wieder bergauf. [228, 3–5]

Stefan: Ich versuche auch immer, dass ich baden, duschen und Sachen waschen kann. [208, 9–10]

In diesem Zusammenhang ist besonders auffällig, dass sehr viele Konsumenten ihr aktuelles Körpergewicht genau benennen und auch dessen Entwicklung beschreiben können. Dies zeugt davon, dass die Konsumenten auf ihren Körper achten und auch dessen Veränderung wahrnehmen. Eine Achtsamkeit gegenüber der eigenen Gesundheit zeigt auch Ludwig, der angab, sich zur Wahrung seines guten Gesundheitszustandes regelmäßig beim Arzt untersuchen zu lassen.

Interv.: Wie schätzt du deinen Gesundheitszustand ein?
Ludwig: (klopft auf den Tisch) Gut. (lacht) Weil, ich lass mich regelmäßig durchchecken, sagen wir so. [100, 19–21]

Qualitätssicherung Wie in dieser Arbeit bereits angeklungen ist, können die Gebraucher kaum einschätzen, wie die Qualität des rauchbaren Kokains ist. Viele Konsumenten versuchen aber über verschiedene Strategien das Risiko zu vermindern, eine sehr schlechte Substanzqualität zu erhalten. Eine besondere Rolle spielt dabei der Erwerb des rauchbaren Kokains über ganz bestimmte Personen, bei denen die Gebraucher die Substanz schon häufiger gekauft und eine gute Substanz-

5.3 Ergebnisse der qualitativen Erhebung

qualität für einen akzeptablen Preis erhalten haben. Denn auch die finanzielle Aufwendung spielt für einige Gebraucher eine Rolle, und sie wollen sich ‚nicht übers Ohr hauen lassen'.

> **Mario:** Die Leute, die Erfahrung haben, zum Beispiel wie ich geh zu meinen Connection, zu meinen Kollegen, da weiß ich, dass ich das Richtige krieg. Das ist dann Hälfte, Hälfte. Dann ist das Hälfte Kokain drinne und die Hälfte Natrion. [107, 26–28]

> **Franka:** Und wenn ich jetzt merke, es ist so; die X. zum Beispiel, die verkaufen viel Scheiß oder mischen das mit Tabletten. Wenn ich das merk, dann nehm ich's natürlich nich wieder. Also, dann bin ich halt noch so vernünftig, dass ich sage, dann lieber gar nix. [176, 2–5]

> **Tom:** Also, naja, ich gucke, dass meine Stammdealer da sind, und dort kauf ich. Äh, falls sie nicht da sind, schau ich mich mal weiter um. Die Szene hier ist nicht sehr groß. Man kennt sich also untereinander. Also ich guck dann schon, ne, wo ich dann was bekomme, ne, bei welchem andern Dealer ebend halt. Aber es ist sehr, also Crack ist sehr, Crack, jetzt fang ich auch schon an, also Stein, äh, ist wirklich.... ja wie soll ich sagen... wird n Schweine Geschäft gemacht...ähm... durch diese Gier, die da ebend halt auftritt, und die, gibt es einige Dealer, die wirklich die Unverschämtheit haben, ja so irgendwie nen Bruchteil dessen abzugeben, was andere hier für den gleichen Preis geben würden. Weil sie genau wissen, du bist gierig und du willst. Und die meisten, wie gesagt, können nichts steuern, können nicht sagen: ‚Nein, ich hab das so etwa im Griff.' Nich ganz hundertprozentig, aber.... sacht ich ja auch. Erst guck ich, ob meine Kollegen da sind, warte auch ne Zeit. Kommt keiner, guck ich, wo ich woanders was herkriege. Dann guck ich aber trotzdem noch, dass ich noch nen korrekten Preis kriege und noch einigermaßen vernünftige Materie. [275, 22–34]

Aber auch wenn Konsumenten nicht über Stammkontakte verfügen, versuchen sie das rauchbare Kokain in einer möglichst guten Qualität zu erwerben.

> **Interv.:** Woher bekommst du in der Regel die Steine? Hast du einen Stammdealer oder wechselnde Leute?
> **Paul:** Nee, es wechselt. Das ist ganz unterschiedlich.
> **Interv.:** Also, da wo grad was angeboten wird?
> **Paul:** Ja. Und halt auch, wie die Qualität ist, natürlich auch. [162, 22–25]

> **Interv.:** Suchst du dir, wo's grad was gibt?
> **Doris:** Ja. Aber ich achte darauf, wo ich keine Scheiße kriege, ne. [303, 30–31]

> **Interv.:** Hast du selbst immer die gleiche Bezugsquelle?
> **Theo:** Nee, sind verschieden. Wo's halt am Besten, am Günstigsten ist. [135, 35–36]

Die Konsumenten wollen also nicht völlig arglos irgendetwas zu sich nehmen, sondern versuchen, eine Substanz zu erwerben, die eine gute Wirkung entfaltet und möglichst nicht so viele unberechenbare Zusatzstoffe enthält.

Verhinderung von sozialer und strafrechtlicher Auffälligkeit Neben der Verhinderung negativer gesundheitlicher Folgen durch den Gebrauch des rauchbaren Kokains können auch die Verhinderung sozialer oder strafrechtlicher Konsequenzen Grund für das Ergreifen risikominimierender Strategien sein. Dies gilt auch für die Konsumenten der Straßenszene, deren Konsum aufgrund ihres Aufenthaltes in der offenen Szene ja bereits zu einem gewissen Teil auffällig wurde.

> **Interv.:** Warum rauchst du nur? Warum ist dir das lieber?
> **Doris:** Weil ich nichts mehr mit Spritzen zu tun haben möchte. Ich hab meinen ganzen Körper dadurch kaputt gemacht gehabt. Und ich bin so stolz, dass mein Körper, äh, alles heile ist. Keine Narben und keine Abszesse. Ich kann wieder mit Röcken rumlaufen. Und ich kann meine Arme zeigen, ne. Siehst du? [303, 12–16]

> **Albert:** … ich nehm schon, aber weniger. Auch so, ich denk auch so, ich möchte wie gesagt, meine Hände nicht kaputt machen. Es ist Sommer jetzt, ich hab keinen Bock, wie ich rumlaufe.
> **Interv.:** Dass das jeder sieht?
> **Albert:** Ja. meine Schwester, wenn ich zu ihr gehe, die sagt zuerst: Zeig mal deine Hände. Sie möchte das nicht. Oder auch andere Leute. Wenn jemand spritzt, das hört sich ganz anders an als Rauchen. Die halten dann echt ein paar Meter Abstand. [13, 2–8]

Franka beschränkt ihren Gebrauch des rauchbaren Kokains z. B. auf Orte, an denen das Risiko einer Entdeckung durch die Polizei möglichst gering ist. Des Weiteren vermeidet sie, die Substanz bei sich zu tragen.

> **Franka:** Also, wenn ich jetzt hier in der Stadt bin, wenn ich jetzt so für zehn Euro eine Pfeife rauche, dann irgendwo in 'ner Ecke. Aber wenn ich schon mehr hab, dann geh ich lieber irgendwo an ne stille Ecke oder fahr mitm Auto irgendwo.
> **Interv.:** Also machst das nicht dann direkt in der Szene?
> **Franka:** Eigentlich ungerne, weil halt im Moment wohl ziemlich viel Polizei hier ist, so wie ich das… gehört hab, ja. (…) Also Rumlaufen tu ich sowieso nich gerne damit, weil's von der Polizei ziemlich hart geahndet wird. [174, 16–21; 178, 15–16]

Vor allem die Konsumenten, die auf die illegale Beschaffung von Geldmitteln verzichten, beabsichtigen damit die Verhinderung einer strafrechtlichen Auffälligkeit. Aber auch in einem illegalen Beschaffungsverhalten versuchen die Konsumenten so wenige Entdeckungsrisiken wie möglich einzugehen. Dabei schätzen die meisten dieser Gebraucher Diebstähle im Vergleich zum Verkauf von Drogen, als die riskantere Beschaffungsform ein. So stellt diese Erwerbsquelle unter den Befragten auch die am weitesten verbreitete der illegalen Beschaffungswege da.

Die Konsumenten außerhalb der Drogenszene ergreifen ebenfalls risikominimierende Verhaltensweisen. Keiner von ihnen konsumiert das rauchbare Kokain intravenös. Alle rauchen die Kokainbase. Jene Gebraucher, die Erfahrungen mit

5.3 Ergebnisse der qualitativen Erhebung

einem intravenösen Konsum von Kokainhydrochlorid haben, verwendeten bis auf lang zurückliegende Ausnahmen stets saubere Konsumutensilien.

Alle Konsumenten ergreifen zudem in Konsumphasen gesundheitssichernde Maßnahmen, indem sie z. B. darauf achten, ausreichend Flüssigkeit zu sich zu nehmen oder sich auch zum Schlafen zwingen, wenn ihnen eigentlich aufgrund der Substanzwirkung nicht danach ist.

> **Thomas:** Essen gar nicht. Trinken. Ich trinke die ganze Zeit immer durch. Also, weil ich weiß, weil, dass der Körper Flüssigkeit verliert so. Aber wenn ich was essen würde, dann würde ich das direkt aus…, also das direkt wieder hochkommen. [335, 9–11]

Fast alle szenefern befragten Konsumenten nannten neben gesundheitsfördernden Maßnahmen Strategien der Qualitätssicherung. Das heißt sie versuchen, das Risiko einer schlechten Substanzqualität so gering wie möglich zu halten. Dazu gehört unter anderem, dass sie die rauchbare Kokainbase selbst herstellen oder bei der Herstellung dabei sind.

> **Thomas:** …also, es ist auch schon vorgekommen, dass ich halt nur Gekochtes dort bekommen hab, da hab ich das aber auch dann selber noch mal nachgekocht.
> **Interv.:** Ok. Warum?
> **Thomas:** Ganz einfach, wegen Vertrauen so. Ich mein, ich kenn Leute, die das lange machen. Die rauchen halt sämtlichen Scheiß halt so. Denen ist das egal, die würden auch von da holen oder von da. Und ich hab einmal halt Scheißzeug gehabt, da hab ich das gesehen, wo ich das gekauft hab. Da ist halt nur zwei Pfeifen übrig geblieben von.
> **Interv.:** Ist das so eingegangen?
> **Thomas:** Ja genau. War gar nichts da eigentlich. Und ähm… das hab ich halt einmal gemacht und nie wieder so. Ich glaub, davon geht man dann auch kaputt schnell, wenn man von da, von da.
> **Interv.:** Wenn man dann immer verschiedene?
> **Thomas:** Ja genau. Wenn einem das egal ist, was man eigentlich raucht, glaub ich. [331, 26–39]

Heiner z. B. konsumiert das rauchbare Kokain nur dann, wenn es von einem Freund hergestellt wurde, da er sich dann sicher sein kann, dass keine weiteren Stoffe beigemischt sind. Der Konsum des in seine basische Variante weiterverarbeiteten Kokains ist für sie also auch eine Vertrauenssache

> **Heiner:** Ich würd niemals, außer was er kocht, würde ich niemals von jemand Anderes nehmen. Nicht mal von meinem besten Freund.
> **Interv.:** Warum nicht?
> **Heiner:** Kein Vertrauen. Das ist es mir nicht wert, dieses Risiko, dass da irgendwas sein könnte. (…) Mein Körper ist mir hoch und heilig. Deswegen hab ich auch keine Tattoos und so n Scheiß. (…) Ich würde da nie was Anderes von nehmen oder so. Ehrlich nicht. Fertig gekocht oder sowas. Wenn die da Heroin reintun oder so, um einem Junkie zu machen. Ich bin kein blöder Kunde oder so, ne. Echt nicht. So einer bin ich nicht. [386, 7–16]

Deutlich werden bei vier der fünf Konsumenten Strategien, die eine Auffälligkeit des Konsums gegenüber Anderen und damit auch gegenüber Strafverfolgungsinstanzen vermeiden sollen. Dazu gehört z. B. der Verzicht auf eine eigene Pfeife oder das Vermeiden, selbst Kokain zu holen oder es bei sich zu tragen. Hier spielt sicher auch der Umstand eine Rolle, dass drei der Gebraucher noch nie in der offenen Drogenszene verkehrten und bezüglich ihres Konsums rauchbaren Kokains noch nicht gegenüber der Polizei auffällig wurden. Insofern ist ihnen die Verhinderung einer sozialen Auffälligkeit noch wichtiger.

5.3.8 Die Überwindung exzessiver Konsummuster

Wie bereits erwähnt haben alle in dieser Untersuchung befragten Konsumenten der Drogenszene exzessive Konsummuster des rauchbaren Kokains mit zum Teil schwerwiegenden gesundheitlichen und/oder sozialen Folgen vollzogen. Für einen wesentlichen Teil der Befragten liegen solche Konsummuster jedoch in der Vergangenheit. Schließlich konsumiert etwas mehr als die Hälfte der befragten Szenegänger das rauchbare Kokain zum Interviewzeitpunkt selten bis gelegentlich. Im Laufe der Zeit haben sie sich den moderaten Gebrauch angeeignet, richten ihn nach ihren eigenen übergeordneten Konsumregeln aus und haben sich verschiedene Strategien zugelegt, die es ihnen ermöglichen, die eigenen Konsumvorgaben zu erfüllen bzw. Abstinenzvorhaben zu realisieren. Kommt es zu Phasen, in denen die Regeln einmal nicht eingehalten werden, und der Gebrauch des rauchbaren Kokains stärker als gewollt vollzogen wird, sind die Konsumenten mit einem sonst moderaten Konsum in der Lage, diesen auch wiederzuerlangen.

Aber nicht nur die Gebraucher, die zum Befragungszeitpunkt einen gelegentlichen oder seltenen Konsum des rauchbaren Kokains praktizieren, benennen eine Veränderung ihrer Konsummuster. Auch ein großer Teil der intensiven Konsumenten berichtet von einer Verringerung ihres Konsums gegenüber früheren Zeiten. Auch wenn sie nach wie vor täglich oder nahezu täglich rauchbares Kokain gebrauchen, haben diese Konsumenten ihre jeweils konsumierte Substanzmenge und damit auch einhergehende negative Auswirkungen verringert. Auch bei ihnen wird deutlich, dass sie aktiv auf ihren Gebrauch rauchbaren Kokains einwirken (können), versuchen, bestimmte Konsumregeln aufrechtzuhalten und mithilfe verschiedener Kontrollstrategien umzusetzen, jedoch in einem kleineren Maße als die Gebraucher mit einem moderaten Konsumgeschehen.

Es gibt eine Reihe von Faktoren, die sich auf das Konsumverhalten der Gebraucher auswirken. Diese können von außen auf den Konsumenten wirken, und ihn in seinem Crackkonsum bestärken oder ihn zu einer Reduktion bzw. einem in Häufigkeit und Substanzmenge moderaten Konsum veranlassen. Genauso gibt es ganz persönliche, intrinsische Motive, die die Gebraucher dazu motivieren und befähigen, ihr Konsumverhalten aktiv zu beeinflussen. In den folgenden Betrachtungen dieser Faktoren wird insbesondere ein Blick auf die Aspekte gelegt, die es den Konsumenten erleichtern, ihren Crackgebrauch auf einem niedrigen, kontrollierten Niveau zu halten oder einen exzessiven Konsum auf einen weniger riskanten Gebrauch zu vermindern.

5.3.8.1 Konsumbeeinflussende externe Faktoren
Wichtige äußere Gegebenheiten, die auf den Crackgebrauch der Befragten wirken, sind in erster Linie das Vorhandensein finanzieller Mittel und die Verfügbarkeit der Substanz. Aber auch der Einfluss des sozialen Umfeldes, in dem sich die Konsumenten bewegen, wird besonders deutlich. Alle Aspekte, die auf das Konsumverhalten wirken, stellen jedoch lediglich einen Impuls dar, mit dem die Konsumenten eigenverantwortlich umgehen. Das heißt, sie sind nicht allein den äußeren Bedingungen ausgeliefert, sondern können darauf reagieren und entsprechend mit der Situation umgehen. Sie dämmen den Konsum ein, setzen ihn in gleicher Weise fort oder erhöhen ihn. Sie treffen also Entscheidungen hinsichtlich ihres Konsumverhaltens und beeinflussen dieses. Insofern erwachsen auch aus externen Faktoren intrinsische Motive, nach denen das Konsumverhalten gestaltet wird.

Die Verfügbarkeit der Substanz und finanzieller Mittel Als äußere Faktoren, die das Konsumverhalten der Befragten gegenüber bestimmten Substanzen beeinflussen, sind vor allem die Verfügbarkeit und Präsenz der Droge sowie der den Konsumenten zur Verfügung stehenden finanziellen Mittel zu nennen.

Gerade im Hinblick auf die unterschiedliche Verfügbarkeit von rauchbarem und pulverförmigen Kokain ist der Einfluss der Substanzverfügbarkeit bereits mehrfach angeklungen.Die Verdrängung des Kokainhydrochlorids scheint ein wesentlicher Grund für dessen geringe Bedeutung im Konsumverhalten der Befragten aus Frankfurt und Hamburg zu sein. Einige Konsumenten aus diesen Städten würden den Gebrauch von Pulverkokain dem Crackgebrauch vorziehen, da der Reinheitsgrad von Pulverkokain in ihren Augen größer ist, der Umgang mit dieser Substanz damit weniger riskant aber aus ihrer Erfahrung auch leichter zu kontrollieren sei.

Die hohe Verbreitung des rauchbaren Kokains in den Drogenszenen von Frankfurt, Hannover und Hamburg geht mit einer starken Präsenz der Substanz einher. Aufgrund der verhältnismäßig einfachen Konsumform des Rauchens kann die Substanz an fast allen Orten gebraucht werden. Begibt man sich in die Drogenszene der Städte kann man an den beliebten Treffpunkten viele gerade konsumierende Crackraucher beobachten. Auch die Konsumenten berichten von der überaus leichten Verfügbarkeit der Substanz.

Die hohe Präsenz des rauchbaren Kokains im Straßenbild der Drogenszene verbunden mit dem großen Angebot der Droge, macht einen Erwerb der Substanz nicht nur relativ einfach, sondern kann auch den Konsumanreiz für die Szenegänger wesentlich erhöhen (siehe Abschnitt zum Einfluss des sozialen Umfeldes und einer sozialen Integration). Alle Gebraucher geben an, dass gerade Aufenthalte in der Szene und die damit einhergehende große Konfrontation mit der Droge es ihnen erschweren, eigene Konsumvorgaben umzusetzen. Halten sie sich in der Drogenszene auf, ist es für sie weitaus anstrengender auf das rauchbare Kokain zu verzichten, als außerhalb.

Neben der Verfügbarkeit des rauchbaren Kokains spielt im Gebrauch der Substanz ganz deutlich das Vorhandensein entsprechender Geldmittel eine große Rolle. Schließlich muss die Substanz von Dealern erworben und bezahlt werden. Bei einem exzessiven Konsum, der über illegale Wege finanziert wird, können dann mehrere hundert Euro am Tag in den Kauf des rauchbaren Kokains und anderer Drogen fließen.

> **Martina:** Pro Tag? Was ich jetzt, was mir jetzt so allein durch die Hände geht. Also jetzt nur mal gestern sicherlich schon vierhundert, fünfhundert Euro.
> **Interv.:** Die du dafür ausgegeben hast?
> **Martina:** Ja.
> **Interv.:** Und wie kommst du an das Geld dazu?
> **Martina:** (lacht) Verkaufen, Vermitteln. [123, 4–9]

Andere Gebraucher geben pro Woche gerade einmal 20 oder 30 € für rauchbares Kokain aus. Das sind vor allem jene Nutzer, die sich ganz bewusst gegen eine illegale Beschaffung der notwendigen finanziellen Mittel entschieden haben oder aber diese Finanzierungswege nur sehr selten beschreiten. Der daraus folgende geringere finanzielle Einsatz macht sich auch in der Menge der Substanz, die während eines Konsumvorganges konsumiert wird, bemerkbar.

> **Interv.:** Wenn du eine Pfeife rauchst, wie viel ist da ungefähr drin, in grammmäßig und preismäßig?
> **Ralf:** Grammmäßig. Des ist so, wie ich es sag, es ist so teuer wie Gold, vom Gewicht her. Wenn de dir nen Fünfer käufst, der Fünfer der wiegt höchstens …. 0,2 Gramm. Für fünf Euro. Da kriegste also für nen Zehner 0,4, und für 20 € 0,8. Und 0,8, des wär ja schon fast ein Gramm, und du kriegst für zwanzig Euro kein Gramm. Des ist vielleicht höchstens ein halbes Gramm. Also, wenn de dir Gold käufst, da kriegste schon mehr für. Und du brauchst von vornherein – ja ok, es kommt halt drauf an, wie die Leute druff sind. Wenn die Mädels, die jeden Tag anschaffen gehen, die haben ganz annere… ja, die legen sich da auch mal ein Gramm da drauf. Das Gramm kostet dann 30 €, ein Zug is er weg. Und annere Leute, die hier wohnen oder die hier arbeiten für 1,50 € die Stunde, die legen sich nur 5 € drauf. 0,2. Und tun sich halt den Rest im Geist vorstellen. [51, 1–12]

Eine Ausrichtung des Crackkonsums nach den vorhandenen finanziellen Mitteln wird bei sehr vielen Gebrauchern deutlich. So antwortete z. B. Moritz auf die Frage nach der Häufigkeit seines Konsums rauchbaren Kokains spontan mit: *„Immer* *wenn Geld da ist"* [208, 22]. Nach Faktoren befragt, die den Konsum begrenzen, wurden Geld bzw. eingeschränkte finanzielle Mittel als häufigstes und meistens ganz spontan als erstes den Konsum bestimmendes Element benannt. Gerade am Monatsanfang, wenn die Sozialleistungen ausgezahlt werden, steigt vor allem bei den Konsumenten ohne oder nur einer seltenen illegalen Geldbeschaffung der Crackgebrauch an.

> **Franka:** Und dann kommt's aufs Geld drauf an. Dann am Ersten, wenn's der Erste gewesen ist, wenn ich ein bisschen Geld über hab, dann schon mal eher. [173, 44–46]

Gleiches gilt für zusätzliche Zeiten, zu denen die Konsumenten Geldmittel erhalten, z. B. an den Auszahlungstagen der Arbeitsprojekte.

> **Ralf:** Nee, ist ja auch kein Geld da. Ich krieg ja nur freitags Geld. Und da ist das dann halt von Freitag bis auf Samstag, und dann ist wieder komplett die ganze Woche Ruh. Vielleicht wenn ich mal Bock hab, geh ich vielleicht mal mittags zu irgendjemand, mittwochs zu irgendjemand und sag: ‚Hey gib mir mal bis Freitag nen Fünfer auf Kommi.' Das kann schon mal vorkommen. Ja, aber das ist net so mein Ding, weil dann freitags, hast so schwer dir das Geld erarbeitet und da kannst es grad aus der Hand geben, hast kaum was davon. Das hab ich mir abgewöhnt. Am Anfang, da hab ich mein Geld grad so, wie es war an die Jungs abgeliefert. (wird deutlich lauter:) Einmal die Woche, viermal im Monat und dann noch einmal, weil es ja dann Sozialgeld gibt, also so richtig wie so ein Quartalsalkoholiker, genau das Selbe. [53, 9–18]

Um nicht das gesamte Geld sofort in den Konsum des rauchbaren Kokains zu investieren, finanzieren einige Konsumenten zunächst die notwendigen Dinge wie z. B. Nahrungsmittel oder Tabak, bevor sie das übrige Geld für den Drogengebrauch einsetzen (s. Kap. 5.3.7.2).

Während ein Viertel der Konsumenten nach dem Aufbrauchen der finanziellen Mittel den Crackgebrauch einstellt, versucht der andere Teil, weitere finanzielle Mittel über Beschaffungsdelikte, wie den Verkauf von Drogen, Vermittlungstätigkeiten sowie Diebstähle und andere kleinere Delikte aufzutreiben. Diese Gebraucher konsumieren Crack in der Regel häufiger als die Konsumenten ohne diese Beschaffungsquellen. Auffallend ist, dass im Drogenkonsumverhalten der Gebraucher mit einer illegalen Beschaffung oder Prostitution häufig auch andere Drogen, allen voran Heroin und Benzodiazepine, eine große Rolle spielen.

Die Notwendigkeit hoher finanzieller Mittel scheint bei den Gebrauchern mit einem seltenen oder gelegentlichen Crackgebrauch eine wesentliche Motivation zur Verringerung des Konsums dargestellt zu haben. Die Entscheidung für einen konsequenten Verzicht oder die deutliche Einschränkung illegaler Beschaffungswege zur Finanzierung des Drogen- und Crackgebrauchs haben wesentliche Auswirkungen auf die Überwindung kompulsiver Gebrauchsmuster. Häufig sind diese

Entscheidungen Ausdruck einer Unlust gegenüber dem großen Aufwand der deviantem Geldbeschaffung sowie von Befürchtungen hinsichtlich einer strafrechtlichen Verfolgung (siehe Kap. 5.3.8.3).

> **Ralf:** Ja. Das is es mir einfach net wert. Das kost ja auch Geld. Ich muss ja dann in die Stadt fahren, dann jedes Mal vierzig, fuffzig Euro mitnehmen. Und dann geb ich's mir und dann bereu ich, was ich da gemacht hab. Und irgendwann hab ich gesagt: ‚Nein, hab ich keine Lust mehr.'... Aber, da brauchste echt Jahre bis de dann irgendwann mal sagst: ‚Hier, ich will ne mehr.' Dann auch, wo de weißt, du kannst nie wieder beim Richter erscheinen, du warst schon so oft bei dem, wenn de jetzt wegen Kaugummi geklaut, und er sperrt dich sofort ein hier, schmeißt den Schlüssel weg. Sagt: Sie haben von mir Bewährung gekriegt, sie haben von mir Knast gekriegt. Und sie wissen, sie kommen jedes Mal zu mir, weil ich den selben Endbuchstabe hab und so und so. Und da weiß ich genau, jetzt auch in dem Alter.
> **Interv.:** Da ist die Angst dann auch zu groß, jetzt abzugehen?
> **Ralf:** Ja, ja. Da is, da denkt man jetzt ganz anders drüber. [50, 37-47]

> **Interv.:** Woher erhältst du die Geldmittel, die man dazu braucht?
> **Tom:** Durch Arbeit. Also sprich jetzt ebend halt als Hartz-Geschädigter durch Hartz-Geld, aber denn is auch Feierabend. Eventuell ab und zu frag ich noch meine Familie, ob die mir mal Geld leihen könnten oder mich unterstützen, finanziell unterstützen können. Aber, ich geh nicht klauen oder mach sonst was. Mache keine Geschäfte mehr, um mir sowas zu finanzieren. [275, 37-42]

> **Sascha:** Also im Moment ist es so, dass ich, wenn ich konsumier, das Geld, na ja, was heißt über hab, aber das ist nicht mehr so, dass ich irgendwie klauen geh oder extra jetzt Geschäfte mach, um zu konsumieren. Also, entweder hab ich das Geld in der Tasche und konsumier, oder ich lass es bleiben. [319, 20-23]

Zum anderen machten sich die Konsumenten mit der Zeit die Diskrepanz zwischen den notwendigen Geldmitteln gegenüber dem verhältnismäßig geringen Nutzen bewusst. Die eingesetzten Geldmittel sind hoch, der erzielte Rausch jedoch äußerst kurz. Der hohe Geldeinsatz lässt sich nicht lang ohne Schwierigkeiten bewältigen, und das Geld fehlt wieder an anderen Stellen. Dies kann daher zu der Absicht führen, den Drogen- und Crackgebrauch zu reduzieren oder ganz einzustellen und hilft auch bei der Umsetzung dieser Absicht.

> **Sascha:** Auch geldmäßig, so das Geld, was ich heute im Monat zur Verfügung hab, das hab ich früher an einem Wochenende ausgegeben. Sowas geht halt nicht mehr. [321, 8-9]

> **Interv.:** Seit wann ist das so, dass du weniger konsumierst?
> **Beatrice:** Ja, seitdem mir Geld zu schade wird. Seit mein Freund jetzt in Knast und ich hab nicht so viel Geld zum Ausgeben zum Crack, da ich mir muss Pola besorgen. Das ist das Problem. Früher war ich versichert und Pola hab ich umsonst bekommen.

5.3 Ergebnisse der qualitativen Erhebung

Und deswegen war das Geld übrig und ich konnte mir leisten Crack. Jetzt kann ich mich einfach nicht leisten. (...) Und danach war Geld zu schade, diese hier im Herzen tut weh. Diese zehn Euro ist sauviel Geld. Dann so hab ich das gelernt. [288, 25-31; 289, 13-14]

Zum Teil entsteht der Eindruck, dass die Einschränkungen in der zur Verfügung stehenden Geldmenge in einer gewissen Weise geradezu willkommen sind, da es die Kontrolle des Konsumverhaltens erleichtert. Die starke Kopplung dieses Zusammenhanges kann jedoch auch problematisch sein. So geht z. B. Ralf (ein gelegentlicher Crackkonsument) davon aus, dass er bei einem höheren Einkommen seinen Crackgebrauch weniger unter Kontrolle hätte.

Interv.: Jetzt klingt es ja schon für mich, als hättest du das sehr gut im Griff. Als würdest du dir jetzt sagen: OK, ich hab jetzt soviel Geld, ich geb das jetzt aus und damit ist Schluss.
Ralf: Ja, wenn ich mehr Geld hätte, hätte ich es automatisch net mehr im Griff.
Interv.: Ok, das ist wirklich an dieses Geld gebunden?
Ralf: Ja. ja. Wenn ich ehrlich bin. Ja, ist das so. Alles andere ist gelogen, belüg ich mich selber. [53, 22-27]

Damit stellt sich auf den ersten Blick die Frage, ob vor einem Hintergrund der fehlenden finanziellen Mittel und einem u. a. daraus resultierenden eingeschränkten Crackkonsum tatsächlich von einem kontrollierten Gebrauchsverhalten gesprochen werden kann. Eine Verringerung des Konsums aufgrund dieser äußeren Faktoren lässt eine eigenständige Entscheidung hinsichtlich des eigenen Konsumverhaltens und damit auch die Ausübung von Kontrolle zunächst einmal fraglich erscheinen. Dennoch hat er sich gleichzeitig angeeignet, sein Geld einzuteilen und Nahrungsmittel sowie Tabak zu kaufen und nur das restliche Geld in den Drogengebrauch zu investieren. Und genauso ist er in der Lage, nach der Auszahlung seines Arbeitslohnes diesen nicht gleich für Crack auszugeben, sondern erst seine Arbeit zu erledigen und erst nach Feierabend das rauchbare Kokain zu erwerben. Es entsteht der Eindruck, dass er genauso wie auch andere Gebraucher ihr kontrolliertes Verhalten allein an diesem äußeren Umstand festhalten und ihre eigene Selbstwirksamkeit, ihr eigenes Vermögen, ihr Gebrauchsverhalten zu steuern und sich bewusst gegen illegale Wege der Geldbeschaffung zu entscheiden, nicht oder kaum wahrnehmen (ausführlich Kap. 5.3.10).

Der Einfluss des sozialen Umfeldes und einer sozialen Integration in drogenszenische und außerszenische Bezüge Im Hinblick auf ihr Lebensumfeld lassen sich unter den befragten Crackgebrauchern zwei Gruppen erkennen. Zum einen wurden Gebraucher interviewt, für die die Drogenszene das primäre Lebensumfeld darstellt. Insgesamt gehören 15 Befragte zu dieser Gruppe[74]. Sie halten sich täglich in der Drogenszene auf. Der größte Teil (66,7 %) von ihnen lebt in Einrichtungen der szenennahen Drogen- oder Obdachlosenhilfe, weitere 20 % bei Freunden oder Bekannten. Nur fünf von ihnen haben sich über die Jahre noch Kontakte zu nicht Drogen konsumierenden Freunden oder Bekannten erhalten, mit denen sie regelmäßig Zeit verbringen[75]. Zum anderen wurden fünf Crackkonsumenten befragt, deren primäres Lebensumfeld außerhalb der Drogenszene liegt. Sie leben in einer Wohnung außerhalb der Szene und gestalten dort ihren Alltag. Vier von ihnen haben zudem drogenfreie Freunde und Bekannte oder Lebenspartner, die kein rauchbares Kokain konsumieren. Alle diese Gebraucher halten sich nicht täglich, sondern nur zeitweise und verhältnismäßig wenig auf der Drogenszene auf.

Vergleicht man die Konsumintensität der beiden Konsumentengruppen, zeigt sich, dass die Gebraucher mit einem hauptsächlich außerszenischen Lebensumfeld häufiger zu den Konsumenten mit einem seltenen oder gelegentlichen Crackgebrauch gehören. Dagegen zählen die Gebraucher mit großem Drogenszenebezug häufiger zu den Konsumenten mit einem intensiven Crackgebrauch. Die starken Szenebezüge und das damit verbundene Umgebensein mit der Droge und konsumierenden Mitmenschen tragen in erster Linie zu einem größeren Konsumverlangen dieser Szenegänger bei.

Die Droge, ihre Beschaffung und ihr Konsum sind nicht nur überaus präsent, sondern wirken sich auch auf die Szenemitglieder und deren Umgang mit der Substanz aus. Auch regionale Gepflogenheiten oder Besonderheiten spiegeln sich im Konsumverhalten der jeweiligen Szenemitglieder wider. Dies zeigt sich grundlegend im Konsum dieser Substanz genauso wie in der Etablierung bestimmter Gebrauchsweisen. Ein Beispiel hierfür ist der intravenöse Konsum von Crack, der nur in Hamburg und Frankfurt beobachtet wird. In Hannover scheint diese Konsumform des rauchbaren Kokains wenn überhaupt, dann nur sehr selten praktiziert zu werden[76]. Dementsprechend konsumiert keiner der in Hannover befragten Konsumenten Crack auf diese Weise. Durch den Verzicht auf den intravenösen Konsum spielt Crack (im Gegensatz zu Pulverkokain) als ein Bestandteil von Drogencock-

---

[74] In dieser Gruppe wurde auch eine Konsumentin gefasst, die außerhalb der Szene lebt und regelmäßige Kontakte zu drogenfreien Gebrauchern hat, aber dennoch täglich auf der Szene ist, um sich dort ein Substitutionsmittel illegal zu erwerben und Crack zu rauchen.
[75] Acht der in der Szene lebenden Konsumenten haben noch Kontakt zur Herkunftsfamilie. Ein Teil von ihnen sucht diese auch mehr oder weniger regelmäßig auf.
[76] Diese Beobachtung wurde sowohl von den hier befragten Konsumenten als auch von Mitarbeitern der Hannoveraner Drogenhilfeeinrichtung berichtet.

5.3 Ergebnisse der qualitativen Erhebung

tails in Hannover offensichtlich ebenfalls keine Rolle, während es in Hamburg und Frankfurt durchaus verbreitet ist[77].

Aus diesen Beispielen wird deutlich, dass sich bestimmte Umgangsformen mit dem rauchbaren Kokain in den jeweiligen Szenen etabliert haben und die Konsummuster der Szenegänger beeinflussen. Als Subgruppe hat die Drogenszene ihre eigenen Verhaltensweisen und Regeln, die neue Mitglieder erlernen, um sich an die Gepflogenheiten anzupassen sowie sich gegenüber Außenstehenden abzugrenzen (Degkwitz 2002a). Durch die hohe Verbreitung und Präsenz des rauchbaren Kokains sind die Konsumenten immer wieder mit dem Crackgebrauch konfrontiert. Dies betrifft in besonderem Maße die Konsumenten mit einem intensiven Kontakt zur Drogenszene. Fast jeder in ihrem Umfeld konsumiert die Substanz und lässt den Konsum dadurch als eine normale Handlung erscheinen.

> **Interv.:** Warum hast du es dann wieder konsumiert?
> **Doris:** Ich weiß auch nicht so genau.... Dieses.... vielleicht weil, weil's alle gemacht haben... glaub ich so langsam... dass das so war. Stimmt, genau. Weil, alle standen auf einmal da, hatten 'ne Pfeife. Nachher hab ich nur noch alle gesehen, dass sie Crack rauchen, gar nicht mehr Pulver. Und dann fing ich auch an. [302, 24–28]

Umso näher liegt es, als Teil der Szene, zu der sich die Konsumenten zugehörig fühlen, ebenfalls Crack zu konsumieren. Die in der Szene beobachteten Verhaltensweisen und Regeln führen zudem zum Abbau von Hemmungen und einer größeren Wahrscheinlichkeit, sich ähnlich zu verhalten. So ist es in diesem Umfeld schlichtweg normal, Crack zu konsumieren. Auch die Art und Weise der Substanz- und Geldbeschaffung folgt dann häufig den gleichen in der Szene üblichen Handlungsweisen.

> **Interv.:** Ist es auf der Szene hier leichter Pulverkokain oder leichter Steine zu bekommen?
> **Stefan:** Steine. Weil, alle kaufen Pulver, machen's zu Steinen und verkaufen's. Das macht eigentlich beinah jeder hier, um das finanzieren zu können, weil's sehr teuer ist. Weil, keiner von uns hat drei, vier- oder fünfhundert Euro am Tag übrig. Das geht einfach nicht. [205, 5–8]

---

[77] Die sogenannten ‚Frankfurter Cocktails' sind dagegen eine regionale Besonderheit, die sich inzwischen auch in andere Szenen verbreitet hat. Ursprünglich in der Frankfurter Drogenszene verbreitet, ist diese Mischung auch in den anderen Szenen (in den hier zugrunde liegenden Interviews von Hamburger Befragten benannt), angekommen und hat auch dort den Namen als quasi ‚Frankfurter Spezialität' beibehalten. Neben den in den Drogenszenen spezifisch verbreiteten Gebrauchsformen zeigten sich szenetypische Besonderheiten auch hinsichtlich unterschiedlicher Herstellungsweisen des rauchbaren Kokains. Während in Frankfurt die Herstellung des rauchbaren Kokains sowohl mit Ammoniak als auch mit Natron üblich zu sein scheint, berichten die Konsumenten in Hannover und Hamburg ausschließlich von der Herstellung mit Ammoniak.

Die Beobachtung dieses Verhaltens bei anderen Konsumenten erleichtert zudem die Rechtfertigung des eigenen Handelns, vor sich selbst und vor Anderen. Sich als erfahrener Konsument rauchbaren Kokains in einem Umfeld aufzuhalten, in dem die Substanz so präsent ist, und sie trotzdem nicht zu konsumieren, ist dagegen äußerst schwierig.

Wolfgang: Ja, du siehst die Leute rauchen und hast selber ne Pfeife in der Tasche und: ‚Mann ey, ich will auch einen rauchen' und na ja, und dann machste irgendwas, um Geld zu kriegen, oder vermittelst irgendwie was. Und irgendwie kriegstes hin, ne. Oder es gibt dir einer einen aus, oder sagt: ‚Komm mit, rauchen wir einen. Hast Ammoniak?' ‚Ja. Ich hab (unverständlich)'. ‚Dann komm her, rauchen wir zusammen. Ich geb dir nen Stein aus.' So läuft das ja auch, ne. [190, 13–18]

Marianne: Wo sollst du da hingehen? Das geht nicht. Allein schon morgens. Treppe runter: ‚Wer hat Piece? Wer hat Stein? Wer hat Pille?' Statt guten Morgen, weißte. Das ist; das geht hier nicht. Abends haste deine Ruhe auch nicht. Da klopft ständig einer an die Tür: ‚Wer hat'n H, wer hat'n das? Kannste mal wechseln?' oder, oder, oder, ne. Das ist wie, als wenn du im Büro arbeitest und, äh, die Computersprache, die hat er natürlich da. Das ist die Computersprache von Junkies. ‚Wer hat Dope? Wer hat Crack? Wer hat Steine?' So geht das von morgens bis abends. [78, 27–33]

Albert: Nee, das ist schwer, wenn ich jetzt hier bin oder da. Die rauchen vor meiner Nase, nichts zu nehmen. [8, 44–45]

Dennoch waren unter den befragten Gebrauchern mit einem starken Szenebezug auch Konsumenten, denen es trotz der Szenennähe und der ständigen Konfrontation mit dem rauchbaren Kokain gelingt, ihren Crackgebrauch auf einem niedrigen Niveau zu halten und die Substanz nur gelegentlich zu konsumieren. Das sind immerhin sechs der 15 Konsumenten mit einem starken Szenebezug (dazu gehört z. B. auch Marianne, die in den oben stehenden Zitaten sehr stark über die große Präsenz des rauchbaren Kokains klagt). Um nicht so stark in Versuchung zu geraten und ihren Wunsch nach einem moderaten Konsum zu realisieren, orientieren sich diese Konsumenten an einer ganzen Reihe von Regeln, nach denen sie ihren Crackkonsum ausrichten. Sie haben sich zudem Strategien und Verhaltensweisen angeeignet, die ihnen einen Verzicht auf das rauchbare Kokain erleichtern. Dazu gehört unter anderem, sich in riskanten Momenten zurückzuziehen und sich von anderen Konsumenten oder Konsumorten fernzuhalten. (siehe Kap. 5.3.7.2.).

Deutlich wird, dass sie fast alle Verpflichtungen außerhalb der Drogenbeschaffung haben und in verschiedenen Bereichen Verantwortung übernehmen. So sind vier dieser sechs gelegentlichen Konsumenten innerhalb von 1,50 €-Jobs beschäftigt. Drei von ihnen benannten die Arbeit klar als einen das Konsumverlangen reduzierenden Grund. Sie geben der Arbeit den Vorzug und konsumieren nur in

5.3 Ergebnisse der qualitativen Erhebung

einem solchen Maße, dass sie in der Lage sind, rechtzeitig zum Arbeitsbeginn vor Ort zu sein, die Arbeit zuverlässig zu erfüllen und auch durchzuhalten.

> **Ralf:** Ich könnte das auch (…)nicht machen, wenn ich Spätdienst hab, und zwischendrin gibt's dann Geld, und ich geh dann hin und: ‚Hey [Name einer Mitarbeiterin], komm gleich wieder, komm gleich wieder rein.' Wenn de da damit angefangen hast, bist du nur, da kannste ne mehr arbeiten. Die [Name der Mitarbeiterin] weiß genau, dass ich dann ne mehr wiederkomme. Oder wiederkomme und mir stehen so die Haare ab.
> **Interv.:** Also wartest du bis nach der Arbeit?
> **Ralf:** (unterbricht) Ich warte dann bis ich Feierabend hab, oder ich warte bis am Arbeitsplatz Ruhe ist, 6, 7 Uhr oder so, irgend sowas. [36, 35–43]

Die Integration in Arbeitsprojekte bedeutet für die Konsumenten einen wichtigen Orientierungspunkt in vielerlei Hinsicht. Sie bietet Tagesstruktur, eine sinnvolle Beschäftigung außerhalb der Drogenbeschaffung und des Substanzkonsums, bietet weiterhin Ablenkung und Anerkennung und die Möglichkeit, sich auf legale Weise Geld dazuzuverdienen, auch dann, wenn der erste Arbeitsmarkt nach langjährigem Drogenkonsum und Wohnungslosigkeit nicht mehr in realistischer Nähe ist (ausführlich: Kap. 5.3.7.2). Des Weiteren scheinen Kontakte zu nicht Drogen konsumierenden Personen einen positiven Effekt auf die Verringerung des Konsums zu haben. Sind die Gebraucher mit Nicht-Konsumenten zusammen, ist das Verlangen nach einer Fortsetzung des Drogenkonsums nicht mehr so groß. Je häufiger sie mit diesen Personen Zeit verbringen, desto seltener nutzen sie das rauchbare Kokain.

Arbeit und drogenfreie soziale Bezüge lassen sich unter dem Begriff der sozialen Integration zusammenfassen. Auch wenn sich viele der hier erreichten Konsumenten nach wie vor primär in der Drogenszene aufhalten und die Arbeitsgelegenheiten ebenfalls im Szenemilieu liegen, so sind dies doch wichtige Faktoren einer Integration in außerhalb eines Drogenkonsums liegenden Rollen und Verpflichtungen, deren Erfüllung Priorität gegenüber dem Crackkonsum erlangt hat.

Diese Zusammenhänge erklären, warum die Konsumenten mit einem seltenen und gelegentlichen Crackkonsum häufiger zu den Gebrauchern mit einem primären außerszenischen Lebensumfeld gehören. Durch den verhältnismäßig seltenen Kontakt zur Drogenszene sind sie in einem geringeren Maße mit der Substanz und der Lebensweise auf der Szene konfrontiert. Dafür haben sie mehr drogenfreie Bezüge. Vier dieser fünf Konsumenten sind in ihrem Umfeld in einen drogenfreien Freundeskreis integriert, leben mit einem nicht Crack konsumierenden Partner zusammen oder haben sehr intensive Kontakte zur Familie. So lebt z. B. Franka nach einer mehrjährigen Phase in der Drogenszene nun gemeinsam mit ihrem Partner bei den Eltern und hilft im elterlichen Unternehmen. Sie übernimmt wieder Verantwortung in der Familie aber auch in den zu erledigenden Arbeiten. Ebenfalls Verantwortung muss ein Konsument übernehmen, der mit seiner nicht Drogen gebrauchenden Freundin sowie dem gemeinsamen Kind zusammenlebt. Auch er muss seinen Drogengebrauch hinter den täglichen Verpflichtungen zurückstellen. Die Folge ist ein seltener Gebrauch des rauchbaren Kokains von etwa einem Mal im Monat. Gerade wenn intensive Kontakte zu Menschen, die selbst keine Drogen nehmen, bestehen, und die Gebraucher aus diesem Lebensbereich Drogen heraushalten wollen, ist der Crackkonsum von vornherein nur zeitweise möglich. Deutlich zeigt sich zudem ein geringeres Konsumverlangen aufgrund der geringeren Konfrontation in diesen Umgebungen.

> **Ludwig:** Beispielsweise, auch wenn ich kann und bin beispielsweise bei mein Kumpel zwei, drei Tage, ich komm nie auf die Idee, in die Stadt zu fahren und mir Steine zu holen... auch wenn ich Geld habe. Ich weiß nicht. Das hat sich bei mir ein komischer Bezug zu den Steinen entwickelt.
> **Interv.:** Woran liegt das?
> **Ludwig:** Am Alter sehr wahrscheinlich.
> **Interv.:** Und woran liegt das, dass du wenn du bei ihm bist, da kein Verlangen hast, in die Stadt zu fahren und wenn du hier bist schon?
> **Ludwig:** Weil, da raucht keiner. Weißt Du, wie ich mein? [97, 34-43]

> **Doris:** Aber wenn ich dann zu Hause bin und hab meine Ruhe, dann erlebe ich manchmal ne Woche nichts, ne. Denn stört mich das auch nicht, ne. Denn hab ich auch gar kein Verlangen, ne. Aber sobald ich hier bin, oder ich hab Probleme, dann brauch ich Crack. [301, 7-9]

Gerade nach einer langjährigen Drogenabhängigkeit und einer starken Einbindung in die Abläufe und Lebensweisen der Drogenszene ist es nicht einfach, sich wieder szeneferne Bezüge zu schaffen und das eigene Leben zunehmend auch in Lebensräume außerhalb der Szene zu verlagern. Insofern kann ein mühsamer Wiederaufbau dieser sozialen Bezüge zusätzlich motivieren, den Crack- und Drogengebrauch nicht mehr eskalieren zu lassen, damit das Erreichte dauerhaft erhalten bleibt (siehe Kap. 5.3.8.2).

Der positive Einfluss außerszenischer Bezüge ist den Konsumenten durchaus bewusst. So benannten einige Gebraucher ganz bewusst den Wunsch, an diesen Bezügen festzuhalten, um sich nicht vollständig in die Drogenszene zu integrieren.

> **Franz:** Also, ich bin eigentlich der typische, ja... Komm-Konsumieren-und-Gehen-Typ. Also, ich halt mich dann hier auch nicht stundenlang auf, weil, ich will gar nicht erst in diese Szene mich groß integrieren. Ich komm, ich rauch und geh wieder, ne. Nehme die Valium. Und die Leute kennen mich vom Sehen, aber das langt dann auch, ne. [260, 34-38]

> **Theo:** Sind Freunde, die höchstens vielleicht mal kiffen, sag ich mal, wenn überhaupt. Aber so an sich nichts zu tun haben.

Interv.: Wie häufig siehst du die?
Theo: Schon jede Woche. Muss auch so sein. Allein schon für mich selber. Wo ich weiß, alles klar, da ist alles in Ordnung. Die wissen, dass bei mir alles in Ordnung ist, und dann halt ich mich da auch fern von Drogen, wenn ich da bin. [139, 8–13]

In Theos Fall zeigt sich dieses Verhalten trotz seines exzessiven Gebrauchs. Er trifft seine nicht Crack konsumierenden Freunde jede Woche, und es ist für ihn wichtig, diese Kontakte zu wahren. Sie zeigen ihm, dass ihn sein Drogengebrauch nicht vollständig in die Szene hat abrutschen lassen, in dessen Folge er nur noch ausschließlich mit ebenfalls konsumierenden Personen zusammen wäre. So bewahrt er sich ein Stück außerszenischer Normalität und hat immer wieder auch Zeiten, in denen er keine Drogen und eben auch kein rauchbares Kokain konsumiert.

5.3.8.2 Intrinsische Veränderungs- und Kontrollmotive

Offensichtlich unterliegen die Konsumenten nicht nur den oben genannten Einflüssen. Ihr Gebrauchsverhalten gegenüber dem rauchbaren Kokain richtet sich nicht allein nach der Substanzverfügbarkeit und vorhandenen Geldmitteln. Gleichfalls ist es nicht allein durch das soziale Umfeld determiniert, wie die in der Drogenszene lebenden Konsumenten zeigen, die trotz der hohen Präsenz der Substanz nur gelegentlich Crack gebrauchen. So gibt es noch eine Vielzahl weiterer Faktoren und Motive, nach denen die befragten Konsumenten ihren Crackkonsum ausrichten und die sie dazu bewegten, ihren Konsum zu verändern.

Innerhalb der Interviews mit den Konsumenten wurde deutlich, dass sich gerade die Motivation zu einer Einschränkung des Crack-Konsums erst mit der Zeit entwickelte, also eher das Ergebnis eines Prozesses war. So wurden verschiedene Dinge erst mit der Zeit wichtig und die persönliche Einstellungen und Prioritäten veränderten sich. Die häufigsten Bereiche, die die Konsumenten zu einer Veränderung ihres Konsumverhaltens und einer Regulierung des eigenen Crackgebrauchs motivierten, waren ihr zunehmendes Alter, gesundheitliche Aspekte, vielfältige negative Erfahrungen infolge ihres Konsums und ein wachsendes Risikobewusstsein, soziale Verantwortung (Partnerschaft, Familie und Freunde) sowie der Wunsch, die Zukunft anders zu gestalten. Dabei scheinen die Veränderungsprozesse einer Vielzahl von beeinflussenden Faktoren zu unterliegen, die je nach Konsument unterschiedlich stark wirken, sich zum Teil bedingen und ineinandergreifen. Daher ist eine klare Abgrenzung nicht immer möglich.

Bedeutungszunahme der Gesundheit Fast alle befragten Gebraucher bemerken negative gesundheitliche und/oder psychische Folgeerscheinungen eines Gebrauchs rauchbaren Kokains. Dazu gehören unter anderem eine starke Unruhe, starke Anspannung, Gewichtsverlust, Husten, Kopfschmerzen, Herzrasen, Zahnprobleme, Verminderung der Konzentrations- und Gedächtnisleistung, aggressive

Gefühle sowie Ängste und paranoide Tendenzen (siehe Kap. 5.3.5.6). Nicht alle Befragten verspüren solche Phänomene in ihrem aktuellen Gebrauch. Das Auftreten und die Stärke der Beschwerden stehen häufig mit einem besonders hohen Crackkonsum in Zusammenhang. Das heißt, gesundheitliche Probleme verstärken sich insbesondere in Phasen eines starken und häufigen Konsums des rauchbaren Kokains und verringern sich, wenn die Substanz nicht oder nur in einem geringen Maße konsumiert wird.

Die negativen gesundheitlichen Effekte in früheren sehr exzessiven Konsumphasen haben bei einem großen Teil der Gebraucher zu einer Auseinandersetzung mit ihrem Konsumverhalten geführt. Betrachtet man jene Konsumenten mit einem geringen Crackkonsum wird deutlich, dass die Gesundheit und die Vermeidung negativer gesundheitlicher Folgeerscheinungen neben anderen Gründen für sie eine wichtige Motivation darstellten, ihren Gebrauch anzupassen und zu verringern.

> **Markus:** Ich muss einfach, ich muss einfach. Wenn ich dran denke, wie ich letztes Jahr Sommer aussah. 60 Kilo nur gehabt. Du musst dir vorstellen, 21 Kilo weniger als jetzt. Und da sag ich mir: ‚Junge, das machst du jetzt nicht noch mal.' [147, 36–38]

> **Marianne:** Ich hab wenig Nebenwirkungen. Bei mir, ich werd' still, ich red nicht, aber ich hör viel zu. Und äh, ja, der Hunger ist nicht da. Man isst sehr wenig. Man trinkt sehr wenig, was ungesund ist. Und dann, äh Schlafentzug ist ganz schlimm beim Rauch.
> **Interv.:** Auch bei dir dann?
> **Marianne:** Wenn ich zuviel rauch mit Sicherheit. Das ist auch der Grund, warum ich mir das Geld einteil. [74, 20–25]

Nicht allein Gebraucher mit einem seltenen oder gelegentlichen Konsum sondern auch intensive Konsumenten setzen sich mit gesundheitlichen Folgen ihres Konsumverhaltens auseinander. Die meisten haben Regeln, über die sie versuchen, die negativen Auswirkungen des Crackkonsums auf ihre Gesundheit zu begrenzen.

> **Interv.:** Warum wolltest du nicht konsumieren?
> **Paul:** Ja, auch wegen dem körperlichen Verfall und weil's für die Gesundheit auch Scheiße ist und kostet viel Geld, muss man viel Straftaten für machen, und…. Ja, auch viel wegen der Gesundheit. Ich denk oft drüber nach über meine Gesundheit und versuch mich halt so gut wie's geht zu pflegen und so. Und deswegen waren das auch Gründe. [166, 31–35]

Neben der Beobachtung bereits aufgetretener gesundheitlicher Schäden kann die Aufmerksamkeit der Gebraucher für gesundheitliche Risiken auch dann geschärft werden, wenn sie sich selbst versehentlich überdosieren oder dies bei einer anderen Person beobachten.

5.3 Ergebnisse der qualitativen Erhebung

Markus: Na, ich hab mal gesehen, wie n Mädchen fast ne Überdosis bekommen hat bei Koks.
Interv.: Pulver?
Markus: Beim Pulver. Und da hab ich gesagt:;Nee Junge, da musst du aufpassen. Es kann hundert mal gut gehen, und einmal geht's schief.' Und das ist ja nicht so wie beim Heroin. Bei der Überdosis bei Heroin kann man ja immer wieder nen Menschen retten. Bei Kokain gibt's keine Rettung bei Überdosis. Da schlägt das Blut aus der Nase, aus den Augen, aus den Ohren, und das war's dann. [152, 31–38]

Die Gesundheit und der Schutz des Körpers können also Priorität gegenüber dem Drogengebrauch einnehmen und dazu führen, dass die Konsumenten den Gebrauch des rauchbaren Kokains einschränken oder bewusst Pausen einlegen, um wieder zu Kräften zu kommen. Dies kann in einem moderaten oder gar kontrollierten Konsumverhalten münden. Dabei veranlassen gesundheitliche Folgen nicht per se eine Veränderung des Konsums. Viele Konsumenten nehmen gesundheitliche Einschränkungen zunächst in Kauf. Erst wenn diese so gravierend werden, dass sie in der Waagschale von gleichbleibendem Konsum und gesundheitlichen Folgen schwerer wiegen als die Vorteile des Konsums, führen sie zu einer Veränderung bzw. einer Verringerung des Konsumverhaltens. Andere Konsumenten passen ihr Konsumverhalten insofern an, dass sie zwar nicht unbedingt weniger konsumieren aber mit Hilfe risikominimierender Gebrauchsregeln negative gesundheitliche Folgen vermeiden (siehe Kap. 5.3.7.3).

Alter und der Wunsch nach Veränderung Neben der Gesundheit wurde von vielen Konsumenten ihr Alter als ein wichtiger Veränderungsgrund ihres Konsumverhaltens benannt. So gaben sechs Konsumenten der offenen Drogenszene an, ihren Crack- und Drogenkonsum unter anderem aufgrund ihres Alters eingeschränkt und verringert zu haben. Für sie, die bis auf einen Gebraucher über 40 Jahre alt sind, hat der sehr hohe Konsum an Bedeutung verloren. Nur einer dieser Gebraucher konsumiert immer noch überwiegend täglich und kompulsiv rauchbares Kokain mit gelegentlichen kurzen konsumfreien Zeiten. Er gab aber an, in der Vergangenheit noch mehr konsumiert zu haben. Alle anderen dieser Konsumenten gebrauchen das rauchbare Kokain nur noch selten bis gelegentlich.

In der Betrachtung der Konsumfrequenz im Verhältnis zum Alter der Befragten zeigt sich eine Verringerung der Konsumhäufigkeit je älter die Konsumenten sind. Diese Entwicklung scheint verschiedene Gründe zu haben. Das zunehmende Alter und mit ihm die vorangegangenen Jahre des Drogenkonsums haben dazu geführt, dass sie von einem starken Drogenkonsum mit all seinen Schwierigkeiten und negativen Folgen genug haben. Die Konsumenten sehnen sich nach Normalität und einem Leben, dass nicht von einer Substanz und deren Besorgung diktiert wird. Sie haben keine Lust mehr auf den Aufwand, der mit einem höheren Gebrauch von Crack und anderen illegalen Drogen einhergeht, auf Beschaffungskriminalität und Risiken der Entdeckung.

> **Interv.:** Warum hat dir das gestern gereicht, und du bist nicht noch mal losgegangen, um dir den nächsten Schuss zu organisieren?
> **Lisa:** Ich hatte keine Lust mehr auf dieser Szene am Bahnhof, da rumzulaufen und und dauernd kontrolliert zu werden von der Polizei. Und da hatte ich, hab ich keinen Lenz mehr drauf. Das wollte ich mir nicht schon wieder geben.
> **Interv.:** Also hat dann im Endeffekt deine Ruhe in deinem Zimmer...
> **Lisa:** (unterbricht:)überwogen. Der Wunsch danach, ja. [30, 19–25]

> **Ralf:** ... ich hab keine Lust mehr, jetzt da in die Stadt zu gehen, da müsst ich ja klaue gehen oder irgendwas, damit ich mir das Gefühl weiter geben kann. Wenn ich jünger wär, ok. Dann würd ich das vielleicht noch mal machen, aber jetzt. (...) ich die Leute hier sehe, mit dem jeden Tag....uah... Es geht auch net, vielleicht bin ich auch dafür zu alt. Ich hab gemerkt, wenn ich das jeden Tag mach, mir geht das sowas von beschissen und so, Migräne und das und das und, äh, irgendwie. Weil du isst ja auch dann nix, wenn du jeden Tag Steine rauchst. Du musst ja mit Gewalt das Essen hinter...., weil das geht net mehr rein. Also, du merkst richtig, du machst dich körperlich von Tach für Tach immer mehr kaputt. Das ist dir vollkommen bewusst. Aber der Stein, der bremst dich net, du machst das, dir ist das egal. Du siehst ja wie die hier abnehmen und so, wie brutal. [43, 40–43; 47, 8–15]

Der große Beschaffungsaufwand steht vor allem nach einigen Jahren des Gebrauchs rauchbaren Kokains häufig nicht mehr in einem adäquaten Verhältnis zu den positiven Effekten der Substanz.

Die wachsende Bedeutung gesundheitlicher Aspekte durch zunehmende gesundheitliche Folgeerscheinungen und beginnende Altersbeschwerden sowie ihr Einfluss auf das Konsumverhalten werden in den Äußerungen der Gebraucher immer wieder deutlich. Mit den zunehmenden Beschwerden wird der Crackgebrauch zudem nicht mehr nur als etwas Positives und Angenehmes empfunden, sondern kann durch die unangenehmen Begleiterscheinungen den Fürsorgewunsch gegenüber der eigenen Gesundheit verstärken (siehe oben Abschnitt zur Bedeutungszunahme der Gesundheit).

> **Interv.:** Gibt es irgendwelche Nebenwirkungen des Konsums?
> **Lisa:** Ja, dass man anschließend n paar Tage k.o. ist.
> **Interv.:** Auch wenn du nur an einem Abend konsumiert hast?
> **Lisa:** Ja, deshalb halt immer Freitag abend. Ich muss ja dann erst montags wieder arbeiten. (lacht) (atmet tief ein) Also je älter man wird, desto mehr schlaucht das den Körper ja auch. Bin ja auch keine 20 mehr. [28 f., 43-3]

5.3 Ergebnisse der qualitativen Erhebung

Interv.: Du hast vorhin gesagt, du hattest ne Phase, da hast du viel mehr konsumiert?
Wolfgang: Ja.
Interv.: Da warst du auch sehr häufig über Tage hinweg wach.
Wolfgang: Ja.
Interv.: Warum hat sich das jetzt verändert? Warum ist das jetzt nicht mehr so?
Wolfgang: Ja, älter geworden. Ruhiger geworden, ne. ... Und auch der Körper macht das ja auch nicht mehr so mit, ne. Auf Dauer. Irgendwann, ne, brauchste halt Ruhe, ne. Geht nicht. Macht der Körper auf Dauer nicht mit. Die ganzen Jahre, was ich meinem Körper angetan habe. Das möchte ich keinem zumuten. Echt. [197 f., 38-2]

Hier spielt das Alter insofern eine Rolle, dass sich körperliche und gesundheitliche Voraussetzungen mit der Zeit verändern und die Konsumenten ihren Drogengebrauch darauf einstellen müssen und letztlich auch können. Die Diskrepanzen zwischen den körperlichen Voraussetzungen und den Anforderungen an den Körper bei einem starken Gebrauch des rauchbaren Kokains können also zu einem Überdenken der eigenen Drogenkonsummuster und der aktuellen Lebenssituation führen.

Interv.: Aber so ne ambulante Therapie hast du noch nie gemacht?
Lisa: Nee, aber mit dem Gedanken spiel ich. Die Ärztin wollte mir das neulich nahe legen bzw. die Psychologin. Die hat mich da zu nem Termin verdonnert, aber irgendwie war ich bisher nicht bereit dazu.
Interv.: Das heißt, du willst eigentlich schon was verändern?
Lisa: Ja. Das hier kann's irgendwie nicht sein, bis ich den Löffel abgeb.
Interv.: Also willst du komplett von Drogen wegkommen?
Lisa: Ich denk mal, das muss ich, ne. Ich kann's mir zwar nicht vorstellen, so völlig ohne, aber... wär ja n Versuch wert. (...) Also irgendwie möchte ich schon wieder mal normaler werden.
Interv.: Wie würdest du dir das vorstellen?
Lisa: Dass ich wieder ne Wohnung hab und wenigstens halbtags arbeiten gehen kann. [34, 39-47; 31, 25-27]

Interv.: Jetzt bist du ja so weit, dass es dir reicht, wenn du zwei mal pro Woche Stein rauchst.
Charlie: Ja, irgendwie, ich lerne ja aus meinen Fehlern. Ich mein, ich bin ja, wie gesagt, ich bin über 40 Jahre alt. Ich muss ja auch irgendwie mal lernen...äh... mich selbst in Griff zu kriegen. So seh ich das. Ich will mich ja auch weiterentwickeln, ne. Also, ich bin kein Blödmann, also, absolut net. Und ich probier da schon, mich weiterzuentwickeln, und gehe halt den Sachen, die mir net gut getan haben, den geh ich halt aus'm Weg. Auch wenn manchmal, wie gesagt, das Verlangen da ist, und ich trotzdem hingehe. Aber dann halte ich das so minimal, wie es nur irgend geht. Ne. Und dann bin ich wieder weg... Das ist halt das Alter auch irgendwie. [245, 31-39]

In diesen Aussagen schwingt ein wichtiger Aspekt mit, der mit dem Alter an Bedeutung gewinnen kann. Die Konsumenten blicken auf die vergangenen Jahre zurück und wünschen sich eine Veränderung ihrer Lebenssituation. Die Auswirkungen des Drogenkonsums haben sie in Lebensumstände gebracht, in denen sie nicht dauerhaft bleiben wollen. Sie wollen aus ihrem Leben ‚noch etwas machen', sich ‚weiterentwickeln'. Dies gilt nicht allein für die älteren, über 40jährigen Konsumenten. Auch viele der jüngeren Gebraucher machen sich nach einiger Zeit des Lebens in der Szene diese Gedanken. Sie wollen wieder aus dem Kreislauf der Drogenbeschaffung und des anschließenden Konsums aussteigen, wieder ein ‚normales' Leben führen. Der exzessive Konsum soll überwunden werden. Er ist ein Phänomen des Jugend- und jungen Erwachsenenalters, aus dem sich die Gebraucher entwachsen fühlen. So stellte dies für einige Konsumenten einen wichtigen Grund dar, den Crackgebrauch einzuschränken und ihre Prioritäten anders zu legen.

> **Sascha:** Ich hab mit den Jahren so n bisschen mehr den Abstand gekriegt. Und auch nich so, dass ich eigentlich nicht das Bedürfnis hab, hier die ganze Nacht herumzulungern. Weil, wie gesagt, ich konsumier ja nichts zu Hause. Und dadurch ist das dann, dass ich hier.... rumeier. Und drei Tage hier, kannst du dir ja vorstellen, das ist auch nicht so angenehm. Das geht natürlich auch ganz schön auf die Physis, ne. Ja, und mit den Jahren hab ich immer weniger das Verlangen…danach gehabt.
> **Interv.:** Woran liegt das?….. Warum entwickelt sich das so? Oder, warum hat sich das bei dir so entwickelt?
> **Sascha:** Na, ich glaub das ist, weil man, weil ich auch nicht zufrieden bin, wenn ich eben halt konsumiert hab. Danach…also… fühl ich mich noch schlechter wie vorher. Ja, und so mit den Jahren ist das wohl auch gekommen, dass man alles mit anderen Augen sieht als früher. Dann hab ich mein Kind. Früher war ich alleine, da war das alles egal, da war ich nur für mich selber verantwortlich. Ja, und jetzt hat sich einiges geändert halt.
> **Interv.:** Also du bist auch reifer geworden?
> **Sascha:** Ja. Und es ist ja das Ding. Ich hab mit 13 ja schon angefangen, Hasch zu rauchen. Nach zwei Jahren war das schon so bei mir, dass wenn ich kein Hasch hatte, dass mit mir nichts anzufangen war. Von daher bin ich mehr als mein halbes Leben drauf auf irgendwelchen Drogen, ne. [320, 28–45]

Gerade bei einigen der älteren, langjährig drogenerfahrenen Gebrauchern klingt in dieser Entwicklung eine Art von Gelassenheit mit:

> **Ludwig:** Also mich würde kein Crack mehr locken, dass ich nachts wach bleibe oder sonst irgendwas.
> **Interv.:** Heute?
> **Ludwig:** Ja. Das ist vorbei. Das macht kein Spaß mehr. (…)
> **Interv.:** Bist du heutzutage noch mehr als 24 h wach aufgrund des Crack-Konsums?
> **Ludwig:** Nein. Nee, garantiert nicht. Weil, aus dem Alter bin ich raus. [91, 21–23; 97, 3–4]

> **Interv.:** Gibt es noch Zeiten, wo du mal mehr als 24 h wach bist, durch den Crackkonsum?

> **Ralf:** Dafür bin ich zu alt. (lacht) Nee....Ich kann auch net, ich bin Jahrzehnte net in der Stadt und durchmachen und alles war dabei. [56, 3–5]

Es entsteht der Eindruck, dass sie mit dem zunehmenden Alter den starken Konsum einfach nicht mehr für sich benötigen und ihn auch nicht sehr vermissen. Sie haben das alles erlebt, haben exzessiv konsumiert und waren nächtelang wach. Der exzessive Konsum hat seinen Reiz verloren und es stehen andere Dinge im Vordergrund.

Der Wunsch der Konsumenten den derzeitigen Lebenswandel nicht auf Dauer beizubehalten, sondern ihr Leben (wieder) anders und in ihren Augen ihrem Alter angemessen zu gestalten, wird vor allem in der Betrachtung der konkreten Anliegen an die Zukunft deutlich. So beinhalten diese in der Regel Vorstellungen zu einem ganz ‚normalen' Leben, mit eigener Wohnung, Arbeit und einer normalen, drogenfreien Freizeitgestaltung. Darin unterscheiden sich die ‚Jüngeren' nicht von den ‚Älteren'.

> **Paul:** Und... ja.. ich wollt auch einfach weiterkommen im Leben, das irgendwann für mich angefangen, vielleicht vor drei Jahren, wo ich ernsthaft für mich probier, aufzuhören. Weil ich halt, ja, keine Lust mehr auf das alles hab, ja.
> **Interv.:** Also auf die Szene hier und alles, was dran hängt?
> **Paul:** Ja, und, dass ich halt nicht weiterkomm im Leben. Dass ich halt nichts erreich, und das nervt mich doch schon ganz schön. [166, 10–16]

> **Theo:** Ich muss jetzt auch aufhören.
> **Interv.:** Warum?
> **Theo:** Na, es wird langsam Zeit.
> **Interv.:** Was heißt, es wird langsam Zeit?
> **Theo:** Man vermisst doch schon wieder das Leben, was man vorher hatte. Das geregelte Arbeiten, äh, Familie mehr Kontakt, Fortzugehen, mit Freunden unterwegs zu sein oder, oder mal was anderes machen an Aktivitäten. Kino. Weiß der Teufel. Schwimmen gehen. Egal. Einfach was anderes mal wieder. [138, 28–35]

Die Umsetzung durch eine deutliche Verringerung ihres Gebrauchs von Crack und anderer Drogen gelingt den älteren Konsumenten dabei aber offensichtlich etwas leichter als den jüngeren.

Soziale Verantwortung und soziale Kontrolle in Partnerschaft, Familie und Freundeskreis Wie es bereits in dem Ausführungen zum Umfeld und der sozialen Integration der Befragten deutlich wurde, spielen die sozialen Kontakte der Konsumenten eine wichtige Rolle in der Gestaltung des eigenen Konsumverhaltens. Bestehen diese nur aus anderen Drogen konsumierenden Szenegängern, sind ein Verzicht auf Crack und der Aufbau eines neuen Umfeldes extrem schwer.

Stefan: Es ist nicht die Therapie, die helfen kann, es ist da, bei mir ist es das Umfeld. Die Therapie findet oben im Kopf statt. Das war so die vier Jahre, wo ich sauber war, da wollte ich das, und fertig, und da hab ich das gemacht. Aber ich hatte einfach das Umfeld dazu. Die Menschen um mich herum, waren alles Leute, die keine Drogen genommen haben. Solange man das nicht hat, hilft auch keine Therapie. Das ist alles Blödsinn. Weil, kein Mensch will alleine sein. Was nützt mir die Therapie, wenn ich da clean rauskomme und ich niemanden habe, und hier sitze, alleine? Und. Ich komm sowieso wieder hier her. Hier sind alle Menschen, die ich kenne. Obwohl das hier schon alles ziemlich eklig geworden ist, seit dem Stein ist alles wirklich sehr schlimm geworden. [212, 18-27]

Marianne: Ja, das ist…naja… ich hab schon mal, äh… irgendwann mal hab mal ich so drei Monate nix genommen und bin dann in die Stadt gefahren, aber mit dem Gedanken schon, was zu nehmen, ne. Und dann hab ich mir auch gedacht, das ist scheiße. ‚Jetzt hast du drei Monate nix genommen. Ja, und jetzt fährste in die Stadt, um dir was zu kaufen, nur weil ich nicht allein sein wollte.' Und ich hab mir einen auch mitgenommen nach Hause, also ne Freundin ich wusste zwar, die wird mich beklauen und, und belügen, das wusste ich alles. Aber ich hab's trotzdem gemacht, weil ich nicht allein sein wollte. Das war mir zuviel dann. [78 f., 46-4]

Soziale Kontakte sind für Menschen sehr wichtig. Verfügen Drogen konsumierende Menschen über drogenfreie soziale Bezüge kann sich das sehr positiv auf die Entwicklung eines kontrollierten Umgangs mit einer Substanz auswirken. Dies gilt auch für die hier interviewten Gebraucher. Wie bereits erwähnt, gehören alle Konsumenten mit einem primären außerszenischen Umfeld und einer hohen Integration in drogenfreie Bezüge zu den Konsumenten, die Crack nur selten bis gelegentlich konsumieren. Sehr positiv können sich auch Partnerschaften zu nicht Crack konsumierenden Personen auswirken, über die drei Konsumenten zum Befragungszeitpunkt verfügen. Da diese Partner keine Steine konsumieren und die Konsumenten die Partnerschaft nicht gefährden wollen, halten sie ihren Crackgebrauch von der Partnerschaft fern und verzichten in Gegenwart des Partners auf den Gebrauch. Je mehr Zeit sie dann zusammen verbringen, desto weniger Gelegenheit zum Konsum bietet sich für die Gebraucher. Der Beginn einer neuen Partnerschaft kann daher zu einer starken Veränderung des bisherigen Drogenkonsumverhaltens und der Entwicklung kontrollierter Konsummuster führen.

Franz: Ja. … Aber es gab auch schon andere Zeiten.
Interv.: Wie lang sind diese Zeiten her?
Franz: N Jahr, halbes Jahr vielleicht. Es änderte sich, wo ich meine Freundin kennenlernte. Da hat sich das alles stark verändert. Mein ganzes Verhalten hat sich da geändert.
Interv.: Warum?
Franz: Weil ich verliebt bin, weil ich glücklich bin. [255, 19-24]

Verschiedene Gebraucher berichteten von einer früheren Aufgabe oder Einschränkung ihres Drogenkonsums bei der Entstehung einer neuen Partnerschaft. Das be-

5.3 Ergebnisse der qualitativen Erhebung

traf den Gebrauch verschiedener Substanzen, und ebenso den Konsum des rauchbaren Kokains. Durch die Partnerschaft veränderten sich die Prioritäten und der Drogenkonsum war nicht mehr so wichtig. Erst als die Partnerschaft in die Brüche ging, wurden die Drogen überhaupt wieder oder wieder exzessiv konsumiert.

Die Entwicklung einer Partnerschaft kann auch dann stabilisierend wirken, wenn der Partner selbst rauchbares Kokain nutzt (auch wenn die Konsum steigernden Wirkungen einer Partnerschaft mit einer ebenfalls Crack konsumierenden Person in den Erzählungen der hier befragten Konsumenten überwiegen). So berichtete Doris, dass sie seit ihrer Partnerschaft ihren Drogengebrauch und vor allem auch den Gebrauch von Crack stark eingeschränkt hat.

Doris: Hab ich auch ihm zu verdanken, mein Freund.
Interv.: Dass er dich unterstützt? Oder, inwiefern hast du ihm das zu verdanken?
Doris: Ja, er hat mir dabei geholfen, ne... mich aufgebaut. ‚Guck mal, willst du so aussehen, wie die andern, mit den Pickeln und dies und?', ne. Und auch wegen Sachen kümmern und so unterstützt er mich, mit Ämtern und dies und das, ne. Weil, da ist er stärker, ne. Ich geb ihm auch mein Geld, weil, er kann mit Geld besser umgehen als ich, ne. [303, 17–23]

Beatrice: Und dann kam mein Freund raus, haben wir dann zusammen geraucht. Und irgendwann haben wir entschieden, wir rauchen nicht mehr, da es viel zu viel Geld, ist zu schade. Ich weiß nicht, wann das war. Ich kann mich nicht erinnern, wann das war. (...)
Interv.: Du hast auch mit deinem Freund nicht konsumiert. Warum ist euch das gelungen?
Beatrice: Ja, wir wollten nicht. Wir waren glücklich. Wir sind schon lange zusammen. Wir waren glücklich und hat uns gereicht. Wir haben Schore genommen und schon verkauft, und hat uns gereicht dann alles. Wollten nicht. [288, 36–39; 291, 34–37]

Die Konsumenten erhalten durch den Partner Unterstützung im gemeinsamen Ziel der Konsumreduktion. Dies erleichtert es ihnen, das Vorhaben umzusetzen und einzuhalten.

Zu weiteren wichtigen sozialen Bezügen eines Menschen gehört die Familie. Ein intakter, stützender Kontakt zur Herkunftsfamilie ist für viele langjährige Drogenkonsumenten nicht selbstverständlich. Dennoch berichtet die Hälfte der Interviewpartnern von regelmäßigen Kontakten zu ihrer Herkunftsfamilie, also zu ihren Eltern oder Geschwistern, die sie sich über die Jahre des Drogenkonsums bewahrten oder nach einiger Zeit des fehlenden Kontaktes wieder aufnahmen. Ein weiterer Gebraucher lebt in seiner selbst gegründeten Familie, die jedoch unter anderem aufgrund seines früher starken Crackkonsums belastet ist.

Das Verhältnis zur Herkunftsfamilie oder der selbst gegründeten Familie kann sich sowohl positiv als auch negativ auf das Konsumverhalten von Drogengebrauchern auswirken. So können Krisen in der Familie (genauso wie in einer Partnerschaft) zu einer Verstärkung des Drogenkonsums führen. Ein positiver Kontakt kann sich unterstützend auf kontrollierte Konsummuster auswirken. Dies ließ sich bei einem Teil der Gebraucher mit einem Kontakt zur Herkunftsfamilie beobachten. Die Familie kann z. B. zu einer Behandlung motivieren. Sie bietet aber vor allem die Möglichkeit eines Ausgleichs zu den Drogenbezügen und kann als Rückzugsort dienen, um für einige Zeit eine Auszeit vom Leben auf der Drogenszene zu nehmen (siehe Kap. 5.3.8.2).

> **Interv.:** Wie oft fährst du ungefähr zu deiner Oma?
> **Martina:** So momentan alle zwei Wochen. Und dann gab's auch ne Zeit lang, wo ich wöchentlich zu ihr bin.
> **Interv.:** Und warum fährst du hin?
> **Martina:** Ja, um n bisschen hier Abstand zu kriegen. Ja.... meine Oma freut sich darüber außerdem. Ich freu mich auch, wenn ich sie sehe, so is es nicht. Und da sie schon n bisschen älter ist, is es halt schwieriger für sie hierher als für mich, zu ihr zu fahren. [125, 6–12]

Martina berichtet, trotz ihres intensiven Crackkonsums regelmäßig zu ihrer Oma zu fahren. Sie nutzt diese Zeit, um die Szene hinter sich zu lassen, ausgiebig zu schlafen und zur Ruhe zu kommen. Die Erholung ist jedoch nicht der einzige Grund. Trotz des Lebens auf der Straße hält sie im regelmäßigen Besuch der Großmutter an familiären Werten und damit einhergehenden Verpflichtungen fest und bewahrt sich damit ein Stück szenefernen Normalität.

Neben den geringeren Konsumgelegenheiten bei regelmäßigen Kontakten zu nicht-konsumierenden Personen wird der Einfluss des drogenfreien Umfeldes als soziale Kontrollinstanz deutlich, die zusätzlich hilft, den Konsum einzuschränken.

> **Interv.:** Ist der Konsum dann an bestimmte Tage gebunden? Also, dass du sagst, jetzt ist Wochenende. Jetzt hol ich mir was?
> **Franka:** Nee, es ist daran gebunden, ob ich Geld hab... und ob ich dann dran komme. Aber so... er ist z. B. gar kein Freund davon, deswegen... er mag's eben auch überhaupt nicht. Und deswegen ist es nur, wenn ich alleine bin.
> **Interv.:** Also kommt er dann auch nicht mit, wenn du dir was holst?
> **Franka:** Nee, das ist dann eigentlich heimlich. (...)
> **Interv.:** Gibt's auch noch andere Gründe als ihn?
> **Franka:** Ja, meine Eltern waren früher. Weil, die das natürlich immer mitgekriegt haben, wenn ich losgefahren bin. Meinetwegen hatte jetzt mit 'ner Freundin nur n Bier getrunken oder sowas. Und dann bin ich noch mal da lang geschlendert, und dann sind ebend aus zwei Stunden, die es sein sollten, die ganze Nacht geworden, ne. ...Und die haben dann ebend auch gesagt, wenn das so weiter geht, dann fliegste hier raus, oder wir lassen dich dann ganz fallen. Und das will ich natürlich nicht. [173 f., 48–5; 176, 39–45]

> **Sascha:** Ja, ich mein, ich komm nach Hause, und meine Freundin riecht nur an mir. Das riecht sie schon. Das schwitzt man ja aus, aus den Poren und so. Dafür kennen wir uns viel zu gut. [322, 41–43]

5.3 Ergebnisse der qualitativen Erhebung

Franz: Es ist schon hier auf der Szene, meistens ja. Sehr selten zu Hause. Eigentlich gar nicht zu Hause. Aber das liegt dann wiederum an meiner Freundin, logischerweise.
Interv.: An deiner Freundin?
Franz: Ja, klar, sie ist clean, und das würde sie sofort riechen, wenn da Drogen geraucht werden. Klar. [254, 25–29]

Ein Drogenkonsum lässt sich vor dem Partner oder der engen Familie kaum verbergen. Entweder die Konsumenten verzichten ganz auf den Gebrauch bzw. beschränken ihn auf ein Minimum, oder sie ergreifen Verhaltensweisen, die eine Auffälligkeit des Konsums verhindern.

Die positiv wirkende soziale Kontrolle hilft den Konsumenten bei einer Minimierung des Crackgebrauchs und ist ihnen zum Teil sehr willkommen.

Franka: Also es ist, wenn mich jemand ein bisschen kontrolliert, dann geht das gut. [178, 43–44]

Wachsendes Risikobewusstsein Die oben beschriebenen Motive, den Crackgebrauch auf einem relativ niedrigen Niveau zu halten und anderen Dingen Priorität zu geben, haben sich bei allen Konsumenten erst im Laufe der Zeit entwickelt. Je länger die Konsumenten in der Drogenszene integriert sind, desto mehr Erfahrungen machen sie in diesem Milieu, mit dem Drogenkonsum als solches und möglichen Folgen im Speziellen. Einschneidende Erlebnisse, Beobachtungen der Mitkonsumenten sowie die eigenen Erfahrungen eines langjährig praktizierten Drogengebrauches und dessen Folgen können einen wesentlichen Einfluss auf das Konsumverhalten der Gebraucher entwickeln. Häufig führten z. B. besonders intensive Konsumphasen mit der Zeit zu einem Umdenken der Gebraucher. Die aus dem intensiven Crackgebrauch resultierenden negativen Folgen, wie körperliche Belastungen, gesundheitliche Beschwerden und strafrechtliche Auffälligkeit infolge der illegalen Geldbeschaffung zeigen die Risiken auf, die mit dem starken Konsum des rauchbaren Kokains einhergehen. Im Rückblick sind viele Konsumenten erschrocken über diese Konsumphasen und wollen ein solch exzessives Gebrauchsverhalten nicht erneut aufnehmen.

Markus: Der Unterschied ist, weil ich gesehen hab, was ich aus mir gemacht hab. Wie weit es gekommen ist alles. Und ich hab einfach keinen Bock. Es ist ja schon schlimm genug, dass ich wieder drauf bin. Und ich will aber nicht wieder total zerschmettert auf dem Boden sein. [150, 37–40]

Moritz: Nee, nee, ich würd sagen, regelmäßig gar nicht. ... Also, wenn ich Stein kriegen kann, nehm ich Stein. Und äh, wenn ich Pulver kriegen kann, krieg ich Pulver. Aber, ich hab auch zum Beispiel keine Kokanummern. Ich habe keine Beutelnummern. Ich kaufe mir das halt hier, zieh das, fertig. Weil, ich habe keine Lust. Ich war letztes Jahr tierisch drauf, und das möchte ich dieses Jahr nicht mehr haben. Deswegen, ich versuche mich auch n bisschen mehr zu pflegen. Bin zwar immer noch n bisschen dünn, aber das wird schon alles wieder alles besser. [218 f., 42-2]

Neben den Erfahrungen im eigenen Konsumverhalten spielen auch Beobachtungen in der Konsumumgebung eine große Rolle. Gerade bei einer großen Nähe zur Drogenszene beobachten die Konsumenten sehr häufig Crackgebraucher mit einem problematischen Konsum und vielfältigen daraus entstehenden negativen Konsequenzen. Dazu gehören vor allem ein starker Bingingkonsum, die totale Fixierung auf Beschaffung und Konsum des rauchbaren Kokains, gesundheitliche Folgen durch die Vernachlässigung von Schlaf und Ernährung sowie charakterliche Veränderungen – alles Dinge, die sie als negativ empfinden und nach deren Beobachtung sie verhindern möchten, dass eine solche Entwicklung auch bei ihnen geschieht.

> **Interv.:** Und nach dem Programm hast du aufgehört, intravenös zu konsumieren, egal, welche Substanz?
> **Marianne:** Das lag aber nicht am Heroinprogramm, sondern einfach am Tod meines Freundes. Der ist gestorben und da hab ich mir gesagt: ‚Jetzt hörste mal langsam auf.' Ist bis jetzt so geblieben. Mein Konsum ist also opiatmäßig ganz weg, crackmäßig oder freebasemäßig also sehr wenig im Gegensatz zu vorher. Sehr, sehr wenig. (…) Seit mein Freund tot ist, ist mein Konsum, ich würde mal sagen, mehr als 90 % gesunken.
> **Interv.:** Warum hat gerade der Tod deines Freundes eine so einschneidende Veränderung gebracht? Eigentlich hätte es ja auch das ganze Gegenteil bewirken können.
> **Marianne:** Naja, ich hab ja gesehen, wie er sich zugrunde gerichtet hat. (…) Da hab ich mir halt gedacht, dass ich so nicht enden will. Und das ist halt so, dass wenn man ganz tief unten ist, dass man wirklich so Leck-mich-am-Arsch-Gefühle bekommt. Und da legt man auch nicht mehr so viel Wert drauf, ob die Pfeife schon mal einer geraucht hat, der vielleicht lungenkrank ist oder ob der Filter vielleicht einem Positiven gehört. Das sind viele Leute, denen ist das einfach egal. [75; 34–36; 75 f.; 48-3]

> **Franka:** Weil die die Leute einfach… Wenn ich Leute sehe, die ich vor fünf Jahren kannte, oder seit sieben Jahren bin ich insgesamt hier. Die haben vorher nie mit Steinen zu tun gehabt, waren super Menschen. Und dadurch, die werden einfach abgewichst, bescheißen, klauen. Also das geht einfach richtig… die sehen erstmal schrecklich aus, die Leute, und die werden auch einfach, sind einfach Schweine. [182, 13–17]

Diese Beobachtungen können die Konsumenten dazu veranlassen, sich mit den betrachteten Negativbeispielen zu vergleichen. Besonders einprägsam können in diesem Zusammenhang Geschehnisse und eigene Verhaltensweisen sein, die dem als abschreckend empfundenen Verhalten der anderen Gebraucher nahe kommen.

> **Lisa:** Nee… Wie die Menschen so miteinander umgehen oder Leute, die Drogen konsumieren. Ich zähl mich ja selber auch dazu. Ich merk ja, wie mein Verhalten sich ändert oder wie ich manchmal mit Leuten umgeh oder rede. Und das finde ich nicht gut. Das ist eigentlich eher der Grund. [33, 38–41]

5.3 Ergebnisse der qualitativen Erhebung

Solche Verhaltensweisen wirken wie ein Spiegel, der den Konsumenten plötzlich vorgehalten wird und verdeutlicht, dass der eigene Crackgebrauch zu einem Verhalten geführt hat, dass gegen die eigenen Wertvorstellungen spricht. So ertappte sich Ludwig z. B. beim Verkauf seiner ersten Lederjacke und Moritz beim Bestehlen eines guten Freundes.

Ludwig: Und ich, in meinem ganzen drogistischen Leben, ich hab nie meine privaten Sachen verkauft für Drogen. Ich hab immer Sachen gekauft, aber nie verkauft. Und da erwisch ich mich, wo ich meine erste Lederjacke verkaufen will, und da sag ich: ‚Halt, du Idiot, was machst du da?' Die Sachen, war schon die ganze Elektronik weg, klar. Und da hab ich gesagt: ‚Jetzt reicht's.' Das ist total durch, weißt du? Und da hab ich über Nacht aufgehört. (…) Und dann war ich ungefähr anderthalb Jahre komplett clean. [92, 6–13, 24]

Moritz: Aber es gab auch schonmal ne Zeitlang, also, das ist so bei mir, wenn irgendwie was Hartes is. N Kollege zum Beispiel hat mir, hat mir Subutex mitgegeben zum Verkaufen, und ich hab ihm, das war am Tag, wo ich in der Notschlafstelle ausgezogen bin. Und äh, das hat sich überschnitten, und dann hab ich ihn abgezogen, leider. Und das war so n Grund, vier, äh, zwei Monate aufzuhören, kein Koks mehr zu nehmen. Weißte, so harte, so, so als wenn einer stirbt oder so. Dann ist's vorbei. Sowas hilft dann.
Interv.: Und da hast du zwei Wochen lang?
Moritz: Zwei Monate. Kein Koks geraucht. [224 f.; 40-4]

Beide Konsumenten waren über ihre eigenen Handlungen so entsetzt, dass sie ihren Drogenkonsum einschließlich des Gebrauchs des rauchbaren Kokains einstellten. Ludwig begann nach einer eineinhalbjährigen Phase der kompletten Drogenabstinenz, wieder Crack und andere Drogen zu konsumieren. Einen solch intensiven Konsum wie in der Zeit zuvor, führte er jedoch nie wieder durch, sondern konsumiert das rauchbare Kokain bis heute nur gelegentlich. Bei Moritz hielt der Verzicht auf die Substanz nur wenige Monate an. Dennoch war auch für ihn das eigene Verhalten, das so stark entgegen seiner Wertvorstellung stand, so einschneidend, dass es ihn zu einer intensiveren Auseinandersetzung mit seinem Konsumverhalten bewegte und zu einer plötzlichen Abstinenz führte.

Interv.: Hast du's [den Crackgebrauch –S.H.] vermisst?
Moritz: Nein, nein, ich wollte es auch nicht. Das hat mich aggressiv gemacht, daran zu denken. Weil ich halt ihn abgezogen hab. Wir haben oft zusammen aufm Zimmer gelegen, und es hat mich sauer gemacht. Und hat mich selber auch für mich, mich selber beschämt, dass ich das, dass das so passiert ist. [225; 10–14]

Solche Schlüsselereignisse spielen bei vielen Gebrauchern eine Rolle in der Veränderung ihres Konsumverhaltens. Fast alle Konsumenten, die ihr Gebrauchsverhalten gegenüber der Vergangenheit deutlich verändert haben, berichten von Ereignissen, die ihnen die Notwendigkeit einer Veränderung bewusst gemacht und zur Umsetzung dieser Veränderung beigetragen haben. Zu solch bedeutsamen Ereignissen gehören z. B. Überdosierungserfahrungen (eigene oder bei Anderen beobachtete) sowie der Verlust von anderen Menschen, die an den Folgen ihres Drogenkonsums oder Begleiterkrankungen sterben. Weitere Schlüsselereignisse waren z. B. Inhaftierungen oder Entgiftungsbehandlungen, durch die die Gebraucher aus der Szene herausgerissen waren. Auch Substitutionsbehandlungen haben bei einigen Konsumenten zum Überdenken ihres Konsumverhaltens und einer Veränderung beigetragen. Ebenso kann eine sehr starke Scham gegenüber anderen Menschen eine Verhaltensänderung auslösen. So berichtete ein Gebraucher von einem Besuch seiner Familie während seiner Inhaftierung, die seine starke gesundheitliche und soziale Verwahrlosung bemerkten. Daraufhin veränderte sich seine Einstellung zum Gebrauch des rauchbaren Kokains deutlich und er konsumierte nach der Haft nur noch in einem moderaten Maße.

Die Gebraucher entwickeln durch ihre eigenen Erfahrungen und der Beobachtung ihrer Umgebung ein Bewusstsein dafür, welche Risiken mit einem starken Crackgebrauch einhergehen. Gerade wenn noch nicht alle außerszenischen Bezüge verloren sind oder neue Bezüge wieder mühsam aufgebaut wurden, kann dies einen achtsamen und vorsichtigen Umgang mit dem rauchbaren Kokain begünstigen (siehe Kap. 5.3.8.1).

> **Interv.:** Mit deinem Freund bist du ein Jahr zusammen jetzt?
> **Franka:** Nee, zwei. (…) Also, das erste Jahr, wir haben uns kennengelernt im Sommer und waren dann den Sommer über in dieser Notschlafstelle. Dann wurde er verhaftet bis Dezember und dann hatte ich in der Zeit wieder Arbeit gefunden. Und als er dann raus gekommen ist, da ging's dann eigentlich bergauf. Er hat dann für A. gearbeitet, und wir haben jetzt halt ne Wohnung. Und er hat wieder nen Führerschein gemacht. Und wir haben halt jetzt das Auto. Und das alles dafür auf's Spiel zu setzen, weil, das ist ja schwierig, wiederzukriegen, ne. Und wenn man das sieht, dann will man eigentlich lieber ne Arbeit haben. Wir wollen uns vielleicht mit B. selbstständig machen, und das dafür alles aufs Spiel zu setzen, das ist nicht…
> **Interv.:** Das ist es nicht wert.
> **Franka:** Nee. Jetzt red ich so. Aber hättste mich vielleicht vor einem Jahr getroffen, da hätt ich, da hatt ich gar keine Ziele oder irgendwas. [177 f., 43–8]

> **Tom:** Ich bin 39 und ich hab keine Lust mehr die, weiter abzustürzen oder das, was ich mir jetzt also in den letzten Jahren aufgebaut habe, dass das alles so, dass ich das alles wieder zerstöre. Dass ich also auch materielle Dinge, soziale Kontakte und, und, und, ähm, und so weiter auch beruflich und so. Das, haben sich ja Ziele gezeigt oder entwickelt. Und, ähm, meine Stärken kenn ich besser und natürlich auch meine Schwächen. Irgendwie. Und, wenn ich… jetzt einfach weitermachen würde, sprich weiter Drogen nehmen würde, ähm… also nicht so selbst reflektierend sein, also bleiben würde, wie ich es jetzt versuche, zu sein, ähm, weiß ich nicht, wär alles igendwann

wieder verloren. Dann könnt ich mir auch den Strick nehmen. Also ganz klipp und klar, dann hat das Leben für mich keinen Sinn. [279, 29–38]

Selbst der Wunsch, den minimal erhaltenen Lebensstandard zu bewahren und nicht komplett abzurutschen, kann zu einer Verringerung des eigenen Konsumverhaltens führen.

Ralf: Aber die vier Monate, die ich hier als Arbeitsstunden machen sollte. Aber da war mir mein Stein wichtiger. Und, aber wenn de da in Knast gehst, gehste noch freiwillig in Knast, weil sonst verlierst du alles hier. Und wenn de auf der Gass, du wirst dann auf der Gass verhaftet, weil ja dein Haftbefehl draußen geht. Und dann tun die deine Sachen, deinen Fernseher alles hier aufräumen. Da hab ich gesagt: ‚Nee, nee, da geh ich jetzt freiwillig. Wenn ich in vier Monat wiederkomme, [Name einer Mitarbeiterin der Drogenhilfeeinrichtung], vielleicht geh ich dann zu dir, arbeite. Mit [Name eines Mitarbeiters] hab ich schon geredet, mein Zimmer da oben behalt ich. Und da hab ich schon gedacht: ‚Nee, so geht's net weiter.' [57, 42–49]

Zukunftswünsche und Perspektiven In der Entwicklung und Umsetzung eines Lebens- und Bezugsrahmens, der nicht allein auf den Drogengebrauch ausgerichtet ist, spielt die Entwicklung von Zukunftsperspektiven eine wesentliche Rolle. So wird in der Betrachtung der bereits angesprochenen Einflussfaktoren eines sehr deutlich: Um den Crackgebrauch zu vermindern, muss es für Konsumenten Motive geben, die vor dem Konsum des rauchbaren Kokains Priorität einnehmen. Gerade Konsumenten, die hinsichtlich ihrer Zukunft resignieren, also nicht die Möglichkeit sehen, ein Leben außerhalb der Drogenszene aufbauen zu können, haben große Schwierigkeiten ihren Crack- und allgemeinen Drogengebrauch einzustellen. Gleichzeitig können solche Gefühle auch zu einem erneuten Kontrollverlust führen.

Stefan: Nein, es gibt keine Leute. Seit 19 Jahren gibt es niemanden, wo ich hingehen kann. Seit 19 Jahren lebe ich hier auf dieser Szene. Seit 19 Jahren kenn ich nur noch Junkies. Bei mir dreht sich's nur noch darum. Außer diese vier Jahre halt dazwischen. [211, 9–11]

Interv.: So ein bisschen klingt das jetzt für mich, dass es eigentlich gar nicht die Substanz an sich ist...
Marianne: (unterbricht) Hab ich auch manchmal das Gefühl, aber das ist es aber wohl doch. Das hat schon was damit zu tun. Weil, überleg mal, 15 Jahre mit Junkies und so. Plötzlich kommst du in ne andere Gesellschaft rein, du weißt gar nich, wie du dich verhalten sollst, teilweise, den Leuten gegenüber. Was sollst du reden? ... Und erzählen, dass du n Drogenproblem hast? Das darfste ja nun auch nicht, da biste gleich wieder draußen, ne. Das ist halt die Problematik. Also denke ich mir, dass... wenn ich zum Beispiel was geraucht hab oder so. Da is mir so scheiß egal, was der Andere denkt. Den lach ich aus. [79, 9–13]

> Tom: Immer wieder, dass ich ganz aufhöre. Und immer wieder kam dann auch die, die Erkenntnis, gerade wenn man dann clean ist, äh, ja, der Planlosigkeit, der Hoffnungslosigkeit, der Ziellosigkeit. So, das war meistens wieder der Auslö...ja, oder das waren die Gründe, irgendwie, warum ich wieder angefangen habe. Manchmal sofort nach der Entgiftung. Jetzt, mittlerweile bin ich schlauer. Jetzt, äh, jetzt hab ich mehr Ziele und lass mir einfach helfen. [280, 26-31]

Wenn die Gebraucher keine Möglichkeit sehen, jemals aus der Drogenszene herauszutreten und sich andere Lebenszusammenhänge aufzubauen, ist es weitaus schwieriger den Gebrauch zu vermindern. Zu einer Integration in die Gruppe der Drogengebraucher gehört eine Anpassung an deren Verhaltensweisen. Werden diese nicht gezeigt, kann es dazu führen, dass sie auch nicht mehr die Anerkennung der Mitglieder der Szene erhalten bzw. sich auch nicht mehr dort zugehörig fühlen (Schmidt et al. 1999). Bei einer sehr starken Integration in diese Bezüge ohne gleichzeitig anderweitige Bedingungen geschaffen zu haben, über die sich die Gebraucher definieren und mit denen sie sich identifizieren können (z. B. Arbeitsprojekte, drogenfreie Freundschaften), ist eine Aufrechterhaltung eines abhängigen Crackgebrauchs sehr wahrscheinlich.

Nur wenn es Perspektiven gibt, die es wert sind, den Gebrauch des rauchbaren Kokains daran anzupassen, die Orientierung bieten und neue Ziele in sich bergen, sind die Gebraucher anhaltend in der Lage, kontrollierte Konsummuster zu zeigen. So wird bei vielen Konsumenten, die einen seltenen oder gelegentlichen Konsum vollziehen, deutlich, dass sie sich Perspektiven geschaffen und langfristige Ziele gesetzt haben, die sie verfolgen.

5.3.8.3 Der Einfluss von Strafverfolgung und Drogenhilfe

Strafverfolgung Das Drogenverbot und die daran angeknüpfte Strafverfolgung von Drogen- und illegaler Geldbeschaffung haben nur bei einem verhältnismäßig geringen Teil der Konsumenten tiefgreifende Auswirkungen auf die Häufigkeit ihres Crackkonsums. Befürchtungen hinsichtlich einer strafrechtlichen Verfolgung bei einer Auffälligkeit des Crackkonsums oder der illegalen Geldbeschaffung für die Substanz äußerten fünf Konsumenten (30 %) als ein Grund für eine Reduktion ihres Crackgebrauchs. Ihre Ängste bestehen vor allem vor dem Hintergrund der Erfahrung früherer Gerichtsverfahren und/oder Inhaftierungen. Um nicht eine (erneute) Inhaftierung zu riskieren, wird der Crackkonsum nur in einem solchen Maß betrieben, dass er keine oder nur minimale illegale Beschaffungswege notwendig macht.

5.3 Ergebnisse der qualitativen Erhebung

Interv.: Du hast gesagt, dass du n paar Tage konsumierst, und dann n paar Tage nicht konsumierst. Warum gelingt es dir jetzt, eben nicht kriminell zu werden und dir wieder Geld zu beschaffen, sondern eben heim zu fahren?
Franz: Weil ich im Knast landen würde. Ich hab Bewährung offen und klare Ansage vom Richter, und ähm, das ist es mir nicht wert. Und mir ist ganz klar, auch von meiner Freundin gesagt worden: ‚Gehst du in den Knast wegen so ner Scheiße, dann is vorbei.' Und das ist für mich n Grund genug, nicht kriminell zu werden, bzw. (lacht) mich nicht erwischen zu lassen. Nein, quatsch. Nein, ich werd, momentan bin ich so gut wie gar nicht kriminell, fast gar nicht. [259, 9–17]

Auch Charlie berichtete von Ängsten vor einer strafrechtlichen Auffälligkeit. Während einer sehr intensiven Crackkonsumphase, verkaufte er die Substanz selbst. Dies stellte er jedoch nach wenigen Monaten wieder ein, was gleichzeitig auch mit einer deutlichen Verringerung seines allgemeinen Crackkonsums einherging. Neben einigen anderen Gründen war es auch die Angst vor einer strafrechtlichen Auffälligkeit, die ihn zu einer Verhaltensänderung bewegte.

Charlie: Wenn de dann Stein hattest, und kein anderer hatte Stein. ‚Wer hat Stein?' ‚Ich hab Stein.' Da haben se dich umringt, ne. Und ich hab eh schon immer Angst gehabt wegen der Polizei. Und jeder hat dir nen Schein hingehalten, ne. ‚Hier ich will das, ich will dies, ich will das, ich will dies.' Da hab ich immer gedacht: ‚Oh Gott, oh Gott, oh Gott, wenn jetzt die Polizei kommt.' Echt wahr. Naja. Und dann hab ich dann die Finger davon gelassen. Das war mir einfach zu stressig, zu hektisch. Vor allem immer diese Kugel-Holerei. Da musste (…) da hin, musst dich mit dem da treffen. Dann musste das aufkochen und ah nee, das war mir zu stressig. [238, 30–38]

Bei den meisten Gebrauchern kamen Befürchtungen hinsichtlich einer Strafverfolgung nicht zur Sprache. Insofern kann die Strafverfolgung nur bedingt als ein wirksames Motiv im Wunsch nach einer Konsumreduktion oder einem allgemein geringen Crackkonsum gesehen werden. Auch bei den Konsumenten mit diesen Befürchtungen stellen diese lediglich einen Teil der Beweggründe und nicht das Hauptmotiv dar, ihr Gebrauchsverhalten zu kontrollieren. So ist auffallend, dass die Konsumenten, die diese Gründe benannten auch viele andere Änderungs- und Kontrollmotive haben, aufgrund derer sie ihren Crackkonsum auf einem niedrigen Niveau halten. Eine mögliche Strafverfolgung hält sie zudem weniger von dem Konsum der Substanz als vielmehr von einer illegalen Geldbeschaffung ab. Trotzdem stellt dieser Verzicht einen wichtigen Schritt in der Einschränkung ihres Crackgebrauchs dar.

Auch Inhaftierungen können als ein plötzliches Ereignis und erschreckende Erfahrung zu einem Überdenken des eigenen Konsumverhaltens und nach der Entlassung zu einer Reduktion des Gebrauchs führen. Dies scheint in erster Linie daran zu liegen, dass die Gebraucher in Haft Abstand von der Szene haben, zur

Ruhe kommen und ihr Konsumverhalten überdenken. Dennoch scheint eine Inhaftierung häufiger Reduktions- oder Abstinenzgedanken lediglich während der Haft aufrechtzuhalten, die nach der Entlassung in die Freiheit nicht beibehalten werden (können). So berichten mehrere Konsumenten von einem erneuten und zum Teil auch starken Konsum nach der Haftentlassung.

Drogenhilfe und Behandlung Auf den ersten Blick hat die Drogenhilfe keine direkte Auswirkung auf die Motivation der Konsumenten, ihren Drogengebrauch zu verändern. Allein die Anbindung an Beratungs- oder Notschlafstellen führt oberflächlich betrachtet nicht zu dem Wunsch eines verringerten Konsums. Kontrollmaßnahmen, z. B. in Form von Urinkontrollen zur Bestimmung eines eventuellen Beigebrauchs während einer Substitutionsbehandlung haben bei den Konsumenten ebenfalls keine abschreckende Wirkung, die zu einer Verminderung des Konsums führt.

So scheinen die Angebote der Drogenhilfe eher indirekt zu wirken. In den Berichten der Konsumenten werden zunächst einmal die positiven Effekte von Notschlafstellen deutlich. Dort haben die Gebraucher die Möglichkeit, sich in ihre Zimmer zurückzuziehen und darüber Verführungssituationen aus dem Weg zu gehen. Eine besondere Bedeutung hat dies, wenn die Einrichtungen nicht direkt im Hauptdrogenszenegebiet liegen. Gleichzeitig eröffnen diese Angebote wichtige Kontakte zu professionellen Helfern. Viele Konsumenten, die eine Anbindung an Drogenberater hatten oder haben, schätzen die strukturellen Hilfen, die sie von den Sozialarbeitern bekommen, z. B. bei der Bewältigung von Behördenangelegenheiten oder strafrechtlichen Sachverhalten sowie Hilfen zur Vorbereitung von Entzugs- und Entwöhnungsbehandlungen. Es wird aber deutlich, dass nur verhältnismäßig wenige Konsumenten die Möglichkeit von entlastenden Gesprächen als auffallend positiv bewerten. Besonders in Hinblick auf eine Veränderung des Drogenkonsums wird der Kontakt von einigen Konsumenten als nicht erfolgreich empfunden[78].

Marianne: Naja, was heißt, ich bin halt immer, ich wusste, dass ich immer dort Hilfe bekomme, wenn ich's wirklich brauche. Sprich…äh… über Sozialamtsachen, über die Richter und, und, und, ne. Oder wenn Telefonate zu führen waren, die wichtig sind. Aber drogenmäßig hat mir das gar nix gebracht. [80, 23–26]

---

[78] Mit hoher Wahrscheinlichkeit haben die meisten Konsumenten Kontakte mit Drogenberatungsstellen in der niedrigschwelligen Drogenhilfe. Dort liegen die primären Hilfestellungen und Zielsetzungen in der strukturellen Unterstützung, der Sicherung des Lebensunterhaltes und der Verminderung zusätzlich zum Drogengebrauch auftretender negativer Folgen. Eine Motivation zur Herauslösung aus dem Drogengebrauch steht erst an zweiter Stelle.

5.3 Ergebnisse der qualitativen Erhebung

Dennoch zeigen sich weitere positive Einflüsse eines Kontaktes zu Drogenberatern. Dies wird vor allem bei Ralf, einem gelegentlichen Gebraucher des rauchbaren Kokains, deutlich, der zum Interviewzeitpunkt keine regelmäßige Anbindung an Drogenberater mehr hatte und die Wirkung der früheren Kontakte an einigen Stellen des Interviews eher skeptisch betrachtet. Die Kontakte zu Drogenberatern und Therapeuten in Entwöhnungsbehandlungen hatten jedoch zur Folge, dass er sich mit seiner Drogenabhängigkeit und insbesondere den Ursachen für bestimmte Verhaltensweisen auseinandersetzte. Darüber lernte er sich selbst kennen und eigene Handlungsweisen verstehen. Ihm ist bewusst, dass es zum einen an ihm liegt, wie er sein Konsumverhalten gestaltet, zum anderen aber auch, dass genau das möglich ist. Er ist in der Lage etwas zu verändern, muss dies aber in kleinen Schritten tun, um enttäuschende Rückschläge zu vermeiden.

Ralf: Mir kann man net mehr helfen. Das, was die mir sagen würden oder des, was die von mir wollen oder des, was ich tun kann, weiß ich alles. Des haben sie alles schon mit mir gemacht. Is ja net so, dass ich nur eine hatte in meinem Leben. Ich hatt schon Männer als Drogenberater, ich hatt Frauen, ich hatt die da drüben – ich hatt se alle schon. Ja, und irgendwann sagst du, du weißt genau, wo dein Knackpunkt ist. Du weißt genau, auf was de achten musst, du weißt genau, was de machen musst, damit de net untergehst. (...) Ja, das hat mir also so viel gebracht, dass ich halt weiß, dass man nur selber was schaffen kann. Dass die Anderen dir zwar auf den Weg helfen könne, aber wenn du selber keine Lust hast und machst das nur, weil dir das der Drogenberater sagt, brauchst du es gar nicht zu machen. (...) Und wenn ich mal früher zum Sozialarbeiter gegangen bin, ja, was machen wir mit mir? Therapie mal, und des mal und ja, und des könnten wir mal machen und des und des. Heute mach ich mir da nix mehr vor. Was wollt ihr mit mir machen? Ich hab Langzeittherapie hinter mir, ich hab Entgiftung hinter mir. Die Langzeittherapie hab ich ja noch mit 15 Monaten, mit Außenorientierung über 2 Jahre Therapie und alles. Was soll ich da jetzt noch machen? Geht gar nix mehr. Ich sag: ‚Lasst mich in Ruhe, ich belüg mich selber net mehr.' Früher: ‚Ich rauch net mehr. Ich krieg das hin, ich krieg das in Griff. Ich geh zur Therapie und danach geh ich arbeiten.' Und man redet sich das auch ein, und dann kommt die große Enttäuschung, weil man das net geschafft hat. Und des, des hab ich jetzt hinter mir. Da belüg ich mich net mehr. Muss halt kleine Schritte machen. [60, 23-27; 2-5; 58, 27-42]

Neben Angeboten der niedrigschwelligen Drogenhilfe haben vor allem Substitutionsbehandlungen einen positiven Effekt auf die Kontrolle und Einflussnahme gegenüber dem rauchbaren Kokain. Die Substitution mit Methadon oder Buprenorphin macht einen Heroingebrauch zur Verhinderung von körperlichen Entzugserscheinungen unnötig. Dies kann sich auch positiv auf eine Konsumreduktion des rauchbaren Kokains auswirken. Mehrere Konsumenten, darunter auch intensive Crackgebraucher, berichten von einer Senkung des Crackgebrauchs seitdem sie in einer Substitutionsbehandlung sind.

> **Lisa:** Ich hab mich nie so hochdosiert, eher runterdosiert, als dass ich mich weiter raufgepusht hab, nachdem ich dann im Methaprogramm war. Hab ich immer versucht, wenn ich mir mal was gedrückt hab, dass es nur n Zehner, also was heißt ‚nur', in Anführungsstrichen, nur für 10 € war. So n Stück für 10 € halt. Und wenn ich mal ne Nacht durchgemacht hab, dann hab ich vielleicht auch mal für 20 € gebraucht, aber das ist so der Rahmen gewesen, in dem ich mir nen Druck gesetzt hatte. [22 f., 44-4]

> **Marianne:** Seit ich im Methadon bin, fällt mir das auch leichter, Nein zu sagen. [75, 45]

> **Interv.:** Hast du, jetzt bevor du in Entgiftung gegangen bist, ab und zu selbst Konsumpausen eingelegt, also, dass du mehrere Tage nicht konsumiert hast?
> **Mario:** (verneinendes:) mmh
> **Interv.:** Gar nicht? Nie in der Zeit?
> **Mario:** Jetzt, wo ich im, im Methadonprogramm bin? Ja, natürlich, da gab's schon öfter Tage, war mir auch egal. Auch wenn ich kein Geld oder auch so, dann war's mir egal. Brauch ich ja eh net. ich bin hier im Warmen, ich muss kein Geld machen.
> **Interv.:** Da hast du dann auch kein Crack konsumiert?
> **Mario:** Nee.
> **Interv.:** Und das war dann aber hauptsächlich dann, als du im Methadonprogramm warst?
> **Mario:** Durch das Methadon bin ich so… nich mehr aggressiv oder so, dass ich jetzt das Zeug brauch. [112 f., 35-2]

Eine Konsumentin hatte neben der Substitution auch Erfahrungen mit der heroingestützten Behandlung. Sie berichtete über eine sehr positive Erfahrung mit diesem Behandlungskonzept. Durch die täglich mehrfachen Fahrten in die Vergabeambulanz erlebte sie vor allem eine Tagesstrukturierung, die ihre Abstinenz von anderen Substanzen stark stützte und dazu führte, dass sie keinerlei Beikonsum hatte.

> **Marianne:** Da hab ich überhaupt keinen Crack-Konsum gehabt, wie ich im Heroinprogramm war.
> **Interv.:** Wie lang warst du da?
> **Marianne:** Zwei Jahre, fast zwei Jahre.
> **Interv.:** Und warum hast du da kein Crack konsumiert?
> **Marianne:** Ich hab kein Bedürfnis gehabt, mir ging's gut. Außerdem hatte ich gar keine Zeit. Ich bin immer nur gefahren. Den ganzen Tag lang. Drei Mal täglich dort hin, sein Zeug holen. Wenn du ein bisschen außerhalb wohnst, bist du wirklich 6 h am Tag unterwegs gewesen. [70, 23-31]

Durch die Substitutions- oder Originalstoffbehandlung fällt es vielen leichter auch den Konsum anderer Drogen zu reduzieren.

> **Interv.:** Wünschst du dir manchmal noch Hilfe, die Substanzen ganz zu lassen?
> **Franka:** Klar, aber andererseits denk ich, lieber mit dem Subutex so halbwegs grade gehen ohne dass es Schwierigkeiten gibt, als ganz ohne zu sein. Weil das Subutex,

5.3 Ergebnisse der qualitativen Erhebung

oft denk ich auch, es ist nur das Verlangen nach der Nadel. Dann nehm ich lieber das Subutex mal intravenös und dann...klar wünscht man sich, dass man drauf hinarbeitet. Aber lieber jetzt, dass es so mit dem Subutex gut geht. Und wenn wir wollten, könnten wir das mit dem Kokain auch ganz lassen. Möchte ich einfach mal so sagen. Weil das is einfach nur so n Luxus so. [80, 29-37]

Die Substitution wird jedoch nicht immer uneingeschränkt positiv bewertet. Zwar ist allen Gebrauchern der Vorteil und die Unterstützung durch die Behandlung bewusst, gleichzeitig sieht ein Teil von ihnen Schwierigkeiten darin, jemals wieder ohne das Substitut leben zu können.

Lisa: Naja, ich wünsche... damals hat mir das Methadon geholfen, von der Straße wegzukommen. Und dann bin ich ja leider mit dem Rücken so krank geworden und durfte gar nicht raus, aus gesundheitlichen Gründen.
Interv.: Wo durftest du nicht raus?
Lisa: Aus dem Methadon. Und da bin ich darauf hängengeblieben. Und da jemals wieder von wegzukommen, das ist ja schlimmer als von Heroin wegzukommen. [27, 14-19]

Diese Ansicht wurden von mehreren Gebrauchern berichtet und kann für Gebraucher ein Grund sein, keine Substitutionsbehandlung anzutreten.

Eine große Bedeutung, vor allem in der Unterbrechung von unkontrollierten Konsumphasen, haben Entzugsbehandlungen. Sich in eine Entzugsbehandlung zu begeben, bedeutet einige Tage Erholung, regelmäßige Ernährung, regelmäßiger Schlaf sowie eine sinnvolle Strukturierung des Tages. Diese Behandlung ist also das ganze Gegenteil von dem, was die Gebraucher in ihrem Alltag in starken Konsumphasen erleben. Daher wird eine Entzugsbehandlung zum Teil ganz bewusst aufgenommen, um den Drogenkonsum nicht weiter eskalieren zu lassen oder dem Körper Ruhe zu gönnen und Abstand zu gewinnen, der bei einem Verbleib in den alltäglichen Zusammenhängen nicht zu gewährleisten wäre (siehe Kap. 5.3.7.2).

Interv.: Warum bist du in die Entgiftungen gegangen?
Franz: Weil ich Abstand brauchte. Ich hab das Gefühl gehabt, dass ich immer weiter abrutsch. Wollte irgendwie...ja, ich weiß auch nicht... Ich wollte irgendwie versuchen, dass es nicht ganz, dass es nicht hier jetzt vollends endet, sondern dass ich irgendwie danach wieder erstmal, auch wenn's nur zwei, drei Wochen sind, aber mich soweit fange, um erstmal wieder n Stück weiter klarer zu denken. Und das ist mir dann auch n Stück weit geglückt und vor allem auch für die Therapie entschieden. Das ist auch der Vorteil dadurch. Also ich konnte mit der Sozialarbeiterin, mit der einiges klären, mit dem Versicherungsträger einiges klären. Also demnach war das schon positiv, dass ich da war. [261 f., 44-4]

Dies zeigt aber auch, dass Entzugsbehandlungen nicht immer aufgrund einer geplanten kompletten Abstinenz durchgeführt werden. Gleichzeitig haben sie auch ganz offensichtlich nicht dazu geführt, dass der Drogenkonsum dauerhaft eingestellt wurde. Dies gilt auch für bereits begonnene oder abgeschlossene Entwöhnungsbehandlungen. Auch sie haben nicht zu einer Einstellung des Crackgebrauchs geführt. Vielfach lagen Therapieerfahrungen auch vor dem ersten Gebrauch des rauchbaren Kokains.

Bereits mehrfach angesprochen wurden die von Drogenhilfeträgern angebotenen Arbeitsprogramme, über die sich die Konsumenten zusätzlich Geld verdienen oder gerichtlich angeordnete Sozialstunden ableisten können. In den vorangegangenen Ausführungen zu den konsumbeeinflussenden Faktoren und von Konsumenten angewandte Kontrollstrategien wurde auf die positiven Auswirkungen dieser Beschäftigungsangebote bereits ausführlich eingegangen.

Die außerhalb der Drogenszene interviewten Konsumenten unterliegen ähnlichen Faktoren, die auf ihren Konsum des rauchbaren Kokains wirken, wie die befragten Szenegänger. Auch bei ihnen spielen insbesondere die soziale Umgebung, gesundheitliche Faktoren und Verpflichtungen außerhalb von Drogenbezügen eine wichtige Rolle in der Begrenzung des eigenen Konsumverhaltens. Im Gegensatz zu den befragten Szenegängern scheinen sie ihren Crackkonsum jedoch weitaus seltener bewusst an ihren finanziellen Voraussetzungen auszurichten. Geld spielt bei ihnen bei der Entscheidung für oder gegen den Crackgebrauch nur eine untergeordnete Rolle. Lediglich ein Konsument gab an, dass er aufgrund der hohen Ausgaben für seinen Kokainkonsum, diesen schließlich eingestellt habe. Tatsächlich ausschlaggebend war jedoch sein minderjähriges Kind, mit dem er zusammenlebt und dem er etwas bieten können will. Die Finanzierung der Wünsche des Kindes und der Kokainkonsum lassen sich nicht miteinander vereinbaren, und so traf er die Entscheidung, seinen Kokain- und Crackgebrauch einzustellen. Hierin wird aber nicht nur das finanzielle Motiv deutlich. Von weitaus größerer Bedeutung ist seine Verpflichtung und Verantwortung gegenüber seinem Kind. Für dieses möchte er da sein, nicht nur in finanzieller Hinsicht.

Auch bei anderen Gebrauchern werden drogenferne Verpflichtungen als schützende Aspekte deutlich, die sie dazu befähigen ihren Gebrauch daran zu orientieren. Haben sie wichtige Aufgaben oder Termine zu erfüllen, stellen sie den Konsum dahinter zurück. Dann kann es ihnen auch gelingen, auf das rauchbare Kokain zu verzichten, wenn es direkt vor ihnen liegt.

Thomas: Also ich hab auch schon einige Male ‚nein' gesagt so, also, wo ich dann davor saß und gesagt hab: NEIN (betont das sehr bestimmt).... aber das war richtig schwer, ja.
Interv.: Und wie ist ihnen das dann gelungen?
Thomas: Also, ich hab am nächsten Tag zum Beispiel irgend ne wichtige Sache gehabt so. Wo ich jetzt sag, darauf hast du jetzt drauf gewartet so (…). Und da sag ich mir, „Ich warte da jetzt schon n Jahr drauf, und das machst du jetzt nicht kaputt so. Ja

das… dann kannst du morgen nicht mehr aufstehen, dann willst du nicht mehr leben" (lacht) nee, also dann. Das hat schon mal geklappt so ein paar Mal. Aber es klappt sehr, sehr schwer. [340, 29–37]

Wie bei den Szenegängern wurde auch bei den außerhalb der Drogenszene befragten Konsumenten der große Einfluss des sozialen Umfeldes auf ihr Konsumverhalten deutlich. Vier der Gebraucher sind in einem Freundes- und Bekanntenkreis integriert, in dem das rauchbare Kokain konsumiert wird. Ihr eigenes Konsumverlangen ist von diesen Personen stark beeinflusst. So konsumieren zwei Gebraucher Crack in erster Linie dann, wenn sie von den anderen Konsumenten Besuch bekommen, und diese Kokain mitbringen, aus dem die rauchbare Form hergestellt wird. Während der eine Gebraucher nicht jedes Mal mitkonsumiert, und einen sehr flexiblen, kontrollierten Crackkonsum verfolgt, bedeutet der Einfluss der Crack konsumierenden Bekannten für den anderen Gebraucher einen wesentlichen Grund für seinen fortgesetzten, zum Teil unkontrollierten bis tageweise exzessiven Konsum. Obwohl er zu Beginn seiner Konsumerfahrungen selbst aktiv Kokain gekauft, in Crack umgewandelt und konsumiert hat, gab er zum Interviewzeitpunkt an, ganz bewusst kein Kokain mehr zu kaufen. Stehen dann aber die Bekannten vor der Tür und haben die Droge dabei, kann er dem Verlangen, das aus der Beobachtung der konsumierenden Freunde entsteht, nur schwer widerstehen und konsumiert das rauchbare Kokain doch. Diese Konsumphasen finden nicht unbedingt jede Woche statt, können aber durchaus mehrere Stunden über die Nacht bis zum nächsten Tag andauern. Trotz des Wunsches nach einer Konsumbegrenzung fällt es ihm schwer, die Freunde und Bekannten an der Tür abzuweisen und nicht in die Wohnung zu lassen. Dies liegt insbesondere an dem Umstand, dass diese Personen am Wohnort den einzigen sozialen Kontakt darstellen. Um trotzdem eine Begrenzung seines Konsums zu realisieren, verlässt er regelmäßig diese Umgebung, kann so Phasen eines Kontrollverlustes durchbrechen und anschließend auch wieder in seiner gewohnten Umgebung konsumfrei bleiben. Auch bei den anderen drei Konsumenten zeigte sich der Einfluss des sozialen Umfeldes als Konsumgelegenheit.

Wie bei den Konsumenten der Drogenszene zeigen sich bei den szenefern befragten Konsumenten auch Einflussfaktoren wie das Alter und die Gesundheit. So benannte ein Befragter sein Alter als unpassend für einen unkontrollierten Drogengebrauch und fühlt sich dem starken und schädigenden Drogenkonsum entwachsen.

Ernst: Das macht total bekloppt im Kopf. (unverständlich) die Scheiße. Nee, wozu? Aus dem Alter bin ich raus. Weiß ich nicht. Ja, das hab ich alles schon hinter mir, ne. (…)
Interv.: Welche Charaktereigenschaften braucht man, um das durchzuhalten?
Ernst: Da muss man erstmal alt und weise werden. (lacht) Ich denke, so allmählich werde ich erwachsen. Jetzt ohne Scheiß, also. [400, 13–15; 407 f., 45-2]

Ein weiterer Aspekt ist die angegriffene Gesundheit. Der Crackgebrauch wird auf das aktuelle Tagesempfinden eingestellt und er konsumiert nur, wenn es ihm gesundheitlich gut geht, und der Crackgebrauch dem Körper keinen zusätzlichen Schaden bringt. Ein weiterer Aspekt ist der fehlende Genuss des Crackkonsums, wenn die körperliche Konstitution zu einem negativen Wirkungserleben führt. Insofern wird der Crackgebrauch ganz flexibel gestaltet und an die Befindlichkeit angepasst.

Gesundheitliche Aspekte spielen oder spielten auch bei den anderen Konsumenten eine Rolle in der Begrenzung des Crackkonsums. In erster Linie schränken sie den Gebrauch ein, wenn der Konsum bereits zu negativen gesundheitlichen Folgen geführt hat. Um diese wieder aufzuheben oder ein erneutes Auftreten und eine Verschlimmerung der gesundheitlichen Beeinträchtigung zu verhindern, wird der Crackkonsum eingeschränkt. Entweder konsumieren die Gebraucher weniger, oder sie legen bewusst eine Konsumpause ein. Die Beeinträchtigung der Gesundheit kann also auch bei den Konsumenten außerhalb der Drogenszene ein wichtiger Grund sein, das eigene Konsumverhalten von vornherein moderat zu gestalten oder einen starken Konsum zu verringern, um negative Folgen zu verhindern.

5.3.9 Intensive, gelegentliche und seltene Gebraucher rauchbaren Kokains

Das Konsumverhalten der Gebraucher unterliegt also ganz verschiedenen Einflüssen und Faktoren. Doch welche Einflüsse wirken bei welchen Konsumenten wie stark? So macht es Sinn, die Gebraucher nach ihren verschiedenen Konsummustern getrennt zu beobachten, um eine möglicherweise verschiedene Ausprägung ihrer Konsumkontrolle zu betrachten. Zur Abgrenzung der Konsumenten scheint die von Müller, Kalke und Prinzleve (2007) gewählte Einteilung in seltene, gelegentliche und intensive Gebraucher am geeignetsten. Da man vermuten könnte, dass das Ausmaß der Kontrolle mit sinkender Gebrauchshäufigkeit wächst, werden zunächst die intensiven Konsumenten betrachtet, die unter den in der Szene befragten Gebrauchern die größte der drei Gruppen darstellen.

Überraschenderweise fallen unter den neun intensiven Konsumenten zunächst einmal verschiedene Konsummuster des rauchbaren Kokains auf. Einige verfolgen täglich sehr viele Konsumvorgänge, andere nur sehr wenige. Die Konsumenten mit einem täglichen, verhältnismäßig hohen Konsum sind in der Regel sehr stark in die Drogenszene integriert und leben bis auf zwei Gebraucher nicht mehr in einer eigenen Wohnung sondern in Notschlafstellen oder bei Bekannten. Ihr gesamter Tag ist auf den Konsum des rauchbaren Kokains und anderer Substanzen, vor allem Heroin und/oder Benzodiazepine ausgerichtet. Die notwendigen finanziellen Mittel beziehen sie über illegale Beschaffungswege, vor allem dem eigenen Verkauf von Drogen oder Vermittlungstätigkeiten. Trotz ihres intensiven, zum Teil auch exzessiven Konsums des rauchbaren Kokains sind sie in der Lage ihren Gebrauch an risikominimierenden Verhaltensweisen, insbesondere an verschiedenen ‚safer use'-Regeln zu orientieren (z. B. stets sauberes Spritzbesteck beim intravenösen Konsum oder bewusstes Verwenden von risikoärmeren Gebrauchswegen). Fast alle Gebraucher versuchen zudem negative gesundheitliche Auswirkungen durch zeitweise Konsumpausen von ein bis drei Tagen aufzufangen und zu verhindern. Um diese Pausen umzusetzen, suchen sie szeneferne Orte auf, fahren z. B. zur Familie, um sich dort auszuruhen oder gehen auch mal in eine Entzugsbehandlung. Nur ein Gebraucher berichtet von der Durchführung solcher kurzen Konsumpausen innerhalb der Drogenszene. Er bewertet seinen Crackkonsum trotz eines täglichen Konsums nicht als problematisch, wünscht sich aber, ihn und den Gebrauch jeglicher anderer Drogen einzustellen. Zwei der täglichen Konsumenten heben sich von den übrigen neun Gebrauchern insofern ab, dass sie ihren Konsum auf sehr wenige Konsumvorgänge pro Tag beschränken. Sie orientieren sich in erster Linie an ihren geringen finanziellen Mitteln und haben nicht das Bedürfnis, diese in große Mengen Crack zu investieren oder noch mehr Geld aus illegalen Beschaffungswegen und Prostitution zu beschaffen als sie es ohnehin schon tun. Um nicht in Versuchung zu gelangen, halten sie sich vor allem den hohen finanziellen Einsatz bei der gleichzeitig sehr kurzen Wirkung vor Augen. Während sich die eine Gebraucherin zusätzlich von der Drogenszene fernhält und eine Stütze in ihrer Partnerschaft findet, empfindet der andere Konsument ohnehin eher sedierend wirkende Drogen als angenehmer, so dass es ihm leichter fällt, den täglichen Crackgebrauch auf einem niedrigen Level zu halten. Des Weiteren wirken exzessive Konsummuster in seiner Vergangenheit zusätzlich als wichtiges Motiv für eine Begrenzung seines Konsums. Hier zeigt sich also, dass auch tägliche Crackkonsumenten in der Lage sein können, nur sehr geringe Mengen der Substanz zu gebrauchen. Betrachtet man nochmals alle Konsumenten mit einem intensiven Gebrauch, also auch jene mit häufigen Konsumvorgängen pro Tag, wird deutlich, dass sie trotz ihres häufigen und oftmals kompulsiven Crackgebrauchs in der Lage sind, ‚harm reduction'-Strategien anzuwenden und ihren Konsum kurzzeitig zu unterbrechen. Sie nehmen trotz ihres abhängigen Konsums Einfluss auf ihren Gebrauch.

Die acht gelegentlichen Konsumenten leben zum Teil in einer eigenen Wohnung, zum anderen Teil in Notschlafstellen der Drogenhilfe. Alle Konsumenten haben in der Vergangenheit exzessive Konsummuster des rauchbaren Kokains verfolgt. Ihr damaliges Konsumverhalten mit den gesundheitlichen und strafrechtlichen Folgen wirkt bis heute sehr abschreckend. Der Wunsch, nicht mehr in ein solches Verhalten zurückzufallen, hilft den Konsum zu begrenzen. Besonders bei den älteren Konsumenten – immerhin sind sechs der acht gelegentlichen Konsumenten über vierzig Jahre alt – haben sich zudem mit den Jahren die primären Bedürfnisse verändert. Gesundheitliche Aspekte stehen im Vordergrund und der große Aufwand in der Beschaffung finanzieller Mittel wirkt zunehmend abschreckend, so dass ein Teil der gelegentlichen Gebraucher nun ganz auf eine illegale Beschaffung oder Prostitution verzichtet oder sie auf seltene Ausnahmen beschränkt. Des Weiteren haben sich diese Gebraucher Aufgaben und Lebenszusammenhänge geschaffen, die es ihnen wert sind, den Konsum des rauchbaren Kokains dahinter zurückzusetzen. Bei vier Konsumenten ist dies vor allem eine Beschäftigung in Arbeitsprogrammen, über die sie sich eine sinnvolle Tagesstruktur schaffen und sich auch von einem möglichen Konsumverlangen ablenken können. Bei drei anderen gelegentlichen Konsumenten wird der Aufbau szenefener Lebensbezüge deutlich. Sie leben in einer eigenen szenefernen Wohnung. Besonders bei einer Gebraucherin wird die Normalität einer sauberen Wohnung, Spaziergängen mit dem Partner, Besuchen der Schwiegermutter usw. nach vielen Jahren des Lebens auf der Szene als etwas Wunderbares erlebt, das es gilt zu bewahren. Zwar kann sie bei einem Besuch der Drogenszene (z. B. zu einem Gesprächstermin bei ihrem Psychologen) noch nicht auf das rauchbare Kokain verzichten, hält sich aber bewusst die meiste Zeit von der Szene fern. In dieser Umgebung fällt es relativ leicht auf das rauchbare Kokain zu verzichten und sich mit alternativen Beschäftigungsmöglichkeiten auch von einem entstehenden Konsumverlangen abzulenken. In der Begrenzung ihres Konsums erhält sie Unterstützung von ihrem Partner, der keine Schwierigkeiten mit einem kontrollierten Umgang mit dem rauchbaren Kokain hat. Eine Partnerschaft ist auch für einen weiteren Konsumenten von einer stark stützenden Bedeutung. Das rauchbare Kokain gönnen sich die Konsumenten dieser Gruppe entweder immer mal wieder für einige Tage mit einer anschließenden Pause (zwei Gebraucher) oder an ein bis drei Tagen pro Woche. In der Regel gebrauchen alle gelegentlichen Konsumenten das rauchbare Kokain in einem geringen Maße also mit nur wenigen Konsumvorgängen. Sie haben sich eine Reihe von zum Teil sehr bewussten Kontrollstrategien angeeignet, mit Hilfe derer es ihnen gelingt, ihren Konsum zu regulieren, nicht mehr als geplant zu konsumieren und auch mit Situationen eines Konsumverlangens umzugehen ohne dem Verlangen nachzugeben. Diese Erfahrungen, den Konsum einschränken zu können, sind in der weiteren Umsetzung eines moderaten Konsummusters von großer Bedeutung. Neben dem überwiegend kontrollierten Gebrauch der Substanz kann es bei den gelegentlichen Konsumenten dennoch ab und zu zu Konsumphasen kommen, in denen sie mehr als geplant konsumieren. Diese Phasen können ein, zwei Pfeifen beinhalten, die sie einmal außer der Reihe rauchen, oder aber zwischen einigen Stunden, einem Tag und drei Wochen dauern. Gerade die mehrwöchigen Phasen eines Kontrollverlustes wurden ganz konkret nur von einer Gebraucherin benannt, die diese zwei Mal im Jahr erlebt. Kommt es zu unkontrollierten Konsumphasen, sind die Gebraucher in der Lage, diese wieder zu unterbrechen, sei es völlig allein durch einen Rückzug in die eigenen vier Wände oder mit Hilfe einer Entzugsbehandlung. Auch die Verwendung anderer Substanzen wie Benzodiazepine, Heroin oder Cannabis kann dann unterstützend helfen, die Wirkung des rauchbaren Kokains und vor allem das Verlangen nach einem exzessiven Gebrauch zu beenden.

Als letzte Gruppe sind die drei Konsumenten mit einem seltenen Gebrauch zu nennen. Sie konsumieren das rauchbare Kokain in der Regel weniger als einmal pro Woche, also in einem sehr geringen Maße. In der Betrachtung ihrer Lebenssituation wird ihre (wiedererlangte) Integration in außerszenische soziale Bezüge deutlich. Sie sind von allen Konsumenten am wenigsten in die Drogenszene integriert und halten sich auch dort seltener auf als die anderen Gebraucher. Alle drei Konsumenten leben in einer eigenen Wohnung, eine Gebraucherin mit ihrem nicht-crackgebrauchenden Partner und ein Gebraucher mit seiner nicht-drogenkonsumierenden Partnerin und dem gemeinsamen Kind zusammen. Alle drei seltenen Konsumenten haben in früheren Zeiten sehr intensive Konsumphasen gehabt, die sie mit der Zeit veränderten. Es wird deutlich, dass sie ihr zurückgewonnenes außerszenisches Leben nicht wieder mit einem zu starken und unkontrollierten Konsum gefährden wollen. Die zwei in einer Partnerschaft lebenden Konsumenten zeigen ganz deutlich eine veränderte Zielsetzung als wesentlichen Einflussfaktor auf ihr Konsumverhalten. So bewertet die Konsumentin ihr normales Leben sehr positiv, mit den alltäglichen Verpflichtungen, einem gemeinsamen Auto und Zielen für die Zukunft, alles Dinge, die sie in den Jahren des Drogenkonsums auf der Szene nicht hatte und die ihrem Leben jetzt einen szenenfernen Sinn verleiht. Zwar konsumiert sie gemeinsam mit dem Partner ab und zu Pulverkokain, dies aber in einem Maße, dass es keine negativen Auswirkungen auf ihren Alltag hat. Auch der Konsument, der mit seiner Freundin und dem gemeinsamen Kind zusammenlebt, stellt die Verantwortung und die Verpflichtungen gegenüber seiner Familie in den Vordergrund und den Crackgebrauch dahinter zurück. Bei beiden Konsumenten werden zudem zwei weitere Faktoren deutlich – die nicht-crackkonsumierenden Partner stellen eine wichtige Stütze dar. Von ihnen wird der Crackkonsum ferngehalten und ist dadurch von vornherein nur zeitlich eingeschränkt möglich. Gleichzeitig würde ein häufiger heimlicher Konsum zu einer Gefährdung der Beziehung führen. Deutlich wird, dass alle drei Konsumenten das Für und Wider ihres Konsums abwägen. Sie haben es in der Vergangenheit geschafft, ihr konsum- und szenebezogenes Leben zu einem szenenfernen Leben zu verändern. Der Crackgebrauch hat seinen Stellenwert hinter anderen, wichtigeren Lebenszusammenhängen verloren. Sie haben sich wichtige Konsumregeln und Kontrollstrategien angeeignet, an denen sie ihren Crackgebrauch orientieren und begrenzen. Der Konsument ohne eine aktuelle Partnerschaft führte stets einen sehr reflektierten Drogenkonsum durch. In seiner Vorstellung sollten Drogen ein Genuss sein. Deshalb ergreift er Wege, die den Konsum begrenzen sollen, sobald er merkt, dass sich aus dem Genuss eine Sucht entwickelt. Nachdem er z. B. begonnen hatte, Steine zu konsumieren und nach einigen Monaten bemerkte, dass nicht mehr nur ein Genuss sondern ein Verlangen hinter dem Konsum stehen, verminderte er den Konsum sofort. Der Genuss steht auch im aktuellen Konsum weiterhin im Vordergrund und dazu gehören neben dem angenehmen Konsumsetting auch die Erholungspausen danach. Selbst die depressive Verstimmung nach einem starken Konsum weiß er für sich zu nutzen, so dass diese keinen Schrecken darstellen und somit auch nicht zu einem erneuten Konsum verleiten. Kommt es doch zu einem unkontrollierten Konsum geht er in eine Entzugsbehandlung, so dass es nicht zu langanhaltenden Kontrollverlustphasen kommt. Ein wichtiger die Kontrolle unterstützender Umstand ist bei allen seltenen Gebrauchern der szenenferne Wohnort, da so keine ständige Konfrontation mit anderen Konsumenten und der Substanz gegeben ist. Des Weiteren scheint auch die Substitution einen positiven Einfluss auf die Einschränkung ihres Drogen- und insbesondere ihres Crackgebrauchs zu haben. Alle drei Gebraucher sind in einer Substitutionsbehandlung und kommen sehr gut mit ihrem Opioidsubstitut zurecht. Tritt bei ihnen dennoch ein Konsumverlangen gegenüber dem rauchbaren Kokain auf, haben sie sich Strategien angeeignet, mit dem Verlangen umzugehen ohne ihm nachzugeben.

Betrachtet man die Gebraucher, die das rauchbare Kokain gelegentlich und selten konsumieren, zeigt sich, dass die gelegentlichen Konsumenten über eine größere Anzahl an Kontrollstrategien verfügen. Sie benötigen Regeln und Strategien nicht nur für die Konsumzeiten sondern auch in der Zeit dazwischen, damit sie in der Lage sind, einem Konsumverlangen standzuhalten, ohne zu konsumieren. Solche Regeln und Strategien scheinen die seltenen Gebraucher nicht mehr in dem starken Maße nötig zu haben. Bei ihnen überwiegen Strategien, die sie einsetzen, wenn sie einmal konsumieren, um dann zu verhindern, dass dieser seltene Gebrauch stärker wird. Bei einem Teil der Gebraucher mit einem moderaten Konsumverhalten entsteht der Eindruck, dass die Verringerung des Crackkonsums einen Schritt hin zu seiner vollständigen Aufgabe darstellen könnte. Diese Gebraucher benennen zum Teil den Verzicht auf die Substanz als ein Ziel für die Zukunft, was aktuell noch nicht realisiert wird oder noch nicht realisiert werden kann. Der moderate Konsum könnte in diesem Zusammenhang einen ersten wichtigen Entwicklungsschritt zur Aufgabe des Crackgebrauchs darstellen.

5.3.10 Eigene Einschätzung der Konsumenten zu ihrem Konsumverhalten

In der Einschätzung der Gefährlichkeit des rauchbaren Kokains und der mit dem Konsum verbundenen Risiken ist auffallend, dass die meisten Konsumenten die Steine als eine Droge einschätzen, die nur schwer kontrollierbar ist und deren Konsum zu einem gesundheitlich riskanten Verhalten führt. Deutlich spiegelt sich das mediale Bild der Substanz in den Äußerungen der Konsumenten wider. Sie selbst aber distanzieren sich von einem solchen Verhalten.

> **Interv.:** Glaubst du, dass man unter dem Einfluss von Steinen mehr Risiken eingeht, als im nüchternen Zustand?
> **Wolfgang:** (überlegt) Würd ich so sagen. Ja.
> **Interv.:** Welche Risiken geht man ein, also die vielleicht auch anders....
> **Wolfgang:** (unterbricht) Eigentlich alle. Du gehst.... also, du gehst über Leichen sozusagen. Sogar. Um an Stein zu kommen. Also einige, ne. Ich schließe mich da aus. Aber das ist auch... Aber sehr, sehr viele... egal, für zehn Euro stechen die dir n Messer in den Bauch. Is so. [197, 13–20]

> **Franz:** Ja, man macht sich alles egal. Also, ähm, das fängt ja schon an, ähm, du würdest ner alten Frau die letzte Rente klauen. Du stichst...du würdest einen anderen wegen einem Fünf-Euro-Stein niederstechen. Also jetzt die Härtefälle, ne. Ich würd's nicht tun. Ähm, total, also... man beklaut sich gegenseitig. Es ist Hardcore, wirklich. [264, 15–18]

> **Interv.:** Glaubst du, dass Steine ne gefährliche Substanz sind?
> **Charlie:** Ja. Ja, bin ich fest davon überzeugt. Also, die machen die Menschen kaputt. Steine machen die Menschen kaputt. Auch ihr ganzes... wie soll ich sagen?... Ihre ganze Moral, alles wird zerfressen, net nur ihr Gehirn. Ihre Moral, ihre Erziehung, ihre Werte, ihre.... Die haben keine Ziele mehr, die haben keine Träume mehr, nur noch der nächste Kick. Da ist nichts mehr. Alles frisst der Stein kaputt. Das geht nur noch von Zug zu Zug, von Zug zu Zug. An mehr wird net gedacht. [248, 37–43]

Vielfach bewerten die Gebraucher das Konsumverhalten der anderen Konsumenten als problematischer als das eigene. Die ‚Anderen' konsumieren mehr, zeigen mehr problematische Folgen, sind runtergekommen oder haben sich charakterlich verändert. Diese negativen Beobachtungen können zum einen als Abschreckung dienen und helfen, den eigenen Konsum zu regulieren. Gleichzeitig geschieht darüber aber auch eine Rechtfertigung und Rationalisierung des eigenen Konsumverhaltens. In der Annahme, dass der Crackgebrauch ein problematisches Verhalten darstellt, rechtfertigen sich die Gebraucher damit, dass sie den Gebrauch wenigstens nicht so stark zeigen wie andere (vgl. Becker 1981). Vielfach vergleichen die Befragten das rauchbare Kokain mit anderen Substanzen, vor allem Heroin. Für sie stellt Heroin meist die Substanz dar, mit der man leichter umgehen kann und die nicht zu so schwerwiegenden Folgen führt wie der Gebrauch des rauchbaren Kokains.

> **Lisa:** Heroin ist ne körperliche Geschichte. Da kann ich mich zwingen, es nicht mehr zu nehmen und dann geh ich drei Tage durch. Kotzen, Durchfall, Sich-Übergeben, was weiß ich, von oben, unten gleichzeitig, und dann ist es vorbei. Und das kann ich nicht einschätzen. Siehste ja daran, einen Monat krieg ich es hin mit dem Geld, einen Monat krieg ich es nicht hin. Dann hab ich mich in der Gewalt, dann hab ich mich nicht in der Gewalt... Normal könnte ich sagen, Heroin ist harmlos im Gegensatz zu Crack. Ist natürlich auch übertrieben oder untertrieben, je nachdem von welcher Seite aus, aber... ich würde heute sagen, das Heroin ist harmlos verglichen mit Crack. [37, 31-38]

> **Ralf:** Also, des is die beschissenste Droge, die es gibt, ganz ehrlich. Die beschissenste. Auch Heroin, da is des echt n Waisenkind dagegen, aber so... Du kümmerst dich ja auch um nix. Du pflegst dich net mehr. Du siehst aus wie Hund. Deine Hemmschwelle ist total klein. Du machst Dinge, und wenn du ne Oma wegen fünf Euro ausraubst, und die bricht sich das Genick... [48, 35-39]

Interessanterweise ist eine sehr negative Meinung über das rauchbare Kokain auch unter jenen Gebrauchern verbreitet, die die Substanz selbst eher gemäßigt konsumieren. Das Wissen um das hohe Suchtpotential der Substanz und die Risiken des Konsums (die sie zum Teil bereits selbst in ihrem früheren Gebrauch erlebt haben) bewirken bei vielen Konsumenten einen achtsameren Umgang mit der Droge und einem verstärkten Festhalten an den selbst auferlegten Konsumregeln. Diese Vorsicht und das Risikobewusstsein können also positive Auswirkungen auf die Konsumkontrolle haben. Es scheint aber, als ob die verbreitete Ansicht bezüglich der hohen Gefährlichkeit der Steine so im Bewusstsein der Gebraucher verankert ist, dass das eigene kontrollierte Konsumverhalten häufig nicht oder kaum positiv reflektiert wird. Selbst wenn Lisa aus dem obigen Zitat einmal mehr konsumiert als eigentlich zuvor festgelegt und zweimal im Jahr Phasen hat, in denen sie über einige Tage hinweg konsumiert, hat sie doch in der Regel einen sehr moderaten Konsum von ein- bis zweimal in der Woche. Sie gestaltet ihren Crackkonsum so, dass keine illegale Geldbeschaffung nötig ist und sie Verpflichtungen in ihrer Arbeitsgelegenheit erfüllen kann. Trotzdem bewertet sie ihren Konsum negativ und empfindet subjektiv ein Unvermögen den Konsum zu kontrollieren. Ihr Fokus liegt in dieser Bewertung nicht auf den Zeiten, in denen sie ohne die Substanz ist oder sie moderat konsumiert sondern allein auf den vereinzelt auftretenden Phasen, in denen es ihr nicht gelingt, die eigenen Konsumvorgaben einzuhalten.

5.3 Ergebnisse der qualitativen Erhebung

So wie ihr geht es auch anderen Konsumenten. Auch wenn ein kontrollierter Konsum gezeigt wird, wird dieser von den Konsumenten nicht immer selbst als ein solcher bewertet und als eine bedeutsame Entwicklung wahrgenommen. Häufig schätzen sie ihren aktuellen Crackgebrauch zeitweise als ein flexibles, unproblematisches und andererseits wieder als ein abhängiges Konsumverhalten ein. Zum Teil berichteten die Befragten zu Beginn des Interviews selbstbewusst von ihrem niedrigen Crackgebrauch. Im Laufe des Gespräches wurden dann häufig weniger positive Bewertungsmuster deutlich. Es scheint, als ob die Gebraucher eine große Ambivalenz in der Beurteilung ihrer Konsummuster haben. In erster Linie scheint für sie die Abstinenz im Fokus zu stehen, so als ob dieses Verhalten von ihnen erwartet wird und sie diese Erwartung in das eigene Selbstbild übernehmen. Zum Teil verurteilen die Gebraucher ihr Konsumverhalten oder haben ein schlechtes Gewissen. Jeder Konsum, und ist er noch so gering, kann von ihnen schnell als eine Art Rückfall gesehen werden. So bezeichnen auch zwei der drei seltenen Gebraucher ihre Gebrauchsphasen als Rückfälle. Gerade Sascha, der seit zwei Jahren etwa einmal im Monat zur Szene fährt und Crack konsumiert, spricht immer wieder von Rückfällen und damit einem subjektiv erlebten Unvermögen, eine eigentlich gewünschte Abstinenz umzusetzen.

Sascha: Naja, wie gesagt, bei mir ist das eben so mit der Zeit gekommen. Also ich weiß jetzt auch, dass ich eben heute meinen Rückfall hatte und jetzt die nächsten Wochen auch erstmal nicht mehr herkommen werde. Das ist... weiß ich nicht... das ist so n, so n, so n innerliches Ding. Dass es dann nach n paar Wochen halt eben wieder anfängt, in einen zu arbeiten, und dann werd ich leider Gottes meistens schwach. Nur früher waren die Abstände kleiner, und jetzt mit der Zeit sind die eben größer geworden.
Interv.: Und empfindest du das als ein Problem, dass du ab und zu noch rückfällig wirst?
Sascha: Ja.
Interv.: Warum? Weil rein theoretisch könnte man ja auch sagen, naja, wenn's aller anderthalb Monate mal vorkommt, und dann maximal ein Tag oder anderthalb Tage anhält, ist es doch eigentlich nicht so schlimm.
Sascha: Ja, aber ich mein, wenn ich das Geld dafür hätte, und dadurch mir keine Probleme machen würde, auch nicht immer in Gefahr bin, mit'm Gesetz in Konflikt zu kommen, dann könnte man das vielleicht so sehen, aber so. [322, 12–25]

Den Erfolg, nicht mehr so intensiv wie in der Vergangenheit zu konsumieren, kann er nur schwer sehen.

Für einige Gebraucher stellt der Verzicht auf die Substanz eine große Anstrengung dar. Die zeitweise Abstinenz wird nicht als eine positive Form der Kontrolle über das eigene Konsumverhalten gesehen, sondern mit Verlust und Verzicht gleichgesetzt. Für einen dauerhaften flexiblen und kontrollierten Umgang mit einer Substanz spielt ein ‚entspannter' Umgang mit der Substanz eine wesentliche Rolle. Nur wenn der Verzicht auf die Substanz nicht mehr nur mit Verlust, Einschränkung und Zwang gleichgesetzt wird, ist er leichter realisierbar.

> **Interv.:** Gibt's auch Situationen, in denen du nicht dran denkst?
> **Ralf:** Ja natürlich.
> **Interv.:** Die wären?
> **Ralf:** Wenn ich abgelenkt bin.
> **Interv.:** Durch?
> **Ralf:** Wodurch? Arbeit, Fernseh gucken, mich mit meiner Familie unterhalten, Weggehen, Zoo, irgendsowas mit anderen Leut. Das geht schon, geht schon. ... Geht schon. Nee, also ne ganze Woche, weil, da sind ja Phasen drin von Montag bis Freitag, wo nix ist. Und da denk ich net jeden Tag der Woche an das Zeug, weil das klappt net. Dann wäre fünf Tage nix. Dann würde ich mir was einfallen lassen. Nee, das ist dann... ich bin dann auch glücklich dann da drüber, wenn dann zwei oder der dritte Tage vergangen ist: ‚Heut haben wir Mittwoch.' Da denk ich vielleicht: ‚Oh in zwei Tagen ist Freitag, da könnt mer wir ja mal einen Stein rauchen.' An so was würd ich vielleicht denken. Aber in dem Moment, jetzt ist Mittwoch, ich möchte jetzt da runter oder da vorne ist jetzt jemand mit Steinen, och, was würd ich gern jetzt schon mal n Steine rauchen. Das sag ich net. Ich sag dann: ‚Uah, heute ist Mittwoch, in zwei Taach könnt ich mal.' Also so. Das war aber alles net so. Das hat sich erst entwickelt bei mir, jetzt in der Zeit, wo ich hier bin. [57, 16–32]

Ein solches Denken und ein quasi entspannter Umgang mit dem rauchbaren Kokain scheint Ergebnis einer längeren Entwicklung zu sein, in der der Crackkonsum an Bedeutung verliert. Diese Entwicklung zeigen mehrere gelegentliche und seltene Gebraucher. Wesentlich sind dafür Motive, Perspektiven und Ziele, die es wert sind, den Crackgebrauch dahinter zurückzustellen. Zum anderen sind Erfahrungen wichtig, die es den Konsumenten verdeutlichen, dass sie auch Zeiten ohne das rauchbare Kokain gut aushalten können. Je stärker ihr Bewusstsein darüber ist, dass sie auch auf die Substanz verzichten können und einen moderaten Konsum vollziehen können, desto leichter fällt es ihnen, dieses Verhalten beizubehalten.

> **Interv.:** Und gibt's Situationen, in denen du überhaupt nicht an Crack denkst?
> **Lisa:** Ja.
> **Interv.:** Welche sind das?
> **Lisa:** Wenn ich beschäftigt bin. Also, es ist nicht so, dass ich jetzt denk, oh hoffentlich bin ich gleich mit der Arbeit fertig, dann kann ich was machen. Das is es nicht. Das war früher mal so. Das hat sich auch gewandelt. Wenn es nich da is, is es nicht da. Fertig.
> **Interv.:** Seit wann ist das anders?

5.3 Ergebnisse der qualitativen Erhebung

Lisa: (überlegt einige Sekunden) Seit ich immer öfter die Finger davon lass. Das müsste jetzt auch schon so... ich mein, gut, ich werd ständig auf meine schlechte UK angesprochen. Aber am 1. gibt es Geld, am 5. ist Urinkontrolle. (lacht) ... Also die ein, zwei Absacker pro Jahr mal weggelassen, dann ist das eigentlich so seit, seit nem Jahr. Denk ich. Ungefähr. Dass sich das so gedreht hat. [31, 12–23]

Interv.: Und wie erklärst du dir, dass das zurückgegangen ist? Also dass dir das jetzt reicht?
Charlie: Erstmal Geld, erstmal geldmäßig. Und zweitens ist dieses Verlangen nach Kokain, das ist nur die ersten zwei Tage so schlimm, und wenn du die Benzos dazu nimmst...
Interv.: Auch nach den Steinen?
Charlie: Auch nach den Steinen. Und wenn du die Benzos dann da noch nimmst, die unterstützen dich ja auch nochmal, von der Gier wegzukommen. Wenn du diese zwei Tage überbrückt hast, dann hast du nicht mehr...äh... diese Gier, du musst jetzt los und musst jetzt Steine holen. Du hast sie nit mehr. Leute, die, Leute, die mir erzählen wollen, die hätten das, die sind krank irgendwie, ne... Weiß ne, wie ich das beschreiben soll. Also ich persönlich hab se ne. Klar, ich würde gern einen rauchen, aber ich brauch es net, irgendwie. Muss jetzt net sein, ne. Weil, das innerliche Verlangen lass ich nicht so hochkommen, oder es kommt nicht so hoch, dass ich mir die Schuhe und Strümpfe anziehe, und jetzt zack losziehe und das mache, ne. [245, 14–26]

Beatrice: Da ich gelernt habe, ohne das Crack zu leben, jetzt schon. [289, 11]

Wesentlich in einer Selbstwirksamkeitserwartung sind frühere kontrollierte Konsumphasen. Wurde bereits zu früheren Zeitpunkten ein Substanzkonsum verringert oder eingestellt, können die Konsumenten im Umgang mit dem rauchbaren Kokain auf diese Erfahrungen zurückgreifen.

Interv.: Und was glaubst du, warum du das jetzt schaffst und früher [in der exzessiven Crackkonsumphase – S.H.] nicht? Woran liegt das?
Ralf: Ja, ich hab es ja in der Hinsicht früher auch geschafft. Deswegen hatt' ich ja mit dem Heroin aufgehört und... ja früher, nein, kontrolliert halt. Weil, du musst überlegen, ich bin ja, ich hab beim O. gearbeitet, da ist ne große Firma. Ich bin in der Hinsicht morgens auf meine Arbeit gegangen, keine Drogen genommen und bis zum Nachmittag, weil du den ganzen Tag mit Menschen zu tun hast, ist das blöd, wenn du da... Und nachmittags dann um halb vier, da hab ich dann angefangen, meine Drogen zu nehmen. Von dort aus, vom O. direkt in die Stadt gefahren und hab mir meine Steine gekauft. Und von dort aus bin ich dann nach Hause. Und hab dann das Familienleben aufrechterhalten. [49, 35–43]

Auch ein sehr bewusster Umgang mit dem rauchbaren Kokain und die bewusste Beobachtung des eigenen Konsumverhaltens sowie der körperlichen und psychischen Reaktionen helfen, den Konsum zu kontrollieren und sich den Erfahrungen entsprechende Kontrollstrategien anzueignen.

Zwar glauben die meisten befragten Konsumenten an eine besondere Gefährlichkeit des rauchbaren Kokains, aber nicht alle empfinden Crack unbedingt als eine „Todesdroge". Ein Teil der Gebraucher differenziert die Betrachtung. Sie halten Crack durchaus für eine gefährliche Droge und haben auch die eigenen Erfahrungen hinsichtlich eines unkontrollierten und exzessiven Gebrauchs gemacht. Sie sehen aber dennoch auch Möglichkeiten eines moderaten Umgangs mit der Substanz.

Ähnlich ist dies bei den außerhalb der Drogenszene erreichten Konsumenten. Sie sehen ebenfalls ein besonderes Risiko des Gebrauchs rauchbaren Kokains. Dabei schließen sie aber eher auf Beobachtungen anderer Konsumenten als auf die eigenen Erfahrungen. Zudem scheinen auch bei ihnen die dem rauchbaren Kokain zugeschriebenen Eigenschaften zu der Einschätzung der Gefährlichkeit der Substanz beizutragen.

5.3.11 Wünsche an die Drogenhilfe

Alle interviewten Konsumenten dieser Untersuchung verfügen über Erfahrungen mit verschiedenen Einrichtungen der niedrig- und höherschwelligen Drogenhilfe. Eine Hilfe für Drogenabhängige kann nur dann effektiv sein, wenn sie sich an den Bedürfnissen der Zielgruppe orientiert. In diesem Zusammenhang waren die Interviewpartner aufgefordert, ihre Vorstellungen zu einer idealen Drogenhilfe zu äußern. Auch wenn nicht alle Vorstellungen und Wünsche der Konsumenten realisierbar sind, können einige Aspekte durchaus hinsichtlich einer Umsetzung interessant sein.

Grundsätzlich wird bei den meisten Konsumenten der Drogenszene ein Bewusstsein darüber deutlich, dass es Hilfeangebote gibt, die jederzeit wahrgenommen werden können. Dabei ist ihnen bewusst, dass eine Veränderung ihres Konsumverhaltens in erster Linie von ihnen selbst ausgehen muss und Angebote der Drogenhilfe lediglich unterstützend wirken können.

> **Interv.:** Wünschst du dir manchmal mehr Hilfe bezüglich deines Konsums?
> **Marianne:** Nein. Wenn ich Hilfe brauch, kann ich ja hingehen. Ich kann sie ja nehmen, wenn ich sie brauche. [80, 31–33]

> **Interv.:** Wünschst du dir manchmal Hilfe dabei, aufzuhören mit Drogen?
> **Moritz:** ... die nehm ich doch schon in Anspruch. [227, 30–31]

Die meisten Gebraucher sind zufrieden mit dem Angebot der Drogenhilfeeinrichtungen. Dennoch haben einige von ihnen auch Wünsche, wie diese noch wirksamer gestaltet werden könnte.

5.3 Ergebnisse der qualitativen Erhebung

Niedrigschwellige Drogenhilfe Vor allem Interviewpartner innerhalb der Frankfurter Drogenszene äußerten Wünsche an die niedrigschwellige Drogenhilfe, allerdings auch mit dem Wissen, dass viele Maßnahmen durch die der Drogenhilfe nur eingeschränkt zur Verfügung stehenden finanziellen Mittel begrenzt sind. Ein Wunsch betraf z. B. die Konsumräume, deren Öffnungszeiten in den Einrichtungen des Bahnhofsviertels zu kurz erscheinen und damit unsichere und unhygienische Konsumvorgänge während der Schließzeiten begünstigen.

Ein Gebraucher bemängelte, dass er als Patient einer Substitutionsbehandlung nicht in den Konsumräumen Drogen gebrauchen darf. Möchte er intravenös konsumieren, bleibt ihm nichts anderes, als dies außerhalb der Konsumräume zu tun. Aus diesem Grund konsumiere er z. B. Crack eher in der Pfeife, obwohl gerade das Rauchen die Gebrauchsform darstellt, die leichter zu einem unkontrollierten Konsumverhalten führt.

Gerade beim Konsum von Crack spielt neben dem intravenösen Konsum in erster Linie die Gebrauchsform des Rauchens eine wichtige Rolle. In diesem Zusammenhang erlangen Rauchräume eine immer größer werdende Bedeutung und werden von einigen Konsumenten in größerer Anzahl gewünscht als sie bisher vorhanden sind. Ebenfalls mit dem Rauchen verbunden ist die Vergabe von Wechselmundstücken, die Infektionsrisiken vermindern helfen. Diese äußerst effektive Präventions- und ‚safer use'-Maßnahme wurde als ein weiterer Verbesserungsvorschlag benannt.

Substitutionsbehandlung Bezüglich der Substitutionsbehandlung mit Heroinersatzstoffen benannten die Interviewpartner so gut wie keine Verbesserungswünsche. Einzig das Bedauern, während einer Substitutionsbehandlung keine Konsumräume nützen zu dürfen, wurde konkret benannt. Im Zusammenhang mit der angestrebten Beikonsumfreiheit von Substitutionspatienten werden in den Ambulanzen regelmäßige Urinkontrollen durchgeführt, mittels derer ein Beikonsum aufgedeckt werden soll. Dies kann für Betroffene einen äußeren Druck darstellen und als unangenehme Fremdbestimmung empfunden werden.

Marianne: Wie würdest du dich fühlen mit 43 Jahren, du bist krank und du sitzt da drüben und bekommst net eher dein Methadon bevor du beim Arzt warst. Das sind alles so Regelungen, da kommst du dir, ja, entmündigt vor quasi. [78, 7–9]

Die Kontrolle durch die Substitutionsstelle kann dazu führen, dass der Konsum anderer Substanzen tatsächlich eingeschränkt wird und damit die beabsichtigte Wirkung erreicht wird. Ist das jedoch die einzige Motivation, wird dieses Ziel nicht durch die Förderung der eigenbestimmten Kontrolle sondern durch die äußere Einwirkung erlangt.

Entzugsbehandlung Alle befragten Konsumenten der offenen Drogenszene waren bereits ein- oder mehrmals in einer Entzugsbehandlung. Die am häufigsten benannte Kritik bezüglich der Entzugsbehandlung sind die teilweise sehr langen Wartezeiten bis eine Aufnahme in die Behandlung möglich ist. Dies bedeute für einige Konsumenten eine so hohe Schwelle, dass sie unter Umständen von dem Entgiftungswunsch wieder Abstand nehmen und weiter intensiv konsumieren.

> **Paul:** Ähm, meistens kommt's halt, wenn's halt dringend ist. Oder wenn's genau der richtige Zeitpunkt für einen wär, dass man jetzt gerade heute oder morgen in Entgiftung muss. Dass genau dann alle voll sind. Dass man dann drei, vier Wochen warten muss. Und dann is es gerade, dass es dann wieder hinfällig wird. Also das wär eins von meinen, wo ich manchmal denken würde, man müsste die direkt nehmen. Anrufen und man müsste die direkt aufnehmen. Das wär n Ding. [167 f., 45-3]

> **Tom:** Ja, selbstverständlich, und zwar ist es, ähm… die… wenn ich nur auch aus Prävention, ähm, mich auf ne Entgiftung anmelden will, dass es da Plätze für gibt. Es hat keinen Sinn, dass ich sechs, acht Wochen warte, in eine Krise rutsche, äh, immer weiter meinetwegen nehme, oder in diesen sechs, acht Wochen so kämpfen muss, um nicht noch weiter, nicht noch tiefer rein zu rutschen. Das hat keinen Sinn. Es muss, es muss, äh, ne Möglichkeit geben, Leute aufzufangen, äh, die so unterwegs sind, sag ich mal, wie ich. Die also wirklich raus aus der Sucht wollen, die, die sich selbst Hoffnung geben und wenn sie schon die Krise erkennen, dass dann so stationär, dass da eben ganz schnell was geht, ohne zu lügen oder alles. Ich kann ja jetzt auch hingehen und sagen: ‚Hört zu, nehmt mich auf, ansonsten, ich bin selbstmordgefährdet.' Wenn ich das gut verkaufe, ist das möglich. Aber, das muss auch ohne Lügen ebend möglich sein, sowas zu machen. [281, 7-17]

Entwöhnungsbehandlung Im Vergleich mit dem vorhandenen Hilfenetz haben die befragten Konsumenten keine speziellen Wünsche an eine Entwöhnungsbehandlung, die nicht in einer Form bereits in Einrichtungen umgesetzt wurden. Jeder Gebraucher hat eigene Bedürfnisse, die während einer Therapie angesprochen werden sollten – sei es ein besonderes Augenmerk auf kreative Anteile und Sportmöglichkeiten oder aber bestimmte Vorstellungen hinsichtlich der durch die Einrichtung durchgeführten Kontrollmaßnahmen. Ein individuelles Angebot, zugeschnitten auf die Bedürfnisse der Einzelnen ist ein wichtiger Wunsch an therapeutische Maßnahmen. Viele Konsumenten wünschen sich eine Behandlung, die fern von der Szene liegt, so dass die Verlockung dahin zurückzukehren weniger groß ist. Weiterhin ist es einigen Gebrauchern sehr wichtig, während einer Entwöhnungsbehandlung bereits das Leben nach der Therapie sinnvoll vorzubereiten.

> **Interv.:** Also denkst du, dass die Drogenhilfe individueller gestaltet werden sollte?
> **Ralf:** Ja. Definitiv ja.
> **Interv.:** Wie könnte man das machen?

5.3 Ergebnisse der qualitativen Erhebung

Ralf: Einzelsitzungen. (überlegt) Einzelsitzungen....Ja, aber dann geht der da raus, dann, die Sitzung ist vorbei, äh. Es muss schon im, schon sowas wie ne Therapie sein, schon irgendwie ein bisschen weggeschlossen sein, irgend so was. Weißte, du kannst da net so ne ambulante Therapie machen, das geht net. Der kommt abends um 16 Uhr eine Stunde, labert dich voll, und dann geht er raus wieder auf die Scene. Äh, die Chance, dass da was klappt, ist ganz gering. Mehr Therapien, aber net das Allgemeine, da mit 20 Leute, weil das sind 20 verschiedene Charaktere, alles Einzelsitzungen. Aber das geht net vom Geld her. Und guck mal, die sind jetzt von 15 Monate, die haben das Ding jetzt gedrückt, die Therapie, auf 5 bis 6 Monate. Es gibt keine Außenorientierung, gar nichts, mehr. Also mit dem, nach der Therapie noch ne Wohnung suchen, was auch wichtig ist. Man kann net sagen, der Mann ist geheilt, geht jetzt, und dann, wo will er draußen hin? Der muss also komplett in Begleitung, wie ein kleines Kind. [61, 4-18]

Interv.: Was dir aber wichtig wäre, dass du auch noch ne Nachsorge hast, danach?
Marianne: Was heißt ne Nachsorge? Ich bin alt genug, ich kann für mich selbst sorgen. Aber das Danach ist halt... Was mach ich danach? Wo geh ich hin? Was tu ich? Ich kenn kein Mensch. Ich hab keine Verwandten, keine Bekannten, außer die Leute hier. (...) Da mach ich mir die meisten Sorgen drüber. Denn, wenn ich dann nen kleinen Rutscher bekomm, wenn ich abrutschen sollte, nach der Entgiftung, nach der Therapie, nachdem ich ein Jahr außerhalb war, vielleicht wieder nen Job habe, und ich dann abfalle, dann ist es schlimm. Weil, dann hab ich alles, was ich geschafft hab, mit einem Mal zerstört. Keiner hat Verständnis dafür von den Leuten, die um mich rum sind. Weil die das einfach nicht verstehen können. Das macht mir die Sorgen, weil, wenn ich dann nämlich wieder hier herkomme, dann ist es natürlich noch ne Spur schlimmer als es jetzt ist. [81, 25-36]

Ihnen ist es wichtig, Unterstützung darin zu bekommen, ein szenefernes Leben aufzubauen. Zu diesem gehören nicht nur eine szeneferne Wohnung und eine Arbeit oder anderweitige sinnvolle Beschäftigung, sondern in hohem Maße auch soziale Kontakte mit nicht-konsumierenden Personen. Erst dann fühlen sie sich in der Lage, den Gebrauch egal welcher Substanz dauerhaft einzustellen.

5.3.12 Zusammenfassung und Fazit der qualitativen Erhebung

Innerhalb der qualitativen Erhebung wurden 20 Konsumenten rauchbaren Kokains (sechs Frauen, 14 Männer) befragt, die über Einrichtungen der niedrigschwelligen Drogenhilfe in Frankfurt am Main, Hamburg und Hannover angesprochen wurden.

In ihren soziodemographischen Merkmalen unterscheiden sich die Befragten kaum von Konsumenten anderer Untersuchungen in der Drogenszene. Die Befragten waren zum Erhebungszeitpunkt durchschnittlich 35 Jahre alt und überwiegend ledig. Die große Bedeutung des Drogengebrauchs als wichtiger Teil ihres Lebens macht sich in der starken Verwurzelung der meisten Gebraucher in die Lebenswelt der Drogenszene bemerkbar. Nur 35 % der Befragten leben in einer eigenen Wohnung und lediglich vier Gebraucher arbeiten regelmäßig in einem geförderten Arbeitsprogramm in einer Drogenhilfeeinrichtung. Über ein reguläres Arbeitsverhältnis verfügt keiner der Befragten.

Auffällig ist die große Unsicherheit der Gebraucher im Hinblick auf die Beschaffenheit des rauchbaren Kokains. So herrschen starke Unklarheiten bezüglich der richtigen Bezeichnung der Droge sowie ihrer neben dem Kokain enthaltenen Inhaltsstoffe. Als Crack wird das rauchbare Kokain nur von wenigen Konsumenten bezeichnet, da mit Crack eine noch gefährlichere, noch stärker wirkende Substanz in Verbindung gebracht wird, die nur in den USA oder in anderen europäischen Städten erhältlich sei. Nur wenige Konsumenten stellen das rauchbare Kokain selbst her, und so nährt sich ihr Wissen über die Substanz in hohem Maße aus Gerüchten und von den Medien propagierten Bildern.

Im Konsumverhalten der Interviewpartner wird die hohe Bedeutung des rauchbaren Kokains als Teil eines polyvalenten Drogengebrauchs deutlich. Alle Konsumenten verfügen über vielfältige Erfahrungen mit verschiedenen Drogen, allen voran die typischen Substanzen der offenen Drogenszene wie Heroin und Benzodiazepine, aber auch Pulverkokain. Die ersten Erfahrungen mit anderen Substanzen lagen bei allen Gebrauchern vor dem ersten Konsum des rauchbaren Kokains. Somit stellte Crack für keinen der Gebraucher die Einstiegssubstanz in den Konsum illegaler Drogen dar. Vielfach setzen die befragten Konsumenten in ihrem aktuellen Konsumverhalten Heroin und Benzodiazepine sowie in einem geringeren Maße auch Cannabis ein, um damit die Wirkung des rauchbaren Kokains zu optimieren oder negative Wirkungen zu verhindern. Deutlich wurde, dass bei einem gleichzeitigen Konsum verschiedener Drogen Crack nicht automatisch zur wichtigsten und beliebtesten Substanz der Konsumenten wird.

Der erste Gebrauch des rauchbaren Kokains stand in der Regel im Zusammenhang mit einem Konsumangebot durch Bekannte und Freunde oder einem eigenständigen Erwerb aufgrund einer großen Neugier gegenüber der von vielen als überwältigend positiv beschrieben Wirkung. Die positive Wirkung musste von vielen Gebrauchern jedoch erst mit der Zeit erlernt werden. Die meisten Konsumenten hatten zum Zeitpunkt des Erstkonsums bereits intensive Kontakte zur Drogenszene oder andere drogenbezogenen Kreisen. Die große Bedeutung des rauchbaren Kokains in ihrem Konsumverhalten scheint in hohem Maße auch an den Veränderungen des Drogenangebotes in den drei Städten der Untersuchung zu liegen.

Obwohl fast alle interviewten Gebraucher von einem hohen Suchtpotential des rauchbaren Kokains sprechen, konsumierte ein großer Teil der Gebraucher nach

5.3 Ergebnisse der qualitativen Erhebung

den ersten Konsumerfahrungen die Substanz entweder einige Monate bis Jahre nicht mehr oder beschränkte den Konsum zunächst auf nur wenige Male. Für viele Konsumenten entwickelte sich ein starker Crackgebrauch erst mit der Zeit. Eine sofort eintretendes exzessives Konsumverhalten zeigten weniger als die Hälfte der in der Szene erreichten Interviewpartner. Und auch im aktuellen Konsumverhalten gebrauchen lediglich neun (45 %) der Konsumenten die Substanz täglich. Acht (40 %) konsumieren das rauchbare Kokain nur gelegentlich und drei (15 %) sogar nur selten. Auch das Bingingphänomen ist im aktuellen Gebrauch der Konsumenten nicht in dem Maße vertreten, wie man es aufgrund der bisher vorliegenden Veröffentlichungen vermutet hätte. Die intensiven Konsumenten haben zwar häufiger mehrere Konsumvorgänge am Tag und praktizieren zum Teil auch ein exzessives Konsumverhalten. Zwei von ihnen sind aber auch in der Lage, Crack zwar täglich aber nur in ganz geringen Mengen pro Tag zu konsumieren. Unter den gelegentlichen Konsumenten stellt der mengenmäßig geringe Konsum des rauchbaren Kokains sogar die Regel dar, während zwei der drei seltenen Konsumenten in ihrem Gebrauch auch mal eine Nacht lang konsumieren und in diesen Konsumphasen einen Bingingkonsum zeigen. Dieser wird jedoch nicht jedes Mal praktiziert. Deutlich wird also, dass beim Gebrauch des rauchbaren Kokains nicht ein immer gleiches Konsumuster auftritt. Crack wird nicht nur exzessiv gebraucht, sondern kann auch in einem moderaten Konsum genutzt werden. Und dieses ist ganz offensichtlich auch bei Konsumenten der offenen Drogenszene möglich, obwohl gerade ihnen häufig von vornherein ein Kontrollverlust und ein exzessiver Gebrauch jeglicher Substanzen zugesprochen wird.

Das rauchbare Kokain ist andererseits aber ganz sicher keine Substanz, die bedenkenlos konsumiert werden kann. Das in der Literatur häufig angesprochene hohe Potential zu einem unkontrollierten Umgang mit der Substanz scheint sich in der Erhebung zunächst zu bestätigen. So beschreiben alle Konsumenten zum Teil jahrelange Phasen eines unkontrollierten, häufig exzessiven Crackkonsums. Ein dauerhafter exzessiver Gebrauch des rauchbaren Kokains geht erwartungsgemäß mit gesundheitlichen und sozialen sowie häufig auch mit strafrechtlichen Folgeproblemen einher. Alle Konsumenten kennen das Gefühl eines starken Konsumverlangens mit einem Verlust der Kontrolle, einer Toleranzentwicklung und/oder psychischen Entzugserscheinungen. Vor diesem Hintergrund und im Hinblick auf den großen Anteil an gemäßigten Konsummustern im aktuellen Gebrauch, zeigt sich in der vorliegenden Untersuchung ein wichtiges Phänomen. Ganz offensichtlich können unkontrollierte Konsummuster überwunden werden. Es ist Konsumenten möglich, ihren Gebrauch nach Zeiten eines exzessiven Konsumverhaltens zu verringern und die Substanz in Hinblick auf die Konsumhäufigkeit sowie die

Substanzmenge in einem moderaten Maße zu gebrauchen und dies auch dauerhaft beizubehalten.

Die Verringerung des Crackkonsums auf einen seltenen oder gelegentlichen Konsum wird durch verschiedene Faktoren beeinflusst. Neben dem steigenden Lebensalter der Konsumenten und dem wachsenden Wunsch nach einer Veränderung der Lebenssituation können die Sorge um die Gesundheit, wichtige Verpflichtungen und Verantwortung (z. B. im Rahmen von Arbeitsgelegenheiten oder der Familie), eine neue, dauerhafte Partnerschaft und außerszenische, drogenfreie Kontakte sowie ein bewusster Verzicht auf eine illegale Geldbeschaffung zur Verhinderung einer (erneuten) Straffälligkeit Priorität gegenüber dem Crackkonsum einnehmen. Ganz bedeutend in dieser Entwicklung ist die Integration in Zusammenhänge, die außerhalb von Drogenkonsum und Drogenbeschaffung liegen. Wiedererlangte außerszenische Lebenszusammenhänge sowie damit verbundene Perspektiven und Zukunftswünsche wirken sich stützend auf ein moderates Konsumverhalten aus. Die Substanz steht nicht mehr im Fokus des Handelns, sondern andere Dinge gewinnen an Bedeutung und veranlassen die Konsumenten, den Crackgebrauch dahinter zurückzustellen. In der Umsetzung eines moderaten Konsumverhaltens orientieren sich die Gebraucher an selbst auferlegten Konsumregeln, und es gelingt ihnen im Laufe der Zeit zunehmend, die Kontrolle über ihren Crackgebrauch zurückzugewinnen. Da dies nicht immer einfach ist, haben sie sich verschiedene Strategien angeeignet, mit Hilfe derer sie in der Lage sind, auf ihren Gebrauch des rauchbaren Kokains Einfluss zu nehmen. Dazu gehören z. B. das Vermeiden oder Verlassen von Situationen, die ein Konsumverlangen hervorrufen, das bewusste Aufsuchen von szenefernen und drogenfreien Orten, die Ablenkung durch alternative Beschäftigungsmöglichkeiten sowie die bewusste Einteilung des ihnen zur Verfügung stehenden Geldes und der Verzicht auf eine illegale Beschaffung notwendiger finanziellen Mittel. Auch der Konsum anderer Substanzen kann von Bedeutung sein. Besonders über den gleichzeitigen Konsum von sedierend wirkenden Substanzen gelingt es einigen Gebrauchern den Crackkonsum auf einem geringen Niveau zu halten. Die persönlichen Konsumregeln und Kontrollstrategien der Konsumenten entwickeln sich aus ihren Erfahrungen, die sie innerhalb ihres Crackkonsums gemacht haben, aus Beobachtungen der anderen Gebraucher in ihrer Umgebung sowie aus ihrer jeweiligen Lebenssituation mit den zur Verfügung stehenden sozialen, informellen und materiellen Ressourcen. Unterstützend in der Entwicklung eines gemäßigten Konsums wirken zudem Substitutionsbehandlungen, da durch sie ein Heroinkonsum zur Verhinderung von Entzugserscheinungen nicht mehr nötig ist. Darüber scheint es für die Gebraucher auch leichter auf das rauchbare Kokain zu verzichten.

In der Entwicklung eines anhaltend kontrollierten Konsumverhaltens kann es durchaus auch zu kurzzeitigen Phasen eines erneuten Kontrollverlustes kommen. Diese können einige Stunden aber auch mehrere Tage anhalten, werden aber von

5.3 Ergebnisse der qualitativen Erhebung

den Konsumenten in der Regel wieder selbständig durchbrochen, und sie kehren zu ihrem moderaten Konsum zurück. In der Beibehaltung und Wiedererlangung eines moderaten Konsumverhaltens scheint vor allem ein Bewusstsein über Kontrollmöglichkeiten von großer Bedeutung zu sein. Je stärker sich die Konsumenten über die Möglichkeit eines kontrollierten Umgangs mit der Substanz bewusst sind und je stärker die Substanz für sie selbst an Bedeutung verliert, desto leichter fällt es ihnen, die eigenen Konsumregeln anzuwenden und den Gebrauch in einem moderaten, nicht schädigenden Maße durchzuführen.

Auch jene Konsumenten, die in ihrem aktuellen Crackgebrauch einen mengenmäßig hohen Konsum vollziehen, zeigen Möglichkeiten der Einflussnahme auf ihr Konsumverhalten. Auch sie haben sich wichtige Gebrauchsregeln und Strategien angeeignet, die vor allem zum Ziel haben, zusätzliche negative Auswirkungen des Crackgebrauchs zu verhindern. Dazu gehören in erster Linie ‚safer use'-Maßnahmen zur Infektionsvermeidung, die Verwendung möglichst risikoarmer Gebrauchswege, die größtmögliche Sicherung der Substanzqualität sowie die Vermeidung einer Auffälligkeit gegenüber Strafverfolgungsbehörden. Selbst die meisten täglichen Konsumenten versuchen, immer wieder Pausen einzulegen, um ihrem Körper Ruhe zu gönnen. Dies realisieren sie in der Regel durch ein Fernbleiben von der Drogenszene, sei es durch das Aufsuchen der Familie oder die Inanspruchnahme einer Entzugsbehandlung.

Nicht immer ist den Konsumenten ihr Kontrollvermögen gegenüber dem rauchbaren Kokain bewusst. Die meisten schätzen die Droge als stark gefährlich ein, selbst wenn sie ein kontrolliertes Konsumverhalten zeigen.

Neben den Konsumenten der Drogenszene wurden fünf außerhalb dieser Bezüge erreichte Gebraucher rauchbaren Kokains befragt, vier Männer und eine Frau mit einem durchschnittlichen Alter von 32,6 Jahren. Sie haben keine aktuellen intensiven Kontakte zur Drogenszene und verfügen alle über einen festen Wohnsitz. Alle außerszenischen Konsumenten gebrauchen das rauchbare Kokain nur selten bis gelegentlich, in der Regel dann, wenn sich die Konsumgelegenheit bietet. Auch sie kennen das der Substanz zugesprochene starke Konsumverlangen und ein Konsument machte mehrfach die Erfahrung eines Kontrollverlustes. Diese konnte er jedoch immer wieder selbständig unterbrechen.

Wie bei den Gebrauchern der Drogenszene zeigen sich polyvalente Konsummuster, wobei insbesondere Alltagsdrogen der Allgemeinbevölkerung wie z. B. Haschisch konsumiert werden. Deutlich wird bei zwei Gebrauchern zudem die größere Bedeutung von Pulverkokain, das von beiden in einem abhängigen Maße konsumiert wird oder zu einem früher Zeipunkt konsumiert wurde. Bei beiden Konsumenten blieb das rauchbare Kokain in seiner Bedeutung hinter dem Pulverkokain zurück, wurde also trotz des vermuteten höheren Suchtpotentials nicht dem pulverförmigen Kokain vorgezogen.

Wie die befragten Szenegänger orientieren sich die szenefern befragten Konsumenten an verschiedenen Gebrauchsregeln zur Begrenzung ihres Konsums. Auch ihr Konsumverhalten unterliegt verschiedenen extrinsischen und intrinsischen Einflüssen, die denen der Szenegänger ähneln. Wie bei den Szenegängern spielt das Alter, die Sorge um die eigene Gesundheit, wichtige Verpflichtungen und Wünsche für die Zukunft eine große Rolle. In besonderem Maße werden jedoch auch Regeln zur Verhinderung einer sozialen Auffälligkeit deutlich.

Auch auf der Basis der Ergebnisse der qualitativenErhebung erscheint also das von den Medien und der Literatur geprägte Bild des rauchbaren Kokains als „Todesdroge", die die Konsumenten vollständig und dauerhaft vereinnahmt, überbewertet. Selbst die Gebraucher der Drogenszene sind der Substanz nicht zwingend verfallen. Zwar kann es aufgrund der Substanzwirkung sehr wohl zu exzessiven Konsummustern mit massiven negativen Folgen kommen, diese Gebrauchsmuster können aber auch durchbrochen und verändert werden. Es gibt nicht das eine exzessive Konsumverhalten, das automatisch von jedem Gebraucher gezeigt wird. Ganz offensichtlich kann das rauchbare Kokain auch langanhaltend hinter anderen Lebenszusammenhängen zurückgestellt und in einem moderaten Maße konsumiert werden, so dass es keine oder kaum negative Auswirkungen auf wichtige drogenferne Lebenszusammenhänge und Verpflichtungen hat.

6 Zusammenfassung der Untersuchungsergebnisse

Die vorliegende Untersuchung verfolgte mit ihrem multimethodologischen Vorgehen in Form einer quantitativen und einer ergänzenden qualitativen Erhebung die Absicht, verschiedene Konsumentengruppen rauchbaren Kokains zu erreichen und zu ihrem Konsumverhalten mit der Substanz zu befragen. Die Zielgruppe bestand in beiden Untersuchungsarmen aus Konsumenten von Crack und/oder Freebase, die das rauchbare Kokain in ihrem Leben mindestens zehn Mal konsumiert haben, und deren letzter Gebrauch nicht länger als 12 Monate zurücklag.

Mit der quantitativen Erhebung mittels eines teil-standardisierten Fragebogens im Internet konnten 60 Konsumenten erreicht werden, von denen über drei Viertel in Schule, Studium oder Beruf integriert sind und damit über nicht-drogenbezogene Verpflichtungen und soziale Kontakte verfügen. Somit nahmen an diesem Untersuchungsarm Konsumenten teil, die mit qualitativen Methoden aufgrund von Ängsten vor einer Entdeckung des Konsums häufig nur schwer erreicht werden können. Die Anonymität eines internetgestützten Fragebogens senkte die Hemmschwelle einer Teilnahme.

In dem qualitativen Untersuchungsarm wurden 20 Konsumenten der offenen Drogenszene und fünf außerhalb der Drogenszene erreichte Konsumenten zu ihrem Gebrauch des rauchbaren Kokains befragt. Die qualitative Vorgehensweise ermöglichte es, einen vertieften Blick in das Gebrauchsverhalten der Konsumenten zu erhalten und wichtige auch unbewusste Verhaltensweisen zu erfassen.

Im Folgenden werden die Ergebnisse der quantitativen und qualitativen Untersuchung zusammengefasst und themenbezogen dargestellt, wobei in der zusammenfassenden Darstellung der qualitativen Erhebung der Fokus auf den befragten Gebrauchern der Drogenszene liegt. Die Nebeneinanderstellung beider Untersuchungsarme macht einen Vergleich und einen vertiefenden Blick auf die Ergebnisse möglich.

An der quantitativen Untersuchung nahmen 15 Frauen und 45 Männer teil. Mit der Untersuchung wurden vornehmlich junge Konsumenten rauchbaren Kokains zwischen 15 und 29 Jahren erreicht. Das Durchschnittsalter liegt bei 26 Jahren. Das durchschnittliche Alter der befragten Szenegänger in der qualitativen Untersuchung liegt mit 35 Jahren deutlich höher. Beide Altersstufen scheinen jedoch der normalen Verteilung in diesen Konsumentengruppen zu entsprechen. So weisen verschiedene Untersuchungen in der sozial integrierten Allgemeinbevölkerung auf einen vornehmlichen Kokainkonsum im Alter zwischen 20 und 30 Jahren hin, während das durchschnittliche Alter von Konsumenten in Studien innerhalb der Drogenszene in der Regel über 30 Jahren liegt.

Wie mit dem Erhebungsmedium Internet beabsichtigt, wurden in der quantitativen Erhebung vornehmlich sozial integrierte Konsumenten erreicht, was sich vor allen Dingen an dem hohen Anteil von Konsumenten in einem Ausbildungs- oder Beschäftigungsverhältnis sowie dem sehr geringen Teil an Konsumenten ohne eine gesicherte Wohnsituation verdeutlicht. Das rauchbare Kokain wird also nicht nur in außerhalb dieser Bezüge liegenden Kreisen konsumiert, sondern offensichtlich auch von Menschen gebraucht, die in Hinblick auf diese Merkmale zur Allgemeinbevölkerung gezählt werden können. Sie nutzen das rauchbare Kokain zum Teil bereits über eine längere Zeit, ohne dass ihr Gebrauchsverhalten eine gesicherte Wohnsituation und die Einbindung in eine Ausbildung oder Erwerbstätigkeit verhindert. Von den in der qualitativen Erhebung befragten Szenegängern ist keiner regulär berufstätig, jedoch sind vier Konsumenten innerhalb eines Arbeitsprogramms in einer Drogenhilfeeinrichtung beschäftigt. Neben der geringeren Integration in Ausbildungs- und Beschäftigungsverhältnisse zeigt sich unter den interviewten Szenegängern eine häufig ungesicherte Wohnsituation in Notunterkünften oder bei Freunden und Bekannten. So leben nur 35 % der Interviewpartner in einer eigenen Wohnung.

Sowohl innerhalb der quantitativen als auch der qualitativen Untersuchung wurde deutlich, dass das rauchbare Kokain häufig in einem polyvalenten Drogengebrauch eine Rolle spielt. So nutzt der überwiegende Teil der Konsumenten neben dem rauchbaren Kokain auch andere Drogen und verfügt im aktuellen und vergangenen Drogenkonsum über Erfahrungen mit einer Vielzahl an Substanzen. Deutlich wird, dass unter den Konsumenten der quantitativen Erhebung eher sogenannte ‚Alltagsdrogen' dominieren, die üblicherweise der Allgemeinbevölkerung zugesprochen werden. Dazu gehören in erster Linie Alkohol, Cannabis und Partydrogen wie Ecstasy und Amphetamine sowie als Ausgangsstoff von Crack und Freebase auch Pulverkokain. Substanzen, die eher der offenen Drogenszene zugesprochen werden, wie Heroin, verschreibungspflichtige Medikamente und Opioidsubstitute finden sich in dieser Gruppe weitaus seltener. Deutlich wird, dass sich die zum Teil hohe Verteilung einzelner Substanzen in der Lebenszeitprävalenz nicht in dem Maße in der 12-Monate- und 30-Tage-Prävalenz niederschlägt. Demnach wurde der Konsum verschiedener Drogen von den Fragebogenteilnehmern nicht immer fortgesetzt beibehalten. Bei den innerhalb der qualitativen Erhebung befragten Konsumenten der Drogenszene dominieren im vergangenen und aktuellen Konsum szenetypische Drogen wie Heroin und Benzodiazepine. 55 % der Befragten befinden sich zudem in einer Substitutionsbehandlung. Aufgrund der geringeren Verfügbarkeit in den ansässigen Drogenszenen hat Pulverkokain keine größere Bedeutung im aktuellen Konsum der Frankfurter und Hamburger Konsumenten. Anders ist dies bei den in Hannover befragten Gebrauchern, die alle mindestens zeitweise Pulverkokain konsumieren. Sogenannte Partydrogen wie Ecstasy und Amphetamine wurden von einigen Konsumenten zwar in der Vergangenheit, vornehmlich im Jugendalter, konsumiert, spielten jedoch im aktuellen Konsum der Befragten keine Rolle.

Die Bedeutung des Konsums verschiedener Drogen wurde in beiden Untersuchungsarmen auch in Form eines Mischkonsums mit dem rauchbaren Kokain deutlich. Der größte Teil der mit dem Fragebogen erreichten Konsumenten nutzt andere Drogen gleichzeitig bzw. kurz vor oder kurz nach dem Konsum des rauchbaren Kokains. Die größte Bedeutung nehmen dabei Cannabis und Alkohol sowie Pulverkokain ein. Hier schlägt sich die Häufigkeitsverteilung der Substanzarten des allgemeinen Drogengebrauchs deutlich nieder. Wichtigste Gründe für den praktizierten Mischkonsum sind eine Verbesserung der Wirkung, die Beendigung der Wirkung des rauchbaren Kokains und/oder die Verminderung negativer Effekte des Crackgebrauchs, wie eines hohen Konsumverlangens oder anderer negativ erlebter Begleiterscheinungen. Diese Gründe spielen auch bei den Konsumenten der qualitativen Erhebung eine wesentliche Rolle für einen Mischkonsum des rauchbaren Kokains mit anderen Drogen. Auch hier ist der kombinierte Gebrauch mit anderen Substanzen verbreitet. Die Szenegänger nutzen jedoch in erster Linie Heroin und Benzodiazepine, um die Wirkung des rauchbaren Kokains zu verbessern und negative Effekte wie z. B. eine starke Unruhe zu vermeiden. Einige Gebraucher, die sich in einer Substitutionsbehandlung befinden, erleben auch das Opioidsubstitut als ein Mittel, das negative Auswirkungen des rauchbaren Kokains vermindert. Des Weiteren werden vor allem sedierend wirkende Drogen, wie Heroin, Benzodiazepine und in kleinem Maße auch Cannabis zum Teil ganz bewusst dazu eingesetzt, das typische starke Verlangen nach dem rauchbaren Kokain zu verringern und auf diesem Wege einem übermäßigen Konsum der Droge vorzubeugen. Gleichzeitig setzen sie diese Substanzen wie die Fragebogenteilnehmer dazu ein, die Crackwirkung wieder zu beenden.

Der Einstieg in den Gebrauch des rauchbaren Kokains geschah bei den Teilnehmern beider Erhebungsteile überwiegend unter Freunden und Bekannten. Ausschlaggebend waren Konsumangebote und eine Neugier hinsichtlich der Wirkung der Substanz. Auf Grundlage der Ergebnisse beider Untersuchungen ist davon auszugehen, dass das rauchbare Kokain in der Regel nicht die Einstiegssubstanz in den Gebrauch illegaler Drogen darstellt. Die in der qualitativen Erhebung befragten Konsumenten standen häufig bereits mit der Drogenszene oder anderen drogenbezogenen Kreisen in Verbindung, als sie das rauchbare Kokain zum ersten Mal probierten. Gerade in der Drogenszene veränderte sich das Drogenangebot und das rauchbare Kokain verbreitet sich immer mehr. Insofern war es naheliegend, dass die Gebraucher als Mitglieder der Szene ebenfalls begannen, die Substanz zu konsumieren. Neben dem ersten Gebrauch über Konsumangebote von Mitkonsumenten besorgten sich die Gebraucher zum Teil auch selbst die Substanz, um ihre Neugier gegenüber dieser Droge zu befriedigen. Während etwa die Hälfte der befragten Szenegänger von einem sehr positiven Wirkungserleben bei dem Erstkonsum des rauchbaren Kokains berichteten, bemerkte die andere Hälfte entweder keine oder eine unangenehme Wirkung. Trotzdem konsumierten sie die Substanz erneut. Schließlich gewöhnten sie sich mit der Zeit an die Wirkung und lernten, sie zu schätzen.

In beiden Untersuchungsarmen wurde deutlich, dass nach dem ersten Konsum des rauchbaren Kokains nicht sofort ein exzessiver Gebrauch folgen muss. So haben in der quantitativen Erhebung über 40 % der Teilnehmer in den ersten sechs Monaten nach ihren ersten Konsumerfahrungen seltener als einmal pro Woche Crack konsumiert. Bei den Konsumenten der qualitativen Erhebung wurde deutlich, dass der nächste Gebrauch nach dem Erstkonsum sogar erst nach einigen Monaten oder gar Jahren erfolgen kann, auch dann, wenn die Konsumenten bereits Kontakte zur offenen Drogenszene hatten. Nur ein Teil der Gebraucher vollzog nach dem ersten Konsum gleich einen intensiven weiteren Gebrauch. So konsumierten 27 % der Teilnehmer der quantitativen Erhebung das rauchbare Kokain nach dem Erstkonsum mehr als drei Mal pro Woche. In der qualitativen Erhebung stellten die Konsumenten mit einem schnellen erneuten Crackkonsum und einem schnellen Verlust der Konsumkontrolle mit 40 % zwar die zweitgrößte Gruppe dar, dennoch wurde auch in dieser Erhebung deutlich, dass es nicht den einen immer gleich auftretenden Konsumverlauf gibt. Eine sofortige schnelle Abhängigkeit wie sie im Zusammenhang mit dem rauchbaren Kokain häufig propagiert wird, scheint besonders in sozial integrierten Kreisen nicht in dem Maße zutreffend und wird in der Untersuchung in dieser Konsumentengruppe nur von einigen Gebrauchern gezeigt.

Die Betrachtung des aktuellen Konsumverhaltens der Gebraucher in beiden Erhebungen verdeutlicht ebenfalls, dass der Konsum des rauchbaren Kokains nicht automatisch in Form eines täglichen und exzessiven Gebrauchsmusters praktiziert werden muss. So konsumieren 47 % der Gebraucher in der quantitativen Erhebung das rauchbare Kokain nur selten, 25 % nutzen es gelegentlich und nur 28 % (nahezu) täglich. Das heißt, fast die Hälfte der Konsumenten beschränkt den Crackgebrauch auf weniger als einmal pro Woche. Der hauptsächliche Grund für den Gebrauch des rauchbaren Kokains liegt in der als angenehm empfundenen Wirkung der Substanz. Viele Fragebogenteilnehmer verbinden mit dem Gebrauch aber mehrere Motive. Weniger als die Hälfte nutzt die Substanz zur Problembewältigung, ein Drittel wegen eines starken Verlangens und knapp ein Viertel zur Unterdrückung von Entzugserscheinungen. Deutlich wird, dass der Konsum infolge eines starken Verlangens oder von Entzugserscheinungen offensichtlich aus einem ohnehin stärkeren Gebrauch der Substanz resultiert oder in diesen mündet. Am häufigsten konsumieren die Gebraucher das rauchbare Kokain im Freundeskreis oder allein in der Wohnung. Nur ein Drittel nutzt die Substanz auch auf der Straße und/oder bei Partys bzw. in der Disko. Die überwiegend genutzte Konsumform der Fragebogenteilnehmer ist das Rauchen. Der intravenöse Konsum des rauchbaren Kokains wird nur von sehr wenigen Erhebungsteilnehmern praktiziert. So gab es also keinen Umstieg auf das Spritzen als effektivere Konsumform. Interessanterweise spielt bei den Befragten der quantitativen Erhebung der Bingingkonsum in Form sehr vieler aufeinanderfolgender Konsumvorgänge keine auffallend große Rolle. Fast die Hälfte der Konsumenten führt an einem Konsumtag maximal drei Konsumvorgänge durch, weniger als ein Viertel gebraucht mehr als 10 Pfeifen an einem Konsumtag. Ein exzessiver Gebrauch mit einem (nahezu) täglichen Konsum von mindestens acht Konsumvorgängen wurde nur bei 6,7 %, das heißt bei nur vier von 60 Konsumenten beobachtet. Der größte Teil der intensiven Konsumenten verfolgt verhältnismäßig wenige Konsumvorgänge. Dagegen sind die sehr vielen Konsumvorgänge eher bei den gelegentlichen und noch mehr bei sehr seltenen Konsumenten zu beobachten. Es gibt also Konsumenten, die das rauchbare Kokain nur sehr selten, dann aber in einem hohen Maße konsumieren, und den Gebrauch dann wieder für eine längere Zeit einstellen.

Innerhalb der qualitativen Befragung der Szenegänger wurde deutlich, dass auch Konsumenten der Drogenszene nicht in jedem Fall ein exzessives Gebrauchsmuster haben müssen. So sind 40 % zu den gelegentlichen und 15 % zu den seltenen Konsumenten des rauchbaren Kokains zu zählen. Das heißt, weniger als die Hälfte (45 %) der befragten Szenegänger konsumiert das rauchbare Kokain nahezu täglich. Der Konsum scheint zudem durchaus zu schwanken und nicht immer in einem geradlinigen Muster zu verlaufen. So steigt er z. B. zum Monatsanfang oder an anderen Geldauszahlungstagen an. Außerdem können innerhalb eines gelegentlichen Konsums auch einmal Tage liegen, während denen die Substanz stärker konsumiert wird. Die Gebraucher kehren dann jedoch wieder in ihr moderates Konsummuster zurück. Die meisten befragten Szenegänger konsumieren das rauchbare

Kokain aufgrund der angenehmen Wirkung oder um sich etwas zu gönnen. Auch eine Problembewältigung wurde von Konsumenten angesprochen. Diese scheint aber nicht zu den vordergründigen Konsummotiven zu gehören. Des Weiteren wurde die Gewöhnung an den Substanzkonsum sowie ein zum Teil starkes Konsumverlangen deutlich, wobei dieses insbesondere dann auftritt, sobald der erste Konsumvorgang getätigt, also z. B. die erste Pfeife geraucht wurde. Überwiegend konsumieren die Befragten das rauchbare Kokain in der Drogenszene, die auch das hauptsächliche Lebensumfeld der meisten Befragten darstellt. Ein Teil der Konsumenten mit einer eigenen Wohnung gebraucht die Substanz ganz bewusst nur in der Szene, um den Konsum von der szenenfernen Wohnumgebung fernzuhalten. Nur zwei Gebraucher nehmen die Substanz auch mit nach Hause, um sie dort in einem ruhigen Rahmen zu konsumieren. 14 Konsumenten (70 %) rauchen die Kokainbase ausschließlich, drei (15 %) injizieren sie und drei weitere (15 %) nutzen beide Gebrauchsarten. Wie es in der quantitativen Untersuchung ebenfalls beobachtet wurde, haben auch die in der qualitativen Erhebung befragten Szenegänger nicht zwangsweise sehr viele Konsumvorgänge an einem Gebrauchstag. Gerade die gelegentlichen Konsumenten halten die Konsumvorgänge in der Regel auf einem sehr niedrigen Niveau. Fünf der neun Konsumenten mit einem (nahezu) täglichen Konsum sind zu den exzessiven Gebrauchern mit täglich acht oder mehr Konsumvorgängen zu zählen. Das ist ein Viertel der befragten Szenegänger. Die übrigen vier intensiven Gebraucher konsumieren zwischen einem und sieben Mal an einem Tag rauchbares Kokain, wobei zwei von ihnen nur ein bis drei Konsumvorgänge haben. Das heißt also, trotz ihres täglichen Gebrauches halten sie die Konsummenge verhältnismäßig niedrig. Dagegen kommt es bei zwei der Gebraucher mit einem seltenen Konsum zeitweise dazu, dass sie einen Tag und eine Nacht lang eine relativ hohe Menge der Substanz konsumieren, bevor sie dann wieder eine längere Zeit nichts gebrauchen. Aber auch dieser hohe Konsum tritt nicht jedes Mal auf. Wie die Konsumhäufigkeit kann auch die Zahl der Konsumvorgänge schwanken und ist nicht bei jedem Gebraucher immer auf eine Höhe festgelegt.

Sowohl in der quantitativen als auch in der qualitativen Untersuchung gaben die Konsumenten verschiedene negative Begleiterscheinungen des Crackgebrauchs an. Diese scheinen vor allem von der Stärke ihres Konsums abzuhängen. Das heißt, bei einem hohen Konsum der Substanz verstärken sich die Beschwerden, während aus einem moderaten Gebrauch weniger starke gesundheitliche Beschwerden folgen. Zu den benannten Problemen gehören in erster Linie Erkrankungen der Atemwege, Herzrasen und Schlaflosigkeit. Bei den psychischen Beschwerden wurden vor allem depressive Verstimmungen, paranoide Verhaltensweisen und Ängste sowie aggressive Tendenzen genannt. Massive gesundheitliche Beschwerden können die Gebraucher dazu veranlassen, Konsumpausen einzulegen oder, wie innerhalb der qualitativen Erhebung deutlich wurde, auch den Konsum dauerhaft zu verringern. Zum Teil werden andere Substanzen konsumiert, um die negativen Begleiterscheinungen des rauchbaren Kokains zu vermindern.

Im Gegensatz zu den Befragten der qualitativen Erhebung gab der größere Teil der Fragebogenteilnehmer einen leichteren Zugang zu Pulverkokain an. 60 % gelangen leichter an diese Substanz als an das rauchbare Kokain. Dies könnte an der größeren Integration der Teilnehmer in die Allgemeinbevölkerung liegen, in der Pulverkokain stärker verbreitet ist. So benennen die Fragebogenteilnehmer, die ihre Substanz in der Drogenszene erwerben, eine leichtere Verfügbarkeit des rauchbaren Kokains. Gelangen die Konsumenten leichter an Crack oder Freebase, so gebrauchen sie die Substanz auch häufiger als die anderen Konsumenten. Etwas mehr als ein Drittel der Fragebogenteilnehmer stellt das rauchbare Kokain selbst her. Der größte Teil der Konsumenten erwirbt die Substanz bei ‚Stammdealern' oder über wechselnde Dealer in der Straßenszene. Mit 45 % finanzieren überraschend viele Konsumenten ihren Crackkonsum ausschließlich über legale Wege und ohne Prostitution. Unter den illegalen Finanzierungsquellen sind Drogenverkäufe und Vermittlungsleistungen am weitesten verbreitet. Deutlich wird, dass ein intensiverer Konsum des rauchbaren Kokains auch mit einer höheren Wahrscheinlichkeit von illegalen Finanzierungswegen einhergeht. Bei den Szenegängern der qualitativen Erhebung wird die größere Verfügbarkeit des rauchbaren Kokains besonders deutlich. Gerade die Konsumenten aus Hamburg und Frankfurt gaben an, kaum noch an Kokainpulver gelangen zu können, da das rauchbare Kokain die Szene klar dominiere. In der Regel erwerben die Szenegänger ihr Crack über Dealer innerhalb der Drogenszene. Dabei versucht ein Teil ganz bewusst, ihnen bekannte Dealer aufzusuchen, um so eine möglichst gute Substanzqualität zu erhalten. Die eigene Herstellung des rauchbaren Kokains wird nur von zwei Konsumenten aus Hannover praktiziert. In der Befragung wurde deutlich, dass ein Crackgebrauch auch von Konsumenten der Drogenszene so beschränkt werden kann, dass er ausschließlich über legale finanzielle Mittel finanziert wird. Insgesamt 25 % der Konsumenten verfolgen weder eine illegale Beschaffung der Geldmittel noch prostituieren sie sich oder vermitteln zwischen Dealern und Konsumenten. Sie haben diese Finanzierungswege zwar in der Vergangenheit genutzt, haben dieses Verhalten jedoch schon seit längerer Zeit eingestellt, um den eigenen Konsum zu begrenzen und eine strafrechtliche Auffälligkeit zu vermeiden. Wie auch in der quantitativen Erhebung deutlich wurde, dominieren unter den illegalen Beschaffungswegen ebenfalls Drogenverkäufe und Vermittlungstätigkeiten, da diese von den Konsumenten hinsichtlich einer strafrechtlichen Auffälligkeit als weniger riskant eingeschätzt werden als zum Beispiel Diebstähle.

Wie deutlich wurde, ist ein Konsum des rauchbaren Kokains auch in einem moderaten Maße möglich. Dennoch ist ein hohes Suchtpotential der Substanz nicht von der Hand zu weisen. Über die Hälfte der Fragebogenteilnehmer fühlte sich schon einmal abhängig, wobei jedoch weniger als ein Viertel aller Gebraucher ein solches Empfinden auch zum Erhebungszeitpunkt verspürte. 29 % der Teilnehmer haben sich noch nie abhängig gefühlt. Von den 23 Konsumenten, bei denen eine Einschätzung der psychischen Abhängigkeit durch den SDS-Test möglich ist, sind 56,5 % als psychisch abhängig einzustufen. 65,2 % haben maximal drei Punkte in dem Test erreicht und zeigen damit nur eine leichte psychische Abhängigkeit. Damit ist zwar eine recht hohe Zahl an Gebrauchern als abhängig einzuschätzen, es betrifft allerdings bei weitem nicht alle Erhebungsteilnehmer. Fast die Hälfte konsumiert das rauchbare Kokain ohne eine psychische Abhängigkeit entwickelt zu haben. Weiterhin zeigen sich Bingingkonsummuster mit schnell hintereinander folgenden Konsumvorgängen nur verhältnismäßig wenig unter den Konsumenten. So warten drei Viertel der Gebraucher mindestens 30 min bis zum nächsten Konsumvorgang und 66 % sind nie oder maximal dreimal pro Jahr aufgrund ihres Crackkonsums über längere Zeit wach. Zwar werden bei einigen Konsumenten kompulsive Konsummuster deutlich, die sich vor allem in einem hohen Konsum und dem Unvermögen, den Gebrauch einzustellen, äußern. Solche Phasen scheinen aber auch lediglich zeitweise auftreten zu können, um dann wieder eingestellt zu werden. Ein Konsum mit massiven sozialen Folgen ist unter den Fragebogenteilnehmer kaum beobachtbar. Ein sehr hoher Konsum des rauchbaren Kokains geht wie zu erwarten mit einer Toleranzentwicklung und vermehrten Entzugserscheinungen einher. Insgesamt sind jedoch beide Phänomene deutlich weniger häufig vertreten als erwartet.

Die innerhalb der Drogenszene befragten Konsumenten aus der Drogenszene haben alle bereits Erfahrungen eines Kontrollverlustes gemacht. Sie haben zum Teil über Jahre hinweg einen sehr starken Konsum des rauchbaren Kokains vollzogen. Während eines unkontrollierten Konsums zeigten sie häufig einen Bingingkonsum, innerhalb dem sie sehr viele Konsumvorgänge praktizierten und zum Teil tagelang mit der Geld- und Substanzbeschaffung sowie dem anschließenden Konsum der Substanz beschäftigt waren und darüber vor allem Schlaf und ihre Ernährung vernachlässigten. Zum Teil führte dieses Verhalten zu massiven gesundheitlichen Beschwerden sowie negativen sozialen und strafrechtlichen Folgen. Insgesamt waren bereits 80 % der Konsumenten schon einmal inhaftiert, wobei dies nicht immer im Zusammenhang mit einem übermäßigen Crackkonsum stand. Weiterhin haben alle Konsumenten Erfahrungen mit der Drogenhilfe, was insofern nicht verwundert, da sie alle über Einrichtungen der Drogenhilfe angesprochen wurden. Am weitesten verbreitet sind Erfahrungen mit Substitutionsprogrammen und mit Entzugsbehandlungen.

Bei den über den Fragebogen erreichten Konsumenten suchten 54 % noch nie Einrichtungen der Drogenhilfe auf, und 59 % hatten noch nie Kontakte zu Strafverfolgungsinstanzen. Insgesamt 43 % der Fragebogenteilnehmer praktizieren einen Crackbrauch der noch nie einen Kontakt zur Drogenhilfe nötig machte oder zu einer Strafverfolgung führte. Weiterhin zeigt sich, dass drei Viertel der innerhalb der quantitativen Erhebung erreichten Konsumenten in einem Ausbildungs- oder Arbeitsverhältnis stehen. Der Konsum des rauchbaren Kokains oder anderer Drogen hat also nicht zu einem Verlust dieser Bezüge geführt. Weiterhin legen über 85 % regelmäßig Konsumpausen ein, die durchschnittlich einen Monat dauern. In der Regel werden diese konsumfreien Zeiten aufgrund verschiedener Gründe durchgeführt. Eine Einstellung allein aufgrund von fehlenden finanziellen Mitteln oder einer fehlenden Konsumgelegenheit wird nur von einem geringen Teil der Konsumenten angegeben. Die meisten Gebraucher verfolgen mit der Umsetzung von Konsumpausen auch andere Motive, wie z. B. die Verhinderung negativer Folgen für die Gesundheit, die Ausführung wichtiger Verpflichtungen oder die Verhinderung anderer negativer Konsequenzen. Die Gebraucher wägen also Vor- und Nachteile ihres Konsums ab und schränken ihn gegebenenfalls ein. Um den Konsum nicht eskalieren zu lassen, orientieren sich die Gebraucher an verschiedenen Konsumregeln und Kontrollstrategien, zu denen vor allem die zeitliche Anpassung an alltägliche Verpflichtungen, das Meiden von anderen Konsumenten sowie die Priorität alternativer Beschäftigungsmöglichkeiten gehört. Fast die Hälfte der Konsumenten sucht zeitweise bewusst andere Orte auf, an denen sie nicht konsumieren können. Dazu gehören insbesondere nicht-drogenkonsumierende Freunde und die Familie. In der Betrachtung eines moderaten Konsumverhaltens zeigen sich Hinweise auf positiv beeinflussende Einflussfaktoren im Hinblick auf das Alter der Konsumenten und eine berufliche Einbindung, die eine Zurückstellung des Konsums notwendig macht. Weiterhin scheint ein drogenfreier Freundeskreis in der Umsetzung eines moderaten Konsumgeschehens von großer Bedeutung zu sein, während Kontakte zur Drogenszene eher eine Steigerung des Konsums zu begünstigen zu scheinen.

Auch die über die qualitative Untersuchung erreichten Szenegänger verfügen über kontrollierte Verhaltensweisen. Besonders die Konsumenten mit einem seltenen oder gelegentlichen Gebrauch zeigen einen gemäßigten Umgang mit dem rauchbaren Kokain, der immer wieder von konsumfreien Zeiten unterbrochen ist. Die Konsumenten haben ihren Crackkonsum mit der Zeit verringert. Dabei haben unter anderem Substitutionsbehandlungen einen stützenden Effekt, da sie auch den Konsum von Heroin in den Hintergrund treten lassen. Allgemein geht eine Verringerung des Crackgebrauchs bei vielen befragten Konsumenten auch mit der Reduktion des Konsums anderer Drogen einher. Aus ihren ganz persönlichen Erfahrungen, die nicht selten zu einem Erschrecken gegenüber dem eigenen Konsumverhalten führten, sowie der Beobachtung anderer Konsumenten in ihrer Umgebung haben die Szenegänger ganz persönliche Konsumregeln und - strategien entwickelt, nach denen sie ihren Crackgebrauch gestalten. Zu den wichtigsten Strategien einer Konsumbegrenzung gehören das Meiden der Drogenszene bzw. der Rückzug aus Umgebungen, in denen das Konsumverlangen steigt. Weitere Kontrollregeln und - strategien sind die bewusste Einteilung finanzieller Mittel und der Verzicht auf eine illegale Geldbeschaffung bzw. eine deutliche Reduktion eines solchen Beschaffungsverhaltens, die zeitliche Zurücksetzung des Crackgebrauchs hinter Verpflichtungen im Alltag und der Familie sowie die Ablenkung durch alternative Beschäftigungsmöglichkeiten. Der Wunsch nach einer Reduktion des Crackgebrauchs und dessen Umsetzung unterliegt verschiedenen Faktoren. Dazu gehören das zunehmende Alter der Konsumenten verbunden mit dem Wunsch nach einer Veränderung der Lebenssituation, der Bedeutungszuwachs der Gesundheit und der Wunsch nach einer Vermeidung erneuter exzessiver Konsummuster mit den daraus folgenden Problemen, die Einbindung in alltägliche Bezüge außerhalb der Drogenbeschaffung (z. B. innerhalb von Arbeitsprojekten), drogenfreie Kontakte zu Freunden und der Familie sowie ein wachsendes Risikobewusstsein gegenüber den Folgen eines exzessiven Konsumverhaltens. Die Gebraucher wägen das Für und Wider des Crackgebrauchs gegeneinander ab. Sie entscheiden sich für eine Veränderung und setzen diese um. Verschiedene Regeln und Ziele haben mit der Zeit an Bedeutung gewonnen und lassen den Crackgebrauch mehr und mehr in den Hintergrund treten. Von großer Bedeutung ist dabei die Einbindung in außerszenische Lebenszusammenhänge. So ist es für die Gebraucher mit dem primären Lebensumfeld in der Drogenszene schwieriger, die eigenen Konsumvorgaben einzuhalten als für Konsumenten, die auch über wichtige Strukturen in einem außerszenischen Umfeld verfügen. Die große Konfrontation mit der Substanz und anderen Gebrauchern der Szene erfordert andere Vorsichtsmaßnahmen und noch umsichtigere Kontrollstrategien. Durch eine Einbindung in szeneferne Bezüge und drogenfreie Freundeskreise wird die zeitliche Einschränkung im Drogengebrauch nicht zuletzt auch durch die soziale Kontrolle von Partnern und Freunden erleichtert. Sie helfen, den Konsum des rauchbaren Kokains auf einem niedrigen Niveau zu halten. In dem Vermögen, den eigenen Crackgebrauch zu vermindern und die Substanz in einem moderaten Maße zu gebrauchen, scheinen Selbstwirksamkeitserfahrungen von großer Bedeutung. Ist den Konsumenten basierend auf der eigenen Erfahrung bewusst, dass sie ihren Konsum kontrollieren können, fällt es ihnen leichter, dies auch weiterhin zu praktizieren. Auch die Szenegänger mit einem intensiven Crackkonsum zeigen Möglichkeiten einer Veränderung. So haben viele dieser Konsumenten ihre täglichen Substanzmengen und Konsumvorgänge vermindert. Gleichzeitig sind die intensiven Konsumenten (so wie die anderen auch) in der Lage, risikominimierende Gebrauchsregeln umzusetzen, wie z. B. die Verwendung steriler Konsumutensilien beim intravenösen Konsum, die Verwendung risikoärmerer Gebrauchsarten sowie qualitätssichernde Maßnahmen im Substanzerwerb und Vorsichtsmaßnahmen zur Vermeidung einer strafrechtlichen Auffälligkeit.

In beiden Untersuchungsteilen, also sowohl in der quantitativen als auch in der qualitativen Erhebung, zeigen sich Hinweise auf positive Effekte eines Bewusstseins gegenüber Risikopotentialen des rauchbaren Kokains auf das eigene Verhalten. Deutlich wird, dass viele Gebraucher das rauchbare Kokain für eine sehr gefährliche Substanz halten, sei es aus eigenen Erfahrungen oder aus der Beobachtung anderer. Dies scheint bei einem Teil der Konsumenten zu einem vorsichtigeren Umgang mit der Substanz zu führen. Während über den Fragebogen erreichte Gebraucher ohne diese Risikoeinschätzung häufiger intensiv Crack konsumieren. Bei den in den Interviews befragten Konsumenten der Drogenszene zeigt sich, dass der Glaube um ein hohes Abhängigkeitspotential der Droge auch dann noch bestehen bleibt, wenn kontrollierte Konsummuster gezeigt werden. Es scheint, als könnten sie ihren moderaten Umgang mit der Droge nicht als Erfolg sehen, was ein Risiko hinsichtlich einer langfristigen Festigung des kontrollierten Konsumverhaltens bedeuten kann. Die meisten intensiven Konsumenten erklären sich mit dem in ihren Augen hohen Risikopotential der Droge ihren unkontrollierten Konsum.

Bei den fünf außerhalb der Drogenszene erreichten Interviewpartnern der qualitativen Erhebung zeigen sich ähnliche Verhaltensweisen wie bei den Szenegängern. Diese Gruppe konsumiert das rauchbare Kokain jedoch in der Regel nur selten oder gelegentlich, und der Gebrauch war und ist häufig mit sich bietenden Konsumgelegenheiten verbunden. Zwar kennen alle außerszenisch befragten Konsumenten die verlangensteigernde Wirkung der Substanz und zum Teil haben sie auch schon exzessive Konsumphasen erlebt. Es gelang und gelingt ihnen aber immer wieder, diese Phasen zu beenden und den eigenen Konsum einzuschränken, um die Kontrolle über das persönliche Leben nicht zu verlieren. Gerade bei den drei Gebrauchern, die noch nie Kontakt mit der Drogenszene hatten, scheint die Vermeidung eines Kontrollverlustes, der zu einem sozialen Absturz führt, von großer Bedeutung zu sein. Das Bild der in der Drogenszene verkehrenden Konsumenten hat auf sie eine stark abschreckende Wirkung. Weitere konsumbeeinflussende Faktoren, die eine Begrenzung des Konsumverhaltens unterstützen, sind die Orientierung an der Gesundheit, das Einhalten wichtiger Verpflichtungen sowie die Vermeidung einer strafrechtlichen Auffälligkeit.

Diskussion 7

7.1 Das öffentliche Bild der Substanz Crack und die empirische Wirklichkeit

Wie im Laufe der Arbeit mehrfach angesprochen wurde, hat das rauchbare Kokain nach wie vor das Image einer überaus gefährlichen Droge, die quasi „als handelndes Subjekt" eine große gesellschaftliche Bedrohung darstellt (Kaulitzki 1996, S. 85) und ihre Gebraucher sofort in Abhängigkeit und soziale Verelendung führt. Zwar zeichnen einige Studien ein differenzierteres Bild, dies findet jedoch in der Öffentlichkeit wenig Beachtung. Ein kontrollierter Umgang mit der Substanz wird von vielen nach wie vor als unmöglich angesehen. Ziel dieser Arbeit war es, dieses weit verbreitete Bild der Substanz zu überprüfen und damit auch der Aufforderung von Degkwitz und Verthein (2000) zu folgen: „Zur realistischen Bestandsaufnahme gehört es, die Crack-Mythen zu entzaubern. Denn diese Mythen für die erlebten pharmakologischen Wirkungen, ebenso wie Mythen für die Wirkungen auf das Verhalten (Aggressivität, Kriminalität und Paranoia) haben Bedeutung für irrationale Zuspitzungen – bei Konsumenten ebenso wie in Öffentlichkeit und Politik" (S. 46).

7.1.1 Das Bild der sofortigen starken Abhängigkeit

Im Besonderen wird dem rauchbaren Kokain aufgrund seiner pharmakologischen Wirkung ein überwältigendes Rauscherleben mit einem starken Verlangen nach Fortsetzung des Konsums und eine sofortige, unweigerlich eintretende Abhängigkeit nachgesagt (vgl. Kaulitzki 1996). Dieses Bild lässt sich in der vorliegenden Untersuchung nicht bestätigen. Nur ein Viertel der Konsumenten der quantitativen Erhebung nutzte das rauchbare Kokain nach dem ersten Konsum mehr als dreimal in der Woche. Und auch in der qualitativen Erhebung waren es weniger als die Hälfte der Konsumenten, die schnell einen intensiven Gebrauch zeigten. Diese größere Verbreitung eines hohen Einstiegskonsums bei den Konsumenten der Drogenszene scheint dabei eher von der sozialen Umgebung der Konsumenten geprägt zu sein als von der Wirkung der Substanz. So zeigte sich, dass insbesondere die Gebraucher, die bereits während ihrer ersten Konsumerfahrungen intensiv mit der Drogenszene oder anderen drogenaffinen Kreisen Kontakt hatten, eher eine schnelle und intensive Crackkonsumentwicklung zeigten als die Gebraucher, die noch über andere Lebenszusammenhänge verfügten. Einige Gebraucher griffen nach dem ersten Konsum über mehrere Jahre hinweg nicht mehr zu der Substanz und nutzten sie erst dann wieder als sie regelmäßiger in der Drogenszene verkehrten, zu der sie häufig auch durch ganz andere Substanzen in Kontakt kamen. Crack war für keinen der befragten Interviewpartner die Einstiegssubstanz in den Gebrauch illegaler Drogen. Dies scheint auch auf den Großteil der über den Fragebogen erreichten Konsumenten zuzutreffen. Die Gebraucher verfügten also schon über vielfältige Erfahrungen mit anderen Substanzen bevor sie auch das rauchbare Kokain gebrauchten, eine Beobachtung, die auch andere Studien teilen (u. a. Vogt et al. 2000).

Ein stark mit dem rauchbaren Kokain assoziiertes Konsummuster ist der Bingingkonsum mit intensiven und lang anhaltenden Konsumphasen und einem zum Teil tagelangen Kreislauf von Beschaffung und Konsum. Auch im Rahmen dieser Studie zeigte sich ein solches Konsumverhalten, und gerade die Befragten der Drogenszene berichteten von einem in dieser Ausprägung vollzogenen Substanzkonsum. Im aktuellen Konsum der Befragten war dieses Konsummuster jedoch unerwartet gering verbreitet. In der quantitativen Untersuchung wird deutlich, dass die besonders vielen Konsumvorgänge dort eher bei Personen mit einem seltenen Crackgebrauch stattfinden, die keine Anzeichen für einen dauerhaft kompulsiven Konsum zeigen. Es gibt Veröffentlichungen, die diese Beobachtungen unterstützen. So verweisen Reinarman et al. (1997) auf eine Studie unter intensiven Crackkonsumenten, in der sie ebenfalls genau dieses Verhalten beobachten konnten. Der hohe Bingingkonsum verbunden mit einem subjektiv erlebten Kontrollverlust war auch in ihrer Studie sehr wohl präsent, zwischen diesen Phasen lagen aber in der Regel Tage bis Wochen, in denen die Gebraucher nicht konsumierten und ihrem normalen nicht allein drogenbezogenen Alltag nachgingen.

In der hier vorliegenden Untersuchung wurde weiterhin deutlich, dass der Bingingkonsum nicht automatisch eintritt. Sehr viele Gebraucher haben stets nur sehr wenige Konsumvorgänge, egal ob sie Crack intensiv oder nur selten bis gelegentlich konsumieren. Das gilt sowohl für die Konsumenten, die über die quantitative Erhebung erreicht wurden als auch für jene der qualitativen Erhebung. Ganz deutlich sind demnach auch Gebraucher der Drogenszene in der Lage, ein Konsummuster ohne einen Bingingkonsum zu praktizieren. Zwar haben alle Konsumenten der Drogenszene in früheren Zeiten einen Bingingkonsum gezeigt, so begrenzt aber ein großer Teil von ihnen im aktuellen Gebrauch die Zahl der Pfeifen oder Spritzen auf ein, zwei oder drei Konsumvorgänge. Sie zeigen damit, dass ein Crackgebrauch nicht zwangsweise mit einem Bingingkonsum einhergehen muss und dass ein solches Gebrauchsmuster auch überwunden werden kann.

In der Analyse des SDS-Tests in der quantitativen Erhebung wird deutlich, dass zwar ein relativ hoher Anteil der damit erfassten Konsumenten als psychisch abhängig einzuschätzen ist, jedoch auch ein großer Teil keine psychische Abhängigkeit nach DSM-IV zeigt. Auch dies widerspricht dem Mythos einer zwangsweise eintretenden Abhängigkeitsentwicklung. Im Vergleich zu einer europaweiten Studie unter Kokain- und Crackkonsumenten ist der vorliegende Anteil von Abhängigen nach Einschätzung des SDS-Tests sogar niedriger als unter den dort erreichten Gebrauchern rauchbaren Kokains. So lag der Anteil der Abhängigen dort bei 71 bis 75 % (Prinzlev et al. 2005, S. 213), während es vorliegend 56,5 % der Konsumenten waren, bei denen von einer Kokainabhängigkeit auszugehen ist. Jedoch handelte es sich in der Studie von Prinzleve et al. (2005) hauptsächlich um Crackkonsumenten, die in einem Behandlungssetting oder der Drogenszene angesprochen wurden.

Dass der Konsum rauchbaren Kokains nicht automatisch in die Sucht führen muss, belegen zudem die Repräsentativbefragungen, innerhalb derer die Lebenszeitprävalenz der Substanz stets deutlich höher liegt als ihre 12-Monate- und 30-Tage-Prävalenz (siehe Kap. 2.3). Diese Tendenz zeigt sich auch in der vorliegenden Untersuchung. Obwohl wie beabsichtigt aktuell gebrauchende Crackkonsumenten teilnahmen, konsumierte ein Drittel der Fragebogenteilnehmer in den letzten 30 Tagen vor dem Erhebungszeitpunkt kein rauchbares Kokain. Sie sind also in der Lage, mindestens einen Monat auf den Gebrauch der Substanz zu verzichten. Auch andere Studien kamen zu dem Schluss, dass ein Gebrauch des rauchbaren Kokains nicht automatisch in eine Abhängigkeit führt (Erickson et al. 1994; Waldorf et al. 1991; Kemmesies 2004b).

7.1.2 Das Bild, Crack sei gefährlicher als Kokainhydrochlorid

Ein weiterer oft benannter Mythos ist eine besondere Gefährlichkeit des rauchbaren Kokains im Vergleich zu seiner Ursprungssubstanz, dem Pulverkokain. Die Ursache liege vor allem in dem schnelleren Anfluten und dem ebenso schnellen Abfallen der Wirkung. Tatsächlich zeigt sich unter den Konsumenten der quantitativen Erhebung eine anteilig größere Verbreitung eines abhängigen Crackgebrauchs als in repräsentativen Bevölkerungsumfragen zum allgemeinen Kokaingebrauch (siehe Kap. 5.2.5).

In der qualitativen Erhebung wird deutlich, dass viele Gebraucher die Meinung einer größeren Gefährlichkeit des rauchbaren Kokains teilen. Sie glauben, dass mit Pulverkokain leichter eine Konsumkontrolle vollzogen werden kann, als es bei der rauchbaren Variante möglich ist. Insbesondere bei zwei außerhalb der Drogenszene interviewten Konsumenten wurde deutlich, dass das rauchbare Kokain nicht unbedingt dem pulverförmigen Kokain vorgezogen wird. Ein dauerhafter Umstieg auf den Rauchkonsum fand bei beiden nicht statt, zum einen weil sie kein Verlangen nach der Substanz hatten und lediglich sich zufällig ergebende Konsumangebote wahrnahmen, zum anderen auch aus der Motivation heraus, den eigenen Kokaingebrauch nicht noch zu verschärfen. Es wird darüber deutlich, dass der Konsum der Kokainbase nicht zwangsweise dazu führt, dass alle anderen Drogen in den Hintergrund treten und sich die Konsumenten nur noch auf das Crack konzentrieren. Neben dem Pulverkokain zeigt sich dies auch bei verschiedenen anderen von den Konsumenten genutzten Substanzen. Gerade wenn dauerhaft Heroin konsumiert wird, fällt ein Verzicht auf das rauchbare Kokain meist leichter als der Verzicht auf das Opiat. Das Fehlen der massiven körperlichen Entzugserscheinungen beim rauchbaren Kokain macht einen Verzicht auf die Substanz einfacher möglich. Viele Konsumenten haben mit der Zeit gemerkt, dass man auch einem starken psychischen Verlangen widerstehen kann.

Weiterhin wird unter Konsumenten und zum Teil auch in der Literatur vermutet, dass das rauchbare Kokain eine besonders reine Kokainform darstellt (vgl. Schweer und Strasser 1994) und dies ebenfalls ein Grund für ein höheres Suchtpotential sei. Dies mag auf Freebase zutreffen, bei dessen Herstellungsprozess dem Kokain durch die Zugabe von Äther die Streckmittel entzogen werden (siehe Kap. 2.2). Man kann aber heutzutage von einer hauptsächlichen Verbreitung von Crack ausgehen. Und für diese Substanz gilt: „Crack ist genauso sauber oder unsauber wie das Kokain, aus dem es deriviert wird." (Sahihi 1995, S. 38 f.). So werden während dem Herstellungsprozess zugesetzte Stoffe nicht entfernt und Streckmittel und sogar toxische Abfallstoffe können in der Substanz enthalten sein (ebd.). Auch unter den im Rahmen der vorliegenden Arbeit befragten Szenegängern wurde zum Teil die Ansicht über eine größere Reinheit des rauchbaren Kokains vertreten, aufgrund derer es zu einer stärkeren Wirkung und dem hohen Abhängigkeitspotential komme. Die meisten aber glauben an eine sehr schlechte Qualität des rauchbaren Kokains, die vor allem in den letzten Jahren weiterhin abgenommen habe. Für sie hat die Substanz nichts mehr mit einem besonders reinen Kick zu tun. Sie sind davon überzeugt, dass Streckmittel und auch Rückstände der zur Herstellung der Substanz benötigten Zusatzstoffe in der Kokainbase enthalten sind und wenden zum Teil gerade aus diesem Grund risikominimierende Verhaltensweisen an.

7.1.3 Das Bild der epidemischen Verbreitung des rauchbaren Kokains

In den 1980er- und 1990er-Jahren war sowohl in den USA als auch in Deutschland die Rede von einer epidemischen Verbreitung des rauchbaren Kokains. Aufgrund des geringen Preises und des hohen Suchtpotentials würde Crack bald in allen sozialen Schichten konsumiert werden und zu einem ernsthaften gesellschaftlichen Problem führen (Kaulitzki 1996; Reinarman und Levine 1997b). Wie bereits in den Einführungskapiteln zur Verbreitung des rauchbaren Kokains in der Allgemeinbevölkerung beschrieben wurde, ist eine übermäßige Verbreitung des rauchbaren Kokains nicht eingetreten, weder in Europa noch in Nordamerika (Prinzleve et al. 2005; Reinarman und Levine 2004). Lediglich in wenigen Drogenszenen Deutschlands wurde das rauchbare Kokain zu einem Problem. Interessanterweise scheint das rauchbare Kokain als sichtbares Phänomen auch auf diese Szenen beschränkt zu sein. Im Gespräch mit Mitarbeitern der Drogenhilfe aus umliegenden Städten von Frankfurt am Main wurde deutlich, dass Crack bisher ein Phänomen der naheliegenden Großstadt geblieben ist. So spielt die Substanz z. B. in den Drogenszenen von Darmstadt, Mainz oder Limburg überhaupt keine Rolle[1]. Es mag daran liegen, dass der Konsum des rauchbaren Kokains in der Regel sehr nah am Erwerbsort durchgeführt wird. Dort, wo Crack gekauft wird, wird es von den Gebrauchern auch konsumiert. Wie die Ergebnisse der vorliegenden qualitativen Erhebung zeigen, nehmen nur sehr wenige Gebraucher Crack mit in die eigene Wohnung oder ihre Unterkunft. Möglich ist, dass Konsumenten der Drogenszenen umliegender Städte nicht in die Crackszenen fahren, oder aber auswärtige 'Besucher' dieser Szenen in ihre Heimatstädte zurückkehren, ohne Crack dorthin mitzunehmen. Händlerstrukturen etablieren sich in den umliegenden Städten ganz offensichtlich nicht – zumindest nicht in dem Maße, dass der Gebrauch auffällig wird. Denn dass es den Crackkonsum auch außerhalb von Frankfurt, Hamburg und Hannover geben muss, legen die außerhalb der Drogenszene erreichten Interviewpartner nahe, von denen keiner aus der Nähe dieser Städte stammt. Und auch die ESPAD-Studien weisen einen Crackkonsum unter Schülern auch aus anderen Bundesländern als Hessen, Niedersachsen und Hamburg nach (Kraus et al. 2004; Kraus et al. 2008a). Das bedeutet, dass das rauchbare Kokain ganz offensichtlich in diesen Umgebungen so konsumiert wird, dass der Gebrauch nicht sichtbar wird.

---

[1] In allen drei Städten wurden im März und April 2010 Mitarbeiter jeweils einer dort ansässigen Drogenhilfeeinrichtung von der Autorin dieser Arbeit zu der Verbreitung des rauchbaren Kokains in ihrer Region befragt.

In verschiedenen in Europa durchgeführten Studien zum Kokainkonsum von sozial integrierten Personen in der Allgemeinbevölkerung konnten nur wenige Gebraucher erreicht werden, die das Kokain in seiner basischen Form nutzten. Auch in Deutschland wird der Crackgebrauch in sozial integrierten Kreisen kaum vermutet. Dass es aber auch in diesen sozialen Bezügen Konsumenten gibt, zeigt die vorliegende Untersuchung. So konnten mit der Onlinebefragung Crackgebraucher erreicht werden, die über das Vorhandensein einer gesicherten Wohnsituation und eines Ausbildungs- oder Beschäftigungsverhältnisses zum ‚bürgerlichen Milieu' gezählt werden können. Es gibt also entsprechend integrierte Konsumenten rauchbaren Kokains. Wie stark ihre tatsächliche Verbreitung in der Gesamtgesellschaft ist, lässt sich nicht ohne weiteres sagen. So scheint ein großer Teil von ihnen mit dem rauchbaren Kokain so umgehen zu können, dass es nicht zu einer Auffälligkeit gegenüber verschiedenen Institutionen kommt. Fast die Hälfte (43 %) der Konsumenten der quantitativen Erhebung hatte noch niemals Kontakte zur Drogenhilfe oder zu Strafverfolgungsinstanzen. Ihr Konsum ist gegenüber diesen Stellen unauffällig und sie werden deshalb auch nicht von Statistiken erfasst. In sozial integrierten Kreisen wird also das rauchbare Kokain konsumiert, ohne dass sich daraus zwangsläufig ernsthafte und sichtbare Probleme ergeben. Ganz offensichtlich sind viele Gebraucher dieses Umfelds in der Lage, Crack so zu nutzen, dass es nicht zu einer negativen Veränderung aller Lebensbereiche kommt. Darin scheint sich das rauchbare Kokain nicht von anderen illegalen Drogen zu unterscheiden, die ebenfalls kontrolliert und ohne eine Abhängigkeitsentwicklung gebraucht werden können (siehe Kap. 4.2 und 4.3.2).

7.1.4 Das Bild der sozialen Verelendung

Vielfach wird in der öffentlichen Diskussion eine starke soziale Verelendung als zwangsweise Folge des Crackgebrauchs und der daraus resultierenden Substanzabhängigkeit gesehen. Gerade eine massive Verelendung kann unter den über das Internet erreichten Konsumenten nicht beobachtet werden. Insgesamt sind drei Viertel der Gebraucher in einem Ausbildungs- und Beschäftigungsverhältnis und weniger als 10 % leben in einer ungesicherten Wohnsituation. Die Tatsache, dass sie an der Onlinebefragung teilnahmen, ist bereits ein Beleg dafür, dass sie in Lebensumständen leben, in denen es möglich ist einen relativ langen Fragebogen über das Internet zu beantworten. Dazu gehören der Zugang zu diesem Medium und die entsprechende Ruhe und Motivation. Würde also jeglicher Crackgebrauch in eine soziale Verelendung führen, hätte es keinen Rücklauf der Fragebögen gegeben. Dabei ist es nicht so, dass alle erreichten Gebraucher erst seit kurzem Erfahrungen mit dem rauchbaren Kokain haben und die unterstellte Verelendung deshalb noch nicht eingetreten ist. Bei sehr vielen liegt der erste Gebrauch der Substanz schon einige Jahre zurück (siehe Kap. 5.2.3). Ganz offensichtlich ist es also möglich, trotz eines Crackgebrauchs ‚normale' Lebenszusammenhänge aufrecht zu erhalten. Auch andere Studien zum Kokainkonsum haben kleinere Gruppen von Crackkonsumenten erreichen können und festgestellt, dass es sozial integrierte Gebraucher gibt, bei denen der Konsum des rauchbaren Kokains nicht zu einer sozialen Verelendung und einem Verlust jeglicher außerszenischer sozialen Bezüge kommt (Cohen und Sas 1994; Reinarman und Levine 1997a; Waldorf et al. 1991; Erickson et al. 1994; Decorte 2000).

Die meisten Untersuchungen und Veröffentlichungen, die zu dem Schluss kommen, dass ein Crackgebrauch mit einer sozialen Verelendung einhergeht, entstehen aus Beobachtungen, die sich auf die Drogenszene beschränken. Dort scheinen die Crackkonsumenten zu denen zu gehören, die am meisten verelendet sind und die von den Angeboten der Drogenhilfe nicht oder nur schwer erreicht werden (Langer et al. 2004; Fischer et al. 2005). Auch dieses Bild wird in der vorliegenden Untersuchung nur zum Teil bestätigt. Tatsächlich leben 65 % der in der qualitativen Erhebung befragten Konsumenten der Drogenszene in einer Notunterkunft oder bei Bekannten und Freunden. Das heißt, ein recht großer Teil verfügt nicht über eine eigene Wohnung außerhalb der Szene. Nur bei verhältnismäßig wenigen ist dies jedoch offensichtlich auf den Konsum des rauchbaren Kokains und eine Fixierung auf den Gebrauch zurückzuführen. So lebte ein großer Teil der in der qualitativen Untersuchung befragten Szenegänger bereits in der Drogenszene bevor sie in diesem Umfeld dann auch an das rauchbare Kokain gelangten. Nur wenige Konsumenten berichteten von einem Wohnungsverlust, der aufgrund ihres massiven Crackkonsums erfolgte. Häufig standen Wohnungsverluste mit einer Trennung oder dem Tod des Lebenspartners in Verbindung, in deren Folge es zu einer Auflösung der Wohnsituation kam.

Viele der in der Untersuchung befragten Crackgebraucher haben tatsächlich ein Konsumverhalten an sich beobachtet, das zu tagelangen Wachphasen, Unterernährung, Straffälligkeit oder zu fehlender Hygiene führte. Es stellt sich aber die Frage, ob diese beobachtete Verelendung nicht von vornherein von der bereits bestehenden sozialen Lebensweise begünstigt wird. Die stärkere Verelendung entsteht womöglich genau unter denjenigen, die ohnehin schon in sozial desolaten Verhältnissen leben. So Nabben (1999) darauf hin, dass sich Wohnungslosigkeit und ein starker Crack- bzw. auch anderer Drogenkonsum häufig gegenseitig bedingen und ein starker Drogengebrauch deshalb nicht unbedingt als Grund für die Wohnungslosigkeit vorausgesetzt werden kann („Clearly, homelessness and drug misuse are two-way catalysts.", o. S.). Gleichzeitig zeigt sich, dass es auch intensive Konsumenten gibt, die auf Hygiene und Ernährung achten.

Des Weiteren bedeutet ein Crackgebrauch nicht automatisch eine illegale Beschaffung der notwendigen finanziellen Mittel. So ist mit einem Konsum und einer Abhängigkeit von illegalen Drogen nicht zwangsweise von einer illegalen Beschaffung der Geldmittel auszugehen, auch wenn diese beiden Phänomene in der Bevölkerung häufig gleichgesetzt werden (vgl. Schmidt-Semisch 1992). Auch der Konsum von Crack muss nicht zu einem kriminellen Finanzierungsverhalten führen oder dieses aufrechterhalten. Selbst einige Konsumenten in der Drogenszene haben sich bewusst gegen diese Art der Konsumfinanzierung entschieden und orientieren ihren Konsum an den finanziellen Mitteln, die ihnen zur Verfügung stehen. Auch die im Zusammenhang mit der Finanzierung des Crackgebrauchs häufig vermutete starke Bedeutung von Prostitution mit vielfältigen riskanten Praktiken (Druglink 2003; Canadian Centre on Substance Abuse 2006) lässt sich in der vorliegenden Untersuchung nicht erkennen. Nur knapp 11 % der Fragebogenteilnehmer und nur zwei der Interviewpartner finanzieren ihren Drogenkonsum und Lebensunterhalt über Prostitution. Die meisten in der Drogenszene befragten Frauen lehnen die Prostitution klar ab und sind auch in früheren exzessiven Konsumzeiten dieser Art der Geldbeschaffung nicht nachgegangen. Die zwei Frauen, die sich prostituierten, berichten von einem ‚safer sex'-Verhalten, also der konsequenten Verwendung von Kondomen.

Ebenso lässt sich im Rahmen dieser Studie kein stark riskantes Konsumverhalten beim intravenösen Konsum des rauchbaren Kokains infolge häufigerer Konsumvorgänge beobachten, wie sie z. B. von Daly (2003) für Großbritannien gesehen werden. Zwar wird der intravenöse Konsum des rauchbaren Kokains nur von sechs Befragten überhaupt praktiziert. Diese verwenden jedoch stets sauberes Spritzbesteck. Und auch beim Konsum anderer Drogen ist safer use unter den Befragten die Regel. Allgemein scheint der intravenöse Konsum des rauchbaren Kokains eher mit geringeren Konsumvorgängen einherzugehen, als das Rauchen der Substanz. Dies könnte an der häufigen Beimischung von Heroin und/oder von Benzodiazepinen liegen, die den Rausch länger und angenehmer anhalten lassen. Ein infektionsriskantes Konsumverhalten ist unter den Befragten lediglich hinsichtlich des gemeinsamen Gebrauchs von Rauchutensilien zu beobachten. Basierend auf den Interviews scheint dies aber mehr an dem Unwissen der Konsumenten hinsichtlich einer Infektionsgefährdung zu liegen als an einer größeren Risikofreude infolge des Crackgebrauchs. Hier ist also die Drogenhilfe gefragt, eine größere Aufklärung zu betreiben und Wechselmundstücke anzubieten.

Eines der wichtigsten Ergebnisse der qualitativen Erhebung ist jedoch die Beobachtung, dass ein exzessives Konsumverhalten nicht bestehen bleiben muss. Selbst wenn eine starke Integration in Szenebezüge und eine zeitweise Verelendung der Gebraucher durch den Konsum des rauchbaren Kokains begünstigt wurden, heißt das nicht, dass dies irreversibel ist. So war ein Teil der Interviewpartner innerhalb von Arbeitsprojekten wieder beschäftigt, und ein weiterer Teil hat sich wieder ein Leben außerhalb der Drogenszene aufgebaut.

In den Berichten über das rauchbare Kokain richtet die Presse den Blick stets auf die Konsumenten, die eine problematische Konsumentwicklung und entsprechende negative Folgen zeigen. Schließlich geht es den Medien darum, ihr Publikum zu unterhalten. Dies ist mit dem Aufgreifen von Extremfällen öffentlichkeitswirksamer, deutlich einfacher und letztlich auch lukrativer als mit Konsumenten, die einen weniger problematischen Konsum verfolgen (vgl. Reinarman und Levine 2004).

Den großen Einfluss der Fach- und Tagespresse auf das öffentliche Bild und die Gesetzgebung zeichnet Hoffmann (2007) im Rückblick auf das beginnende 20. Jahrhundert nach und stellt dabei fest, dass die negative öffentliche Meinung (und auch die Gesetzgebung) über Heroin und Kokain wesentlich auf Pressemeldungen zurückgehen, die oftmals dramatisierende oder gar falsche Inhalte zu Risiken und Verbreitung der Substanzen veröffentlichten. So sei die Auseinandersetzung mit einem zu verurteilenden Drogenkonsum, die erst ab dem frühen 20. Jahrhundert überhaupt einsetzte und bis heute anhält, wesentlich auf zum Teil unwahre Berichte der Fach- und Tagespresse zurückzuführen. Auch das medial inszenierte Bild des rauchbaren Kokains lässt sich bislang nicht korrigieren. Anfang der 1990er Jahre versuchte die US-Presse, das selbst geschaffene Bild zu relativieren, was ihr jedoch nicht gelang. Zu sehr war das Bild der Droge geprägt (Reinarman und Levine 2004).

7.2 Zuschreibungseffekte

Das in Deutschland vorherrschende Bild des rauchbaren Kokains wurde zunächst stark durch die in den 1980er-Jahren in den USA verbreiteten Medienberichten geprägt. Als Folge wartete die deutsche Drogenhilfe mit Schrecken auf das Überschwappen der ‚Crackwelle' nach Deutschland. Als die Substanz schließlich in der deutschen Drogenszene auftrat, standen vermutlich viele Beobachter noch unter dem Eindruck des medialen Bilds. Es folgten Veröffentlichungen, die sich auf Berichte der Drogenhilfe und der Polizei beriefen. Sie alle beschrieben das hohe Suchtpotential der Substanz, die negativen gesundheitlichen und sozialen Folgen eines massiven Bingingkonsums und die wachsende Aggression und Gewaltbereitschaft innerhalb der Drogenszene (siehe Kap. 3.3). Damit bestätigte sich die durch die Medien verbreitete Erwartung. Mit Blick auf die vorliegenden empirischen Daten bleibt fraglich, ob dies in dem Suchtpotential der Substanz liegt, oder eher daran geknüpft war, dass Drogenhilfe und andere Beobachter der Szene genau auf diese

Phänomene achteten, um eine Bestätigung der eigenen Erwartungen zu erhalten. Liegt der Fokus der durch die Medien sensibilisierten Beobachter auf Zeichen einer massiven Abhängigkeit, wird diese im Sinne einer selektiven Wahrnehmung mit hoher Wahrscheinlichkeit eher wahrgenommen, während andere Verhaltensweisen, die nicht in das Schema passen, ausgeklammert oder weniger intensiv bemerkt werden. Zudem ist zu bedenken, dass in der Beobachtung der Drogenszene die Konsumenten mit einem sehr problematischen Konsumverhalten ohnehin weitaus auffälliger sind. So fallen Mitarbeitern der Drogenhilfe stark verelendete Gebraucher sicher schon allein aufgrund des Hilfe- und Unterstützungsauftrags stärker ins Auge als jene, die regelmäßig Termine einhalten, an Arbeitsprogrammen teilnehmen oder sich von vornherein nur ab und zu in der Szene aufhalten und in die Einrichtungen der Drogenhilfe kommen.

Allgemein kann ein stark negatives Image einer Substanz auch Konsumenten anderer Drogen davon abhalten, die neue Substanz zu konsumieren. So wurde das ‚Junkie-Image' dieser Kokainform von einigen Konsumenten innerhalb von Studien zum Umgang mit illegalen Drogen in der sozial-integrierten Bevölkerung als Grund benannt, diese Substanz nicht zu konsumieren oder den Gebrauch nach einigen Malen wieder einzustellen (Cohen und Sas 1994; Kemmesies 2004b). Eine Abschreckung durch eine negative Proklamierung einer Substanz, funktioniert jedoch nur bei Menschen, die gegenüber der Droge ohnehin schon negativ eingestellt sind (Franzkowiak 1999). Für die Konsumenten, die trotzdem mit einem Konsum beginnen, kann die Fixierung auf negative Aspekte wie Kontrollverlust und Abhängigkeit im Sinne einer sich-selbsterfüllenden Prophezeiung eine stark negative Auswirkung auf den Umgang mit der Substanz haben.

7.2.1 Erster Konsum und erstes Wirkungserleben

Aufgrund des starken Medieninteresses war das rauchbare Kokain lange Zeit immer wieder in der Öffentlichkeit präsent. Als Folge wuchs die Neugier nach dem berichteten außergewöhnlich starken Rauschzustand. Letztlich führten die US-Medienberichte der 1980er Jahre eher zu einem größeren Interesse an der Substanz und deren Gebrauch, als zu einer Abschreckung. So schreibt Sahihi (1995): „Eine wirksamere Werbung hätten sich die vereinigten Crack-Köche und -Dealer kaum ausdenken können" (S. 44). Immer dann, wenn eine Substanz als besonders neu und gefährlich beschrieben wird und über die Presse in aller Munde ist, wird das Interesse daran, sie auszuprobieren, geweckt. In der Folge der Medienberichte wurde Crack auch in Deutschland angeboten und verbreitete sich in den Drogenszenen der Städte Frankfurt und Hamburg und schließlich auch in Hannover. In beiden

7.2 Zuschreibungseffekte

Erhebungen der vorliegenden Untersuchung wird deutlich, dass Neugier für viele der bestimmende Grund für ihren ersten Gebrauch des rauchbaren Kokains war. In den qualitativen Interviews zeigte sich deutlich, dass die Wirkung des rauchbaren Kokains während der ersten Konsumerfahrung nicht unbedingt zu einem überwältigenden Rauschgefühl führte, wie es die medialen Beschreibungen hätten vermuten lassen. Ganz im Gegenteil erlebte fast die Hälfte der Gebraucher keinen übermäßig positiven Effekt, sondern entweder gar keine Wirkung oder negative Effekte mit Erbrechen und starkem Unwohlsein. Trotzdem setzten die Gebraucher den Konsum fort. Dazu musste das negative Wirkungserleben einer Wandlung unterliegen, sich verändern und zum Positiven hin entwickeln. Andernfalls hätten die Gebraucher den Konsum nicht dauerhaft fortgesetzt, sondern nach einigen ‚erfolglosen' Malen aufgegeben (vgl. Becker 1981). Crack ist also keine Substanz, die jeden Konsumenten aufgrund ihrer positiven Wirkung sofort in ihren Bann zieht. Eine solche verhaltene Reaktion auf eine Substanzwirkung ist dabei nicht ungewöhnlich, sondern wird auch von anderen Drogen berichtet. Die wenigsten Jugendlichen empfinden beim ersten Trinken von Alkohol den Geschmack als angenehm. Mit der Zeit erlernen sie aber, diesen aufgrund der Assoziation mit der als positiv bewerteten Wirkung zu schätzen. Analog bedeutet die erste Zigarette für Jugendliche in der Regel keinen wirklichen Genuss (Hess et al. 2004). Becker (1981, S. 40 ff.) setzte sich mit diesem Phänomen bei Cannabiskonsumenten auseinander. Um beim Konsum der Substanz eine positive Wirkung zu erleben, müssen nach Becker zunächst die richtige Konsumtechnik erlernt, Wirkungen wahrgenommen und als positiv bewertet sowie diese Wirkung als ein bei jedem Konsum wiederkehrender Genuss empfunden werden. Trifft dies nicht zu, wird der Konsum wieder eingestellt. Ganz bestimmend wirkt dabei die Konsumentengruppe, deren Mitglieder die Gebraucher beobachten und von ihnen wichtige Verhaltensregeln lernen (vgl. auch Blätter 2007). Ganz ähnliche Prozesse scheinen auch beim rauchbaren Kokain abzulaufen. Die Konsumenten sind neugierig und kommen in ihrem drogenaffinen Bekanntenkreis in Kontakt mit der Substanz. Viele Konsumenten nahmen ein Konsumangebot durch Mitkonsumenten wahr. Sie wurden von einer anderen Person an den Konsum herangeführt und in dem Erreichen der ‚richtigen' Wirkung unterstützt. Von ihnen lernten sie, wie und in welcher Menge die Substanz konsumiert wird, um eine Wirkung zu verspüren. Auch wenn die Wirkung nach dem ersten Konsum noch nicht den zuvor gehegten Erwartungen entsprach, konsumierten sie erneut, und zwar solange bis sie die Wirkung verspürten, die alle anderen Gebraucher beschrieben. Sie erlernten also, eine Wirkung zu empfinden, mit negativen Wirkungserscheinungen umzugehen oder diese zu verhindern und die Empfindungen als angenehm zu erleben. Auch andere Studien zum Umgang mit Pulverkokain und zum Crackgebrauch berichten über solche Phänomene

(Hess und Behr 2004; Waldorf et al. 1991; Reinarman et al. 1997; Langer et al. 2004; Sterk-Elifson & Elifson 1993; Decorte 2000).

Die aus Berichten von Konsumenten und Medien entstehenden Zuschreibungen einer bestimmten Wirkung haben also, wie bei anderen Drogen auch, einen Effekt auf das tatsächliche Rauscherleben der Crackkonsumenten, das damit also nicht nur aus der pharmakologischen Wirkung der Substanz entsteht.

7.2.2 Auswirkungen auf die Entstehung eines abhängigen Crackkonsums

Zuschreibungen und Erwartungen haben nicht nur Auswirkungen auf die Rauschwirkung einer Substanz, sondern können das gesamte Konsumverhalten beeinflussen. Das scheint bei rauchbarem Kokain nicht anders zu sein als bei anderen Drogen. So wird jede neue Droge durch einen bestimmten Mythos begleitet, der durch die Handlung der Konsumenten bestätigt wird (Kaulitzki 1996, S. 86). Die vorliegenden Untersuchungsergebnisse zeigen entgegen dem ‚Crack-Mythos', dass ein kontrollierter Konsum des rauchbaren Kokains durchaus möglich ist, und die Substanz auch konsumiert werden kann, ohne dass es zu dem erwarteten Bingingkonsum kommt. Es stellt sich die Frage, was aber dazu führte, dass ausnahmslos alle innerhalb der Drogenszene befragten Konsumenten in der Vergangenheit einen Kontrollverlust gegenüber dem Konsum des rauchbaren Kokains erlebten.

Wie beim Wirkungserleben könnten hier Erwartungs- und Zuschreibungsprozesse von großer Bedeutung sein. Konsumenten, die das rauchbare Kokain konsumieren, tun dies stets vor dem Hintergrund der gesellschaftlich zugeschriebenen Eigenschaften der Substanz – der zwangsweisen Abhängigkeitsentwicklung durch das hohe Suchtpotential der Substanz, dem Unvermögen einer Konsumkontrolle und den quasi automatisch auftretenden problematischen Folgen. Diese Eigenschaften sind in der Öffentlichkeit quasi miteinander gleichgestellt. Wenn ein Merkmal gezeigt wird, wird automatisch das andere unterstellt (Becker 1981, S. 29) und geradezu erwartet. Dies kommt insbesondere dann zum Tragen, wenn ein Konsumverhalten auffällig wird und die Gebraucher in der Folge nach der gesamtgesellschaftlichen Einschätzung behandelt werden. Je mehr die Gebraucher mit der Zuschreibung von außen konfrontiert sind, desto höher steigt das Risiko, diese Zuschreibung in das eigene Selbstbild zu übernehmen und das von ihnen erwartete Verhalten zu bestätigen, in dem sie sich der Zuschreibung anpassen und das Verhalten zeigen (Becker 1981). Solche Zuschreibungsprozesse geschehen bei vielen Substanzen. Weber und Schneider (1997) weisen in diesem Zusammenhang auf die Auswirkungen der Kriminalisierung und der Pathologisierung des Konsums von

7.2 Zuschreibungseffekte

Opiaten hin: „Dies hat zur Folge, daß auch die Heroinkonsumenten selbst über eine „Self-fulfilling-Prophecy" oft die Auffassung ihrer sozialen Umwelt übernehmen, sie seien willenlos und krank." (S. 38 f., Hervorhebung im Original). Es ist anzunehmen, dass diese Effekte ebenso auf die Gebraucher rauchbaren Kokains wirken. In der Studie von Waldorf et al. (1991) zeigte sich zum Beispiel in der subjektiven Einschätzung der Gebraucher, dass der Crackkonsum bei ihnen sehr schnell zu verschiedensten Problemen führte. Im statistischen Vergleich mit Konsumenten von Pulverkokain, die über keine solch schnelle Entwicklung sprachen, konnten diese Unterschiede nicht festgestellt werden. Insofern stellt sich die Frage, ob das Empfinden größerer Schwierigkeiten mit dem rauchbaren Kokain nicht Folge der gesellschaftlichen Zuschreibung war. Auch Kemmesies (2004b) wirft die Frage auf, ob die hohe Verbreitungsrate abhängiger Verhaltensweisen gegenüber Heroin und Crack nicht eher auf der Zuschreibung des hohen Suchtpotentials beruht, denn auf den vorhandenen pharmakologischen Eigenschaften (S. 165). Auch andere dem Crackgebrauch zugeschrieben Verhaltensweisen können durch ihre Erwartung hervorgerufen werden. So wiesen Vogt et al. (2000) darauf hin, dass die häufig mit dem rauchbaren Kokain verbundene Beobachtung von Aggressivität und Gewalt ebenfalls Ergebnis von Zuschreibungsprozessen ist. Schließlich werde genau dieses Verhalten durch Polizei, Drogenhilfemitarbeiter und den Konsumenten selbst erwartet. Zeigen einzelne Konsumenten dann dieses Verhalten, ist es nach den Autoren „durchaus denkbar, daß andere Drogenabhängige es ihnen nachmachen, was zu einer generellen Zunahme von Aggressionsausbrüchen in der Drogenszene und in den Hilfeeinrichtungen führt" (S. 12). Interessanterweise zeigen auch die Konsumenten der vorliegenden Untersuchung eine hohe Verknüpfung des rauchbaren Kokains mit aggressivem und gewalttätigem Verhalten – jedoch immer nur in der Bewertung anderer Konsumenten. Von einer an sich selbst beobachteten ungewöhnlich hohen Aggressivität und Gewaltbereitschaft distanzieren sich die Konsumenten.

In Abgrenzung zum Pulverkokain wirkt bei Crack noch ein weiterer Aspekt. So wird das rauchbare Kokain vornehmlich in unteren Bevölkerungsschichten konsumiert, denen ohnehin eher eine Abhängigkeitsentwicklung zugeschrieben wird. Daraus entsteht für Kaulitzki (1996) ein weiteres Phänomen. Zwar besteht zwischen Pulverkokain und Crack kein pharmakologischer, aber dafür ganz wesentlich ein gesellschaftlicher Unterschied, der Auswirkungen auf die Zuschreibung von Abhängigkeit und in der Folge auf das Konsumverhalten der Gebraucher hat (S. 85 f.). Denn die Konsumenten des rauchbaren Kokains gehören weitaus häufiger zur Drogenszene oder anderen marginalisierten Bevölkerungsgruppen (siehe Kap. 2.3).

7.2.3 Auswirkungen auf Kontrollbemühungen und Gefahren

Die Wirkung von Zuschreibungsprozessen und die Übernahme von Ansichten Außenstehender (Medien, Drogenhilfe, andere Konsumenten etc.), wurden unter den Teilnehmern der vorliegenden Untersuchung immer wieder überaus deutlich. Das starke Verlangen, das insbesondere nach dem ersten Konsumvorgang des rauchbaren Kokains auftritt und dem man nicht widerstehen kann, wird von vielen Konsumenten berichtet. Überraschenderweise benennen dies auch jene Gebraucher, die nur gelegentlich und nur in sehr wenigen Konsumvorgängen Crack konsumieren, also Gebraucher, die sehr wohl zeigen, dass sie dem Verlangen nach dem Fortsetzen des Konsums widerstehen können. Die Ansicht, dass das alles beherrschende Verlangen quasi zu der Substanz gehört, hält sich also auch dann noch, wenn dieses Verhalten gar nicht mehr gezeigt wird.

Werden die Konsumenten immer wieder mit dem negativen Image der Substanz konfrontiert, kann dies in massiver Form das Selbstbewusstsein der Gebraucher und den Glauben an die eigene Selbstwirksamkeit beeinflussen und Lernprozesse hinsichtlich eines kontrollierten Umgangs mit der Substanz behindern (Southwell 2003). Wie soll man auch etwas kontrollieren, von dem jeder sagt, dass man es nicht kontrollieren kann.

So bewerten viele gelegentlich oder selten Crack konsumierende Interviewpartner, ihren Konsum als eher problematisch obwohl sie ihn an einer Reihe von Kontrollregeln und -strategien orientieren und exzessive Konsummuster eingestellt haben. Sie schwanken immer wieder zwischen der Ambivalenz, eigentlich gut und ohne Probleme mit dem geringen Konsum zurechtzukommen und andererseits doch das Gefühl zu haben, abhängig zu sein. Es scheint zudem äußerst schwierig, das praktizierte Verhalten, was nicht zu den von außen herangetragenen Erwartungen passt, vollständig in das eigene Selbstbild zu übernehmen. Viele Gebraucher können ihren kontrollierten Umgang nicht oder kaum als solchen sehen. Das kann durchaus eine größere Vorsicht und Achtsamkeit hervorrufen, durch die die Gebraucher wachsamer mit der Substanz umgehen, sie gar nicht erst gebrauchen oder Verhaltensweisen etablieren, mit Hilfe derer sie einem Konsumverlangen widerstehen. Auf der anderen Seite untergräbt der Glaube an ein übermäßiges Suchtpotential der Droge ihr Selbstbewusstsein gegenüber der Substanz. Sind sie z. B. davon überzeugt, dass sie ihren Gebrauch lediglich aufgrund fehlender Geldmittel einstellen und nehmen nicht wahr, dass sie sich bewusst gegen eine illegale Geldbeschaffung entscheiden, kann dies schnell zu einem erneuten Kontrollverlust führen, sollten einmal mehr Geldmittel zur Verfügung stehen. Ähnliches gilt für die Überzeugung, dass nach einem Konsumvorgang der Kontrollverlust auftreten muss, aus einer Pfeife also immer mehr Pfeifen werden müssen. Gleichzeitig erklä-

7.2 Zuschreibungseffekte

ren die exzessiven Konsumenten der Substanz den hohen Gebrauch sehr schnell mit der Sucht und nehmen ihr Konsumverhalten als nicht beeinflussbar wahr.

In den verschiedenen Haltungen und Bewertungen der in den Interviews erreichten Konsumenten spiegelt sich das gesellschaftliche Wertesystem. Nach wie vor ist in der Allgemeinbevölkerung im Hinblick auf illegale Drogen der Abstinenzgedanke vorherrschend. Nicht zuletzt wird dies von der Gesetzgebung bestimmt, die zwar nicht den Konsum illegaler Drogen dafür aber jede dazu führende Handlung unter Strafe stellt. Auch in der Drogenhilfe stellt die Erlangung der Abstinenz nach wie vor das wichtigste Ziel dar. Zwar ist sie gerade in der niedrigschwelligen Hilfe nicht mehr das Primärziel, trotzdem sollen auch innerhalb dieser Hilfsangebote neben der risikominimierenden Maßnahmen ein Überdenken des Konsumverhaltens und die Entwicklung eines Abstinenzwunsches gefördert und erreicht werden. Die gesellschaftliche Abstinenzhaltung spiegelt sich immer wieder in den Äußerungen der Konsumenten wider, auch bei einem moderaten Crackkonsum. Hier sei noch einmal beispielhaft auf die zwei Gebraucher verwiesen, die ihren seltenen Konsum an verschiedenen Stellen im Interview als Rückfall bezeichnen. Dies drückt in besonderer Weise ihre eigene Bewertung des Konsums aus. Ihnen ist es nicht möglich, ihren Gebrauch, der auf wenige Male im Monat bzw. wenige Male im Jahr beschränkt ist, als einen kontrollierten Konsum zu sehen. Ganz im Sinne der öffentlichen Meinung sehen sie die Gebrauchsmuster als Rückschritt in alte Verhaltensweisen. Solche Bewertungen werden ganz sicher von vielen Konsumenten geteilt. Diese Sicht kann zu einer negativen Beurteilung des eigenen Verhaltens führen, da sie sich selbst nicht in der Lage sehen, komplett auf die Droge zu verzichten. Damit setzen sie sich selbst unter Druck, Abstinenzerwartungen nicht erfüllen zu können. Solche Denkweisen können negative Dynamiken in Gang setzen und zu einer tatsächlichen Rückkehr in alte abhängige Konsummuster führen. Dies gilt insbesondere dann, wenn die Gebraucher das Gefühl haben, zu versagen und versuchen, Schuldgefühle mit einem fortgesetzten Gebrauch des rauchbaren Kokains zu betäuben. Eine andere Sichtweise auf dieses seltene Konsumverhalten kann Gebraucher dazu befähigen, ihren kontrollierten Umgang besser aufrechtzuerhalten und irgendwann auch aus dem Konsum komplett auszusteigen. Viele Studien zeigen, dass solche Ausstiegsprozesse zum Teil eine längere Zeit benötigen.

In der Beurteilung des Suchtpotentials des rauchbaren Kokains und dem Vermögen, auch diese Substanz kontrolliert zu gebrauchen, muss die Wirkung von Zuschreibungsprozessen stets berücksichtigt werden. Denn auch bei Crack gilt, was Degkwitz und Verthein (2000) folgendermaßen formuliert haben: „Die Verbindung zwischen Droge (Pharmakologie), individuellem Set und kulturellem Setting sind bekanntlich nicht linear. Die personalen und sozialen Wirkungen, die Verhaltenskonsequenzen sind soziale Gebilde, sind kulturelle Schöpfungen und gehören nicht zur Droge an sich." (S. 38). Insofern ist das rauchbare Kokain, so wie andere psychotrope Substanzen auch, eine Droge, die nicht nur aus ihren pharmakologischen Eigenschaften besteht, sondern das Gebrauchsverhalten entwickelt sich auch aus den Eigenschaften des Konsumenten sowie der Umgebung und dort vertretener Normen und Wertesysteme.

7.3 Maturing Out – Herauswachsen aus der Sucht

In beiden Untersuchungsarmen der vorliegenden Studie zeigen sich Konsumenten, die einen zu einem früheren Zeitpunkt stärkeren Konsum des rauchbaren Kokains praktizierten als zum Erhebungszeitpunkt. Eine vertiefende Betrachtung dieser Konsumveränderungen bieten die qualitativen Interviews. Hier zeigt sich, dass über die Hälfte der Gebraucher einen exzessiven Konsum des rauchbaren Kokains mit zahlreichen negativen Konsequenzen überwunden hatte, und sie ihren aktuellen Umgang mit der Substanz auf ein seltenes oder gelegentliches Maß beschränken. Sie alle verfolgten in der Vergangenheit exzessive Konsummuster, die bei einigen nur wenige Monate, bei anderen auch Jahre andauerten. Dem Wandel des eigenen Konsumverhaltens lagen verschiedene Motive zugrunde. In der Betrachtung einzelner Konsumentenaussagen wird eine zunehmende Abwendung von dem allgemeinen Drogengebrauchsverhalten deutlich. Neben dem rauchbaren Kokain werden häufig auch andere Drogen in einem geringeren Umfang konsumiert. Der Gebrauch von Crack und anderen Drogen nimmt eine immer geringer werdende Bedeutung ein, was insbesondere bei den seltenen Gebrauchern und bei den älteren gelegentlichen Konsumenten deutlich wird.

Der Ausstieg aus dem hohen, kompulsiven Umgang mit dem rauchbaren Kokain belegt, dass der Crackgebrauch nicht deterministisch progressiv und irreversibel verläuft und sich somit auch in diesem Punkt die Substanz nicht von anderen illegalen und legalen Drogen unterscheidet. So belegen verschiedene Studien, dass es sowohl unter Konsumenten von Alkohol, als auch unter Konsumenten von Cannabis und Opiaten eine große Zahl an vormals abhängigen Gebrauchern gibt, die ihre Abhängigkeit selbstständig überwunden haben, ohne zuvor eine auf die Beendigung der Sucht ausgerichtete therapeutische Behandlung wahrgenommen zu haben[2]. Auch in verschiedenen Studien zum Kokainkonsum fanden sich immer wieder Konsumenten, die einen kompulsiven Kokaingebrauch einstellten, sich für die Abstinenz von der Drogen entschieden oder zu einem kontrollierten Konsummuster zurückkehrten (z. B. Cohen und Sas 1994; Waldorf et al. 1991). So zeigen

---

[2] Einen Überblick über verschiedene Studien zu diesem Thema bietet unter anderem das von Klingemann und Sobell herausgegebene Buch *Selbstheilung von der Sucht* (2006).

7.3 Maturing Out – Herauswachsen aus der Sucht

Studien, die sich mit den sogenannten Selbstheilern befassen, dass der Ausstieg aus einer Sucht nicht allein in Abstinenz münden muss, sondern auch eine Rückkehr zu einem kontrollierten, risikoarmen Gebrauch möglich ist. Bei über drei Viertel der Alkoholheilungsstudien gab es Konsumenten, die zum kontrollierten Trinken zurückkehrten. In den Drogenstudien nutzten nahezu die Hälfte der zuvor abhängigen Konsumenten Opiate und Kokain wieder in einem kontrollierten, nicht riskanten Maße (Sobell 2006, S. 17 ff.).

Ein Teil der Crackkonsumenten der vorliegenden Untersuchung zeigt deutliche Merkmale eines sukzessiven Ausstiegsprozesses hin zu einer langfristigen Beendigung eines abhängigen, kompulsiven Drogenkonsums[3]. Vergleicht man die Ergebnisse der vorliegenden Untersuchung mit Studien zu Ausstiegsprozessen aus einer Alkohol- oder Drogenabhängigkeit, zeigen sich eine Reihe von Parallelen. Ob das bei den Konsumenten der vorliegenden Untersuchung beobachtete Verhalten Teil eines dauerhaften Ausstiegsprozesses darstellt und ob die Veränderung des Crack-Konsumverhaltens als selbstinitiierte Handlung und damit als eine Selbstheilung betrachtet werden kann oder wesentlich auf zum Teil intensive Erfahrungen mit der Drogenhilfe in der Vergangenheit zurückzuführen ist, kann nicht beantwortet werden. Bei keinem der befragten Konsumenten war die Veränderung des Crackkonsums eine direkte Folge einer länger andauernden psychotherapeutischen Behandlung. Verfügen die betreffenden Konsumenten über Erfahrungen mit Entwöhnungsbehandlungen, so liegen diese schon länger zurück. Die vorherrschenden Behandlungsformen, die von den Befragten wahrgenommen wurden, waren Entzugsbehandlungen und vor allem Substitutionsbehandlungen, die den Veränderungsprozess zuweilen deutlich unterstützten. Jedoch ist diese auf die Heroinabhängigkeit und nicht den Gebrauch des rauchbaren Kokains ausgerichtet. Zudem wurde der kompulsive Crackgebrauch häufig auch während einer bereits bestehenden Substitutionsbehandlung vollzogen. In den verschiedenen Studien zum Phänomen der Selbstheilung finden sich durchaus unterschiedliche Zuordnungskriterien, und es wurden in diesen Studien häufiger auch Personen berücksichtigt und in ihrem Ausstieg als unbehandelt definiert, die zuvor Kontakt zum Hilfesystem hatten, diese Kontakte aber nicht als ausschlaggebend für die Überwindung der Abhängigkeit erlebten (Sobell 2006).

Der Ausstieg aus einem abhängigen Substanzkonsum wird vielfach als ein längerfristiger Entwicklungsprozess gesehen, der unterschiedlichen Einflussfaktoren unterliegt und keinem linearen Muster folgt (Happel 1994; Weber und Schneider 1997; Schneider 2005). In der vorliegenden Untersuchung wird besonders der Ein-

---

[3] Eine Substitution wird in diesem Zusammenhang als ein kontrollierter, nicht-kompulsiver Substanzgebrauch bewertet, da diese trotz der körperlichen Abhängigkeit einem Plan folgt und ohne kompulsiven Beikonsum nicht zu negativen Auswirkungen führt.

fluss des Alters der Konsumenten auf ihr Gebrauchsverhalten deutlich. Sowohl in der quantitativen Online-Befragung als auch in der qualitativen Erhebung zeigt sich, dass das steigende Lebensalter und der damit verbundene Übergang in neue Lebensphasen zu einer Veränderung des Konsumverhaltens auch gegenüber dem rauchbaren Kokain führen können. So verringert sich in beiden Untersuchungsarmen die Konsumhäufigkeit mit dem Lebensalter. Hier zeigen sich deutliche Parallelen zu sogenannten „Maturing Out"-Prozessen, die in der Zunahme des Lebensalters eine Abnahme des Drogenkonsuminteresses und die zunehmende Übernahme von Verantwortung und Rollen des Erwachsenenalters sehen (Winick 1962; Blomqvist 2006). Deutlich zeigt sich bei den Interviewpartnern der vorliegenden qualitativen Untersuchung, dass gerade die Konsumenten mit einem gelegentlichen Konsum des rauchbaren Kokains zu einem großen Teil über 40 Jahre alt sind. Auch Cohen und Sas (1994) beobachteten, dass die von ihnen befragten Kokainkonsumenten mit zunehmender Konsumdauer und damit einhergehendem Alter ihren Gebrauch eher verringerten als erhöhten.

Neben dem erreichten Lebensalter wird unter den in der qualitativen Erhebung befragten Crackkonsumenten eine Bedeutungszunahme der Gesundheit deutlich. Zunehmende gesundheitliche Einschränkungen und die Sorge um eine weitere Verschlechterung der körperlichen (und psychischen) Verfassung motivierten viele Gebraucher, den Crackkonsum zu vermindern. Vergleichend wird auf Sobell (2006) verwiesen, die verschiedene Selbstheilerstudien anführt. 63 % der Studien fanden Gesundheitsbeschwerden als Gründe für ein eigenständiges Überwinden einer Substanzabhängigkeit (S. 33).

Ganz zentrale und wichtige unterstützende Faktoren in dem Herausreifen aus einer Substanzabhängigkeit scheinen neue berufliche Perspektiven und eine berufliche Integration zu sein (Happel 1994; Bohnert et al. 1988 zit. n. Weber und Schneider 1997). Der Einfluss dieser Lebenszusammenhänge wird auch bei den befragten Crackkonsumenten deutlich. So ergeben sich sowohl in der quantitativen als auch in der qualitativen Erhebung Hinweise auf die Unterstützung eines gemäßigten Konsumverhaltens, wenn eine Integration in Arbeit und Beschäftigung vorliegt. Bei den in den Interviews erreichten Konsumenten, die in Arbeitsprojekten beschäftigt sind, unterstützt die Arbeit durch Ablenkung, Beschäftigung und neue Sinngebung sehr deutlich die Überwindung des kompulsiven Crackkonsumverhaltens. Bohnert et al. (1988) sehen in Arbeit, der Übernahme konventioneller Werteorientierung und der sozialen Integration in drogenunspezifische Kreise Faktoren, die Ablösungsprozesse lebensgeschichtlich beeinflussen (zit. n. Weber und Schneider 1997, S. 57). Auch Kemmesies (2004b) erkannte im Alter und insbesondere in der damit einhergehenden beruflichen Entwicklung wichtige Faktoren in der immer geringer werdenden Bedeutung des Drogenkonsums unter den von ihm untersuchten sozial integrierten Konsumenten verschiedener Drogen. Er sah in diesem

7.3 Maturing Out – Herauswachsen aus der Sucht

Zusammenhang jedoch weniger die „Maturing Out"-These bestätigt als vielmehr ein „Arranging with", also ein Prozess, in dem der Drogenkonsum an wichtige alltägliche Lebensbezüge und Verpflichtungen angepasst und immer mehr dahinter zurückgestellt wird (S. 274).

Neben dem Alter, gesundheitlichen Faktoren und der Übernahme von beruflichen Verpflichtungen wurden in den Studien zur Selbstheilung von Alkohol- und Drogenabhängigkeit weitere beeinflussende Faktoren gefunden, die ebenfalls unter den Crackgebrauchern wichtige Einflussgrößen darstellen. Zu diesen gehören belastende Lebensereignisse sowie eine Ausweglosigkeit hinsichtlich gesundheitlicher, finanzieller und anderer Probleme (Klingemann 1991 zit. n. Smart 2006). Schlüssel- oder Wendepunktereignisse, wie sie auch unter den Crackkonsumenten beobachtet werden konnten, können entscheidende Auslöser sein, das Konsumverhalten zu verändern. Sie stellen aber selten den alleinigen Grund für die Veränderung des Konsumverhaltens dar. In der Regel bestanden zudem bereits vielfältige Gründe, die in den Augen der Befragten verschiedener Selbstheilerstudien gegen das Fortsetzen eines unkontrollierten Konsums sprachen. Dazu gehörten auch sogenannte Burning-Out-Phänomene, also ein quasi Überdrüssigwerden des Drogenkonsums mit den damit verbundenen Schwierigkeiten (Weber und Schneider 1997) und die Abnahme einer positiven Wirkung mit einem gleichzeitigen Anstieg der negativen Begleiterscheinungen des Konsumverhaltens (Cunningham 1999 zit. n. Smart 2006). Auch dies sind Aspekte, die unter den in der vorliegenden Untersuchung erreichten Crackkonsumenten deutlich wurden und die Motivation zu einer Konsumveränderung unterstützten. Im Wesentlichen geht es um ein Abwägen des Für und Widers der positiven und der negativen Aspekte des Konsums (Sobell 2006), also Phänomene, die auch die befragten Crackkonsumenten dieser Arbeit immer wieder zeigten. Toneatto et al. (1999) erkannten dieses Muster bei unbehandelten Kokaingebrauchern. Sie beobachteten einen Prozess, „bei dem das Für und Wider einer Fortsetzung des Kokainkonsums erwogen wurde; dabei fiel bei den Selbstheilern die Bilanz zugunsten des Ausstiegs aus" (Smart 2006, S. 89f).

Entscheiden sich Menschen dafür, einen abhängigen Substanzkonsum zu beenden, sind verschiedene Faktoren in der Aufrechterhaltung und Stabilisierung der wiedererlangten Kontrolle von großer Bedeutung. Bei den Crackkonsumenten der vorliegenden Arbeit gehören dazu Kontakte zur Familie, drogenfreie Freunde und ein positives soziales Umfeld. Drogenfreie Kontakte sind dabei insbesondere sowohl für die Unterstützung der Konsumenten als auch in Hinblick auf sozialen Druck und Kontrolle von großer Bedeutung (siehe dazu auch Waldorf et al. 1991; Decorte 2000; Überblick zu weiteren Studien Sobell 2006; Smart 2006; Rumpf et al. 2006). Darüber sind sich die Crackkonsumenten durchaus bewusst, und so gehören das Meiden anderer Drogenkonsumenten und der Drogenszene zu den wichtigsten Strategien, nicht erneut in ein exzessives Konsumverhalten zurückzufallen, gefolgt von der Anpassung und der Zurückstellung des Konsums hinter außerszenischen sozialen Kontakten, alternativen Beschäftigungsmöglichkeiten und drogenfernen Freizeitaktivitäten. Es handelt sich dabei um Strategien, deren große Bedeutung auch in Studien zum Ausstieg aus dem Drogenkonsum beschrieben wird (Happel 1994; Sobell 2006).

Im Zusammenhang mit den verschiedenen Definitionen zum selbstinitiierten Ausstieg aus einer Sucht wird immer wieder die Frage gestellt, ab wann das nichtabhängige Konsumverhalten als ein stabiles Gebrauchsmuster angesehen werden kann. Die in Selbstheilerstudien vorausgesetzten Zeitspannen variieren zwischen wenigen Monaten und Jahren (Blomqvist 2006). Sobell (2006) geht unter Berücksichtigung verschiedener Selbstheilerstudien von mindestens fünf Jahren aus, die das neue kontrollierte Konsumverhalten oder die Abstinenz bestehen müssen, bevor sie als stabiles Muster eingeschätzt werden können. Diese recht lange Zeitspanne ist vorliegend nur bei sehr wenigen Crackkonsumenten der Fall. Insofern kann nicht mit Bestimmtheit gesagt werden, dass die Konsumverringerung, die die übrigen Konsumenten vollzogen haben, langfristig als kontrolliertes Konsumverhalten aufrecht erhalten oder in eine Abstinenz münden wird. Da sie aber ganz ähnliche Motive zeigen, die sie zu den bisherigen Änderungen veranlassten, ist die Voraussetzung für einen dauerhaften Ausstieg grundsätzlich gegeben.

Viele Selbstheilungsstudien zeigen, dass Ausstiegsprozesse oft auch mit Rückfällen in alte Verhaltensweisen einhergehen. Auch unter einem Teil der befragten Crackkonsumenten zeigen sich Phasen, in denen sie einmal wieder mehr konsumieren, als eigentlich beabsichtigt. Möglicherweise stellen diese kurzzeitigen Kontrollverlustphasen nochmal ein Ausbrechen aus der Kontrolle und der Vernunft dar und sind Ausdruck eines längeren Abnabelungsprozesses von dem bislang gewohnten Verhalten und auch dem Verhalten der Szenen, zu der die Konsumenten gehörten. In oder nach der Kontrollverlustphase tritt häufig eine Reue gegenüber dem Verhalten auf und die Gebraucher bemerken wieder, warum sie dieses unkontrollierte Konsumverhalten nicht mehr wollen. Dies kann neue Motivation und Kraft in der Stabilisierung des Ausstiegsprozesses bedeuten. Happel (1994) stellt in einer Untersuchung zum Selbstausstieg aus dem Heroinkonsum fest, dass häufig mehrere Versuche notwendig sind, bis das abhängige Konsumverhalten tatsächlich stabil überwunden ist. Ausstiegsverläufe sind langwierige Prozesse, die höchst verschieden verlaufen und deshalb keine „Verallgemeinerungen und vorab definierte Stufen- und Phasenmodelle" zulassen (Schneider 2005, S. 269).

Decorte (2000) weist als Ergebnis seiner Studie zum Kokainkonsum in der Antwerpener Partyszene darauf hin, dass unkontrollierte Konsumphasen zum Erlernen eines kontrollierten Konsums dazugehören. So hatten die von ihm erreichten Gebraucher durchaus auch Konsumhochphasen, verringerten den Gebrauch aber mit der Zeit und in der Regel selbständig wieder. Auch Situationen, in denen selbst auferlegten Konsumregeln nicht eingehalten werden konnten, verhalfen dazu, sie beim nächsten Mal umzusetzen. In der näheren Betrachtung wurde für Decorte der positive Einfluss der verschiedenen Konsumphasen (und damit auch der unkontrollierten) als Lernmöglichkeit deutlich, indem die Gebraucher lernen, wie sie auf ihren Konsum einwirken und ihn begrenzen können. Unterstützt wurde die selbständige Beendigung von Kontrollverlusten insbesondere durch die informelle Kontrolle anderer Personen sowie durch die Einbindung in ein konventionelles Leben mit Arbeit, Familie und Freunden, so wie es auch in anderen Studien deutlich wurde (s. o.).

Einige der in der vorliegenden Untersuchung befragten Gebraucher, vor allem diejenigen mit einem seltenen Crackkonsum, verfügen bereits über stabile außerszenische Bezugspunkte und ein drogenfreies Umfeld, was sich positiv auf die weitere Stabilisierung ihres Ausstiegsprozesses auszuwirken scheint. Bei den übrigen Konsumenten mit einem gelegentlichen Konsum wird es wichtig sein, neben der Motivation zu einer Überwindung eines abhängigen Substanzkonsums stabile Rahmenbedingungen zu schaffen, die ihnen den Ausstieg aus der Drogenszene erleichtern. Hier kann die Drogenhilfe mit entsprechenden Angeboten ansetzen und auf das vorhandene Veränderungspotential reagieren (siehe dazu Kap. 7.4). Wie die vorliegende Untersuchung zeigt, gibt es diese Veränderungsmotive ebenso wie ein Verhalten, mit dem die Konsumenten auch schon Veränderungen vorantreiben.

Nach Happel (1994) „kann festgestellt werden, daß der Ausstieg sich als Lern- und Entwicklungsprozeß zeigt, bei dem sowohl neue Fähigkeiten erworben, als auch schmerzhafte Einsichtsprozesse gemacht werden, die die Kompetenzerweiterung unterstützen" (S. 79). Diese Bedingungen lassen sich auch bei Konsumenten rauchbaren Kokains vermuten. Zudem weisen die Befunde verschiedener Selbstheilerstudien „auf einen kulturell- und substanzunabhängigen kognitiven Bewertungsprozess hin, der der Remission vorausgeht" (Rumpf et al. 2006, S. 103). Insofern ist davon auszugehen, dass die Art der Substanz und ihre pharmakologische Wirkung bei einem Ausstieg aus einem abhängigen Konsumverhalten zweitrangig sind.

7.4 Ein kritischer Blick auf aktuelle Suchtkonzepte – Bedeutung der Untersuchungsergebnisse für Drogenhilfe und Drogenpolitik

Auch wenn es diverse Studien zu kontrollierten Konsummustern gibt, werden dauerhaft kontrollierte Konsummuster illegaler Drogen in Öffentlichkeit, Drogenhilfe und Drogenpolitik weiterhin angezweifelt. Dies gilt neben Heroin im besonderen Maße auch für Crack. Der Konsum wird durch die Illegalisierung der Substanzen kriminalisiert und durch die vorausgesetzte Abhängigkeitsentwicklung pathologisiert. Beide Konzepte begünstigen eine Tabuisierung des Konsums illegaler Drogen und verhindern die Sozialisation eines regelgeleiteten, genussorientierten und verantwortlichen Umgangs mit Drogen, wie er zum Beispiel mit Alkohol selbstverständlich ist (Schmidt-Semisch und Nolte 2000; Harding 1982; Decorte 2000; Blätter 2007). Decorte (2000) weist in diesem Zusammenhang darauf hin, dass Konsumenten illegaler Drogen durch die fehlende Sozialisation geradezu dazu gezwungen sind, verschiedene Konsummuster auszuprobieren und sich an der direkten Konsumentengruppe zu orientieren, statt in der Beobachtung ihres familiären oder gesellschaftlichen Umfeldes einen regelorientierten Substanzgebrauch lernen zu können. Bei illegalen Substanzen sind die kontrollierten Konsummuster und Kontrollregeln kulturell nicht bekannt, und es fehlt häufig eine sachliche Vermittlung von Risikokompetenzen (Blätter 2007). Eine gesamtgesellschaftliche Akzeptanz und Anerkennung kontrollierter Konsummuster jeglicher Drogen würde zudem zu einer anderen Erwartungshaltung der Konsumenten führen, bevor es zu einem eigenen Ausprobieren einer Droge kommt. Würde dem Konsum illegaler Drogen zudem der Mythos einer übermächtigen Kraft genommen, würden Neugier und (vor allem jugendliche) Risikofreude am Abenteuer und Verbotenen eingeschränkt.

In der nach wie vor geltenden gesellschaftlichen Sicht des Konsums illegaler Drogen werden Gebraucher als kriminell und krank stigmatisiert. Das Krankheitsmodell der Sucht suggeriert den Gebrauchern, dass sie der konsumierten Substanz ausgeliefert sind und ein freier Umgang mit ihr nicht möglich ist. Die Bezeichnung als Krankheit und die Fixierung auf den „Opfer-Status" (Stöver 1999, S. 16) führt zu verminderter Selbstverantwortung und spricht den Gebrauchern jegliche Kompetenz ab, auf ihr Konsumverhalten Einfluss zu nehmen. Die Konsumenten erlernen ihr Handeln im Kontext des Krankheitsverständnisses und passen sich daran an (Reinarman 2005; siehe auch Kap. 7.2). Dies führt dazu, dass wichtige Fähigkeiten und Selbstheilungskräfte unterdrückt werden (Haves und Schneider 1992; Stöver 1999). Diese einseitige Sicht auf den Gebrauch von Drogen gilt es aufzulösen, alternative Konsummuster wahrzunehmen und anzuerkennen, wie sie durch verschiedene Studien, auch der vorliegenden, aufgezeigt werden. Schließlich kann eine ganze Reihe von Untersuchungen belegen, dass ein kontrollierter und regelgeleiteter Konsum illegaler Drogen möglich ist (Cohen und Sas 1994; Erickson et al. 1994; Harding 1982; Zinberg 1984; Weber und Schneider 1997; Waldorf et al. 1991 usw.), genauso wie es Menschen gibt, die ihr abhängiges Konsumverhalten selbständig überwinden und in eine Abstinenz oder einen kontrollierten Drogenkonsum wechseln (siehe Kap. 7.3 sowie Sobell 2006; Smart 2006). Diese Studien haben deutlich gezeigt, dass der Mythos einer zwangsweisen und nicht umkehrbaren Konsumentwicklung zu Sucht und Krankheit nicht haltbar ist.

7.4 Ein kritischer Blick auf aktuelle Suchtkonzepte – Bedeutung ...

Zunehmend wird deshalb der Begriff der Sucht aus sozialwissenschaftlicher Sicht kritisch bewertet und in seiner Gültigkeit hinterfragt. So wird immer öfter die Frage aufgeworfen, ob Sucht nicht letztlich nur ein gesellschaftliches Konstrukt ist, das allein aufgrund der jeweils herangetragenen gesellschaftlichen Definition besteht (Dollinger und Schmidt-Semisch 2007; Boekhout van Solinge 2008; Reinarman 2005) und in diesem Rahmen interpretiert wird. Viele Autoren stellen fest, dass es keine allgemein gültige Definition von Sucht gibt. „Drogenabhängigkeit [ist] das, was wir (jeweils) darunter verstehen, d. h. definieren." (Herwig-Lempp 1994, S. 78). Dies wird nicht zuletzt dadurch deutlich, dass sich der Suchtbegriff zu verschiedenen Zeiten wandeln konnte und erst seit dem 20. Jahrhundert die heutige weitgreifende Bedeutung hat. Zudem wird er zunehmend auch inflationär im Zusammenhang mit vielen Alltagshandlungen verwendet (z. B. Esssucht, Sexsucht, Kaufsucht etc., vgl. Schmidt-Semisch und Nolte 2000) und bietet darüber dem Gesundheitssystem die Möglichkeit behandelnd einzugreifen (Reinarman 2005). So können Süchte auch neu entstehen, wie es in letzter Zeit zum Beispiel im Zusammenhang mit einer übermäßigen Medien- und Computernutzung geschieht.

Eine Sucht resultiert nicht aus dem immer gleichen Verhalten und den immer gleichen Ursachen, sondern die jeweiligen Strukturen und Erwartungen der Umwelt sind maßgeblich an der Entwicklung eines Verhaltens beteiligt. Beweisen doch die unterschiedlichen Verhaltensweisen im Umgang mit psychotropen Substanzen, dass es nicht allein an den pharmakologischen Wirkungen einer Substanz liegt, ob sich ein abhängiges Konsumverhalten entwickelt, oder ob es bei einem Experimentier- oder kontrollierten Gebrauch bleibt (Reinarman 2005). Löst man sich von dem kriminalisierenden und vor allem pathologisierenden Suchtbegriff, wie er in unserer Gesellschaft besteht, ist man in der Lage, den Konsumenten wieder als einen Handelnden zu sehen. Nur dann lassen sich Sinnzusammenhänge, die für den Konsumenten in seinem Drogengebrauch liegen, erkennen und akzeptieren, und dem Gebraucher ein anderes Selbstbewusstsein im Umgang mit illegalen Drogen vermitteln. Dies soll nicht außer Acht lassen, dass viele Konsumenten unter ihrem Substanzkonsum leiden, sich tatsächlich einer Substanz ausgeliefert fühlen und Hilfe benötigen[4]. Jedoch gilt es, den großen Einfluss von gesellschaftlichen Zuschreibungen und Erwartungen sowie struktureller Bedingungen (z. B. durch das Drogenverbot) anzuerkennen. Nicht zuletzt wird eine Substanz zu einer Droge, weil sie im gesellschaftlichen Wertesystem als eine solche bezeichnet wird. Genauso sind Drogen an sich weder gefährlich noch ungefährlich, allein die Art des Um-

---

[4] Zudem kann die Zuschreibung des eigenen Verhaltens als Sucht und Krankheit für die Betroffenen durchaus auch entlastend sein, weil sie ihr Handeln dann mit der Krankheit erklären können und weniger Eigenverantwortung übernehmen müssen (vgl. Degkwitz 1999; Schmidt-Semisch und Nolte 2000).

gangs mit ihnen kann für den Konsumenten gefährdend sein (Schmidt-Semisch und Nolte 2000, S. 13).

Wie die vorliegende Untersuchung verdeutlicht, bedeutet auch der Konsum von Crack nicht automatisch einen permanenten Kontrollverlust mit dem Verlust jeglicher Lebenskontrolle. Besonders die Integration in drogenfreie Lebenszusammenhänge hat dabei einen wesentlichen Einfluss auf das Konsumverhalten der Gebraucher. Gerade auch außerhalb von Drogenszenen sozial integrierte Konsumenten, die gesellschaftliche Rollen z. B. als Arbeitnehmer, Familienvater oder Partner übernehmen, meistern eine Verhaltensweise, die Blackwell (1983) in Anlehnung an Matza ein „Drifting zwischen konventionellen und szeneorientierten Lebenskontexten" nannte (Haves und Schneider 1992, S. 32). Aber auch die intensiven Konsumenten mit einem kompulsiven Gebrauch von Crack und anderen Drogen zeigen eine Kontrolle über ihr Handeln. Auch sie sind in der Lage, ihren Konsum an bestimmte Regeln zu orientieren, bewusst Risiken abzuschätzen und ihren Gebrauch nach diesen zu gestalten (vgl. auch Haves und Schneider 1992; Boekhout van Solinge 2001; Knoops 2008). Sie handeln ihren Crack- und anderweitigen Drogenkonsum permanent aus, passen das eigene Handeln an die äußeren Umstände und die intrinsischen Bedürfnislagen an und meistern darüber hinaus ihr Leben in der Drogenszene. Allein in dieser Umgebung bestehen zu können, den Alltag zu meistern, für den Unterhalt zu sorgen und die finanziellen Mittel für einen kompulsiven Gebrauch zu besorgen, setzt eine ganze Palette an Kompetenzen, Fähigkeiten und zielgerichtetem Handeln voraus (vgl. Berger 1982). Wird den Konsumenten der Aufwand der Beschaffung und des Konsums zuviel, verlassen sie die Szene, fahren weg oder ziehen sich zurück, um darüber wieder zur Ruhe zu kommen. Viele Konsumenten wenden dabei Regeln an, die sie selbst häufig gar nicht bemerken (vgl. auch Knoops 2008). Sie sind sich ihrem eigenen Kontrollvermögen oftmals gar nicht bewusst, sondern fühlen sich der Droge ausgeliefert, was nicht zuletzt auch ein Resultat der Erwartungen von außen ist (siehe Kap. 7.2).

In der vorliegenden Studie zeigt sich weiterhin deutlich, dass Konsummuster nicht festgeschrieben sind, sondern wechseln können. Auch intensive Konsumenten haben nicht immer das gleiche Gebrauchsmuster, auch sie haben Phasen einer stärkeren und einer geringeren Kontrolle, was im Substanzkonsum eine normale Verhaltensweise darstellt. Es gibt nicht den einen immer gleich ausgeprägten und andauernden Kontrollverlust. Die Konsumenten gebrauchen mal mehr und mal weniger (vgl. auch Dollinger 2005). Gleichzeitig kann es auch innerhalb eines moderaten Konsumgeschehens zu zeitweisen Phasen eines Kontrollverlustes kommen, wobei diese nicht in einen zwangsläufig dauerhaft anhaltenden Zustand führen. Diese Konsumenten sind in der Regel wieder in der Lage selbständig in ihren gemäßigten Crackkonsum zurückzukehren. Auch dies sind Ergebnisse, die andere Studien im Hinblick auf Kokain immer wieder hervorheben (z. B. Cohen und Sas

1994; Decorte 2000; Hess et al. 2000). Insofern ist es fatal, ein solches zeitweise kompulsives Gebrauchsverhalten per se als einen Rückfall zu bezeichnen, dem Geschehen damit den dieses Wort begleitenden negativen Beigeschmack zu geben und damit Gefahr zu laufen, dass Konsumenten wieder in ihre Opferrolle mit all den negativen Begleiterscheinungen zurückkehren.

Ziel einer Drogenhilfe und Drogenpolitik sollte sein, bei Konsumenten Selbsthilfepotentiale zu wecken und sie nicht unter Zuschreibungen von Krankheit und dem hilflos Ausgeliefertsein gegenüber einer Substanz zu unterdrücken. „The addiction dogma (…) denies the free will of human beings. (…) As a user, you can only gain more control over your use if you haven't forgotten that you have free will, that you're capable of making such a decision. Someone who thinks that drug use by definition can't be kept under control because of the „addiction", is living in the same illusion as some doctors" (Boekhout van Solinge 2008, S. 18). So ist es unerlässlich, die Fixierung auf Exzess und Abstinenz als sich gegenüberstehende Extreme aufzulösen. Der Fokus auf Abstinenz als einziges Ziel kann Konsumenten massiv unter Druck setzen und darüber einen dauerhaften Kontrollverlust begünstigen. Abstinenz und eine Abstinenzbehandlung sind dann der richtige und wichtige Weg, wenn sie von den Konsumenten eigenmotiviert gewünscht werden. Professionelle Helfer sollten in der Zielsetzung immer unterstützend wirken und gemeinsam mit den Gebrauchern erreichbare Ziele festlegen. Dazu gehört auch, dass zu früh und zu groß gesteckte Ziele erkannt und verändert werden, um Gefühle von Angst und Überforderung zu verhindern. Werden zu hoch gesetzte Ziele angestrebt und nicht erreicht, besteht eine große Gefahr hinsichtlich einer starken Frustration, die zu Mutlosigkeit, einer geringen Selbstwirksamkeitserwartung und schließlich einem Verharren in einer Abhängigkeit führen.

Letztlich geht es darum, dass Helfer Veränderungen wahrnehmen und auch eine Risikominimierung und/oder eine Konsumreduktion als eine positive Entwicklung sehen. Dann können sie Konsumenten in ihren Einfluss- und Kontrollmöglichkeiten und der Fortführung dieses Verhaltens bestärken. Zu unterstützenden Angeboten gehören die Vermittlung von Selbstkontrollregeln genauso wie risikominimierende ‚harm reduction'-Maßnahmen[5]. Das Vermögen, eine wirksame Aufklärung der Konsumenten zu erzielen und sie zu ‚harm reduction-Maßnahmen' anzuleiten, hat die Drogenhilfe mit ‚safer use-Informationen' und Spritzentauschangeboten

---

[5] In den qualitativen Interviews innerhalb der Drogenszene wurde deutlich, dass das Risikobewusstsein unter den Gebrauchern hinsichtlich ‚unsafer sex' und einem gemeinsamen Benutzen von Pfeifen nur wenig ausgeprägt ist. Während ‚safer use' beim Spritzgebrauch ganz offensichtlich in das Bewusstsein der Gebraucher übernommen wurde, sollten diese Regeln intensiver vermittelt werden, um im Gebrauch von Pfeifen und bei sexuellen Kontakten ebenfalls eine Achtsamkeit und Sorge in Hinblick auf infektionsprophylaktische Maßnahmen zu ergreifen.

bewiesen. Die Notwendigkeit zur Verwendung steriler Konsumutensilien, insbesondere beim intravenösen Konsum, scheint bei den befragten Konsumenten der vorliegenden Untersuchung verinnerlicht und als selbstverständlich praktiziert.

Neben der Vermittlung von ‚harm reduction'-Strategien und der Bereitstellung entsprechender Angebote geht es darum, Konsumenten in ihren Selbstkontrollmöglichkeiten zu bestärken. Dies setzt bereits in der Primärprävention an. Die lange Zeit vorherrschenden Präventionsbemühungen über eine überzogene Abschreckung führen lediglich zu einer Verhinderung des Konsums bei Menschen, die schon eine negative Einstellung zu dem Konsum haben. Alle anderen Gebraucher werden eher zu einem Konsum angeregt (Franzkowiak 1999). Die Prävention der letzten Jahre versucht zunehmend, die Entwicklung von Risikokompetenzen von jugendlichen Drogenkonsumenten zu unterstützen, jedoch scheint bei Crack häufig nach wie vor auf Abschreckung gesetzt zu werden (Southwell 2003), weil ein selbstkontrollierter Konsum selbst für viele Helfer unmöglich erscheint. So hat gerade die starke Betonung des hohen Suchtpotentials zu einer großen Neugier und Verbreitung des Konsums beigetragen. In der Prävention muss es darum gehen, den Gebrauchern sachliche Informationen über Vor- und Nachteile des Konsums, die Wirkungen, Nebenwirkungen, Risiken, aber auch den Möglichkeiten der Selbststeuerung zu geben (vgl. Franzkowiak 1999). Handlungs- und Risikokompetenzen sollten dabei sowohl in der auf Kinder und Heranwachsenden ausgerichteten Prävention als auch in drogenfreundlichen Szenen wie der Techno- und Partyszene vermittelt werden. Gebraucher, die darüber erfahren, dass sie mit allen Substanzen verantwortungsbewusst umgehen und risikominimierende Regeln anwenden können, werden dieses Verhalten auch dann zeigen können, sollten sie einmal auf andere Drogen umsteigen oder mit diesen experimentieren.

Nutzen Konsumenten bereits eine Droge, gilt es, sie darin zu unterstützen, ihr eigenes Kontrollvermögen wahrzunehmen sowie weitere Kontrollregeln und deren Umsetzung zu lernen. Sie sollen im Sinne des Empowerment zu einem kontrollierte(re)n Umgang mit dem rauchbaren Kokain (und anderen Drogen) befähigt werden. In diesem Zusammenhang kann gerade die Einbindung von Peers von großer Bedeutung sein. Schließlich lernen Konsumenten verschiedene Verhaltensregeln zu einem wesentlichen Teil in der Interaktion mit ihrer Konsumentengruppe (Zinberg 1984; Harding 1982; Decorte 2000). Die Drogenhilfe hat sich in den letzten Jahren immer mehr daran orientiert, dieses Klima zu schaffen und die Ressourcen, Kompetenzen und Fähigkeiten der Drogengebraucher wieder in den Fokus zu rücken. So vermittelt zum Beispiel die Organisation Mainline in den Niederlanden schon seit einigen Jahren Selbstkontrollregeln an Konsumenten rauchbaren Kokains und veröffentlichte 2008 eine Sonderausgabe ihres Magazins zu Selbstkontrollregeln von Crackkonsumenten, um zu vermitteln, dass kein Konsument der Substanz ausgeliefert ist. Solche Bemühungen stecken jedoch noch in den Anfängen und werden bis zu einer festen Etablierung einige Zeit benötigen. Dazu gehören zum Beispiel Selbstkontrollprogramme, mit Hilfe derer Konsumenten befähigt werden sollen, kontrolliert(er) mit illegalen Drogen umzugehen. Waren lange Zeit therapeutische Programme in der niedrigschwelligen Drogenhilfe undenkbar, erhalten sie heute einen neuen Stellenwert, nicht zuletzt um eine Spezifizierung der niedrigschwelligen Drogenhilfe zu erreichen und die reine Elendsverwaltung zu verhindern (Bossong 2008 zit. n. Happel et al. 2009). Mit der Etablierung dieser Programme versucht sich die niedrigschwellige Drogenhilfe neu zu positionieren und sich über die ausschließliche ‚harm reduction' weiterzuentwickeln. Gleichzeitig wird dadurch erkennbar, dass den Drogenkonsumenten auch innerhalb der Drogenszene grundsätzlich das Vermögen einer Kontrolle über ihr Konsumverhalten zugesprochen wird. Dies stellt ein wichtiges Signal an die Konsumenten dar. Sie erleben, dass sie als Zielgruppe solcher Programme wahrgenommen und zu der Entwicklung von Selbstkontrollregeln fähig gehalten werden. Dies kann wesentlich zu einer Veränderung des Selbstbildes von Drogenkonsumenten führen und zu einer langfristigen Verhaltensveränderung hin zu kontrollierten Konsummustern beitragen. Ziele von Selbstkontrollprogrammen sind es, die Anwender dieser Manuale oder Teilnehmer entsprechender Gruppenprogramme über ihren eigenen Konsum bewusst werden zu lassen, Selbstkontrollregeln zu vermitteln und sie zu einem kontrollierten Umgang mit verschiedenen Substanzen zu befähigen. In der Regel orientieren sich diese Programme an dem Phasenmodell einer Veränderung (Transtheoretisches Modell) von Prochaska und DiClemente, das die Festigung von Veränderung als einen langfristigen Prozess versteht. Zu den bekanntesten Selbstmanagementprogrammen sind „In einer Spirale nach oben" (Cramer et al. 2001) und „Kontrolle im Selbstbestimmten Substanzgebrauch (KISS)" (Happel et al. 2009) zu zählen. Ein ähnliches Programm stellt auch AKST (Ambulantes Konsumreduktions- und Selbstkontrolltraining – Klemt und Hamacher 2007) dar. Ein wichtiger Punkt dieser Programme ist die grundsätzliche Zieloffenheit. Die Konsumenten setzen sich zunächst bewusst mit ihrem Konsumverhalten auseinander, wägen Vor- und Nachteile einer Verhaltensänderung ab und entscheiden erst dann, ob und in welcher Form sie ihren Konsum einschränken oder einstellen wollen. Sie bekommen dies also nicht von außen auferlegt. Zur Unterstützung werden Selbstkontrollregeln vermittelt, der positive Umgang mit Rückfällen thematisiert aber auch Äquivalente in Tagesstrukturierung und Freizeitgestaltung vermittelt (Cramer et al. 2001; Kolte 2005; Happel et al. 2009). Gruppenprogramme bieten den Vorteil, dass die Gebraucher voneinander lernen können. Sie erleben sich außerhalb eines Drogenerwerbs- und Konsumsettings, erkennen ähnliche Nöte und Schwierigkeiten, aber auch Erfolge. Sie können sich gegenseitig ermutigen, die erwünschten Konsumveränderungen tatsächlich zu realisieren. Wissenschaftliche Begleitevaluationen haben die Wirksamkeit solcher Programme herausstellen können (Happel et al. 2009). Insgesamt kommen sie auch sehr gut bei der Zielgruppe an (Happel et al. 2009; Kolte 2005).

Sicher macht es Sinn, solche Programme auch vermehrt in ‚klassischen' Drogenberatungsstellen einzusetzen, die häufig noch stark auf Abstinenz ausgerichtet sind. Dies hat den großen Vorteil, dass Gebraucher, die sich aus dem Drogenszenemilieu gelöst haben (oder noch nie darin waren), auch außerhalb dieser Bezüge solche Angebote wahrnehmen können und nicht dafür in die potentiell riskante Szene zurückkehren müssen. Auch als Begleitprogramm für Substituierte mit Beigebrauch bieten sich Selbstmanagementprogramme an. Der große Vorteil dieser Selbstkontrollprogramme ist die größere Erreichbarkeit der Zielgruppe, da damit nicht mehr nur Abstinenzwillige angesprochen werden, sondern auch jene, die ihren Konsum (noch) nicht vollständig aufgeben wollen (vgl. Körkel 2002).

Eine Drogenhilfe sollte sich grundsätzlich an den Bedürfnissen der Zielgruppe orientieren. Gerade bei Konsumenten, die eine Substanz gebrauchen, die häufig mit einem Kontrollverlust einhergeht, ist eine bedürfnis- und lebensweltnahe sowie schnelle Hilfe wichtig. Hier hat die akzeptanzorientierte, niedrigschwellige Drogenhilfe vielfältige Angebote geschaffen, über die die Konsumenten schnelle Unterstützung erhalten. Gebraucher von Drogen und Alkohol haben die Möglichkeit, in Krisensituationen oder Phasen eines Veränderungswunsches jederzeit auf Mitarbeiter der Drogenhilfe zuzugehen, und sich Unterstützung und Hilfe zu holen. Dieser Vorteil einer schnellen Inanspruchnahme von Hilfen sollte auch im Rahmen von Entzugsbehandlungen ausgeweitet werden. Die große Bedeutung dieser Behandlungen wurde in den Interviews mit den Konsumenten der Drogenszene immer wieder hervorgehoben. Lange Wartezeiten, die häufig vor der Inanspruchnahme dieser Hilfen bestehen, können negative Auswirkungen auf Veränderungswünsche haben, so dass das eigentliche Vorhaben nicht mehr durchgesetzt wird. Auch wenn mit einer Entzugsbehandlung nicht jedes Mal eine dauerhaft Abstinenz angestrebt wird, kann doch jeder Aufenthalt in entsprechenden Einrichtungen zu einer langfristigen Veränderungsabsicht führen und auch exzessive Crackkonsumenten zu einem Überdenken des eigenen Konsumverhaltens verhelfen.

Weiterhin zeigte sich in der vorliegenden Untersuchung die große Bedeutung von Substitutionsbehandlungen in der Realisierung eines moderaten Substanzkonsums. Dies resultiert aus der großen Bedeutung des rauchbaren Kokains in einem polyvalenten Drogenkonsum der Gebraucher in Drogenszenen. Mit dem Wegfall von Entzugserscheinungen bei einem zuvor praktizierten Heroinkonsum fällt es den Konsumenten leichter, von der Drogenszene und Verführungsmomenten fernzubleiben. Müssen sie zum Erwerb des Heroins in die Drogenszene, liegt auch der Kauf des rauchbaren Kokains näher. Gerade in der Umsetzung des Verzichts auf eine illegale Beschaffung von finanziellen Mitteln kommt dem Wegfall körperlicher Beschwerden infolge eines Konsumverzichts eine große Bedeutung zu. Insofern spielen ein weiterer Ausbau der Substitutionsbehandlung mit ausreichenden Behandlungsplätzen und ein erleichterter Zugang in die Behandlung eine wesentliche Rolle. Des Weiteren sollte ein Beikonsum während einer Substitutionsbehandlung nicht sofort mit Sanktionen oder einem Rauswurf aus der Behandlung geahndet werden. So könnten z. B. angeleitete Konsumreduktionsprogramme integriert werden, die die Patienten zu einem kontrollierten Umgang mit der beikonsumierten Substanz anleiten. So bemerkte Happel (1994) im Rückblick auf die Untersuchungen zu selbstorganisierten Ausstiegen aus der Opiatabhängigkeit: „Therapeutisch und pädagogisch definierte und legitimierte Voraussetzungen („ich helfe dir nur unter der Bedingung, daß..." (Hervorhebung im Original – S.H.)) führen oft zu paradoxen Konsequenzen und verhindern damit den Selbstheilungsprozeß" (S. 82). Neben der Substitutionsbehandlung spielt auch die medizinische Behandlung mit Heroin (vgl. ZIS 2006) eine wichtige Rolle. Das tagesstrukturierende Setting kann für Konsumenten einen wichtigen Rahmen bieten, in dem andere Drogen an Bedeutung verlieren und Ausstiegsprozesse positiv unterstützt werden.

Natürlich haben abstinenzorientierte Behandlungsmodelle einen wichtigen Stellenwert im Drogenhilfesystem. Darin braucht es gute und professionelle Unterstützung, die sich beständig weiterentwickelt und Selbstbewusstsein und Eigenverantwortung der Konsumenten wieder in den Fokus rückt. Dazu gehört auch die Arbeit mit Rückfällen, wie sie seit den 1990er Jahren in abstinenzorientierten Behandlungssettings üblich ist. Rückfälle gehören zu einem Ausstiegsprozess dazu und bedeuten nicht eine völlige Abkehr von dem Behandlungsziel (Kahlert 1997; Körkel und Schindler 2003). Dem Rückfall muss der Schrecken genommen und die Konsumenten müssen befähigt werden, mögliche erneute kompulsive Konsumphasen wieder zu unterbrechen und die Kontrolle oder Abstinenz zurückzugewinnen.

Wichtig ist die Unterstützung im Aufbau einer sozialen Umgebung, die es erleichtert, ohne den übermäßigen Konsum von Drogen zu leben. Dazu gehören in großem Maße die Integration in Arbeit, Freizeitgestaltung und drogenfreie soziale Kontakte. Hier gilt es, Konsumenten, Substituierten und Ex-Usern Hilfestellungen anzubieten, ihrem Leben außerhalb des Drogenkonsums einen Sinn zu verleihen. Gute existierende Ansätze sind Arbeitstrainings- und Beschäftigungsprogramme, die einige Drogenhilfeeinrichtungen anbieten. Gerade bei Konsumenten, die versuchen, keinen oder kaum einen Beikonsum während einer Substitutionsbehandlung zu haben, ist Beschäftigung und Ablenkung von großer Bedeutung. Haben Konsumenten keine Aufgabe, fehlt ein wichtiger Grund für eine Einschränkung des Konsums. In der Anpassung ihres Konsumverhaltens an Arbeitsverpflichtungen erleben sie zudem direkt, in der Lage zu sein, ihren Crack- und Drogenkonsum zurückstellen zu können, ihm also nicht ausgeliefert zu sein. Neben einer bloßen Ablenkung von Konsumverlangen und Langeweile bieten Arbeits- und Beschäftigungsprogramme Tagesstrukturierung, soziale Kontakte außerhalb des Drogenkonsums und -erwerbs, im besten Fall auch eine Vorbereitung und Qualifizierung für den ersten Arbeitsmarkt. Insofern sollten Arbeits- und Beschäftigungsprogramme weiter ausgebaut werden. Eine Übersicht über verschiedene Projekt- und Betriebsformen beruflicher Förderprojekte bietet Beierlein (2002, S. 205 ff.). In der Regel haben es vor allem lange Zeit abhängige Menschen schwer, wieder auf dem ersten Arbeitsmarkt Fuß zu fassen, obwohl dies häufig einer der größten Wünsche darstellt, wie die Interviews mit den Konsumenten der vorliegenden Untersuchung zeigen. Sicher muss hier die Drogenhilfe noch viel Überzeugungsarbeit leisten und die Öffentlichkeit stärker dafür sensibilisiert werden, dass auch Drogenabhängige und Substituierte arbeiten wollen und können und sie zuverlässige und engagierte Mitarbeiter sind. Ein wichtiger Schritt in diese Richtung wären die Empfehlungen von Gerlach und Stöver (2009) nach einem „Rechtsanspruch auf Wiedereingliederung und Teilhabe im Sinne des SGB II und XII" (S. 32) für Substituierte (und andere User und Ex-User).

Wie die Integration in ein Beschäftigungsverhältnis ein wichtiges Merkmal für die Integration in außerhalb des Drogenkonsums liegende Lebenszusammenhänge darstellt, gehören auch eine aktive Freizeitgestaltung und drogenfreie Kontakte zur Bewahrung oder dem Wiedererlangen einer nicht-drogenzentrierten Lebensweise dazu. Die große Bedeutung dieser Faktoren zeigt sich deutlich in der vorliegenden Untersuchung. Stellt die Drogenszene die einzige soziale Umgebung dar, wird ein moderates Konsumverhalten oder die Bewahrung einer erlangten Abstinenz deutlich erschwert. Das Projekt Laufwerk (1999) beobachtete in der Hamburger Drogenszene, dass neben Konsumenten auch ehemalige User in der Szene anzutreffen sind. Viele verfügen nach jahrelangen Aufenthalten in der Drogenszene über keine drogenfreien Kontakte mehr, das heißt, die Szene ist ihr „einziger vertrauter Sozialkontakt" (o.S.). Die Gefahr einer Rückfälligkeit in einen abhängigen Substanzkonsum ist in dieser Umgebung hoch, da sie zum einen ständig mit einem Drogenkonsum konfrontiert sind. Des Weiteren stellt der Drogenkonsum aber auch den wichtigste Identifikationspunkt innerhalb der Drogenszene dar (vgl. Schmidt et al. 1999). Insofern gilt es für die Drogenhilfe, Konsumenten darin zu unterstützen, ein szenefernes Leben aufzubauen. Neben einer Arbeit und Beschäftigung gehören eine intensive Unterstützung bei der Wohnungssuche, z. B. über Kooperationsmodelle zwischen Wohnungsbaugesellschaften, Drogenhilfe und Kostenträgern, sowie eine unkomplizierte Vermittlung in außerszenische Substitutionspraxen, die Entwicklung von drogenfreien Freizeitaktivitäten und vor allem drogenfreien soziale Kontakte dazu. Dies versucht die Drogenhilfe, sowohl im niedrigschwelligen Bereich als auch zum Beispiel in Betreuten Wohngemeinschaften umzusetzen, es sollte aber noch mehr ausgebaut werden. Gerade der Aufbau drogenfreier sozialer Kontakte nach einer langjährigen Abhängigkeit stellt eine der schwierigsten Aufgaben dar. Über eine Integration in Arbeit und Beschäftigung, möglichst auf dem ersten Arbeitsmarkt, bestehen erste gute Chancen, solche Kontakte zu erhalten. Ein weiteres gutes Konzept, das in den nächsten Jahren verstärkt betrachtet werden sollte, sind sogenannte „BuddyCare"-Projekte, wie sie zum Beispiel die integrative drogenhilfe e. V. in Frankfurt am Main nach niederländischem Vorbild ins Leben gerufen hat. In diesem Rahmen verbringen Menschen, die keine Drogen nehmen, mit Drogenabhängigen regelmäßig ihre Freizeit, und so werden erste außerszenische Kontakte und gleichzeitig eine aktive sinnvolle Freizeitgestaltung miteinander verbunden[6].

Insgesamt sollte es also, wie bereits von Happel (1994) gefordert, darum gehen, ein gesellschaftliches Klima zu entwickeln, in dem auch Drogenabhängigen drogenfreie Lebensperspektiven ermöglicht werden (S. 82).

---

[6] Siehe www.idh-frankfurt.de, letzter Zugriff 29.05.2010.

8 Stärken und Grenzen der empirischen Untersuchung und Empfehlungen für weitere Forschung

Durch das multimethodologische Vorgehen der vorliegenden Untersuchung konnten verschiedenen Konsumentengruppen des rauchbaren Kokains erreicht und zu ihrem Konsumverhalten befragt werden. Insbesondere die Tatsache, dass innerhalb der quantitativen Online-Befragung sozial integrierte Konsumenten rauchbaren Kokains erreicht werden konnten, lieferte wichtige neue Einsichten. Dadurch konnten Erkenntnisse zu dem Konsumverhalten einer Konsumentengruppe rauchbaren Kokains erzielt werden, die in der bisherigen Drogenforschung kaum erreicht wurden. Nur wenige Studien haben Crackkonsumenten außerhalb ausschließlich drogenzentrierter Kreise zu ihrem Konsumverhalten befragen können. Das Erreichen der Konsumentengruppe scheint in großem Maße an dem gewählten Zugang zu der Zielgruppe über das Medium Internet gelegen zu haben. Die hohe Stufe der Anonymität hat wesentlich dazu beigetragen, Ängste vor einer Entdeckung und Hemmungen in einer Teilnahme an der Untersuchung abzubauen. Aufgrund des quantitativen Zuganges bleibt jedoch der Erkenntnisgewinn auf die im Fragebogen angesprochenen Bereiche begrenzt und tiefere, auch unbewusste Sinnzusammenhänge konnten nicht erfasst werden. Auch wenn offene Fragestellungen zu einer tiefergehenden Beschreibung aufforderten, sind sie im Umfang doch begrenzt, und es fehlte die Möglichkeit der Nachfrage. Zwar konnte mit der Online-Erhebung eine zuvor unerwartet große Anzahl an Konsumenten erreicht werden, jedoch war die Fallzahl für den sinnvollen Einsatz multivariater Analysen, um das Ausmaß des Einflusses verschiedener Faktoren berechnen zu könne, noch zu klein. Insofern könnten größer angelegte Studien zu einer weiteren Vertiefung der Erkenntnisse führen, wobei neben quantitativen Methoden auch qualitative Methoden in diesem Untersuchungsfeld angewandt werden sollten. Um die Anonymität dieser Konsumentengruppe zu wahren, könnten qualitative Interviews möglicherweise ergänzend in Form von „Chats" in den einschlägigen Foren durchgeführt werden.

Allgemein hat sich das Internet als Forschungsraum in der vorliegenden Untersuchung bewährt und den Zugang zu einer Konsumentengruppe ermöglicht, die aufgrund der Illegalität und dem negativen Image der Substanz über persönliche Kontakte nur schwer erreicht werden können. Insofern kann das Internet als Forschungsraum für die zukünftige Sucht- und Drogenforschung gerade bei der Kontaktaufnahme zu sozial integrierten und unauffälligen Konsumenten illegaler Drogen weiter an Bedeutung gewinnen und vertiefende Erkenntnisse zu dem Konsumverhalten dieser Konsumentengruppe ermöglichen.

In der Betrachtung kontrollierter Verhaltensweisen wendet die vorliegende Studie den Blick nicht nur auf sozial integrierte Konsumenten, sondern nimmt Selbstkontrollregeln und Kontrollstrategien auch unter Gebrauchern in den Fokus, die in der Regel von vornherein mit Abhängigkeit gleichgesetzt werden. Damit reiht sich die Untersuchung in die wenigen Studien ein, die nach Kontrollmustern und konsumregulierenden Verhaltensweisen in der Drogenszene schauen (z. B. Boekhout van Solinge 2001). Hier besteht ein wichtiger weiterer Forschungsbedarf. Durch vertiefende Studien zu Formen eines kontrollierten Drogenkonsums und selbstgesteuerter Veränderungsprozesse können wichtige Ableitungen für die Drogenhilfe realisiert werden. Wenn es darum gehen soll, Konsumenten zu befähigen, einem problematischen Crack- und anderweitigen Drogengebrauch vorzubeugen oder einen solchen Gebrauch zu beenden, ist ein Blick auf das vorhandene Kontrollpotential von sozial integrierten aber auch von marginalisierten Konsumenten überaus wichtig. Darüber könnten Hilfe- und Unterstützungsangebote noch stärker an die Bedürfnisse der Zielgruppe angepasst werden können.

Literatur

Adler, P. A., & Adler, P. (1987). *Membership roles in field research*. Beverly Hills: Sage.
Antons, K., & Schulz, W. (1987). *Normales Trinken und Suchtentwicklung*. Göttingen: Verlag für Psychologie.
Bakker, I. (2008). Does autonomy lead to self control? *Mainline. Drugs, Health and the Street, 3*, 12–13.
Bandura, A. (1979). *Sozial-kognitive Lerntheorie*. Stuttgart: Klett.
Bapat, V. (2007). Persönliches Gespräch. 21. Feb. 2007.
Batinic, B., Werner, A., Gräf, L., & Bandilla, W. (1999). *Online Research: Methoden, Anwendungen und Ergebnisse*. Göttingen: Hofgrefe.
Baumgärtner, T. (2004). Die Situation des Drogenkonsums in Hamburg: Ein Überblick. *Sucht, 50*(1), 54–61.
Becker, H. S. (1976). *Außenseiter. Zur Soziologie abweichenden Verhaltens*. Frankfurt a. M.: Suhrkamp.
Becker, H. S. (1981). *Außenseiter. Zur Soziologie abweichenden Verhaltens*. Frankfurt a. M.: Fischer.
Beierlein, H. (2002). Arbeitsplätze für Drogenkonsumenten. In L. Böllinger & H. Stöver (Hrsg.), Drogenpraxis. Drogenrecht. Drogenpolitik (S. 201–217). Frankfurt a. M.: Fachhochschulverlag.
Berger, H. (1982). Fixersein als Lebensstil. In G. Völger & K. von Welck (Hrsg.), *Rausch und Realität* (S. 1207–1216). Hamburg: Rowohlt Taschenbuch.
Bericht zur Drogensituation 2006. (2006). *Wien*. Gesundheit Österreich GmbH: Geschäftsbereich ÖBIG.
Bericht zur Drogensituation 2009. (2009). *Wien*. Gesundheit Österreich GmbH: Geschäftsbereich ÖBIG.
Blackwell, J. S. (1983). Drifting, controlling and overcoming: Opiate users who avoid becoming chronically dependent. *Journal of Drug Issues, 2*, 218–235.
Blanken, P. (1999). The evolution of crack and basing cocaine in the Rotterdam heroin scene. *Journal of Drug Issue, 29*, 609.
Blätter, A. (2007). Soziokulturelle Determinanten der Drogenwirkung. In B. Dollinger & H. Schmidt-Semisch (Hrsg.), *Sozialwissenschaftliche Suchtforschung* (S. 83–96). Wiesbaden: VS Verlag für Sozialwissenschaften.

Blomqvist, J. (2006). Spontanremission: die Klassiker. In H. Klingemann & L. C. Sobell (Hrsg.), *Selbstheilung von der Sucht* (S. 49-81). Wiesbaden: VS Verlag für Sozialwissenschaften.

Boekhout van Solinge, T. (2008). Enough of that addiction dogma. *Mainline. Drugs, Health and the Street, 3,* 18.

Boekhout van Solinge, T. (2001). *Op de pof. Cocainegebruik en gezondheid op straat.* Amsterdam: Stichting Mainline.

Böhm, A. (1994). Grounded Theory – Wie aus Texten Modelle und Theorien gemacht werden. In A. M. Boehm (Hrsg.), *Texte verstehen: Konzepte, Methoden, Werkzeuge* (S. 121-140). Konstanz: Gesellschaft für Angewandte Informationswissenschaft (GAIK) e. V. (Konstanz: Univ.-Verl).

Bohnert, W., Groenemeyer, A., Raschke, P., & Schliehe, F. (1988). Lebenspraxis und Unterstützungsnetze von Drogenkonsumenten. Abschlussbericht zum Hammer Modell. MAGS. Düsseldorf.

Böhnisch, L., & Schille, H.-J. (2002). Drogengebrauch als Risiko- und Bewältigungsverhalten. In H. Arnold & H.-J. Schille (Hrsg.), *Praxishandbuch Drogen und Drogenprävention. Handlungsfelder – Handlungskonzepte – Praxisschritte* (S. 41-50). Weinheim: Juventa.

Bossong, H. (2008). Was nutzt, was schadet? Wie kann sich die niedrigschwellige Drogenhilfe weiterentwickeln? Vortrag auf der Frankfurter Konferenz zu einer integrierten Drogenpolitik und Drogenarbeit „Mit dem Apfel fing alles an" (28.-29. Feb. 2008), Frankfurt a. M.

Brachet, I. (2003). *Zum Sinn des Junkie-Seins.* Berlin: VWB – Verlag für Wissenschaft und Bildung.

Brain, K., Parker, H., & Bottomley, T. (1998). *Evolving crack cocaine careers. New users, quitters and long term combination drug users in N.W. England.* Manchester: University of Manchester.

Brecht, M.-L., & Anglin, M. D. (1990). Conditional factors of maturing out: Legal supervision and treatment. *The International Journal of the Addictions, 25*(4), 393-407.

Brink, W. v. (2005). Epidemiology of cocaine and crack: Implications for drug policy and treatment planning. *Sucht, 51*(4), 196-198.

Browne, D. (1988). *Crack und Kokain.* Nürnberg: Tessloff.

Café Connection. (1999). *Kokain in der Straßendrogenszene.* Hannover: Step gGmbH.

Canadian Centre on Substance Abuse. (2006). *Fact Sheet Crack Cocaine.* Ottawa: Canadian Centre on Substance Abuse.

Caulkins, J. (1997). Is crack cheaper than (powder) cocaine? *Addiction, 92,* 1437-1443.

Centre for Drug Research. (o. J.). *Fragebogen zur Studie ‚Kokainkonsum in Frankfurt am Main'.* Frankfurt a. M.: Goethe-Universität.

Cohen, P. (1987). *Cocaine Use in Amsterdam in non deviant subcultures.* Amsterdam: University of Amsterdam, Institut voor Wetenschapen der Andragologie.

Cohen, P. (1989). *Cocaine Use in Amsterdam in non deviant subcultures.* Amsterdam: Instituut voor Sociale Geografie Universiteit van Amsterdam.

Cohen, P. (2004). The social and health consequences of cocaine use. An introduction. Presentation held at the Nationale Designerdrogen- und Kokainkonferenz, 3-4 June, Kursaal Bern, Bundesamt für Gesundheit, Bern, Switzerland. www.cedro-uva.org/lib/cohen.social.de.html. Zugegriffen: 30. März 2010.

Cohen, P., & Sas, A. (1994). Cocaine use in Amsterdam in non deviant subcultures. *Addiction Research, 2*(1), 71-94.

Cohen, P., & Sas, A. (1992). *Loss of control over cocaine: Rule or exception? Paper presented at the American Society of Criminology, New Orleans 3–7 November, 1992.* Amsterdam: CEDRO Cebtrum voor Drugsonderzoek, Universiteit van Amsterdam.

Crack-Street-Projekt. (1998). *Erfahrungsbericht über aufsuchende Sozialarbeit in Frankfurt am Main. Ein Kooperationsmodell von Drogenhilfe, Jugendhilfe und Medizin.* Frankfurt a. M.

Cramer, E., Blekmann, J., van Ernst, A., & Schippers, G. M. (2001). *In einer Spirale nach oben.* Amsterdam: Jellinek.

Cunningham, J. A. (1999). Untreated remissions from drug use, the predominant pathway. *Addictive Behaviors, 24,* 267–270.

Daly, M. (2003). Surge in crack injecting fuels virus fears. *Druglink, 18*(5), 3.

Decorte, T. (2000). *The taming of cocaine. Cocaine use in european and american cities.* Brüssel: VUB University Press.

Degkwitz, P. (1999). „Abhängig" oder „selbstbestimmtes Individuum"? Anmerkungen zur Auseinandersetzung um das Verständnis von Drogenkonsum und -abhängigkeit. In H. Stöver (Hrsg.), *Akzeptierende Drogenarbeit. Eine Zwischenbilanz* (S. 38–56). Freiburg im Breisgau: Lambertus-Verlag.

Degkwitz, P. (2002a). Drogenkonsum/-abhängigkeit als Lebensstil und/oder Krankheit. In L. Böllinger & H. Stöver (Hrsg.), *Drogenpraxis, Drogenrecht, Drogenpolitik* (S. 20–38). Frankfurt a. M.: Fachhochschulverlag.

Degkwitz, P. (2002b). Theorien und Modelle der Entstehung und des Verlaufs von Drogenabhängigkeit. In L. Böllinger & H. Stöver (Hrsg.), *Drogenpraxis. Drogenrecht. Drogenpolitik* (S. 45–65). Frankfurt a. M.: Fachhochschulverlag.

Degkwitz, P., & Verthein, U. (2000). Crackwelle? Bedeutung und Konsequenzen veränderter Konsummuster. *Akzeptanz, 2,* 37–48.

DHS – Deutsche Hauptstelle gegen die Suchtgefahren e. V. (2001). *Situation und Perspektiven der Suchtkrankenhilfe. Postionspapier 2001.* Hamm.

DHS – Deutsche Hauptstelle gegen die Suchtgefahren. (o. J.). *Kokain. Die Sucht und ihre Stoffe. Eine Informationsreihe über die gebräuchlichen Suchtstoffe.* Köln.

Diekmann, A. (2004). *Empirische Sozialforschung. Grundlagen, Methoden, Anwendungen.* Reinbek bei Hamburg: Rowohlt Taschenbuch Verlag GmbH.

Dilling, H., Mombour, W., & Schmidt, M. H. (Hrsg.). (1994). *Internationale Klassifikation psychischer Störungen. ICD-10 Kapitel V (F).* Bern: Huber.

Dollinger, B. (2002). *Drogen im sozialen Kontext. Zur gegenwärtigen Konstruktion abweichenden Verhaltens.* (Vol. 4 der Bamberger Beiträge zur Sozialpädagogik & Familienforschung). Augsburg: Maro Verlag.

Dollinger, B. (2005). Drogenkonsum als sinnhafter Bewältigungsmechanismus. Methodologische Anmerkungen zu einer neueren Forschungsperspektive. In B. Dollinger & W. Schneider (Hrsg.), *Sucht als Prozess. Sozialwissenschaftliche Perspektiven für Forschung und Praxis* (S. 143–168). Berlin: VWB – Verlag für Wissenschaft und Bildung.

Dollinger, B., & Schmidt-Semisch, H. (2007). Professionalisierung in der Drogenhilfe. In B. Dollinger & H. Schmidt-Semisch (Hrsg.), *Sozialwissenschaftliche Suchtforschung* (S. 323–338). Wiesbaden: VS Verlag für Sozialwissenschaften.

Dörrlamm, M. M. (2004). Steinbruch Drogenhilfe – Wie Crack-Raucher an einem falschen Kompromiss kratzen. In H. Stöver & M. Prinzleve (Hrsg.), *Kokain und Crack. Pharmakodynamiken, Verbreitung und Hilfeangebote* (S. 216–228). Freiburg im Breisgau: Lambertus.

Drinkmann, A. (2002). Kontrolliertes Rauchen: Standortbestimmung und Perspektiven. *Suchttherapie, 2,* 81–86.
Drogen und Suchtbericht. (2005). Berlin: Die Drogenbeauftragte der Bundesregierung.
Druglink. (1989). Crack Special. *Druglink. The Journal on Drug Misuse in Britain, 4*(5).
Druglink. (2003). Scheme offers sex workers refuge after police raids on crack houses. *Druglink. The Journal on Drug Misuse in Britain, 5*(3), 4.
Dunlap, E., Johnson, B., Sanabria, H., Holliday, A., Lipsey, V., Barnett, M., et al. (1990). Studying crack users and their criminal careers. The scientific and artistic aspects of locating hard-to-reach subjects and interviewing them about sensitive topics. *Contemporary Drug Problems* (Spring).
Dworsky, N. (2001). Praktischer Umgang der Drogenhilfe mit Crack-Konsument/innen. *Dokumentation der Fachtagung CRACK! Stein(e) des Anstoßes. Realität, Konflikte, Angebote. 16. Mai 2001.* Hamburg.
Dworsky, N. (2002). Zum praktischen Umgang der Drogenhilfe mit Crack-Konsumenten. *Suchttherapie, 3,* 24–25.
EBBD – Eurpäische Beobachtungsstelle für Drogen und Drogensucht. (2009). *Jahresbericht 2009. Stand der Drogenproblematik in Europa.* Luxemburg: Amt für Veröffentlichungen der Europäischen Union.
EBBD – Eurpäische Beobachtungsstelle für Drogen und Drogensucht. (2006). *Stand der Drogenproblematik in Europa. Jahresbericht 2006.*
EBDD. (2003). Stand der Drogenproblematik in der europäischen Union und in Norwegen. EBDD (EMCDDA), Lissabon.
Erhardt, E. (1993). Wie gefährlich ist Kokain. *Kriminalistik, 7,* 447–452.
Erickson, P. G., & Weber, T. R. (1994). Cocaine careers, control and cosequences: Results from a Canadian study. *Addiction Research, 2*(1), 37–50.
Erickson, P. G., Adlaf, E. M., Smart, R. G., & Murray, G. F. (1994). *The steel drug: Cocaine and crack in perspective.* New York: Lexington Books.
Farke, W., & Broekman, A. (2003). Drogenkonsum aus Sicht suchtgefährdeter Jugendlicher – Prävalenz und Bedarf an Hilfe. In W. Farke, H. Graß & K. Hurrelmann (Hrsg.), *Drogen bei Kindern und Jugendlichen. Legale und illegale Substanzen in der ärztlichen Praxis* (S. 6–18). Stuttgart: Georg Thieme.
Fischer, B., Monga, N., & Manzoni, P. (2005). Diffreneces between co-users of cocaine and crack among Canadian illicit opiod users. *Sucht, 51*(4), 217–224.
Flick, U. (2006). *Qualitative Sozialforschung. Eine Einführung.* Reinbek bei Hamburg: Rowohlt Taschenbuch.
Franzkowiak, P. (1999). Risikokompetenz und „Regeln für Räusche": Was hat die Suchtprävention von der akzeptierenden Drogenarbeit gelernt? In H. Stöver (Hrsg.), *Akzeptierende Drogenarbeit. Eine Zwischenbilanz* (S. 57–73). Freiburg im Breisgau: Lambertus.
Freud, S. (1967). Das Unbehagen in der Kultur (1930). Frankfurt a. M.: Fischer.
Freye, E. (1997). *Kokain, Ecstasy und verwandte Designerdrogen: Wirkungsweise, Überdosierung, Therapeutische Notfallmaßnahmen.* Heidelberg: Barth.
Freye, E. (1999). Kokainabhängigkeit. In J. Zerdick (Hrsg.), *Entwicklungen in der Suchtmedizin. 7. Suchtmedizinischer Kongreß der DGDS. 6.-8.November 1998 in Berlin.* Berlin: VWB Verlag für Wissenschaft und Bildung.
Gay, G. R. (1982). Clinical management of acute and chronic cocaine poisoning. *Annals of Emergency Medicine, 11*(10), 562–572.
Geschwinde, T. (1998). *Rauschdrogen. Marktformen und Wirkungsweisen.* Berlin: Springer.

Literatur

Glaser, B. G., & Strauss, A. L. (1998). *Grounded Theory. Strategien qualitativer Forschung.* Bern: Verlag Hans Huber.
Goodman, N. (1984). Weisen der Welterzeugung. Frankfurt a. M.: Suhrkamp.
Gossop, M., Darke, S., Griffiths, P., Hando, J., Powis, B., Hall, W., et al. (1995). The severity of dependence scale (SDS): Psychometric properties of the SDS in English and Australian samples of heroin, cocaine and amphetamine users. *Addiction, 90*, 607–614.
Götz, W. (2001). Pers. Mitteilung an Stöver, H. 12.6.2001, In H. Stöver (Hrsg.), *Bestandsaufnahme „Crack-Konsum" in Deutschland: Verbreitung, Konsummuster, Risiken und Hilfeangebote. Endbericht.* Bremen: BISDRO Universität Bremen.
Gunkelmann, M. (1989). Zur Geschichte des Kokains. In S. Scheerer & I. Vogt (Hrsg.), *Drogen und Drogenpolitik. Ein Handbuch.* Frankfurt a. M.: Campus Verlag.
Haasen, C. (2004). Die Wirkung von Crack. In H. Stöver & M. Prinzleve (Hrsg.), *Kokain und Crack. Pharmakodynamiken, Verbreitung und Hilfeangebote* (S. 15–21). Freiburg im Breisgau: Lambertus.
Haasen, C., & Krausz, M. (2001). Myths versus evidence with respect to cocaine and crack: learning from the US experience. *European Addiction Research, 7*(4), 159–160.
Haasen, C., & Prinzleve, M. (2001). *Deliverable N°2: Evaluation of research situation in Europe (WP1). Support needs for cocaine and crack users in Europe (COCINEU).* Hamburg.
Haasen, C., & Springer, A. (2002). Kokain und Crack: Big Bang, Teufelsdroge oder Schnee von gestern? *Suchttherapie, 3*, 1–1.
Haasen, C., Prinzleve, M., Zurhold, H., Güttinger, H., & Rehm, J. (2004). *Support Needs for Cocaine and Crack Users in Europe (COCINEU). Deliverable N°13: Finals guidelines (WP11).* Hamburg: Centre for Interdisciplinary Addiction Research, University of Hamburg und Zürich: Addiction Research Institute, Zurich University.
Haasen, C., Prinzleve, M., Zurhold, H., Schmolke, R., & Ilse, J. (2002). Körperliche und psychische Folgen des Kokain- und Crackkonsums. *Suchttherapie, 3*, 2–7.
Haasen, C., Zurhold, H., & Prinzleve, M. (2004). safer use: Kokain und Crack. In H. Stöver & M. Prinzleve (Hrsg.), *Kokain und Crack. Pharmakodynamiken, Verbreitung und Hilfeangebote* (S. 129–138). Freiburg im Breisgau: Lambertus.
Hammersley, R., & Ditton, J. (1994). Cocaine careers in a sample of scottish users. *Addiction Research, 2*(1), 51–69.
Happel, H.-V. (1994). Keine Heilung ohne Experten? In H. Neubeck-Fischer (Hrsg.), *Sucht: Ein Versuch zu (über)leben* (S. 61–84). München: Fachhochschulschriften Sandmann.
Happel, H.-V., Becker, G., & Körkel, J. (2009). Angewandte Methoden und Programme: Verhaltensorientiertes Selbstmanagementprogramm: „Kontrolle im Sebstbestimmten Substanzkonsum (KISS)". In R. Gerlach & H. Stöver (Hrsg.), *Psychosoziale Unterstützung in der Substitutionsbehandlung. Praxis und Bedeutung* (S. 175–180). Freiburg im Breisgau: Lambertus.
Harding, W. M. (1982). Kontrollierter Heroingenuß – eine Widerspruch aus der Subkultur gegenüber herkömmlichem kulturellen Denken. In G. Völger & K. v. Welck (Hrsg.), *Rausch und Realität. Drogen im Kulturvergleich* (Vol. 3, S. 1217–1231). Hamburg: Rowohlt Taschenbuch.
Haves, W., & Schneider, W. (1992). Kontrollierter Gebrauch illegaler Drogen: Forschungsstand und Konsequenzen. *Wiener Zeitschrift für Suchtforschung, 15*(1), 29–36.
Heckmann, W. (1990). Crack. In N. Stone, M. Fromme & D. Kagan (Hrsg.), *Leistungsdroge Kokain. Szenen-Report und Ausstiegshilfen* (S. 57 f.). Weinheim: Beltz.
Heinz, W. (1997). *Trägerrunde Drogenhilfe Frankfurt. Bestandsaufnahme Kokain/Crack in Frankfurt.* Frankfurt a. M.

Heinz, W. (1999). *Crackkonsum in großstädtischen Zentren in der Bundesrepublik Deutschland – Erhebung des Beauftragten der Bundesregierung für Drogenfragen*. Frankfurt a. M.

Heinz, W. (1999). Schriftliche Antwort auf die Erhebung des Beauftragten der Bundesregierung für Drogenfragen. JJ Frankfurt (Ms.). In: H. Stöver (2001). Bestandsaufnahme „Crack-Konsum" in Deutschland: Verbreitung, Konsummuster, Risiken und Hilfeangebote. Endbericht. Bremen: BISDRO Universität Bremen.

Herwig-Lempp, J. (1994). *Von der Sucht zur Selbstbestimmung. Drogenkonsumenten als Subjekte*. Dortmund: borgmann publishing.

Hess, H., & Behr, R. (2004). Kokain in Frankfurt. Konsummuster und Verteilerhandel im „bürgerlichen" Milieu. In H. Stöver & M. Prinzleve (Hrsg.), *Kokain und Crack. Pharmakodynamiken, Verbreitung und Hilfeangebote* (S. 141–158). Freiburg im Breisgau: Lambertus.

Hess, H., Behr, R., Klös, P., et al. (2000). Kokain in Frankfurt – Konsummuster und Verteilerhandel im „bürgerlichen" Milieu. *Akzeptanz, 2*, S. 26–36.

Hess, H., Kolte, B., & Schmidt-Semisch, H. (2004). *Kontrolliertes Rauchen. Tabakkonsum zwischen Verbot und Vergnügen*. Freiburg im Breisgau: Lambertus.

Heudtlass, J.-H. (1998). Safer use in Haftanstalten. In J. Jacob & H. Stöver (Hrsg.), *Minimierung gesundheitlicher Risiken bei Drogenkonsum unter Haftbedingungen. Ein methodisch-didaktisches Arbeitsbuch für die Praxis im Strafvollzug* (Vol. 4 der Schriftenreihe Gesundheitsförderung im Justizvollzug, S. 43–108). Oldenburg.

Hochschule Magdeburg-Stendal. (2006). Fragebogen zur Befragung von Konsumenten von Kokain und anderen Drogen. www.kokainkonsum.info/befragung. Zugegriffen: 27. Marz 2007.

Hoffmann, A. (2007). Von Morphiumpralinees und Opiumzigaretten. In B. Dollinger & H. Schmidt-Semisch (Hrsg.), *Sozialwissenschaftliche Suchtforschung* (S. 259–275). Wiesbaden: VS Verlag für Sozialwissenschaften.

Hose, A., & Kraus, L. (2004). Epidemiologie des Kokainkonsums. In L. Kraus, C. Semmler, A. Hose, S. Kunz-Ebrecht, I. Hüffer & B. Orth (Hrsg.), *Epidemiologie, Prävention und Therapie von Kokainkonsum und kokainbezogenen Störungen: Eine Literaturübersicht* (S. 19–48). München: IFT – Institut für Therapieforschung.

Inciardi, J. (1987). Beyond cocaine: Basuco, crack and other coca products. *Contemporary Drug Problems, 14*, 460–492.

Junge Linke. (o. J.). *Stoffkundebroschüre – Coca und Kokain*. http://www.junge-linke.de/drogen_und_drogenpolitik/ stoffkundebroschre_coca_und_ko.html. Zugegriffen: 01. April 2007.

Kahlert, D. (1997). Stationäre Drogentherapie. In H. Bossong, J. Gölz & H. Stöver (Hrsg.), *Leitfaden Drogentherapie* (S. 178–199). Weinheim: Beltz.

Kandel, D. B. (1983). Entwicklungsstadien beim Drogengebrauch Jugendlicher. In D. J. Letieri & R. Welz (Hrsg.), *Drogenabhängigkeit. Ursachen und Verlaufsformen* (S. 131–138). Weinheim: Beltz.

Kaulitzki, R. (1996). Kokain- und Crackmythen. In F. Nolte, S. Quensel & A. Schultze (Hrsg.), *Wider Besseres Wissen. Die Scheinheiligkeit der Drogenpolitik* (S. 79–91). Bremen: Edition Temmer.

Kaye, S., & Darke, S. (2002). Determining a diagnostic cut-off on the Severity of Dependence Scale (SDS) for cocaine dependence. *Addiction, 97*, 727–731.

Kemmesies, U. E. (2004a). Das Ende vom Boom?!? - Crack in Frankfurt am Main. In H. Stöver & M. Prinzleve (Hrsg.), *Kokain und Crack. Pharmakodynamiken, Verbreitung und Hilfeangebote* (S. 189-200). Freiburg im Breisgau: Lambertus.

Kemmesies, U. E. (2004b). *Zwischen Rausch und Realität. Drogenkonsum im bürgerlichen Milieu*. Wiesbaden.

Kemmesies, U. E., & Werse, B. (2004). „Das Gute" (kontrollierter) Kokainkonsum zu Beginn des 21. Jahrhunderts. In H. Stöver & M. Prinzleve (Hrsg.), *Kokain und Crack. Pharmakodynamiken, Verbreitung und Hilfeangebote* (S. 22-49). Freiburg im Breisgau: Lambertus.

Klemt, J., & Hamacher, K. (2007). Gruppen-Programme zur Förderung von Selbstkontrolle & Konsumreduktion am Beispiel AKST. Vortrag zu Psychosozialen Begleitungen im deutschen Heroinprojekt. Frankfurt a. M.: Fachhochschule Frankfurt.

Klingemann, H. K. (1991). The motivation for change from problematic alcohol and heroin use. *British Journal of Addiction, 86*, 727-744.

Klingemann, H., & Sobell, L. C. (2006). *Selbstheilung von der Sucht*. Wiesbaden: VS Verlag für Sozialwissenschaften.

Knoops, L. (2008). Insatiable Cravings for the high. *Mainline. Drugs, Health and the Street, 3*, 4-5.

Köhler, T. (2000). *Rauschdrogen und andere psychotrope Substanzen. Formen, Wirkungen, Wirkmechanismen*. Stuttgart: Verlag W. Kohlhammer.

Kolte, B. (2005). „In einer Spirale nach oben". In B. Dollinger & W. Schneider (Hrsg.), *Sucht als Prozess. Sozialwissenschaftliche Perspektiven für Forschung und Praxis* (S. 321-331). Berlin: VWB - Verlag für Wissenschaft und Bildung.

Kolte, B., & Schmidt-Semisch, H. (2006). Kontrollierter Drogenkonsum: Ein prekäres Paradigma? In A. Legnaro & A. Schmieder (Hrsg.), *Kontrollierter Drogenkonsum - Drogenkonsum als Lebenskontrolle*. Münster: LIT Verlag.

Körkel, J. (2002). Kontrolliertes Trinken: Eine Übersicht. *Suchttherapie, 3*, 87-96.

Körkel, J., & Schindler, C. (2003). *Rückfallprävention mit Alkoholabhängigen*. Berlin: Springer-Verlag.

Kraus, L., & Augustin, R. (2001). Repräsentativerhebung zum Gebrauch psychoaktiver Substanzen bei Erwachsenen in Deutschland 2000. *Sucht, 47*(Sonderheft 1), 3-86.

Kraus, L., Augustin, R., & Orth, B. (2005a). Illegale Drogen, Einstiegsalter und Trends. Ergebnisse des Epidemiologischen Suchtsurvey 2003. *Sucht, 51*(Sonderheft 1), 19-28.

Kraus, L., Heppekausen, K., Barrera, A., & Orth, B. (2004). *Die Europäische Schülerstudie zu Alkohol und anderen Drogen (ESPAD): Befragung von Schülerinnen und Schülern der 9. und 10. Klasse in Bayern, Berlin, Brandenburg, Hessen, Mecklenburg-Vorpommern und Thüringen* (Vols. IFT - Reihe, Bd. 141). München: IFT - Institut für Therapieforschung.

Kraus, L., Pabst, A., & Steiner, S. (2008a). *Europäische Schülerstudie zu Alkohol und anderen Drogen 2007 (ESPAD). Befragung von Schülerinnen und Schülern der 9. und 10. Klasse in Bayern, Berlin, Brandenburg, Hessen, Mecklenburg-Vorpommern, Saarland und Thüringen* (IFT-Bericht Bd. 165). München: IFT - Institut für Therapieforschung.

Kraus, L., Pfeiffer-Gerschel, T., & Pabst, A. (2008b). Cannabis und andere illegale Drogen: Prävalenz, Konsummuster und Trends. Ergebnisse des Epidemiologischen Suchtsurveys 2006. *Sucht, 54*(Sonderheft 1), 16-25.

Kraus, L., Semmler, C., & Augustin, R. (2005b). Konsummuster und Trends des Kokaingebrauchs in Deutschland. *Sucht, 51*(4), 199-208.

Kraus, L., Semmler, C., Hose, A., Kunz-Ebrecht, S., Hüffer, I., & Orth, B. (2004). *Epidemiologie, Prävention und Therapie von Kokainkonsum und kokainbezogenen Störungen: Eine*

Literaturübersicht (Vols. Reihe IFT-Berichte. Band Nr. 144). München: IFT – Institut für Therapieforschung.

Krausz, M. (2001). Die psychiatrische Seite des Crack-Konsums. In GAL Bürgerschaftsfraktion (Hrsg.), *Dokumentation der Fachtagung CRACK! Stein(e) des Anstoßes. Realität, Konflikte, Angebote. 16. Mai 2001*. Hamburg.

Krausz, M., & Degkwitz, P. (1996). Langzeitperspektiven und verlaufsbeeinflussende Faktoren. In M. Krausz & C. Haasen (Hrsg.), *Langzeitperspektiven süchtigen Verhaltens* (S. 9–44). Freiburg im Breisgau: Lambertus.

Kuckartz, U. (2007). *Einführung in die computergestützte Analyse qualitativer Daten*. Wiesbaden: VS Verlag für Sozialwissenschaften.

Lamnek. (1995). *Qualitative Sozialforschung*. Bd. 2 Methoden und Techniken. Weinheim: Beltz Psychologie Verlags Union.

Lamnek, S. (2005). *Qualitative Sozialforschung*. Weinheim: Beltz.

Langer, A., Behr, R., & Hess, H. (2004). Was dir der Stein gibt, kann dir keine Nase geben. *Forschung Frankfurt, 22*(01), 28–32.

Legnaro, A. (1982). Alkoholkonsum und Verhaltenskontrolle. In: G. Völger & K. von Welck (Hrsg.), Rausch und Realität. Drogen im Kulturvergleich, (Bd. 2, S. 153–176). Reinbek bei Hamburg: Rowohlt Taschenbuch Verlag.

Loviscach, P. (1996). *Soziale Arbeit im Arbeitsfeld Sucht*. Freiburg im Breisgau: Lambertus.

Mainline. (2008). *Mainline. Drugs, Health and the Street. Issue 3. Special Edition*. Amsterdam: Mainline.

Mayring, P. (1996). *Einführung in die qualitative Sozialforschung*. Weinheim: Beltz Psychologie Verlags Union.

Mayring, P. (1994). Qualitative Inhaltsanalyse. In A. M. Andreas Boehm (Hrsg.), *Texte verstehen: Konzepte, Methoden, Werkzeuge* (S. 159–175). Konstanz: Gesellschaft für Angewandte Informationswissenschaft (GAIK) e. V.; Konstanz: Univ.-Verl.

Mayring, P. (2007). *Qualitative Inhaltsanalyse. Grundlagen und Techniken*. Weinheim: Beltz Psychologie Verlags Union.

McDonnel, D., Irwin, J., & Rosenbaum, M. (1990). Hop and hubbas, a tough new mix. *Contemporary Drug Problems, 17*, 145–156.

Merton, R. K., & Kendall, P. L. (1979). Das fokussierte Interview. In C. Hopf & E. Weingarten (Hrsg.), *Qualitative Sozialforschung* (S. 171–204). Stuttgart: Ernst Klett.

Meyenberg, R., Stöver, H., Jacob, J., & Pospeschill, M. (1996). *Infektionsprophylaxe im Niedersächsischen Justizvollzug. Eröffnungsbericht zum Modellprojekt* (Vol. 1 der Schriftenreihe Gesundheitsförderung im Justizvollzug). Oldenburg: Bibliotheks- und Informationssystem der Universität Oldenburg.

Michels, I. I., & Stöver, H. (1999). Substitutionsbehandlung: Von den Mühen der Ebene. In H. Stöver (Hrsg.), *Akzeptierende Drogenarbeit* (S. 179–198). Freiburg im Breisgau: Lambertus.

Möller, P., & Prinzleve, M. (2004). Der Mythos von Crackmonstern und hilflosen Helfern. In H. Stöver & M. Prinzleve (Hrsg.), *Kokain und Crack. Pharmakodynamiken, Verbreitung und Hilfeangebote* (S. 203–215). Freiburg im Breisgau: Lambertus.

Müller, O., Bernard, C., & Werse, B. (2007). *MoSyD – Szenestudie. Die offene Drogenszene in Frankfurt am Main 2006*. Frankfurt a. M.: Johann Wolfgang Goethe-Universität. Centre For Drug Research.

Literatur

Müller, O., Kalke, J., & Prinzleve, M. (2007). Modul 2: Szenebefragung. In H. Zurhold & O. Müller (Hrsg.), *Kokainkonsum zwischen Hedonismus und Verelendung* (S. 137–172). Freiburg im Breisgau: Lambertus.

Mugford, S. K. (1994). Recreational cocaine use in three Australian cities. *Addiction Research, 2*(1), 95–108.

Nabben, T. (1999). Cocaine and crack in Amsterdam: Diverging subcultures. *Journal of Drug Issues, 29,* 627.

NDM – Scientific Committee of the Netherlands National Drug Monitor. (2008). *Report to the EMCDDA. The Netherlands Drug Situation 2008.*

Netherlands Focal Point. (2000). *The Netherlands Drug Situation 2000.* Utrecht: Trimboosinstituut.

NIDA – National Institute on Drug Abuse. (1999). *Cocaine. Abuse and Addiction* (Research Report Series). National Institute on Drug Abuse.

NIDA – National Institute on Drug Abuse. (2009). *Cocaine: Abuse and Addiction.* National Institute on Drug Abuse.

Olgiati, M. (1991). Cocain-Crack. In: Die Kette (Hrsg.), *Drogenmagazin, 17*(1), 15–18.

Ouellet, L. J., Cagle, H. H., & Fisher, D. G. (1997). „Crack" versus „rock" cocaine: The importance of local nomenclature in drug research. *Contemporary Drug Problems, 24*(Sommer), S. 219–237.

Peele, S. (1998). Cocaine and the concept of addiction: Environmental factors in drug compulsion. *Addiction Research, 6,* 235–263.

Pickering, H., & Stimson, G. V. (1994). Prevalence and demographic factors of stimulant use. *Addiction* (89), S. 1385–1389.

Power, R., Green, A., Foster, R., & Stimson, G. (1995). A qualitative study of the purchasing and distribution patterns of cocaine and crack users in England and Wales. *Addiction Research, 2*(4), 363–379.

Powis, B., & Griffiths, P. e. (1996). The differences between male and female drug users: community samples of heroin and cocaine users compared. *Substance Use and Misuse, 31*(5), 529–543.

Prinzleve, M., Martens, M.-S., & Haasen, C. (2004). Alles nur noch Crack? Mythen und Fakten zum Crackkonsum am Beispiel der „offenen Drogenszene" in Hamburg, Stadtteil St. Georg. In H. Stöver & M. Prinzleve (Hrsg.), *Kokain und Crack. Pharmakodynamiken, Verbreitung und Hilfeangebote* (S. 179–188). Freiburg im Breisgau: Lambertus.

Prinzleve, M., Haasen, C., & „CocaineEU"-Studiengruppe. (2005). Kokainhydrochlorid und Crack: Ein Vergleich zwischen Kokainkonsumgruppen ohne intravenösen Kokainkonsum und ohne Opioidkonsum. *Sucht, 51*(4), 209–216.

Projekt Laufwerk. (1999). *Fokus: Crack – oder die Ohnmacht der HelferInnen? Kurzfassung Jahresbericht '99.* Hamburg: Projekt Laufwerk.

Rakete, G., & Flüsmeier, U. (1997). *Der Konsum von Ecstasy.* Hamburg: Hamburgische Landesstelle gegen die Suchtgefahren e. V.

Reinarman, C. (2005). Sucht als Errungenschaft: Die diskursive Konstruktion gelebter Erfahrung. In B. Dollinger & W. Schneider (Hrsg.), *Sucht als Prozess. Sozialwissenschaftliche Perspektiven für Forschung und Praxis* (S. 23–42). Berlin: VWB – Verlag für Wissenschaft und Bildung.

Reinarman, C., & Levine, H. G. (1994). The construction of America's crack crisis. Unveröff. Manuskript, Santa Cruz, New York.

Reinarman, C., & Levine, H. G. (Hrsg.). (1997a). *Crack in America. Demon Drugs and Social Justice* (S. 1-17). Berkeley: University of California Press.

Reinarman, C., & Levine, H. G. (1997b). Crack in context: America's latest demon drug. In: C. Reinarman & H. G. Levine (Hrsg.), *Crack in America. Demon Drugs and Social Justice* (S. 1-17). Berkeley: University of California Press.

Reinarman, C., & Levine, H. G. (2004). Crack in the rearview mirror: Deconstructing drug war mythology. *Social Justice, 31*(1-2), 183-199.

Reinarman, C., Waldorf, D., Murphy, S. B., & Levine, G. (1997). The contingent call of the pipe: Bingeing and addiction among heavy cocaine smokers. In C. Reinarman & H. G. Levine (Hrsg.), *Crack in America. Demon drugs and social justice* (S. 77-97). Berkeley: University of California Press Ltd.

Renn, H. (1990). Von der Gesundheitserziehung zur Gesundheitsförderung am Beispiel der Suchtprävention. In: Stumm, B., Trojan, A. (Hrsg.), Perspektiven für Gesundheitswissenschaften. Frankfurt a. M.: Fischer.

Reuband, K. H. (1987). Rauschmittelkonsum bei Jugendlichen: Entstehungsbedingungen und Karriereverläufe. Archiv für Wissenschaft und Praxis der sozialenArbeit, 237-285.

Reuband, K. H. (1994). Soziale Determinanten des Drogengebrauchs. Eine sozialwissenschaftliche Analyse des Gebrauchs weicher Drogen in der Bundesrepublik Deutschland. Opladen: Westdeutscher Verlag.

Rist, F., & Watzl, H. (1999). Psychologische Ansätze. In M. Gastpar, K. Mann & H. Rommelspacher (Hrsg.), *Lehrbuch der Suchterkrankungen* (S. 39-69). Stuttgart: Thieme.

Robins, L. N., & Slobodyan, S. (2003). Post-Vietnam heroin use and injection bei returning US veterans: Clues to preventing injection today. *Addiction, 98*(8), 1053-1060.

Robson, P., & Bruce, M. (1997). A comparison of ‚visible' and ‚invisible' users of amphetamine, cocaine and heroin: two distinct populations? *Addiction, 92*(12), 1729-1736.

Rommelspacher, H. (1999). Modelle der Enstehung und Aufrechterhaltung süchtigen Verhaltens. In M. Gastpar, K. Mann & H. Rommelspacher (Hrsg.), *Lehrbuch der Suchterkrankungen* (S. 28-38). Stuttgart: Georg Thieme.

Rost, W. D. (1987). *Psychoanalyse des Alkoholismus. Theorie, Diagnostik, Behandlung*. Stuttgart: Klett-Cotta.

Rumpf, H.-J., Bischof, G., Meyer, C. H., & John, U. (2006). Forschung zur Remission von substanzbezogenen Störungen ohne formelle Hilfe im deutschsprachigen Raum. In H. Klingemann & L. C. Sobell (Hrsg.), *Selbstheilung von der Sucht* (S. 101-113). Wiesbaden: VS Verlag für Sozialwissenschaften.

Sahihi, A. (1995). *Designer-Drogen. Gifte, Sucht und Szenen*. München: Wilhelm Heyne.

Saß, H., Wittchen, H.-U., Zaudig, M., & Houben, I. (2003). *Diagnostisches und Statistisches Manual Psychischer Störungen. Textrevision - DSM-IV-TR*. Hofgrefe.

Scheidt, J. vom. (1999). Kokain. In W. Schmidtbauer & J. vom Scheidt (Hrsg.), *Handbuch der Rauschdrogen* (S. 186-203). Frankfurt a. M.: Fischer Taschenbuch.

Schippers, G. M., & Cramer, E. (2002). Kontrollierter Gebrauch von Heroin und Kokain. *Suchttherapie, 3,* 71-80.

Schmid, M. (2003). *Drogenhilfe in Deutschland*. Frankfurt a. M.: Campus Verlag.

Schmid, M., & Vogt, I. (2005). Die Nutzung von Konsumräumen in Frankfurt am Main unter Berücksichtigung des Konsums von Crack. *Sucht, 51*(4), 223-239.

Schmidt, B., Alte-Teigeler, A., & Hurrelmann, K. (1999). Soziale Bedingungsfaktoren von Drogenkonsum und Drgenmißbrauch. In M. Gastpar, K. Mann & H. Rommelspacher (Hrsg.), *Lehrbuch der Suchterkrankungen* (S. 50-69). Stuttgart: Thieme.

Schmidtbauer, W., & vom Scheidt, J. (1989). *Handbuch der Rauschdrogen*. Frankfurt a. M.: Fischer Taschenbuch.
Schmidt-Semisch, H. (1992). *Drogen als Genussmittel: ein Modell zur Freigabe illegaler Drogen*. München: AG-SPAK-Publ.
Schmidt-Semisch, H. (1997). Geschichte, Wirrwarr und inflationäre Verwendung des Suchtbegriffs. In H. Bossong, J. Gölz & H. Stöver (Hrsg.), *Leitfaden Drogentherapie* (S. 34–55). Frankfurt a. M.: Campus Verlag.
Schmidt-Semisch, H., & Nolte, F. (2000). *Drogen*. Hamburg: Europäische Verlagsanstalt/Rotbuch.
Schneider, W. (2005). Akzeptanzorientierte Drogenarbeit. In B. Dollinger & W. Schneider (Hrsg.), *Sucht als Prozess. Sozialwissenschaftliche Perspektiven für Forschung und Praxis* (S. 267–281). Berlin: VWB – Verlag für Wissenschaft und Bildung.
Schweer, T., & Strasser, H. (1994). Die Straßendroge Crack: Eine Bestandsaufnahme. *Sucht, 2*, 121–126.
Seidenberg, A. (1991). Kokain: Ansicht aus Zürich. *Alkohol und Drogen – Forschung und Praxis der Prävention und Rehabilitation*, (2/91), 97–111.
Siegel, R. K. (1982). Cocaine Smoking. *Journal of Psychoactive Drugs, 14*(4), 277–359.
Siegel, R. K. (1992). Cocaine Smoking. *Journal of Psychoactive Drugs, 24*(2), 183–212.
Simon, R., David-Spickermann, M., & Bartsch, G. (2006). *Bericht 2006 des nationalen Reitox-Knotenpunkts an die EBDD. Deutschland. Neue Entwicklungen, Trends und Hintergrundinformationen zu Schwerpunktthemen. Drogensituation 2006.*
Smart, R. G. (2006). Selbstheilung oder die behandlungsunabhängige Lösung von Alkohol- und Drogenproblemen im Spiegel der Umfrageforschung – Studien im englischsprachigen Raum. In H. Klingemann & L.C. Sobell (Hrsg.), *Selbstheilung von der Sucht* (S. 83–99). Wiesbaden: VS Verlag für Sozialwissenschaften.
Sobell, L. C. (2006). Das Phänomen Selbstheilung: Überblick und konzeptionelle Fragen. In H. Klingemann & L.C. Sobell (Hrsg.), *Selbstheilung von der Sucht* (S. 7–47). Wiesbaden: VS Verlag für Sozialwissenschaften.
Sonntag, D. (2007). Deutsche Suchthilfestatistik 2006. *Sucht, 53*(Sonderheft 1).
Sonntag, D., Bauer, C., & Hellwich, A.-K. (2007a). *Suchthilfestatistik 2006 für Deutschland. Tabellenband für ambulante Einrichtungen*. München: Institut für Therapieforschung.
Sonntag, D., Bauer, C., & Hellwich, A.-K. (2007b). *Suchthilfestatistik 2006 für Deutschland. Tabellenband für stationäre Einrichtungen*. München: Institut für Therapieforschung.
Southwell, M. (2003). More than a pipe dream – reducing crack's harm. *Druglink, 18*(3), 8–9.
Springer, A. (1989). *Kokain. Mythos und Realität*. München: Verlag Christian Brandstätter.
Statistisches Bundesamt. (2004). Datenreport 2004. Bonn.
Statistisches Bundesamt. (2007a). *Bevölkerung nach Altersgruppen, Familienstand und Religionszugehörigkeit*. www.destatis.de. Zugegriffen: März 2008.
Statistisches Bundesamt. (2007b). Entwicklung der Informationsgesellschaft. IKT in Deutschland 2005. Ausgabe 2007. Wiesbaden.
Sterk-Elifson, C., & Elifson, K. W. (1993). The sociol organisation of crack cocaine use: The cycle in one type of base house. *Journal of Drug Issues, 23*(3), 429–441.
Stetina, B. U., Jagsch, R., & Kryspin-Exner, I. (2008). Online drug research – new ways to explore recreational drug users. In European Society for Social Drug Research, *Book of Abstracts. 19th Annual Conference. 2-4 October 2008, Budapest, Hungary* (S. 31). Budapest.
Stone, N., Fromme, M., & Kagan, D. (1990). *Leistungsdroge Kokain: Szenen-Report und Ausstiegshilfen*. Weinheim: Beltz.

Stöver, H. (1999). Akzeptierende Drogenarbeit – Rückblick und Perspektiven. In H. Stöver (Hrsg.), *Akzeptierende Drogenarbeit. Eine Zwischenbilanz* (S. 11–24). Freiburg im Braisgau: Lambertus.

Stöver, H. (2001). *Bestandsaufnahme „Crack-Konsum" in Deutschland: Verbreitung, Konsummuster, Risiken und Hilfeangebote. Endbericht.* Bremen: BISDRO Universität Bremen.

Stöver, H. (2000). *Healthy Prisons. Strategien der Gesundheitsförderung im Justizvollzug* (Vol. 5 der Schriftenreihe Gesundheitsförderung im Justizvollzug). Oldenburg: Bibliotheks- und Informationssystem der Universität Oldenburg.

Strauss, A., & Corbin, J. (1996). *Grundlagen qualitativer Sozialforschung.* Weinheim: Beltz.

Strieder, C. (2001). *Kontrollierter Gebrauch illegalisierter Drogen.* Berlin: VWB – Verlag für Wissenschaft und Bildung.

Stuhlmann, J. (1997). Drogenkonsum im Gefängnis – Innenansichten aus dem Strafvollzug. In J. Jacob, K. Keppler & H. Stöver (Hrsg.), *Drogengebrauch und Infektionsgeschehen (HIV/AIDS und Hepatitis) im Strafvollzug* (Vols. 28, AIDS-Forum DAH, S. 31–40). Berlin: DAH.

Substance Abuse and Mental Health Services Administration. (2007). *Results from the 2006 National Survey on Drug Use and Health: National Findings.* Rockville: Office of Applied Studies.

Sutherland, E. H. (1968). White collar criminality. In F. Lindenfeld (Hrsg.), *Radival Perspectives on social Problems* (S. 149–160). New York: Macmillan.

Szasz, T. S. (1974). *Das Ritual der Drogen.* Wien.

Täschner, K. L., & Richtberg, W. (1988). *Koka und Kokain.* Köln: Deutscher Ärzteverlag.

Täschner, K. L. (1992). *Kokain – Kein Schnee von Gestern.* Frankfurt a. M.: Staatliches Schulamt für die Stadt Frankfurt.

Taylor, D. (2005). A dealer's tale. *Druglink, 20*(1), 10–11.

Thane, K. (2002). Crack cocaine use in hamburg's open drug scene. *Journal of Drug Issues,* S. 423–430.

Thane, K., & Thiel, G. (2000). Eine explorative Befragung von 64 Crack-RaucherInnen in der Hamburger „offenen Drogenszene". *Wiener Zeitschrift für Suchtfragen, 23*(2), 15–19.

Thiel, G., Homann, B., Verthein U., & Degkwitz, P. (2000). KokainkonsumentInnen in der offenen Hamburger Hauptbahnhofszene. *Wiener Zeitschrift für Suchtforschung, 23*(1), 27–33.

Thomasius, R. (1991). Drogenkonsum und Abhängigkeit bei Kindern und Jugendlichen. Ein Überblick zum Forschungsstand. *Sucht, 37*(1), 4–19.

Toneatto, T., Sobell L. C., Sobell, M. C., & Rubel, E. (1999). Natural recovery from cocaine dependence. *Psychology of Addictive Behaviours, 13*(4), 259–268.

Tossmann, H. P., & Heckmann, W. (1997). *Drogenkonsum Jugendlicher in der Techno-Party-Szene.* Köln: BZgA.

Tossmann, H. P., Boldt, S., & Tensil, M.-D. (2001). *Ecstasy – „Einbahnstraßer" in die Abhängigkeit? Drogenkonsummuster in der Techno-Party-Szene und deren Veränderung in längsschnittlicher Perspektive.* Köln: BZgA.

Tretter, F. (1998). *Ökologie der Sucht. Das Beziehungsgefüge Mensch-Umwelt-Droge.* Göttingen: Hofgrefe.

Ulich, D. (1987). *Krise und Entwicklung.* München: Psychologie Verlagsunion.

Uniklinik Frankfurt am Main. (2005). *Kokain, Freebase und Crack.* http://www.klinik.uni-frankfurt.de/zim/infektio/crack.htm. Zugegriffen: 05. Juni 2005.

Literatur

Villhauer, H. (2001). Pers. Kommunikation 20.6.2001 an Stöver H. In H. Stöver (Hrsg.), *Bestandsaufnahme „Crack-Konsum" in Deutschland: Verbreitung, Konsummuster, Risiken und Hilfeangebote. Endbericht.* Bremen: BISDRO Universität Bremen.

Vogt, I., & Scheerer, S. (1989). Drogen und Drogenpolitik. In S. Scheerer & I. Vogt (Hrsg.), *Drogen und Drogenpolitik* (S. 5–50). Frankfurt a. M.: Campus Verlag.

Vogt, I., Schmid, M., & Roth, M. (2000). Crack-Konsum in der Drogenszene in Frankfurt am Main: Ergebnisse empirischer Studien. *Wiener Zeitschrift für Suchtforschung, 23*(2), 5–13.

Voigtel, R. (2001). *Rausch und Unglück. Die psychischen und gesellschaftlichen Bedingungen der Sucht.* Freiburg im Breisgau: Lambertus.

Waldorf, D., Reinarman, C., & Murphy, S. (1991). *Cocaine changes. The Experience of Using and Quitting.* Philadelphia: Temple University Press.

Wallace, B. C. (1991). *Crack Cocaine.* New York: Brunner/Mazel Publisher.

Weber, G., & Schneider, W. (1992). *Herauswachsen aus der Sucht illegaler Drogen.* Düsseldorf: Ministerium für Arbeit Gesundheit und Soziales (NRW).

Weber, G., & Schneider, W. (1997). *Herauswachsen aus der Sucht illegaler Drogen. Selbstausstieg, kontrollierter Gebrauch und therapiegestützter Ausstieg.* Berlin: VWB – Verlag für Wissenschaft und Bildung.

Welker, M., Werner, A., & Scholz, J. (2005). *Online-Research. Markt- und Sozialforschung mit dem Internet.* Heidelberg: dpunkt Verlag.

Welsch, K. (2001). Suchthilfestatistik 2000 in Deutschland. *Sucht* (Sonderheft 3), S 1–3.

Werse, B. (1997). *Umgang mit illegalen Drogen in „bürgerlichen" Milieus.* Frankfurt a. M.: Diplomarbeit an der Johann-Wolfgang-Goethe-Universität Frankfurt am Main.

White, H. R. (1988). Longitudinal Patterns of Cocaine Use among Adolescents. *American Journal of Drug and Alcohol Abuse, 14*(1), 1–15.

Wildermuth, V. (2007). Das abhängige Gehirn. Neue Perspektiven für die Therapie von Suchterkrankungen. www.dradio.de/dif/sendungen/ wib/475146. Zugegriffen: 24. März 2007.

Wilkens, W. (2003). Drogen – Wirkungen und Risiken. In D. Aids-Hilfe (Hrsg.), *Betreuung im Strafvollzug. Ein Handbuch* (S. 225–256). Berlin.

Williams, T. M. (1992). *Crackhouse.* California, Massachusetts: Addison-Wesley Publishing Company Inc.

Wills, T. A., & Vaugan, R. (1989). Social support and substance use in early adolescence. *Journal of Behavioral Medicine, 2,* 321–339.

Winick, C. (1962). Maturing out of narcotic addiction. *Bulletin on Narcotics, 14,* 1–7.

Wolffgramm, J. (2004). Kontrolle, Kontrollverlust und Flexibilität. Vom Umgang mit Suchtstoffen aus der Sicht eines Grundlagenforschers. *Konturen, 6,* 10–13.

Word, C. O. (1997, Februar). Background to crack cocaine addiction and HIV high-risk behaviour: The next epidemic. *American Journal of Drug and Alcohol Abuse, 23,* 67–77.

Zieglgänsberger, W. (2000). Belohnungssysteme. In: A. Uchtenhagen & W. Zieglgänsberger (Hrsg.), Suchtmedizin (S. 27–29). München: Urban & Fischer.

Zinberg, N. E. (1984). *Drug, Set and Setting. The Basis for Controlled Intoxicant Use.* New Haven: Yale University Press.

ZIS – Zentrum für Interdisziplinäre Suchtforschung der Universität Hamburg. (2006). *Das bundesdeutsche Modellprojekt zur heroingestützten Behandlung Obiatabhängiger – eine multizentrische, randomisierte, kontrollierte Therapiestudie. Abschlussbericht der klinischen Vergleichsstudie zur Heroin- und Methadonbehandlung.* Hamburg: Zentrum für Interdisziplinäre Suchtforschung der Universität Hamburg.

Zurhold, H., & Degkwitz, P. (2007). Modul 4: Extremgruppenvergleich. In H. Zurhold & O. Müller (Hrsg.), *Kokainkonsum zwischen Hedonismus und Verelendung* (S. 195–329). Freiburg im Breisgau: Lambertus.

Zurhold, H., & Kuhn, S. (2004). „Ich komme an keinem Stein mehr vorbei" – Crackkonsum von jungen Frauen in der Hamburger Drogenprostitutionsszene. In W. Schneider & R. Gerlach (Hrsg.), *DrogenLeben. Bilanz und Zukunftsvisionen akzeptanzorientierter Drogenhilfe und Drogenpolitik* (S. 231–254). Berlin: VWB – Verlag für Wissenschaft und Bildung.

Zurhold, H., & Müller, O. (Hrsg.). (2007). *Kokainkonsum zwischen Hedonismus und Verelendung.* Freiburg im Breisgau: Lambertus.

Printed by Publishers' Graphics LLC
DBT140624.23.36.6